rowohlt

Peter F. Müller & Michael Mueller
Mit Erich Schmidt-Eenboom

Gegen Freund und Feind

Der BND: Geheime Politik und schmutzige Geschäfte

Rowohlt

Lektorat Frank Strickstrock
Umschlaggestaltung Ingrid Albrecht
Fotos: dpa/Ullstein Bilderdienst

1. Auflage September 2002

Satz aus der Minion PostScript PageMaker bei
Pinkuin Satz und Datentechnik, Berlin
Druck und Bindung Clausen & Bosse, Leck
Printed in Germany
ISBN 3 498 04481 8

Die Schreibweise entspricht den Regeln der
neuen Rechtschreibung.

Inhalt

Vorwort

Als die Überlegungen zu diesem Buch konkretere Formen annahmen, die Recherchen begannen, und selbst als wir längst die Niederschrift in Angriff genommen hatten, war ein 11. September noch ein Tag wie jeder andere. Mit dem Ende des Kalten Krieges und der Auflösung des Warschauer Vertrages schien es für kurze Zeit so, als habe auch dem BND die letzte Stunde geschlagen. Stellenstreichungen und Budgetkürzungen wurden öffentlich diskutiert, ja die Existenz des Dienstes insgesamt infrage gestellt. Doch an die Stelle des einen weltweiten Konfliktes mit seinen diversen Stellvertreterkriegen trat schnell der globale Flickenteppich vieler regionaler Brandherde. Außerdem rückten die vermeintlich neuen internationalen Gefahren von Terrorismus über Drogenschmuggel und Geldwäsche bis hin zur Proliferation von Massenvernichtungswaffen in den Vordergrund des Interesses. Von einer neuen Welt-«Ordnung» konnte nicht die Rede sein, wohl aber von einer Fülle neuer Aufgabenbereiche, auf die sich der Dienst stürzen konnte, wollte und zum Teil auch sollte. Die neuen, von zwei Bundesregierungen gesteckten Zielvorgaben ließen den BND in fremden Revieren wildern und stürzten ihn in ein Dilemma. Die Bekämpfung der organisierten Kriminalität ist traditionell Aufgabe der Polizei, Bekämpfung von Terrorismus und Extremismus teilen sich das Bundeskriminalamt und der Verfassungsschutz. Polizeiliche Ermittlungsarbeit und geheimdienstliche Aktivitäten sind in der Bundesrepublik strikt getrennt, verdachtsunabhängige Ermittlungen darf es nicht geben, und im Inland darf der Bundesnachrichtendienst nicht tätig werden. So war die Rechts- und Verfassungslage vor dem Kalten Krieg und nachher.

Doch in der Europäischen Union findet über ENFOPOL und die zunehmend institutionalisierte Kooperation der Justiz- und Polizeibehörden seit Jahren ein Prozess statt, in dem die Grenzziehungen zwischen nachrichtendienstlichen und polizeilichen Methoden zunehmend verwischt werden. Die monströsen Attentate vom 11. September 2001 wirken in diesem Prozess wie ein Katalysator. Denn wie nach fast allen großen Katastrophen der letzten Jahrzehnte war auch nach dem 11. September sofort die Kernfrage, wie es zu diesem «kolossalen Versagen der amerikanischen Geheimdienste» (Susan Sonntag) kommen konnte.

Es ist eine eilig gestrickte Legende, dass die offenen, demokratisch verfassten Gesellschaften der Welt seit diesem Tag schlagartig vor einem Dilemma stehen: Brauchen sie Dienste, die im Geheimen ermitteln, kriminelle und terroristische Netzwerke infiltrieren, ihre Kommunikationswege aufspüren und überwachen, ihre Konten kontrollieren und die Bewegungen ihrer mutmaßlichen Mitglieder verfolgen, um zukünftige Katastrophen verhindern zu helfen? Niemand, der bei klarem Verstand ist, wird diese Frage ernsthaft verneinen wollen. Wollen sie also Dienste, die weitgehend außerhalb jeder demokratisch-parlamentarischen Kontrolle wirken, die sich undercover in kriminellen und terroristischen Strukturen tummeln, die die Kommunikation von Hunderttausenden kontrollieren, um die mutmaßlichen Mitglieder aufzuspüren, die Millionen von Bankbewegungen überprüfen, um auf verdächtige Geldströme zu stoßen, und die sich dabei oft am Rande der Legalität bewegen und häufig genug jenseits dieses Randes? Niemand, der bei klarem Verstand ist, wird diese Frage ohne weiteres bejahen wollen.

Sie stellt sich, seit es diese Dienste gibt. Manchmal mit mehr, manchmal mit weniger augenscheinlicher Brisanz. Eine der Kernzellen der Terroristen des 11. September hatte ihre Basis in der Bundesrepublik. Was wusste der BND? Was konnte er wissen, was durfte er überhaupt wissen? Und was darf er in Zukunft wissen, und wie darf er an diese Informationen gelangen? Konnte ihm gelingen, was dem mächtigsten Spionageapparat der Welt, der *National Security Agency* und der CIA, nicht gelang? Kann man überhaupt eine Quelle in den *inner circle* einer verschworenen Gemeinschaft fanatischer Gotteskrieger einschleusen? Die Quelle müsste, um nicht aufzufallen, ja selber ein Gotteskrieger sein. Sind militante Fanatiker wie Mohammed Atta käuflich, wie es mancher Spion im Kalten Krieg war?

Hohe Zeit für Reaktionen auch jenseits des Einsatzes von Bomberkommandos, Navy-Platoons und Krisenreaktionskräften. Binnen Wochen wurden im Herbst 2001 die Schily-Pakete geschnürt, der *US Patriot Act* verabschiedet und begaben sich die Briten auf den Weg zurück zu den Internierungen der dunkelsten Zeiten des Nordirland-Konfliktes. Alle die eilig zusammengezimmerten Anti-Terror-Pakete beinhalteten eine Aufweichung der rechtsstaatlichen Prinzipen, eine Ausweitung der Kompetenzen der Geheimdienste, eine Vereinfachung von Überwachungs- und strafrechtlichen Repressionsmaßnahmen. Die USA gingen wie so oft noch einen Schritt weiter und diskutierten öffentlich Folter als adäquates Mittel der Wahrheitsfindung und geheime Militärtribunale zur Zeit, Kosten und Gedanken sparenden Aburteilung mutmaßlicher Delinquenten. Die Geschwindigkeit, mit der die sonst eher schwerfälligen Gesetzgebungsapparate ihre ausformulierten Rezepte aus den Schubladen holten, machte stutzig. Der Auslandsgeheimdienst BND soll in Zukunft auch im Inland Terrorverdächtige fremder Nationalität beobachten und seine Informationen an die Polizei weitergeben dürfen. Ein Dammbruch bei der strikten Trennung geheimdienstlicher und polizeilicher Arbeit.

Angesichts der Tatsache, dass diese rasante Entwicklung so manche Diskussion, die in den letzten Jahren mit Fug und Recht geführt worden ist, zuzuschütten droht, kann der Blick zurück das Bewusstsein für vorschnell angerichtetes Unheil schärfen. Auch aus diesem Grund ist es nötig, noch einmal die über fünfzigjährige Geschichte des deutschen Auslandsnachrichtendienstes zu beleuchten. Die Zeitspanne reicht dabei von seinen Wurzeln in der Ost-Aufklärung der Wehrmacht über die Organisation Gehlen in der Epoche Konrad Adenauers bis hin zum BND, der das Ende des Kalten Krieges überdauert hat.

Es gibt nur wenige Bücher über den Bundesnachrichtendienst; das Standardwerk von Hermann Zolling und Heinz Höhne über seine Entstehungsgeschichte bis zum Ende der Ära seines ersten Präsidenten, Reinhard Gehlen, ist mittlerweile dreißig Jahre alt. Das Buch von Mary Ellen Reese über die Entwicklungsgeschichte der Organisation Gehlen aus amerikanischer Sicht ist ebenfalls nicht mehr auf dem Markt, und die grundlegenden Bücher von Erich Schmidt-Eenboom zur Struktur und zur Arbeit des BND behandeln vor allem die letzten beiden Jahrzehnte mit Rückgriffen in die Zeit davor. Eine umfassende Gesamtdarstellung der Geschichte des deutschen Auslandsgeheimdienstes liegt bislang nicht vor.

Uns ging es vor allem darum, die Entwicklung des Dienstes in den Kontext der politischen Geschichte der Bundesrepublik zu setzen. Der Dienst ist als Instrument des heraufziehenden Kalten Krieges entstanden. Im Zuge der sich entwickelnden Souveränität der Bundesrepublik Deutschland wurde er von den wechselnden Regierungen als Instrument der operativen Außenpolitik genutzt. Gegen tatsächliche und vermeintliche Feinde, nicht selten aber auch gegen Freunde. Dabei agierte der Bundesnachrichtendienst oft genug außerhalb des rechtsstaatlichen Gefüges, vor allem wenn er entgegen seinem verfassungsgemäßen Auftrag unter dem Deckmantel der Gefahrenabwehr innenpolitisch aktiv wurde oder sich in diesem Sinne widerstandslos benutzen ließ. Hier schließt sich der Kreis.

Die Öffnung vieler Archive nach dem Zusammenbruch der DDR und der Sowjetunion und die Vielzahl der daraus resultierenden Publikationen über die östlichen Geheimdienste – vor allem die Staatssicherheit der DDR und den KGB –, die Freigabe amerikanischer Akten aus den National Archives in Washington sowie vor allem der Zugang zu bislang unbekannten Aktenbeständen aus verschiedenen Epochen der Organisation Gehlen und des BND machen hier einen genaueren, in Teilen auch veränderten Blick auf die Entwicklung des Bundesnachrichtendienstes möglich.

Selbst in einem umfangreichen Buch wie dem vorliegenden ist es angesichts des halben Jahrhunderts, das es behandelt, und trotz des Anspruches, einen möglichst vollständigen Überblick über die Geschichte des Auslandsnachrichtendienstes zu geben, notwendig, Schwerpunkte zu setzen. Zwei seien hier kurz angeführt. Zum einen macht es die Entwicklung der letzten Jahre möglich, heute einen neuen Blick auf die restituierende wie konstituierende Rolle zu werfen, welche der westdeutsche Auslandsnachrichtendienst noch als Organisation Gehlen unter amerikanischem Patronat in der Gründungsära der Bundesrepublik spielte. Dies gilt besonders für die Rolle, die der nach seinem ersten Leiter benannte Dienst als Akteur in der westdeutschen Politik auf dem Weg zu neuer Souveränität der Bundesrepublik spielte. Dies gilt aber auch für seine Stellung im sich entwickelnden institutionellen und sicherheitspolitischen Gefüge der Bonner Republik. Die ausführliche Behandlung des so genannten Friedrich-Wilhelm-Heinz-Dienstes, die hier aufgrund bislang unbekannten Materials erstmals in dieser Dichte möglich ist, zeigt, welche Bedeutung nachrichtendienstlichen Überlegungen bereits in dieser Phase zugemessen wurde und dass sich das Augenmerk nicht allein auf den Dienst richtete, den Reinhard Gehlen im Auftrag der USA aufbaute. Ein weiterer Schwerpunkt ist die Entwicklung des BND in den 60er und 70er Jahren hin zum *Global Player* im internationalen Geheimdienstgeschäft. Auch diese Entwicklung ist vor allem beispielhaft für die Suche der Bundesrepublik nach einem Standort und nach einer Rolle in der sich verändernden weltpolitischen Situation. Wieder stellt sich die Frage, inwieweit der Nachrichtendienst nachgeordnetes Instrument des Regierungsapparates blieb oder Akteur war, der durchaus eigene Interessen in den Vordergrund seines Handelns stellte. Hier soll besonders die für die Entwicklung der Bundesrepublik so bedeutsame Umbruchphase der sozialliberalen Koalition vor dem Hintergrund der Geheimdienstgeschichte einer neuen Betrachtung unterzogen werden. Es wird sich zeigen, dass viele der neuen Fragen, vor denen wir seit der epochalen Wende von 1989 und erst recht seit dem 11. September 2001 zu stehen glauben, in Wirklichkeit sehr alt sind. Vor der «Achse des Bösen» (George W. Bush) gab es das «Reich des Bösen» (Ronald Reagan). Saddam Hussein ist kein Phänomen des 21. Jahrhunderts, und es gibt Gründe, warum Osama Bin Laden die Zentrale des Terrors ausgerechnet in Afghanistan errichtete. Und so zielen viele Entwicklungslinien in diesem Buch trotzdem – oder gerade deshalb – über das Ende des Kalten Krieges, und bei manchen Grundproblemen und Kernfragen geheimdienstlicher Arbeit in einer unordentlichen Welt, in der Freunde und Feinde schwerer voneinander zu unterscheiden sind denn je, auch über den 11. September 2001 hinaus. Denn vieles ist seit diesem Tag anders, aber eben nicht alles.

Es sind viele, die zum Zustandekommen des Buches beigetragen haben. Entsprechend der Thematik verbietet es sich, alle die namentlich zu nennen, die aus ihrem beruflichen Umfeld heraus Wichtiges und Spannendes, manchmal auch Anekdotisches über den Bundesnachrichtendienst zu erzählen hatten. Nichts ist jedoch unbestechlicher als Dokumente und Unterlagen, deren Herkunft zweifelsfrei überprüft werden konnte. Wann immer es möglich war, haben wir uns auf solche Materialien gestützt. Noch so sorgfältiges Arbeiten und Recherchieren schützt trotzdem nicht vor Fehlern. Wenn, dann tragen ausschließlich wir als Autoren dafür die Verantwortung.

Es ist uns gelungen, mit Erich Schmidt-Eenboom einen der profundesten Kenner der Geheimdienstszene in Deutschland zur Mitarbeit an diesem Projekt zu gewinnen. Ihm gebührt großer Dank, nicht nur für die Teile, die er zu diesem Buch beigesteuert hat, sondern auch für die vielen konstruktiven Gespräche und für den Zugang zu seinem umfangreichen Archiv. Dr. Heinz von Lichem danken wir für die Überlassung von bis dahin noch unbekannten Dokumenten aus den 50er Jahren. Helmut Lorscheid war uns mit seinen unermüdlichen Recherchen eine wertvolle Hilfe. Ihm, wie auch Jacqueline Williams und David Ridd für Recherchen in London und Washington, sei herzlich gedankt. Hans Leyendecker und Leo Müller möchten wir für ihre kollegiale Unterstützung danken. Verständnis für die Nöte von Autoren und Geduld, dafür danken wir Frank Strickstrock vom Rowohlt Verlag, der dieses Projekt als Lektor hervorragend betreut hat. Der letzte, aber vielleicht wichtigste Dank gilt unseren Frauen Helga und Daniele, die uns über lange Zeit den Rücken in jeder Beziehung frei gehalten haben. Ohne sie und ihre Unterstützung wäre dieses Buch niemals entstanden.

Peter F. Müller u. Michael Mueller
Brüssel und Köln im Februar 2002

I. Von der Ostfront nach Pullach: Die Ära Gehlen

Fremde Heere Ost

Die Geburt einer Legende

Die Geschichte des Bundesnachrichtendienstes beginnt mit einer Flucht: Der kleine, drahtige Mann, der sich in den frühen Morgenstunden des 29. April 1945 allein durch den tiefen Schnee hinauf zu einer Alm im Grenzraum zu Österreich kämpft, schwebt in Lebensgefahr. Immer wieder hält er erschöpft inne, lauscht in den Wald und blickt sich aufmerksam um. Es soll in der Gegend marodierende Banden von SS-Angehörigen geben, die sich auf der Flucht vor den vorrückenden Alliierten befinden. Hitlers Reich existiert auf dem Papier noch, und der Führerbefehl, Deserteure sofort zu erschießen, wird von den letzten verblendeten Fanatikern immer noch bereitwillig ausgeführt. Der einsame Flüchtling ist für sie ein Deserteur: Generalmajor Reinhard Gehlen, bis vor wenigen Tagen Leiter der Abteilung Fremde Heere Ost im Generalstab des Heeres. Nachdem das Hauptquartier des Heeres auf Befehl Hitlers nach Flensburg verlegt worden war, darf kein deutscher Generalstabsoffizier es wagen, tausend Kilometer weiter südlich in den Alpen aufgegriffen zu werden.

Aber das ist nicht die einzige Gefahr, in der sich der General in diesem Augenblick befindet. Auch den Verbänden der Amerikaner, die die fliehenden Reste der ehemals großdeutschen Armee vor sich hertreiben, will er auf keinen Fall in die Hände fallen. Nicht auszudenken, was geschehen könnte, würde ein kriegsmüder oder im Zweifelsfalle auch siegestrunkener Stoßtrupp der Alliierten eines Mitglieds des deutschen Generalstabs habhaft. Im besten Falle würde Gehlen auf unabsehbare Zeit in einem Gefängnis oder Internierungslager verschwinden. Aber der Generalmajor hat ganz andere Pläne. Hochfliegende Pläne für seine eigene Rettung und für die Zukunft Deutschlands nach der totalen Niederlage im totalen Krieg. Für diese Pläne braucht er Zeit. Wenn sich das allerschlimmste Chaos der letzten Kriegstage gelegt hat und die Sieger beginnen, sich in Deutschland einzurichten, werden sie geneigter sein, seinen kühnen Ideen zuzuhören. So hofft Gehlen in diesen Stunden zumindest. Wochen und Monate haben er und seine engsten Getreuen, den endgültigen Zusammenbruch des Reiches vor Augen, ihre Flucht geplant und organisiert. Sie darf jetzt nicht im letzten Augenblick scheitern.

Er ist wie erlöst, als nach endlos erscheinenden Stunden des Aufstiegs der Wald endlich aufhört und einer sanft ansteigenden Schneelandschaft Platz macht. Generalmajor Gehlen hat sein Ziel vor Augen: die Elendsalm bei Miesbach. Und er wird bereits erwartet: Sechs seiner Offiziere und drei Stabshelferinnen haben den sorgfältig ausgesuchten und vorbereiteten Unterschlupf bereits vor ihm erreicht. Es gehört wohl ins Reich der immer wieder kolportierten Legenden, dass Reinhard Gehlen als Erstes eine kleine Tafel in der Hütte aufhängt. Auf ihr der Satz «Laet vaeren nyt!» «Gib niemals auf!» Es ist das Familienmotto seiner Mutter, die aus einer flämischen Adelsfamilie stammte.[1]

Anlass und Gelegenheit aufzugeben gibt es in diesen Stunden genug. Das Deutsche Reich ist am Ende. Bereits im Februar haben die Alliierten im Westen nach dem Scheitern der deutschen Ardennenoffensive ihren Sturm auf das Reich begonnen. Mitte April hat die Rote Armee Wien besetzt, nahezu zeitgleich ist die deutsche Verteidigung des Ruhrgebiets zusammengebrochen. Wenige Tage vor Gehlens Flucht haben die sowjetischen Truppen den inneren Verteidigungsring um Berlin durchbrochen.[2] Einen Tag, nachdem Gehlen die Elendsalm erreicht, setzt sich Adolf Hitler im Führerbunker eine Pistole an die Schläfe und drückt ab. Er hat Deutschland den Untergang gebracht. Jetzt entzieht er sich seiner Verantwortung. Andere aus seinem innersten Zirkel folgen ihm. Reinhard Gehlen kannte den Führer und hat ihn ein paar Mal getroffen, aber er hatte nie zum allerengsten Kreis um Hitler gehört, und jetzt ist er überzeugt, dass eine neue große Aufgabe auf ihn wartet. Deutschland braucht ihn noch. Oder wird ihn wieder brauchen.

Zunächst aber setzen sich die Tage des Versteckens und Bangens fort. In jedem Morgengrauen machen sich Gehlen und vier seiner Offiziere auf den Weg in die Berge. Die Stabshelferinnen und zwei verwundete Offiziere halten den Tag über die Stellung in der Hütte, während die anderen hinauf zur Auerspitze steigen, wo sie vor den Stoßtrupps der Sieger einigermaßen sicher sind und einen guten Überblick haben. Für Momente mögen sie dort sogar etwas wie Frieden empfinden in all dem Chaos, das sie umgibt. Gehlen schreibt in seinen Erinnerungen: «Wir … beobachteten die Gegend und und erfreuten uns an der allmählich herauskommenden ersten Vegetation. Wenn nicht die Ungewissheit der Zukunft auf uns gelastet hätte, so wäre dieser Gebirgsaufenthalt ein schöner, vielfach anregender Urlaub gewesen nicht zuletzt auch durch die Gespräche, die wir – in der Sonne sitzend – miteinander führten.»[3]

Doch die Idylle trügt, und die Vorsichtsmaßnahmen erweisen sich als berechtigt: Der Senner Rudolf Kreidl, kurz zuvor als Invalide aus der Wehrmacht entlassen, beaufsichtigt die Elendsalm im Auftrag ihrer Besitzer. Er beobachtet Gehlens Offiziere, wie sie Verpflegung in die Hütte schaffen. Die roten Streifen auf ihren Uniformen – berühmte Insignien des deutschen Generalstabs – hält er für SS-Abzeichen. Rudolf Kreidl ist kein Nazi, und er hasst die SS. Er steigt hinab ins Tal und meldet die vermeintlichen SS-Leute dem ersten Amerikaner, dem er begegnet. Sofort macht sich eine Patrouille auf den Weg, die auf die drei Stabshelferinnen und die verwundeten Offiziere trifft. Als Gehlen und die anderen Flüchtigen am Abend aus den Bergen zurückkehren, erfahren sie, dass sich das vermeintliche Verhängnis zur glücklichen Fügung gewandelt hat. Denn die Amerikaner haben seine Kameraden zwar mit ins Tal genommen, aber lediglich einer Befragung unterzogen. Besser noch: Sie bekamen ihre Entlassungspapiere aus der Kriegsgefangenschaft und durften zu ihrer «vorläufigen Unterkunft Elendsalm» zurückkehren.[4]

Die Tage vergehen, und mit ihnen der Winter. Als der Schnee getaut ist und die Wege leichter passierbar sind, wird es Gehlen auf der Elendsalm zu gefährlich. Er lässt die beiden verwundeten Offiziere zurück und macht sich mit den anderen auf in ein neues Versteck. In einer Fichtenschonung südlich der Auerspitze errichten sie zunächst ein gut getarntes Zeltlager. Wenig später ziehen sie in eine Hütte um, die ihnen ein Helfer organisiert. In der Rückschau Gehlens verklären sich diese mutmaßlich letzten Tage in Freiheit vollends: «Die Hütte lag oberhalb einer steilen Wand, ringsum dicht umwachsen, mit einer beeindruckenden Aussicht auf die benachbarten Berge … unsere besondere Freude waren Gaemsen, die wir in diesem Gebiet auf Tritt und Schritt trafen und die alle Scheu vor uns verloren hatten.»[5]

Reinhard Gehlen ist entschlossen, den Zeitpunkt, da er sich in das Unvermeidliche fügt, noch weiter hinauszuzögern. Er fordert das Schicksal heraus: Beim Abstieg nach Schliersee-Fischhausen, wo sie die Pfingsttage bei den Eltern eines Kameraden verbringen wollen, laufen Gehlen und seine Leute französischen Gebirgsjägern in die Arme, die mit ihren Mulis im Tal bei einer kleinen Ansammlung von Häusern rasten. In französische Kriegsgefangenschaft zu geraten, hätte alle Pläne mit einem Schlag zunichte gemacht. Aber Gehlen beweist Nervenstärke. Als einer der Franzosen seinen Kopf aus einem Fenster streckt, schreitet Gehlen energisch an ihm vorbei und grüßt mit einem selbstbewussten «Bonjour, Monsieur». Der Franzose ist zufrieden, und die deutschen Offiziere genießen in der Tat – so unglaublich es klingen mag in diesen Zeiten – über Pfingsten die Gastfreundschaft der Eltern ihres Kameraden «Erwin», «mit denen wir uns viel zu erzählen hatten»[6].

Deutschland liegt in Schutt und Asche. Es ist die Zeit des ersten Erkennens, des Begreifens. Das Ausmaß von Tod und Zerstörung, das zwölf Jahre Tausendjähriges Reich über Deutschland und die Welt gebracht haben, dringt erst langsam in das allgemeine Bewusstsein. Zu groß ist der Schock. Bei den Besiegten, aber auch bei den Siegern, die vor den Baracken von Dachau und Auschwitz stehen. Der Augenblick bestimmt die meisten; die Zukunft liegt im Dunkeln, wenn es sie gibt.

Generalleutnant Reinhard Gehlen ist anders. Für ihn soll die Zukunft am 22. Mai 1945 beginnen. An diesem Tag schnallt er sich seinen alten Rucksack um und marschiert zum Bürgermeisteramt, wo der amerikanische Ortskommandant residiert. Jetzt ist auch für ihn der Krieg vorbei. Ein harter Tag für den stolzen Berufsoffizier. Noch 1971 schreibt Gehlen: «Auf der einen Seite empfand ich eine Art Galgenhumor, dass ich – immerhin Generalmajor in einer wesentlichen Stellung während des Krieges – mich nunmehr einem jungen amerikanischen Oberleutnant ausliefern musste. Andererseits gab es kein Zurück.»[7]

Hätte er das tatsächlich gewollt? Zurück?

Ein junger Mann will nach oben

Wer war dieser Mann, der es binnen weniger Jahre zur Geheimdienstlegende bringen sollte? «Spion des Jahrhunderts»[8] wird er genannt werden. Auch «Der Mann im Dunkeln»[9] oder «Mann ohne Gesicht»[10], und sein Kontrahent in der Nachkriegszeit, der ehemalige Oberstleutnant Friedrich Wilhelm Heinz, wird ihn als «Produkt einer geistigen Schäferstunde zwischen Mata Hari und General Ludendorff»[11] bezeichnen. In die Wiege gelegt ist ihm diese Karriere nicht, als Reinhard Gehlen am 3. April 1902 in Erfurt geboren wird. Sein Vater Walter Gehlen ist Oberleutnant beim 19. Thüringischen Feldartillerieregiment, seine Mutter Katharina Margarete stammt aus der flämischen Adelsfamilie van Vaernewyck. Sie sind «preußische Traditionalisten und gläubige Monarchisten»[12], doch eine große Karriere in der kaiserlichen Armee macht Walter Gehlen nicht. Aus gesundheitlichen Gründen[13] oder weil er schlicht die Lust am Offiziersberuf verliert[14], scheidet Walter Gehlen 1908 aus und zieht mit seiner Familie nach Breslau, wo sein Bruder – Mitinhaber des Leipziger Verlages Ferdinand Hirt – ihm die Leitung der dortigen Niederlassung verschafft. In Breslau besucht Reinhard Gehlen ab 1911 die König-Wilhelm-Oberschule.

Über seine Kindheit ist fast nichts, über seine Jugend nur wenig bekannt. In seinen Erinnerungen geht Gehlen mit keinem Wort auf Herkunft und frühe Jahre ein. So bleiben auch die Beschreibungen in der Literatur blass und widersprüchlich. Dass er beständig zu den Klassenbesten gehörte und ein auffallendes mathematisches Talent besaß, wird ihm allgemein bescheinigt. Auch über die Tatsache, dass er ein Einzelgänger war, der von seinen Mitschülern ob seiner intellektuellen Leistungen mehr geachtet denn geliebt wurde, herrscht Einigkeit.[15] Dass er unter Minderwertigkeitskomplexen litt, weil ihm seine schmächtige Statur verbot, den sportlichen Großtaten seiner Kameraden nachzueifern, weiß hingegen nur sein Biograph E.H. Cookridge zu berichten. Der Rest bleibt dunkel. Wie hat der jugendliche Gehlen den Ersten Weltkrieg, die erste große Katastrophe des 20. Jahrhunderts erlebt? Es ist nichts darüber bekannt. Sein Vater Walter musste den grauen Rock wieder anziehen und als Hauptmann ins Feld.[16] Cookridge berichtet, er habe in

Flandern das Eiserne Kreuz errungen und sei im Range eines Majors aus dem Krieg zurückgekehrt. Danach habe er große Probleme gehabt, sich im zivilen Leben zurechtzufinden.[17] Der DDR-Autor Julius Mader hingegen attestiert dem Vater nach dem Kriege eine schwunghafte verlegerische Produktivität, die bereits früh von revanchistischen und nationalistischen Tendenzen geprägt gewesen sei.[18] Tatsache ist, dass der brillante Schüler Reinhard Gehlen 1920 sein Abitur besteht und sich umgehend um eine Offiziersstelle bewirbt. Am 20. April 1920 tritt er in die vorläufige Reichswehr ein und wird am 1. Januar 1921 als Fahnenjunker zum 6. Leichten Artillerieregiment in Schweidnitz/Schlesien beordert. Diese Tatsache ist es wert, näher betrachtet zu werden.

Der Abiturient Gehlen traf die Entscheidung, die sein ganzes Leben bestimmte, in einer Zeit, in der eine Offizierslaufbahn nicht eben glänzende Zukunftsaussichten bot. Der Versailler Vertrag begrenzte das deutsche Heer auf 100.000 Mann. Eine Generalstabsausbildung war dem deutschen Offizierskorps untersagt. Der Glanz der Kaiserzeit mit ihren Aufmärschen und Paraden war in den Schützengräben Frankreichs endgültig erloschen. Der Historiker Hagen Schulze schreibt: «Die Reichswehr ist kaum sichtbar, ihre Garnisonen liegen vorwiegend auf dem Land und in kleinen Städten, denn die Großstädte gelten als gefährlich für die politische und sonstige Moral der Soldaten. Der Offizier trägt jetzt unscheinbares Feldgrau, und die Zeit, in der er Vorbild und Wunschtraum bürgerlicher Selbstbestätigung war, ist längst vorbei.»[19]

Es bedarf eines besonderen inneren Antriebs, in dieser Situation eine Karriere in der Reichswehr anzustreben. Oder eines besonders guten Gespürs für die Stimmung im Land. Nach der verheerenden Niederlage und in den Wirren der jungen Weimarer Republik regt sich in Deutschland der Wunsch nach Wiederherstellung von Ruhe und Ordnung. Die herrschenden Verhältnisse sind nicht das, was sich die Mehrheit der Deutschen darunter vorstellt. Die ersten Reichstagswahlen am 6. Juni 1920 werden zur Katastrophe für die neue Demokratie. Die Sozialdemokratische Partei und die DDP (Deutsche Demokratische Partei) erleiden verheerende Niederlagen, während die Rechtsparteien DVP (Deutsche Volkspartei) und DNVP (Deutschnationale Volkspartei) ihren Stimmenanteil mehr als verdoppeln können. Nach anderthalb Jahren ist der demokratische Konsens in Deutschland schon wieder dahin. Die Republik tritt «in ihre innere Normallage ein» [20].

Auch die Armee arbeitet längst an der Rückkehr zur «Normalität». Sie ist entschlossen, das ihre dazu beizusteuern, die politische Macht des Reiches zu restaurieren, Deutschland wieder zu einem begehrten Verbündeten zu machen. Für den neuen Chef der Heeresleitung, Generalmajor Hans von Seeckt, heißt das vor allem: Wiederherstellung der militärischen Bündnisfähigkeit – also Ausbau des Heeres.[21] Das Offizierskorps soll wieder werden, was es einmal war, eine homogene Elite. Ist der Versailler Vertrag nicht zu revidieren, so muss er umgangen werden. Von Seeckt schottet die Armee konsequent gegen alle politischen Einflüsse ab und legt die Fundamente für eine Reichswehr, die als «Staat im Staat» neben oder sogar über, aber nicht mit der Republik agiert. Ein ehemaliger Stabsoffizier sagt angesichts von Freikorps-Soldaten während des Kapp-Putsches angeekelt: «Politik gehört nicht ins Heer. Im Heer ist man vorschriftsmäßig angezogen, tut seinen Dienst und gehorcht seinen Vorgesetzten. Das ist alles.»[22]

Das war auch alles, was der junge Fahnenjunker Gehlen in den ersten Jahren tun konnte: Arbeiten, gehorchen, abwarten. Die Zeit der steilen Karrieren war noch nicht wieder gekommen. Am 1. Dezember 1923 wird Gehlen zum Leutnant befördert. Er lässt sich nicht beirren und arbeitet verbissen an der Realisierung seiner Ziele. Die Vorgesetzten registrieren das. 1926 wird der passionierte Reiter an die renommierte Kavallerieschule Hannover abkommandiert. Ein erster Schritt? Der Durchbruch? Gehlen weiß es immer noch nicht. Nach zwei Jahren in der großen Stadt wird er endlich – er ist jetzt schon acht Jahre bei der Reichswehr – zum Oberleutnant befördert. Nur um kurz darauf wieder in die Provinz versetzt zu werden. Zurück zu seinem alten Regiment in Schweidnitz.[23]

Wie Reinhard Gehlen geht es in diesen Jahren vielen jungen Offizieren im deutschen Heer. Der ehrgeizige Soldat muss sich in Geduld üben, aber die Zeit arbeitet für ihn. Die Anstrengungen, Deutschlands Militärmaschinerie zu alter Stärke zu bringen, werden im Geheimen, aber mit Macht und unbehindert von politischer Einmischung vorangetrieben. Seit dem Vertrag von Rapallo 1923 werden die Wiederaufrüstung mit schweren Waffen und die Offiziersausbildung mit Unterstützung der Sowjetunion forciert. Die Reichstagswahlen von 1925 geraten zum «Volksentscheid gegen die parlamentarische Demokratie» [24], und mit dem greisen Paul von Hindenburg wird ein Generalfeldmarschall Reichspräsident. Das «Kabinett der Frontsoldaten» unter Reichskanzler Heinrich Brüning zementiert 1930 den Einfluss der Reichswehr auf die deutsche Politik. Die Aufrüstung erhält einen weiteren Schub.[25]

Einen gesellschaftlichen Schub bekommen Reinhard Gehlens Ambitionen durch seine Heirat mit Herta Charlotte Agnes Helena von Seydlitz-Kurzbach am 10. September 1931. Die neue Frau Gehlen ist Tochter eines Husaren-Oberstleutnants und über hundert Ecken mit dem Reitergeneral Friedrichs des Großen, Friedrich Wilhelm von Seydlitz, verwandt. Auch Gehlen steckt seine Ziele hoch: In den Generalstab zu gelangen, ist der Traum jedes Berufsoffiziers.[26] Aber nach den Bestimmungen des Versailler Vertrages durfte es keinen deutschen Generalstab und keine Generalstabsausbildung geben. Dafür gab es die Zusammenarbeit mit der Sowjetunion, das Truppenamt statt des Generalstabs und die Wehrkreiskommandos anstelle der aufgelösten Kriegsakademie. Mit der Machtergreifung Hitlers am 30. Januar 1933 fielen die letzten Schranken. Die zukünftige Elite der deutschen Armee wurde nun in der «Führergehilfen-Ausbildung» bei den Wehrkreiskommandos herangezogen. Gehlen ergriff die Chance: Er bestand die zu absolvierende Aufnahmeprüfung. Entgegen der anders lautenden Legende kam er in dieser Zeit auch bereits mit der Geheimdienstmaterie in Berührung. Den nachrichtendienstlichen Ausbildungsabschnitt seiner Generalstabskarriere absolvierte er 1933/34 in der Nachrichtenabteilung 5 in Stuttgart-Cannstatt, die sich mit der Aufklärung gegenüber Frankreich und der neutralen Schweiz beschäftigte.[27] 1935 war Gehlen Hauptmann. Im Oktober 1936 wurde er in die Operationsabteilung des Generalstabes des Heeres, der jetzt wieder so hieß, kommandiert und erhielt die ersehnten roten Streifen eines Generalstabsoffiziers. Hauptmann Reinhard Gehlen war am vorläufigen Ziel seiner Träume.[28]

Eine Kriegskarriere

Der Mann, der eine Spionagelegende werden sollte, wollte eigentlich alles werden, nur keine Spionagelegende. Die Erfüllung eines Generalstäblers ist es in der Regel, die Schlachten zu planen, die andere schlagen müssen. Analytischer Verstand gepaart mit strategischer Weitsicht entwirft am Kartentisch das Schicksal der Völker. So hatte es auch Gehlen geplant. In seinen Erinnerungen schreibt er: «Ich bin der Überzeugung, dass das Exemplarische meines Lebens eine Veröffentlichung nicht rechtfertigt. Erziehung im Elternhaus, Abitur, Eintritt in die Reichswehr, Ende 1923 Leutnant, dann der Dienst in wechselnden Stellungen in Truppe und Stäben, alles dies entspricht dem Lebensgang jedes beliebigen Generalstabsoffiziers, ohne dass dies allgemeines Interesse beanspruchen dürfte, bis ich am 1. 4. 1942 zum Chef der Abteilung Fremde Heere Ost im Generalstab des Heeres ernannt wurde ... Ohne mein Zutun nahm von diesem Zeitpunkt an mein Leben eine Wendung zum Einmaligen und Außergewöhnlichen.»[29]

Der Zweite Weltkrieg beginnt für den karrierebewussten Offizier mit einer Panne. Als Hitler im September 1939 den Befehl zum Überfall auf Polen gibt, ist Reinhard Gehlen 1. Generalstabsoffizier der 213. Infanteriedivision in Breslau. Seine Division zieht als Reserve der Heeresgruppe Süd in Polen ein, doch bevor er den Verband an die kämpfenden Truppen heranführen kann, ist der Feldzug schon zu Ende. Die Division gibt keinen Schuss ab, aber er bekommt für den Fronteinsatz dennoch das Eiserne Kreuz 2. Klasse.[30] Entscheidender für die weitere Karriere Gehlens ist der Eindruck, den er auf zwei herausragende Mitglieder der soldatischen Elite Hitlers macht. Der eine ist Generaloberst Franz Halder, Generalstabschef des Heeres, der andere ist Oberst Adolf Heusinger, Chef der Operationsabteilung des Generalstabs. Beide werden Förderer und Mentoren Gehlens. Bei Heusinger, nach dem Krieg erster Generalinspekteur der Bundeswehr, wird er sich revanchieren können.

Die Lebensaufgabe Reinhard Gehlens wartet bereits auf ihn. Zunächst holt Halder ihn in die Operationsabteilung des Generalstabs, wo er sich als Gruppenleiter «Landesbefestigungen» mit den Aufmarsch-

und Kriegsplänen für den bevorstehenden Angriff im Westen beschäftigt. Während des Frankreichfeldzuges agiert Gehlen als Halders Verbindungsoffizier zur 16. Armee unter General Walter Model. Im Juni 1940 ernennt der Chef des Generalstabes ihn zu seinem Ersten Adjutanten.[31] Wenig später wird Gehlen Leiter der Ostgruppe der Operationsabteilung. Sein Kontakt zu Heusinger wird dort enger, was für sein zukünftiges Leben von entscheidender Bedeutung ist, und er beschäftigt sich zum ersten Mal intensiv mit der Sowjetunion, dem Thema, das ihn sein ganzes Leben nicht mehr loslässt. Es ist nur noch ein kleiner Schritt bis zu seiner Bestimmung. Die Beurteilungen, die Gehlen von seinen Vorgesetzten erhält, sind hymnisch. Er arbeitet verbissen. Eine Offensive gegen den Bosporus und Syrien? Ein Plan für die Besetzung Nordgriechenlands? Der Feldzug gegen Jugoslawien? Er plant und konzipiert, und seine Chefs sind begeistert. Halder notiert in Gehlens Personalakte: «Verbindet hervorragendes sachliches Können und ungewöhnliche Arbeitskraft mit starker Gestaltungskraft und soldatischem Schwung. Für führende Stellungen im Generalstab geschaffen.»[32]

Diese sind bald dringend zu besetzen. Die «Operation Barbarossa», Hitlers Feldzug gegen die Sowjetunion, an dessen Planung Gehlen ebenfalls mitgearbeitet hatte, war im russischen Winter eingefroren. Die Illusion, den Krieg im Osten siegreich beenden zu können, bevor Schlamm, Schnee und Eiseskälte die vordringenden deutschen Armeen stoppen würden, war zerplatzt wie eine Seifenblase. Konflikte zwischen der militärischen Führung und Hitler einerseits und katastrophale Fehleinschätzungen des Gegners andererseits führten zum Zusammenbruch der deutschen Offensive am 5. Dezember 1941. Einen Tag später begann der groß angelegte russische Gegenangriff.[33] Am Ende des Winters waren über eine Million deutsche Soldaten – von 3,2 Millionen, die den Überfall auf die Sowjetunion im Sommer begonnen hatten – tot, gefangen oder vermisst. Auch die Verluste an Kriegsmaterial waren kaum zu ersetzen. Aber Hitler wartete nur ungeduldig darauf, im Frühjahr eine neue Offensive starten zu können. Generalstabschef Halder kannte die grausigen Zahlen und legte sie Hitler auch vor, aber auch er und die anderen Generalstäbler unterstützten trotz allem die Planungen des «Führers». Immer noch unterlagen sie einer völligen Fehleinschätzung der militärischen und wirtschaftlichen Lage der Sowjetunion und rechneten mit deren baldigem Zusammenbruch. Sie verließen sich in ihrer Beurteilung nicht zuletzt auf höchst mangelhafte Spionageberichte und eine unzulängliche Feindaufklärung.[34] Diese Feindaufklärung, der so genannte Ic-Dienst, trug den Namen «Fremde Heere Ost». Zumindest Generalstabschef Halder muss gewusst oder geahnt haben, dass dessen Ergebnisse äußerst fragwürdig, wenn nicht unbrauchbar waren. In seinem Kriegstagebuch notiert er am 31. März 1942: «Ersatz des Chefs Fremde Heere Ost, der meinen Ansprüchen nicht genügt.»[35]

Ersatz ist schon gefunden: Auf Vorschlag von General Heusinger wird Reinhard Gehlen am 1. April 1942 zum Chef der Abteilung «Fremde Heere Ost» ernannt und zum Oberst befördert. Er hatte nie eine Geheimdienstkarriere angestrebt, aber jetzt war er verantwortlich für die militärische Aufklärung an der gesamten Ostfront. Sein ganzes Leben war von nun an untrennbar mit der Sowjetunion verknüpft. Gehlen übernahm seine neue Aufgabe zu einem Zeitpunkt, da die Lage hoffnungslos verfahren schien. Die paradiesischen Geheimdienstzeiten der Weimarer Republik, als Reichswehr und Rote Armee konspirativ zusammenarbeiteten, waren mit der Machtergreifung Hitlers schnell vorbei. Die Sowjetunion wurde wieder weitgehend *terra incognita.* Die Erkenntnisse der Horchkompanien der Fernmeldetruppe, das Wissen der Militärattachés sowie die offenen Informationen aus der sowjetischen Militärliteratur ergaben nur vordergründig ein Bild von der Stärke und der Strategie des sowjetischen Militärapparates. Auch der Geheime Meldedienst der Abwehr lieferte mehr Masse als Klasse. Und selbst das Material, das den Deutschen im Zuge ihres Überfalls auf Polen oder durch die Öffnung der Archive neuer Satellitenstaaten wie Finnland oder Rumänien in die Hände fiel, war zwar reichhaltig und zum Teil detailliert, hatte aber nichts daran geändert, dass Gehlens Vorgänger zu Beginn des Russlandfeldzuges von völlig falschen Voraussetzungen ausgegangen war. Bei seiner Einschätzung der maximalen russischen Mobilmachungskapazität lag Oberst Eberhard Kinzel um rund eine Million Mann daneben, und auch bei der Voraussage des Aufmarschschwerpunktes der Roten Armee verschätzte er sich um mehrere hundert Kilometer.[36] Der Verlauf der Operation Barbarossa hatte das Versagen der

Der junge Wehrmachtsgeneral Reinhard Gehlen

deutschen Aufklärung dramatisch offenbart, als Gehlen daran ging, die Feindaufklärung für eine Fortsetzung des Feldzuges fit zu machen.

Der Geheimdienstnovize musste sich aber nicht nur mit der mangelhaften Arbeit seines Vorgängers herumschlagen: Der Dissens zwischen Adolf Hitler und seinem militärischen Oberkommando wurde immer offensichtlicher. Hitler griff zunehmend in die strategische Planung seiner Armeeführung ein und versuchte, ihr Vorgehen im Sinne seiner Zielsetzungen zu bestimmen. So hatte er sein vorrangig ideologisches Ziel, neuen Lebensraum im Osten zu gewinnen, längst revidiert. Hitlers Credo hieß jetzt Öl, das er im Südosten zu erobern hoffte. Ohne die Ölfelder des Kaukasus und einen freien Zugang zum Schwarzen Meer konnte der Krieg nach seiner Meinung nicht weitergeführt, geschweige denn gewonnen werden. [37]

Generalstabschef Halder war ursprünglich gegen diese Strategie. Er sah in einer Offensive gegen Moskau die beste Möglichkeit, den schnellen und totalen Sieg über die Sowjetunion zu erzwingen. Er setzte auf die psychologische Wirkung, die eine Einnahme des politischen Nervenzentrums und Hauptverkehrsknotenpunktes auf die russische Kriegführung haben musste.[38] Doch der Widerstand der Generäle war zu schwach, später überhaupt nicht mehr existent. In seiner Weisung vom 23. Juli 1942 nahm Hitler endgültig das Heft in die Hand und diktierte dem Generalstab den Weg in den Untergang. Frühere Pläne wurden revidiert. Die Heeresgruppe Süd wurde in zwei Gruppen geteilt, die nun die Angriffe auf den Kaukasus und Stalingrad zeitgleich vortragen sollten. Die Eroberung der symbolträchtigen Stadt musste dabei ausgerechnet die schwächere der beiden neuen Heeresgruppen leisten.

Was vordergründig als Konflikt zwischen einem größenwahnsinnigen Diktator und seinen durchsetzungsschwachen Generälen, als Kampf um Strategien und Kriegsziele erscheint, wirft zugleich ein grelles Licht auf die nachrichtendienstliche Lage und die mangelhaften Entscheidungsgrundlagen der deutschen Kriegführung. Der britische Hitler-Biograph Ian Kershaw schreibt zu Hitlers Sommeroffensive 1942, die in die Katastrophe von Stalingrad führte: «Diese Strategie lässt sich nur als glatter Wahnsinn bezeichnen. Nur die Annahme einer tatsächlich nicht vorhandenen Schwäche der sowjetischen Streitkräfte, die jedes Außer-Acht-Lassen an Vorsicht mit grenzenlosem Optimismus verband, hätte den Umfang des Risikos rechtfertigen können. Aber Hitler schätzte die Stärke des Feinds als gering ein.»[39]

Auch Reinhard Gehlen war nicht davor gefeit, den Fehlleistungen der deutschen Aufklärung zu folgen. So war er im Mai 1942, ausgehend von Ergebnissen der Auswertegruppe der Fremde Heere Ost, davon überzeugt, dass die Russen einen deutschen Angriff im Süden erwarteten. Das Gegenteil war der Fall. Die Russen erwarteten eine Wiederaufnahme der Offensive gegen Moskau. Sie selber griffen die deutsche Armee im Süden an.[40]

Das dritte schwerwiegende Problem, mit dem sich Gehlen auseinander setzen musste, waren die unübersichtlichen und rivalisierenden Strukturen der deutschen Geheimdienste. Dies hatte weit reichende Auswirkungen auf seine zukünftige Arbeit. Die Abteilung Fremde Heere Ost, die tägliche Lageberichte über Stärke, Einsatzräume und Bewaffnung der russischen Truppe anfertigen und darüber hinaus längerfristige Feindlagebeurteilungen erstellen musste, hatte keinen eigenen Aufklärungsapparat. Gehlens Truppe war vom Nachrichtenfluss anderer Dienste abhängig, deren Nachrichtenaufkommen sie analysieren und bewerten musste. Die zwei wichtigsten in diesem Zusammenhang waren das Amt Ausland/Abwehr des Oberkommandos der Wehrmacht und der Auslandsnachrichtendienst des SD, der schließlich 1938 als Amt VI in das berüchtigte Reichssicherheitshauptamt Ernst Kaltenbrunners überführt wurde. Und ausgerechnet diese beiden Dienste, auf die Gehlen angewiesen war, führten untereinander einen erbitterten Kampf um die nachrichtendienstliche Vorherrschaft.[41]

Fremde Heere Ost: General Gehlen organisiert

Die Ausgangslage konnte schlechter nicht sein. Wenig sprach dafür, dass Gehlen alle Probleme, vor denen er stand, überblicken, geschweige denn in kurzer Zeit lösen konnte. Dennoch stürzte er sich im Sommer 1942 auf die neue Aufgabe, Fremde Heere Ost zu einer schlagkräftigen Abteilung zu machen. Dabei fand er schnell Mitstreiter, die mehr als nur kurzfristige Bedeutung für den deutschen Geheimdienst erlangen sollten. Wie die meisten neuen Besen kehrte auch Gehlen zunächst unter dem alten Personal, das seine Arbeit so schlecht verrichtet hatte. Zu den wenigen, die Gnade fanden, gehörte ein junger 29-jähriger Hauptmann aus Neumünster, Gerhard Wessel, dessen analytischer Verstand und rhetorische Begabung sich herumgesprochen hatten und auch Gehlen überzeugten. Er übertrug Wessel die Leitung der Gruppe I seiner Abteilung, in der die täglichen Lageberichte zu Stärke, Bewaffnung und Einsatzgebieten der Sowjetarmee erstellt wurden.

Gehlen suchte vor allem Mitarbeiter, die Russland kannten und die russische Sprache beherrschten. Er fand den Generalstabsoffizier Major Heinz Danko Herre, der in nahezu allen Punkten seinen Vorstellungen entsprach.[42] Der 33-jährige gebürtige Lothringer hatte schon in mehreren Feldzügen Fronterfahrung gesammelt und wäre auch lieber im Fronteinsatz geblieben. Dafür hatte Gehlen eingedenk seiner eigenen früheren Ambitionen Verständnis. Er machte seinem neuen I. Generalstabsoffizier und Stellvertreter aber klar, dass er auf keinen Fall auf ihn verzichten könne, und er machte auch keinerlei Hehl aus seinem Urteil über die bisherige Führung der Fremde Heere Ost, wie Herre sich erinnerte: «Hierbei bezeichnete Gehlen den bisherigen Leiter der Abteilung, Oberst Kinzel, als leichtfertig und unseriös. Außerdem sei die Abteilung völlig überaltert, keinerlei Schwung, Jasagerei, kein Vertreten der gewonnenen Erkenntnisse, diese auch schwach, da schlecht organisiert. Dabei waren dies keine Äußerungen nach dem Motto: ‹neue Besen kehren gut›, sondern eine Überzeugung, die er in seiner Funktion in der Operations-Abteilung klar und unwiderleglich gewonnen hatte.»[43]

Gehlen überzeugte Major Herre und machte ihn zum Leiter der FHO-Gruppe II, die Geheimdienstmeldungen auszuwerten und längerfristige Feindlagebilder der Sowjetunion zu erstellen hatte. Doch um die erkannten Defizite schnellstmöglich abzubauen, reichte es nicht, zwei neue Gruppenleiter zu rekrutieren. Gehlen erneuerte den gesamten Apparat, und er tat es konsequent. Ob Frontoffizier oder Ostforscher, Nazi-Gegner oder SS-Sturmbannführer, Pastor oder Pressezeichner, wer sich bewarb und seinen hohen Anforderungen entsprach, wurde eingestellt und seinen Fähigkeiten entsprechend auf die Gruppen und Referate verteilt.[44] Herkunft oder politische Einstellung seiner Mitarbeiter waren Gehlen egal, solange sie versprachen, gute Ergebnisse zu liefern.

Einer fachgerechten Analyse der Lage an der Ostfront stand so scheinbar nichts mehr im Wege. Aber das Hauptproblem war noch nicht gelöst: Um den Generalstab des Heeres mit den ersehnten täglichen Feindlageberichten für alle drei Heeresgruppen der Ostfront und mit weiter in die Zukunft und in die Tiefe blickenden Studien und Analysen beliefern zu können, benötigten die Gruppen und Referate der Abteilung Fremde Heere Ost eine Unmenge von Informationen: Truppenbewegungen, Verbandsstärken, personelle Zusammensetzung, Führungsstruktur, Bewaffnung, Produktionskapazitäten der Rüstungsindustrie, Transportwege und Verteilungsplane für Nachschub an Mensch und Material. Vom System der Disziplinarstrafen bis zu den Feldpostnummern interessierte Gehlens Feindlagebearbeiter und Analytiker jede Einzelheit über die Armee des Feindes. Nur: Alles, was die Experten des Generals analysierten, bewerteten und in Lageberichte und Memoranden gossen, wurde ihnen von anderen Stellen geliefert. Gehlen sah seine fatale Abhängigkeit von Material, auf dessen Gewinnung er keinen Einfluss hatte. Er beschloss, auch hier Abhilfe zu schaffen.

Die eigentliche strategisch-militärische Auslandsaufklärung, der Geheime Meldedienst, lag im Zuständigkeitsbereich des Amtes Abwehr/Ausland des Oberkommandos der Wehrmacht. Das Amt wurde seit 1938 von dem legendären Admiral Wilhelm Canaris geleitet. Doch der Admiral, der mit der nationalsozialistischen Ideologie und ihren Erfindern nichts anfangen konnte, hatte vom ersten Tag an einen Gegner, der immer mächtiger wurde: Walter Schellenberg, einer der engsten Berater von Reinhard Heydrich, dem berüchtigten Chef des Sicherheitsdienstes (SD). Rudolf Heß, der den SD mit geschaffen hatte, nannte den Dienst «das Gehirn von Partei und Staat».[45] Bei SS-Sturmbannführer Walter Schellenberg hieß das später in typischem NS-Schwulst «das bewegliche Instrument, das Tast- und Sinnesorgan am Körper des Volkes, in allen Gegnerkreisen, auf allen Lebensgebieten».[46] Bei aller sprachlichen Entgleisung traf Schellenberg den Kern: Der SD war der allumfassende Spitzel- und Denunziationsapparat des Führerstaates und seines Terrorsystems, seit 1934 offiziell einziger Nachrichtendienst der NSDAP. Der Gründungsgegner des SD war das deutsche Volk, aber das reichte dem ehrgeizigen SS-Mann Schellenberg, dem «akademisch gebildeten intellektuellen Gangster und fähigen politischen Manipulator»[47], bald nicht mehr. Er träumte davon, den SD auch zum Auslandsnachrichtendienst – zum nationalsozialistischen Supergeheimdienst[48] – zu machen. Bereits Ende 1938 entwickelte er das Konzept eines «Reichssicherheitsdienstes». Zunächst aber wurde das Reichssicherheitshauptamt, RSHA, gegründet, das Gestapo, Kriminalpolizei und SD unter einem Dach zusammenfasste. Der SD blieb ohne exekutive Befugnisse vor allem das Organ der Partei. Schellenbergs Stunde war noch nicht gekommen. Erst im Juni 1941 übernahm er das Amt VI des RSHA, in das der Auslandsnachrichtendienst des SD überführt wurde. Jetzt konnte er auf die Chance warten, den nachrichtendienstlichen Alleinvertretungsanspruch des Amtes Abwehr/Ausland auf militärischem Gebiet zu attackieren und seinen Gegenspieler Admiral Canaris zu stürzen. Die Chance kam. Canaris sollte seinen Kampf gegen Schellenberg und das RSHA verlieren. Am 18. Februar 1944 wurde er seines Amtes als Abwehrchef enthoben. Er unterstützte die Widerstandskämpfer des 20. Juli und wurde am 9. April 1945 – vier Wochen vor der Kapitulation – im Konzentrationslager Flossenbürg hingerichtet.

1942 aber war Admiral Canaris der geborene Verbündete Reinhard Gehlens, denn er befand sich in genau der entgegengesetzten Lage wie der Leiter der Fremde Heere Ost: Gehlen hatte eine vermeintlich perfektionierte Auswertung, aber keine Beschaffung. Canaris dagegen hatte keine Auswertung, aber er verfügte im Osten über so genannte Frontaufklärungskommandos und die Frontaufklärungsleitstelle I Ost – Deckname: Walli I –, die regelmäßig Nachrichten aus dem Bereich der Sowjetunion lieferten. Die Frontaufklärungskommandos bestanden aus Agentenkolonnen, die der feindlichen Front folgend Nachrichten per Funk liefern sollten, und aus Nachrichtenbeschaffungsoffizieren, deren Aufgabe es war, Nachrichten und Material durch Gefangenenverhöre oder das Durchsuchen von Gefechtsständen zu gewinnen sowie Agentenmeldungen auszuwerten und weiterzuleiten.[49] Chef der Leitstelle Walli I war Major Hermann Baun. Er durfte sich mit Recht Russland-Experte nennen. Geboren in Odessa am Schwarzen Meer, sprach er Russisch und Ukrainisch und hatte auch nach seiner Übersiedlung nach Leipzig nie aufgehört, sich mit Russland zu beschäftigen.[50] Baun leitete die Frontaufklärungskommandos, deren Nachrichtenbeschaffungsoffiziere mit ihren V-Männern in einem Bereich von 50 Kilometern vor der deutschen Front Informationen sammeln sollten. Daneben existierten Agentenkolonnen oder -trupps, deren Mitglieder zu Erkundungsaufträgen bis zu 300 Kilometer tief in das Gebiet der Feindverbände vorzudringen hatten. Diese V-Leute sollten aus der einheimischen Bevölkerung, aus Russen, Polen, Ukrainern, Kosaken oder Esten rekrutiert werden.[51] Der Auftrag war klar, die erfolgreiche Umsetzung schwer.

General Gehlen erkannte das Potenzial, das in Canaris' Organisation schlummerte, und nahm so bald als möglich Kontakt mit dem Abwehr-Admiral auf.[52] Canaris hatte für die Nöte seines «Kollegen» ein offenes Ohr: «Es ist kennzeichnend für den uneingeschränkten Willen des Admirals zur Zusammenarbeit, dass er ohne Zögern meiner Bitte entsprach, mir alle im Bereich der Ostfront eingesetzten Stellen seines Bereiches, mit Ausnahme der IIer-Stellen (Sabotage), mit denen ich bei der politischen Gesamtsachlage nichts zu tun haben wollte, zu unterstellen ... Ich konnte daher den Stab der Leitstelle Walli I, welche die Frontaufklärung im Osten ... steuerte, an das Hauptquartier des Oberkommandos des Heeres nach Nikolaiken heranziehen, sodass nunmehr örtlich eine enge Verbindung für die Aufklärung im geheimen Meldedienst mit der Abteilung Fremde Heere Ost vorhanden war.»[53]

Major Bauns großes Manko aber war sein eklatanter Mangel an geeigneten einheimischen Agenten, die sich nur langsam aus den Reihen der Kriegsgefangenen rekrutieren ließen. Gehlen sah auch dieses Problem. Er zog Baun immer enger an sich heran, bis dieser schließlich ganz in den Dienst der Abteilung Fremde Heere Ost eintrat und dort seinen Beschaffungsapparat entwickelte und verfeinerte.[54] Nächstes Objekt auf Gehlens Wunschliste war die Frontaufklärungsleitstelle III (Deckname Walli II), die unter der Leitung von Oberstleutnant Heinz Schmalschläger für die Gegenspionage an der Ostfront zuständig war. Walli II bekämpfte den sowjetischen Geheimdienst und dessen Agentennetze, die auf deutschem Besatzungsgebiet tätig waren. Sie hatte mithilfe antikommunistischer russischer und ukrainischer Überläufer sogar einigen Erfolg.[55] Außerdem beschäftigte sich Walli II mit den Partisanengruppen, die ihren Krieg gegen die deutschen Besatzer führten, und versuchte deren Stäbe zu infiltrieren.[56] Auch hier handelte Gehlen schnell und konsequent und brachte Heinz Schmalschläger auf seine Seite.

Damit hatte er es geschafft. Mit strategischem Weitblick, Durchsetzungsvermögen und der Hilfe von Admiral Canaris hatte er sich eine Struktur geschaffen, die es ihm ermöglichte, wirklich geheimdienstliche Arbeit zu leisten oder leisten zu lassen.[57] Außerdem hatte er etwas vollbracht, von dem er noch nichts ahnen konnte: Mit Gerhard Wessel, Heinz Danko Herre und Hermann Baun hatte er drei Gründungsväter des späteren Bundesnachrichtendienstes um sich geschart. Noch aber ging es um den «Endsieg» Hitler-Deutschlands. Sie alle hielten ihn noch für möglich.

Hier sei ein wichtiger Einschub erlaubt: Reinhard Gehlen erklärt in seinen Erinnerungen, er habe schnell engen persönlichen Kontakt zu Admiral Canaris gewonnen.[58] So habe man sich bereits 1942 über so elementare Fragen wie Landesverrat und Hochverrat ausgetauscht. Gehlen erweckt den Eindruck, in enger Verbindung zu den Offizieren des 20. Juli gestanden zu haben, über deren Pläne er früh informiert gewesen sein will: «Im Jahre 1943 wies mich General Heusinger kurz in die Widerstandsvorbereitungen ein … In der Folgezeit habe ich mich bemüht, in manchen Unterhaltungen mit meinem Regimentskameraden Stieff, damals Chef der Organisationsabteilung, auf die zwingend notwendige Beschränkung des Mitwisserkreises und vor allem auf allergrößte Vorsicht bei der Vorbereitung von Gewaltaktionen zur Beseitigung Hitlers hinzuweisen.»[59] Und weiter: «Dass ich selbst am 20. Juli 44 nicht sofort in den Kreis der Verdächtigen geraten bin, habe ich nur dem Umstand zu verdanken, dass ich am 1.7.44 eine schwere Sepsis bekam und nach kurzem Aufenthalt im Angerburger Lazarett nach Breslau verlegt wurde. So bin ich wohl einfach ‹vergessen› worden, obwohl Oberst i.G. Freiherr von Freytag-Loringhoven mich zwei oder drei Tage vorher noch im Lazarett besucht hatte, um mich über den Beginn der Aktion am 20. Juli 1944 zu unterrichten.»[60]

Gehörte Gehlen zum Widerstand gegen Hitler? Fakt ist, dass er nicht zum engeren Kreis um Hitler zählte und mittelbar und unmittelbar intensiven Kontakt zu Mitwissern und Beteiligten am Putsch gegen den Diktator besaß. Einer seiner engsten Mitstreiter bei Fremde Heere Ost, Major Herre, nahm schon 1942 im Auftrag Gehlens Kontakt zu Claus Graf Schenk von Stauffenberg auf, der als einer der Köpfe des gescheiterten Attentats am frühen Morgen des 21. Juli hingerichtet wurde.[61] Auch der erste Mitarbeiter Gehlens bei Fremde Heere Ost, Oberst Alexis Freiherr von Roenne, wurde nach dem 20. Juli 1944 gehenkt. Gehlens Förderer, die Generäle Halder und Heusinger, saßen lange wegen des Verdachtes der Mittäterschaft im Gefängnis. Auch sie hatten die Pläne gekannt und sie nicht verraten. Aber sie hatten die Männer des 20. Juli nicht persönlich unterstützt. Diese Offiziere unterwarfen sich ihrem abstrakten soldatischen Pflichtbegriff, der sie letztlich zu Hochverrat nicht befähigte.[62]

Ähnliches mag auch für Gehlen gegolten haben. Aber «vergessen worden» ist er nicht. Seine Rettung vor den Schergen der Gestapo verdankte er seinem Stellvertreter Gerhard Wessel, der nicht nur um die Pläne der Verschwörer wusste, sondern auch, dass Gehlen die Feinplanung der «Operation Walküre» in seinem Schreibtisch verwahrte. Als Wessel vom Scheitern des Attentats erfuhr, eilte er ins Büro seines kranken Chefs, öffnete mit einem Nachschlüssel die Lade und vernichtete den todbringenden Beweis. Als die Häscher des Gestapo-Chefs Heinrich Müller das Büro am nächsten Tag durchsuchten, kamen sie zu spät.[63]

War Reinhard Gehlen also ein Widerstandskämpfer? Er hat das selber von sich so nie behauptet, auch wenn er in späteren Jahren im vertrauten Kreis häufig seine Nähe zum Widerstand des 20. Juli 1944 betonte.[64] War er einfach ein genial opportunistischer Taktiker, der sich alle Türen offen hielt, und den im letzten Augenblick das Schicksal in Gestalt eines getreuen Stellvertreters vor dem Galgen rettete? Auch das klingt zu sehr nach Legende. Vielleicht war er nur ein General wie alle anderen, der das Glück hatte, diejenigen und ihre Pläne zu kennen, die es besser wussten. Diese Tatsache sollte seinen späteren Verbündeten reichen.[65] Diese Tatsache und eine Legende.

Eine Legende? Eine Legende!

Die rigorose Umstrukturierung der Abteilung Fremde Heere Ost war ein eindrucksvoller Beleg für die Zielstrebigkeit und das klare Urteil, mit dem Gehlen an seine Aufgabe heranging. Binnen kurzer Zeit hatte er einen Apparat auf die Beine gestellt, der alle Voraussetzungen erfüllte, hervorragende Aufklärungsarbeit zu leisten. Zumindest in der Papierform seines Organigramms. Vielleicht aber hatte Gehlen schon längst erkannt, dass er letztlich an den Realitäten scheitern musste: Das nahezu unüberwindliche Manko blieb der Mangel an fundierten Informationen aus der Sowjetunion. Es gab so gut wie keine eigene Luftaufklärung, und ein funktionierendes Spionagenetz existierte nicht.[66] Das Datenmaterial, auf dem die Vorhersagen der Abteilung fußten, war dünn und zum Teil fragwürdig. Hier klaffen Anspruch und Wirklichkeit im Leben und in der Arbeit des «Spions des Jahrhunderts» zum ersten Mal auseinander. Reinhard Gehlen muss liefern, und er liefert. Nicht nur Einschätzungen der unmittelbar bevorstehenden Aktivitäten der Sowjetarmee, sondern auch Analysen der Kapazitäten der feindlichen Rüstungsindustrie, ihrer Nachschubmöglichkeiten und Prognosen der Mobilmachungsreserven. All dies ist unabdingbar für eine zutreffende Beurteilung des weiteren Kriegsverlaufs und des voraussichtlichen Ausgangs.

Die Fakten, die Gehlen zusammentragen ließ, waren beeindruckend und für die deutsche Führung niederschmetternd. Aber sie waren zum Teil fahrlässigen Rechenkunststückchen zu verdanken: «Die Produktionszahlen in den ungezählten Ausarbeitungen, Statistiken und Schaubildern, mit denen die Abteilung prunkte, stützten sich nur auf Additionen des sowjetischen Panzerbestandes an der Front und in frontnaher Entfernung ... Ob die Russen wirklich in der Lage waren, den Panzerausstoß in kritischen Situationen von heute auf morgen zu steigern, ob sie die Produktion bei entspannter Lage tatsächlich sofort drosselten, hätte freilich niemand zu sagen vermocht.»[67] Doch genau derartige Schlussfolgerungen wurden von Gehlen und seiner Abteilung verlangt. Dass dies nicht ohne Konsequenzen auf den Kriegsverlauf und das Schicksal Zehntausender Soldaten und Zivilisten bleiben konnte, musste dem Generalstabsoffizier Gehlen klar sein. «Im Grunde handelte es sich um Spielereien, allerdings um gefährliche Spielereien, und zwar dann, wenn jemand die solchermaßen ermittelten Produktionszahlen für bare Münze nahm und auf dieser Grundlage weitere Spekulationen anstellte ... derartige Spekulationen sind aber angestellt worden und auf die Entschlüsse der obersten Führungsstäbe nicht ohne Einfluss geblieben.»[68] Derartige Unwägbarkeiten fochten den Spionagegeneral nicht an. Wo präzise Voraussagen unmöglich oder inopportun erschienen, weil das Nachrichtenmaterial offensichtlich unzureichend war, blieben die Analysen im Vagen und Spekulativen. Oder es wurden mehrere Alternativen aufgezeigt, von denen letztlich eine mit hoher Wahrscheinlichkeit eintreten musste.[69]

In seinen Erinnerungen legte Gehlen Wert auf eine breite Darstellung der angeblich genauen und zutreffenden Recherche seiner Abteilung vor der Katastrophe von Stalingrad.[70] Sehr wohl habe Fremde Heere Ost auf die zunehmende Gefahr sowjetischer Angriffsoperationen hingewiesen. Eine wenig präzise Einschätzung – in einem mit aller Brutalität geführten Krieg ist wohl immer mit einer zunehmenden Gefahr gegnerischer Angriffsoperationen zu rechnen. Allein die Frühzeitigkeit und räumliche Genauigkeit der Voraussage ist ein Indikator für die Qualität aufklärerischer Arbeit.

Am 12. November 1942 meldete Fremde Heere Ost: «Vor der Heeresgruppe beginnen sich die schon seit längerer Zeit vermuteten Angriffsabsichten allmählich deutlicher abzuzeichnen ... Eine Beurteilung der feindlichen Gesamtabsicht ist bei dem unklaren Bild noch nicht möglich, doch muss mit dem baldigen Angriff gegen die 3. Rumänische Armee … gerechnet werden … Bei fortdauernden Zuführungen in den Raum vor der 3. Rumänischen Armee verstärkt sich der Eindruck zunehmender Angriffsbereitschaft besonders vor rechtem Armeeflügel.»[71] Eine Woche später begann der sowjetische Angriff. Selbst wenn die Vorhersage deutlicher formuliert gewesen wäre, hätte sie der Wehrmachtsführung keinen Raum mehr für effektive Gegenmaßnahmen gelassen. Dazu war es längst zu spät.[72]

Stalingrad brachte die endgültige Wende. Spätestens im nachfolgenden Winter musste jedem klar sein, dass der Krieg im Osten nicht mehr zu gewinnen war. Zu ungleich waren die Kräfteverhältnisse, zu sträflich hatte man das Pozential der Roten Armee und die taktischen Fähigkeiten ihrer Führung unterschätzt. Auch der Abteilung Fremde Heere Ost lagen seit dem Winter 1942/43 Zahlen vor, die keinen Zweifel daran ließen, dass die deutsche Armee ihrem Gegner in jeder Hinsicht unterlegen war.[73]

Doch ein Realist galt dem «Führer» vor allem als Defätist und stand von Anfang an auf verlorenem Posten. Dass alles verloren war, wollten weder die militärische Führung noch Aufklärung und Spionage erkennen. Wenn doch, so gaben sie es nicht zu. Eine effektive Feindlagebearbeitung wurde zunehmend unmöglich. Im Gegenzug sicherten die sowjetische Lufthoheit und eine erfolgreiche britische Spionage dem Gegner wichtige Informationen über die deutschen Absichten. Als im Sommer 1943 das mehrfach verschobene «Unternehmen Zitadelle» das Kriegsgeschick mit einer Entscheidungsschlacht am Kursker Bogen noch einmal wenden sollte, wurde der deutsche Angriff bereits erwartet.[74] Reinhard Gehlen legte auch in diesem Fall großen Wert auf die Feststellung, bereits frühzeitig auf das Scheitern des «Unternehmens Zitadelle» hingewiesen zu haben: «Ich benützte daher jede sich bietende Gelegenheit, die deutsche Führung vor ihrem Vorhaben, bei Kursk einen Großangriff zu unternehmen, zu warnen.»[75] Doch wie so oft hatte die Abteilung die Konsequenzen eines möglichen Desasters zwar erkannt und richtig beurteilt, sie aber neben eine Vielzahl denkbarer Alternativen gestellt und sich zu den Prioritäten gewohnheitsmäßig äußerst vorsichtig geäußert. Selbst nach dem fast zwangsläufigen

Misserfolg erschienen in den Lageberichten schnell wieder Hinweise auf die vermeintliche deutsche Überlegenheit. Das weitere Vorgehen des Gegners wurde als voraussichtlich defensiv beurteilt. Vierzehn Tage später startete die Rote Armee einen Großangriff auf die Heeresgruppen Mitte und Süd.[76]

Gehlens Absicherung gegen alle Eventualitäten erscheint im Rückblick nicht nur als clevere Taktik gegenüber einer unberechenbaren deutschen Führungskamarilla – es entwickelt sich daraus eine planvolle Selbststilisierung. General Gehlen arbeitet bereits an seiner eigenen Legende. Der Erfolg muss ihm in seinen eigenen Augen Recht gegeben haben, denn das Bild des genialen Geheimdienstlers und Analytikers, der er schon im Krieg gewesen sein will, bestimmt auch im Nachkriegsdeutschland sein Ansehen in der Öffentlichkeit. Noch 1971 beschreiben ihn Hermann Zolling und Heinz Höhne als unermüdlichen Perfektionisten, der seine Mitarbeiter zu immer neuen Höchstleistungen trieb: «Derartig angefeuert und ermahnt, vollbrachten die FHO-Männer kleine Wunder nachrichtendienstlicher Aufklärung und Analyse. Zum ersten Mal erhielt die militärische Führung des Hitlerreiches solide Informationen über den Feind – nüchtern, präzise, unwiderlegbar. Vor allem die Vorausschau über sowjetische Operationsabsichten sollte sich immer häufiger als richtig erweisen.» [77] Und etwas später: «Er hatte vollbracht, was vor ihm kein westlicher Geheimdienst geschafft hatte – das kommunistische Russland lag dem Blick feindlicher Ausforscher offen.»[78]

So war es nicht, aber so sah es aus. Und Legenden leben bekanntlich lange. Die Realität dagegen hat oft einen ernüchternden Klang: «Die ‹klassische Spionage› hat im Krieg gegen die Sowjetunion keine wesentliche Rolle mehr gespielt. Das Schwergewicht der deutschen Bemühungen lag auf der Aufklärung im Frontbereich und erbrachte zum Teil brauchbare Ergebnise. Insgesamt bleibt festzustellen, dass es den Organen der deutschen Spionage nicht gelungen ist, der politischen und militärischen Führung des Reiches ein umfassendes Bild ihres Hauptgegners zu vermitteln. Die Prognosen der Abteilung Fremde Heere Ost aus dem militärischen Bereich reichten nicht aus, ein für Maßnahmen auf höchster Ebene geeignetes Lagebild zu gewinnen.»[79]

Der «Pakt von Bad Elster»

Die Lage des Reiches ist längst hoffnungslos, als sich die berufliche Situation Gehlens noch einmal gefährlich verschärft. Aber wieder einmal beweist er einen untrüglichen Instinkt und die notwendige taktische Wendigkeit, um sein persönliches Fortkommen – besser Davonkommen – zu sichern. Im Februar 1944 verliert Abwehrchef Canaris endgültig seinen Kampf gegen die SS. Eine peinliche Panne bringt die Entscheidung: Als in der Türkei fünf Mitarbeiter der Abwehr-Nebenstelle Istanbul zu den Alliierten überlaufen, nutzt Reichsführer Himmler die einmalige Chance, Hitler endgültig von der Unfähigkeit der Organisation Canaris' zu überzeugen. Der Admiral wird abgesetzt und unter Hausarrest gestellt, die Abwehr ins Reichssicherheitshauptamt eingegliedert.[80] Damit kommt Gehlen in eine äußerst prekäre Situation, denn der Chef des SS-Auslandsnachrichtendienstes, SS-Brigadeführer Walter Schellenberg, hatte nur auf diesen Tag gewartet, um sich den Traum von einem «politisch-militärischen Supergeheimdienst»[81] zu erfüllen. Nun lief Gehlen Gefahr, dass sein sorgsam aufgebautes Aufklärungsnetz unter die Kontrolle der SS geriet.

Doch es kommt anders. Gehlens Vorgehen zeigt in aller Deutlichkeit die Doppelbödigkeit seines Charakters, die auch später seine Biographen und Wegbegleiter in harsche Gegner und teils glühende, teils verschämte Bewunderer und Apologeten teilen sollte. Gehlen interveniert beim Oberkommando der Wehrmacht gegen die Pläne Schellenbergs und des Reichssicherheitshauptamtes und erringt einen Teilerfolg. OKW-Chef Generalfeldmarschall Wilhelm Keitel setzt gegen Himmler durch, dass zumindest die Frontaufklärung und die Truppenabwehr im Zuständigkeitsbereich der Wehrmacht belassen werden. Gehlens Gegenspieler Schellenberg ist seinerseits clever genug, das Potenzial zu erkennen, das ihm Gehlens Abteilung eröffnet. Statt zu einer finalen Konfrontation kommt es zu einer immer engeren Zusammenarbeit. Der Anti-Nazi und passive Widerstandsdulder Gehlen wird zum Partner der SS-Schergen des Reichssicherheitshauptamtes.[82]

Die pragmatischen Interessen des SS-Führers und des Generals trafen sich in einer Idee, vielleicht sogar in einer tiefen inneren Überzeugung: Wenn der Krieg gegen Russland noch gewonnen werden konnte, dann nur mit Hilfe von Russen. Nicht jeder Russe war Kommunist, und nicht jeder Angehörige der Sowjetarmee war ein Anhänger Stalins. Die Masse der potenziellen russischen Widerstandskämpfer gegen Sowjetsystem und Stalinismus sollte für Deutschland mobilisiert werden. Gehlen und Schellenberg arbeiteten an Strategien, wie Kriegsgefangene, Überläufer oder andere Freiwillige in den Dienst des deutschen «Endsiegs» zu stellen seien. Ob Gehlen aus humanistischer Überzeugung gegen Hitlers unmenschliche Blut-und-Boden-Politik agierte oder nur aus realistischer Einschätzung der Tatsache, dass ihm angesichts der deutschen Unterlegenheit auf allen Gebieten keine andere Wahl blieb, lässt sich kaum beantworten. Fakt ist, dass er sich früh für eine Änderung der deutschen Besatzungspolitik und die Aufstellung einer Armee russischer Antikommunisten einsetzte.[83]

Den richtigen Mann für seine Pläne glaubte Gehlen in Generalleutnant Andrej Andrejewitsch Wlassow gefunden zu haben, der im Sommer 1942 in deutsche Gefangenschaft geraten war. Doch die Widerstände in der deutschen Führung waren immens. Nur mit Mühe gelang es, den bereitwilligen General aus der Gefangenschaft freizubekommen, ihn dem Oberkommando der Wehrmacht zu überstellen und ihm einen eigenen Apparat zur Entfaltung seiner Aktivitäten zu verschaffen. Die «Aktion Silberstreif» im April 1943 schien Gehlens Strategie Recht zu geben. Als Propagandakommandos des Generals Wlassow am Mittelabschnitt der Front die russischen Stellungen mit Aufrufen zur Desertation und zum Anschluss an die Wlassow-Bewegung aufriefen, liefen in den folgenden Wochen Tausende von Sowjetsoldaten zu den deutschen Truppen über. Die Idee einer Wlassow-Armee entpuppte sich als nicht völlig unrealistisch. Doch da machte Hitler dem «Wahnsinn» vorerst ein Ende. Propaganda dürfe der General betreiben, aber niemals eine russische Armee aufbauen.[84]

Zeitgleich trieb Walter Schellenberg im Reichssicherheitshauptamt das «Unternehmen Zeppelin» (UZ) voran, das Jahre nach dem Krieg noch einmal traurig-absurde Bedeutung erlangte. Sowjetische Kriegsgefangene sollten für den Einsatz hinter der Front ausgebildet werden. Da die Frontaufklärungsstellen der FHO jeden Kriegsgefangenen verhören durften, bevor er in ein Lager überstellt wurde, war «Unternehmen Zeppelin» von der Zusammenarbeit mit Gehlens Abteilung abhängig. Im Grunde entschied die FHO, welche Kriegsgefangenen an Schellenbergs SD weitergeleitet wurden.[85] Nun lagen die operativen Überlegungen der beiden konkurrierenden Dienste so nah beieinander, dass einer zunehmend intensiven Kooperation kaum etwas im Wege stand. Schließlich profitierten auch Gehlens Abteilungen von den Informationen, die diejenigen russischen Agenten Schellenbergs liefern konnten, die nicht von den Sowjets aufgespürt und erschossen wurden.

So war auch die Wiedergeburt der Wlassow-Armee wahrscheinlich nicht gar so überraschend, wie sie Gehlen in seinen Erinnerungen empfinden wollte: «Im August 1944 erfolgte völlig unerwartet eine Sinneswandlung Heinrich Himmlers. Er hatte verantwortlich für die Untermenschen-Theorie des Dritten Reiches gezeichnet und noch 1943 den General Wlassow als ‹Verräter› und ‹russisches Schwein› bezeichnet. Angesichts der sich rapide verschlechternden Kriegslage machte er sich jedoch überraschend die lange von mir und meinen Mitarbeitern vertretenen und vom SD bekämpften Auffassungen zu Eigen.»[86]

Not schafft Verbündete, und so war der Konkurrenzkampf zunächst vorbei. Himmler genehmigte die Bildung eines «Komitees zur Befreiung der Völker Russlands» mit General Wlassow an der Spitze von zunächst zehn, dann nur noch drei Divisionen; der großrussische General konnte noch zwei Divisionen aufstellen, bevor er und seine «Bewegung» vom Zusammenbruch des Reiches hinweggefegt wurden.[87] Andrej Andrejewitsch Wlassow und die meisten seiner Mitstreiter wurden in der Sowjetunion hingerichtet.

Welche politischen, militärischen oder persönlichen Motivationen auch immer hinter Gehlens hartnäckiger Unterstützung des Generals gestanden haben mögen, die Tatsache allein bietet Raum für eine interessante Spekulation: «Das Zusammenspiel mit Wlassow hinterließ in Gehlens politischem Russlandbild Spuren, denen er auch noch nach dem Krieg folgte. Nie konnte er die Hunderttausende antikommunistischer Russen vergessen, die 1943 bereit gewesen waren, gemeinsam mit den Deutschen die Stalin-Herrschaft zu zerbrechen; die Nähe zu den

Wlassow-Freunden bestärkte ihn in dem Glauben, in Russland sei noch ein anderes, freieres System als das sowjetische möglich.»[88]

Noch ist der Krieg nicht vorbei. Je bedrohlicher die Situation wird, desto verzweifelter werden die Versuche, das Gesetz des Handelns in der Hand zu behalten. Gehlen verstrickt sich dabei immer tiefer in die Strukturen des SD. Er stellt seinen Mitstreiter Herre der SS-gelenkten Wlassow-Armee zur Verfügung und seinen Stellvertreter Wessel sogar als Generalstabsoffizier zu Himmlers Heeresgruppe Weichsel ab.[89] Mit dem SS-Sturmbannführer Otto Skorzeny, Leiter der SS-Jagdverbände, der im sowjetischen Hinterland eine Widerstandsorganisation aufbauen soll, will er alle Widerständler und Frontaufklärer hinter den feindlichen Linien zusammenführen. Schließlich bringt ihn seine Zusammenarbeit mit Schellenberg und dem RSHA gar in die Nähe der berüchtigten Partisanenorganisation «Werwolf», die nach der endgültigen Niederlage den deutschen Widerstand aufrechterhalten soll.[90] Dies alles geschieht noch Ende 1944 und in den ersten Monaten 1945.

Es mutet nachgerade schizophren an, vielleicht war es aber auch nur seine makabre Art des Pragmatismus: Während Gehlen seine immer sinnloseren Geheimdienstaktivitäten in Kooperation mit dem SD weiter vorantreibt und so auch weiter Karriere macht – er bringt es bis zum stellvertretenden Chef der Führungsgruppe des Heeres-Generalstabs –, muss er ahnen, dass sein Weg noch vor dem des Reiches zu Ende sein wird. Er trifft seine Vorbereitungen: Seine von Hitler als defätistisch beschimpften Lageberichte bleiben realistisch, er warnt vor der großen Schlussoffensive der Russen, die mit dem endgültigen Kollaps enden muss. Gehlen weiß, dass Hitler das nicht hören will, es wahrscheinlich gar nicht mehr wahrnehmen kann. Also geht er Hitler aus dem Weg und überlässt dem Generalstabschef des Heeres, General Heinz Guderian, den Vortrag beim «Führer».[91] Guderian vertraut den Lageberichten Reinhard Gehlens in jeder Hinsicht[92], und er gehört zu den wenigen, die Hitler gegenüber offen ihre Auffassungen und ihre Kritik vertreten.[93]

Der Generalstabsoffizier Gehlen sollte das «Führerprinzip Sündenbock» gekannt haben. Er musste ahnen, dass es ihn und Guderian über kurz oder lang treffen würde. Vielleicht hat er es gewollt oder bewusst in

Kauf genommen. Vielleicht. Gehlen und sein Stellvertreter Wessel trugen längst andere Pläne mit sich herum, deren Weitsicht oder Kaltschnäuzigkeit – je nach Standpunkt des Betrachters – Bewunderung, Kopfschütteln oder Erschütterung hervorrufen können: «Wir gaben uns also keinen Illusionen über das, was dem Deutschen Reich bevorstand, hin. Wir hegten auch keine Hoffnung, dass es unmittelbar nach Kriegsende zum Bruch der gegnerischen Koalition kommen könne … Wir konnten uns aber auch nicht mit dem Gedanken abfinden, dass nun endgültig das Ende Deutschlands gekommen sei. Dieses Sich-nicht-abfinden-Wollen drängte mir darüber hinaus Überlegungen darüber auf, welche Verpflichtungen sich für mich aus meiner damaligen Stellung heraus für die Zukunft nach dem Kriege ergeben … Hieraus ergab sich, so aussichtslos und widersinnig dies im Frühjahr 1945 auch erschien, dass der Versuch gemacht werden müsse – wenn möglich ohne wesentliche Unterbrechung –, den Kern für einen neuen deutschen Nachrichtendienst zu schaffen. Denn dass eine künftige deutsche Regierung einen Nachrichtendienst benötigen würde, war für mich selbstverständlich. Die Personallage würde es gestatten, wenn man sofort nach Kriegsende anknüpfen konnte, einen entsprechenden Personalstamm aus den bisher verfügbaren Nachrichtenleuten und meinen bewährten Mitarbeitern zusammenzustellen.»[94]

Die geheimen Gespräche über eine Zukunft in einem von den Siegern besetzten Deutschland, die Gehlen vor allem mit seinem engsten Mitarbeiter Wessel führte, hatten spätestens Ende 1944 konkrete Formen angenommen. Der glühende Antikommunist Gehlen war überzeugt, dass das Bündnis der Alliierten den Krieg nicht lange überdauern werde. Die Westalliierten mussten sich über kurz oder lang in einer neuen Konfrontation mit dem Systemfeind Sowjetunion wiederfinden. Für Gehlen konnte es daher nur zwei logische Partner für sein geplantes Durchstarten in eine neue Weltordnung geben: England oder Amerika.

Diese Einschätzung entsprang nicht allein der gedanklichen Brillanz des Aufklärungsgenerals. Selbst Hitler und seine engste Führungsspitze gaben sich angesichts des Abgrundes der irrwitzigen Hoffnung hin, sie könnten sich als neue Bündnisgenossen des Westens vor dem Untergang retten. Sie klammerten sich an den Strohhalm, die Schreckensvision von

Kommunisten am Atlantik würde die Briten ihre Kriegsziele noch einmal überdenken lassen.[95] Genährt wurden solchen Phantasmagorien durch Spekulationen in der britischen Presse[96], aber auch Einschätzungen des britischen Premiers Winston Churchill zum Vorgehen der Sowjetunion.[97] Reinhard Gehlen traf seine Vorbereitungen weiter unter größter Zurückhaltung. Er begann, alle Berichte und Studien, die die Abteilung Fremde Heere Ost erstellt hatte, kopieren und für einen Abtransport vorbereiten zu lassen. Den SS-Mann Schellenberg beruhigte er mit der Erklärung, die Abteilung müsse sich darauf vorbereiten, auch nach der Besetzung im Untergrund aktiv werden zu können.[98]

Als ihn Berichte über die Gräuel erreichten, die sowjetische Truppen während ihres Vormarsches anrichteten, schickte er Hermann Baun mit gefälschten Transportpapieren und den Kisten voller vielleicht lebensrettender Dokumente nach Liegnitz in Schlesien, wo Gehlens Ehefrau mit den vier Kindern lebte. Die Stadt lag auf der Marschroute der Roten Armee. Baun sollte Gehlens Familie an einen sicheren Ort bringen. Er brachte sie zunächst nach Dresden, wo sie knapp dem verheerenden Bombenangriff entgingen, und fand schließlich in Naumburg Unterschlupf, wo die Kisten mit den FHO-Unterlagen bei Freunden in einem Weinkeller eingelagert wurden.[99] Bereits im Februar hatte man damit begonnen, Teile der Abteilung Fremde Heere Ost ins neue Hauptquartier nach Bad Reichenhall zu verlegen. Dies bot Gehlen eine hervorragende Tarnung seiner geheimen Vorbereitungen, da er sich genau in diese Richtung abzusetzen gedachte.

Im März 1945 kommt es zu dem heute historisch zu nennenden Treffen, das im so genannten «Pakt von Bad Elster» mündet.[100] Gehlen und sein Stellvertreter Wessel fahren in die sächsische Kleinstadt, um sich dort mit dem Leiter von Walli I, Hermann Baun, zu treffen. Hier wird das entscheidende Abkommen für die Zukunft geschlossen. Alle drei sind sich einig, ihre Dienste und alles Material, das sie beiseite schaffen können, den Amerikanern anzubieten.[101] Im Falle Gehlens ist dies der Aktenbestand der FHO, im Falle Bauns sein «Agentennetz bis hin nach Moskau».[102] Ob es dieses phänomenale Agentennetz je gegeben hat – geschweige denn 1945 noch gab –, ist mehr als fraglich. Auch die Qualität der Lageberichte und Analysen der Abteilung Fremde Heere Ost wurde bereits diskutiert.[103] Von unbestreitbarem Wert indes war die Personenkartei, die Gehlen hatte anlegen lassen. In einer Truppenkartei und einer Sonderkartei hatte er alles gesammelt, was über Gliederungen, Sollstärken, Feldpostnummern und Militärschulen der Roten Armee bekannt war. Ein eigenes Personalienarchiv listete das Wissen über Stellenbesetzungen vom Divisionskommandeur aufwärts.[104] Von welcher Qualität das übrige Material auch immer sein mochte, über diese Daten konnte kein alliierter Nachrichtendienst verfügen.

Die drei alten und neuen Partner sind sich schnell einig. Baun will sich mit seiner Frontaufklärungsstelle nach Südwesten absetzen. Er hat schon Pläne für einen neuen Krieg gegen die Sowjetunion in der Tasche und bietet an, Kontakt zu amerikanischen Einheiten in Thüringen herzustellen. Gehlen bremst. Er will nicht sofort in den Ruinen weiterkämpfen. Sie vereinbaren aber, dass jeder von ihnen berechtigt ist, im Namen aller einem hohen amerikanischen Offizier die Zusammenarbeit anzubieten. Alle Mitglieder der beiden Gruppen Gehlen/Wessel und Baun sollen verpflichtet werden, wo immer sie in Gefangenschaft geraten, nur auf schriftliche Anweisung eines ihrer drei Chefs Angaben zu machen, die über Name und Dienstgrad hinausgehen.[105] Gehlen legte Wert auf die Feststellung, dass Hermann Baun bei dem berühmten Treffen von Bad Elster seine Anordnungen entgegengenommen habe.[106] Ein pikantes Detail, das noch Bedeutung bekommen sollte.

In den dramatischen letzten Tagen des «Tausendjährigen Reiches» überschlugen sich die Ereignisse. Am 28. März kam es zum endgültigen Bruch zwischen Gehlens Schutzschild Guderian und Hitler. Der Diktator schickte seinen Generalstabsschef nach einer heftigen Auseinandersetzung über eine der «defätistischen» Lagebeurteilungen Gehlens in den gesundheitsbedingten Erholungsurlaub.[107] Am 9. April erhielt auch Gehlen die Nachricht, dass er entlassen wurde. Es wird Gehlen nichts mehr ausgemacht haben. Die FHO leitete jetzt sein Stellvertreter Wessel, auf den er sich unbedingt verlassen konnte.

Um seine Aktivitäten weiter geheim zu halten, spielt der nun beschäftigungslose General noch ein gewagtes Spiel mit Vorgesetzten und Gegnern. Dem Chef des Personalamtes erzählt er von einem vermeintlichen Sonderauftrag Himmlers. Bei Schellenberg fragt Gehlen nach, ob der Reichsführer SS nicht an einer Studie über die polnische Widerstandsbewegung interessiert sei. Angeblich war Himmler interessiert. Gehlen lässt die Studie anfertigen und durch einen Boten bei Schellenberg abliefern.[108] Das verschafft ihm Freiraum. Er hat schon längst in den Alpen die Verstecke für sich und seine Leute ausgekundschaftet, ebenso die Bergverstecke, in denen die rund fünfzig Kisten mit geheimem FHO-Material vergraben werden sollten. Gehlen plant, seine Leute in drei Gruppen einzuteilen, die sich etwa drei Wochen verborgen halten sollen, bis das größte Chaos der Nachkriegstage vorbei ist.

Doch dann erfährt Gehlen, dass Thüringen von den Russen besetzt werden soll. Eine Katastrophe, denn im thüringischen Naumburg befinden sich Gehlens Familie sowie die FHO-Kisten. Sofort schickt er zwei Lkw, Familie und Lebensversicherung vor den Sowjets zu retten. Auf der Fahrt von Naumburg in Richtung Alpen gerät der kleine Konvoi in die Fänge eines SS-Kommandos, das sie zwingt, ihm zu einer nahe gelegenen Kaserne zu folgen. Alles scheint verloren. Die beiden Lkw-Fahrer, einer von ihnen der Sohn Hermann Bauns, wissen um die tödliche Gefahr: Es ist Offizieren per Führerbefehl verboten, ihre Angehörigen in den Westen in Sicherheit zu bringen, die Papiere für Gehlens Familie sind gefälscht, und sie haben Material geladen, das den Siegern niemals in die Hände fallen darf. Werden sie enttarnt, kann es keinen Zweifel über ihr Schicksal geben. Sie setzen alles auf eine Karte: Als sie auf das Kasernengelände fahren, sehen sie ein zweites offenes Tor. Sie geben Gas, fahren drauflos und schaffen es tatsächlich zu entkommen.[109] Gehlens Frau und die Kinder werden in einen Unterschlupf im Bayerischen Wald gebracht, die Kisten mit den Akten ins neue Hauptquartier in Bad Reichenhall. Dann werden sie in die Verstecke geschafft und vergraben.[110] Gehlen wartet noch etwa zehn Tage und nutzt die Zeit sogar, sich noch einmal von seiner Familie zu verabschieden. Am 28. April packt er endgültig seinen Rucksack und macht sich auf den Weg, der ihn aus dem Kriegselend über die Idylle der Elendsalm in eine hoffentlich amerikanische Zukunft führen soll.

Startschwierigkeiten

Amerika zögert und Gehlen kämpft um seine Zukunft

So klar die Zukunft vor Reinhard Gehlens innerem Auge lag, so akribisch er die Konzeption für seinen Neubeginn Monat um Monat durchdacht hatte, so unsicher war es, ob er jemals die Chance bekommen würde, seine hochfliegenden Pläne in die Tat umzusetzen. Dass er und seine Leute noch lange nicht gerettet waren, dass immer noch alles von einer Vielzahl unbeeinflussbarer Umstände abhing, wurde ihm deutlich, als er am 22. Mai im Rathaus von Fischhausen dem ersten jungen US-Offizier gegenüberstand. Der deutsche Generalmajor, der sich selbstbewusst als Leiter der Abteilung Fremde Heere Ost im Oberkommando der Wehrmacht vorstellte und um ein Gespräch mit verantwortlichen Abwehroffizieren nachsuchte, beeindruckte sein Gegenüber nicht im Geringsten. Was in diesem Fall allerdings einen profanen Grund hatte: «Welchen ‹Fang› er gemacht hatte, konnten wir ihm nicht auseinander setzen, da er kein Deutsch und wir damals kein Englisch sprachen.»[111]

Bei Verständigungsproblemen allein blieb es nicht: Gehlen wurde zum amerikanischen Divisionsstab nach Wörgl verfrachtet, doch auch der dortige G2-Offizier (G2 = Feindlagebearbeitung der US-Armee/militärischer Nachrichtendienst) war zwar willig, sich mit ihm zu unterhalten, wusste aber nicht recht worüber. So ging es in der ersten Vernehmung der deutschen Spionagekoryphäe hauptsächlich um die Verhältnisse in Deutschland unter dem Nazi-Regime. Gehlens Geduld wurde weiter strapaziert. Seine nächste Station sollte Salzburg sein, wo sich das Hauptquartier des US-Counter Intelligence Corps (CIC), der amerikanischen Gegenspionage befand, doch dort kam er nicht einmal an. Seine Eskorte suchte ihr Ziel vergeblich und lagerte ihre brisante Fracht schließlich in einem Gasthof zwischen. Sie ließen Gehlen schwer bewacht zurück und vergaßen ihn erst einmal.[112]

Was wie Dilettantismus wirkt, ließe sich problemlos mit dem Chaos der ersten Nachkriegswochen erklären, in denen die Alliierten alle Hände voll damit zu tun hatten, ihre Besatzungszonen in den Griff zu bekommen. Aber es wirft auch ein Schlaglicht auf den Umgang der Amerikaner mit Abwehr- und Spionagefragen zu dieser Zeit. Die amerikanische Abwehr hatte in Deutschland im Mai 1945 ganze sieben Ost-Experten im Einsatz, die in Heidelberg und Frankfurt stationiert waren. Insgesamt war das CIC vor allem für die Bekämpfung von Spionage, Sabotage, Landesverrat und Korruption in der eigenen Armee zuständig.[113] Die später so berühmte Central Intelligence Agency (CIA) gab es noch nicht, sie wurde erst 1947 gegründet. Und ihr Vorgänger, das Office of Strategic Studies (OSS) unter dem legendären General William J. «Wild Bill» Donovan, einem Nationalhelden des Ersten Weltkriegs, hatte gegen tief verwurzelte Abneigungen in der eigenen Regierung zu kämpfen. Noch Ende 1945, als die heraufziehende Konfrontation mit der Sowjetunion unübersehbar war, löste Präsident Harry S. Truman das OSS kurzerhand auf und unterstellte den bis dahin einzigen zivilen Nachrichtendienst der USA dem Kriegsministerium.[114] Spionage gegen den Verbündeten Sowjetunion hatte es in Kriegszeiten nicht gegeben, und auch jetzt stand dies noch nicht oben auf der politischen und militärischen Tagesordnung. Erst am 4. Juli 1945, dem ersten Tag, an dem die US-Streitkräfte einen Zugang zu Berlin hatten, flog das OSS eine Gruppe Agenten in die ehemalige deutsche Reichshauptstadt.[115]

Vor diesem Hintergrund ist es nicht unwahrscheinlich, dass die Offiziere, denen Gehlen in Süddeutschland gegenüberstand, von der Abteilung Fremde Heere Ost nie gehört hatten und nicht im mindesten beurteilen konnten, welch ein Hochkaräter da verzweifelt versuchte, ihnen seine Bedeutung klar zu machen. Drei Tage saß Gehlen in dem leeren Gasthaus, bevor es ihm trotz der Sprachbarriere gelang, einen zufällig daherkommenden Offizier auf sich aufmerksam zu machen. Militärpolizisten holten ihn ab und brachten ihn in ein Lager nach Augsburg. Doch statt zu einem verständnisvollen Geheimdienstoffizier kam er vom Regen in die Traufe. Erneut interessierte sich niemand für seinen Wissensschatz über den deutschen Feind im Osten, kein offener Arm empfing den willigen Koalitionär in spe. Stattdessen musste er neue endlose Verhöre über die Verhältnisse, Militärstrukturen und Persönlichkeiten in Deutschland «ertragen». Noch nach 25 Jahren war die Mischung aus Ingrimm und Enttäuschung nicht verflogen, die in ihm ob der Ignoranz seiner Wunschpartner rumorte: «Fast alle, mit denen ich bisher gesprochen hatte, waren der Auffassung, dass die Sowjetunion sich vom Kommunismus weg zu einem liberalen Staat entwickele. Von Stalin wurde immer als von ‹Uncle Joe› gesprochen. Über die tatsächlichen expansiven Ziele der Sowjets bestanden bei meinen bisherigen Gesprächspartnern keinerlei Vorstellungen. Ich blieb etwa drei bis vier Wochen im Lager Augsburg, bis der Vernehmungsoffizier zu der Überzeugung kam, dass ich kein wertvoller Kriegsgefangener war.»[116]

Ganz daneben lag Gehlen mit dieser Einschätzung nicht. Er konnte aber kaum ahnen, dass er nach wie vor in höchster Gefahr schwebte: Entgegen allem Anschein war er längst einer der gesuchtesten Männer Deutschlands. In Flensburg, wohin sich ein Teil des Oberkommandos der Wehrmacht und auch der FHO geflüchtet hatte, richteten die Alliierten unmittelbar nach der Kapitulation eine deutsche Demobilmachungs-Abteilung ein, die Entwaffnung und Auflösung der deutschen Armee organisieren sollte. Bezeichnenderweise gab es bereits getrennte Überwachungskommissionen: eine der Westalliierten und eine der Sowjetunion. Beide waren fieberhaft auf der Suche nach ehemaligen Mitgliedern der deutschen Geheimdienste. Die Russen suchten konkret nach dem Material der Fremde Heere Ost und nach ihrem Chef. Bevor die Amerikaner es überhaupt mitbekommen hatten, war die Jagd auf Gehlen längst eröffnet.[117] So war Gehlen, während ihn die Amerikaner ziemlich unmotiviert von einem Ort zum anderen kutschierten, in der ständigen Gefahr, einem Kommando-Unternehmen russischer Agenten in die Hände zu fallen.[118] Selbst als Gehlen endlich von Augsburg nach Wiesbaden geschafft wurde, landete er zunächst in einem normalen Gefängnis, weil er nach kurzer Durchsicht seiner Papiere und Vernehmungsunterlagen für einen Gestapo-General gehalten wurde. Jetzt hatte er zum ersten Mal Angst, denn hier wurden Nazis entsprechend ihrem Ruf behandelt.[119]

Aber das Blatt sollte sich endlich, es war mittlerweile Juli, wenden. Einem Oberst der militärischen Abwehr fiel Gehlens CIC-Akte in die Hände, und er machte dem obersten Nachrichtenchef der US-Besatzungszone, Brigadegeneral Edwin L. Sibert, Meldung.[120] Das war wahrscheinlich Gehlens Rettung und seine Eintrittskarte in die Zukunft, denn Sibert war längst selbst auf der Suche nach wichtigen deutschen Nachrichtendienstlern und über die Existenz Gehlens informiert. Als er von der Ankunft des deutschen Generals in Wiesbaden erfuhr, ordnete er sofort Maßnahmen zu seinem Schutz an.[121] Die Bedeutung dieses Tages für das Schicksal Gehlens und des deutschen Geheimdienstes kann nicht überschätzt werden, denn seit diesem Tag war er nicht nur in relativer Sicherheit; zum ersten Mal hatte zudem sein künftiger Schutzengel und Mentor indirekt mit ihm Kontakt aufgenommen.

Auf dünnem Eis

Die nächsten Tage und Wochen mussten eine Entscheidung bringen. Gehlen wurde aus dem Wiesbadener Gefängnis entlassen und in das Vernehmungszentrum der 12. Heeresgruppe verlegt. Er wurde in der «Villa Pagenstecher» untergebracht, in der auch sein ehemaliger Förderer Generaloberst Halder und der letzte Statthalter des Dritten Reiches, Großadmiral Karl Dönitz, auf ihr weiteres Schicksal warteten.

Gehlen schlief am helllichten Nachmittag auf seiner Pritsche, als ein hoch gewachsener, blonder Soldat seine Unterkunft betrat und ihn weckte. Er war beeindruckt: «Er mochte etwa 35 Jahre alt sein und entsprach in seiner Haltung und seinem Auftreten unseren deutschen Vorstellungen von einem Offizier schlechthin.»[122] Tatsächlich stammten die Vorfahren von Captain John Boker[123] aus Westfalen, von weit größerer Bedeutung war aber die Tatsache, dass er eine fundierte Geheimdienstausbildung besaß und sowohl mit deutschen Aufklärern als auch mit den Verhältnissen in Russland leidlich vertraut war. «In Hallstedt (Boker, d. Verf.) traf ich den ersten amerikanischen Offizier, der russlandkundig war, der die kommende politische Entwicklung illusionslos einschätzte und sich darüber eigene Gedanken machte.»[124]

Gehlen konnte nicht wissen, wie wichtig die Einschätzungen des jungen Offiziers für ihn werden sollten. Vernehmungen, die John Boker mit deutschen Frontoffizieren geführt hatte, hatten ihm ein Bild der Gräuel vermittelt, die von den Sowjettruppen in ihren besetzten Gebieten verübt worden waren. Er war auch über die sowjetischen Konzentrationslager informiert, und all das verschlechterte seine ohnehin skeptische Meinung über die Verbündeten rapide. Gleichzeitig hatte er allerdings die Erfahrung gemacht, dass diese Fakten in Amerika niemanden wirklich interessierten.[125] Die Sowjetunion war ein Verbündeter und sollte es bleiben. Die politische Linie der US-Regierung bildete die denkbar ungünstigste Voraussetzung für das Gelingen der Pläne Gehlens. War schon eigene Spionage gegen die Sowjetunion verpönt und kaum vorhanden[126], wie sollte es da aus Washington jemals das Okay für eine Kooperation mit Geheimdienstlern geben, die für die Nazis gearbeitet hatten? Der Kalte Krieg war nicht mehr fern, aber von Amerika aus war er noch nicht zu sehen.

Zu Gehlens großem Glück war sich Boker dieser Vorbehalte bewusst. Er agierte gegenüber seinen vorgesetzten Dienststellen mit großer Vorsicht und taktischem Geschick. Wahrscheinlich in Übereinstimmung mit seinem Chef, General Sibert, den er aber zunächst aus politischem Kalkül aus den direkten Kontakten zu dem deutschen General heraushielt.[127] Boker und Gehlen begegneten sich zunächst mit Zurückhaltung. Gehlen machte nicht den Fehler, mit der Tür ins Haus zu fallen.[128] Die ersten Gespräche drehten sich um politische Großwetterlagen und die Aufarbeitung der jüngsten katastrophalen Vergangenheit. Für Boker stand dabei die Frage im Vordergrund, die darüber entscheiden musste, ob überhaupt eine Chance bestand, miteinander ins Geschäft zu kommen: War Reinhard Gehlen ein Nazi? Wieder hatte Gehlen Glück, dass er einem Offizier gegenübersaß, der die Fähigkeit und den Willen zur Differenzierung besaß. Das Urteil fiel zu seinen Gunsten aus, wie Mary Ellen Reese zusammenfasste: «Darüber hinaus … war Boker überzeugt, dass Gehlen kein Nazi war und die Linie kannte, die zwischen Partei und Wehrmacht verlief. Die Wehrmacht, die Hitler anfangs falsch beurteilt und unterschätzt hatte, leistete, wenn auch zögernd und dann zu spät, immerhin einen gewissen Widerstand. Die SS, die Speerspitze der Partei, war dagegen schwer mit Hitler-Treuen belastet. Für die meisten Amerikaner war dieser Unterschied eine Feinheit ohne Bedeutung: Sie hatten schließlich alle für Hitler gekämpft und seine wahnsinnigen Pläne in die Tat umgesetzt, also waren sie auch alle gleichermaßen schuldig.»[129]

Die Zusammenarbeit zwischen den beiden so unterschiedlichen Männern, dem Bilderbuchoffizier und dem schmächtigen und eher unscheinbaren Geheimdienst-Professor, wurde enger. Man ging daran, Berichte über die Arbeit der Abteilung Fremde Heere Ost, aber auch über den aktuellen Zustand der sowjetischen Streitkräfte, ihre Produktionskapazitäten und ihre Demobilisierungspolitik zu erstellen.[130] Sie dienten vorrangig dazu, das Terrain für Gespräche mit den obersten US-Militärbehörden zu bereiten, mit denen man über kurz oder lang die Zukunft Gehlens würde bereden müssen. Für die Analysen benötigte Gehlen seine Leute und besonders die Papiere der FHO. Auch das sah Boker ein. Er ließ sich von Gehlen Briefe für eine Reihe seiner ehemaligen Mitarbeiter aushändigen und machte sich auf den mühsamen Weg, diese in verschiedenen Gefangenenlagern aufzutreiben und nach Wiesbaden zu bringen. Gehlen war noch 25 Jahre später stolz darauf, wie genau sich seine Leute an seine Befehle hielten. Alle FHO-Offiziere seien vollkommen unzugänglich gewesen, als Boker sie zunächst ansprach, ohne die Briefe mit Gehlens Anweisungen vorzuzeigen. Erst als Boker die Schreiben herausgeholt habe, hätten sie ihre Haltung geändert und kooperiert. «Er (Boker, d. Verf.) gab freimütig zu, wie sehr ihn diese Haltung beeindruckt habe.»[131]

Schließlich hatte Gehlen sieben seiner engsten Weggefährten beisammen, darunter seinen ehemaligen Stellvertreter und Nachfolger Wessel. Als Nächstes wurden die Kisten mit den Akten der FHO sichergestellt. Eine war verbrannt, eine bereits bei den Briten gelandet. Aber selbst diese zauberte Boker herbei: Dreist marschierte er mit einer gefälschten Anforderung in das britische Dokumentenmagazin und ließ den wertvollen Behälter zusammen mit einem Haufen nutzlosem Zeug unter den Augen des britischen Offiziers abtransportieren.[132]

Gehlen konnte loslegen und tun, was er am liebsten tat: Papier produzieren. Die Ergebnisse überzeugten Boker, der die Zeit für reif hielt, die nächsten Schritte seiner wohl überlegten Salamitaktik einzuleiten: Er arrangierte eine Party, zu der Colonel Russel Philp als Ehrengast geladen wurde, der Stellvertreter und enge Vertraute General Siberts. Boker gewann das gewagte Spiel: Bei einem Schoppen und einem guten Gespräch überzeugte sich der Colonel von den Qualitäten und der Integrität Gehlens. Die Tür zum obersten amerikanischen Nachrichtendienstler in Deutschland war endgültig aufgestoßen.[133]

Doch die Probleme waren damit lange nicht beseitigt. Auch Sibert und Generalstabschef Bedell Smith wussten um die Haltung ihrer Regierung und die Querelen in Washington, die zukünftige Organisation der Geheimdienste betreffend. Außerdem standen sie vor dem Problem, ihren Oberbefehlshaber Dwight D. Eisenhower, der jegliches Fraternisieren mit den Deutschen verboten hatte und in Verhandlungen mit dem sowjetischen Marschall Schukow stand, unmöglich durch die Arbeit mit Gehlen kompromittieren zu können. Die Lösung, die sie fanden, war ebenso riskant wie salomonisch. Sie beschlossen, ihren Chef von derart heiklen Problemen zu verschonen und die schwierige Entscheidung, was mit Gehlen und seinen Leuten zu geschehen habe, abzugeben. An Eisenhower vorbei informierten sie das Kriegsministerium in Washington.[134] Dort war man an dem Wissen des deutschen Spionagegenerals interessiert. Gehlen und sechs seiner Mitarbeiter wurden kurzerhand nach Amerika befohlen. Das Problem wurde über den großen Teich verfrachtet.

«Truman's Hotel»

Die sieben Männer, die von Captain Boker begleitet über das Rollfeld marschierten und in die wartende Maschine stiegen, boten ein merkwürdiges Bild: Nur mit Mühe war es gelungen, halbwegs passende Zivilkleidung und ein paar Gepäckstücke für Gehlen und seine Begleiter zu beschaffen. Die deutschen Generalstabsoffiziere konnten nicht in Uniform als offizielle Gäste nach Washington geflogen werden, und so trug Oberst Stephanus seine wenigen Reiseutensilien in einem alten Geigenkasten mit sich herum. Die Stimmung blieb während des gesamten sechsunddreißigstündigen Fluges angespannt.[135] Der Kontakt nach Deutschland war auf unabsehbare Zeit abgerissen. Zwar hatte Gehlen seinen Vertrauten Wessel in Deutschland zurückgelassen, doch ob dieser tatsächlich in der Lage war, in ihrem Sinne weiterzuarbeiten und den Kontakt zu dem ebenfalls irgendwo in Deutschland internierten Hermann Baun herzustellen, konnte auch Gehlen nur hoffen.

Niemand aus der kleinen deutschen «Reisegruppe» wusste, was auf ihn zukam. Sie flogen in die Heimat der Sieger, in der sie kaum darauf hoffen konnten, mit besonderem Wohlwollen behandelt zu werden. Sie waren Kriegsgefangene, deren Schicksal auf Gedeih und Verderb in den Händen der Sieger lag. Sie konnten es schon als Erfolg verbuchen, wenn sie nicht wie andere Generalstäbler auf der Anklagebank des Nürnberger Kriegsverbrechertribunals landeten oder kurzerhand den sowjetischen Behörden übergeben wurden.[136]

Dass die Zeiten der Vorzugsbehandlung vorbei waren, wurde Gehlen und seinen Offizieren spätestens klar, als sie – kaum in Washington gelandet – in einen fensterlosen und brütend heißen Gefangenentransporter gesteckt wurden, der die Stadt unverzüglich mit unbekanntem Ziel verließ. Ihr Bestimmungsort war das etwa zwanzig Kilometer südlich in der Nähe von Alexandria gelegene «Post Box Office 1142», scherzhaft von seinen freiwilligen und unfreiwilligen Bewohnern «Truman's Hotel» genannt. Es war das geheime Vernehmungszentrum Fort Hunt, das 1942 eingerichtet wurde, um Gefangene abzusondern und zu vernehmen, die aller Voraussicht nach über außergewöhnliche strategische und technische Informationen verfügten.[137] Dass es sich bei den Neuankömmlingen um besonders wichtige Geheimnisträger handelte, stand außer Frage, und dass sie in Fort Hunt mitnichten in einem Hotel untergebracht waren, wurde Gehlen spätestens bewusst, als er feststellte, dass die «Zimmer», die ihnen zugewiesen wurden, von innen nicht geöffnet werden konnten.

Gehlen und seine Männer hatten keinen Grund, sich besonders wohl zu fühlen oder der Zukunft mit überschäumendem Optimismus entgegenzusehen. Tatsächlich gestaltete sich ihre Lage noch weit unbequemer, als es die spartanischen Zellen nahe legten. Nicht nur, dass in den Washingtoner Ministerien die Geheimdiensthierarchien um Macht und Einfluss kämpften, auch auf der bescheidenen Ebene des Internierungslagers saßen die Deutschen zwischen allen Stühlen. Sie waren auf Anweisung des War Department (Kriegsministerium) nach Fort Hunt ge-

Ein bisher unveröffentlichtes Foto: Heinz Danko Herre (l.) und Reinhard Gehlen in San Francisco/USA

bracht worden und unterstanden dort dem militärischen Nachrichtendienst G2. Dem Kommandanten von «Truman's Hotel» schmeckte es überhaupt nicht, dass die prominenten Neuzugänge daher seinem Zugriff entzogen waren. Spätestens als Gehlen entdeckte, dass alle ihre Unterkünfte abgehört wurden und dass der G2 für diese Maßnahme nicht verantwortlich zeichnete, war klar, woher der Wind wehte und dass sie ihre wenig komfortable Lage vor allem der Eifersucht des Kommandanten verdankten, der auf diese Weise seinen Einfluss geltend machen wollte.[138] Auch auf die Unterstützung ihres «getreuen Eckehard»[139], John Boker, konnte er nicht mehr zählen. Boker hatte keinen offiziellen Zugang mehr zu ihnen, konnte aber wenigstens Kontakt halten und seinen eigenen Nachfolger einführen.[140]

Es mutet in der Rückschau wie ein unglaublicher Zufall an, aber innerhalb weniger Wochen sollte Gehlen das Glück zum dritten Mal hold sein; er begegnete nach General Sibert und Captain Boker dem dritten US-Offizier, der nicht nur abzuwägen verstand, sondern sich nach einer Anlaufphase völlig hinter Gehlens Pläne stellte, sie nach Kräften unterstützte und sich sogar zu einem Freund für die nächsten Jahrzehnte entwickelte. Vielleicht lag es an Gehlens Gabe, andere Menschen mit seinem Verstand und seinen Argumenten für sich einzunehmen. Dabei war Captain Eric Waldman[141] kaum prädestiniert, der Freund eines Generals der Hitlerarmee zu werden. Waldman stammte aus Österreich. Nach der Okkupation seines Heimatlandes durch die deutschen Truppen konnte er in die Vereinigten Staaten fliehen, seine Eltern wurden von den Nationalsozialisten ermordet. Waldman trat in die US-Streitkräfte ein und wurde amerikanischer Staatsbürger. Er arbeitete an einer Studie für den militärischen Nachrichtendienst über die zukünftige Taktik der sowjetischen Streitkräfte, als ihn der Befehl erreichte, sich um Gehlens Gruppe zu kümmern. John Boker weihte ihn in die Überlegungen ein, die General Sibert und das War Department in Bezug auf die zukünftige Arbeit mit den deutschen Geheimdienstlern angestellt hatten. Es braucht nicht viel Phantasie, sich vorzustellen, mit welchen Gefühlen Waldman dem Repräsentanten des Staates gegenübertrat, dem seine Eltern zum Opfer gefallen waren: «Ich war ehrlich gesagt ein wenig zugeknöpft. Ich versuchte, ihm auf die Schliche zu kommen. War er nun ein Nazi oder nicht?»[142]

Auch diesmal neigte sich die Waagschale zu Gehlens Gunsten. Nach einer Reihe intensiver Gespräche war Eric Waldman von der Integrität des Deutschen überzeugt und machte sich die meisten seiner Pläne und Ziele zu Eigen. Fortan suchte er Mittel und Wege, mitzuhelfen, sie in die Realität umzusetzen: «Erikson (Waldman, d. Verf.) hat über Jahre hinaus sehr wesentlich zum Gelingen unseres Unternehmens beigetragen und auch auf vielen anderen Gebieten der jungen Bundesrepublik Deutschland geholfen, wo er nur konnte. Seine Tätigkeit ist durch die Verleihung des Bundesverdienstkreuzes gewürdigt worden.»[143]

In der Praxis setzten Gehlen und seine Mitarbeiter die in Wiesbaden begonnene Arbeit fort. Die Aktenbestände der Abteilung Fremde Heere Ost waren ebenfalls über den Atlantik geschafft worden. Also setzten sie sich wieder hin und begannen gemeinsam mit Waldman, aus den riesigen Papierbergen ein Handbuch der sowjetischen Militärtaktik zu fertigen. Aber Waldman wollte nicht nur das bereits vorhandene Wissen und Material gewinnbringend ausschlachten. Er unterstützte auch uneingeschränkt die Idee, Gehlens Gruppe als operativen Bestandteil des US-Geheimdienstes in Deutschland aufzubauen und zu integrieren.[144]

Zunächst war der Streit in Fort Hunt beizulegen, was nach heftigen Auseinandersetzungen und der «eleganten» Bereinigung der «Abhöraffäre» gelang: Waldman besorgte kurzerhand ein Radio, das sie in Zukunft auf volle Lautstärke drehten, wenn sie sich ungestört unterhalten wollten. Dann änderte sich auch die Großwetterlage in Washington: Die Militärs triumphierten, als Truman den zivilen Geheimdienst OSS zum 1. Oktober auflöste und dessen Auslandsaufklärung als «Strategic Services Unit» (SSU) dem Kriegsministerium zuschlug. Nun verfügte das Militär über drei Geheimdienste (G2, CIC und SSU) und kontrollierte alle nachrichtendienstlichen Aktivitäten der Vereinigten Staaten im Ausland.[145] Damit hatten sich die Voraussetzungen für eine Zusammenarbeit mit Gehlen und seinen Männern, wie sie General Sibert in Deutschland schon lange vorschwebte, grundlegend verbessert. Doch Vorbehalte blieben: «Wenn die Sprache auf meine Vorschläge kam, so war noch um die Jahreswende 1945/46 die Reaktion ausweichend, da man offensichtlich zu diesem Zeitpunkt noch die damit verbundenen politischen Risiken scheute.»[146] Zu guter Letzt kam endlich auch der von Gehlen und anderen lange erwartete Umschwung auf internationalem Parkett.

Die Russen werden böse

Die Pläne Gehlens waren davon abhängig, dass sich die politischen Konstellationen in die von ihm prognostizierte Richtung entwickelten und er zum jeweils richtigen Zeitpunkt Partner fand, die seine Beurteilungen teilten und daraus ähnliche Konsequenzen zogen. Nahezu zeitgleich zum Aufenthalt Gehlens in den USA traten in Europa die vorprogrammierten Konflikte zwischen den Siegermächten tatsächlich mehr und mehr zutage. Was die Koalition der Alliierten wert war, musste sich an ihrer Fähigkeit zeigen, über das weitere Schicksal Deutschlands zu bestimmen. Jede der vier Mächte hatte in ihrer Besatzungszone weitgehende Handlungsfreiheiten, doch über alle Deutschland als Ganzes betreffenden Fragen war im Alliierten Kontrollrat einvernehmlich zu befinden. Der Kalte Krieg ist nicht überraschend und schlagartig ausgebrochen[147], aber nur wenige sahen die Zukunft so klar vor sich wie Winston Churchill, die hellsichtige Kassandra von der Themse: «Am 1. Juli [1945, d. Verf.] begannen die amerikanischen und britischen Armeen ihren Rückzug auf die ihnen zugeteilten Zonen; Massen von Flüchtlingen folgten ihnen auf dem Fuß. Sowjetrussland setzte sich im Herzen Europas fest. Es war ein für die Menschheit verhängnisvoller Tag.»[148] Für Churchill war der Eiserne Vorhang bereits heruntergegangen.

Die Sowjetunion wahrte bald nicht einmal mehr den Schein. Hatte schon ihre Politik gegenüber Polen und den osteuropäischen Staaten für erhebliche Irritationen vor allem in Großbritannien gesorgt, so stellte ihr Vorgehen in Persien im Februar 1946 einen klaren Bruch der Abkommen dar. Statt wie vereinbart die russischen Truppen aus dem Norden des Landes abzuziehen, verlegte sie weitere Streitkräfte dorthin. Schon im Januar hatten russische Soldaten die Mandschurei besetzt, kurz darauf marschierten sie in Nordkorea ein. Das aggressive Vorgehen der Sowjetunion bestätigte all jene, die in den vergangenen Monaten vor einer egoistischen und expansionistischen Politik Stalins gewarnt hatten.[149]

Am 22. Februar 1946 schreibt der amerikanische Botschaftsrat in Moskau, George F. Kennan, ein Telegramm an das US-Außenministerium, das heute als ein für den Wandel der amerikanischen Politik entscheidendes Dokument gilt. Als Konsequenz einer eingehenden Analyse der Lage in der Sowjetunion fordert er Washington auf, die amerikanische Strategie von Grund auf zu überdenken. Für Kennan steht fest, «dass es für die UdSSR auf die Dauer keinen Modus Vivendi mit den Vereinigten Staaten geben könne»[150]. Zwei Wochen später entwickelt er in einem zweiten Telegramm ein Bild der sowjetischen Deutschlandpolitik und entwirft dazu die amerikanische Gegenposition, die nur zwei Alternativen zulasse: ein vereinigtes Deutschland, das weitgehend dem sowjetischen Einfluss freigegeben sei, oder aber «den Prozess der Teilung, der im Osten begann, zu seinem logischen Abschluss zu bringen und sich zu bemühen, die westlichen Zonen Deutschlands dadurch zu retten, dass man sie gegen östliche Durchdringung abschirmt und sie in ein politisches Muster Westeuropas und nicht in das eines vereinigten Deutschlands integriert»[151].

Hier finden sich bereits die Kerngedanken der Containment Policy Präsident Trumans, die in die Verkündung der Truman-Doktrin am 12. März 1947 münden sollte. Kennan schreibt 1947 unter Pseudonym in der amerikanischen Zeitschrift *Foreign Affairs*: «Der Glaube (der Sowjets) an die grundsätzliche Bösartigkeit des Kapitalismus, an die Unausweichlichkeit seiner Vernichtung, an die Pflicht des Proletariats, zu dieser Vernichtung beizutragen und die Macht in die eigenen Hände zu nehmen, ist ungebrochen ... Auf Moskauer Seite kann es niemals irgendein ernsthaftes Postulat einer Gleichartigkeit der Ziele zwischen der Sowjetunion und den Mächten geben, die als kapitalistisch betrachtet werden.»[152] Er hatte dies schon im Jahr zuvor erkannt und seinem Präsidenten zu Konsequenzen geraten. Auch die Politik der britischen Regierung, die auf Churchills Kabinett gefolgt war, setzte zu diesem Zeitpunkt bereits klare Prioritäten: Auf der Außenministerkonferenz in Paris, die im Frühjahr 1946 begann, drängte der britische Außenminister Ernest Bevin auf nachsichtige Behandlung der störrischen Franzosen, die auf eine Schwächung Deutschlands aus waren und im Alliierten Kontrollrat häufig von ihrem Vetorecht Gebrauch gemacht hatten. Auf keinen Fall durfte die Einheit des Westens gefährdet werden. Für dieses höhere Ziel war eine mögliche deutsche Einheit, die von den Franzosen abgelehnt wurde, im Zweifel zu opfern.[153]

All dies geschah, während Gehlen und seine Leute in Fort Hunt saßen und nur hoffen konnten, dass ihre Arbeit von den amerikanischen Militärs und Geheimdienstlern als wichtig erkannt und entsprechend honoriert wurde. Im Sommer 1946 hatte sich die Lage in Europa so verschärft, dass schließlich die Entscheidung fiel, mit Gehlen in Zukunft zusammenzuarbeiten. Man hatte nun einen gemeinsamen Gegner. Der Antikommunismus in den Vereinigten Staaten, der schon in den Jahren nach der Russischen Revolution zu hysterischen Reaktionen bis hin zu Massenverhaftungen geführt hatte[154], machte sich zur Auferstehung bereit; Senator McCarthy stand in den Startlöchern. Und Gehlen durfte nach Deutschland zurückkehren, um in amerikanischen Diensten den Kampf gegen den alten neuen Feind erneut aufzunehmen.

Ein Anfang und ein Konkurrent

Auf einem Truppentransporter traten die deutschen Geheimdienstler die Überfahrt nach Europa an. Ihr Ziel war «Camp King» bei Oberursel, ein ehemaliges Vernehmungszentrum der Luftwaffe, das nun den Amerikanern zum selben Zweck diente. Hier wurden Gehlen und seinen Männer bereits von Captain Waldman, vor allem aber von Gerhard Wessel und einer Reihe ehemaliger FHO-Mitarbeiter, die dieser aufgetrieben hatte, erwartet. In Deutschland sah sich Reinhard Gehlen indessen vor einer Situation, mit der er so nicht gerechnet hatte: Der ehrgeizige Spionage-General betrat mitnichten geheimdienstliches Niemandsland. General Sibert, noch immer Chef aller militärischen US-Nachrichtendienste in Deutschland, war während der fast einjährigen Abwesenheit Gehlens nicht untätig geblieben und hatte mit Wessels Hilfe längst begonnen, ehemalige Mitarbeiter der Abteilung Fremde Heere Ost in Oberursel zusammenzuziehen.

Und er hatte auch den dritten Verbündeten aus dem «Pakt von Bad Elster» gefunden: Hermann Baun. Er hatte sich verabredungsgemäß ebenfalls den Amerikanern gestellt und war auf eine ähnliche Odyssee durch verschiedene Lager gegangen wie Gehlen und seine Gruppe. Nur war Baun nicht in den «Genuss» eines Zwangsurlaubs in den Vereinigten Staaten gekommen. Er hatte die Zeit ganz und gar nicht im Sinne Gehlens genutzt, sondern eigene Vorstellungen von einer nachrichtendienstlichen Aufklärung gegen die Sowjetunion entwickelt, die er General Sibert und Lieutenant Colonel Russel Deane jr. unterbreitete, der als zuständiger US-Offizier zu den Nachrichtendienstlern in Camp King gestoßen war.[155]

Baun lockte die Amerikaner mit seinem angeblich immer noch vorhandenen Agentennetz in der Sowjetunion, dessen Reaktivierung er anbot. Leitgedanke war die Errichtung eines Beschaffungsapparates, der in alter deutscher Nachrichtendiensttradition getrennt von der Auswertung arbeiten und geleitet werden sollte. Das war das exakte Gegenteil der Absichten, die Gehlen mit der FHO im Krieg verfolgt hatte und weiter zu verfolgen gedachte.[156] Bereits im Oktober 1945 legte Baun sein Konzept einer Spionage- und Gegenspionageorganisation vor. Im Dezember bekam General Sibert vom US-Kriegsministerium einen Blankoscheck, dem zufolge er auf dem europäischen Kriegsschauplatz nach eigenem Gutdünken, aber auch in eigener Verantwortung agieren durfte. Die beiden Autoren Hermann Zolling und Heinz Höhne zitieren aus dem Tagebuch Hermann Bauns eine Eintragung von Ende März 1946, nach der General Sibert die Arbeitsaufnahme auf den Gebieten Aufklärung und Gegenspionage genehmigt habe. Für sie ist dies der wahre Zeitpunkt, an dem der deutsche Nachkriegsgeheimdienst unter der Leitung Hermann Bauns entstanden war.[157]

Ob Baun, den sein Gegenüber Colonel Deane für einen «widerwärtigen Typen»[158] hielt, Gehlen bewusst hintergehen wollte, oder ob er im Gegenteil mit einer weitgehenden Vollmacht Gehlens handelte, der sich angeblich sogar vorstellen konnte, unter Baun zu dienen[159], lässt sich nicht abschließend beurteilen. Sicher ist, dass Gehlen die Situation nicht schmeckte. Er setzte unverzüglich an, sie in seinem Sinne zu bereinigen. In seinen Erinnerungen schildert Gehlen – immer bestrebt, als der Herr des Verfahrens zu erscheinen – den Konflikt als ein einziges großes Missverständnis, an dem vor allem die Amerikaner schuld waren. Dass Baun versuchte, seine eigenen Vorstellungen durchzusetzen, konnte Gehlen nicht verhindern. Dass General Sibert auf die Vorschläge einging und Baun die Vollmacht gab, eine eigene Beschaffungsorganisation aufzubauen, führt Gehlen schlicht auf die Tatsache zurück, dass der US-Geheimdienst in Deutschland nicht rechtzeitig und nicht umfassend genug von den Abmachungen unterrichtet war, die er in den USA getroffen hatte.[160]

Jahrzehnte wurde über Inhalt und Charakter dieser Abmachung spekuliert. Auch hier setzte früh die Legendenbildung ein, die den professoralen General zum unerbittlichen Counterpart stilisierte, der bestimmte, wie es zu laufen hatte: «Gehlens Bedingungen knallten auf den Tisch seiner Verhandlungspartner wie Peitschenhiebe. Es war das Diktat eines Besiegten, eines kleinen Mannes mit schwacher Stimme, aber eines Mannes, der wusste, was er wert war.»[161] Dieser Satz, der seither immer wieder zitiert wird, ist nicht nur eine vorsätzliche, pathetische Heroisierung, er ist auch nicht zu halten. Die Amerikaner waren die Chefs. Von ihrem guten Willen und ihrem Geld hing das Schicksal Gehlens ab.[162] Dass die Amerikaner seinen Gedankengängen weitgehend folgten, muss man der Tatsache zuschreiben, dass sie seiner Einschätzung der weltpolitischen Lage zustimmten und dass ihr Vorgehen vor allem von einem kühlen Pragmatismus beherrscht war. Es wäre auch ohne Gehlen gegangen, aber mit ihm ging es leichter und war erfolgversprechender.

Gehlen schilderte das Zustandekommen dieser ersten Übereinkunft natürlich in einem sehr viel milderen Licht. Für ihn war es der Schlusspunkt eines langen Diskussionsprozesses zwischen verständigen Partnern, der letztlich zu einem Gentlemen's Agreement führte. Gehlen betonte, dass dieses auf der Basis gegenseitigen Vertrauens geschlossen wurde und zunächst nur in einer mündlichen Übereinkunft bestand, die erst in späteren Jahren schriftlich fixiert wurde. Ihr Inhalt nach Gehlen:

1. Es wird eine deutsche nachrichtendienstliche Organisation unter Benutzung des vorhandenen Potenzials geschaffen, die nach Osten aufklärt bzw. die alte Arbeit im gleichen Sinne fortsetzt. Die Grundlage ist das gemeinsame Interesse an der Verteidigung gegen den Kommunismus.
2. Diese deutsche Organisation arbeitet nicht «für» oder «unter» den Amerikanern, sondern «mit den Amerikanern zusammen».
3. Die Organisation arbeitet unter ausschließlich deutscher Führung, die ihre Aufgaben von amerikanischer Seite gestellt bekommt, solange in Deutschland noch keine neue deutsche Regierung besteht.
4. Die Organisation wird von amerikanischer Seite finanziert, wobei vereinbart wird, dass die Mittel dafür nicht aus den Besatzungskosten genommen werden. Dafür liefert die Organisation alle Aufklärungsergebnisse an die Amerikaner.
5. Sobald wieder eine souveräne deutsche Regierung besteht, obliegt dieser Regierung die Entscheidung darüber, ob die Arbeit fortgesetzt wird oder nicht. Bis dahin liegt die Betreuung dieser Organisation (später «trusteeship» genannt) bei den Amerikanern.
6. Sollte die Organisation einmal vor einer Lage stehen, in der das amerikanische und das deutsche Interesse voneinander abweichen, so steht es der Organisation frei, der Linie des deutschen Interesses zu folgen.»[163]

So unerhört konziliant für die damalige Zeit die amerikanischen Zugeständnisse klingen mögen, sie bleiben nur freundliche Umschreibung der harten Realität: Die Amerikaner stellen die Aufgaben. Deutlicher: Sie geben die Befehle. Sie zahlen, und die Organisation hat alle Ergebnisse abzuliefern. Damit ist die Hierarchie klar definiert. Natürlich hat die Organisation «unter» den Amerikanern zu arbeiten. Oder wie es später ein CIA-Mann formulierte: «Es war immer eine Einbahnstraße. Es musste so sein, und es war auch so. Sie haben das Fachwissen und das Personal gestellt, und wir haben die Forderungen gestellt, für die Logistik gesorgt und das Produkt erhalten.»[164] Eine souveräne deutsche Regierung ist fern, und die «Linien des deutschen Interesses» bestimmen die Hohen Kommissare und der Alliierte Kontrollrat. Dennoch bezeugen die letzten beiden Punkte – wenn sie tatsächlich damals in dieser Deutlichkeit ausgesprochen wurden –, dass Gehlen bereits an die Erfordernisse der Zukunft dachte und dass seine Partner ihm auch hierin zu folgen bereit waren.

Eine Organisation unter «ausschließlich deutscher Führung», das hieß für Gehlen: unter seiner Führung! Dem stand die Konzeption Bauns im Wege, der im so genannten «Bluehouse» im Taunus schon die ersten Abhöreinrichtungen betrieb. Er sah sich Gehlen gleichberechtigt und wollte Aufklärung und Beschaffung unter seiner Obhut behalten. Gehlen sollte die Auswertung betreiben, aber nur die Leitlinien der Arbeit wollte Baun gemeinsam festgelegt wissen. Die Amerikaner machten sich diesen Plan zunächst zu Eigen[165], und auch Gehlen scheint seinen einstigen Verbündeten erst in dem Glauben gelassen zu haben, er akzeptiere die Gewaltenteilung.[166] Doch Baun überschätzte sich. Er war bei den Amerikanern nicht beliebt.[167] Gehlen seinerseits erhielt nun die volle Unterstützung der neuen Herren – allen voran Eric Waldmans und John Bokers. Bei einem Treffen im August 1946 stellte er seinen Rivalen vor vollendete Tatsachen: Baun sollte die Beschaffung leiten, Wessel die Auswertung. Über beiden als alleiniger Chef stand er selbst. Baun nahm es zähneknirschend hin. Es blieb ihm auch gar nichts anderes übrig. Er hatte verloren und musste sich in das Scheitern seiner hochfliegenden Pläne fügen. Der Sieger Gehlen aber war am vorläufigen Ziel. Er konnte daran gehen, die Organisation, die seinen Namen tragen sollte, aufzubauen.

Alte Kameraden

Die Organisation Gehlen formiert sich – die SS steht Pate

Das größte Problem, vor dem die Organisation Gehlen bei ihrer Gründung stand, ist exemplarisch für den institutionellen Wiederaufbau Deutschlands nach dem totalen Zusammenbruch: Die Organisation benötigte Menschen, und zwar Experten mit militärischer, nachrichtendienstlicher, polizeilicher Erfahrung. Das Problem musste gelöst werden, und Gehlen, dem die Amerikaner weitgehend freie Hand bei der Auswahl seines Personals ließen, «suchte sich die Leute vom Fach ohne Skrupel aus»[168].

In Scharen stießen ehemalige Wehrmacht- und Abwehroffiziere, aber auch Gestapo-, SS- und SD-Angehörige zur Organisation. Gehlens Werber hatten leichtes Spiel mit ihren Apellen an nationalkonservative Gesinnung und den eingebrannten Antikommunismus. Sie rannten meist die sprichwörtlich offenen Türen ein. Gehlen packte sie mit altbewährten Argumenten bei der so genannten Ehre. Der drohende Krieg mit der Sowjetunion war das allgegenwärtige Menetekel; die Pflicht des deutschen Offiziers, hierbei auf der Seite des Westens zu stehen, historisch und moralisch unabdingbar. Zum Kern um Gerhard Wessel, Heinz Danko Herre, Fritz Scheibe und Hans-Horst Hiemenz stieß schnell die Hälfte aller früheren Angehörigen der Abteilung Fremde Heere Ost, so Rittmeister Gerhardt Boldt und Oberleutnant Bernhard Bloßfeldt.[169] Hinzu kamen ehemals hochrangige Offiziere wie der Truppenabwehrchef Generalmajor Rudolf Kleikamp, der Abwehr-Oberstleutnant Oskar Reile, General Horst von Mellenthin, die Generalstabsoffiziere Oberst Josef Moll und Oberstleutnant Ernst Ferber oder der Wehrmachtsattaché Alfred Kretschmer. Außerdem so berühmte Namen wie Adolf Heusinger, Chef der Organisationsabteilung des Generalstabs, und Heinz Günther Guderian, Sohn des Generalstabschefs Heinz Guderian.[170] Gehlen rief, und die alte Elite kam, um ihren Platz in der neuen Elite einzunehmen. Nicht wenige sollten später außerhalb der Organisation Gehlen in Militär und Verwaltung der Bundesrepublik bemerkenswerte Karrieren machen, die jene ihres vorherigen Lebens sogar noch übertrafen.

Eine viel größere – in Teilen unüberschaubare – Belastung für die Arbeit und die moralische Integrität der Organisation Gehlen war die Tatsache, dass sie gleichermaßen Auffangbecken und Tarnung für hochkarätige Schergen des nationalsozialistischen Terrorapparates wurde. Bald nach dem Zusammenbruch und noch einmal verstärkt nach 1950 traten Kolonnen ehemaliger SS-, SD- und Gestapo-Angehöriger in Gehlens Dienst ein. Einer der ersten war SS-Standartenführer Wilhelm (Willi) Krichbaum, der ab 1945 zum wichtigsten Anwerber der Organisation Gehlen (OG) für Personal aus dem ehemaligen Reichssicherheitshauptamt (RSHA) werden sollte. Krichbaum war ein Freund Reinhard Heydrichs gewesen. Während des Nazi-Regimes hatte er als «Grenzinspekteur Südost» der Gestapo amtiert und gleichzeitig als Chef der Geheimen Feldpolizei den militärischen Widerstand gegen Hitler bekämpft. Nach 1945 führte er eine ganze Reihe ehemaliger Kollegen an die OG heran, unter ihnen den später zur Berühmtheit gewordenen SS-Obersturmführer Heinz Felfe.[171]

Den Umweg über das amerikanische CIC zum deutschen Geheimdienst nahm der SS-Obersturmbannführer Dr. Emil Augsburg, als Mitarbeiter des Wannsee-Institutes im RSHA einer der führenden Ost-Ideologen des Sicherheitsdienstes.[172] Er stieß 1946 zur Organisation und gehörte ab 1950 Gehlens Stab an. Ebenfalls ab 1946 soll der SS-Standartenführer Dr. Franz Alfred Six für die Organisation als Rekrutierungsoffizier in Stuttgart gearbeitet haben. Six hatte SS-Einsatzgruppen in Russland geleitet und später das Amt VII im RSHA übernommen, das für weltanschauliche Forschungen zuständig war. 1948 wird Six von einem US-Militärtribunal als Kriegsverbrecher zu 20 Jahren Haft verurteilt, aber bereits im September 1952 aus der Haftanstalt Landsberg am Lech entlassen. Sofort soll er erneut als Mitarbeiter der OG, diesmal getarnt als Werbeberater der Porsche Diesel GmbH, tätig geworden sein. Auch wenn sein Biograph Lutz Hachmeister betont, keine Beweise für eine hauptamtliche Mitarbeit von Six in der Organisation gefunden zu haben, taucht der Name des berüchtigten Ideologen und verurteilten Kriegsverbrechers immer wieder in ihrem Zusammenhang auf.[173] US-Autor Christopher Simpson berichtet, der Begnadigungsausschuss des amerikanischen Hochkommissars habe Six ausdrücklich die Arbeit für Gehlen erlaubt.[174] Angesichts der Tatsache, dass viele ehemalige «Kollegen» und Bekannte sowie einige seiner Schüler in der Organisation Unterschlupf gefunden haben, kann man zumindest eine enge informelle Verbindung zu den alten Kameraden in der Organisation Gehlen vermuten.[175]

Der SS-Obersturmführer Hans Sommer hatte im Oktober 1941 in Paris sieben Synagogen sprengen lassen. 1943 war er bereits SD-Chef von Nizza, 1944 dann Vizekonsul in Marseille. Nach dem Krieg taucht er in Spanien unter, wo er nachrichtendienstlich arbeitet, bis ihn die Engländer des Landes verweisen lassen. 1950 tritt er in die Stuttgarter Filiale der OG ein[176] und trifft dort früher oder später auf alte Kameraden wie Heinz Felfe und Friedrich Heinrich Busch. Busch war stellvertretender Gestapo-Chef von Innsbruck und später hoher SD-Offizier in Paris. Nach dem Zusammenbruch wird er mehrfach verhaftet und wieder freigelassen, bis er endgültig von Franzosen und Amerikanern wegen Mord und Folterung zur Fahndung ausgeschrieben wird. Es gelingt ihm unterzutauchen. Erst vollständig, dann ab 1954 in der Stuttgarter Dependance der OG.[177] SS-Oberführer Otto Somann war 1944 Inspekteur der Sicherheitspolizei und des SD in Wiesbaden und gleichzeitig deren Befehlshaber für Lothringen-Saarpfalz in Metz. 1953 ist er unter dem Decknamen Lange leitender Mitarbeiter der Generalvertretung der OG in Bremen.[178]

Die Liste der Beispiele ließe sich noch lange fortsetzen: Der ehemalige Chef des SD in Budapest, SS-Sturmbannführer Josef Adolf Urban, übernimmt gemeinsam mit dem RSHA-Mitarbeiter Dr. Bruno Kauschen die Leitung der österreichischen Stellen der Organisation Gehlen. SS-Hauptsturmführer Franz Göring leitet eine Dienststelle der Organisation. Gestapo-Kriminalrat Max Staudinger arbeitet in der Zentrale. SS-Standartenführer Friedrich Klumm verhört für die Organisation. SS-Standartenführer Wilhelm Harster wirbt für die Organisation. Und so weiter und so fort.[179]

Der Dienst wird angreifbar

Die alten Seilschaften funktionierten hervorragend. Das Rekrutierungssystem des Dienstes machte es nahezu unausweichlich, dass die alten Kameraden immer neue alte Kameraden warben, sodass die Organisation Gehlen genau das Sammelbecken für Belastete und Gesuchte wurde, das ihre Gegner in ihr sahen. Gehlen nahm es in Kauf, und damit implantierte er dem Geheimdienst eine Zeitbombe, die, als sie dann letztlich explodierte, fast zu seinem Untergang geführt hätte. Gehlen wollte nachrichtendienstliches Potenzial und Professionalität, die – auch wenn sie unter verbrecherischen Bedingungen erworben worden war – unter den neuen demokratischen Bedingungen im Kampf gegen den Kommunismus Ertrag versprach. Er akzeptierte, dass er damit weiten Teilen des Dienstes eine ideologisch geprägte, dumpf antikommunistische, ja reaktionäre und revanchistische Grundhaltung einimpfte.[180] Und er akzeptierte damit, dass er den Dienst angreifbar machte. Nicht nur in der Öffentlichkeit, die von all dem kaum etwas mitbekam, sondern vor allem für die Propaganda der gegnerischen Seite und deren gezielte Gegenoperationen. Wer belastet war, wer die Tribunale der Sieger zu fürchten hatte, der war erpressbar. Der Gegner, der sich seinerseits nicht scheute, ehemalige SS- oder SD-Schergen in Dienst zu nehmen, wusste das, und wie sich herausstellen sollte, wusste er auch daraus Kapital zu schlagen.

Hatte Gehlen keine Wahl? Oder hatte er tatsächlich kein Problem damit, dass Verbrecher unter seinem Dach Unterschlupf fanden? Das ist kaum zu beantworten. In seinen Erinnerungen stellt er sich dem Problem nicht: «Die weitere Ergänzung des Personals war zunächst das vordringlichste Problem. Die vorhandenen Kräfte reichten nicht aus; zu vielen, früher auf den verschiedenen Fachgebieten tätigen Persönlichkeiten war die Verbindung verloren gegangen ... Der Wiederanfang am Punkt ‹Null› hatte allerdings auch seine Vorteile. Denn es ist sehr viel schwieriger, eine bestehende und arbeitende große nachrichtendienstliche Organisation umzubauen und sie zu modernisieren, als eine Organisation unter Berücksichtigung aller Erkenntnisse nach neuen Gesichtspunkten wieder aufzubauen.»[181]

«Punkt Null»? Alles neu macht der Mai 1945? Fast hat es den Anschein, Gehlen wolle die Leser seiner Apologie glauben machen, er glaube selber daran. Was war mit den Amerikanern? Was war mit den anderen Alliierten? Bekamen sie das alles nicht mit? Oder wollten sie es nicht mitbekommen? Wieder ist es mit einer einfachen Antwort nicht getan, wieder hilft nur der Blick auf die Gesamtsituation in Deutschland und auf das komplizierte Verhältnis zwischen der OG und ihren amerikanischen Herren.

In den ersten Jahren nach dem Zusammenbruch kollidierte in Deutschland die zwingende Notwendigkeit, den Besiegten ein Überleben in funktionierenden gesellschaftlichen Strukturen zu sichern, mit dem Willen der Sieger, einen radikalen und endgültigen Bruch der Deutschen mit ihrer ideologischen Vergangenheit herbeizuführen. Gleichzeitig formierten sich die neuen Macht- und Interessenblöcke, die ihrerseits darauf angewiesen waren, sich eine sichere Operationsbasis auf dem Gebiet der Besiegten zu schaffen. Dass dies nicht ohne deren aktive Mitwirkung zu erreichen war, verstanden die Siegermächte schnell. Der Aufbau der Organisation Gehlen ist hierfür ein Beispiel. In dieser Gemengelage wich manch hehres Ziel einem vermeintlich unabdingbaren politischen Pragmatismus. Auf der Potsdamer Konferenz hatten sich die Alliierten auf das Konzept der Entnazifizierung geeinigt, das darauf abzielte, alle nationalsozialistischen Einflüsse aus dem öffentlichen Leben Deutschlands zu eliminieren. Die Belasteten und Schuldigen sollten gesucht und bestraft werden. Aber von Anfang an setzte jede Siegermacht dieses Konzept in ihrer Zone nach eigenen Maßstäben um.

Benutzte die Sowjetunion die Entnazifizierung als Instrument eines gewaltsamen gesellschaftlichen Umbaus in ihrem Herrschaftsbereich – ohne dabei rigoros auf belastete Köpfe der faschistischen Diktatur zu verzichten –, so gingen die wenig überzeugten Briten von vorneherein zurückhaltend an das Problem heran.

Die Amerikaner meinten es ernst und scheiterten an ihrem eigenen Anspruch, Millionen von Deutschen – alle ab dem 18. Lebensjahr – mittels Fragebögen und Spruchkammern zu überprüfen, um die Schuldigen herauszufiltern. Sie setzten eine gewaltige bürokratische Maschinerie in Gang, an der letztendlich das gesamte Vorhaben erstickte. Als die

Westmächte Ende 1947 begannen, die Gründung eines westdeutschen Staates als unumgänglich zu betrachten, wurde die Entnazifizierung endgültig zu einem politischen Hindernis und fand ein jähes Ende.[182] Von dem amerikanischen Historiker Theodore White stammt der Satz, in den Vereinigten Staaten gebe es zwei diplomatische Traditionen, den Kreuzzug und den Kompromiss.[183] Die Amerikaner führten im Nachkriegsdeutschland zunächst den Kreuzzug gegen die Wurzeln des Nationalsozialismus. Als sich mit der Sowjetunion der nächste Gegner ins Blickfeld drängte, schlossen sie den Kompromiss. Die Entnazifizierung gilt heute als ein gescheitertes Experiment. Sie musste an ihrem Anspruch scheitern, sie scheiterte aber auch an Realitäten und Notwendigkeiten. Schnell kam es den Westalliierten darauf an, möglichst viele Nichtbelastete, aber auch zunehmend mehr Minderbelastete in den gesellschaftlichen Prozess zu reintegrieren, und besonders die amerikanische Massen-Entnazifizierung ordnete sich diesem Zweck unter. Der Historiker Lutz Niethammer hat hierfür den eindringlichen und einleuchtenden Begriff der «Mitläuferfabrik» geprägt und kommt zu dem Ergebnis, Säuberung und Rehabilitierung seien zu ein und demselben Vorgang verschmolzen.[184] Ein anderes Urteil bewertet die Entnazifizierung aus einer anderen Perspektive: «Einer moralisch integren Gegenelite konnte sie nicht zur Macht verhelfen, weil es sie nicht gab.»[185]

Ist das die Exkulpation für Gehlen und seine Rekrutierungspolitik? Mit Sicherheit nur zum Teil. Die Entnazifizierung beabsichtigte die Ausschaltung der Nazis und ihrer Ideologie aus dem öffentlichen Leben Deutschlands. Nun gehört eine Organisation, die der klandestinen Beschaffung von Informationen dient und mit dem Wort Geheimdienst charakterisiert wird, nur bedingt zum öffentlichen Leben. Es ist kaum davon auszugehen, dass sich allzu viele Mitarbeiter der Organisation Gehlen einer formellen Entnazifizierung unterziehen mussten. Dass die ehemaligen SS-, SD- oder Gestapo-Leute auch innerhalb der Organisation nur denen auffielen, die sie persönlich gekannt hatten, und dass sie vor allem vor den Augen der amerikanischen Aufpasser verborgen blieben, dafür sorgte Gehlen selbst. Er führte ein striktes Geheimhaltungsprinzip ein: Jeder Mitarbeiter erhielt einen Decknamen, der nicht nur gegenüber Organisationsfremden, sondern auch gegenüber Kollegen verwendet werden musste, selbst wenn man sich seit Jahren persönlich kannte. Gleichzeitig hatte jeder neue Mitarbeiter einen Ehrenkodex und eine Schweigeverpflichtung zu unterschreiben, die es ihm untersagte, mit irgendjemandem über irgendeinen dienstlichen Belang zu reden, es sei denn es handelte sich um einen direkten Vorgesetzten oder Untergebenen, und auch dann nur über Angelegenheiten, die den jeweiligen Dienstbereich oder Auftrag betrafen. Ein perfektes Abschottungssystem nach außen, aber auch gegenüber anderen Abteilungen und Mitarbeitern im Inneren, die nicht zum direkten Umfeld des jeweiligen Geheimdienstlers gehörten.[186]

Natürlich schuf Gehlen dieses System nicht nur, um fragwürdige Existenzen in seinem Apparat vor der Enttarnung durch die Amerikaner zu bewahren. Absolute Konspiration war ein Gebot der Zeit. Auch Briten und Franzosen bauten ihre eigenen Nachrichtendienste aus und waren auf der Jagd nach ehemaligen Gehlen-Leuten, um sie für ihre Interessen einzuspannen. Gleichzeitig misstrauten sie den Absichten des amerikanischen Zöglings zutiefst. Wollten sich die Agenten und V-Leute der OG frei in den Besatzungszonen bewegen, so konnten sie dies nur unter der bestmöglichen Tarnung. Für den Machtbereich der Sowjetunion galt dies natürlich in noch ausgeprägterem Maße.

Die Buchstaben des Gehlen'schen Schweigegelübdes ließen sich aber fraglos auch auf die Auftraggeber ausdehnen. Ernste Konflikte mit den Amerikanern waren bald unausweichlich. Im Sommer 1947 wurde Colonel Russel Deane, der große Rückhalt der OG, auf eigenen Wunsch aus Camp King abberufen. Er hatte – wie Gehlen noch ein paar Jahre zuvor – den Nachrichtendienst nie als Berufung gesehen und war froh, dass Washington ihn wieder mit einer militärischen Aufgabe betraute. Seinen Platz nahm Colonel Willard K. Liebel ein. Der neue Herr im Haus sah vieles anders als sein Vorgänger, sodass diese Besetzung zu einer Zerreißprobe für die zarte Pflanze der deutsch-amerikanischen Geheimdienstbeziehungen wurde. Liebel war ein harter Offizier, dessen Weltbild von den militärischen Eckpfeilern Befehl und Gehorsam getragen wurde. Zu den Deutschen hatte er eine klare Einstellung: Sie hatten den Krieg verloren und sich jetzt den Befehlen der Sieger zu unterwerfen. Dass Deane Gehlen an der langen Leine gelassen hatte, war ihm zutiefst suspekt. Er gedachte sie durch eine feste militärische Kandare zu ersetzten. So weit, wie die Dinge bereits gediehen waren, konnte dies nicht gut gehen. Zumal dem Colonel selbst die Unterstützung seiner Landsleute fehlte.[187]

Eric Waldman ließ es in der heiklen Frage des rasch wachsenden Personalstamms der OG sogar auf einen Konflikt mit seinem Chef ankommen. Colonel Liebel verlangte von Gehlen die Personalien aller Agenten, doch dieser weigerte sich, seine strikte Geheimhaltungspolitik zu durchbrechen, und Waldman unterstützte den harten Kurs. Liebel war damit die Kontrolle über die eigentümlichen Anwerbungspraktiken der Organisation weitgehend entzogen. Waldman, der zu Beginn seiner Zusammenarbeit mit Gehlen versucht hatte, strikt darauf zu achten, dass keine SS- oder SD-Angehörigen aufgenommen wurden, musste später zu seinem tiefen Bedauern feststellen, dass diese den Dienst mehr und mehr fluteten, als er selber in die USA zurückbeordert wurde.[188]

Andere Amerikaner sahen das Problem nicht oder wollten es nicht sehen. Noch im Jahr 2000, als die Vereinigten Staaten Tausende von Geheimdienstakten über ihr Bündnis mit der Organisation Gehlen der Öffentlichkeit zugänglich machten, sagte der ehemalige CIA-Verbindungsoffizier James H. Critchfield, die CIA-Akten zählten höchstens sechs bis zehn ehemalige SD-Angehörige, die 1950 der OG beigetreten seien. Und auch diese habe Gehlen nur zögernd und vor allem auf Druck Adenauers eingestellt.[189] Ein kühner Schluss angesichts der bekannten Fakten.

Dabei war das Problem in Washington durchaus virulent und schien auch diskutiert zu werden. Der amerikanische Autor Tom Moon schildert einen Disput zwischen Truman und einem linken Kongressabgeordneten, der den Präsidenten wegen seiner Zusammenarbeit mit Gehlen in die Ecke getrieben hatte. «Wir haben auch mit einem anderen Hitler-Kollaborateur zusammengearbeitet, ein Mann, den Sie bewundern», so Truman. Als der Kongress-Mann nachfragte, konnte die Antwort des Präsidenten drastischer kaum sein: «Joe Stalin, Sie erinnern sich, er hat 1939 mit Hitler paktiert. Dieser Bursche Gehlen, mich interessiert nicht, ob er mit Ziegen fickt. Wenn er uns hilft, benutzen wir ihn.»[190] So weit, so klar.

Der Konflikt zwischen Liebel und Gehlen war nicht beizulegen. Auch Streit über die Ausstattung mit Geld, Fahrzeugen und Material führte immer wieder zu Verstimmungen. Schließlich hatten die Befehlshaber ein Einsehen und lösten Colonel Liebel im August 1948 von seinem Posten ab.[191] Gehlen hatte es geschafft, den zügigen Ausbau des Dienstes nach seinen Vorstellungen voranzutreiben und ihn vor den eigentlichen Herren abzuschotten.

Alte Methoden

Gehlen hatte einen Geheimdienst geschaffen, der seinen Namen trug. Dass er nicht plante, das zweitälteste Gewerbe der Welt neu zu erfinden, zeigte allein der strukturelle und personelle Aufbau des Apparates. Und auch in der Methodik durfte niemand eine Revolution erwarten. So glänzend sich Gehlen als intimer Kenner der sowjetischen Verhältnisse verkauft hatte, so schmal war in Wahrheit die Basis, auf der er seine Aufklärungsarbeit aufbauen konnte.

1947 wurde die Konfrontation zwischen den Westmächten und der Sowjetunion immer offensichtlicher. Die Außenministerkonferenz in Moskau scheiterte an Reparationsfragen. Am 12. März verkündete Präsident Truman seine Doktrin zur Eindämmung totalitärer Bedrohungen: «Freiheitlichen» Staaten, die sich der Gefahr eines kommunistischen Umsturzversuches ausgesetzt sahen, wurde militärische und finanzielle Hilfe zugesagt. Auch den wenig später vorgestellten Marshall-Plan für den wirtschaftlichen Wiederaufbau Europas verstand die Sowjetunion als Teil dieser Eindämmungspolitik der USA. Die Machthaber in Moskau reagierten. Die Rote Armee stoppte Militärtransporte der Westalliierten auf ihrem Weg nach Berlin. Auf der Gründungskonferenz der Kominform (Informationsbüro kommunistischer und Arbeiterparteien) formulierte ZK-Sekretär Andreij Schdanow in Stalins Auftrag die Sicht des Kreml und zementierte damit die ideologischen Fronten. Die Welt war danach in zwei Lager gespalten: in ein imperialistisches und antidemokratisches Lager unter Führung der USA und in ein antiimperialistisches und demokratisches Lager unter Führung der Sowjetunion. Klare Verhältnisse.[192]

Aufklärung tat in dieser gefährlichen Lage Not. Aufklärung darüber, was der Diktator im Kreml tatsächlich plante. Ob der Krieg, mit dem die antikommunistischen Betonköpfe in der Organisation Gehlen ohnehin täglich rechneten, unmittelbar bevorstand oder nicht. Nur: Diese intimen Informationen aus dem Herz des Sowjetreiches konnte auch Gehlen nicht liefern. Den Topspion in Stalins Umgebung, oder wenigstens im Umkreis des ZK, gab es nicht. Die nachrichtendienstlichen Stränge, die Fremde Heere Ost oder das Reichssicherheitshauptamt während des Krieges aufgebaut hatten, waren mit dem Hitler-Staat untergegangen. Im Grunde waren die deutschen Aufklärer in amerikanischen Diensten blind und taub.

Da entsann sich Gehlen einer Vorgehensweise, die er bereits im Krieg mit Erfolg eingesetzt hatte. Er startete die «Aktion Hermes», die Hermann Zolling und Heinz Höhne treffend als das «humanste Spionageunternehmen der Nachkriegsgeschichte, weil es nicht ein einziges Opfer kostete», bezeichnet haben.[193] Die Grundidee der «Aktion Hermes» war so simpel wie überzeugend und Erfolg versprechend. Die Organisation Gehlen hatte nicht einen oder zwei potenzielle Spione auf sowjetischem Gebiet, sondern rund 3,1 Millionen: die deutschen Kriegsgefangenen, die nach und nach aus den Lagern heimkehrten. Ihre Beobachtungen, ihre Erlebnisse bildeten für die OG ein gigantisches Informationsreservoir aus erster Hand, dessen sie sich nur zu bedienen brauchte. Gehlen startete eine umfassende Befragungsaktion, mit der er nahtlos an das Frühjahr 1945 anknüpfte, und die ergiebiger war, als jede Aufklärung mit Einzelagenten je hätte sein können.[194]

Das Heer der Kriegsgefangenen arbeitete in der gesamten Sowjetunion für den Wiederaufbau der Infrastruktur und das Ankurbeln der Produktion. In Eisenbahnwaggons gepfercht reisten Hunderttausende «Plennys» Millionen von Kilometern kreuz und quer durch das Riesenreich, um als Hilfsarbeiter, später auch in verantwortlicheren Positionen Dienst in Kolchosen und Kombinaten, beim Straßenbau und im Bergbau, ja sogar in der Rüstungsproduktion zu leisten. Unter ihnen befanden sich Arbeiter und Akademiker, Grenadiere und Generäle, jeder sah etwas anderes, konnte sich auf etwas anderes einen Reim machen. Sie bauten Häfen wieder auf und zählten Schiffe, arbeiteten neben Übungsplätzen und sahen das Kriegsmaterial, mit dem die Rote Armee trainierte. Viele lernten Russisch und erfuhren Interna, die Gehlens Dienst auf andere Weise niemals hätte in Erfahrung bringen können. So wurde ein Kriegsgefangener gar Fahrer bei der Geheimpolizei und konnte später in der Heimat über personelle Veränderungen im NKWD berichten.[195]

Hier funktionierte die Systematik, die Gehlen während des Krieges erarbeitet hatte, hier machte sich auch das Datenmaterial der Abteilung Fremde Heere Ost bezahlt. Die Mitarbeiter der OG warteten in den deutschen Heimkehrerlagern auf die Transporte aus den Weiten der Sowjetunion und unterzogen fast jeden Einzelnen einer ersten Befragung nach den Lagern, in denen er gelebt, und den Orten, an denen er gearbeitet hatte. Die Ergebnisse wurden ins Camp King weitergeleitet und mit den Akten der FHO verglichen. Die nächste Begegnung mit einem Geheimdienstler hatte der Heimkehrer später in seiner Privatwohnung. Diesmal trug der Befrager auch einen Ausweis des «Historical Research Institute» in Wiesbaden bei sich, den er misstrauischen Zeitgenossen zur Legitimation vorzeigte. In Einzelfällen lud er die Rückkehrer gleich in die nächste Dienststelle der amerikanischen Gegenspionage CIC.

Das Ganze war mühseligste Puzzlearbeit, denn natürlich erbrachte nicht jede Befragung brisante Informationen. Vieles erwies sich erst im Nachhinein als höchst erhellend, wie eine besonders kuriose Episode zeigt: So stießen Gehlen-Mitarbeiter auf einen Heimkehrer, der als Müllkutscher im Chemiekombinat Dserschinsk gearbeitet hatte. Er hatte als einziger Gefangener Zugang zu einem Sperrbezirk, um dort die Ausschussproduktion abzuholen. Ihm fiel auf, dass sich aus einem roten Stein, der sich regelmäßig unter seinen Fuhren fand, Funken schlagen ließen. Der findige Mann bastelte sich aus einem der Steine ein Feuerzeug, das seinen Weg durch alle Kontrollen bis nach Westdeutschland fand. Für eine Packung Camel verkaufte er es einem Gehlen-Agenten. Dieser leitete das Beutestück weiter ins Camp King, und von dort aus erreichte es mangels eigener Analysemöglichkeiten in einem Briefumschlag Washington. Aus der amerikanischen Hauptstadt kam kurz darauf die Gratulation, verbunden mit der dringenden Warnung, in Zukunft vorsichtiger mit solchem Material umzugehen. Der Stein strahlte radioaktiv: höchstwahrscheinlich der erste Beweis dafür, dass die Sowjetunion eigene Abbaustellen für spaltbares Material besaß – Voraussetzung für die Entwicklung der Atombombe – und nicht mehr von den tschechoslowakischen Vorkommen abhing.[196]

Insgesamt war das Lagebild, das die OG aus der Masse der Befragungen gewann, alarmierend und für die USA von höchster Bedeutung. Während die Amerikaner ihre Militärmaschinerie abbauten, lief die sowjetische Rüstungsproduktion auf Volllast. Moskau fabrizierte «per Fließband Panzer, U-Boote, stampfte Kasernen aus dem Boden».[197]

Das «System Gehlen» hatte sich bewährt, und er zögerte nicht, es erneut einzusetzen: Es kehrten nicht nur Kriegsgefangene in Massen aus Russland heim, es flossen auch Ströme von Flüchtlingen aus der sowjetischen Besatzungszone in den Westen, um hier eine neue Heimat zu finden. Auch sie trugen in ihren Köpfen Wissen über die Zonengrenze, das die wenigen Agenten, die Gehlen bereits in der SBZ im Einsatz hatte, unmöglich in dieser Breite zusammentragen konnten. Die meisten Flüchtlinge landeten ebenfalls zuerst in Lagern. Hier sammelte die OG vor allem Hinweise auf Personen in der SBZ, die für sie von Interesse sein konnten. Das waren im Grunde alle Deutschen, die in irgendeiner Form mit den Sowjetbehörden zusammenarbeiteten oder sogar in deren Diensten standen. Sie alle waren potenzielle Zielpersonen für eine Ansprache durch Gehlen-Agenten und Verbindungsleute und kamen selber als solche in Betracht. Auch über die Verhältnisse im Machtbereich der Sowjetunion konnte die OG so ein aufschlussreiches Bild gewinnen: Namen sowjetischer Offiziere, Standorte sowjetischer Einheiten, die Organisation der Besatzungsbehörden, alles war von Interesse.

Und noch ein weiteres Mal unternahm Gehlen einen methodischen Rückgriff auf die Kriegszeiten: Von Hermann Baun kam der Vorschlag, die russischen Agentengruppen und Funker zu reaktivieren, mit denen seine alte Frontaufklärungsleitstelle zusammengearbeitet hatte. Er gab mit Gehlens Zustimmung Befehl, Kontakt zu den alten Agenten herzustellen. Doch wie zu erwarten war, blieben diese stumm. Wer nicht von den Russen geschnappt worden war, hatte es vorgezogen, sich selber zu stellen oder sich «abzuschalten». Bauns Funker warteten vergeblich auf eine Rückmeldung, und Gehlen nutzte den programmierten Misserfolg, seinen Rivalen kaltzustellen. Baun musste akzeptieren, dass die Leitung des Stabes der Abteilung Beschaffung einem Vertrauten Gehlens übertragen wurde.[198] Gehlen betonte später, vor allem der Unwillen Bauns, sich den notwendigen Unterstellungsverhältnissen zu unterwerfen, habe diese Maßnahme notwendig gemacht. Aufgrund seiner Verdienste habe er Baun mit einer anderen wichtigen Aufgabe in der Organisation betraut.[199] Baun blieb in der Tat noch bis Anfang der 50er Jahre bei der OG und sorgte für weitere Konflikte.

Der fulminante Fehlschlag hinderte Gehlen nicht daran, das Unmögliche später noch einmal zu versuchen. 1950 kam der Vorschlag vonseiten ehemaliger Angehöriger des RSHA. Dort hatte Walter Schellenberg das «Unternehmen Zeppelin» ins Leben gerufen und Agenten sowjetischer Nationalitäten weit ins sowjetische Kernland entsandt.[200] Jetzt behaupteten die alten Schergen Himmlers, diese Netze seien problemlos zum Leben zu erwecken. Gleichzeitig versprachen sie Material aus dem Wannsee-Institut, das im SS-Auftrag umfangreiche Archive angelegt hatte. Gehlen erhielt weder die Archive, die längst in russischen Händen waren, noch einen einzigen aktiven Agenten. Dafür bekam die OG eine Reihe neuer Mitarbeiter aus den Reihen der SS, für die man andere Betätigungsfelder fand.[201]

Umzug nach Pullach – Einzug der CIA

Die politische Ereignisgeschichte Ende 1947 und in der ersten Hälfte des Jahres 1948 deutete unübersehbar auf eine Machtprobe zwischen der Sowjetunion und den Westalliierten. Auch die Anzeichen, dass in ihrem Gefolge wenn nicht ein Krieg, so doch die zementierte Teilung Deutschlands und die Zweistaatlichkeit folgen würden, waren deutlich zu erkennen. Die deutsche Frage trat in den Vordergrund. Nachdem die fünfte Außenministerkonferenz in London im Dezember an eben diesem Punkt gescheitert war, mehrten sich die Hinweise, dass die Sowjetunion Berlin zum Schauplatz der entscheidenden Auseinandersetzung machen würde. In der viergeteilten Stadt fokussierte sich die gesamte Dramatik der Situation. Hier residierten nicht nur der inzwischen fast handlungsunfähige Alliierte Kontrollrat und die Interalliierte Militärkommandantur, hier waren die Streitkräfte aller Siegermächte auf engstem Raum präsent. Und hier agierten natürlich auch die Geheimdienste. Die Amerikaner verließen sich bei ihrer Aufklärung gegenüber der Sowjetunion keineswegs allein auf die Organisation Gehlen, auch wenn in der Literatur dieser Eindruck oft vermittelt wird. Zwar hatte Präsident Truman das Office of Strategic Studies aufgelöst und als Einheit für Strategische Dienste (SSU) in das Kriegsministerium integriert; das bedeutete jedoch nicht, dass diese Einheit das Weltgeschehen untätig von Washington aus beobachtete. Bereits Anfang 1946 befand sich ihre größte verbliebene überseeische Operationsbasis in Berlin; sie war – wie auch die OG – dem Nachrichtendienstoffizier im US-Generalstab, Edwin L. Sibert, unterstellt. Er förderte die Zusammenarbeit mit Gehlen und der OG und hatte die Kontrolle über alle Geheimdienst- und Abwehraktivitäten der US Army. Auch sein Hauptaugenmerk galt dem sowjetischen Militärpotenzial. Für das Sammeln von Informationen vor allem über die Aufstellung der Sowjettruppen war ein Programm mit dem Decknamen *Grail* (Gral) zuständig.[202]

Geleitet wurde die Operation von der Berliner Operationsbasis (BOB) der Strategic Services Unit (SSU). Ihre Führungsagenten setzten die gleichen simplen Methoden ein, mit denen auch Gehlen zunächst in der SBZ arbeitete: Sie warben unter alten Kontakten örtliche Agenten an, die in der Nähe militärischer Anlagen lebten oder arbeiteten. In Spitzenzeiten waren über 250 Agenten an der Operation *Grail* beteiligt, die auch in Washington als großer Erfolg gewertet wurde. Doch dieser war von kurzer Dauer. Gravierende Sicherheitsmängel führten dazu, dass die Sowjetabwehr die Agentenringe infiltrieren konnte. Im März 1947 war «Grail» tot, die militärische Aufklärung der BOB gescheitert. Die meisten Agenten bezahlten ihren Einsatz mit jahrelanger Haft in sowjetischen Lagern. Wichtig an dieser schmerzhaften Episode bleibt, dass die Verantwortlichen in den USA nicht gewillt waren, auf eventuelle Ergebnisse der Zusammenarbeit mit Gehlen zu warten. Ihnen musste immer klarer werden, dass die OG nicht nur williger Helfer war, sondern auch Konkurrent werden konnte.

Gehlens Dienst wuchs weiter in rasantem Tempo. Camp King platzte ab Mitte 1947 aus allen Nähten, sodass der Umzug in ein neues Hauptquartier unvermeidlich war. Wie es gefunden wurde, darüber gibt es verschiedene Berichte: Einmal soll sich Heinz Danko Herre an einen geeigneten Gebäudekomplex erinnert haben, als er mit Colonel Liebel auf Quartiersuche in der US-Zone war[203], ein anderes Mal soll Eric Waldman das Gespräch zweier Mitarbeiterinnen der US-Zivilzensur belauscht haben, die klagten, dass sie ihr Domizil leider verlassen müssten.[204] Das Ergebnis bleibt gleich: beide Male handelte es sich um die ehemalige «Rudolf-Heß-Siedlung» in Pullach bei München. Am 6. Dezember 1947 wurde das Hauptquartier der OG dorthin verlegt. Das Datum trug dem Gelände seinen Spitznamen ein: «Camp Nikolaus» hieß es fortan bei seinen Bewohnern.

Das Gelände ist längst Legende. Noch heute ist dort der Sitz des Bundesnachrichtendienstes. Die Nähe zu München und die gleichzeitige Entfernung zur späteren Hauptstadt Bonn und zu Berlin sollte nicht geringe psychologische und praktische Auswirkungen auf die Arbeit des westdeutschen Geheimdienstes haben. 1947 war «Camp Nikolaus» aber vor allem ein Ort mit Geschichte. Das Areal verbarg sich hinter einer hohen grauen Mauer und beherbergte ein Herrenhaus, 20 kleinere Einfamilienhäuser, Baracken, ein Kasino, ein Schwimmbad und ein Klubhaus – wie geschaffen für die Pläne Gehlens. 1936 war die Siedlung für Rudolf Heß und seinen Stab erbaut worden, später bezog Reichsleiter Martin Bormann das «Weiße Haus», wie das zweistöckige Herrenhaus genannt wurde. Jetzt wohnte Gehlen mit seiner Familie dort. Er musste unter dem steinernen Reichsadler hindurch, der über dem Eingang prangte. Das Hakenkreuz, das er vor noch nicht allzu langer Zeit in seinen Krallen getragen hatte, hatten die Mitarbeiter der US-Zivilzensur herausgeschlagen.[205]

Der Platzmangel des OG-Stabes war damit zunächst behoben, aber Gehlen hatte noch anderes im Sinn: Das neue Hauptquartier bot die Chance einer Familienzusammenführung größeren Stils. Eine ganze Reihe der Stabsangehörigen zogen wie er mit Frau und Kindern in Pullach ein. Die Vorteile lagen auf der Hand. Zum einen konnte die Belastung durch die Trennung von den Familien beseitigt und zum anderen die Abschottung des Dienstes noch konsequenter gesichert werden. Auf dem Gelände entstanden ein Kindergarten, eine Schule, ein eigener Lebensmittelladen. Einige Ehefrauen wurden als willkommene neue Arbeitskräfte in die OG integriert. «Camp Nikolaus» wurde zu einer geschlossenen Geheimdienststadt, in der es sich zwar wie in einer «Großfamilie»[206] lebte, die aber auch schnell den Charakter einer Sektenzentrale einnehmen konnte. Es entsprach Gehlens Auffassung von Absicherung. Er sorgte binnen kürzester Zeit für alle Einrichtungen, «die es erlaubten, Kontakte des täglichen Lebens mit der Außenwelt auf ein Mindestmaß zu begrenzen»[207]. Das alles mag die Wagenburgmentalität der Geheimen noch gesteigert haben – als Schutz gegen Ausspionierung und Verrat taugte es nicht.

Im Jahr darauf vollzogen sich auf politischer Ebene und im Bereich der Geheimdienste mehrere Entwicklungen parallel, deren Auswirkungen auf die Zukunft unüberschaubar waren. Scheinbar unbeirrt setzt Reinhard Gehlen die Arbeit fort und baut seinen Apparat weiter aus. Vor allem in der sowjetischen Besatzungszone gelingt es, ein Netz von Verbindungsleuten und Informanten zu knüpfen, das zunächst militärische Aufklärung durch Beobachtung betreibt und recht bald erste spektakuläre Erfolge vermelden kann. Gleichzeitig eskaliert die Konfrontation zwischen den Westallierten und der Sowjetunion.

Ende 1947 ist die politische und wirtschaftliche Situation in den vier Besatzungszonen desperat. Die Wirtschaftspolitik wird zu einem wesentlichen Faktor für die fortschreitende Teilung Europas, und sie geht einher mit neuen, bisher undenkbaren sicherheitspolitischen Konzepten. Großbritannien, Frankreich, die Niederlande, Belgien und Luxemburg schließen am 17. März 1948 in Brüssel den Fünfmächtepakt. Die «West-Union» ist das erste europäische Nachkriegsbündnis, das sich gegen die Sowjetunion richtet und nicht mehr gegen Deutschland. Die Reaktion folgt auf dem Fuß: Am 20. März verlässt Marschall Sokolowski auf Anordnung Stalins den Alliierten Kontrollrat. Die gemeinsame Kontrolle Deutschlands durch die vier Siegermächte ist endgültig zu Ende.[208] Am 20. Juni 1948 wird in den westlichen Zonen die D-Mark eingeführt. Zwei Tage später zieht die Sowjetunion mit einer Währungsreform in ihrer Zone nach. Am 1. Juli verlassen die Sowjets auch die Interallierte Kommandantur, und ab dem 4. August sind alle Straßen-, Schienen- und Wasserverbindungen zwischen den Westsektoren Berlins und den Besatzungszonen der Westalliierten gekappt. Die große Konfrontation ist da. Die Berlin-Blockade ist der erste und sogleich hochkritische Moment, da sich auch die amerikanischen und sowjetischen Geheimdienste in direkter Konfrontation messen müssen. Zur gleichen Zeit entbrennt innerhalb der militärischen und nachrichtendienstlichen Führung der USA eine Auseinandersetzung über die Rolle der Organisation Gehlen, in deren Verlauf ihre Existenz noch einmal auf dem Spiel steht.

Während der Berlin-Krise kam es vor allem auf die Arbeit der amerikanischen und sowjetischen Geheimdienste an. Die USA interessierte vor allem, ob Moskau eine militärische Konfrontation provozieren würde und welche Auswirkungen die Blockade auf die SBZ selbst hatte. Die Arbeit der BOB war kaum behindert, da die Sowjetunion den regen Personenverkehr zwischen den Sektoren nicht unterbinden konnte. Zudem waren nun viele Berliner gegen die sowjetischen Besatzer aufgebracht und eher zu einer Kooperation mit den westlichen Diensten bereit. Selbst Angehörige der ostdeutschen Polizei und auch ein sowjetischer Offizier arbeiteten dem US-Geheimdienst zu. Die Berichte waren für Washington positiv.[209] Sie überzeugten die Regierung, dass akute Kriegsgefahr nicht gegeben war, die Bewegungen der Sowjettruppen vor allem Drohgebärden darstellten. Zugleich meldete die CIA, dass die Kremlführung von der Luftbrücke völlig überrascht wurde und unterschätzt hatte, wie abhängig die Wirtschaft der SBZ von den Lieferungen aus dem Westen war. Je länger die Blockade dauerte, desto mehr entwickelte sie sich zu einem Bumerang.

Auch der sowjetische Geheimdienst hatte spektakuläre Erfolge zu verzeichnen, die allerdings nicht verhinderten, dass der Kreml den eigenen Operationen Erfolgsaussichten zuschrieb, die bei objektiver Betrachtung nicht bestanden. Die Berliner Residenz des Informationskomitees (KI) – des sowjetischen Pendants zur BOB – hatte scheinbar keinen Auftrag, die Kapazitäten der Luftbrücke und den Bedarf der Berliner Bevölkerung zu analysieren. So hoffte man, dass der Winter die Versorgungsflüge zum Erliegen bringen würde. Das Gegenteil war der Fall, die Rosinenbomber donnerten unvermindert im Tiefflug über das sowjetische Hauptquartier in Karlshorst.[210] Erfolge gab es auf anderen Ebenen. Moskau besaß exzellente Quellen in den westlichen Regierungsapparaten: Donald McLean nahm bis Spätsommer 1948 eine wichtige Position in der britischen Botschaft in Washington ein, Guy Burgess saß im Vorzimmer des Staatssekretärs im britischen Außenministerium, und unter den französischen Diplomaten befand sich ebenfalls ein ergiebiger Informant. Sogar Kabinettspapiere erreichten in kürzester Zeit Stalin, der so um die Pläne zur Gründung eines westdeutschen Staates wusste und um die zaghaften Ansätze einer möglichen Wiederbewaffnung Westdeutschlands.[211] Aber längst nicht alle Berichte erreichten Stalin. Andere wurden verändert oder geschönt, um den gefürchteten Diktator nicht zu reizen. Trotz allem war die Arbeit des sowjetischen Geheimdienstes in Teilen bemerkenswert. Ihre Berücksichtigung durch die Politik nicht.

Welche Rolle spielte in diesem Krieg der Geheimdienste die Organisation Gehlen? Konnte und sollte sie überleben? In den USA war man alles andere als einig. Bereits Ende 1946 hatte es einen Versuch gegeben, einen neuen Herrn für die OG zu finden. Die Central Intelligence Group (CIG), in der viele ehemalige OSS-Geheimdienstler tätig waren und die unter der Leitung des Außen- und des Kriegsministeriums arbeitete, sollte den Dienst übernehmen. Aber nach einer mehr als drei Monate dauernden Inspektion, in deren Verlauf alle maßgeblichen Mitarbeiter Gehlens befragt wurden, entschied man, alles beim Alten zu belassen.[212] Jetzt aber hatte sich die Situation grundlegend verändert. Die Amerikaner besaßen nun mit der Central Intelligence Agency (CIA) einen eigenen zentralen Auslandsnachrichtendienst, und die Entscheidung, mit ehemaligen Hitler-Offizieren zusammenzuarbeiten, blieb moralisch fragwürdig. Man war sich bewusst, dass die Unterstützung Gehlens politisch riskant war und in der amerikanischen Öffentlichkeit kaum auf Gegenliebe gestoßen wäre, hätte man sie bekannt gemacht. Innerhalb der US-Geheimdienstgemeinde hatte die OG offene Gegner.[213] In dieser Lage beschlossen der militärische Geheimdienst und die CIA, eine Studie zu erstellen, die über das weitere Schicksal der OG entscheiden sollte. Zur Debatte stand eine Zerlegung in verschiedene Teile, die jeweils einem anderen US-Dienst unterstellt werden sollten.

Am 18. November 1948[214] kam es zum ersten Zusammentreffen zwischen Reinhard Gehlen und Colonel James Critchfield, der die Untersuchung im Auftrag der CIA durchführte. Ihre Zusammenarbeit, aber auch die Kämpfe, die diese beiden so unterschiedlichen Männer miteinander ausfochten, sollten in den nächsten Jahren das Verhältnis der OG zu den amerikanischen Partnern entscheidend bestimmen. James Critchfield war gerade 31 Jahre alt und hatte den Zweiten Weltkrieg als jüngster Oberst der US-Army beendet. Am 4. Mai 1945 hatte er eine Panzerkolonne genau die Straße entlanggeführt, oberhalb deren die Almhütte lag, in der sich Gehlen versteckt hielt. Wenig später nahm er die Kapitulation der 1. Deutschen Armee entgegen. Von den sechs ranghohen deutschen Offizieren, die ihm gegenübersaßen, begegnete er fünf wieder – bei der Organisation Gehlen.[215] Critchfields Talent war in den USA den Brüdern Dulles aufgefallen: John Foster Dulles, dem späteren Außenminister, und Allen Dulles, OSS-Veteran und später Direktor der CIA. Kurz nach einem Gespräch mit Allen Dulles trat Critchfield der CIA bei und wurde wenig später nach Deutschland geschickt, um dort eine Operationsbasis in München aufzubauen. Den Auftrag, eine Expertise über die Zukunft der Organisation Gehlen zu erstellen, erhielt er quasi nebenbei.

Er ging an seine Aufgabe unvoreingenommen heran. Zerschlagung, Aufteilung, Auflösung – es gab keine Vorgaben für den jungen Offizier, der vorab auch kaum Informationen erhalten hatte. Bei seinem einzigen Vorgespräch mit der CIA in Deutschland glaubte er allerdings, eine negative Stimmung gegenüber der OG zu spüren. Auch von einem Gentlemen's Agreement zwischen Gehlen und General Sibert wusste er nach eigenen Angaben nichts.[216] James Critchfield, der die Uniform eines Colonels trug, legte seine Karten nicht offen auf den Tisch. Er sagte nicht, dass er von der CIA kam, sondern teilte lediglich mit, dass er die OG kennen lernen wolle.[217] Doch Gehlen wusste, wen er vor sich hatte, und dass die Begegnung von entscheidender Bedeutung für seine Zukunft war. «Er wusste genau, wer ich war, Name, Dienstrang, Nummer. Er hatte ein ziemlich gutes Briefing von Eric Waldman bekommen», erinnert sich Critchfield.[218] Gehlen stellte es später wieder so dar, als habe es sich von Anfang an um zielgerichtete Verhandlungen gehandelt, mit dem vorgegebenen Ziel, die OG in die Obhut der CIA zu überführen.[219] So ist es sicher nicht gewesen. Richtig ist, dass sich Gehlen zu diesem Zeitpunkt bereits mehrfach bitter über die unzureichenden finanziellen Mittel be-

CIA-Aufseher James Critchfield

schwert hatte, die ihm vom Militär-Geheimdienst zur Verfügung gestellt wurden. In den ersten Nachkriegsjahren hatte sich die OG zur Aufbesserung ihrer Kasse am schwarzen Markt beteiligt, aber mit der Währungsreform war diese Schattenfinanzierung hinfällig geworden. Gehlen hatte mit einer Verkleinerung des Dienstes gedroht und angeblich gar seinen Rücktritt und die Auflösung der OG angeboten.[220]

Critchfield nahm die missliche Lage durchaus wahr, und er sah noch viel weiter: Die Armee hatte der OG eine Heimat, Abschirmung und materielle Unterstützung gegeben, sie aber nicht wirklich kontrolliert. Sie war in einem Ausmaß gewachsen, das eine simple Aufteilung unter andere US-Geheimdienste unmöglich machte. Mittlerweile arbeiteten fast 4000 Deutsche für Gehlen, und Critchfield erkannte, dass die CIA fast keine andere Wahl hatte, als ein Projekt zu übernehmen, das sich bereits deutlich über den «Point of no return»[221] hinaus entwickelt hatte. Aber auch die Arbeit, die Gehlens Leute leisteten, beeindruckte ihn: Als Schlüsselerlebnis beschrieb er den Besuch einer Abhörstation nahe Wiesbaden. Die Männer überwachten den Funkverkehr sowjetischer Piloten. Sie hatten das auch schon im Krieg getan. Einige von ihnen erkannten bestimmte Piloten an der Stimme. «Wir hatten in den USA nichts Vergleichbares», so Critchfield.[222] Für ihn war klar, dass man Gehlens Apparat brauchte. Er erkannte hellsichtig, dass künftig vor allem eine effiziente Schnittstelle zwischen der OG und einer wie auch immer gearteten deutschen Regierung nötig sein würde – eine Kontrollstelle, die diesen Auftrag professionell und im amerikanischen Interesse durchführte. Denn über eines machte sich Critchfield bald keine Illusionen mehr: Gehlen sah sich als deutscher Chef eines deutschen Geheimdienstes, nicht als Angestellter der Amerikaner.[223]

Kurz vor Weihnachten sandte Critchfield ein 1900 Worte langes Telegramm nach Washington, in dem er seine Beobachtungen darlegte. Seine Einschätzung wurde akzeptiert. Er erhielt den Auftrag, in Deutschland zu bleiben und die Kontrolle über die OG im Auftrag der CIA zu übernehmen. Vor allem sollte er herausfinden, was der Dienst eigentlich alles trieb und wen er beschäftigte. Danach sollte er eine endgültige Empfehlung abgeben. Die CIA hatte begonnen, die OG zu überwachen. Es war der Anfang einer langen Reihe von Auseinandersetzungen zwischen Gehlen und Critchfield über die Arbeitsweise des Dienstes, die Operationen und das Personal, das rekrutiert und eingesetzt wurde. Am 1. Juli 1949 übernahm die CIA endgültig die Kontrolle. Critchfield wurde erster offizieller Chef der Pullacher Basis. Er sollte es bleiben, bis die Organisation Gehlen schließlich als Bundesnachrichtendienst in deutsche Verantwortung entlassen wurde.

Die Auseinandersetzungen nahmen bisweilen bizarre Formen an: «Es gab auf beiden Seiten kein einfaches Vertrauen in das Gesagte, und für uns stand stets die Frage im Raum: Kann man den Deutschen wirklich vertrauen?», so Critchfield.[224] Hauptstreitpunkt blieb das alte Problem der Klarnamen. Während einerseits jedem Abteilungsleiter der OG ein CIA-Mann zur Seite gestellt war, die CIA alle Berichte auf den Tisch bekam und alle Operationen mit ihr diskutiert werden sollten, beharrte Gehlen andererseits darauf, die Namen seiner V-Leute und Agenten geheim zu halten. Die CIA aber wollte wissen, ob Gehlen alte Nazis beherbergte oder gar verkappte Kommunisten, die einer Anwerbung durch den Gegner zugänglich waren. Da Gehlen sich hartnäckig widersetzte, tat die CIA das, wozu sie geschaffen wurde: Sie spionierte und begann, Dossiers über das deutsche Personal anzulegen. Nach und nach kam man dahinter, mit wem es die Organisation Gehlen so alles trieb. Die geheimdienstlichen Katastrophen der späteren Jahre konnten trotzdem nicht verhindert werden.

In den Zentren der Macht

Erste Erfolge der Organisation Gehlen

Einer der spektakulärsten Geheimdienstcoups in den Anfangsjahren der Organisation Gehlen beginnt mit einem Teller Erbsensuppe. Nach diesem gelüstet es den 19-jährigen Bauarbeiter Klaus Imhoff nach einem Kinobesuch am Kurfürstendamm. Klaus Imhoff stammt eigentlich aus Niesky in der Oberlausitz, aber im August 1947 verbringt er ein Wochenende im Berliner Westen. Als der Film zu Ende ist, sucht er sich ein Lokal am Bahnhof Zoo und setzt sich allein an einen Tisch. Kurze Zeit später nur bittet ein Fremder, Platz nehmen zu dürfen, und beginnt eine Unterhaltung. Die beiden müssen sich sympathisch gewesen sein, denn schnell erzählt Imhoff von sich und seiner Familie. Als ältestes von drei Kindern muss er mithelfen, die Familie zu ernähren. Der karge Lohn, den seine Mutter aus der Fabrik heimbringt, reicht dazu nicht aus. Der Vater ist in Russland gefallen. Eigentlich will Imhoff Architekt werden, aber diesen Wunsch muss er vorerst zurückstellen.

Auch politisch verstehen sich die neuen Bekannten, beide lehnen die russischen Besatzer und die SED ab. Man kann unter diesem Regime nicht leben, aber was tun? Der Fremde hat Ideen. Vor allem müsse der Westen alles erfahren, was in der sowjetischen Besatzungszone vor sich gehe. Ob Imhoff als Bauarbeiter auch in russische Kasernen hineinkomme? Imhoff verneint. Aber Eisenbahntransporte mit russischen Soldaten und Panzern, die aus Polen herangeschafft würden, bekomme er häufig zu sehen. Das interessiert sein Gegenüber. Ob Imhoff nicht etwas genauer hinschauen könne, will er wissen: Zahl der Züge und Panzer, Zielort der Lieferungen. Bei seinem nächsten Besuch in Berlin könne er doch von seinen Beobachtungen berichten. Imhoff nickt. Ja, das werde er machen, er werde sich wieder melden.[225]

So wurde aus dem jungen Maurer Klaus Imhoff ein Mitarbeiter der Organisation Gehlen. Der neugierige Fremde hieß Walter Zentner und war ein V-Mann, der soeben einen Informanten gewonnen hatte. Das Anbahnungsgespräch dürfte exemplarisch für das damalige Vorgehen gewesen sein. Die SBZ war voll unzufriedener Menschen, die die Russen lieber heute als morgen auf dem Weg nach Hause gesehen hätten und bereit waren, den westlichen Diensten mit Informationen zu helfen. Auch das Ansinnen Zentners war typisch für die militärische Aufklärung. Zentner selbst war erst wenige Monate zuvor von dem V-Mann-Führer Kurt Tölle, einem alten Kameraden aus Wehrmachtszeiten, für die OG geworben worden. Tölle wiederum unterstand dem Leiter einer Außenstelle in Westberlin, Dieter Keuner. Keuner wiederum hatte an der Ostfront als Hauptmann unter Oberst Tölle gedient. So waren die Strukturen, und sie funktionierten. Keuner leitete einen Trupp von 20 V-Mann-Führern, die ihrerseits jeweils zehn V-Männer führten; diese rekrutierten wiederum einen Stab von Informanten. Das ergab allein an diesem einen Ast der OG ein kleines Heer von mehreren hundert Mitarbeitern, die für Gehlens Geheimdienst jede nur erreichbare Information über die Rote Armee und die Lage im sowjetischen Machtbereich zusammentrugen.

Der neue Informant Imhoff machte sich. Bald fuhr er jeden Sonntag mit der Bahn nach Ostberlin, um von dort in die Westsektoren zu wechseln. In einem Lokal traf er Walter Zentner und berichtete, was er auf dem Bau, in der Kneipe oder im Bekanntenkreis erfahren hatte. So ging es schon über ein Jahr, als er im September 1948 in Niesky einen alten Schulfreund traf. Hubert Maus war zur Volkspolizei gegangen und erzählte freimütig, was dort vor sich ging. Diesmal wartete Imhoff nicht. Er eilte sofort nach Westberlin, wo ihn Zentner schon hinter einer Zeitung erwartete. Nach dem Treffen verfasste der V-Mann mit der Decknummer 9718 eine Meldung: «9718. Quelle Klaus Imhoff in Niesky, der bis 1947 mit Hubert Maus, dortselbst, die Schule besuchte und mit diesem zusammen das Abitur machte, berichtete Nr. 9718, dass er vor einigen Tagen vor dem Sowjet-Ehrenmal in Niesky seinen Freund Maus getroffen hatte, der jetzt Dienst bei der Volkspolizei tut. Dabei erzählte Maus der Quelle K.I. unter dem Siegel der Verschwiegenheit, er sei jetzt Soldat. Seine Vopo-Einheit wird in der Gegend von Weimar an Maschinengewehren und Granatwerfern ausgebildet. Maus stellte ferner in Aussicht, dass die Vopo später auch Artillerie und Panzer (T34) erhalten wird. Auf Frage von Quelle K.I., ob die Vopos an diesen Waffen von Russen ausgebildet werden, antwortete Maus, Russen hätten die Aufsicht, Ausbilder sind Offiziere der früheren deutschen Wehrmacht. Beurteilung der Quelle K.I.: Kenne Quelle seit einem Jahr, seine Mitteilungen haben sich immer als wahrheitsgemäß erwiesen. 9718.»[226]

Diese Meldung war eine Sensation. Der erste Hinweis, dass Moskau mit der Remilitarisierung seiner Besatzungszone begann und in den kasernierten Bereitschaften der Volkspolizei die Keimzelle einer ostdeutschen Armee entstand.[227] Das musste einschlagen wie eine Bombe. Zunächst aber schlug nur V-Mann-Führer Tölle, dem Zentner die Meldung am folgenden Montag vorlegte, die Hände über dem Kopf zusammen. Er hielt das Ganze für ein Hirngespinst. Nie würden die Russen Deutsche mit schweren Waffen ausrüsten. Zentner blieb hartnäckig. Er war vom einwandfreien Geisteszustand seines Informanten überzeugt und konnte Tölle überreden, die Information an den Leiter der Außenstelle weiterzugeben. Dessen Reaktion fiel völlig anders aus. Er erkannte die Brisanz, verfasste einen Bericht für Pullach und rief dann einen weiteren Kontaktmann an. Am nächsten Morgen um neun Uhr wechselte die explosive Meldung am Affenhaus im Berliner Zoo in einer Zeitung versteckt erneut den Besitzer. Der Kurier bestieg am Abend auf dem Flughafen Tempelhof eine US-Maschine, in der ihn bereits Angehörige der OG und US-Offiziere erwarteten. Die Odyssee einer derart heißen Nachricht aus der SBZ bis zu ihren endgültigen Empfängern, den Auswertern in Pullach, war lang. Der Kurier flog nur bis Frankfurt und ließ sich von einem wartenden Fahrer zu einem Hotel in der Innenstadt fahren. Die Aktentasche mit der Meldung blieb im Wagen liegen. Sie wurde weiter nach Bad Nauheim transportiert, wo eine Verbindungsstelle zwischen der Zentrale und Berlin residierte. Dort übernahm sie der nächste Kurier und brachte sie im US-Militärzug nach München. Letzte Station vor Pullach war die Villa eines Musiklehrers nahe des Nymphenburger Schlosses – letzte Kommunikationsschnittstelle zwischen den Agenten in der sowjetischen Besatzungszone und Camp Nikolaus.

In Pullach hatte der Bericht über das Gespräch des Bauarbeiters Imhoff mit dem Volkspolizisten Maus die erwartete Wirkung. Gehlen glaubte sofort an den wahren Kern der Information. Zu genau passte es in sein Bild, dass die Sowjetunion die Aufrüstung der Ostzone betrieb.[228] Unverzüglich befahl er die Einrichtung eines Sonderstabes «Volkspolizei». Sämtliche Außenstellenleiter und V-Mann-Führer in Berlin mussten ihre Agenten und Informanten auf die Umwandlung der Volkspolizei in eine paramilitärische Organisation ansetzen. Mit Erfolg. Bereits im Frühjahr 1949 konnten die Mitarbeiter der OG vorausberechnen, in welchem Umfang und in welcher Struktur die kasernierte Volkspolizei aufgestellt werden sollte. 39 Regimenter mit 48750 Mann, Infanterie, Artillerie, Panzer, Pioniere und Nachrichteneinheiten, bildeten eine zwar kleine Armee, aber eine Armee.

Diesem Aufsehen erregenden Erfolg sollte nur wenig später ein weiterer folgen. Agenten hatten in der sowjetischen Besatzungszone ein bis dato unbekanntes Flugobjekt gesichtet, das angeblich ohne Flügel und Propeller auskam, enorme Geschwindigkeit erreichte und einen hohen Pfeifton verursachte. Die Experten rätselten, um was für eine Entdeckung es sich handeln konnte. Hatte die Sowjetunion einen neuen Flugzeugtyp entwickelt? War es eine Rakete? Wieder erging ein Gehlen-Befehl an alle Führungsoffiziere, die angewiesen wurden, ihre Informanten in der SBZ nach einer seltsamen fliegenden Zigarre zu fragen.

In Berlin-Spandau wohnte zu dieser Zeit ein ehemaliger Jagdflieger, der das hohe Pfeifen des unbekannten Flugobjektes ebenfalls vernommen hatte. Es kam vom Fliegerhorst Schönwalde im Norden Berlins, wo sowjetische Einheiten stationiert waren. Der gelernte Pilot war nicht nur berufsbedingt luftfahrtinteressiert, sondern unter dem Decknamen «Horst» auch V-Mann der Organisation Gehlen.[229] Er hatte seinen Agentenführer in Bad Nauheim bereits vergeblich um eine Kamera gebeten, um das Flugzeug ohne Flügel fotografieren zu können. Dem V-Mann-Führer war das Risiko einer Entdeckung seiner Quelle zu hoch erschienen. Erst als der Befehl aus Pullach erging, sich um das Phänomen zu kümmern, gab er nach. Wenig später machte «Horst» sich auf den Weg: «Pilze sammeln». Der Birkenwald um den Fliegerhorst in Schönwalde war ein ideales Pilzgebiet, und Pilze sammeln war die ideale Tarnung für so manchen Agenten, der sich in diesen Tagen in der Nähe militärischer Einrichtungen herumtrieb. «Horst» musste nicht lange warten, da ertönte wieder das hohe Pfeifen, und Sekunden später donnerten im Tiefflug zwei Flugkörper über seinen Kopf. Es gelang ihm, die gewünschten Fotos zu schießen. Als die Flugzeuge verschwunden waren, hörte er russische Stimmen. Auf einem flachen Gebäude sah er einen hohen Antennenmast. Er fotografierte auch dieses Objekt und fuhr danach unbehelligt nach Westberlin. Die ehemaligen deutschen Luftwaffenoffiziere, die sich gemeinsam mit US-Experten die Bilder ansahen, staunten nicht schlecht: «Horst» hatte den ersten sowjetischen Düsenjäger fotografiert, die MIG 15, mit der die Amerikaner im Jahr darauf bittere Erfahrungen machen sollten. Die USA hatten Grund zur Sorge, war ihrem ersten strahlgetriebenen Flugzeug, der F 86 Sabre, doch plötzlich ein ernst zu nehmender Gegner erwachsen. Sie wollten mehr über dieses sowjetische Luftfahrterzeugnis wissen, und die OG beschaffte mehr.

Wieder einmal kam Gehlen die akribische Datensammlung der Nachkriegsjahre zugute. Im Archiv mit den Befragungen der Kriegsgefangenen fand sich die Aussage eines Heimkehrers, der in einem Flugzeugwerk in Tiflis gearbeitet und dort eine Metallpresse bedient hatte. Der Mann bekam Besuch von einem Mitarbeiter der OG, der alles über die Beschaffenheit des Materials wissen wollte, das er bearbeitet hatte. So recht erinnern konnte sich der Befragte nicht. Er hatte andere Sorgen gehabt als die metallurgische Untersuchung der Bleche, die er presste. Und genau das war das Glück der Gehlen-Leute. Der Kriegsgefangene war es nämlich leid gewesen, seine karge Suppe aus einer zerbeulten Konservendose zu löffeln, und hatte sich heimlich ein Kochgeschirr aus dem Flugzeugblech gebastelt. Das kramte er nun hervor und drückte es dem verdutzten Gehlen-Mann in die Hand. 50 Mark bezahlte dieser für die Möglichkeit, das Material zu analysieren, aus dem russische Düsenjäger gefertigt wurden.[230]

Selbst den Treibstoff, mit dem die MIG 15 flog, konnte man beschaffen. Kurzerhand wurde eine Bahnstrecke gesperrt, über die ein Güterzug der Roten Armee fuhr. Ein Mann kletterte geschwind auf einen Kesselwagen, öffnete den Tankdeckel und zog mit Hilfe einer Bierflasche eine Probe. Die russischen Wachsoldaten gingen von einer Verkehrsstörung aus und kümmerten sich nicht um den nur minutenlangen Stopp. Stellwerkmeister, Lokführer und Bierflaschenbesitzer waren Mitarbeiter der OG. Die Chemiker in Pullach freuten sich.[231]

Doch auch unverhoffte und zufällige Erfolge fielen der Organisation in den Schoß. Im Herbst 1949 floh ein hoher Offizier der Volkspolizei und lieferte der Organisation die geheimen Pläne für den Aufbau der kasernierten Verbände. Sie bestätigten, was die Agenten Gehlens zuvor beobachtet und errechnet hatten. Doch so amüsant und filmreif solche Episoden in der Rückschau wirken mögen, so bedrohlich war ihr Hintergrund und so dramatisch konnten die Auswirkungen sein, die das Bild, das die Agenten lieferten, provozierte.

Die Russen am Rhein und die Wiederbewaffnung

Am 15. September 1949 wurde Konrad Adenauer zum ersten Bundeskanzler der neu gegründeten Bundesrepublik Deutschland gewählt. Der 73-Jährige war geprägt durch die Jahre der Terrorherrschaft des Nazi-Regimes. Und er war getrieben von der Furcht vor dem Terror der Sowjetherrschaft und vor der Gefahr, die von ihr ausging. Diese elementare Furcht sollte Adenauer bis an sein Totenbett begleiten, wo ihn die Fieberträume eines von den Russen verwüsteten Europas heimsuchten.[232] Konrad Adenauer war nie Militär gewesen, und er stand der Generalität durchaus kritisch gegenüber. Aber die bewaffnete Selbstverteidigung gegen einen gegnerischen Angriff gehörte für ihn zu den selbstverständlichen Naturrechten eines jeden Volkes.[233] Mit diesem Angriff rechnete Adenauer nicht nur, er war davon überzeugt, dass er kommen musste. In seinem Selbstverständnis hatte er als Regierungschef die Pflicht, für die Verteidigungsfähigkeit Deutschlands durch Streitkräfte und ausreichende Rüstung zu sorgen. Da es für ihn ausschließlich um Verteidigungsbereitschaft ging, war ein militärischer Beitrag Deutschlands zu einem europäischen Sicherheitssystem keine Frage der Moral, sondern unabdingbar und nur eine Frage der Zeit. Der Aufbau der kasernierten Volkspolizei war für Adenauer eine ebensolche Bedrohung wie die Rote Armee. Er rechnete mit möglichen Übergriffen ostdeutscher Verbände auf Westberlin oder Gebiete an der Zonengrenze.[234]

Da zuverlässige Quellen fehlen, ist es bis heute schwer zu beurteilen, inwieweit die Berichte der Organisation Gehlen das Bild Adenauers und der ersten Bundesregierung von der Bedrohung aus dem Osten prägten. Sicher ist, dass Gehlen Adenauers Befürchtungen teilte. Ebenso sicher ist, dass er früh um enge Kontakte zur Regierung und zum Bundeskanzler bemüht war und diese auch knüpfen konnte. Den alarmierenden Berichten der OG über die Remilitarisierung der Sowjetzone standen indifferente Beurteilungen der anderen westlichen Geheimdienste gegenüber. Diese sahen in den Volkspolizeieinheiten keineswegs die militärische Bedrohung, die Adenauer zu erkennen glaubte. Der militärische Wert der Polizeieinheiten wurde einstweilen noch für unbedeutend gehalten.[235]

Keinerlei Illusionen machte man sich hingegen über die Bedrohung, die von der Sowjetunion ausging, und auch am Bild einer angriffsbereiten Roten Armee, die mit 175 voll ausgerüsteten Divisionen in ihrer Zone auf den entscheidenden Befehl wartete, arbeitete Gehlen mit seinen Analysen kräftig mit. Zumindest die USA waren damit zu beeindrucken und zu beeinflussen. Trotz eigener Spionage- und Aufklärungsbemühungen verließen sie sich hier doch in nicht unerheblichem Maß auf die Berichte der OG und richteten ihre Strategien danach aus. Christopher Simpson zitiert den ehemaligen CIA-Chefauswerter für die strategischen Kriegspläne und das Potenzial der Sowjets, Victor Marchetti: «Gehlen musste sein Geld verdienen, indem er eine Bedrohung schuf, vor der wir Angst hatten, sodass wir ihm weiteres Geld gaben, damit er uns mehr darüber erzählte.»[236] Und weiter: «Die CIA liebte Gehlen, weil er uns erzählte, was wir hören wollten. Wir verwendeten sein Zeug ununterbrochen, und wir gaben es an alle weiter: an das Pentagon, an das Weiße Haus, an die Zeitungen. Auch die schätzten es. Aber es waren aufgebauschte Märchen über den russischen schwarzen Mann, und sie haben diesem Land (gemeint sind die USA, d. Verf.) schweren Schaden zugefügt.»[237]

Hinterher ist man bekanntlich immer schlauer, aber so niederschmetternd die Beurteilung des CIA-Veterans auch sein mag, nach diesen Aussagen bleibt die Tatsache, dass Gehlens Einfluss auf die westliche Militärpolitik der frühen Nachkriegsjahre kaum zu überschätzen war. Malte man einerseits die Militärmacht der Sowjetunion in den düstersten Farben, so bildete man sich andererseits auf die eigene Verteidigungsbereitschaft wenig ein. Die Vereinigten Stabschefs der USA gingen in ihrem Kriegsplan «Offtackle» davon aus, dass die Rote Armee im Fall eines Angriffs ganz Europa mit Ausnahme Englands und Portugals überrennen würde. Erst im weiteren Verlauf des Krieges wurde eine Befreiung der eroberten Gebiete Kontinentaleuropas im Stil der Invasion von 1944 für erwägenswert gehalten.

Adenauer wurde in solch deprimierende Planspiele nicht einbezogen, aber er ließ eigene Analysen erstellen. Bereits im Winter 1948/49 musste er ein Papier des ehemaligen Generals Hans Speidel zur Kenntnis nehmen, das dieser auch auf Zahlenmaterial der OG stützte. Auch Speidel nahm als sicher an, dass bei einem Überfall der Roten Armee ganz Deutschland besetzt würde und diese bis zu den Pyrenäen durchmarschieren könne.[238] Adenauers Phobien erhielten also von vielen Seiten Nahrung. Zwar wurde die Wiederbewaffnung noch nicht öffentlich diskutiert, sie hätte in der Bevölkerung auch keine Chance gehabt, aber hinter den Kulissen wurde daran gearbeitet – unter intensiver Mitwirkung Gehlens und seines Dienstes.

Bereits im September 1947 war es in Marburg zu einem geheimen Treffen gekommen: Gehlen bot seinem alten Mentor, General Heusinger, einen Posten in der OG an. Im Februar 1948 zog Heusinger in Pullach ein und brachte gleich noch zwei andere Generäle mit: Hans Speidel und Hermann Foertsch.[239] Als die CIA im Juli 1949 die Verantwortung übernahm, hatte der neue Befehlshaber Colonel Critchfield schon bald den Eindruck, dass er es mit zwei verschiedenen Operationen zu tun hatte: dem Aufbau eines westdeutschen Geheimdienstes unter Gehlen und der Remilitarisierung Westdeutschlands unter Heusinger. Er sollte Recht bekommen. Beides wurde eng mit der neuen Bundesregierung koordiniert, durch die intensiven Kontakte Gehlens zum Kanzlerberater Hans Globke und zu Adenauer selbst.[240]

Nach offizieller Lesart lernten sich Gehlen und Adenauer erst am 20. September 1950 kennen.[241] Andere Quellen wollen wissen, dass beide sich schon 1948 trafen, als Adenauer Präsident des Parlamentarischen Rates war.[242] Zolling und Höhne wiederum berichten, Adenauer habe sich unmittelbar nach der ersten Kabinettssitzung am 20. September

1949 mit dem Geheimdienstchef getroffen, um über die weitere Zukunft der OG im Verhältnis zu ihren amerikanischen Herren und der Regierung in Bonn zu beraten.[243] Ob nun im direkten Kontakt oder über die Schaltstelle Globke: bis Herbst 1950 war Gehlen bereits maßgeblich an der Willensbildung im Kanzleramt und an den Planungen für eine Remilitarisierung beteiligt. Denn es ist kaum anzunehmen, dass die Berichte, die er dem Kanzler zukommen ließ, von den Schwarzmalereien abwichen, mit denen er die Amerikaner bedachte.

Am 24. Mai 1950 hatte Adenauer den früheren Panzergeneral Graf Gerhard von Schwerin zum «Berater des Bundeskanzlers in Sicherheitsfragen» ernannt. Auch Gehlen und Speidel waren für das Amt im Gespräch gewesen.[244] Schon Ende Mai legte der Graf ein Memorandum vor, das wieder Öl ins Feuer goss: In wenigen Tagen stünden die Russen am Rhein, trügen sie eine Aggression mit allen Mitteln vor. Er hatte sich zuvor in England mit hohen Offizieren über Fragen der europäischen und deutschen Sicherheit beraten. In einer weiteren Denkschrift diskutierte er die Aufstellung deutscher Kontingente in einer europäischen Streitmacht und die Umwandlung der Grenzpolizeien der Länder in eine mobile Bundes-Gendarmerie.[245]

Kurz darauf geht Adenauer bei den Hohen Kommissaren in die Offensive. Nacheinander bittet er Sir Brian Robertson, John McCloy und André François-Poncet nach Rhöndorf und bespricht mit ihnen die Sicherheitslage. In diesen Gesprächen werden zum ersten Mal von westdeutscher Seite Streitkräfte angeboten. Der Kanzler tut dies ohne jede Rückendeckung. Weder seine Minister noch die Fraktionen des Bundestages weiht er in seine vertraulichen Gespräche mit den Hohen Kommissaren ein. Diese sind sich längst einig, dass ein westeuropäisches Sicherheitssystem ohne einen deutschen Verteidigungsbeitrag nicht mehr denkbar ist. Sie wissen nur noch nicht, wie dieser aussehen soll und wie sie die Öffentlichkeit von der Notwendigkeit bewaffneter Deutscher überzeugen sollen.

Da tritt ein Ereignis ein, das die gesamte Weltlage verändert und die Prophezeiungen der Organisation Gehlen aufs Schlimmste zu bestätigen scheint: Am 25. Juni 1950 marschieren die kommunistischen nordkoreanischen Truppen in den Süden des geteilten Landes ein. Diese Invasion ist für die Politiker diesseits und jenseits des Atlantiks ein Schock. Vor allem in der Bundesrepublik wird der nordkoreanische Angriff mit Entsetzen aufgenommen. Überdeutlich drängen sich Parallelen zur Situation im inzwischen auch formell geteilten Deutschland auf, besonders die Tatsache, dass die nordkoreanische Armee wie in der Ostzone mit Hilfe sowjetischer Ausbilder und Waffen aus Polizeieinheiten heraus aufgebaut worden ist. Ist auch hier mit einem baldigen Übergriff zu rechnen? Noch immer hält man die Volkspolizei eines solchen Vorgehens für unfähig, doch der amerikanische Präsident Dwight D. Eisenhower kann seine Augen vor der neuen Lage nicht verschließen. Er erklärt, dass «der Einsatz ostdeutscher Truppen nach koreanischem Vorbild einer offenen vollgültigen Kriegserklärung sehr nahe kommen würde, und zwar deshalb, weil … die [sowjetischen] Truppen Ostdeutschland besetzt halten und die Kontrolle über dieses Gebiet besitzen».[246]

War Korea der Auftakt des dritten Weltkrieges? In den Augen von Männern wie Adenauer und Gehlen, die zutiefst von der Aggressivität des stalinistischen Regimes überzeugt waren, konnte es so aussehen. Die Führung der DDR tat alles, diesen fatalen Eindruck zu verstärken. So erklärt Walter Ulbricht am 3. August 1950 im Berliner Rundfunk: «Korea lehrt, dass eine solche Marionettenregierung wie die in Südkorea, oder man kann auch nennen die in Bonn, früher oder später doch vom Willen des Volkes hinweggefegt werden … Da aber die Völker den Frieden erhalten wollen, wird jede Kriegsaggression imperialistischer Mächte die Mehrheit jedes Volkes gegen sich haben. Und von den patriotischen Kräften des Volkes wird mit aller Kraft der Kampf geführt werden, um die Nester der Kriegsprovokationen zu liquidieren, so wie das in Südkorea gegenwärtig geschieht.»[247]

Das ist deutlich, und wenn es zu irgendetwas gut ist, dann dazu, die westdeutschen Bemühungen um schnellstmögliche Aufstellung eigener bewaffneter Einheiten, in welchem Kontext und unter welchem Befehl auch immer, zu forcieren. Mit dem Korea-Krieg ändert sich unter dem Eindruck der Bedrohung auch die Einstellung in der Bevölkerung, und die Alliierten Kommissare kommen vollends zu dem Schluss, dass es ohne einen massiven deutschen Wehrbeitrag nicht gehen wird. Besonders der amerikanische Hochkommissar John McCloy wird zu dessen überzeugtem Befürworter.[248] Dass es immer noch große politische Vorbehalte gegen eine deutsche Wiederbewaffnung gibt, ist allen Beteiligten klar. Die größten Bedenken haben nach wie vor die Franzosen. Ein zähes Ringen und eine schnelle Abfolge Verhandlungen hebt an. Dabei scheint es auf deutscher Seite verschiedene Einflusszirkel zu geben, die es jeweils mit einer der beteiligten Parteien besser können. Gute Kontakte zu den Briten scheinen Adenauers wichtigster Berater Herbert Blankenhorn und von Schwerin zu haben, bei den Amerikanern steht augenscheinlich die Pullacher Fraktion im Vordergrund: die Generäle Gehlen und Heusinger und auch General Speidel, der zugleich das besondere Vertrauen der Franzosen besitzt.[249]

Das strategische Denken der Verantwortlichen verändert sich langsam. Man denkt in etwas weiteren Zeiträumen, man denkt größer. Maßgeblich hierfür sind General Speidel, Gehlen-Mann Heusinger und sicher Gehlen selbst. Speidel und Heusinger legen am 7. August 1950 eine Denkschrift vor, an der Gehlen im Hintergrund mitgewirkt hat.[250] Die Autoren stellen erstmals ein Sicherheitskonzept vor, das erheblich weiter geht als alles, was bisher in den Unterredungen mit den Alliierten und den Memoranden Graf von Schwerins gedacht wurde: «Der Wiederaufbau einer deutschen Wehrmacht kann nur als Kontingent im europäisch-atlantischen Verteidigungsrahmen erfolgen, mit neuzeitlich ausgerüsteten deutschen Heereseinheiten bis zum Korpsverband und mit eigener taktischer Luftwaffe, ohne die eine moderne Zusammenarbeit zwischen Erdtruppe und Luftverbänden nicht möglich ist.»[251]

Das war nicht der kleine Finger, sondern die ganze Hand. Die Generäle wagen sich sogar in den politischen Bereich, wenn sie darauf hinweisen, dass bei all diesen Überlegungen nicht außer Acht gelassen werden dürfe, dass Deutschland nicht im Frieden lebe, kein souveräner Staat sei und nicht in den Atlantikpakt eingegliedert sei. Vor allem, so die Ex-Generäle, wurde von den Alliierten der «mehrfach geforderten Sicherheitsgarantie bisher nie entsprochen. Die Besatzungstruppen sind nach Stärke und Ausrüstung nicht in der Lage, unsere Sicherheit zu garantieren.»[252] Adenauer wird in seinen Diskussionen mit den Alliierten diese politischen Grundgedanken einarbeiten. Gleichzeitig bleibt er bei seiner eigenen Strategie: Er will vor allem die Genehmigung zum Aufbau einer Bundespolizei, die den Volkspolizeieinheiten der DDR widerstehen kann. In einem Gespräch mit den Hohen Kommissaren am 17. August 1950 nennt er wieder das Modell Korea als mögliches Szenario einer «Befreiung» Westdeutschlands durch kommunistische Volkspolizei-Einheiten, von dem er fest überzeugt ist[253], und macht sich die Voraussage seiner Generäle zu Eigen, nach der mit dieser am wahrscheinlichsten 1952 zu rechnen sei. Er schlägt eine Freiwilligen-Truppe von 150.000 Mann vor. Auf Intervention McCloys stimmt er einem Vorschlag Churchills zu, der vor dem Europarat die Errichtung einer europäischen Armee vorgeschlagen hatte, der auch ein deutsches Kontingent angehören sollte. Adenauer lässt seine Vorstellungen erneut in einem Sicherheitsmemorandum zusammenfassen, das dem amerikanischen Kommissar am 30. August kurz vor seiner Abreise nach Washington ausgehändigt wird. Schließlich liegen das Memorandum und nachgereichte Schriften, die sich mit den Sicherheitsgarantien für Westdeutschland und der Verlegung alliierter Divisionen an die innerdeutsche Grenze beschäftigten[254], den Außenministern in New York zur Entscheidung vor. Sie lassen die Adenauer-Initiative ins Leere laufen. Vor allem Frankreich stellt sich quer. Die Weltmacht Amerika beugt sich dem Veto. Die Entscheidung über den Verteidigungsbeitrag Westdeutschlands ist aufgeschoben.[255] Sie bleibt es für viereinhalb Jahre.

Dennoch hat das Jahr 1950 tief greifende Veränderungen gebracht. Der Aufbau der Volkspolizei und der Koreakrieg haben die Entwicklung dramatisiert und beschleunigt. Die Geheimdienste – besonders die OG – waren mit ihren Analysen maßgeblich an der Lagebeurteilung Adenauers und seiner Berater beteiligt. Gehlen hat neben – vielleicht auch klugerweise hinter – den Generälen Heusinger, Speidel und Foertsch einen nicht unmaßgeblichen Einfluss auf die Entwicklung der militärischen Planungen der Regierung in dieser frühen Phase genommen. Die Initiativen und Entscheidungen münden in einen jahrelangen Kampf um die Frage, ob und wie die Bundesrepublik in Westeuropa und in die Nato integriert werden soll, ob und wie die OG in einen bundesdeutschen Geheimdienst umgewandelt und damit legalisiert werden kann.[256] Der erwartete Krieg findet nicht statt, dafür verläuft die Front im Geheimdienstkrieg quer durch Deutschland. An vorderster Front kämpft die Organisation Gehlen mit sehr wechselhaftem Erfolg.

Gehlen platziert seine Leute

Über Hans Globke ist viel geschrieben worden; der Nachwelt ist vor allem in Erinnerung geblieben, dass er große Teile des amtlichen Kommentars zu den Nürnberger Rassegesetzen von 1935 verfasst hat. Dieser geistige Anteil an der wahnwitzigen nationalsozialistischen Vernichtungsmaschinerie blieb der Makel, der Globke bis ans Ende seiner Tage zeichnete. Dies trug ihm unversöhnliche Feinde ein und konnte auch von denen nicht übersehen werden, die seinem Wirken in der Bundesrepublik wohlwollend gegenüberstanden. Die Bedeutung Globkes als erster Mann in Adenauers innerstem Kreis ist kaum hoch genug zu bewerten. Seine belastete Vergangenheit verhinderte zunächst, dass er als Staatsekretär eine offizielle leitende Funktion übernahm, aber schon im Januar 1950 fungierte er in Personalunion als Leiter der Abteilung I, Personalchef, Ministerialdirektor, «Vizepräsident» und heimlicher wie tatsächlicher Exekutor im Kanzleramt.[257] Er, der Adenauer mehrmals täglich traf, war Gehlens direkter Draht zum Bundeskanzler. Auch in anderen Zirkeln der Macht wusste Gehlen sich exzellent zu platzieren. Als das «Büro Schwerin», das im Geheimen die militärischen Planungen der Bundesrepublik koordinierte, aufgelöst wurde, übernahm Theodor Blank im Oktober 1950 das nach ihm benannte «Amt Blank», offiziell die Dienststelle des «Beauftragten des Bundeskanzlers für die mit der Vermehrung der alliierten Truppen zusammenhängenden Fragen». Es war nicht weniger als der inoffizielle Vorläufer eines Verteidigungsministeriums, und sein Chef gehörte neben Globke zu den engsten politischen Vertrauten des Kanzlers. Gehlen wusste um die strategische Schlüsselstellung dieser neuen Dienststelle, und er sorgte dafür, dass seine Interessen dort ausreichend vertreten waren. Er entsandte seine alten Mitstreiter Gerhard Wessel, Adolf Heusinger und Horst Wendland ins Amt Blank. Wendland soll dort als Personalchef und verlängerter Arm Gehlens Ämterpatronage in größerem Stil betrieben haben.[258]

Gehlen-Förderer Hans Globke

Gehlen verlor sein Fernziel, die Legalisierung der OG als offizieller Geheimdienst einer souveränen Bundesrepublik, nie aus den Augen. Er wusste, dass es bis dahin noch viele Hindernisse zu beseitigen gab, und er wusste auch, dass er Gegner hatte, die diesen Plänen gefährlich werden konnten. Deshalb setzte er alles daran, sich in den wichtigsten Schaltstellen der Macht entsprechend zu positionieren. Dazu gehörte auch die Opposition. Gehlen zögerte nicht: Schon am 21. August, genau einen Tag nach seinem angeblich ersten Zusammentreffen mit Adenauer, kam es zur Begegnung mit dem unumstrittenen Führer der Sozialdemokratie, Kurt Schumacher, und seinen Weggefährten Erich Ollenhauer, Annemarie Renger, Professor Carlo Schmid und Fritz Erler.[259] Gehlen legte Wert auf das Wohlwollen der Opposition, um den Ausbau der OG unabhängig vom Parteienstreit in der jungen Bundesrepublik verfolgen zu können. Überparteilich, von allen Parteien getragen sollte der deutsche Geheimdienst sein, ausgenommen natürlich die Kommunisten. Vor allem könne und dürfe «ein solch empfindliches Instrument» nicht bei jedem Regierungswechsel neu besetzt werden.[260]

Das Gespräch mit den Spitzen der Sozialdemokratie findet in der Wohnung von Pastor Heinrich Albertz statt, auch General Heusinger ist anwesend. Da kann es nicht verwundern, dass neben dem künftigen Status der OG auch die Wiederbewaffnung Gegenstand der Beratungen ist. Überraschender ist die Tatsache, dass Schumacher den Ideen und Forderungen des Militärs zustimmt, ja zum Teil in seinen Vorstellungen weiter geht als diese. Zehn bis zwölf alliierte Divisionen fordert Schumacher, die den Schutzwall vor einer deutschen Remilitarisierung bilden müssten, während Heusinger sechs für ausreichend hält. Dass die

Diffamierung deutscher Soldaten aufhören und die deutsche Politik im Kreis der Alliierten gleichberechtigt sein müsse, darüber ist man sich einig.[261]

Gehlen kann sich also einer weitgehenden Unterstützung seiner Pläne in Bonn sicher sein. Bei allem erbittert ausgetragenen Streit zwischen der CDU-geführten Bundesregierung und der SPD über wirtschafts- und gesellschaftspolitische Fragen herrscht in der Diskussion über den künftigen internationalen Status der Bundesrepublik und die Notwendigkeit der Verteidigung sowohl durch eigene militärische Kräfte als auch mittels nachrichtendienstlicher Tätigkeit ein Grundkonsens. Gehlen macht gegenüber Schumacher keinen Hehl aus seinen Vorstellungen von der Zukunft der OG als bundesdeutschem Nachrichtendienst. Im Frühjahr 1951 kommt es zu einem Gespräch zwischen Adenauer und Schumacher über diese Frage. Auch Schumacher will die Überführung des Dienstes in bundesdeutsche Zuständigkeit unterstützen. Vorher will er aber die Frage des westdeutschen Verteidigungsbeitrages geklärt wissen. Die Rolle Westdeutschlands innerhalb der westlichen Gemeinschaft, die Wiederbewaffnung und die Zukunft des Geheimdienstes sind in der politischen Praxis dieser Jahre nicht voneinander zu trennen. Schumacher spricht den Bundeskanzler auf ein weiteres heikles Thema an: die Unterwanderung der OG durch ehemalige Mitglieder des SD. Es ist also Problembewusstsein vorhanden für das Thema, das von Gehlen und den Amerikanern so gern schweigend übergangen wird. Auf Adenauers Initiative spricht Schumacher mit Gehlen persönlich darüber. Erich Ollenhauer besucht Pullach, und Gehlen seinerseits ist im August 1951 zum Lagebericht in Schumachers Haus am Bonner Venusberg.[262]

Nach eigenen Angaben lässt Gehlen seine amerikanischen Herren keinen Augenblick im Zweifel über die von ihm verfolgte Politik: «Nach der ersten Unterredung mit Dr. Adenauer teilte ich dem amerikanischen Verbindungskommando mit, dass ich künftig durch regelmäßige mündliche Vorträge den Bundeskanzler, ebenso wie die Oppositionsführung, über den Dienst und seine Arbeitsergebnisse unterrichten würde. Ferner wurde der amerikanische Stab darüber orientiert, dass alles Material, das über die Sicherheit der Bundesrepublik anfiel, an den neu gebildeten künftigen Verfassungsschutz abgegeben würde.»[263]

Das Verfassungsschutzgesetz war am 27. September 1950 verabschiedet worden. Der erste Präsident des neu gegründeten Bundesamtes für Verfassungsschutz wurde Dr. Otto John. Der Verfassungsschutz war nach seinem Auftrag für den Schutz der Bundesrepublik gegen verfassungsfeindliche Umtriebe, umstürzlerische Bestrebungen und Bedrohungen der inneren Sicherheit zuständig. Doch was war eigentlich «innen»? Die Verfassung der Bundesrepublik Deutschland akzeptierte die deutsche Teilung nicht. Die DDR wurde nicht anerkannt. Das Gebiet der ehemaligen SBZ war damit *per definitionem* «innen». Das Hauptaufklärungsgebiet der OG lag also im Inneren – ein schwerwiegendes verfassungsrechtliches Problem. Jetzt gab es noch einen zweiten Nachrichtendienst, der im «Inneren» Aufklärung zu betreiben hatte. Auch der Verfassungsschutz musste sich mit Kräften des ostdeutschen Kommunismus in Westdeutschland beschäftigen und hatte diese nach Möglichkeit abzuwehren. So war der OG in einem Teilbereich ein ernst zu nehmender Konkurrent erwachsen, mit dem sie sich arrangieren musste. Laut Gehlen geschah dies durch gegenseitige Information. Doch wie schon beim Amt Blank setzte er vor allem auf den eigenen Einfluss, den er durch Mitarbeiter zu sichern gedachte, die in den neuen Geheimdienst entsandt wurden. Sie sollten ihn aufbauen helfen, aber vor allem sollten sie helfen, ihn zu kontrollieren.[264] Gehlen musste den Überblick behalten, was sich im Bereich der Nachrichtendienste tat, wollte er seine Zukunft nicht gefährden. In den Zentren der Bonner Macht war er glänzend vertreten, und zunächst gelang ihm dieses Kunststück auch im Machtzentrum des anderen Deutschlands.

Die Zeit der Stellvertreterkriege in entfernten Regionen Afrikas, des Nahen Ostens oder Südostasiens hatte mit dem Krieg in Korea ihren Vorboten. Aber noch konzentrierte sich das Bangen und Planen auf die Front, die mitten durch Deutschland ging. Die strategischen Planungen der OG kreisten um den möglichen Ernstfall. Man musste frühzeitig gewarnt sein, um reagieren zu können. Überdeutlich wird dieses Denken in einem «generellen Auftrag für ALLE», den Gehlen an die Agenten im Feindgebiet richtete und dessen Inhalt der DDR-Autor Julius Mader 1960 in seinem Buch «Die graue Hand» veröffentlichte:

1. Erfassung der großen Marsch- und Transportbewegungen des Feindes und dies besonders in den Zeiten und an den Orten beschränkter alliierter Luftbeobachtungsmöglichkeiten. Wichtig sind dabei Truppengattung, besondere Kennzeichen und die Nationalität …
2. Feststellung der Auswirkung alliierter Luftangriffe auf Bahnlinien, Straßen, Brücken, große Telegrafenämter und Ähnliches und Beobachtung der entsprechenden Wiederherstellungsarbeiten …
3. Erkennen der Unterkunftsräume der operativen Feindreserven und der Art ihrer Belegung (Truppengattung, Kennzeichen, Nationalität).
4. Erkennen der Zusammenziehung von Eisenbahnleermaterial bzw. von starken motorisierten Transportgruppen.
5. Beobachtung der Brennstoff- und Reparaturlager bei der Eisenbahn.
6. Feststellung der feindlichen Vorbereitungen zum Stellungsbau.
7. Erkennen großer feindlicher Neuaufstellungs- und Ausbildungsvorhaben besonders auf Truppenübungsplätzen.
8. Überwachung der Dislozierung der feindlichen Luftwaffe und Beobachtung ihrer Verluste sowie Erkennen der an feindlichen Flugplätzen durch Bombenschäden oder Ausbau eingetretenen Veränderungen.
9. Feststellung der Befehlsstellen hoher feindlicher Kommandobehörden.
10. Erkennen feindlicher Versorgungs- und Instandsetzungsstützpunkte und Erkennen großer feindlicher Nachschubbewegungen mit Bahn oder Kraftwagen …
11. Beobachtung von Stimmung, Disziplin und Gesundheitszustand der im rückwärtigen Feindgebiet befindlichen Truppen. Welche Ansatzpunkte bieten sich hier der alliierten Propaganda usw. bei den verschiedenen Nationalitäten, besonders auch bei den deutschen Truppen?
12. Feststellung aller kriegswirtschaftlichen Maßnahmen in der DDR, gleichgültig ob diese vonseiten der Besatzungsmacht oder vonseiten der DDR-Regierung durchgeführt werden. Dabei interessieren einmal der jeweilige Leistungsstand der Wehrwirtschaftsindustrie

(Rüstungsbetriebe, energieerzeugende Betriebe, Betriebe der chemischen Grundstoffindustrie und Hydrierwerke), die Auswirkung alliierter Luftangriffe auf Betriebe sowie die Versuche, ihre Produktion in Gang zu halten. Weiter interessieren rüstungstechnische Neuerungen, besonders die Vorbereitung zur Herstellung neuartiger Waffen und neuartiger Kriegsgeräte.

13. Erfassung der Aufteilung des Menschenpotenzials der DDR auf die verschiedenen Sparten der Wirtschaft einerseits und auf Wehrmacht und Wehrmachthilfsdienst andererseits.
14. Feststellung der polizeilichen und der innen- wie außenpolitischen Maßnahmen der DDR wie der Besatzungsmacht und Bedeutung der sich daraus bei der Bevölkerung ergebenden tatsächlichen wie psychologischen Auswirkungen. Wie ist die Ernährungslage der Bevölkerung?
15. Feststellung der durch alliierte Luftangriffe bei der deutschen Bevölkerung eingetretenen Verluste und Beobachtung der inneren Einstellung der Bevölkerung gegenüber DDR-Machthabern wie gegenüber sowj. Besatzungsbehörden einerseits und gegenüber den Alliierten andererseits. Welcher die deutsche Bevölkerung interessierenden Fragen hat sich die westliche Propaganda in diesem Zusammenhang anzunehmen?[265]

Dies ist ein beeindruckendes Dokument des frühen Kalten Krieges, das nahezu alles enthält, was den westlichen Spionageansatz der nächsten Jahrzehnte bestimmen wird. Auf den ersten Blick hat den Agenten schlicht alles zu interessieren, was auf dem Gebiet der DDR respektive – aus Sicht des Westens – der SBZ passiert. Besonders aber sticht ins Auge: Es ist eindeutig ein Auftrag für die Zeit der bewaffneten Auseinandersetzung, in der die Alliierten auf Angriffe aus dem Osten mit dem Bombardement der DDR reagieren werden – so sieht es zumindest die OG. Gleichzeitig fällt auf, welche immense Bedeutung der Logistik und Infrastruktur, besonders der Eisenbahn, in der DDR zugemessen wird. Es geht längst nicht mehr darum, nur herauszufinden, welcher Vertreter der sowjetischen Militäradministration wann welche Kaserne besucht. Es geht darum, wie rasch der Feind seine Truppen aufmarschieren lassen kann, welche Verkehrswege er benutzen wird, wo er Angriffs- und Verteidigungskräfte zusammenziehen wird und wie sein Nachschub funktioniert.

Die OG hatte manchen Agenten an der richtigen Stelle im Verkehrs- und Wirtschaftsapparat der DDR. Wieder kam ihr zugute, dass die alten Seilschaften immer noch funktionierten; außerdem hatte die Organisation zeitig damit begonnen, ihr V-Mann-Netz in der Sowjetzone aufzubauen. Früh an interessanten Positionen angeheuerte Informanten machten mit dieser Zeit Karriere und wurden so für ihren Auftraggeber zu immer bedeutsameren Quellen.

Eine von ihnen war der Ex-Offizier Herbert Richter. Als er von einem Kriegskameraden für die OG geworben wurde, leitete er die Bahnmeisterei Güstrow in Mecklenburg. Dort sammelte er Informationen über Transporte und Bewegungen der Roten Armee. Dann wurde er Wirtschaftsgruppenleiter Bau des Reichsbahnamtes Wittenberge, schließlich Amtsvorstand Bau und Produktionsleiter im Baubetrieb der Reichsbahn in Berlin. Mit jedem Schritt auf der Karriereleiter wurde der Inhalt der Aktenschränke, die er öffnen durfte, wichtiger und seine Arbeit für Gehlen ertragreicher.[266] Auch der Disponent in der obersten Verkehrs- und Betriebsleitung der Reichsbahn-Generaldirektion, Ewald Misera, sandte seine Berichte nach Westberlin. Er fotografierte die Gesamtarbeitsberichte aller Reichsbahndirektionen, übermittelte Personalnotizen über die leitenden Angestellten und reichte die Anforderungen des Sowjetbeauftragten bei der Reichsbahn an die Auftraggeber im Westen weiter.

Neben diesen beiden stand noch eine ganze Reihe weiterer Reichsbahnbediensteter im Sold der OG, und auch in der Schifffahrt und im Straßenwesen verfügte der Dienst über genügend Informanten, um über Zustand und Ausbau der Infrastruktur im Ostteil Deutschlands auf dem Laufenden zu sein. Es herrschte kein Mangel an Menschen, die aus unterschiedlichen privaten und politischen Motiven bereit waren, für die OG ihre berufliche Zukunft und sogar ihr Leben zu riskieren. Doch Gehlen brauchte mehr als Truppenbewegungen, Eisenbahnladungen und Zugfahrpläne. Er musste wissen, was im innersten Führungszirkel um Otto Grotewohl gedacht und geplant wurde. Er brauchte Informationen aus dem politischen Herzen des Gegners. Und es fanden sich auch hier Menschen, die das immense Risiko eingingen, sich mit dem Geheimdienst des «Klassenfeindes» einzulassen. Je höher sie in der Ostberliner Hierarchie angesiedelt waren, desto wertvoller waren sie für Gehlen. Desto höher war auch ihr Risiko, ins Visier der Staatssicherheit zu geraten. Einige von ihnen bezahlten den höchsten Preis.

«Brutus», «Gänseblümchen» und «Helwig»

Es war wohl Zufall, dass einer der ersten und wichtigsten Einflussagenten Gehlens an den Schalthebeln der DDR-Macht ebenfalls auf eine Eisenbahnerkarriere zurückblickte. Walter Gramsch, geboren 1897, war Oberreichsbahnrat gewesen und Hauptmann der Reserve. Er war überzeugter Sozialdemokrat und hatte zum Kreis des 20. Juli gehört. Nach dem gescheiterten Attentat auf Hitler kam er in die Kerker der Gestapo; er überlebte das Ende des Führerstaates und wurde nach dem Krieg Ministerialdirektor in der Landesregierung von Sachsen-Anhalt.[267] Auch mit dem kommunistischen Regime hatte der Sozialdemokrat erhebliche ideologische Schwierigkeiten. Die Zwangsvereinigung der SPD mit der KPD lehnte er ab. Als die Kommunisten ihm ein Verfahren wegen angeblicher Mitgliedschaft in einer NS-Organisation anhängten, wandte er sich endgültig von den neuen Machthabern ab. Das hinderte ihn aber nicht, sich offiziell mit dem Regime zu versöhnen und einen Neubeginn zu versuchen. 1947 war er bereits Leiter der Verkehrsabteilung der deutschen Verwaltung für Handel und Versorgung. Ähnlich wie im Fall Richter war es der Beginn eines steilen Aufstiegs.

Diesmal bescherte das Schicksal Gehlen ein geheimdienstliches Glückslos, das ihm Einblick in die nächste Umgebung seines ärgsten Gegenspielers gewährte. Walter Gramsch, der sich nach der erfolgreichen Anwerbung seinen Decknamen in der OG selber aussuchen durfte, machte als BRUTUS im Dienst Gehlens seinen Weg in der DDR-Hierarchie, bis er schließlich Leiter der Abteilung «Flotteneinsatz und Häfen» im DDR-Staatssekretariat für Schifffahrt wurde. Chef dieses Staatssekretariats war Ernst Wollweber, Altkommunist, Geheimdienstveteran, Sabotagespezialist und zukünftiger Minister für Staatssicherheit.

Wollweber hatte in Moskau eine Spionageausbildung genossen und arbeitete im Krieg aufseiten der Sowjetunion gegen Hitler-Deutschland. In Kopenhagen hatte er einen Agentenring aufgebaut, dessen Spezialität Sabotage-Anschläge auf Schiffe der Achsenmächte Deutschland und Italien sowie deren Verbündeten Japan gewesen war. Reihenweise sprengten Wollwebers Agenten Frachter in die Luft, bis er und einige seiner Leute nach einem missglückten Anschlag in Schweden verhaftet wurden. Wollweber wurde zu drei Jahren Haft verurteilt, wartete das Ende des Krieges ab und bewarb sich danach sofort wieder beim sowjetischen Geheimdienst für einen Einsatz in den Westzonen. Doch dies lehnten die Sowjets klugerweise ab. Sie rechneten damit, dass Wollweber in Westdeutschland die baldige Enttarnung drohte. Schweden hatte während des Krieges zum Beobachtungsbereich der Fremde Heere Ost gehört, die über Informanten im schwedischen Offizierskorps verfügte. In den Archiven der OG schlummerten deshalb die Prozessakten zum Fall des Schiffssaboteurs Fritz Köller, dem 1940 in Stockholm der Prozess gemacht wurde. Das war niemand anders als Ernst Wollweber. Als er 1946 zunächst den Posten des stellvertretenden Leiters der Generaldirektion für Schifffahrt übernahm, stand er schon im Fadenkreuz der OG.

Wollweber stieg weiter auf, und dass ausgerechnet Walter Gramsch schließlich in seinem Staatssekretariat landete, war ein Glücksfall, den sich kein Geheimdienst besser ausmalen konnte. Was Brutus in den Westen berichtete, war aufsehenerregend, legte es doch den Schluss nahe, dass Schifffahrtsexperte Wollweber weiter seinem erlernten Beruf als Geheimdienstler nachging. Gehlen hatte es vermutet, und Brutus bestätigte, dass Wollweber sich längst nicht nur um die Ausbildung von Kapitänen und Ingenieuren und den reibungslosen Ablauf der DDR-Handelsschifffahrt kümmerte. Zwar ließ er in den entsprechenden Berufen Nachwuchs heranziehen, doch von den 200 Absolventen, die ständig die Seefahrtsschule Wustrow absolvierten, erhielten 20 Männer jedes Jahrgangs Zusatzqualifikationen, die der Tätigkeit entsprachen, die Wollweber im Krieg ausgeübt hatte: Sie wurden in den verschiedenen Techniken der Sabotage unterwiesen.[268] In einem Bericht, den die CIA an den britischen Geheimdienst weitergeleitet haben soll, hat Gehlen angeblich davor gewarnt, dass in den Schulen Wollwebers 96 britische oder dem Commonwealth zuzurechnende Seeleute und Dockarbeiter – alles bekennende Kommunisten – trainiert und gen Heimat geschickt worden waren.[269] In der Tat waren in den Jahren zuvor über 30 britische Schiffe augenscheinlich zum Ziel von Sabotageakten geworden – einige waren für einen Einsatz in Korea vorgesehen.[270]

Anfang 1953 kam es innerhalb weniger Tage auf einer Reihe westlicher Schiffe zu einer weiteren seltsamen Anhäufung von «Unglücken». In Liverpool brannte der Passagierdampfer «Empress of Canada» aus. Ebenfalls vom Flammenteufel heimgesucht wurden die berühmten Ozeanriesen «Queen Mary» und «Queen Elizabeth». Auf dem britischen Flugzeugträger «Warrior» wurde das Hauptkabel zum Maschinenraum durch Axthiebe zerstört. Dem Flugzeugträger «Indomitable» riss eine Explosion ein Loch in die Seitenwand. Weitere U-Boote und Kriegsschiffe wurden Opfer ähnlichen Missgeschicks.[271] Es liegt nahe, in dieser Massierung eine Regel zu erkennen und die Feuer und Explosionen den Agenten Wollwebers zuzuschreiben. Das ist in der Literatur auch geschehen oder zumindest angedeutet worden.[272] Gerechterweise muss gesagt werden, dass sich dieser Zusammenhang letztlich nicht beweisen lässt. Der spätere Spionagechef der DDR, Markus Wolf, erklärte die Berichte in seinen Erinnerungen schlicht für Märchen, die sich einzig aus dem bewegten Vorleben Wollwebers erklären ließen: «Das einzige Körnchen Wahrheit an diesen Räuberpistolen ist der Umstand, dass Wollweber sich eine Zeit lang mit dem Gedanken trug, in Rostock einen internationalen Seemannsclub zu gründen, doch diese Idee führte zu keinen bemerkenswerten Ergebnissen für den Nachrichtendienst.»[273]

Eine unbestrittene Aufgabe fiel jedenfalls in den Bereich Wollwebers und damit auch in die «Zuständigkeit» des Spions Brutus: Die Umgehung des westlichen Embargos gegen die DDR. Nichts brauchte der Machtbereich der SED dringender als Werkzeuge, Maschinen und Ersatzteile, um seine Industrie am Leben zu erhalten. Aus Westdeutschland durften diese Güter nicht geliefert werden. Was nicht bedeutete, dass es keine Firmen gab, die gegen harte Devisen bereit waren, das Verbot zu umgehen. Wollweber versuchte alles, solche illegalen Lieferungen möglich zu machen. Er ließ Zoll- und Grenzbeamte bestechen, Lieferpapiere fälschen oder sorgte für die Umleitung der brisanten Fracht über die Häfen neutraler Staaten. Brutus alias Walter Gramsch meldete eifrig, welche westdeutsche Firma was und auf welchem Weg schmuggeln wollte. So konnte die OG manche Warenladung stoppen, die für die ausgeblutete DDR-Wirtschaft überlebenswichtig war. Oder sie konnte, wie in einem kolportierten Fall, die halbe Warensendung durchlassen, nachdem die DDR alles bezahlt hatte, sodass Wollweber und seine Leute auf einem Haufen unbrauchbarer Teile saßen.[274]

Die OG triumphierte ein um das andere Mal, sie spielte mit dem Gegner Katz und Maus. Allerdings kann ein Geheimdienst den Bogen auch überspannen und seine Mitarbeiter in höchste Gefahr bringen, wie sich bei Brutus und zwei weiteren Fällen zeigte.

Der Mann, der im Spätsommer 1953 in einer Kneipe in der Ostberliner Stalinallee saß, war bereits leicht angetrunken und machte keinen besonders glücklichen Eindruck. Dazu hatte der Jurist Karl Laurenz auch keinerlei Grund. Seit dem gescheiterten Aufstand vom 17. Juni hatte der überzeugte Sozialdemokrat dem Regime endgültig den Rücken gekehrt. Bereits zuvor war er mit den Machthabern über Kreuz geraten. Nach der Zwangsvereinigung von SPD und KPD wurde er SED-Mitglied, aber schon drei Jahre später schloss ihn die Partei wieder aus. Laurenz machte auch danach aus seiner antikommunistischen Haltung keinen Hehl und landete 1951 als Staatsfeind im Gefängnis. Mit seiner politischen wie beruflichen Laufbahn schien es aus. Doch die Tatsache, dass seine Geliebte als Sekretärin im Vorzimmer des DDR-Ministerpräsidenten Grotewohl arbeitetete, verhinderte das Schlimmste. Sie schüttete ihr Herz der Ehefrau Grotewohls aus, und dieser sorgte dafür, dass Laurenz freikam und eine Anstellung als Übersetzer im Außenministerium fand. Doch damit war längst nicht alles gut. Laurenz hätte seine Freundin Elli Barczatis gerne geheiratet. Aber ein Staatsfeind konnte unmöglich eine Frau ehelichen, die vor der Tür zum Büro des Ministerpräsidenten wachte. So saß er im Lokal, trank und grübelte, als ihn ein Gast in ein Gespräch verwickelte.[275]

Der Alkohol mag dazu beigetragen haben; es dauerte nicht lange, bis Laurenz dem Fremden sein Unglück klagte. Für ihn war Grotewohl ein Verräter an der Sozialdemokratie, und ausgerechnet bei diesem saß seine Geliebte und nahm seine Diktate auf. Dem Fremden, ein Mitarbeiter der OG, glühten die Ohren. Hier bot sich eine einmalige Gelegenheit; er ließ sie nicht ungenutzt verstreichen. Es war nicht schwer, den verbitterten Laurenz, der zu diesem Zeitpunkt keine 50 Jahre alt war, zur Mitarbeit zu überreden. Dabei interessierte den Gehlen-Agenten weniger, was Laurenz im Außenministerium zu übersetzen hatte. Er wollte, dass er seine Geliebte dazu brachte, ebenfalls mit der OG zu kooperieren. Als dies gelang, hatte Gehlen mit GÄNSEBLÜMCHEN fortan eine Informantin im Vorzimmer der DDR-Macht.

GÄNSEBLÜMCHENS nachrichtendienstlicher Wert ist indes bis heute umstritten. Über ihren Schreibtisch wanderten Regierungsprotokolle, Verordnungen und Weisungen des Politbüros. Sie war in die Korrespondenz Grotewohls, unter anderem mit dem Hochkommissar General Wladimir Semjonow, eingeweiht und kannte die Vorlagen für Sitzungen des Ministerrats. Was sie kopieren oder stenographieren konnte, wird sie am Abend in ihrer Köpenicker Wohnung Laurenz übergeben haben, den Rest erzählte sie ihm. Laurenz ging am nächsten Tag nach Westberlin, um seinem V-Mann-Führer das Material zu übergeben oder vorzutragen. Das sollte GÄNSEBLÜMCHEN – ähnlich wie BRUTUS – zu einem Schatz für Pullach gemacht haben.[276] Andererseits scheint viel nebensächlicher, persönlicher «Abfall» die Akten der OG gefüllt zu haben. So wusste GÄNSEBLÜMCHEN zu berichten, dass Grotewohl sich «bewusst von seiner Umgebung distanziere» und sich «grundsätzlich nicht im Dienst mit Genossen duze». Auch das Verhältnis Grotewohls zu seiner engsten Vertrauten, seiner Frau Johanna, die Manieren seines Staatssekretärs Fritz Geyer sowie Gemütszustand und Trinkgelage des Pieck-Sohns Artur waren Inhalt ihrer regelmäßigen Berichte an Laurenz, der sie getreulich weitergab.[277] Wie groß das geheimdienstliche Verdienst des Paares auch immer gewesen sein mag und der Schaden, den sie der DDR zufügen konnten – es sollte ihr Verderben sein.

Jeden Freitagmorgen salutierten die Vopos am Schlagbaum der Sektorengrenze, wenn sich die dunkle Karosse näherte, in deren Fond wie immer eine einzelne Dame saß, die lächelte und ihren Sonderausweis vorzeigte, der zur Fahrt in den Westen berechtigte. Die Polizisten konnten nicht ahnen, dass die wohl bekannte Frau in ihrem Hüftgürtel und ihrem Büstenhalter Geheimpapiere versteckte, darunter regelmäßig das Protokoll der Ministerratssitzung vom Vorabend. Wer wollte schon Gertrude Kastner, die zweite Frau des stellvertretenden DDR-Ministerpräsidenten, verdächtigen, als Geheimdienstkurier ihres Mannes zwischen Ost und West zu pendeln.[278] Hermann Moritz Wilhelm Kastner, geboren 1886, Professor für Staats- und Verwaltungsrecht, war ein Politiker mit einem für die damalige ältere Generation nicht untypischen Lebenslauf. Seit 1922 hatte er als Abgeordneter der Deutschen Demokratischen Partei dem Landtag Sachsens angehört. Er erlebte das Scheitern der Weimarer Republik, blieb aber seiner demokratischen Gesinnung treu. Während der Nazi-Diktatur verteidigte er SS-Gegner, was ihn in die Kerker der Gestapo brachte. 1946 wurde Kastner sächsischer Ministerpräsident. Er gehörte zu den Mitbegründern der Liberaldemokratischen Partei, deren Vorsitz er 1949 gemeinsam mit Dr. Karl Hamann übernahm. Im ersten Kabinett Grotewohl war er einer von drei stellvertretenden Ministerpräsidenten.[279] Schließlich bekleidete er auch noch den Posten eines der stellvertretenden Leiter der Wirtschaftskommission.[280] Zwar hatte Kastner im Frühjahr 1950 gegen die Aufstellung von Einheitslisten der SED für die Wahlen im Oktober gestimmt, aber als Oppositioneller gegen das Regime fiel er nicht weiter auf.

Dabei spielte er seine Doppelrolle bereits seit 1948. Damals hatte der Mainzer Bischof Wienken, der sich ebenfalls aktiv gegen das NS-Regime engagiert hatte, Kontakt zu seinem Freund Kastner aufgenommen. Der Bischof appellierte an seinen Widerstandsgeist angesichts des neuen Unrechts durch die Kommunisten. Wieder half das Argument, der Westen müsse darüber informiert werden, was im SED-Machtbereich vor sich gehe. Der Bischof wusste auch wie: Er kannte den Slowaken Dr. Carol Tarnay, der für den amerikanischen Nachrichtendienst arbeitete, und führte beide in Westberlin zusammen. Kastner erklärte sich bereit, Tarnay in Zukunft mit Informationen zu versorgen.[281] Damit war er zunächst in die geheimen Dienste der USA getreten, denen er von nun an aus allen DDR-Gremien berichtete, in denen er Mitglied war. Auch hier waren es neben politisch relevanten Berichten aus dem Ministerrat vor allem die wenig erhellenden Anekdoten aus dem harten Leben der DDR-Gewaltigen, die ihren Weg in die Ordner der Dienste und in die späteren

Bücher der Journalisten fanden. So wusste er, dass die Vizepräsidentin des Obersten Gerichts, Hilde Benjamin, die als «blutige Hilde» in die Geschichte eingehen sollte, nach jedem Todesurteil abends Kerzen anzündete, Bach hörte und im Talmud las. Justizminister Max Fechner entkleidete sich angeblich ab und zu nach zwei Flaschen Wodka, um sich dann in einen Teppich zu rollen. Und Grotewohls Frau war wohl nicht nur seine engste Vertraute, sondern auch ein echter Haustyrann.[282]

Kastner pflegte allerdings exzellente Kontakte zu Vertretern der Sowjetunion. Mit dem Chefdiplomaten und politischen Berater der Militäradministration, Wladimir Semjonow, verband ihn eine Freundschaft, und der sowjetische Oberbefehlshaber in Deutschland, Armeegeneral Wassili Tschuikow, beriet sich mit ihm. Das nutzte er, um seine politischen Überzeugungen den eigentlichen Machthabern in Ostberlin nahe zu bringen. In dieser äußerst fragilen internationalen Situation, in der über das Schicksal Deutschlands noch lange nicht entschieden war, ein heikles Unterfangen. Aber Kastner wollte das Schicksal beeinflussen, und er machte aus seinem Herzen keine Mördergrube. Er war überzeugt, dass die Versuche, Deutschland zu bolschewisieren, scheitern mussten. Der Antikommunist Kastner hielt den Kommunismus für eine ungeeignete Exportware, wollte man sie den Deutschen aufdrängen. Das sagte er nicht nur öffentlich in einem Interview mit der Stockholmer Zeitung *Aftonbladet*, das teilte er auch immer wieder seinen sowjetischen Freunden mit.[283]

Dieser Einflussagent mit der untadeligen Überzeugung fiel der Organisation Gehlen in den Schoß. Als Ehefrau Gertrude sich wieder einmal mit dem US-Agenten Tarnay im Nonnenhaus des Westberliner Franziskus-Krankenhauses traf, machte dieser ihr eine überraschende Eröffnung: Die OG interessiere sich noch viel mehr für die brisanten Informationen ihres Ehemannes als die CIA. Tarnay hatte in Absprache mit seinen US-Auftraggebern den Arbeitgeber gewechselt – und mit ihm automatisch Kastner, der nun der Top-Agent HELWIG der OG im Machtzentrum Ostberlins war. Gehlen sah seine große Chance gekommen. Jetzt glaubte er, einen Mann an der Angel zu haben, der nicht nur sein Wissen über die SED-Oberen vergrößern, sondern mit dessen Hilfe er aktiv in die Politik der DDR eingreifen konnte. Vielleicht gelang es sogar, durch ihn die Weichen für Gesamtdeutschland neu zu stellen! Doch wie so oft, wenn die Träume hoch fliegen und das große Ziel greifbar scheint – kommt alles ganz anders.

Land hinter der Oder

Seit Ende der 40er Jahre, verstärkt seit 1953 versuchte die Organisation Gehlen, auch in den Satellitenstaaten der Sowjetunion ihre Aufklärung auszuweiten. Neben der Tschechoslowakei, Jugoslawien, Ungarn und Rumänien war Polen das Hauptziel der Operationen. Wieder beschritt man zunächst einen erprobten Pfad: den Weg in die Flüchtlingslager, in denen außer den Hunderttausenden aus der DDR auch viele Flüchtlinge und Vertriebene aus anderen Staaten ihren ersten Anlaufpunkt in der Bundesrepublik fanden. Auf dem Ticket der US-Behörden fahrend, erschienen Gehlen-Mitarbeiter in den Lagern, filterten die Menschen polnischer und anderer Ostblocknationalitäten heraus und befragten sie. Ihre Fragen unterschieden sich wenig von denen, die man auch den Ostdeutschen stellte. Immer wieder ging es um die Stationierung sowjetischer Truppen, ihre Stärke und Bewaffnung.[284] Aber auch die Lebensbedingungen in den Herkunftsländern waren für die OG interessant: Welche Infrastruktur gab es, wie sahen die Grenzverläufe aus, wo gab es Kontrollen, wie wurden diese durchgeführt? All dies musste ausgewertet und aufbereitet werden, wollte man eigene Agenten in die Satellitenstaaten einschleusen. Und darum ging es in letzter Konsequenz: um die Anwerbung von Agenten, die bereit waren, für die OG zurück in ihre Heimatländer hinter dem Eisernen Vorhang zu gehen, um dort für den westdeutschen Geheimdienst zu arbeiten.

Hatte man einen Kandidaten gefunden, wurde er sofort vor den Agenten des MfS oder des KGB, die ebenfalls in den Lagern operierten, in Sicherheit gebracht. Der künftige Agent wurde mit einem Arbeitsplatz «legendiert», mit einem Decknamen versehen und anschließend ausgebildet.[285] Vom Schreiben mit Geheimtinte über das Anlegen toter Briefkästen bis zum Verstecken eines Schlauchbootes im Gelände lernte er das Handwerk des Geheimagenten. Anschließend wurde er unter größten

Vorsichtsmaßnahmen durch die DDR an die polnische Grenze gebracht, wo man ihm beim unbemerkten Übertritt half.[286] Jeder Fehler konnte tödlich sein und war es oft genug. Verstecke mit Material in Grenznähe, gegebenenfalls ein Schleuser, der den Agenten über die Grenze brachte, falsche Papiere, Zubehör wie Kinokarten und Fahrscheine zum Beleg der Legende und natürlich das nötige Kleingeld für die ersten Tage gehörten zu den Voraussetzungen, wollte der Gehlen-Agent nur die ersten Stunden an seinem neuen «Arbeitsplatz» überstehen. Essenziell für sein Überleben war aber eine Vorsichtsmaßnahme, die viel schwerer einzuhalten war, und die auch von vielen mit fatalen Folgen missachtet wurde: Der Flüchtling durfte nicht in die Nähe seines Heimatortes zurückkehren und dort auch nicht nach einer Arbeitsstelle suchen. Die Gefahr, erkannt und enttarnt zu werden, war viel zu hoch. Ebenso war jeglicher Kontakt zu ehemaligen Bekannten und Verwandten verboten. Dennoch setzten sich viele der Gefahr aus – es ist nur zu verständlich – und kamen darin um.[287]

Manche, wie der aus Dirschau stammende Konrad Wruck, gingen sogar noch weiter: Sie zogen auf eigene Faust ein ganzes Netz für die OG auf, das den Charakter eines Familienunternehmens annahm. Wruck hatte eine wechselhafte, ja zwielichtige Karriere hinter sich, inklusive sowjetischer Kriegsgefangenschaft, Rückkehr nach Polen, Flucht nach Westdeutschland, als er mit 26 Jahren in einem Lager kontaktiert und angeworben wurde. Vorher hatte er bereits zu anderen westlichen Geheimdiensten Kontakt gesucht, die aber angeblich nichts mit ihm anfangen konnten.[288] Für die OG ging er zurück nach Polen, wo schließlich seine Schwester Stefania Wazna für ihn Briefe in Geheimtinte verfasste. Sein Bruder Stefan Wruck diente in der polnischen Volksarmee und lieferte Informationen über Kasernen. Sein Onkel Marian Niemczyk war Sachbearbeiter für technische Arbeitsnormen in den staatlichen Holzbetrieben von Sepolno und besorgte den Plan des Betriebes und Details über die Holzindustrie. Als die Familie nicht mehr ausreichte, begann der Agent mit der Kennnummer ODT 738-18, seinen Bekanntenkreis zu erschließen. Die Frau eines in Westdeutschland gebliebenen Freundes vermittelte ihn weiter an den Drogisten Wiktor Krogul, der als stellvertretender Wirtschaftsleiter in einem Krankenhaus in Olsztyn arbeitete.

Er lieferte Wruck schließlich polnische Personalpapiere, die Patienten vergessen hatten.

Die Infiltration Polens gelang. Es gab genügend Menschen, die sich aus echtem Widerwillen gegen die Kommunisten in den Dienst der OG stellten, und genügend zwielichtige Gestalten, die es aus anderen Gründen taten. Auch in den anderen Satellitenstaaten funktionierte es so oder ähnlich. 1948 war es bereits gelungen, dem sehr aktiven tschechischen Geheimdienst einen schweren Schlag zuzufügen. Über den Ablauf der Operation mit dem sinnigen Namen «Bohemia» gibt es verschiedene Schilderungen. Fakt ist, dass im November 1948 die beiden hochrangigen tschechischen Geheimdienstler Ottokar Feifar und Vojtech Jarabek überliefen. In der Folge wurden mehr als 40 tschechische Agenten verhaftet und vor Gericht gestellt. Eine Schlappe, von der sich der Prager Geheimdienst nur mühsam erholte.[289]

Aber auch im Land selbst war die OG aktiv. Förster brachten Agenten im Bayerischen Wald zu gesicherten Grenzübergängen, von denen aus sie auf das Gebiet der Tschechoslowakei wechseln konnten. Aus Prag meldete ein V-Mann eine Aufsehen erregende Neuigkeit: Ein von den Sowjets verpflichteter tschechischer Ingenieur habe die Pläne für ein neuartiges Geschoss weiterentwickelt, das als Bombe eingesetzt und auch von einem Granatwerfer abgefeuert werden könne. Besonders der Zünder sei genial einfach und sicher. Auch diesmal verlangten die USA Proben von dem Geschoss, sobald sie von Gehlen informiert worden waren. Zwei Wochen später hatten sie ein Paket mit dem Zünder sowie Sprengstoff- und Metallproben in den Händen. Der Konstrukteur der Waffe folgte auf dem Fuß. Der tschechische Ingenieur war mit seiner Familie von der OG über die Grenze geschleust worden. Informanten berichteten auch aus den Skoda-Waffenfabriken, dem Prager Handelsministerium oder lieferten die Baupläne eines wichtigen Bestandteils für Fernsteuerungen in Waffen und Flugkörpern.[290]

Der dritte wichtige Staat auf Gehlens Landkarte war Ungarn. Nachdem erste Kontaktaufnahmen zu antisowjetisch eingestellten Offizieren gelungen waren, wurde mehr und mehr Österreich zur Basis der Spionage gegen Ungarn. Von hier aus war es leichter, Agenten einzuschleusen, aber es war auch sehr riskant. Das Land war ebenfalls besetzt, und

Wien war wie Berlin in vier Sektoren geteilt. Das war einer der Gründe, warum sich auch Wien in den Nachkriegsjahren zum Schmelztiegel für Agenten aller Nationen entwickelte.[291] Hier spielte nicht nur der «Dritte Mann», es war in Wien leichter, Informationen über die sowjetischen Besatzer zu bekommen, es war einfacher, Kontakt zu potenziellen Informanten verschiedenster Nationalitäten herzustellen. Aber es war auch riskant, weil man selbst leicht ins Fadenkreuz eines der dort operierenden Geheimdienste geriet. Wie in Berlin war man immer in der Gefahr, zu verschwinden, das heißt, vom sowjetischen Geheimdienst über die Sektorengrenze verschleppt zu werden.

Es gelang der Organisation Gehlen, auch in der Spionage gegen die Satellitenstaaten der Sowjetunion Fuß zu fassen. Besonders in Polen arbeiteten zig Agenten für den westdeutschen Geheimdienst. Doch fast alle gerieten in die Strudel der divergierenden Interessen und der politischen Entwicklung. Der Gegner schlief nicht, er holte zum Schlag aus.

Horchen, Peilen und Entschlüsseln

Der Beginn der technischen Aufklärung

Brutus, Gänseblümchen und Helwig waren das, was im anglo-amerikanischen Jargon als «human intelligence» (HUMINT) bezeichnet wird und den gesamten Geheimdienstbereich meint, der sich auf menschliche Quellen stützt. Daneben hatte während des Zweiten Weltkriegs ein neuer Bereich Bedeutung gewonnen: Die technische Nachrichtengewinnung, «signal intelligence» (SIGINT), die alles von der Telefonüberwachung über das Abhorchen von Funknetzen, die Ver- und Entschlüsselung von Geheimcodes bis zur Auswertung von Radarsignalen umfasst. Es liegt nahe, dass dieser Komplex mit fortschreitender technologischer Entwicklung eine immer größere Bedeutung erlangte und angesichts der weltweiten Vernetzung heute im Zentrum des Interesses steht. Berühmt geworden ist «ENIGMA», die Verschlüsselungsmaschine, die im Zweiten Weltkrieg vom Auswärtigen Amt des Deutschen Reiches und allen Teilen der Wehrmacht in unterschiedlicher Komplexität verwendet wurde. Es war die erste wirkungsvolle Maschine dieser Art. Die Entschlüsselung ihres Codes durch die Briten gehört zu den herausragenden Geheimdienstcoups während des Krieges.

Wie um Experten und menschliche Quellen konkurrierten die Geheimdienste nach dem Krieg auch um die Vormachtstellung im technischen Bereich und um die Verpflichtung der wichtigen Geheimnisträger und Wissenden. Das neue Feindgebiet war riesengroß und mit menschlichen Quellen allein nicht zu bearbeiten. Die technische Aufklärung bot hier eine Chance, in manchen Bereichen die einzige, und entsprechend rasant vollzog sich ihre Entwicklung und ihr Ausbau, materiell wie personell.

Zum ersten Mal ist es möglich, die Entwicklung der technologischen Spionage in Deutschland vor dem Hintergund bislang unveröffentlichter und nicht ausgewerteter Dokumentenbestände zu beschreiben.

Der amerikanische Militärnachrichtendienst hatte das Dilemma natürlich auch erkannt, in das die Aufklärung mit menschlichen Quellen führen konnte. Deshalb hatte das CIC bereits 1945 begonnen, Fachleute aus der Funkaufklärung der Wehrmacht für eine Wiederaufnahme ihrer Überwachung der sowjetischen Militärkommunikation zu gewinnen. Ausgestattet mit amerikanischem Gerät führten sie unter dem Kommando des Gehlen-Konkurrenten Baun erste Lauschangriffe gegen die Rote Armee in Ostdeutschland durch.[292] 1946 lud das CIC Experten aus dem Horchdienst der Wehrmacht nach Bad Vilbel ein, um sie für den Aufbau und Betrieb von Aufklärungsstationen zu gewinnen.[293] Unter ihnen Wilhelm Breede, der in Smolensk als Chefentschlüssler der Wehrmacht eingesetzt und 1945 zur FHO Gehlens gewechselt war. Besonders erpicht waren die vier Siegermächte auf die Spezialisten des Kryptowesens und der großen Abhörstationen. Wieder ging es darum, den Sowjets zuvorzukommen. Aus diesem Grunde hatten die Amerikaner 1946 sogar erwogen, alle ehemaligen Mitarbeiter von Görings «Forschungsamt», der wichtigsten politischen Abhörzentrale des Nazi-Reichs, zu internieren.[294] Alle alliierten Siegermächte wussten um das Potenzial dieser deutschen Experten und bedienten sich ihrer[295], und auch Gehlen hatte einige Fernmeldeaufklärer und Chiffrierexperten rekrutiert, darunter Leo Hepp als Leiter der so genannten Fernmelde-Elektronischen Aufklärung (FmElo) von April 1946 bis September 1956. Nach einem Intermezzo bei der Bundeswehr Ende der 60er Jahre kehrte er noch einmal als Leiter der Abteilung II (Technische Aufklärung) nach Pullach zurück.

Hepp hatte nach der Entlassung aus amerikanischer Kriegsgefangenschaft 1947 sein Auskommen als Angestellter im Landwirtschaftsministerium von Südwürttemberg-Hohenzollern gefunden. Er war ein alter Bekannter Gehlens aus gemeinsamen Tagen bei der Nachrichtenabteilung 5 in Stuttgart-Cannstatt 1933/34. Zehn Jahre später traf man sich bei den Lagebesprechungen Guderians. Als Gehlen ihm den Vorschlag unterbreitete, als Leiter des Nachrichtenwesens bei der OG einzusteigen, ging der vierzigjährige Hepp sofort darauf ein. Der Posten wurde am 19. April 1948 eigens für ihn geschaffen und dem Leiter der Gesamtorganisation (Deckziffer 34) unterstellt. Als Hepp den neuen Job übernahm, saß er zunächst allein mit einer Schreibkraft in Pullach und hatte einen einzigen Verbindungsmann zur Unterorganisation 56 der OG. Diese saß mit 30 Mitarbeitern im Raum Frankfurt und beschäftigte sich mit dem Aufbau von Agentenfunkverbindungen und militärischer Funkaufklärung. Mit der Ausarbeitung «Derzeitiger Stand und zukünftige Entwicklung der Abteilung Nachrichtenwesen» vom 10. Mai 1948 steckte er ehrgeizige Ziele ab, die bei dem technisch interessierten Gehlen auf Resonanz stießen, durch die begrenzten finanziellen Möglichkeiten allerdings nur in Teilen realisiert werden konnten.[296]

Zu diesem Zeitpunkt waren in der OG gerade einmal 18 Mitarbeiter in der Funkaufklärung tätig. Die weitere Planung sah schon für 1948 eine Erweiterung auf 104 vor.[297] Angestrebt hatte Hepp die Vermehrung auf das Dreifache durch die Anwerbung ehemaliger Wehrmachtsexperten.[298] Der Ausbau vollzog sich aber nicht in der geplanten Geschwindigkeit, 1950 zählte die Funkaufklärung etwa 50 Mitarbeiter. Seine Bemühungen konzentrierte Hepp auf vier Hauptgebiete: Funkaufklärung, Funkabwehr, Agentenfunkdienst und Führungsfunk. Als Nebengebiet kam die nachrichtendienstliche Technik vom Chiffrier- und Dechiffrierwesen bis zur Entwicklung von Geheimschriften hinzu.[299]

Im hessischen Butzbach hatten die ersten Fernmeldeaufklärer der OG 1948 ihr Hauptquartier bezogen und dort die Horchstelle A eingerichtet. Erster Chef dieser Station Kransberg war Friedrich Boetzel, der die Funkaufklärung der Wehrmacht in den letzten Jahren des Zweiten Weltkriegs geleitet hatte. Von diesem Standort aus wurde vornehmlich der Funksprechverkehr der 24. sowjetischen Luftarmee in der SBZ überwacht. Da sich Kransberg dazu technisch nur bedingt eignete, wurde bald in einer Baracke auf dem Hohen Meißner ein vorgeschobener Außenposten – Deckname HOCHWALD – eingerichtet. Ihre erste Bewährungsprobe bestand die Horchstelle A schon 1948: Laut James Critchfield waren die zwölf Horchfunker der Station die Einzigen, die durch das Abhören des Flugfunks während der Berlin-Blockade in der Lage waren, die Operationen der sowjetischen Luftstreitkräfte in Echtzeit aufzuklären.[300]

Die ehemalige feste Horchstelle des Wehrkreiskommandos VII im oberbayerischen Söcking übernahm die OG als Horchstelle C. Sie war von der Bundespost mit Beschlag belegt worden, und so musste Gehlen erst das Kanzleramt einschalten, um zunächst Mitnutzer und später alleiniger Hausherr des Objekts zu werden. Als Horchstelle D war die frühere Wehrmachtsanlage in Husum vorgesehen. Die OG konnte sie jedoch nicht übernehmen, da dort nach dem Krieg ein Krankenhaus untergebracht worden war. Erst dem BND gelang es 1956, dort seine nördlichste Aufklärungsstation zu errichten.[301] Auf dem Flughafen Tempelhof in Westberlin schuf die OG 1950 eine weitere Erfassungsstelle. Drei Jahre später wurde sie in einem ersten nachrichtendienstlichen Joint Venture mit dem Pariser Dienst ins Quartier Napoleon verlegt.[302]

Natürlich war die Aufklärung der Roten Armee in der SBZ eine der wichtigsten Aufgaben der Fernmeldeelektroniker. Hier konnten Informationen gewonnen werden, die über die Erkenntnisse menschlicher Quellen hinausgingen. Aber die Lauscher richteten ihre elektronischen Ohren schnell weiter in die Tiefen des sowjetischen Einflussgebietes. Ergänzend zur «Telefonie-Aufnahme» sowjetischen Militärfunks wurden im Juni 1950 in der «Telegrafie-Aufnahme» drei große polnische Funknetze der Grenzschutzverbände, des Korps für innere Sicherheit und der Kommandobehörden des Heeres überwacht und die verwendeten Schlüssel zum großen Teil entziffert.[303] In diesem Jahr siedelte die Funkaufklärung der OG von Kransberg in die Pullacher Zentrale um.

Neben der Kooperation mit den Westalliierten gab es auch Konkurrenz um Personen, Material, Standorte und Zuständigkeiten. Ab 1952 betrieb der Militärgeheimdienst der USA eine eigene Abhörstation in Lauf an der Pegnitz, ebenfalls mit Veteranen der Wehrmacht. Während des Krieges hatte dieser Lauschposten diplomatischen Funkverkehr aus Berlin erfasst und zum Dechiffrieren in die Hauptstadt geschickt. Nach einem Bombentreffer wurden Personal und Technik am 8. April 1945 an den oberbayerischen Schliersee verlegt. In ihm versenkten die Angehörigen der Horchfunktruppe bei Kriegsende ihr Gerät.[304]

Der erste Leiter der US-Station in Lauf war Wilhelm Flicke, der die Einrichtung auch im Krieg geleitet hatte. Bereits 1952 gab es eine Kooperation Flickes mit der OG, aber im Kampf um das Monopol im Nachrichtenwesen erreichte Gehlen 1954 bei seinen Dienstherrn, dass Flicke kaltgestellt wurde und die Station mit ihren 20 Mitarbeitern unter die Kontrolle der OG kam. Die US-Dienste finanzierten sie weiter, bis die OG 1956 in den BND überführt wurde.[305] Sie blieb bis zum Ende der 70er Jahre in Betrieb.[306]

Eine Ausarbeitung vom November 1952 zeigt, dass der Schwerpunkt der Überwachung in Lauf auf den Funknetzen des Grenzschutzes und des Staatssicherheitsdienstes der Tschechoslowakei lag. Aus diesen Netzen erfassten 14 Horchfunker monatlich etwa 2000 Sprüche. Auf den Funkverkehr des Heeres und des Korps der inneren Sicherheit in Polen waren zwei Horchfunker angesetzt, die nur etwa 90 Funksprüche pro Monat aus dem Äther filtern konnten. Wegen häufiger Empfangsstörungen konnten aus Ungarn im gleichen Zeitraum von zwei Horchfunkern nur etwa 100 Heeresfunksprüche mitgehört werden, und in Rumänien waren zu diesem Zeitpunkt sogar nur die Polizei- und Wetterfunknetze aufgeklärt.[307] Die in Lauf erfassten Fernmeldeverkehre wurden unter Leitung des Wehrmachtsdechiffrierers Erich Hüttenhain in Butzbach entziffert. Inhaltlich konzentrierte sich die OG auf den Militärfunk des Ostblocks. Die Erfassung zwischenstaatlicher Funkverkehre war ihr angesichts der begrenzten Mittel noch nicht möglich, sie hielt sie aber für künftig wünschenswert, «da sich aus dieser Beobachtung mit Sicherheit wichtige politische und wirtschaftliche Nachrichten gewinnen lassen»[308].

In einer geheimen Aktennotiz befasste sich Hepp mit der «Aufnahme von Wirtschaftsfunkverkehren aus dem sowjetischen Raum» und betonte, dass hier Informationen zu gewinnen seien, die einem V-Mann immer verschlossen blieben. «Leider ist aus Mangel an Mitteln für uns auf diesem Gebiet zur Zeit gar nichts zu machen. Es sollte aber sehr beachtet werden, dass alle möglichen Stellen aufgrund der früheren Erfahrungen sich mit den Möglichkeiten der Überwachung politischer und wirtschaftlicher Funkverkehre Sowjetrusslands beschäftigen. Man muss sehr aufpassen, dass nicht Auswärtiges Amt, Wirtschaftsministerium oder irgendwelche halboffiziellen Organisationen sich auf diesem Gebiet betätigen», warnte er.[309]

Für seine Sorge gab es konkreten Anlass: Der Sachbearbeiter der Hamburger Filiale der Bundesauskunftsstelle für den Außenhandel, Peipe, war im Januar 1953 misstrauisch geworden, als ihn ein gewisser Dr. Adolf Ehrt kontaktierte. Dieser lud Peipe ein und erkundigte sich zunächst beiläufig nach Informationsmaterial über den Ost-West-Handel, fragte nach dem Verbleib der früher in Berlin erschienenen Zeitschrift *Der Ost-Express* und wollte wissen, ob die Behörde Peipes vielleicht Ostmaterial gesammelt habe. Dann ließ Ehrt die Katze aus dem Sack: Er wolle gern die Erfahrungen, die Görings «Forschungsamt» in der Funk- und Hellschreiberüberwachung der Sowjetwirtschaft gemacht habe, auswerten. Den letzten Leiter dieser Abhörzentrale Görings, Ministerialdirektor Gottfried Schaper, habe er schon aufgesucht und ein Exposé über die Funküberwachung der Sowjetunion zugesagt bekommen. Der Grund seiner Bemühungen: Die Engländer seien an einer Mitarbeit ehemaliger Angehöriger des Forschungsamtes interessiert. Peipe wurde hellhörig. Er erkundigte sich bei einem Bekannten im Bundespresseamt, einem früheren Abwehroffizier, nach dem ominösen Herrn Ehrt und erfuhr, Ehrt sei Leiter einer Auswertungsstelle für ostwirtschaftliche Fragen beim britischen Intelligence Service in Detmold und werde dort unter dem Decknamen Erdmann geführt. Peipe meldete daraufhin den Vorfall seinem Chef, der ihn an den Vizepräsidenten des Bundesamtes für Verfassungsschutz, Albert Radke, verwies. Am 7. März trug Peipe diesem den Sachverhalt vor und musste hören, das BfV habe kein Interesse daran, dass Kenntnisse über das Forschungsamt einem größeren Personenkreis zugänglich gemacht würden. «Peipe schloss daraus, dass Herr Radke ihm damit nahe legen wollte – ohne etwas gegen die Engländer zu sagen –, über sein Wissen zu schweigen», hielt der OG-Vermerk vom 17. März 1953 dazu fest. Radke, seit 1946 als RÜDIGER wichtiger Mitarbeiter der OG und nun Gehlens Mann im Verfassungsschutz, stand in der von den Briten protegierten Bundesbehörde offensichtlich in einem Loyalitätskonflikt.

Die Absicht des britischen Geheimdienstes, gestützt auf Görings Spezialisten wirtschaftliche und politische Funkaufklärung gegen die Sowjetunion zu betreiben, stellte für die OG eine Bedrohung dar. Vor allem, weil der überzeugte Nationalsozialist und letzte Leiter der Abhörzentrale Görings, Schaper, mit dem Gedanken spielte, eine Nachfolgeeinrichtung unter seiner Leitung aufzubauen. Er hatte dazu schon eine Kartei mit 600 bis 700 Angehörigen seiner früheren Dienststelle angelegt.[310] Die Briten jedoch taten ihm den Gefallen nicht, sie begnügten sich mit einigen Experten aus dem früheren SS-Sturmbann Nachrichten.

Um die Standorte gegnerischer Funkstellen weit im Osten – zur Funkabwehr auch im Westen – lokalisieren zu können, musste die OG neben den Erfassungsstellen auch Peilstationen aufbauen, die sie ab 1948 am Chiemsee und in Butzbach errichtete.[311] In den britischen und französischen Besatzungszonen stieß sie auf Schwierigkeiten, aber da die USA den Raum Bremen und Bremerhaven unter ihre Kontrolle gebracht hatten, konnte mit dem dritten Posten in Bremen die notwendige Breite der Peilbasis erreicht werden.[312] Auf einen geplanten vierten Peiler nahe Bayreuth musste man letztlich verzichten[313]: Die OG hatte von der US-Luftwaffe zwar vier Sichtpeilgeräte erhalten, aber aus ihnen konnten nur drei einsatzfähige zusammengebaut werden. Obwohl auch diese Anlagen nicht dem neuesten Stand der Technik entsprachen, blieben sie acht Jahre lang im Dienst.[314] Zur Endauswertung der Informationen wurde eine Horchleitstelle geschaffen, die in Kooperation mit der Auswertung in Pullach die taktische Auftragssteuerung für die Horchstellen vornahm und in die zunächst auch das Chiffrierwesen eingebunden war. Sie war auch verantwortlich für die Zusammenarbeit mit entsprechenden Stellen anderer Länder.[315]

Neben der Funkaufklärung (COMINT = communications intelligence) hatte sich im Zweiten Weltkrieg bei der Luftwaffe bereits die Entwicklung der Funkmessbeobachtung (ELINT = electronic intelligence) durchgesetzt, mit deren Hilfe gegnerische Radargeräte am Boden und in der Luft beobachtet und gestört wurden.[316] In den ersten Jahren war die OG hier nicht aktiv, weil einerseits die Mittel nicht ausreichten, andererseits die Allierten jede Forschung oder Fertigung von Radartechnik verboten hatten. «Die Abteilung Beschaffung der Organisation Gehlen hatte allerdings schon in den 50er Jahren durch ihre V-Leute einen recht guten Überblick über Art, technische Eigenschaften, Verwendungszweck und örtliche Lage von Funkmessgeräten der sowjetischen Streitkräfte in der SbZD», hielt Hepp fest. Von Rügen bis Plauen hatten die Späher 22 Radarstellungen in der DDR – überwiegend auf Fliegerhorsten – ausfindig gemacht.[317]

Um die Nutzung und Entwicklung der Radartechnik nicht ganz aus den Augen zu verlieren, wurde Anfang der 50er Jahre ein Funkortungsausschuss eingerichtet. Leiter des Ausschusses, der eigentlich nur Fachtagungen abhalten konnte, wurde Leo Brandt, Staatssekretär im nordrhein-westfälischen Verkehrsministerium. Geschäftsführer wurde Wolfgang Martini, Ex-Generalnachrichtenführer der Luftwaffe. Da Martini in der OG die einzige Chance sah, auch praktisch Radarbeobachtung durchzuführen, wandte er sich 1952/53 an Pullach. Er erhielt eine Absage – auch weil Hepp die Radaraufklärung als Aufgabe einer künftigen Luftwaffe sah. Erst nachdem er finanzielle und technische Unterstützung zugesagt hatte, kam aus Pullach 1954 der «Vorschlag zum Aufbau eines Funkmess-Beobachtungsdienstes in der Bundesrepublik»[318]. Er sah drei ortsfeste Funkmess-Beobachtungsstellen im Bundesgebiet, eine in Westberlin sowie drei motorisierte Beobachtungsstellen und eine Fachauswertung vor. Beim damaligen Stand der Technik versprach sich die OG von grenznahen Standorten aus eine Erfassungsreichweite bei den gegnerischen Bodenradaren auf der Linie Stralsund – Berlin – Leipzig – Dresden – Prag – Iglau – St. Pölten.[319] Anders als geplant wurde die Radarerfassung aber nur mit einer mobilen Station mit britischer Technik begonnen.[320]

Ins Auge gefasst hatte die OG auch die Erfassung von Rundfunksendungen: «Bei Aufnahme sowohl der fremdsprachigen Nachrichten für die Ostvölker selbst wie der Nachrichten in deutscher Sprache aus dem Ostraum lassen sich allein schon aus der unterschiedlichen Art der Berichterstattung Schlüsse ziehen.»[321] Realisiert wurde dies erst Anfang der 60er Jahre, als der BND eine Fernseh- und Rundfunkempfangsstation in Hannover aufbaute.

Echte Konkurrenz drohte der OG 1955 von ganz anderer Seite. Mit der Wiederbewaffnung kamen auch eigene Fernmeldeaufklärungskapazitäten der neuen Armee. Doch da Gehlen in nahezu alle Überlegungen zur Wiederbewaffnung einbezogen war, konnte er vorbauen. Früh hatte er in der OG ein Personalreservoir für die Spitzenpositionen künftiger deutscher Streitkräfte geschaffen. Und so saßen an den Schalthebeln wieder einmal seine Getreuen, zuvorderst sein früherer Mentor General Heusinger. In der OG war er bis 1952 unter dem Decknamen Horn für die Auswertung zuständig[322], ab 1950 zugleich einer der wichtigsten militärpolitischen Berater Adenauers.[323] Am 30. Dezember 1950 formulierte Heusinger die «Gedanken über eine zukünftige deutsche Funkaufklärung». Ihre Strukturen seien unabhängig vom Grad ihrer späteren Einbindung in entsprechende Komplexe der Europäischen Verteidigungsgemeinschaft zu gestalten, so Heusinger.[324] Seine zentrale Vorstellung war eine Funkaufklärungsorganisation mit einem Geheimen Meldedienst. Sie sollte einer staatlichen Zentralbehörde unterstellt werden und politische, militärische und wirtschaftliche Aufklärung im Frieden betreiben; eine künftige Armee sollte nur mobile Funkaufklärungseinheiten besitzen. Damit war der Vorrang der OG und des späteren BND vor der Bundeswehr im Kern festgeschrieben. Wieder leisteten die alten Seilschaften ganze Arbeit.

Menschen, Technik und ihre Grenzen

Auf Grundlage des Artikels 5 Absatz 2 des Deutschlandvertrages vom 26. Mai 1952 führten die in der Bundesrepublik stationierten alliierten Streitkräfte bzw. ihre Nachrichtendienste Post- und Fernmeldekontrollen durch. Sie taten dies in der Bundesrepublik bis 1968, in Westberlin bis 1990. Außenminister von Brentano erklärte 1955 vor dem Bundestag, die Regierung betrachte diese Eingriffe in die im Artikel 10 des Grundgesetzes garantierten Rechte der Bundesbürger als «vorübergehenden Überhang ehemals weitergehender besatzungsrechtlicher Befugnisse», die «den Beschränkungen von Artikel 10 GG nicht unterliegen»[325]. Die OG benötigte daher für ihre Kontrolle des Brief- und Telefonverkehrs im Inland die Zustimmung der drei westlichen Siegermächte. In der OG-Studie hieß es 1948 im Bewusstsein dieser Problematik: «Das ganze Gebiet ist jedoch besonders schwierig und heikel. Ausführungen hierüber eignen sich im Wesentlichen nur für eine mündliche Aussprache.»[326]

1955 leitete Heinz Felfe eine Abhöroperation gegen die Moskauer Botschaft in Bonn, bei der fast 30 Fernsprech- und Fernschreibleitungen angezapft wurden. Der BND setzte diese Operation noch Jahre fort. In Pullach wertete die Organisationseinheit mit der Deckziffer 10 unter Hans J. Ludendorff und Karl Otto Czernicky die Tonbänder aus und fertigte daraus Berichte, die unter dem Stichwort KARTAUNE vorgelegt wurden[327] (Kartaune: schweres Geschütz des 16. und 17. Jahrhunderts, d. Verf.). Die sowjetische Handelsmission lag zunächst im rechtsrheinischen Bad Honnef und damit in der französischen Zone. Die Botschaft befand sich aber im linksrheinischen Rolandseck und damit wie die Wohnungen des Personals auf britischem Hoheitsgebiet. So musste die OG gleich bei zwei Hochkommissaren, d. h. bei den Botschaftern, die dieses Amt in Personalunion ausübten, die Genehmigung für Telefonschaltungen einholen. In Bad Honnef verzichtete sie jedoch auf den Einsatz der vorbereiteten Abhöranlage. In dem kleinen Ort mit nur einem Postamt fürchtete man eine Entdeckung und begnügte sich mit einer Observationsgruppe namens KURORT. Nach dem Umzug der sowjetischen Handelsmission in die Domstadt Köln konnte man dort mit dem Einbau von Lauschtechnik aktiv werden.[328]

Die OG gab ihre Erkenntnisse natürlich an die CIA weiter. Abhöraktionen von rein deutschem Interesse durften von den Alliierten ohnehin nicht genehmigt werden. Das Volumen und die Stoßrichtung der alliierten Post- und Fernmeldekontrolle sind von den drei Mächten stets erfolgreich geheim gehalten worden. Der Gesamtumfang der Operationen lässt sich nur aus der Menge des eingesetzten Personals ableiten, das die westdeutschen Nachrichtendienste 1968 nahezu komplett übernahmen. So hatten die Amerikaner 600, die Briten 100 und die Franzosen 40 deutsche Mithörer und Brieföffner beschäftigt. 740 Bundesbürger zuzüglich der in Westberlin agierenden Menschen – das waren mehr als dreimal so viele Kräfte, wie der BND in den 70er Jahren einsetzte, und dazu kam noch das Personal der Alliierten.

Vor Gründung des Verfassungsschutzes oblag der OG auch die Spionageabwehr und damit die Funkabwehr, also die Überwachung des Fernmeldeverkehrs östlicher Dienste mit ihren Quellen in Westdeutschland. 1948 waren nur zwei Mitarbeiter mit der Erfassung dieser Funklinien betraut. Für 1949 plante Hepp die Vermehrung auf 26 Mitarbeiter, die mit vier fahrbaren Nahfeldsuchgeräten ausgestattet werden sollten. Damit konnten Feindagenten aufgespürt werden, die man vornehmlich im Umfeld der Häfen Bremen und Bremerhaven sowie an Flugplätzen vermutete. Zu dieser Zeit wusste die OG nicht, ob CIC oder deutsche Polizei sich bereits mit der Funkabwehr befassten, doch mit größerer

Sorge sah Hepp, dass laut Presse in der englischen Zone «von deutschen Stellen eine Beobachtung und Aushebung von so genannten ‹Schwarzsendern› vorbereitet» würde. Wieder witterte er Konkurrenz für die OG. «Schon die Tätigkeit der seit zwei Jahren bestehenden kleinen Gruppe Funkabwehr unserer Organisation hat gezeigt, wie rege die Tätigkeit des Feindes auf diesem Gebiet ist. Wir müssen nach den bisherigen Erfahrungen mit Sicherheit damit rechnen, dass das Bundesgebiet mit einem dichten Netz feindlicher Funkagenten überzogen ist. Diese Funkagenten sind z. Zt. in der Masse ‹Schweige›-Funker, die nur gelegentlich kurze Verständigungsverkehre mit ihren Leitstellen jenseits des Eisernen Vorhangs abwickeln. Im Spannungs- oder Kriegsfall, wahrscheinlich schon bei einer scharfen Schließung der Zonengrenze durch den Westen wird dieses gut eingespielte Netz feindlicher Funkagenten die ihnen durch ihre V-Leute übermittelten Nachrichten durch Funk nach Osten weitergeben», warnte 1953 eine Studie der OG.[329]

Im selben Jahr wurde die Funkabwehr an das Bundesinnenministerium abgetreten und vom Bundesgrenzschutzes (BGS) im Auftrag des Verfassungsschutzes wahrgenommen. Aber ganz außen vor war Pullach nicht: Gehlen blieb die Koordinierung und die Vorlage der Untersuchungsberichte[330], und so konnte KGB-Agent Felfe ab 1958 die Monatsberichte der Funkabwehr an seine Auftraggeber in Karlshorst weiterleiten.[331] Im Ringen um Kompetenzen hatte die OG auch dafür gesorgt, dass die Funkaufklärung des BGS gegenüber den Grenztruppen der ČSR 1956 eingestellt wurde. Die Pullacher lieferten dafür Informationen über die Grenzschutztruppen anderer Staaten an den Grenzschutz.[332]

Im Zusammenwirken mit der taktischen Auswertung legte die Abteilung Nachrichtenwesen die Prioritäten für den Einsatz der Funkagenten fest. Die Leitung des Agentenfunks wurde der Leitstelle PAPERMILL auf dem US-Übungsplatz Baumholder in der Pfalz übertragen. Der Personalbestand von nur vier Mitarbeitern musste verzehnfacht werden.[333] Von PAPERMILL aus wurden im Mai 1948 gerade acht Agentenfunkverbindungen gehalten: in die Ukraine, nach Polen, Ungarn, Rumänien und Oberitalien sowie nach Jugoslawien. Bei den Agentenfunkgeräten war die OG auf eine begrenzte Anzahl amerikanischer Koffergeräte angewiesen.[334] Nach eigenen Entwicklungsvorschlägen ließ Hepp 1950 in den

USA 150 Geräte bauen. Da die USA jedoch eigenmächtig Änderungen vorgenommen hatten, mussten die Anlagen erst mühselig den deutschen Bedürfnissen angepasst werden. Peripheriegeräte wie Zerhacker etc. fertigte die OG selbst. Da die Industrie in den Nachkriegsjahren die benötigten Spezialgeräte nicht herstellen konnte, blieb Pullach nur der Rückgriff auf US-Gerät, Eigenbauten oder der Ankauf von Wehrmachtsgerät auf dem Schwarzmarkt.

Als Leo Hepp 1948 die Leitung der Unterabteilung Fernmeldewesen übernahm, besaß die OG bereits vier Zwergschulen zur Ausbildung der Funkagenten sowie eine weitere zur Ausbildung der Ausbilder.[335] Ihre bekannteste lag im Schloss der Gräfin Totenbach bei Weidenkamp. Dort begann auch Gehlens späterer Sicherheitschef Walrab Rudolf von Buttlar, Deckname BERNHARDT, seine Karriere.[336] Doch schon 1960 hatte DDR-Autor Julius Mader die Belegschaft der Schule weitgehend enttarnt. Die Gliederung der Abteilung Nachrichtenwesen – Deckziffer 36 – vom 3. Juni 1950 weist für die Untergruppe 136 eine Funkschule STUDIO, eine Funkschule KINDERGARTEN in Weidenkamp nördlich von München sowie die Agentenfunk-Leitstellen Seeheim und PAPERMILL mit entsprechenden Ausbildungseinrichtungen aus. Die Ausbildung fand als Einzelschulung statt, «um gegenseitige Bekanntschaft und Querverbindungen zu vermeiden».[337] Vielfach wurden für den Einzelunterricht auch konspirative Wohnungen genutzt, beispielsweise im Klanweg 148 in Berlin-Tempelhof, wo sich der OG-Mann Heinz Bergmann – einer ADN-Meldung vom Dezember 1953 zufolge – Agentenfunkern widmete.[338]

Bis zum Juni 1950 hatte die OG nur 22 Außenfunker (Afu) geschult: neun in der DDR, einen in Polen, drei in Westberlin sowie neun in anderen Ländern. Ein weiterer befand sich in der Ausbildung. Noch schlechter liest sich die genauere Bilanz. Tatsächlich im Einsatz waren nur drei Außenfunker in der DDR, zwei in der ČSR, einer in Polen sowie im Schweigeeinsatz zwei in Westberlin und einer in Österreich. Abmarschbereit war je ein Afu in die DDR, nach Polen und nach Rumänien. Sage und schreibe zehn der 22 waren 1950 bereits ausgefallen, das heißt, enttarnt, verhaftet oder übergelaufen: fünf in der DDR, zwei in Jugoslawien sowie je einer in Westberlin, der ČSR und Polen.[339] Und die Verluste sollten noch größer werden: «Im Jahre 1953 waren durch Fehler, die nicht auf ihren Funkverkehr zurückzuführen sind, mehrere V-Leute in der SBZD verloren gegangen», konstatierte der Erfahrungsbericht des Leiters der BND-Fernmeldetechnik, SCHWARZ, bürgerlich General Albert Praun.[340] Gemeint waren der Dreher Karl-Heinz Schmidt aus Luckenwalde und fünf weitere V-Leute, denen Ende 1953 der Prozess gemacht wurde. Wegen Bereithaltens eines Funkgeräts, mit dem er im Kriegsfall Informationen an seine Meldestelle senden sollte, wurde Schmidt zu lebenslangem Zuchthaus verurteilt.[341]

Die Führung des kleinen Funknetzes oblag in fernmeldetechnischer und funktaktischer Hinsicht der Abteilung Nachrichtenwesen. Die Anwerbung blieb aber den Generalvertretungen und ihren operativen Außenstellen überlassen. Diese konnten von risikoreicher Mehrfachnutzung ihrer Agenten nicht lassen und ermöglichten so dem Gegner die Zerschlagung des im Aufbau befindlichen Netzes. Die Generalvertretungen hatten sogar angestrebt, ihre V-Leute über eigene Funkzentralen selbst zu steuern, doch Gehlen blieb bei der zentralen Funkführung. Reihenweise gingen die Funker der Stasi ins Netz: Im Juni 1955 wurden mit dem Elektromeister Wilhelm Lehmann, dem Landwirt Martin Schneising aus Anklam sowie dem Elektriker Erich Eich aus Greifswald drei Funkagenten des britischen Nachrichtendienstes enttarnt. Mit dem Zugführer Johann Baumgart aus Forst/Lausitz und dem Schauspieler Hans-Joachim Koch aus Berlin flog ein Agentenduo der OG auf, das von dem hauptamtlichen Filialleiter Wilhelm van Ackern aus Westberlin geführt worden war. Van Ackern wurde aus Westberlin entführt, das Trio im Zuge der MfS-Aktion «Frühling» festgesetzt. Die Verhaftungen zeigten Wirkung: «Dieser Schock hatte zur Folge, dass die verbleibenden wenigen Außenfunker ihren Verkehr fast vollkommen einstellten. Dazu kam die Schwierigkeit, neue Außenfunker auszubilden. Ihr Übertritt nach Westberlin oder nach der Bundesrepublik wurde immer schärfer überwacht ... Auch schien der klassische Funkwechselverkehr, der jedes Mal viele Minuten Sendezeit ausfüllte, durch die gegnerische Funkabwehr gefährdet»[342], resümierte SCHWARZ ernüchtert. Die OG konnte bis 1956 keine Abhilfe mehr schaffen, leitete jedoch noch die Entwicklung einer Alternative zum komplizierten Morseverfahren ein.

Ein weiteres Netz von Funkern baute die OG kurz vor der Gründung der Bundesrepublik im September 1949 im Inland auf. Für dieses so genannte F-Netz wurden im Zusammenwirken mit der taktischen Auswertung in Pullach 75 Standorte in den Westzonen – vornehmlich Bahnknotenpunkte und Flugplätze – festgelegt, in deren Nähe je ein F-Agent und ein F-Funker im Ernstfall Position beziehen sollten. Im Juni 1950 waren jedoch aus Geldmangel erst 23 F-Funker in Einzelausbildung geschult worden.[343] Die Agententeams sollten sich im Kriegsfall von den feindlichen Verbänden überrollen lassen und danach Lageinformationen an die OG funken. Außerdem sollten sie wichtige Persönlichkeiten aus besetzten Gebieten herausschleusen und Sabotageanschläge verüben. Die Inlandsfunker erhielten nach Abschluss ihrer Ausbildung ihr Funkgerät und die benötigten Funkunterlagen. Ihre Einsatzfähigkeit wurde von Zeit zu Zeit durch speziellen Übungsfunkverkehr überprüft.

Die Studie der OG vom Sommer 1950 bringt so auch endlich Licht in das Dunkel, wie die westeuropaweite Gladio-Organisation (amerikanisch *Stay Behind*) von im Rücken eines vordringenden Gegners operierenden Werwolfgruppen in der Bundesrepublik Deutschland aussah. Nachdem der italienische Ministerpräsident Giulio Andreotti im Oktober 1990 mit seinen Hinweisen auf die italienische Gladio-Komponente den Stein ins Rollen gebracht hatte, gab es von der Schweiz über Belgien und Dänemark bis nach Norwegen und Finnland eine Spurensuche nach den Ursprüngen dieser Schattenarmeen.

In Bonn wurden parteiübergreifend Nebelkerzen geworfen. Der Staatsminister im Kanzleramt Lutz Stavenhagen behauptete, die Organisation Gladio sei erst 1959 aufgrund «einer sehr frühen Verpflichtungserklärung» gegenüber der Nato geschaffen worden. Der BND habe diese Aufgabe übernommen. Der Leiter der Abteilung VI im Kanzleramt, Hermann Jung, wollte hingegen in einem Bericht an die Parlamentarische Kontrollkommission eine Vorgeschichte Gladios, die «möglicherweise bis in die Nachkriegsjahre zurückreicht», nicht ganz ausschließen. Beim BND – so Jung – seien für eine «Steuerungsorganisation» 75 Stellen eingerichtet worden. Diese Zahl korrespondiert mit den 1949 ausgewählten 75 Einsatzorten der F-Funker. Das geheime Inlandfunknetz «erreichte mit den Jahren einen recht erheblichen Umfang», verriet Leo Hepp 1984 in seinem Rückblick auf «Die geheimen Funkverbindungen des Bundesnachrichtendienstes» und dokumentiert damit die Kontinuität der Stay-Behind-Organisation von 1949 bis zur Auflösung ihres Restbestandes 1991.

Beim BND hüllte sich Konrad Porzner völlig in Schweigen. In der streng geheimen Sizung der PKK vom 22. November 1990 behauptete die Regierung, von der Gründung der Partisanentruppe an bis 1977 würden alle Unterlagen fehlen.[344] Dem BND war an einer wahrheitsgemäßen Unterrichtung von Parlament und Regierung offenbar nicht gelegen. Ohne große Mühe hätte er die Basisunterlagen aus seinem Archiv ziehen können. Der Leiter des Archivwesens in Pullach, HANS BROCK, hatte nämlich von Hepp 1984 sowohl dessen Ausarbeitungen als auch die zitierte Studie vom 3. Juni 1950 erhalten. BROCK hatte um diese Hilfestellung beim Aufbau des Archivs zur Fernmeldeabteilung (FMA) gebeten, da der Gehlen-Nachlass auf diesem Feld nur rudimentär ist: «Aus den bereits archivierten Akten des Doktors ergibt sich leider kein ausreichendes Bild über Aufbau und Tätigkeit der FMA.»[345]

Im Frühjahr 1948 fand Hepp das größte Defizit bei den Nachrichtenverbindungen der Führung vor: «Unsere Organisation arbeitet zurzeit beinahe ausschließlich mit Kurierverbindungen. Dass dieser Zustand vor allem bei gespannter Lage unhaltbar ist, bedarf keiner weiteren Erläuterung … Die anzustrebende Ideallösung … wäre unbestreitbar ein eigenes Drahtnachrichtennetz. Es ist bekannt, dass diese Lösung vorläufig aus bestimmten Gründen nicht weiterverfolgt werden kann.» Die Alternative bestand im Aufbau eines Führungsfunknetzes. Dies jedoch war mit dem Risiko behaftet, dass die Standorte durch sowjetische und ostdeutsche Dienste angepeilt und die verwendeten Schlüsselmethoden geknackt wurden: «Es muss aber damit gerechnet werden, dass ehemalige Angehörige der deutschen Nachrichtenaufklärung dort tätig sind, die eine eingehende Kenntnis der in der ehemaligen deutschen Wehrmacht angewendeten Verfahren besitzen.» Für den Führungsfunk wurde nahe Pullach – 30 Minuten Entfernung mit dem Fahrrad – eine Funkzentrale mit 90 Mitarbeitern eingerichtet. Zwei Leitstellen entstanden in Baumholder und Bremen.[346] Für die Kommunikation der Zentrale mit ihren Generalvertretungen und selbständigen Bezirksvertretungen wurde aus

Sicherheitsgründen kein Routinefunkbetrieb genutzt. Nur im Kriegsfall sollten diese Außenposten Funkverbindung zum Camp Nikolaus aufnehmen. Dafür waren ihnen Geräte und Funkunterlagen wie Frequenzpläne und Verschlüsselungsmaterial gestellt worden. Etwa alle sechs Wochen wurden diese Funklinien auf ihre Funktionstüchtigkeit überprüft.[347]

Als die OG 1948 ihre ersten Partnerdienstbeziehungen etablierte, oblag es der Abteilung Nachrichtenwesen, vom Drahtnetz der Post unabhängige und krisensichere Funkverbindungen einzurichten. Zwischen 1949 und 1956 wurden fünf Funklinien aufgebaut, über die nur gelegentlicher Verständigungsverkehr laufen sollte: zur Schweizer Geheimpolizei, zum französischen und dänischen Nachrichtendienst, zum Geheimdienst Spaniens, wobei die Madrider Gegenstelle mit Gerät und Personal der OG ausgestattet wurde, sowie zum Nachrichtendienst in Taiwan, der die Verbindung intensiv nutzte.[348]

Ein Zinksarg und Geheimschriften

Eine erste Werkstatt des Technischen Dienstes der OG befand sich – getarnt als «Schwäbische Industrievertretung» – in Stuttgart und fertigte «Funkgeräte, Geheimtinte, Geheimpapier, Verbringungsmittel (Container) für Filme und Nachrichten»[349], wussten Hermann Zolling und Heinz Höhne 1971 zu berichten. Ein Blick in frühe DDR-Publikationen zeigt, dass das OG-Laboratorium von Anfang an keine geheime Einrichtung geblieben war. Unter Berufung auf den Sonderkorrespondenten der Pariser Zeitung *La Tribune des Nations* meldete das *Neue Deutschland* am 3. Juni 1953, im Stuttgarter «Afrikahaus» sei eine Spionageschule für Funktechnik, Fotografie sowie andere technische Bereiche geplant.

«Der Warnemünder Gehlen-Agent Walter Huth hatte von seinem V-Mann-Führer einen Konverter für die Übermittlung von Spionageaufträgen durch den Äther mitbekommen. Dieses Gerät hatte der ‹Technische Dienst› sauber in eine Konservenbüchse eingelötet, die eine aus einer HO-Verkaufsstelle stammende ungarische Import-Banderole mit der Aufschrift ‹Champignons› trug. Für den Funkagenten Manfred Naumann hatte der ‹Technische Dienst› das Funkgerät als ‹Kofferadio› aufgemacht und gleich einen Spezialthermosbehälter für die wasserdichte Aufbewahrung im Freien mitgeliefert», lobte Julius Mader den Erfindungsreichtum der OG-Mitarbeiter, deren Raffinesse die Verhaftung der Agenten allerdings nicht verhindern konnte.[350]

Die Lauschtechnik der OG, also der Einsatz von Wanzen, versteckten Mikrophonen und Ähnlichem, blieb bis 1956 weitgehend unterentwickelt. Erfahrungen bei der Abwehr von Lauschangriffen konnten die Pullacher im September 1955 während des Moskau-Besuchs Adenauers sammeln (siehe unten). Bereits 1947 hatte der OG-Mitarbeiter Erich Hüttenhain mit der «Studiengesellschaft für wissenschaftliche Arbeiten» in Oberursel den Grundstock für das Chiffrierwesen in der OG gelegt. Die verfügte im Frühjahr 1948 gerade über einen einzigen Entzifferungsspezialisten, da noch nicht klar war, ob die westlichen Siegermächte das Verbot einer Chiffrierorganisation überhaupt aufheben würden.[351] Nachdem die OG erfahren hatte, dass die Dechiffrierunterlagen der Kriegsmarine in einem Zinksarg in Schleswig-Holstein «beigesetzt» worden waren, setzte sie wenige Jahre nach Kriegsende ein Kommando ein, um diesen Schatz zu bergen. Damit konnte sie auch Basismaterial zur Entzifferung des sowjetischen Marinefunks in ihren Besitz bringen.[352]

«Bei der Aufstellung der Abteilung Nachrichtenwesen der Organisation Gehlen war eine besondere Einrichtung für die Bearbeitung der Geheimschriften zunächst nicht vorhanden. Für den Agentenfunk galt ein modifiziertes Doppelwürfelverfahren, für die Führungsfunkverbindungen der individuelle Zahlenwurm … Für die Entzifferung standen drei Mitarbeiter zur Verfügung … Etwa im Jahre 1949/50 gelang es, Verbindung aufzunehmen mit dem ehemaligen Leiter der analytischen Entzifferung in der Chiffrierabteilung des Oberkommandos der Wehrmacht … Der Gutachter empfahl dringend, in Zukunft für alle zu verschlüsselnden Nachrichten nur noch den individuellen Zahlenwurm zu verwenden. Das galt auch für die über Draht zu übermittelnden Fernschreiben», hielt Hepp fest.[353] Doch dank dieses Gutachters waren 1953 bei der OG-Stelle 400/4, die sich mit der Verschlüsselung befasste, bereits 18 verschiedene Geheimschriften im Gebrauch.[354]

Innerhalb der Abteilung Nachrichtenwesen wurde Ende der 40er Jahre «ein Referat, später eine Unterabteilung ‹Geheimschriftwesen› eingerichtet. Besonders für die Entwicklung und die spätere Produktion der maschinellen Hilfsmittel mussten geeignete Mitarbeiter gewonnen werden. Das Geheimschriftwesen der OG sollte zunächst so weiterentwickelt werden, dass die technischen Vorhaben zwar in enger Verbindung mit der Organisation durchgeführt wurden – aber getrennt von der unter amerikanischer Oberaufsicht stehenden übrigen Arbeit. Mit ein Grund für diese Regelung war, dass in der Bundesrepublik nach einem Kontrollratsgesetz die Arbeit auf diesem Gebiet deutschen Stellen vorerst noch nicht erlaubt war», so Hepp. Sicherlich hätte die CIA bei der Missachtung der Bestimmungen ein Auge zugedrückt – wegen der nachrichtendienstlichen Notwendigkeiten bei der Verschlüsselung von Agentenfunk und des Entschlüsselns des sowjetischen Funkverkehrs –, doch für Gehlen gab es mit Blick auf die Übernahme der OG in deutsche Dienste einen wichtigeren Grund, den sensiblen Bereich des Kryptologiewesens vor amerikanischen Augen geheim zu halten: Hätte sein Dienst der CIA die Schlüsselmethoden und -techniken offen gelegt, dann hätte der US-Geheimdienst auch nach 1956 jede chiffrierte Kommunikation des BND, der Bundeswehr und der wichtigen Bonner Ministerien mühelos mitlesen können. Daher trug Gehlen auch bei der Unterbringung dieses Bereichs Sorge, dass seinen temporären Dienstherren in Washington die entsprechende Dienststelle verborgen blieb: Der leitende Mitarbeiter des Chiffrierwesens der OG namens Schädel legte etwa 1954 das Versteckspiel offen, das Gehlen wegen seiner Kryptostelle mit der CIA gespielt hatte. Nachdem Schädel für die OG rekrutiert worden war, wurde die konspirative Außenstelle von April bis Juni 1950 in Ebermannstadt betrieben, einer Kreisstadt in der Fränkischen Schweiz. Von Juli 1950 bis März 1951 war sie dann in einem Objekt mit der Tarnbezeichnung CAPITOL (Taunus) untergebracht, lag ab März 1951 im so genannten FORSTHAUS (Oberpleis) und siedelte ab Oktober 1953 ins INSTITUT nach Mehlem um.[355] Quasi doppelt geheime Mitarbeiter des Kryptobereichs waren Erich Hüttenhain und Wilhelm Fenner. Fenner, einst beim OKW Chi, war vermutlich schon früh in der OG gelandet, da er von September bis Dezember 1946 in Oberursel mit

Gehlen im Haus Alaska interniert war, wo er neun Studien für den US-Geheimdienst über das deutsche Chiffrierwesen des Zweiten Weltkriegs schrieb.[356]

Mit Erlaubnis der Hohen Alliierten Kommission wurde 1950 ein erster kryptologischer Dienst im Auswärtigen Amt unter Leitung von Adolf Paschke eingerichtet. Dieser Dienst wurde durch einen wissenschaftlichen Beirat aus Erich Hüttenhain, Kurt Selchow, Rudolf Schauffler und Heinz Kuntze angeleitet.[357] Der Sprachwissenschaftler Paschke war erster Leiter des 1919 im Außenministerium angesiedelten Referates «PersZ» für das Chiffrierwesen gewesen. Unter ihm hatten auch die beiden Mathematiker Kuntze und Schauffler gedient, die bereits 1921 an der Entwicklung von Verschlüsselungssystemen für den diplomatischen Dienst beteiligt waren. Alle drei arbeiteten im Zweiten Weltkrieg an führender Stelle im deutschen Chiffrierwesen, und auch Erich Hüttenhain hatte diesbezügliche Wehrmachtserfahrungen. Hinter den Kulissen tobte ein Machtkampf um die Monopolstellung im Kryptologiewesen. Aber der Leiter von Gehlens Nachrichtenwesen war durch seine Verbindungen aus NS-Zeiten über die Schritte der Konkurrenz im Auswärtigen Amt stets gut unterrichtet.

Unter dem abschließenden Punkt «Zentralstelle des Schlüsselwesens» hielt das Vortragskonzept des OG-Mitarbeiters Schädel 1954 stichwortartig fest: «Kampf in Bonn wird entbrennen. Augenblicklicher Stand in Bonn. Verantwortung verpflichtet; daher Geldmittel! Wenn Zentralstelle bei Org., dann Org. bestens informiert. Wenn Zentralstelle nicht bei Org., dann Org. ohne Bedeutung.» Der Referent war jedoch zuversichtlich, dass es der OG gelingen würde, die angestrebte zentrale Rolle für den gesamten Kryptologiebereich der Bundesrepublik zu erhalten, weil sie ihre Planungen einerseits so ausgelegt hatte, dass alle Bedarfsträger des Bundes berücksichtigt wurden, und weil andererseits alle Bundesbehörden im Vertrauen auf die OG eigene Entwicklungen bereits eingestellt hatten. Der Vortrag hob vor allem darauf ab, dass neben den technischen Hilfsmitteln wie Lochkarten- oder Hollerith-Maschinen ein Archiv notwendig sei: «Bei der philologischen Entzifferung treten Lücken auf, in denen Personen, Sachen, Daten, Ereignisse, Wortlaut einer Rede usw. vermutet werden.» Daher brauchten die Entzifferer einen

Fundus, der neben einem chronologischen Pressejournal und einer nach Sachgebieten geordneten Pressekartei erstens eine Kartei zur Staatenpolitik von 86 Ländern, unterteilt in elf Sachgebiete von der Regierungs- über Außen- bis zur Militärpolitik, zweitens eine Kartei Weltpolitik mit 145 Stichwörtern von «Alliierte» über «Anti-Komintern» bis «Zweite Front», sowie drittens eine Sammlung von 240 geographischen Namen umfasse. In einer Namenkartei müssten aufgeteilt nach 86 Staaten Personen in zehn Sachgruppen von A wie «Diplomaten» über H wie «Rotes Kreuz» bis I wie «Spione und Agenten» ausfindig gemacht werden können. «Archivleiter = bestinformierter Mann der Organisation», fasste Schädel den Wert einer solchen philologischen Basis in seinem Vortrag zusammen.[358]

Mit der Entscheidung zur Wiederbewaffnung der Bundesrepublik wurde das Krypto-Referat des Auswärtigen Amtes 1955 aufgelöst. Doch erst zwei Jahre später waren alle übergeordneten Verantwortlichkeiten der Ver- und Entschlüsselung beim BND konzentriert. Die Kompetenzen der Bundeswehr wurden auf einfache Schlüsselmethoden beschränkt.

Am Rand des Abgrundes

Die Stasi schlägt zurück – und die Amerikaner bleiben misstrauisch

Die Frage nach der Zukunft Deutschlands war noch immer nicht beantwortet. Im Frühjahr 1952 hatte es für einen Moment so ausgesehen, als könne es ein unabhängiges, wiedervereintes Deutschland geben. In der berühmten Stalin-Note vom 10. März hatte der Diktator den Westalliierten die Ausarbeitung eines Friedensvertrages unter unmittelbarer Beteiligung Deutschlands vorgeschlagen. Letztlich waren die Westdeutschen die Adressaten des vordergründig so verlockenden Angebots, das vor allem die Politik der Bonner Regierung zum Scheitern bringen sollte.[359] Der Kanzler wollte die Wiederbewaffnung und die Integration der Bundesrepublik in ein westeuropäisches Verteidigungssystem. Genau dagegen richtete sich die Stalin-Note mit ihrem Junktim, ein vereintes, freies Deutschland verpflichte sich, «keinerlei Koalitionen oder Militärbündnisse einzugehen, die sich gegen irgendeinen Staat richten, der mit seinen Streitkräften am Krieg gegen Deutschland teilgenommen hat.»[360] Mit diesem Staat war natürlich die Sowjetunion gemeint, und mit dem Militärbündnis, dem Deutschland keinesfalls beitreten sollte, die Europäische Verteidigungsgemeinschaft (EVG), deren Gründungsverhandlungen in vollem Gange waren.

Weder Adenauer noch die Westalliierten selbst waren geneigt, das Konzept der Stalin-Note zu akzeptieren. Erst Jahre später entstanden die «Legende von der verpassten Gelegenheit» und die These, eine Wiedervereinigung sei 1952 möglich gewesen, hätte die Regierung Adenauer im festen Willen gehandelt, diese durchzusetzen. Heute herrscht weitgehend Einigkeit darüber, dass dies bloße Illusion war. Weder war Stalin bereit, für sein Konzept eines neutralisierten Deutschlands die kommunistische Oberhoheit, das heißt die Herrschaft der SED in ihrem Machtbereich zu opfern, noch war für die Westmächte ein neutrales Deutschland mit einer nationalen Armee ein akzeptables Konstrukt.[361]

Stattdessen wurde das Konzept der Westintegration vorangetrieben. Am 26. Mai 1952 unterzeichneten die Außenminister der USA, Großbritanniens und Frankreichs in Bonn den Generalvertrag, der nun Deutschlandvertrag hieß und der Bonner Republik weitgehende Freiheiten zubilligte, aber eben nicht die volle Souveränität. Die Fragen Deutschland als Ganzes betreffend, die Fragen der deutschen Grenzen blieben in der Hoheit der Alliierten und wurden der Regelung durch einen künftigen Friedensvertrag überlassen. Dieser Rahmen sollte für die nächsten Jahrzehnte gelten. Einen Tag nach dem Deutschlandvertrag schlossen die Außenminister der Bundesrepublik, Frankreichs, Italiens, der Niederlande, Belgiens und Luxemburgs den Vertrag über die Europäische Verteidigungsgemeinschaft. Die Integration Westeuropas nahm erste Formen an. Das alles war in der Bundesrepublik umstritten. Die Opposition, an ihrer Spitze Kurt Schumacher, lehnte den Deutschlandvertrag wegen der in ihm enthaltenen «Bindungsklausel» ab. Diese besagte, dass ein wiedervereinigtes Deutschland automatisch in die Pflichten und Rechte der Bundesrepublik einzutreten habe, was vor allem die geschlossenen Verträge und Bündnisse meinte. Teile der Koalition und die Opposition sahen darin ein Hindernis für die Wiedervereinigung überhaupt, da Moskau einer solchen Festlegung niemals zustimmen konnte. Die Bindungsklausel wurde abgeschwächt, was die Koalition zufrieden stellte, nicht jedoch die SPD und ihren Vorsitzenden. Berühmt geworden ist sein Satz: «Wer diesem Generalvertrag zustimmt, der hört auf, ein Deutscher zu sein.»[362]

Die Zeiten als turbulent zu bezeichnen, wäre untertrieben, und wie so oft wurden sie geprägt und überstrahlt von großen oder auch schrecklichen Persönlichkeiten, deren Abgang von der Weltbühne dieselbe veränderte. Kurt Schumacher, der große Führer der Sozialdemokratie und einer der Gründungsväter der jungen Bundesrepublik, war bereits im August 1952 gestorben und hatte eine große Lücke hinterlassen. Am 5. März 1953 starb Iossif Wissarionowitsch Dschugaschwili, besser bekannt als Stalin. Sogleich entbrannte unter seinen Diadochen der unvermeidliche Kampf um Macht und Einfluss im Kreml. Die neuen starken Männer waren Georgi Malenkow, Nikita Chruschtschow und Lawrenti Berija, der ehemalige Chef des berüchtigten NKWD, jetzt Innenminister und Mitglied des Präsidiums der KPdSU. Er schien zunächst die Oberhand zu gewinnen und setzte sich für die Amnestie politischer Gefangener und die Verbesserung der Lebensbedingungen nichtrussischer Völker ein. Das brachte alte Weggefährten Stalins gegen ihn auf, die an dessen Verbrechen mittelbar oder unmittelbar beteiligt waren, wie Berija selbst natürlich auch. Der Grat, auf dem Berija wandelte, war schmal, und er beging Fehler. Einer von ihnen sollte tödlich sein: der Versuch, den Geheimdienst- und Sicherheitsapparat zu reorganisieren und in seine Hand zu bekommen. Die Entwicklung in Deutschland, vor allem in der DDR, spielte dabei eine entscheidende Rolle.[363]

Stalin hatte in seinem letzten Lebensjahr eine sonderbare, auf den ersten Blick zweigleisige Politik betrieben. Einerseits versuchte er, mit der Stalin-Note Unruhe und Verwirrung in die Politik der Westalliierten zu bringen, und schürte die Hoffnungen eines Teils der Deutschen auf eine gemeinsame Zukunft, andererseits konnte die SED ab Sommer 1952 mit ihrem Programm zum planmäßigen «Aufbau des Sozialismus» starten, um die DDR endgültig in einen sozialistischen, besser gesagt: stalinistischen Staat zu verwandeln. Dieser Versuch steuerte den ostdeutschen Staat in die Krise.[364] Die katastrophale Entwicklung scheint von allen Geheimdiensten verschlafen worden zu sein. Der Aufstand vom 17. Juni 1953 kam tatsächlich für alle überraschend. Gehlen indes bot sich durch die Entwicklung eine scheinbar einmalige Perspektive, obwohl sein Spitzenmann in Ostberlin, der stellvertretende Ministerpräsident Kastner alias Helwig, sein Amt inzwischen verloren hatte. Er hatte seine Kritik an der Sowjetisierung der DDR übertrieben, musste das Kabinett Grotewohls verlassen und wurde aus der LDP ausgeschlossen. Aber Kastner ließ sich nicht einschüchtern. Und seine sowjetischen Freunde standen weiter zu ihm, gab es doch noch immer die Alternative des neutralisierten, vereinten Deutschlands, an dessen Spitze sie einen Mann wie ihn durchaus gut gebrauchen konnten. Auf ihren Druck wurde Kastner wieder in die LDP aufgenommen. Außerdem wurde er Leiter des «Förderungsausschusses für die deutsche Intelligenz».

Als Stalin starb, schienen plötzlich wieder verschiedene Optionen für Deutschland offen. Gleichzeitig wuchs der Unmut der Bevölkerung über die Maßnahmen der DDR-Führung. Die gesamte Versorgungslage verschlechterte sich dramatisch, die Zahl der Flüchtlinge stieg explosionsartig. In der ersten Hälfte des Jahres 1952 waren 70 000 Menschen in den Westen geflohen, in der zweiten Jahreshälfte waren es bereits 110 000 und in den ersten fünf Monaten 1953 180 000. Der politische und wirtschaftliche Kurs des SED-Regimes drohte die DDR auszubluten.[365] Die Gefahr für die Regierung in Ostberlin blieb auch in Moskau nicht unbemerkt. Berija selbst ließ Anfang Mai einen Bericht veröffentlichen, in dem die Krise ohne Umschweife beschrieben wurde. Angemessene Reaktionen jedoch gab es nicht.

Im Gegenteil: Berija traf für den eigenen Nachrichtendienst eine Entscheidung, die nur mit seinem verzweifelten Versuch zu erklären ist, Gegner im Geheimdienst auszuschalten und damit gleichzeitig seine Macht im Kreml abzusichern: Mitten in die sich verschärfende Lage hinein platzte sein Befehl, alle Residenten des sowjetischen Geheimdienstes in den wichtigsten kapitalistischen Staaten hätten sich zur Prüfung ihrer Arbeit und Diskussion von Verbesserungsvorschlägen nach Moskau zu begeben. Natürlich wurde der Befehl befolgt – und der Nachrichtenfluss aus den Machtzentren des Westens für zwei Monate lahm gelegt. Gleichzeitig ermöglichte die plötzliche Reisetätigkeit wichtiger Botschaftsangehöriger den USA, einen Großteil des Geheimdienstpersonals in den sowjetischen Vertretungen zu identifizieren. Am Vorabend des 17. Juni hatte all dies katastrophale Folgen.[366]

Es hätte Gehlens größter Triumph werden können. Die sowjetischen Führer in der DDR, allen voran Hochkommissar Semjonow, machten sich keinerlei Illusionen über die Haltung der Bevölkerung zur Regierung Grotewohls und zur SED Ulbrichts. Als die Proteste gegen die Erhöhung der Arbeitsnormen immer massiver wurden, empfahl Semjonow, die Vormachtstellung der SED vorübergehend aufzugeben und eine bürgerliche Regierung einzusetzen. In dieser Situation dachte er sich als Chef einer solchen Regierung seinen Freund Kastner. Ein Agent der OG als Regierungschef der DDR! Für einen Augenblick schien das Undenkbare greifbar nah, und Gehlen erfuhr von dieser nahezu unglaublichen Chance, die die Geschichte ihm vorgaukelte, denn ein Dolmetscher des sowjetischen Hochkommissars arbeitete ebenfalls für Pullach.[367]

Doch es war bereits zu spät. Ironischerweise aber nicht für Grotewohl und Ulbricht, sondern für Berija und damit auch für Kastner. Denn der Aufstand vom 17. Juni fegte alle Optionen hinweg. Als die Proteste und Demonstrationen aus Sicht der Sowjetunion außer Kontrolle gerieten, übernahm die Rote Armee die Wiederherstellung der «Ordnung». Die russischen Panzer bewahrten an diesem Tag die SED-Regierung vor dem Sturz und zerstörten für lange Zeit die Hoffnung auf eine «bürgerliche» Zwischenlösung in Ostberlin mit all den Möglichkeiten, die dieser innewohnten.

Dennoch sah es zunächst so aus, als sei noch nicht alles verloren. Hochkommissar Semjonow und Oberbefehlshaber Sokolowski votierten dafür, die Politik des «neuen Kurses» fortzusetzen und den liberalen Flügel im ZK der SED zu stärken.[368] Auch die DDR-Führung versprach der Bevölkerung Reformen. Doch personell hatte der Aufstand ganz andere Konsequenzen: Im Kreml setzten sich die Gegner Berijas durch, der am 26. Juni verhaftet und im Dezember hingerichtet wurde. In der DDR war die Position Ulbrichts sogar gestärkt. Nicht er wurde aus der Führung entfernt, sondern seine Gegenspieler: Staatssicherheitsminister Wilhelm Zaisser und Politbüromitglied Rudolf Herrnstadt mussten als angebliche «Berija-Männer» ihre Posten räumen und wurden später mit anderen Ulbricht-Kritikern aus der SED ausgeschlossen. Der Aufstand hatte das Gegenteil von dem bewirkt, was sein Ziel gewesen war. Die Herrschaft der bestehenden SED-Führung war gefestigt, die Reformer hatten die Konfrontation verloren.

Neuer Minister für Staatssicherheit wurde ausgerechnet der Mann, dem selbst Gehlen mit unterschwelligem Respekt bestätigte, eine der «farbigsten und skrupellosesten Figuren an der Spitze des Ulbricht-Regimes» gewesen zu sein: der ehemalige Schiffssaboteur Ernst Wollweber. Dieser fackelte nicht lange. Er wollte schnellstmöglich Ergebnisse präsentieren, und er wusste, wer sein Hauptgegner war: die Organisation Gehlen. Kurz nach Wollwebers Inthronisation begann eine Kampagne, die vor allem ihre Übernahme in den Dienst der Bundesregierung verhindern sollte.[369] Sie wuchs sich bis Ende 1953 zu einer Katastrophe aus, die Gehlens Dienst an den Rand des Unterganges brachte.

Das MfS geht in die Offensive

Henry Troll war von Beruf Schriftsteller. Er schrieb Kriminalromane, dichtete für Hans Fallada und schrieb Groschenhefte für die Romanreihe John Kling. Damit wurde er nicht berühmt, aber erfolgreich. Bis Kriegsende lebte das ehemalige NSDAP-Mitglied in einer schönen Villa in Berlin-Falkensee. Als die Sowjets die Macht übernahmen, musste die Familie Troll die Villa räumen, aber der Autor fand einen Westverlag und konnte seine Produktion durchaus gewinnbringend fortsetzen.[370] Bürgerlich hieß Henry Troll eigentlich Hans Joachim Geyer. Und wenn er für die OG unterwegs war, firmierte er unter dem Decknamen GRELL. Als GRELL war er am erfolgreichsten: Er hatte 1952 begonnen, für den Gehlen-Geheimdienst zu arbeiten, zunächst als Informationsbeschaffer in der DDR, dann als Kurier. Nach dem 17. Juni ließ er die Familie in der DDR sitzen und wechselte als Sachbearbeiter in die Filiale X/9592 nach Westberlin. Dort brachte er es bald bis zum stellvertretenden Filialleiter.[371] Er galt als Freund seines Chefs und war eine Vertrauensperson in der Dienststelle. Er las die Agentenberichte, die Nachrichten der Informanten und war für die Sicherheit der Akten verantwortlich. «GRELL hatte auch Zugang zum Geheimraum der Filiale, und es dauerte nicht lange, da war er im Besitz eines Nachschlüssels für den Aktenschrank.»[372] Selbst auf die Liste aller 58 V-Leute, die seine Filiale in der DDR führte, hatte er Zugriff. Die Arbeitsbelastung der Gehlen-Dienststellen stieg nach dem 17. Juni gewaltig. Immer mehr DDR-Bürger fanden sich bereit, für die OG zu arbeiten; das Personal musste aufgestockt werden. Anfang Oktober 1953 kam der Filialleiter zu der Ansicht, die Dienststelle benötige dringend eine Sekretärin. Mit der Suche nach einer geeigneten Dame wurde GRELL beauftragt, der unverzüglich eine Annonce aufgab.

Dem Autor der John-Kling-Romane war Tarnung in Fleisch und Blut übergegangen. Den jungen Damen, die sich auf das Inserat meldeten, stellte er sich als Industrievertreter vor. Die Vorstellungsgespräche fanden nicht in den Räumen der OG statt, sondern in Cafés, und GRELL interessierten weniger die stenographischen Kenntnisse der Bewerberinnen als vielmehr ihre Verwandtschaftsverhältnisse und Männerbekanntschaften. Eine von ihnen empfand GRELLS Gebaren als zwielichtig. Sie kaufte ihm den Industrieverteter nicht ab, sondern tippte eher auf Mädchenhändler, was sie prompt der Polizei zur Kenntnis brachte.

Gegen zehn Uhr morgens am 29. Oktober öffnete die Zimmerwirtin Geyers zwei Männern, die sich sogleich als Polizeibeamte zu erkennen gaben und ihren Untermieter zu sprechen wünschten. Die Dame konnte ihnen nicht weiterhelfen. Geyer war auf der Arbeit, das heißt, für die OG unterwegs. Als er wenige Stunden später nach Hause kam, unterrichtete ihn seine Vermieterin über den Besuch. Geyer alias Troll alias GRELL legte keinen gesteigerten Wert auf eine Unterhaltung mit der Kriminalpolizei, er packte ein paar Sachen, suchte einige Unterlagen zusammen, sprang aus dem Fenster in den Garten und verschwand.[373]

Nun ging Geyer neben der Schreiberei und der Arbeit als Gehlen-Agent nicht auch noch der ruchlosen Tätigkeit eines Mädchenhändlers nach – aber er fuhr nach Ostberlin und meldete sich bei seinem Führungsoffizier der DDR-Staatsicherheit, dem er bislang jedes Schriftstück der OG übergeben hatte, das er in die Finger bekam und fotografieren konnte. Hans Joachim Geyer war seit 1951 Mitarbeiter des MfS und hatte die Polizisten irrtümlich für Beamte des Staatsschutzes gehalten, die hinter seine Arbeit als Doppelagent gekommen waren. Die Flucht in den Osten war ein dummes Versehen, für Gehlen hatte sie dramatische Konsequenzen. Nach Geyers Flucht setzte in der DDR eine Verhaftungswelle ein, der binnen kurzer Zeit mindestens 20 Agenten der OG zum Opfer fielen, darunter auch Volkspolizei-Offiziere, ein Mitarbeiter des Aufbau-Ministeriums, Funktionäre von Parteien des bürgerlichen Blocks und ein Redakteur der *Berliner Zeitung*.[374]

Die Affäre war intern wie in der Öffentlichkeit verheerend für Gehlen. Vor allem machte sie deutlich, dass innerhalb seines Apparates selbst gegen grundlegende Sicherheitsbestimmungen verstoßen wurde. Geyer hatte Familie in der DDR und war deshalb anfällig für Erpressungen durch die Staatsorgane des Gegners. Schon aus diesem Grund hätte er nie in derart exponierter Stellung arbeiten dürfen. Gleichzeitig überstieg die Führung von rund 60 V-Leuten bei weitem die Größenordnung dessen, was aus Sicherheitsgründen überhaupt von der Filiale und einem V-Mann-Führer hätte angeleitet werden dürfen. Jedem Insider musste jetzt klar werden, dass der OG mit dem Ministerium für Staatssicherheit, besonders mit der Hauptabteilung II Spionageabwehr, die von 1950 bis 1960 von Josef Kiefel geleitet wurde, ein brandgefährlicher Gegner erwachsen war.[375] Die Gehlen-Leute lernten schnell und schmerzhaft, wie gefährlich sie eigentlich lebten.

Dabei hatte die Offensive des MfS nicht einmal ihren Höhepunkt erreicht. Am 9. November gab Doppelagent Geyer in Ostberlin eine Pressekonferenz, in der er weitere Details über Struktur und Arbeitsweise der OG offenbarte. Sein Auftritt war Teil einer Kampagne, die dem Dienst in der Öffentlichkeit Schaden zufügen und das Vertrauen der Mitarbeiter weiter erschüttern sollte. Plump, aber nicht weniger wirksam war die nächste Aktion der DDR-Spionageabwehr, die vom späteren Abteilungsleiter BND im MfS, dem ehemaligen Buchenwaldhäftling Rolf Markert, initiiert wurde[376]: Nicht alle Mitarbeiter der OG, die Geyer enttarnt hatte, fielen auch in die Hände der Staatssicherheit. Vielen war es gelungen, sich der Verhaftung durch die Flucht nach Westberlin zu entziehen. Die glücklich Entkommenen bekamen plötzlich Post vom Feind. Die Briefe lauteten immer gleich:

«Sehr geehrter Herr …!

Uns ist bekannt, dass man Sie vom Apparat des Generals Gehlens abgehängt hat. Sie bekommen keine weiteren Bezüge. Ihre Gruppe ist aufgeflogen, und nun können Sie stempeln gehen. Das ist der übliche Dank des kapitalistischen Westens. Sie haben es bei Ihren Fähigkeiten nicht nötig, für die Vergehen anderer Leute zu büßen. Folgen Sie unserem Rat: Kommen Sie nach Ostberlin zu einer Ihnen bekannten SSD-Dienststelle. Dort wird man Sie kameradschaftlich behandeln und weiterleiten. Sie brauchen keine Verhaftung zu befürchten. Wir garantieren Ihnen volle Freiheit, Wohnung und eine gut bezahlte Arbeitsstelle.»[377]

Das war nicht eben subtil und elegant formuliert, aber in einem gewissen Rahmen erfüllte der Aufruf seinen Zweck. Die *Tägliche Rundschau* meldete: «In den Weihnachtstagen und in den Tagen zuvor haben sich ehemalige Agenten der faschistischen Spionageorganisation Gehlen an das Staatssekretariat für Staatssicherheit gewandt. Sie sind sich der Schuld bewusst, die sie vor dem deutschen Volk auf sich geladen haben.» Wenig später wurden die Erklärungen von 31 ehemaligen OG-Mitarbeitern veröffentlicht, die übergelaufen waren.[378]

Der Aderlass des Pullacher Dienstes war gewaltig, und es waren nicht nur kleine Fische und Zuträger, die überliefen, enttarnt wurden oder schon immer im Sold der Gegenseite standen. Seit Februar 1951 arbeitete der ehemalige Offizier und Jurist Wolfgang Höher im Bereich Spionageabwehr der Westberliner OG-Niederlassung, zuständig also für die Ausschaltung gegnerischer Agenten. Doch leider berichtete Höher weniger über DDR-Spione nach Pullach als vielmehr über Mitarbeiter der OG nach Ostberlin. Dabei interessierten ihn weniger die Gehlen-Leute, die in der DDR aktiv waren, sondern vor allem die Personalstruktur und die Klarnamen der Männer und Frauen in Westdeutschland – besonders derjenigen mit einer braunen Vergangenheit. Durch Höher erfuhr sein Chef Markus Wolf Fakten, die ihm bei seinem Kampf gegen Gehlen mehr als hilfreich sein konnten. So meldete Höher, dass sich hinter der scheinbar harmlosen Firma «Ernst Meißner & Co., Grob- und Feinkeramik» in Karlsruhe in Wirklichkeit die Abwehrstelle Gehlens verbarg, die von dem ehemaligen Gestapo-Mann Alfons Benzinger geleitet wurde, der wiederum seinen Bekannten, den ehemaligen SS-Oberführer Hermann Althaus beschäftigte. In Westberlin selbst, so wusste Höher zu berichten, betrieben die ehemaligen SS-Sturmbannführer Kurt Moritz und Gerhard Güttler die alte Kommunistenjagd unter neuer Führung. Da waren sie wieder, die «alten Kameraden». In der Hand des Gegners waren diese Informationen Sprengstoff.

Als Höher glaubte, er werde observiert und bald auffliegen, wandte er sich an seinen Chef Wolf, der diesen Verdacht nach eigenen Recherchen zu zerstreuen suchte. Doch Höher war nicht zu beruhigen und verschwand schließlich im Februar 1953 von der Bildfläche. Zunächst ging man davon aus, dass er vom MfS entführt worden war, doch das war eine Legende, die Wolf gestrickt hatte, um seinen vermeintlich gefährdeten Agenten «nach Hause» zu holen. Während der Kampagne Ende 1953 nutzte Wolf die Kenntnisse Höhers, um schweres publizistisches Geschütz aufzufahren: Unter dem Titel «Agent 2996 enthüllt» wurde eine Broschüre gedruckt und an Geheimdienst-Adressaten im Westen verschickt.[379]

Schlag folgte auf Schlag: In der Nacht vom 13. auf den 14. Dezember 1953 versuchte der «besonders zuverlässige, einsatzfreudige und ideenreiche»[380] OG-Mitarbeiter Major a. D. Werner Haase, Leiter der Filiale 120a, ein Telefonkabel zu verlegen. Diese nur mittelbar zu seinem Agentenberuf gehörende Tätigkeit diente dem Zweck, die immer gefährlicher werdenden Kurierbewegungen durch geheime Telefonverbindungen zu den V-Leuten im Osten zu ersetzen. Weniger zuverlässig, denn übermotiviert und wagemutig war der Entschluss, die Aktion auf eigene Faust zu starten, obwohl er angewiesen war, den ausdrücklichen Befehl seiner Vorgesetzten abzuwarten. Originell hingegen war der Weg, den er gewählt hatte: Mithilfe eines Spielzeugdampfers sollte das Kabel an das andere Ufer des Heidekampgrabens in Ostberlin gebracht und von einem V-Mann entgegengenommen werden. Indessen wurde die gesamte Aktion von zwei Mitarbeitern der OG-Filiale Haases verraten, die nach der Geyer-Affäre die Seiten gewechselt hatten. Ein Kommando der Staatssicherheit wartete bereits, das die OG ihres wagemutigen Mitarbeiters beraubte.[381] Wieder einmal muss betont werden, dass derartige, aus heutiger Sicht skurril wirkende Ereignisse für die Betroffenen meist katastrophale Folgen zeitigten. Der Krieg war zwar kalt, und er sollte es zwischen den beiden deutschen Staaten auch bleiben, aber der Krieg der Geheimdienste war heiß. Die Opfer der Offensive des MfS im Herbst und Winter 1953 und 1954 waren zahlreich, und der Schaden war nicht nur politisch oder publizistisch gravierend.

Vor Weihnachten veranstaltete die DDR-Justiz einen Prozess gegen sieben Mitarbeiter der OG. Zu den Angeklagten gehörte auch Major Haase. Mit ihm auf der Anklagebank saßen der Glaser Karl-Heinz Schmidt aus Luckenwalde und seine Ehefrau, die von der OG als Schweigefunker ausgebildet worden waren und im Kriegsfall ein Informantennetz und eine Funkstation führen sollten, außerdem der Oberreferent im Ministerium für Aufbau, Walter Schneider, der Lehrer Helmut Schwenk und der Gewerbelehrer Siegfried Altenkügler. Als Zeugen in diesem Prozess fungierten alte Bekannte: der Trivialschriftsteller und Doppelagent Hans Joachim Geyer und der Jurist und Doppelagent Wolfgang Höher.[382] Die Angeklagten wurden zu langjährigen Haftstrafen verurteilt. Major Haase erhielt lebenslänglich.[383]

Manche hatten mehr Glück, manche hatten gar kein Glück. Seinen Top-Agenten Brutus alias Gramsch verlor Gehlen ebenfalls. Allerdings konnte er sich in den Westen absetzen, als er bemerkte, dass er von der Staatssicherheit observiert wurde. Solche Erfolge der DDR-Spionageabwehr waren durchaus nicht immer eigener Brillanz geschuldet. Wie schon im Fall Geyer trugen gravierende Versäumnisse und Fehlleistungen der OG dazu bei, dass mancher Agent mehr oder weniger tragisch endete. BRUTUS, der noch Glück hatte, war aufgefallen, weil er zu gut arbeitete und weil Gehlen zu stolz auf ihn war. BRUTUS kabelte – wie beschrieben – die illegalen Lieferungen, mit denen Westfirmen das Embargo brechen wollten, an die Pullacher Zentrale. Gehlen war begeistert, der DDR-Wirtschaft damit kräftig in die Suppe spucken zu können, und ließ eine illegale Warenlieferung nach der anderen durch den Zoll beschlagnahmen. Das musste irgendwann einmal auffallen; und in diesem Fall bemerkte es der für die «Absicherung von Embargogütern» zuständige Chef der Stasi-Verwaltung Ostberlin, Hans Fruck, der sofort auf einen Spion in der Umgebung des Staatssekretärs Wollweber tippte. BRUTUS konnte im letzten Augenblick verschwinden.[384]

GÄNSEBLÜMCHEN Elli Barczatis, die Sekretärin im Vorzimmer Grotewohls, konnte nicht mehr fliehen, als 40 Stasi-Angehörige ihre Wohnung in Köpenick stürmten. Seit einem halben Jahr hatte das MfS über ein kleines Kästchen, das zwei angebliche Postarbeiter auf dem Dach ihres Hauses montiert hatten, jedes Wort mitgehört, das sie mit ihrem Geliebten Laurenz wechselte. Wieder war es die Mitteilungs- und Geltungssucht der Empfänger ihrer Nachrichten, die das Schicksal von Barczatis, Laurenz und das ihres Kuriers Nellis besiegelte. Auch das Banalste, bis hin zur Urlaubsplanung Piecks, meldete Barczatis. Die OG leitete die Nichtigkeiten an die Amerikaner weiter, diese teilten sie mit ihren Verbündeten, und da die Staatssicherheit in den europäischen Hauptstädten auch nicht schlief, bekam sie es mit. Am 23. November 1955 wurden Elli Barczatis, Karl Laurenz und Karl Nellis hingerichtet.[385]

Es berührt bis heute unangenehm, in Gehlens Erinnerungen zu lesen, wie der erste Chef des westdeutschen Geheimdienstes diese desaströsen und zum Teil Menschen vernichtenden Pannen und Fehlleistungen herunterspielt oder zumindest versucht, die Schuld des Dienstes daran zu verneinen. So fiel nach Gehlens Lesart Elli Barczatis der Staatssicherheit «durch eine Verkettung unglücklicher Umstände im privaten

Bereich in die Hände»[386]. Der zu lebenslanger Haft verurteilte Major Haase – er wurde 1957 ausgetauscht – war laut Gehlen während seines Prozesses «zu Aussagen über Vorgänge gezwungen worden, die ihm in seiner begrenzten nachrichtendienstlichen Tätigkeit überhaupt nicht zur Kenntnis gelangt sein konnten. Haase hat es verstanden, seine Aussagen bewusst so zu formulieren, dass der Gegner in vielen Punkten getäuscht wurde …»[387] Der Top-Spion Walter Gramsch wiederum musste nicht etwa kurz vor seiner Verhaftung fliehen, sondern wurde «rechtzeitig herausgelöst» und konnte sich «planmäßig absetzen», was wiederum zu den «interessantesten Operationen des Dienstes» gehörte.[388] Und Hans Joachim Geyer alias Grell war angeblich bereits vor seinem Überlaufen «aus Sicherheitserwägungen von seiner Führungsstelle herausgelöst worden» und verlas auf seiner fatalen Pressekonferenz vornehmlich «untergeschobene Erklärungen». Auch war er Gehlen zufolge nie stellvertretender Filialleiter gewesen, sondern hatte sich diesen Titel selber zugelegt.[389] Wo gehobelt wird, da fallen Späne, im Nachrichtendienst rollen manchmal auch Köpfe – der Rest ist politische und publizistische Schadensbegrenzung. So war das Geschäft, und so ist es in vielem wohl bis heute.

Die Kampagne der Staatssicherheit setzte sich fort. In kurzer Folge wechselten Verhaftungen mit immer neuen Prozessen, in denen wahre oder vermeintliche Details über die OG zur Sprache kamen, und die von der Presse in beiden Teilen Deutschlands ausgebreitet wurden. Einer der wichtigsten Punkte war immer wieder die Unterwanderung der OG durch ehemalige Nazis. Es wurde bereits gezeigt, dass «unterwandert» letztlich das falsche Wort war.

Am 4. Oktober 1954 veröffentlichten die offiziellen Stellen der DDR eine erste Bilanz: Staatssekretär Professor Albert Norden ließ vermelden, bis zu diesem Zeitpunkt seien 547 Agenten der Organisation Gehlen enttarnt und verhaftet worden. Am 12. April 1955 verkündete Wollweber die Verhaftung weiterer 521 Spione, und im Mai behaupteten die Behörden, 80 weitere OG-Mitarbeiter seien freiwillig in die DDR übergelaufen. Auch wenn diese Zahlen so sicherlich nicht stimmten, weil die DDR-Organe die Gelegenheit genutzt hatten, auch manchen anderen missliebigen Zeitgenossen unter dem Vorwurf der Agententätigkeit aus dem

Verkehr zu ziehen, und außerdem auch Agenten und Aktivisten anderer antikommunistischer und zum Teil auch militanter Gruppen unterschiedslos zu den Gehlen-Leuten gerechnet wurden: die Aktivitäten des MfS hatten der OG unersetzliche Verluste bereitet. Aus den Akten des sowjetischen Geheimdienstes KGB, die in den letzten Jahren ausgewertet wurden, geht hervor, dass bei einer Operation der Staatssicherheit mit dem Codenamen «Strela» allein im Juli und August 1954 359 Personen festgenommen wurden, von denen 203 der OG und anderen westdeutschen Geheimdiensten angehörten. Im April 1955 gelang der Stasi laut dieser Akten mit der Operation «Wesna» ein Schlag gegen mehrere Geheimdienste westlicher Staaten. 604 Menschen wurden verhaftet, zwölf Agentennetze liquidiert, darunter drei westdeutsche.[390] Die Zahlen waren beeindruckend, ja bestürzend und geeignet, die Gehlen-Mitarbeiter zu demoralisieren. Große Teile des Geheimdienstes, der sich zugute hielt, nahezu ein Monopol in der DDR-Aufklärung zu besitzen – aber selbst das kann durch die oben genannten Zahlen ja heute bestritten werden –, waren zerstört. Selbst Hermann Kastner alias Helwig, der auch nach dem 17. Juni unverdrossen seine antikommunistischen Auffassungen vertreten hatte und weiter die OG mit Nachrichten belieferte, musste schließlich dazu überredet werden, die DDR in Richtung Westen zu verlassen.[391]

Gehlens Bilanz dieser deprimierenden Jahre sieht natürlich ganz anders aus: «Der Dienst war nicht zerschlagen – meine Mitarbeiter und ich hatten vielmehr aus den Veröffentlichungen und Verlautbarungen in vielen Fällen nachrichtendienstlichen Nutzen ziehen, schwache Stellen erkennen, bisherige Fehler abstellen und die Sicherheitsmaßnahmen ständig verbessern können. Die Stimmung unter den V-Leuten in den Operationsgebieten blieb gut; standhaft und entschlossen setzten sie in der überwiegenden Mehrheit ihre Arbeit fort, unbeeindruckt von der östlichen Propaganda und Hetze.»[392]

Die Fakten sprechen eine andere Sprache. Aber ein Ziel erreichten die Staatssicherheit und ihr Chef Wollweber nicht: die politische Zukunft der OG als Geheimdienst Westdeutschlands zu zerstören. Und dies, obwohl sie tatkräftige Unterstützung aus dem Westen erhielten.

Gegner unter Freunden: Die Affäre John

Der ebenso legendäre wie angefeindete ehemalige Spionagechef der DDR, Markus Wolf, will den Namen Gehlen zum ersten Mal als noch junger stellvertretender Abwehr-Chef aus einem Zeitungsartikel erfahren haben.[393] Der Artikel erschien am 17. März 1952 unter dem Titel «Hitler-General spioniert jetzt für Dollar». Veröffentlicht wurde er im Londoner *Daily Express*, und sein Autor war der Journalist Sefton Delmer. Doch Delmer war nicht nur Journalist, er war ein ehemaliger Geheimdienstler mit exzellenten Deutschkenntnissen und Beziehungen zu Deutschen. Delmers Vater war Lektor für Englisch an der Berliner Universität gewesen, und er selbst hatte von 1928 bis 1933 als Korrespondent des *Daily Express* in der deutschen Hauptstadt gearbeitet.[394] Im Krieg war Delmer für die britische Abteilung Psychologische Kriegführung tätig und leitete unter anderem den berühmten Soldatensender Calais. Zu seinen Mitarbeitern gehörten auch die geflohenen Hitler-Gegner Otto John, später Präsident des Bundesamtes für Verfassungsschutz, und der Publizist und Historiker Sebastian Haffner. Zu seinen Freunden zählte weiter der Gründer, Herausgeber und Chefredakteur des *Stern*, Henri Nannen.[395]

Im März 1952 packte Delmer die publizistische Keule aus: «Achten Sie auf einen Namen, der Schlimmes verheißt. Er steht für den meiner Meinung nach gefährlichsten politischen Sprengstoff im heutigen Westeuropa. Dieser Namen lautet Gehlen … Vor zehn Jahren war dies der Name eines der fähigsten Stabsoffiziere von Hitler … Heute ist Gehlen der Name einer Geheimorganisation von gewaltiger und zunehmend größerer Macht … Während er seine Organisation immer weiter ausbaute, krochen jede Menge frühere Nazis, SS- und SD-Leute (des Himmler'schen Geheimdienstes) in seiner Organisation unter, wo sie vollen Schutz genossen. Heute ist Gehlen der Kopf einer Spionageorganisation, die ihre Agenten in allen Teilen der Erde hat … Die Gefahr, die von dieser Organisation ausgeht, liegt in der Zukunft. Denn Gehlens Agentennetz ist schon heute in Deutschland zu einer immensen Untergrundmacht geworden.»[396]

Der Artikel, dem weitere folgten und der seitdem unzählige Male zitiert und nachgedruckt wurde, schlug ein wie eine Bombe, rückte er doch die nebulöse OG, über die so gut wie nichts bekannt war, mit einem Mal ins grelle Licht der Öffentlichkeit. Zudem thematisierte er das Kapitel der Entstehungsgeschichte des deutschen Geheimdienstes, das am peinlichsten war und den größten innen- wie außenpolitischen Schaden herbeiführen konnte: Immer wieder die «alten Kameraden». Kopien des Berichts kursierten in den Büros aller US-Geheimdienste in Deutschland, und niemand machte sich Illusionen über die Auswirkungen, die eine solche Publikation haben konnte.

Es ist oft über einen Zusammenhang zwischen Delmers Attacke und dem gleichzeitigen Start der Kampagne der östlichen Geheimdienste gegen die OG spekuliert worden. Selbst der Vorwurf, Delmer habe im Auftrag des KGB gehandelt, wurde erhoben und hielt sich.[397] Dies ist vor allem mit der Tatsache zu erklären, dass der Name Sefton Delmer in der Geschichte der bundesdeutschen Geheimdienste untrennbar mit der Person Otto John verbunden ist, dem ersten Präsidenten des Bundesamtes für Verfassungsschutz. Das bis heute geheimnisumwitterte und tragische Schicksal Johns gehört zu den umstrittensten und spannendsten Kapiteln der deutschen Geheimdienstgeschichte. Obwohl es eigentlich in eine Historie des Verfassungsschutzes gehört, muss es auch hier kurz erzählt werden, da der Gründervater des BND, Gehlen, den Widerstandskämpfer John immer als Gegner betrachtet hat und nichts unversucht ließ, ihn kaltzustellen.[398]

Otto John wurde 1909 in Marburg geboren. Sein Vater war als Hauptmann im Ersten Weltkrieg mit dem Eisernen Kreuz ausgezeichnet worden. Doch der Sohn hatte die schrecklichen Folgen des Krieges verinnerlicht und sich Albert Schweitzer zum Vorbild erkoren.[399] Als ihm später sein ehemaliger Klassenkamerad Fritz Göring, ein Neffe des Reichsmarschalls und Luftwaffenministers Hermann Göring, einen attraktiven Posten in dessen Stab anbot, lehnte er ab. Stattdessen trat der junge Rechtsanwalt John 1937 als Syndikus in die Rechtsabteilung der Deutschen Lufthansa ein. Er hatte früh Kontakt zu Mitgliedern des Widerstandes gegen Hitler, zu Klaus Bonhoeffer, Hans von Dohnanyi, Hans Oster und Ludwig Beck.[400] Aber auch zu Abwehrchef Canaris unterhielt er Beziehungen. Er unternahm häufig Reisen nach Lissabon und Ma-

Bis heute geheimnisumwittert: Der erste BfV-Präsident und Überläufer Otto John

drid, und Canaris erkannte, wie wichtig John als Verbindungsperson zu Unterstützern im Ausland sein konnte. So stand er bereits 1939 mit dem US-Korrespondenten Louis Lochner in Verbindung, der seinerseits als Kontaktmann des deutschen Widerstandes zu Präsident Roosevelt galt. All dies fand seinen Niederschlag in den Akten des russischen NKWD, die inzwischen ausgewertet worden sind.[401] Lochner ging 1942 von Deutschland nach Madrid, seine deutsche Ehefrau blieb zurück. John half dem Paar, miteinander in Kontakt zu bleiben.[402] Auch er hielt sich häufig in Madrid auf und nutzte seine Kontakte zu politischen Sondierungen. Als ein Teil der Verschwörer des 20. Juli kurz vor dem Attentat noch einmal versuchte, die Möglichkeiten eines Sonderfriedens mit den Westalliierten zu eruieren, kam am 11. Juli 1944 von John aus Madrid die Nachricht, «dass nach Auskunft der britischen Botschaft die Feindseligkeiten nicht anders beendet werden könnten als durch die gleichzeitige bedingungslose Kapitulation im Osten wie im Westen.»[403]

Das Attentat schlug fehl. In Deutschland begann das Blutbad unter den Verschwörern. Otto Johns Bruder fiel in die Hände der Gestapo und wurde einen Monat vor der bedingungslosen Kapitulation von den Nazis erschossen.[404] Otto John selbst gelang über Spanien und Portugal die Flucht nach England. In London lernte er Sefton Delmer kennen, hier knüpfte er geheime Bande zum britischen Nachrichtendienst, und hier geriet er endgültig in das für die Kriegs- und Nachkriegszeit so typische Babel der Geheimdienste, die einander beobachten, bespitzeln und Dossiers über alles und jeden anlegen. Im Dezember 1944 stieß John zum Soldatensender Calais[405], der von Delmer geleitet wurde. Zu dieser Zeit ist er längst in das Fadenkreuz der sowjetischen Spione geraten, die den britischen Geheimdienst unterwandert haben. John erzählte den Briten alles, was er über die deutschen Rüstungsbemühungen einerseits und die Aktivitäten des nichtkommunistischen Widerstands andererseits wusste. Und der sowjetische Spion Kim Philby – andere auch, aber er vor allem – berichtete all das weiter nach Moskau.[406] So kann man auch ungewollt und unwissentlich zum Doppelagenten werden, was für die Zukunft unerahnbare Gefahren mit sich bringt.

Nach Kriegsende setzte John seine Arbeit für die Engländer fort. Als der Soldatensender Calais eingestellt wurde, wechselte er in eine Abteilung des Sicherheitsdienstes, die mit der Befragung und Überprüfung von Kriegsgefangenen betraut war. Die wichtigsten saßen im Lager Bridgend in Südwales. Hier trat John den obersten Führern der deutschen Militärmaschinerie gegenüber, die er im Auftrag des Siegers zu vernehmen hatte, unter ihnen die Generalfeldmarschälle Gerd von Rundstedt, Walter von Brauchitsch und Fritz Erich von Manstein. Nach einer Zwischenstation in Nürnberg, wo John die Akten des Dritten Reiches für den Nürnberger Prozess gegen die Hauptkriegsverbrecher aufarbeitete, wurde er 1949 nach Hamburg beordert, wo er Gleiches für den Prozess gegen Feldmarschall von Manstein besorgte. Dieser wurde zu 18 Jahren Gefängnis verurteilt. John hatte sich einen erbitterten Feind geschaffen, der andere nach sich zog.[407]

Als Otto John 1950 mit der Unterstützung des Bundespräsidenten Theodor Heuss[408], sowjetische Quellen meinen «auf englischen Einfluss»[409] – beides wird wohl stimmen – zum Chef des neuen Bundesamtes für Verfassungsschutz ernannt wird, ist er der achte von den Deutschen vorgeschlagene Kandidat. Alle anderen haben die Alliierten abgelehnt, aber gegen den Widerstandskämpfer John können sie keine Argumente vorbringen. Dennoch ist er vom ersten Tag an in einer schwierigen, ja eigentlich unhaltbaren Position. Er ist von Gegnern, man muss fast sagen Feinden umstellt. Einer der gefährlichsten heißt Reinhard Gehlen. Gehlen träumt von einem nachrichtendienstlichen Monopol, das er dereinst unter der direkten Zuständigkeit der Bundesregierung dirigieren möchte. Der Leiter des Verfassungsschutzes ist damit ein Konkurrent, den es zu beobachten und zu kontrollieren gilt.

Aber die Abneigung ging sehr viel tiefer. Für Gehlen und viele andere ehemalige Offiziere und Funktionäre der untergegangenen Hitler-Diktatur war John schlicht ein Verräter. Besonders seine Mitarbeit beim Prozess gegen von Manstein hat ihm der Manstein-Schüler Gehlen nie verziehen. John hatte eines der diffizilsten Ämter übernommen, das die junge Bonner Republik zu vergeben hatte, und er stand an dieser Position sehr allein. Nicht einmal der Unterstützung durch Bundeskanzler Adenauer oder Innenminister Gerhard Schröder konnte er sich sicher sein. Schröder hatte gar in einer Pressekonferenz Johns ungeteilte Loyalität zum westdeutschen Staat in Frage gestellt.[410]

John wurde von allen Seiten beargwöhnt. Für Adenauers Geschmack beschäftigte er im Bundesamt zu viele Sozialdemokraten. Franz Josef Strauß war der Ansicht, er sei eine Marionette des Secret Service.[411] Außerdem mochte der Bundeskanzler John persönlich nicht und hatte sogar dafür gesorgt, dass die OG sich mit seinem Privatleben, seinen finanziellen Verhältnissen und seinen vermeintlichen Ostkontakten beschäftigte.[412] Die Einkreisung des obersten Verfassungsschützers war nahezu vollkommen, wenn auch nicht jeder von jedem wusste. Der zweite Mann in Johns Behörde, Albert Radke, während des Zweiten Weltkrieges Agentenführer und Sonderbeauftragter des Admirals Canaris, war nach dem Krieg für die OG verpflichtet worden. Für Gehlen arbeitete er jetzt auch beim Verfassungsschutz. Radke wiederum hatte auch seine alte Vertraute Vera Schwarte, die er als Chefsekretärin bei Canaris kennen gelernt hatte, nach Köln geholt, wo sie fortan im Vorzimmer Johns arbeitete. Vera Schwarte allerdings hatte sich schon Ende 1945 unter Druck dem sowjetischen Geheimdienst verpflichtet, der nun eine Spitzenquelle im Bundesamt für Verfassungsschutz besaß, über deren Schreibtisch jedes nur erdenkliche Geheimpapier wanderte.[413]

So waren alle Gegner Johns jederzeit über dessen Probleme mit der Bewältigung des Apparates, über seine politische Unzufriedenheit und über seinen zunehmenden Hang zu alkoholischen Getränken unterrichtet. Wie so oft hing wohl alles miteinander zusammen. Die Verkettung persönlichen wie beruflichen Unglücks führte schließlich in die Katastrophe eines Lebens. John konnte sich mit der Entwicklung, die die Bundesrepublik nahm, nicht abfinden. Er war ohne Wenn und Aber gegen eine Wiederbewaffnung, und er war ohne Wenn und Aber für eine

Wiedervereinigung. Die Politik Adenauers zielte in beiden Punkten auf das genaue Gegenteil. Für John war klar, dass die Westintegration und die Diskussion über einen Bonner Verteidigungsbeitrag innerhalb der EVG eine Absage an eine gesamtdeutsche Zukunft darstellten. Zugleich sah er verbittert, dass immer mehr Repräsentanten des Nazi-Regimes erneut in verantwortliche Positionen rückten.

Immer weiter entfernte er sich von der offiziellen Linie. Am 15. Juli 1954 reiste John nach Berlin, und am 20. Juli, zehn Jahre nach dem misslungenen Attentat in der Wolfsschanze, nahm er mit seiner Frau an den Gedenkfeierlichkeiten teil. Sein Entschluss muss da schon festgestanden haben: Am selben Abend verschwand er aus Westberlin. Am 22. Juli sendete der DDR-Rundfunk eine sensationelle Erklärung Johns: «Deutschland ist in Gefahr, durch die Auseinandersetzung zwischen Ost und West auf ewig zerrissen zu werden. Es bedarf einer demonstrativen Aktion, um alle Deutschen zum Einsatz für die Wiedervereinigung aufzurufen. Deshalb habe ich am Jahrestag des 20. Juli einen entschlossenen Schritt getan und die Verbindung mit den Deutschen im Osten aufgenommen.»[414]

Auf beiden Seiten des Eisernen Vorhangs wogte in den folgenden Wochen eine Propagandaschlacht, deren Höhepunkt eine Pressekonferenz Johns in Ostberlin drei Wochen nach seinem Verschwinden war. Vor Dutzenden Journalisten aus aller Welt wiederholte er die Gründe für seinen freiwilligen Übertritt. Er betonte erneut seinen unbedingten Willen, für die deutsche Einheit zu kämpfen, und griff Adenauer als Separatisten an, der alte Nazis in seine Regierung berufen habe.[415] Die Vorwürfe, die bereits in der Artikelserie Delmers im Frühjahr 1954 massiv erhoben und in der Öffentlichkeit diskutiert worden waren, lösten bei den Verbündeten Bonns unterschiedliche Reaktionen aus. Während Johns Äußerungen in England verständlicherweise größeren Wiederhall fanden, blieb man in Frankreich und den USA weitgehend unbeeindruckt. Große Teile der westlichen Presse antworteten indes mit einer Gegenkampagne, in der sie ihn des doppelten Verrates an Deutschland schmähten. Damit hieben sie genau in die Kerbe der nationalkonservativen oder auch altnazistischen Gruppen, die Johns Kooperation mit den Engländern nie verziehen hatten. Von Gehlen soll der Satz stammen, der in Bonner Ministerien kursierte: «Einmal ein Verräter, immer ein Verräter.»[416] Er muss es als Triumph empfunden haben, dass sich seine Warnungen auf spektakuläre Weise bewahrheitet hatten.

Nichts zeigt besser die Zügellosigkeit, mit der die ideologische Schlacht geschlagen wurde, als die Affäre John. Und nichts verdeutlicht besser, wie sehr auch auf deutscher Seite Ressentiments und unterdrückter Revanchismus sich wieder Bahn brachen. Auch dies war für das weitere Schicksal Otto Johns entscheidend. Am 12. Dezember 1955 folgte auf die Sensation seines Verschwindens die Sensation seiner Wiederkehr. Mit Hilfe seines alten Freundes Prinz Louis Ferdinand von Hohenzollern und des dänischen Journalisten Henrik Bonde-Henriksen gelang es ihm, im Auto des Journalisten Ostberlin zu verlassen und von Westberlin mit dem Flugzeug nach Westdeutschland zu fliehen. Mit diesem spektakulären und von niemandem erwarteten erneuten Frontwechsel begann der Jahrzehnte andauernde Kampf Johns um seine Rehabilitierung. Er sollte ihn verlieren.

In den Jahrzehnten seither ist viel darüber diskutiert und geschrieben worden, was sich an jenem Abend des 20. Juli wirklich zugetragen hat. Ist er tatsächlich von seinem Bekannten, dem Arzt, Hochstapler und Möchtegern-Agenten Wolfgang Wohlgemuth, in Westberlin betäubt, bewusstlos in den Ostsektor gefahren und dort den Geheimdiensten ausgeliefert worden? Diese Version erzählte John nach seinem Wiederauftauchen in der Bundesrepublik. Und bei ihr blieb er bis zu seinem Tod im März 1997.[417] Zuletzt wurde diese These noch einmal von Markus Wolf wiederholt und gestützt.[418] Oder war John doch aus Überzeugung, gepaart mit grenzenloser Naivität und im wachen Bewusstsein landesverräterischen Tuns freiwillig in den Osten gegangen? Das war die Version seiner Gegner, die sich durchsetzen sollte. Oder war er von Wohlgemuth in Zusammenarbeit mit dem Altkommunisten und russischen Agenten Max Wonzig in den Osten gelockt worden, um dort angeblich das Grab seines von den Nazis ermordeten Bruders besuchen zu können und anschließend in den Westen zurückzukehren? Diese Variante der Geschehnisse berichtete zuletzt der Autor Peter-Ferdinand Koch.[419] Aufgrund der sich widersprechenden Aussagen und der zum Teil immer noch unzugänglichen oder verschwundenen Quellen scheint eine endgültige Klärung der Ereignisse unmöglich. Vieles spricht aber dafür, dass Otto John, frustriert und gedemütigt wie er war, freiwillig nach Ostberlin gegangen ist, um dort für seine politischen Überzeugungen zu kämpfen. Und vieles spricht dafür, dass er dann gezwungen wurde, zu bleiben und das Propagandaschauspiel zu geben, das MfS und KGB für ihn schrieben.[420]

Die CIA und die Regierung in Washington gingen zunächst davon aus, dass John mit Gewalt in die DDR verschleppt worden war. Delmer war ebenfalls von der Version seines Freundes überzeugt, und auch die Bundesregierung vermutete am Anfang keinen freiwilligen Wechsel Johns nach Ostberlin.[421] Entscheidender aber waren die Auswirkungen, die sein Übertritt auf die Stellung und das Ansehen Bonns haben musste. Er war ein hochrangiger Geheimnisträger und befand sich jetzt in der Hand des Gegners. Die Zuverlässigkeit und Vertrauenswürdigkeit der Bundesrepublik standen mit diesem Übertritt auf dem Spiel – zu einem Zeitpunkt, als es um die Europäische Verteidigungsgemeinschaft, die Ablösung des Besatzungsstatuts und den möglichen Beitritt Deutschlands zur Nato ging. Der damalige Mitarbeiter und spätere Präsident des Bundesamtes für Verfassungsschutz, Günter Nollau, formulierte es in seinen Erinnerungen so: «Wenn er freiwillig übergelaufen war, würde er wahrscheinlich alles erzählen, was er wusste. Wenn er verschleppt worden war, dann würde man alles aus ihm herauspressen.»[422] Das Ergebnis blieb das gleiche.

Aber war es so? John hat es immer bestritten. Er wollte kein Verräter sein, und wahrscheinlich hat er selber daran geglaubt. Tatsache ist, dass er in Ostberlin von KGB und MfS eingehend vernommen worden ist. Alles andere wäre gegen jede geheimdienstliche Praxis gewesen. Dokumente, die erst in den letzten Jahren zugänglich geworden sind, zeigen, dass John dabei sehr wohl wichtige Details und Zusammenhänge aus dem Geheimdienstgefüge der Bundesrepublik und der Westalliierten mitteilte.[423] Ob dies bewusst geschah oder aus zunehmender Nachlässigkeit und Gleichgültigkeit, muss dahingestellt bleiben. John hatte vom MfS und vom KGB die Decknamen «Keller» und «Proton» erhalten. Schon am 27. Juli 1954, also eine Woche nach seinem Verschwinden, gehen die Vernehmer des MfS in einer «Aussprache» ans Eingemachte: die

Überwachung kommunistischer Organisationen in Westdeutschland und die Organisation Gehlen. Die Auskünfte, die John gibt, sind für die Staatssicherheit alles andere als uninteressant.

Zwar betont der Chef des deutschen Verfassungsschutzes, dass er keine persönlichen Einblicke in Struktur und Arbeit der OG habe, aber auf weitere Nachfragen gibt er doch die ihm bekannten Fakten zu Gehlens Dienst preis. Er erzählt die Gründungsgeschichte, soweit sie ihm bekannt ist, und gibt auch Auskunft über die Finanzierung des Geheimdienstes durch die USA. Er nennt weiter die Namen ihm bekannter Mitarbeiter der OG, wobei er Wert auf die Feststellung legt, dass ihm diese Informationen durch Gespräche zugänglich wurden, die er mit Bekannten, meist Offizieren, geführt habe. Wichtig ist den Vernehmern des MfS vor allem die Beziehung Gehlens zur Regierung und die voraussichtliche Zukunft des Geheimdienstes in der Bundesrepublik.

«*Frage:* Wie wird die Organisation Gehlen und Gehlen persönlich in Regierungskreisen eingeschätzt?
Antwort: Es ist anzunehmen, dass die Gehlenorganisation von der Bonner Regierung in irgendeiner Form übernommen und eine amtliche Organisation wird. Zur Zeit genießt sie die volle Anerkennung der Regierung. Gehlen persönlich ist meines Wissens nach bei Adenauer persönlich sehr gut angeschrieben. Das Verhältnis Gehlens zum Innenministerium und zu Schröder persönlich ist ungeklärt. Schröder hat sich einmal mir gegenüber dahin geäußert, dass er sich unter keinen Umständen damit einverstanden erklären würde, dass das Bundesamt von Gehlen übernommen würde.
...
Frage: Welcher Stand ist beim Aufbau eines offiziellen Nachrichtendienstes der Bundesrepublik erreicht? Wem wird diese Aufgabe übertragen werden?
Antwort: Aus einer Unterhaltung mit Gehlen persönlich vor ungefähr einem Jahr weiß ich bestimmt, dass Gehlen persönlich vom Bundeskanzler Adenauer schon vor längerer Zeit zugesichert worden ist, dass seine Organisation eines Tages irgendwann einmal in den Bundesdienst übernommen werden würde, wobei offenbar Adenau-

er daran gedacht hat, dies nach Ratifizierung der EVG durchzuführen. Infolgedessen ist vom Standpunkt Adenauers aus gar keine Frage, dass, wenn ein Nachrichtendienst der Bundesregierung offiziell eingerichtet wird, dies durch Übernahme der Organisation Gehlen geschieht. Dabei ist aber noch völlig offen, in welchem Ressort, ob im Bundeskanzleramt oder bei einem zukünftigen Verteidigungsministerium. Mir ist nicht bekannt, dass von all diesen Plänen bisher schon etwas amtlich beschlossen wurde und zur Ausführung gekommen ist. Mit Sicherheit jedoch ist anzunehmen, dass beim Aufbau eines zukünftigen westdeutschen Nachrichtendienstes Gehlen damit beauftragt wird.»[424]

Man kann nicht davon ausgehen, dass dies alles Exklusivinformationen für die Stasi-Offiziere waren, aber es muss für sie von hohem Interesse gewesen sein, sie aus dem Mund eines Mannes zu hören, der zu den wichtigsten Personen der Bundesrepublik gehörte. Und es werden auch Details darunter gewesen sein, die dem MfS bisher unbekannt gewesen waren und die vorhandene Lageeinschätzungen ergänzten oder komplettierten. War John damit zum Verräter an der Bundesrepublik geworden? Man kann darüber ein juristisches Urteil fällen oder man kann darüber ein moralisches Urteil fällen. Ein Urteil zu finden, das allen heute bekannten Details und der Person John gerecht wird, fällt schwer, ist vielleicht unmöglich. Der Kalte Krieg wurde 1954 heiß geführt. Die Motive Johns waren wahrscheinlich lauter und entsprachen seiner tiefsten Überzeugung. Die Konsequenzen für die Zukunft der Bundesrepublik und der DDR – oder für ein vereintes Deutschland – waren damals für ihn nicht abschätzbar. Das zumindest mag man ihm zum Vorwurf machen. Seine Richter gingen weiter: Zehn Tage nach seiner Rückkehr in die Bundesrepublik wurde Otto John verhaftet. Am 22. Dezember 1956 verurteilte ihn der 3. Strafsenat des Bundesgerichtshofs wegen «landesverräterischer Fälschung in Tateinheit mit landesverräterischer Konspiration im besonders schweren Falle zu vier Jahren Zuchthaus».[425]

Die landesverräterische Konspiration war nach Auffassung der Richter erfüllt, weil John Kontakt zu einer Regierung aufgenommen hatte und für diese propagandistisch aufgetreten war, die sich die Beseitigung von Verfassungsgrundsätzen der Bundesrepublik zum Ziel gesetzt hatte und ihren Bestand und ihre Sicherheit gefährdete. Die «landesverräterische Fälschung» bezeichnete das Aufstellen unwahrer oder entstellender Behauptungen, die demselben Ziel dienten. Entscheidend für das Urteil war das Strafrechtsänderungsgesetz von 1951, das neben vorsätzlichem und fahrlässigem Landesverrat auch den Straftatbestand der landesverräterischen Beziehungen eingeführt hatte, der nicht zwangsläufig den Verrat sicherheitsrelevanter oder staatsgefährdender Informationen voraussetzte. So verurteilte das Gericht John ausdrücklich nicht wegen Landesverrats im engeren Sinne.

Das Urteil löste erneut heftige Diskussionen aus. Wieder prallten die Fronten derer aufeinander, die John schon wegen seiner Rolle im Prozess gegen von Manstein für einen Verräter hielten – eine Tatsache, die auch in der Urteilsbegründung Erwähnung fand[426] –, und derer, die das Urteil für die Rache einer nicht geläuterten und unbelehrbaren NS-Justiz hielten. Bis zu seinem Tode versuchte John, eine Wiederaufnahme des Verfahrens und eine Revision des Urteils zu erreichen. Zuletzt lehnte das höchste deutsche Gericht im Dezember 1995 die Wiederaufnahme wegen ungenügender Beweismittel ab. Der Fall John und seine Behandlung durch die deutsche Justiz haben den Blick auf die Stimmung im Deutschland der 50er Jahre bis in die jüngste Zeit geprägt: «Als Otto John zum zweiten Mal heimkam, lief er in die offenen Messer des einzigen vorhandenen Naziuntergrunds: der westdeutschen Justiz.»[427]

Das alles geschieht, als Gehlen darum kämpft, seiner Organisation die unbedingte nachrichtendienstliche Vormachtstellung in einer souveränen Bundesrepublik zu sichern. Die Fronten waren einigermaßen klar: Adenauer und sein wichtigster Vertrauter Globke wollen die OG in die Verantwortlichkeit der Bundesrepublik überführen. Graf von Schwerin, später Theodor Blank und Innenminister Schröder stehen dem Dienst zögerlicher, wenn nicht ablehnend gegenüber und wollen zumindest die Unabhängigkeit des Verfassungsschutzes gewahrt wissen und ihn Gehlens Zugriff entziehen. Vor diesem Hintergund erlangen die Attacken gegen die OG aus den «eigenen Reihen», also aus Richtung der Briten durch Delmer und aus Richtung Johns, erst ihre wahre Brisanz. Bis jetzt hat Gehlen Glück gehabt. Die Angriffe Delmers werden von

Adenauer mehr oder weniger ignoriert, und die Alliierten sehen scheinbar keinen Grund einzugreifen. John erledigt sich durch seine sensationelle, aber selbstmörderische Aktion selbst.

Doch noch war rein gar nichts entschieden. Vor allem lag das Schicksal Gehlens immer noch in der Hand der Amerikaner. Er stand unter Kuratel der CIA, und letztlich konnte jede Entscheidung über seine Zukunft ausschließlich von den USA in Zusammenarbeit mit der Bundesregierung getroffen werden. Die Verhältnisse in Bonn mussten Gehlen einigermaßen klar sein, die bei seinen amerikanischen Herren nicht. Doch gerade von dieser Seite drohte Gefahr, denn von jeher war in den USA die OG und ihr Verhältnis zu den Geheimdiensten umstritten gewesen. Nicht zuletzt James Critchfield war es zu verdanken, dass Gehlens Dienst nicht längst zerschlagen oder aufgelöst worden war, sondern immer noch unter Führung der CIA gedeihen konnte. Aber war es tatsächlich eine Führung, eine Kontrolle, welche die CIA ausübte? Andere amerikanische Intelligence-Organisationen waren nicht dieser Meinung. Und deshalb bestand längst die absurde Situation, dass die Spione der OG und sogar die der CIA selbst Objekte der Spionage der amerikanischen Militärabwehr geworden waren. Operation CAMPUS hieß die streng geheime Untersuchung, die seit längerem vom Counter Intelligence Corps der US-Army unter Leitung von Tom Dale durchgeführt wurde, und von der selbst die Herren von der CIA nicht die geringste Ahnung hatten.[428]

Ebenfalls geboren aus dem Geist des strikten Antikommunismus, richtete sich die Operation CAMPUS gegen jede Unterwanderung der deutschen Verwaltung durch Kommunisten. Die OG war nur ein Objekt des Misstrauens und der Ausforschung, aber nicht das unwichtigste. Durch seinen vehementen Kampf gegen jede Offenlegung seiner Anwerbungsmethoden und der Namen der für ihn tätigen Agenten hatte Gehlen selbst dafür gesorgt, dass sein Dienst zum Ziel der Ausspähung durch die Gruppe um Tom Dale wurde. Wieder drohte, ja musste ihm das Problem der «alten Kameraden» zum Verhängnis werden. Das CIC war ebenso wenig wählerisch in der Wahl seiner Mittel und Mitarbeiter. Letztlich rekrutierten alle Geheimdienste ehemalige Kriegsverbrecher als Agenten und Informanten, eine fragwürdige Praxis sicherlich, aber eine erfolgreiche. So füllten sich die Akten der Operation CAMPUS. Und sie füllten sich vor allem mit Informationen über die alten Nazis, die in der OG untergekrochen waren, und die ein Sicherheitsrisiko darstellten, weil sie entweder skrupellos oder erpressbar waren.[429] Oder beides.

Die Katastrophen der letzten zwei Jahre mit dem Verlust Hunderter von Agenten und der beispiellosen Kampagne gegen die OG in der DDR hatten die Pullacher Zentrale aufgerüttelt. Eine interne Untersuchung, von der nicht einmal die CIA informiert war, sollte klären, wo die Lecks im Apparat waren. Gehlen ließ seine eigene Firma durchforsten, und an genau diese interne Untersuchung hängte sich die Operation CAMPUS an. Folgt man der US-Autorin Mary Ellen Reese, die sich vor allem auf persönliche Gespräche mit dem amerikanischen Generalmajor Arthur Trudeau bezieht, dann waren die Ergebnisse niederschmetternd und hätten das endgültige Ende der OG bedeuten müssen. So sollen die Abwehrspezialisten des CIC spätestens seit 1955 gewusst haben, dass wichtige Teile der Organisation von ehemaligen Nazis unterwandert waren, die um 180 Grad gewendet nun auch im Dienst der Sowjetunion spionierten. Ihre Zentrale war die Stuttgarter Gehlen-Dependance in der Verastraße, die in auffälliger Weise von der Kampagne des Jahres 1953 verschont geblieben war und in der die alten Kameraden Hans Sommer, Friedrich Busch, Karl Schütz und Walter Vollmer unter der Leitung von Heinz Felfe eine Zweigstelle des KGB eingerichtet hatten.[430] Dass dies weitgehend den Tatsachen entsprach, sollte sich sehr viel später auf dramatische Art und Weise zeigen. Aber 1955 blieb der Skandal aus, der Gehlen höchstwahrscheinlich den Garaus gemacht hätte, weil das CIC seine sensationellen Erkenntnisse für sich behielt und nicht einmal die Schwesterorganisation CIA ins Licht setzte. Es kann dies aber auch ein Hinweis darauf sein, dass die Erkenntnisse nicht ganz so sensationell waren, wie manche es in der Rückschau gerne sehen möchten, und die letzten Beweise für die Doppelagententätigkeit der Gehlen-Männer fehlten.

Auch wenn sich die OG nicht in einer großen Detonation in Rauch auflöste, kam es noch einmal von amerikanischer Seite zu einem Versuch, ihre Übernahme in den Bundesdienst zu verhindern. Die Zeit wurde auch langsam knapp. 1955 sollte das Besatzungsstatut aufgehoben werden, der Natobeitritt der Bundesrepublik stand bevor, eine Umwandlung der OG in einen westdeutschen Geheimdienst war dann unausweichlich. US-Generalmajor Arthur Trudeau, Chef der militärischen Abwehr in Washington, war überzeugt, dass alle Geheimnisse von Pullach aus ihren direkten Weg nach Moskau fanden. Diesen Dienst zu einem gleichzeitig souveränen und gleichberechtigten Partner zu machen, war ihm ein Gräuel. Er suchte einen deutschen Gesprächspartner, mit dem er seine Vorbehalte diskutieren konnte. Der Mann, der ihn schließlich im Garten der deutschen Botschaft in Washington empfing, war Bundeskanzler Adenauer persönlich. Trudeau, der auch 1955 noch sicher war, dass die deutschen Erkenntisse über die Sowjetunion die amerikanischen Analysen und Einschätzungen weitgehend bestimmten[431], unterrichtete den Kanzler in aller Offenheit über seine Erkenntnisse. Das war ein Fehler. Trudeau hatte sein Wissen auf Karteikarten niedergeschrieben, die er dem deutschen Regierungschef überließ. Zurück in der Heimat, reichte Adenauer sie an seinen Berater Globke weiter. Dieser wiederum unterrichtete James Critchfield. Der ganze Vorgang inklusive der Karteikarten landete wieder in Washington, wo CIA-Chef Allan Dulles erbost über Trudeaus eigenmächtiges Handeln im Pentagon intervenierte. Trudeau verlor das gewagte Spiel und auch seinen Posten als Chef des Militärgeheimdienstes. Er wurde auf ein Kommando in den Fernen Osten geschickt.

Gegner im eigenen Land

Es war fast ein Wunder, aber die Organisation Gehlen hatte die Attacken aus Moskau und Ostberlin überlebt, sie hatte die Angriffe Sefton Delmers ebenso überstanden wie die Querelen innerhalb der US-Geheimdienste. Sogar die Tatsache, dass sie in weiten Teilen von Agenten des Kreml unterwandert war, blieb trotz hinreichender Verdachtsmomente im Dunkeln. James Critchfield wunderte sich noch Jahrzehnte später, dass Moskau die einzigartige Gelegenheit nicht genutzt hatte, der OG durch einen internationalen Skandal und die Enttarnung ihrer Doppelagenten den Todesstoß zu versetzen. Wahrscheinlich waren die Quellen

Moskau zu wichtig, um sie zu opfern. Sie funktionierten noch Jahre lang.[432]

Das alles brachte Gehlen nicht zu Fall. Entscheidend war vielleicht die Tatsache, dass der Dienst längst eine Macht im Staate war, an der weder die Alliierten, die noch das Sagen hatten, noch die Regierung, die bald das Sagen haben würde, ernsthaft vorbei kamen. Gehlen hatte alles getan, diese Position zu erreichen, und die Kommunistenhysterie der Zeit und eine einmalige rechtliche Konstruktion hatten die Grundlagen für das Gelingen geschaffen.

Wo der Feind stand, war jedem klar: links. Der Feind war Kommunist. Aber nun trugen nicht alle Kommunisten Pelzmützen oder wohnten in direkter Nachbarschaft Ulbrichts. Kommunisten waren oft unauffällige Menschen: Kommunisten in Blaumännern, Kommunisten in Anzügen, Kommunisten in Werkshallen, Kommunisten in Kanzleien. Das perfide an Kommunisten war ihr Hang zur Konspiration. Die Gesinnung stand ihnen nicht ins Gesicht geschrieben, also musste man sie erforschen. Und das tat die OG – und begab sich damit auf schlüpfriges Terrain und in Konkurrenz zum Verfassungsschutz.

Das Strafrechtsänderungsgesetz von 1951 hatte den Straftatbestand der landesverräterischen Konspiration und der landesverräterischen Fälschung eingeführt. Ein weiterer zentraler Begriff des Gesetzeswerkes war die «Staatsgefährdung», derer sich auch schuldig machte, wer eine Vereinigung gründete, deren Zweck oder Tätigkeit sich gegen die verfassungsmäßige Ordnung richtete. Damit war der Boden bereitet für eine 17 Jahre dauernde Flut politischer Prozesse, in denen der Rahmen dessen, was unter Staatsgefährdung und Konspiration zu verstehen war, immer weiter ausgedehnt wurde.[433]

Dieses Gesetz war für den Dienst eine zweischneidige Sache. Er sammelte ja immer noch Informationen für die Amerikaner. War es also Landesverrat, was die OG betrieb? Die Alliierten sahen das Dilemma und handelten sofort. Mit ihrem Gesetz Nr. 62 vom 30. August 1951 legten sie fest, dass die deutschen Strafgesetze keine Anwendung fanden in Bezug auf Informationen, die den Regierungen der USA, Frankreichs und Großbritanniens gegeben oder zu diesem Zweck gesammelt wurden.[434] Damit war Gehlen nicht nur aus dem Schneider, er konnte das Gesetz sogar in seinem Sinne ummünzen und unter seinem Schirm eigentlich illegale Inlandsaufklärung betreiben – die ja nicht illegal sein konnte, wenn sie im Dienste der Sicherheit der USA erfolgte. Staatsfeind war Staatsfeind, egal ob er nun in Dresden oder Düsseldorf wohnte. Gehlen nahm den Auftrag ernst, und er konnte sich des Wohlwollens des pathologischen Antikommunisten im Kanzleramt sicher sein. Von nun an gehörten auch die Hamburger Werftarbeiter, Universitäten, die Gesellschaft für Deutsch-Sowjetische Freundschaft und sogar Gustav Heinemann und seine Gesamtdeutsche Volkspartei zu den potenziellen Staatsgefährdern, über deren Treiben man tunlichst im Bilde zu bleiben hatte.

Gehlen ging noch weiter. Was nutzte es, etwas zu wissen, wenn man es nicht benutzte? Er arbeitete, um Schaden vom Staat abzuwenden, also handelte er auch: Der zurückgetretene Innenminister und spätere Bundespräsident Heinemann und sein Sozius, der Anwalt und spätere Justizminister Diether Posser, haben erst gut 15 Jahre später erfahren, dass sie von der OG und später auch dem BND ausspioniert wurden und der Dienst auch versucht hat, ihre politische Arbeit zu hintertreiben. Als Heinemann 1954 an der Weltkirchenkonferenz in Chicago teilnehmen wollte, verweigerten ihm die USA überraschend das Visum. Erst nach Intervention des republikanischen Politikers Walter Lippmann konnte der aktive Christ und überzeugte Gesamtdeutsche schließlich einreisen. Diether Posser weiß sicher, dass Gehlen die Reise Heinemanns über den amerikanischen Geheimdienst hintertrieben hatte.[435] Als die gesamtdeutsche Volkspartei schließlich aufgelöst wurde und Heinemann in die SPD eintrat, erschien Gehlen bei Erich Ollenhauer, um den SPD-Vorsitzenden und Oppositionsführer vor seinem neuen Mitstreiter zu warnen. Nicht koscher sei Heinemann, darüber habe er Unterlagen von Leuten, die ihn beobachtet haben.[436]

Die Spitzen der Sozialdemokratie bekamen nicht nur guten Rat, sie waren selbst Gegenstand des Interesses der OG. Ollenhauer und natürlich auch Herbert Wehner standen ganz oben auf der Liste der zu beobachtenden Personen. Und mit ihnen ihr Umfeld: «In Ergänzung der bereits vorgelegten Meldung von 2707 wird mitgeteilt, dass es sich bei dem in der Abhandlung genannten Hermann Ollenhauer um einen Neffen des 2. Vorsitzenden der SPD, Erich Ollenhauer, handelt. Dieser Neffe hielt sich vorübergehend bei seinem Onkel in Bonn auf und ist seit Oktober 1950 verzogen nach Wilhelmshaven.»[437] So weit, so belanglos. Aber das Beispiel zeigt, mit welcher Akribie, ja Manie die OG bemüht war, das gesamte politische und gesellschaftliche Leben im Blick zu behalten und in ihren Akten zu dokumentieren. Selbst dem Präsidenten eines westdeutschen Landtages setzte sie eine Informantin ins Vorzimmer.[438] Und auch in den Bundesbehörden suchte und fand der Dienst Zuträger, die über Internes und Belangloses berichteten. Verwandte oder Bekannte in der DDR reichten aus, um ins Fadenkreuz der Speerspitze des Antikommunismus zu gelangen.

Das alles roch streng nach Gestapo-Methoden, und es ist auch oft damit verglichen worden. Ob Gehlen die Fragwürdigkeit, sogar Verwerflichkeit dieser Aktivitäten bewusst war, ist eine interessante Frage. Dafür spricht, dass er noch in seinen Erinnerungen jede Inlandsaufklärung und jede Bespitzelung deutscher Politiker durch die OG bestreitet: «Die legale Aufgabe des Bundesnachrichtendienstes ist die Auslandsaufklärung. Man soll mich doch nicht für so töricht halten, dass ich durch eine innenpolitische Aufklärungsarbeit, welche Aufgabe der Verfassungsschutzämter ist, die Existenz des Dienstes aufs Spiel gesetzt hätte. Natürlich haben wir vor Neubildung einer deutschen Regierung und vor Aufbau des Verfassungsschutzes gegen die kommunistische Partei in der späteren Bundesrepublik aufgeklärt, diese Arbeit aber eingestellt, sobald die Verfassungsschutzämter arbeiteten ... Ebenso wenig haben wir jemals einen deutschen Politiker überwacht, auch nicht, wie kürzlich z. B. behauptet wurde, Ollenhauer, der ein Mann war, dessen absolute Integrität auch von seinen politischen Gegnern uneingeschränkt anerkannt wurde.»[439]

Sicher wollte er die Existenz der OG nicht gefährden. Aber erstens war die Inlandsaufklärung durch die Gesetzeslage halbwegs legitimiert, und zweitens sicherte sie eher die Existenz des Dienstes. Es war für Gehlen überlebenswichtig zu wissen, wer in der Republik auf welcher Seite stand. Er hatte die Zusicherung erhalten, dass sein Dienst von der Regierung offiziell übernommen werden würde. Er konnte sich sogar bis zu einem gewissen Grade der Hoffnung hingeben, an die Spitze eines Geheimdienstministeriums zu gelangen. Letzteres war wenig realistisch. Aber konnte er sich wenigstens auf Ersteres verlassen?

Parallelaktion in Österreich

Der Friedrich-Wilhelm-Heinz-Dienst: Adenauers Alternative zu Gehlen

Während die Organisation Gehlen, der Bundesnachrichtendienst, die Verfassungsschutzämter und selbst der Militärische Abschirmdienst (MAD) einer breiteren Öffentlichkeit vertraut sind, ist der bis 1955 arbeitende Nachrichtendienst unter Friedrich Wilhelm Heinz selbst Fachleuten weitgehend unbekannt geblieben. Dabei spielte Friedrich Wilhelm Heinz eine gewichtige Rolle im geheimdienstlichen Babel Nachkriegsdeutschlands, die bis heute weitgehend unterschätzt wird. Der Friedrich-Wilhelm-Heinz-Dienst (FWHD) war auf besonderen Wunsch Adenauers im Frühjahr 1950 eingerichtet worden, um über «eine von den Alliierten unabhängige Informationsquelle über die Vorgänge besonders in der sowjetischen Besatzungszone»[440] zu verfügen. Ausdrücklich legte der «Arbeitsplan für den Informationsdienst des Herrn Bundeskanzlers» vom 13. Juli 1950 fest, dass der FWHD keine offiziellen Verbindungen zu alliierten Nachrichtendiensten unterhalten solle. Dennoch musste er sich zu Beginn seiner Tätigkeit eng an amerikanische Dienststellen anlehnen. Das unterstreicht eine Meldung vom 29. November 1951: Der FWHD habe seit einem Jahr keine Beziehungen mehr zu anderen westallierten Nachrichtendiensten, «außer einer engen Kameradschaft zu der amerikanischen Gruppe, der auch Herr H-dorf ... angehört.»[441] Herr H-dorf war Harry Hermsdorf, leitender Mitarbeiter der CIA in Bonn von 1950 bis 1954.[442] Die Amerikaner wussten also von der Gehlen-Konkurrenz im Auftrag des Bundeskanzlers.

Adenauers Streben nach einem Geheimdienst, der nicht wie die OG unter dem Patronat einer Siegermacht stand, verlangte eine höchst sensible Gratwanderung. Achim Oster schrieb 1954: «Der FWHD ist seinerzeit unter Verhältnissen geboren worden, die nicht als normal bezeichnet werden können ... Seine Tätigkeit widersprach Kapitulationsbedingungen und Besatzungsstatut und war daher abhängig von der stillschwei-

Adenauers Trumpf, um von den USA und Gehlen unabhängig zu agieren: Friedrich Wilhelm Heinz

genden Billigung der Besatzungsmächte.» Einem Schreiben Theodor Blanks an den obersten Verfassungsschützer Otto John vom April 1953 ist zu entnehmen, dass man das Einverständniss der Alliierten Hohen Kommission eingeholt hatte, bevor Heinz in sein diffiziles Amt gehoben wurde.

Julius Mader, der 1999 verstorbene publizistische Frontkämpfer des MfS, irrte am gründlichsten: Er stempelte Heinz zum Agenten Gehlens – nur «so lange in Amt und Würden, bis er seinem ‹Chef› durch eine eigene Konzeption für den Bonner militärischen Geheimdienst ‹lästig› wurde. Er bekam ein Bein gestellt und ‹scheiterte› planmäßig im Jahre 1954 in seinem Amt.»[443] Die übrige Literatur folgt vielfach der Legendenbildung Gehlens, der den gut getarnten Dienst des Konkurrenten später als bedeutungslose Splittergruppe oder als Bestandteil des eigenen Apparats ausgeben konnte. In seinen Memoiren widmete Gehlen seinem Widersacher genau einen Satz: «Oberstleutnant a. D. Heinz übernahm im Amt Blank zunächst die Ic- und nachrichtendienstlichen Aufgaben.»[444]

Heinz, Jahrgang 1899, war eine mehr als schillernde Figur im Geheimdienstgeschäft der jungen Bonner Republik. Er hatte als junger Offizier am Ersten Weltkrieg teilgenommen und stand danach wie so viele seiner Altersgenossen aus der so genannten verlorenen Generation vor dem Problem, sich in der zivilen Gesellschaft zurechtfinden zu müssen. Er schloss sich in der Weimarer Republik als Offizier den Freikorps an und war als Regionalführer der SA-nahen Organisation Consul an den Attentaten auf Walther Rathenau, Philipp Scheidemann und Matthias Erzberger beteiligt. Heinz engagierte sich politisch und publizistisch, gab zeitweilig ein Verbandsblatt des Wiking-Bundes heraus und wechselte dann zum Stahlhelm, Bund der Frontsoldaten, wo er bis 1933 in die Bundesleitung aufstieg. Über diesen fand er Kontakt zum nationalrevolutionären Flügel der NSDAP um Otto Strasser. 1928 trat er in die Partei ein, wurde aber schon 1930 nach der Entmachtung des Strasser-Flügels wieder ausgeschlossen. Der wendige Heinz fand schnell neue Aufgaben als Schriftsteller und Journalist im Hugenberg-Konzern. Eine Karriere im rechten Establishment, so Susanne Meinl.

Die Liaison mit den Nationalsozialisten war von kurzer Dauer gewesen, und auch Versuche, nach 1933 wieder in die Partei aufgenommen zu werden, blieben sinn- und erfolglos. Im Gegenteil, der Weg ging für Heinz in den nationalkonservativen Widerstand gegen Hitler. Der Röhm-Putsch und die anschließende Liquidation der Stahlhelm-Organisation brachten ihn in echte Gefahr. Seine Bücher wurden verboten. 1935 wählte er als Flucht vor der drohenden Verfolgung die so genannte «aristokratische Form der Emigration»[445]: Er meldete sich wieder zur Wehrmacht und trat nach einer Reserveübung 1936 in das Amt Ausland/Abwehr ein, zunächst als Hauptmann und Leiter des Referats III C3 (Statistik, Belehrungsmaterial, Propaganda und Propagandaabwehr, Bild, Film, Funk).

Politische Ranküne und Konspiration waren Heinz nie fremd gewesen, und so fand das Jahr 1938 ihn beteiligt an Plänen zur Entführung Hitlers und der Etablierung der Monarchie. Dass es dazu nicht gekommen ist, lehrt die Geschichte. Doch den Stoßtruppführer des Ersten Weltkrieges hielt es auch ohne Umsturz und Kaiser nicht am Schreibtisch. Im Dezember 1940 avancierte er zum Major und Kommandeur des I. Bataillons der «Brandenburger», eines der Abwehr unterstellten Regiments für spezielle Kommando- und Sabotageeinsätze. 1943 bis 1944 arbeitete er als Oberstleutnant im OKW-Amt Ausland/Abwehr und Generalstabsoffizier bei den «Brandenburgern». Nach dem 20. Juli 1944 wurde Heinz vom RSHA der Teilnahme an der Verschwörung verdächtigt. Er wurde zur Verhaftung ausgeschrieben, aber mit Hilfe von Freunden und alten Kameraden gelang es ihm zu überleben. Zunächst versteckte er sich in einem Berliner Gartenhaus, als die Straßenkämpfe begannen, in den Wäldern bei Potsdam. Nach dem Krieg nahm Heinz die ihm vertrauten Tätigkeiten sofort wieder auf. Er arbeitete erst als

Journalist und Agentenführer des französischen Nachrichtendienstes in Berlin. Bereits ab Juli 1950 bis Oktober 1953 war er Leiter der Sicherheitsgruppe im Amt Blank. Der Friedrich-Wilhelm-Heinz-Dienst, wie er genannt werden sollte, war geboren.

Susanne Meinl hat 1994 und 1997 die zuvor marginalen Informationen zusammengetragen. Danach wurde der FWHD zunächst ab Juli 1950 bei der Dienststelle von Gerhard Graf von Schwerin (Zentrale für Heimatdienst) angesiedelt und im Spätherbst 1950 vom Amt Blank übernommen. Der Dienst rangierte dort unter der Abteilung III (Nachrichtendienst). Als Verbindungsmann zwischen Blank und seinem Geheimdienstchef Heinz fungierte Major a. D. Achim Oster[446], der offiziell als Geschäftsführer des «Instituts für Gegenwartsforschung» (IfG) firmierte. Dieses wurde später in «Archiv für Zeitgeschichte» umgetauft. Beides waren Deckadressen des FWHD-Büros, das zunächst im Bad Godesberger Hansahaus, dann ab Ende 1951 in Wiesbaden in der Bahnhofstraße 61 als «Michael-Verlag» angesiedelt war.

Graf Schwerin sah durchaus die Notwendigkeit eines rein westdeutschen Informationsstabs mit Außenstellen in den Großstädten. Aber «eine Organisation mit den Merkmalen eines Geheimdienstes lehnte er, wohl wegen der damit notwendigerweise verbundenen subversiven Aktivitäten, ab»[447]. Da er alle Überlegungen zur Wiederbewaffnung mit seinen Freunden in den Spitzen der alliierten Nachrichtendienste abstimmte – und Adenauer in dessen Augen damit Handlungsspielräume raubte – wurde er schließlich durch Blank ersetzt. Trotz seiner Abneigung gegen die Dunkelwelt der Dienste stellte Schwerin Heinz laut Verfassungschutzvermerk vom März 1953 ein gutes Zeugnis aus und schrieb, er sei ein «außerordentlich kluger und befähigter Mann ... welcher bei straffer Führung sehr Gutes leisten könne.»[448]

Insgesamt hatte der FWHD 1953 ca. 200 Mitarbeiter, 30 Festangestellte und 170 V-Leute, von denen namentlich nur wenige, wie Wolfgang Gerhardt[449] oder der ehemalige Abwehr-Oberst Sommerfeld[450], bekannt sind.[451] Der bescheidene Etat des Dienstes belief sich 1951 auf 364 000 DM und stieg bis 1953 auf 700 000 DM. Zum Vergleich: Die OG hatte 1954 bereits 3500 Angestellte und einen Jahresetat von etwa 20 Millionen DM. Der erste BND-Etat betrug 1956 über 23 Millionen DM.

Die Existenz des Heinz-Dienstes blieb fast allen Bundesministerien verborgen, zumal seine Finanzierung nicht im Haushalt auftauchte, sondern aus Sondermitteln des Bundesamts für Verfassungsschutz bestritten wurde. Dessen umstrittener Präsident John erfuhr davon bis April 1951 nichts.[452]

120 der in Deutschland geworbenen V-Leute operierten aus der Frontstadt Berlin. Dort begnügte sich der FWHD nicht mit Informationsbeschaffung, sondern finanzierte 1951 auch Sabotageakte der «Kampfgruppe gegen Unmenschlichkeit», einer antikommunistischen Aktivistenorganisation, die hauptsächlich von der CIA finanziert wurde. Das Risiko derartiger Aktionen im Osten war hoch. Vor allem die Briten befürchteten ein Eingreifen der Sowjets. Als Graf Schwerin den Kanzler auf die Gefährlichkeit der terroristischen Aktionen, an denen sich nebenbei bemerkt auch die OG beteiligte, hinwies und zu einer Intervention beim US-Hochkommissar riet, wehrte Adenauer ab: «Ach lassen Sie die mal, das ist deren Angelegenheit, wenn die da was machen wollen, sollen sie's ruhig machen.»[453]

Im Spionagedschungel Berlin kamen sich die Dienste von Heinz und Gehlen zwangsläufig ins Gehege, wie zwei 1954 verfasste Meldungen aus dem Freiburger Militärarchiv überliefern. Einerseits wurden beide von denselben Nachrichtenhändlern bedient, die durch den doppelten Verkauf ihrer Informationen auch doppelt Kasse machen wollten. Andererseits kam es vor, dass die Geheimen versuchten, sich gegenseitig anzuwerben oder auch zu leimen. So stieß der Heinz-Mann und Mitarbeiter des Instituts für Zeitgeschichte, Kirchoff, bei dem Versuch, ein früheres Agentennetz wieder aufzubauen, auf den Gehlen-Mann Arno Doerk. Dieser lieferte ihm zunächst Probematerial aus der OG. Dann versuchte er allerdings, Kirchoff auszubooten und direkt mit dem Institut Geschäfte zu machen. Das Amt Blank erhob schließlich Sicherheitsbedenken und beendete das Geschäft.[454]

Von Beginn an unterhielt der Nachrichtendienst des Amtes Blank Kontakte zum Bundesamt für Verfassungsschutz, dessen Aufgaben Heinz bis Januar 1951 zum Teil mit übernommen hatte, sowie zu den Landesämtern für Verfassungsschutz, vor allem in Berlin. Was die selbständige Aufklärung über die Grenzen der Bundesrepublik hinaus betraf, war das

Amt Blank entweder auf alliierte Duldung oder auf besonders ausgeprägte Geheimhaltung vor den westlichen Siegermächten angewiesen. Die Kontakte des Chefauswerters Horst Löser reichten bis in die Sowjetunion, nach Jugoslawien und Schweden. Major a. D. Oster konnte auf seine Beziehungen zu dem dänischen Oberst Hans Lundig bauen, einem Zellennachbarn seines Vaters Hans Paul Oster im KZ Flossenbürg, und abgerundet wurde das bisher erforschte Ensemble der Partnerdienstbeziehungen durch die persönlichen Verbindungen von Heinz zum spanischen Militär, die seit den zwanziger Jahren gewachsen waren. So hoffte er über das Frankfurter Generalkonsulat des Franco-Regimes «seinen Dienst dem Netz der spanischen Militärattachés anzuhängen».[455]

Exzellente Beziehungen hatte der FWHD auch in die Schweiz. Wieder half ein Weggefährte des Vaters von Achim Oster: Waldemar Pabst. Schon ab 1948 hatte Pabst im Hintergrund als Mentor Achim Osters beim Aufbau der Nachrichtendienste in der Dienststelle Schwerin und im Amt Blank gewirkt – gemeinsam mit August Heinrichsbauer, einem rheinisch-westfälischen Industriellen und späteren Lobbyisten der Montanindustrie. Die beiden waren typisch für die rechtskonservativen Hitler-Gegner und Kommunistenfresser, auf die sich Adenauers Dienst stützte. Im Januar 1919 war Pabst Erster Generalstabsoffizier der Garde-Kavallerie-Schützen-Division: der Truppe des Innenministers Gustav Noske beim Kampf um Berlin, verantwortlich für die Ermordung von Rosa Luxemburg und Karl Liebknecht.[456] Nach dem Kapp-Putsch musste Pabst nach Österreich fliehen, wurde jedoch später von Reichspräsident Hindenburg amnestiert. Neben seiner Tätigkeit in Österreich als Lobbyist für die Thyssen Vereinigte Stahlwerke und die Duisberg IG Farben arbeitete Pabst auch nachrichtendienstlich für die Reichswehr.[457] 1931, inzwischen Direktor bei Rheinmetall-Borsig, entging er einem Mordkommando Schleichers nur durch die Flucht zu Admiral Canaris nach Wilhelmshaven. 1935 übernahm er dann den Posten des Direktors der «Gesellschaft zum Studium des Faschismus», in der auch Friedrich Wilhelm Heinz Mitglied war. Nach dem Krieg gründete Pabst in der Schweiz eine Art Antikomintern und knüpfte Verbindungen nach Bonn. Damit war «ein kleiner Informations- und Nachrichtendienst gewissermaßen schon in der Warteschleife».[458]

Pabst und Oster konnten allerdings nicht automatisch auf angelsächsische Unterstützung ihrer Pläne rechnen, weil sie im rechtskonservativen Widerstand gegen Hitler aktiv gewesen waren. So manchem Geheimdienstmann waren diese Widerstandskämpfer ebenso suspekt wie die Nazis. John Wheeler-Bennett, New Yorker Verbindungsmann des britischen Geheimdienstes zum OSS, urteilte nach dem Attentat vom 20. Juli: «Die Gestapo und die SS haben uns einen schätzenswerten Dienst erwiesen, in dem sie eine Auswahl derjenigen beseitigten, die sich nach dem Krieg zweifellos als ‹gute Deutsche› ausgegeben, gleichzeitig aber einen Dritten Weltkrieg vorbereitet hätten.» Ähnlich sah Allan Dulles seine zeitweiligen Verbündeten, als er mit Bezug auf Pabst, aber auch Osters Vater, an das OSS in Washington kabelte: «Ich bin mir unsicher, ob es nicht wünschenswert ist, sich der schlimmsten Teufel vor dem Zusammenbruch zu entledigen.»[459]

Die Kooperation mit Männern dieses Schlages barg unkalkulierbare Risiken. Pabst trug Verantwortung für die Morde an Rosa Luxemburg und Karl Liebknecht. Dass er nun im Hintergrund beim Aufbau von Adenauers Geheimdienst wirkte, wäre Wasser auf die Mühlen der DDR-Kampfpropaganda gewesen, aber der noch junge Spionageapparat in Ostberlin hatte seine Rolle nicht aufgeklärt. Erst als der Berliner Beschaffungsleiter Jürgen Kolb – verärgert über seine Entlassung wegen finanzieller Unregelmäßigkeiten – dem Werben des NKWD erlag und ein Drittel der in der DDR und Polen tätigen Agenten auffliegen ließ, gelang den östlichen Diensten ein entscheidender Einbruch in den Nachrichtendienst des Amtes Blank, der zu diesem Zeitpunkt aber schon in Agonie lag.

Auch der Pabst-Konfident August Heinrichsbauer hatte schon in der Weimarer Republik Geheimdienstkontakte, seit den 30er Jahren vor allem durch seine Freundschaft zu Hans-Bernd Gisevius.[460] Der Jurist Gisevius, Jahrgang 1904, hatte den Aufbau der Gestapo an zentraler Stelle miterlebt und war am Sturz des ersten Gestapo-Chefs Rudolf Diels beteiligt. Nach Verwendungen im Reichsinnenministerium und beim Reichskriminalpolizeiamt ging er in die Privatwirtschaft. Während des Krieges diente er im Amt Ausland/Abwehr in der Gegenspionage, getarnt als Vizekonsul im Generalkonsulat in Zürich. Von dort aus hielt er engen Kontakt zu Allan Dulles, dem Leiter des OSS in Bern, den er über die Aktivitäten des deutschen Widerstandes auf dem Laufenden hielt. Nach dem 20. Juli floh er und kehrte 1945 als Zeuge der Anklage bei den Nürnberger Prozessen nach Deutschland zurück. Anschließend verbrachte er einige Jahre in den USA und in Westberlin, bevor er sich endgültig in der Schweiz niederließ, wo er am 23. Februar 1974 starb.[461] Damit war Gisevius ein Schlüssel für den Heinz-Dienst bei der Entfaltung seiner Interessen in der Schweiz.[462]

Ein anderer Dienst: Dasselbe Ziel, dieselben Methoden

Adenauer wollte einen Nachrichtendienst, der nicht unter dem Befehl der Amerikaner stand. Er wollte unabhängigere Informationen. Das führte zwangsläufig dazu, dass die Organisation Gehlen und der Friedrich-Wilhelm-Heinz-Dienst in Teilen die gleiche Arbeit machten. Interessant war es für Bonn immer. Entweder, weil die Ergebnisse der OG bestätigt wurden, oder eben nicht. In der Politik kann man immer etwas daraus machen. Oder es lassen.

Auch der FWHD legte ein großes Augenmerk auf die schleichende Aufrüstung der DDR. 1950 begann die Berichterstattung des Dienstes über die Volkspolizeibereitschaften und ihre Kommandeure. Und trotz mancher Ungenauigkeit gaben die Berichte in der Summe ein realistisches Bild der paramilitärischen Verbände in Ostdeutschland. Solide Detailkenntnis bewiesen die im Juni und Oktober 1953 vorgelegten Analysen über die Aufstellung der Luftpolizei und den Aufbau der Seepolizei. Auch die Zusammenstellung der Stäbe und Kommandeure der Nationalen Volksarmee aus dem Juli 1953 war weitgehend zutreffend. Eine Dramatisierung der Bedrohung kann man Heinz auf keinen Fall vorwerfen, da er 1951 und 1952 die vom Schweizer Nachrichtendienst und dem Bundesinnenministerium verbreiteten Überschätzungen der Aufrüstung in der DDR zurechtgerückt hatte.[463] Vielleicht nicht im Sinne Adenauers und Gehlens, die von der Gefahr aus dem Osten überzeugt waren. Daneben produzierten die V-Leute aber auch völlig abwegige Husarenmeldungen: Ein FWHD-Bericht vom 8. September 1950 behauptete, der sowjetische Marschall Sokolowski habe Offizieren der Volkspolizei in Moskau versichert, sie könnten noch in diesem Jahr aktiv an der Befreiung ihres Vaterlandes mitwirken.[464]

Gero von Gersdorff konstatierte bereits 1988 in seiner damals als Verschlusssache eingestuften Arbeit: Die «Berichte boten sehr detailliert vor allem Daten zu militärischen und paramilitärischen Entwicklungen in der russischen Zone, weniger umfassend auch zu Osteuropa. Die Erkenntnisse dieses – besonders im Vergleich zu den geringen aufgewandten Mitteln – sehr ergiebigen Dienstes wurden dem Bundeskanzler über Blank/Globke vorgelegt, nachdem sie mit den Daten aus Pullach überprüft worden waren.»[465]

Die Meldungen des FWHD gingen über Achim Oster zunächst ausschließlich an Adenauer. Auf Betreiben Graf Schwerins wurden ausgewählte Berichte auch an die SPD-Führung geschickt, namentlich an Ollenhauer und Schumacher. Darunter sicherlich nicht solche, die aus der innenpolitischen Aufklärung gegen Adenauers Gegner bis weit in das eigene Lager stammten. Oster hatte zum Beispiel am 28. Juli 1950 den Kanzler über Kontakte Gustav Heinemanns zu dem Würzburger Professor Ulrich Noack unterrichtet, der für eine unbewaffnete Neutralität Deutschlands votierte. Parallel meldete er, dass Heinemanns Sekretärin früher für den KPD-Abgeordneten Renner gearbeitet hatte.[466]

Obwohl Gehlen wie Heinz vehement gegen jede Form der Zusammenarbeit waren, wurden ihre Berichte von Oster abgeglichen, bevor sie den Kanzler erreichten. Heinz wollte jedoch gesichert wissen, dass seine Erkenntnisse nicht nach Pullach durchgereicht wurden, weil auch er aus gutem Grunde bei der OG «Durchlässigkeit», also die Unterwanderung durch östliche Dienste, vermutete. Er schrieb daher im Februar 1951 an Oster: «Bei dieser Gelegenheit weise ich jedoch noch einmal darauf hin, dass sichergestellt werden muss, dass die von mir gelieferten Berichte nicht an die bewusste Organisation in München weitergeleitet werden.»[467] Da aber auch Gehlen-Förderer Globke zu den Empfängern der Berichte zählte, dessen Sekretärin Gehlen zudem als Agentin gewonnen hatte, blieb diese Forderung wohl ein frommer Wunsch.

Operationsgebiet Österreich: Die Schlüsselfiguren Wilhelm Höttl und Baron Mast

1997 fand Susanne Meinl heraus, dass die Münchner Außenstelle des Heinz-Apparates «zwei vorgeschobene Stützpunkte in Wien und Triest» besaß. Angesichts der damaligen Quellenlage mussten die tatsächlichen Strukturen und Auslandsaktivitäten des Geheimdienstes allerdings im Nebel bleiben. Weder das Konzept eines Verbundes kleiner Nachrichtendienste noch die Funktion des Münchner Ringes innerhalb dieser Konzeption oder gar die Bedeutung einer Schwesterorganisation im österreichischen Linz konnten offenbar werden. Die Auswertung kürzlich aufgespürter Aktenbestände des FWHD erlaubt, hier erstmals Einblick in die umfangreichen westdeutschen Geheimdienstoperationen in der Alpenrepublik zu nehmen.

Der Chef der Leitstelle München des FWHD war Gerhard Schacht, Deckname «Alexandrow». Zu den Aufklärungszielen gehörte die DDR, aber auch der Nahe Osten, insbesondere Damaskus. Dort tummelte sich eine deutsche Beratergruppe ehemaliger Wehrmachts- und SS-Angehöriger, die halfen, die Streitkräfte und Nachrichtendienste Syriens aufzubauen.[468] Vor allem aber versuchte die Münchner Heinz-Dependance im benachbarten Österreich ein starkes Standbein zu etablieren.

Schon bevor Österreich 1955 von den Siegermächten in die ungeteilte Neutralität entlassen wurde, war das Land für die neuen deutschen Nachrichtendienste von besonderer Bedeutung. Ihr Interesse galt der politischen Nachkriegsentwicklung Österreichs, aber auch seiner Bedeutung als Brückenkopf für den gesamten südosteuropäischen Raum und nicht zuletzt seiner Nähe zu Italien und dem Vatikan. Die Alpenrepublik war seit der ersten Stunde des Kalten Krieges ein Dorado der Spionage. Die Viermächtestadt Wien und Metropolen wie Salzburg und Linz wurden zum Tummelplatz der Geheimdienste aus Ost und West.[469] Für die Aktivitäten der westdeutschen Nachrichtendienste in der Alpenrepublik stehen zwei Schlüsselfiguren: Dr. Wilhelm Höttl und Baron Heinrich Mast.

Wilhelm Höttl, Jahrgang 1915, war von der katholischen Jugendbewegung «Neuland» in Österreich zur SS gestoßen. Nach dem so genannten Anschluss fungierte er in Wien im SD als Sachbearbeiter für Kirchenfragen. Wegen «weltanschaulicher Unzuverlässigkeit und konfessionellen Bindungen» suspendiert[470] – er hatte Geheimverhandlungen mit dem Jesuitengeneral Ledochowsky geführt – trat Höttl 1942 zur Waffen-SS über. Die SS-Division «Prinz Eugen» setzte ihn als Kriegsberichterstatter im besetzten Jugoslawien ein und kommandierte ihn von dort als Italienfachmann zum Amt VI des RSHA.[471] Dessen neuer Chef Ernst Kaltenbrunner machte ihn nach dem Attentat auf Reinhard Heydrich zum Sturmbannführer und Abteilungsleiter in Walter Schellenbergs Amt VI für Süd-Ost-Europa. Doch Höttl blieb nicht in der Etappe, sondern ging 1944 nach Budapest, von wo aus er Ungarn, Rumänien und die Tschechoslowakei nachrichtendienstlich bearbeitete.

In den Jahren 1944 und 1945 war Höttl an den Verhandlungen über einen Separatfrieden mit dem OSS in der Schweiz beteiligt. Dort lernte er den späteren US-Botschafter in Wien, Erhard, kennen. Als der «quicke Schellenberg-Intimus» (Heinz Höhne) von seiner letzten Reise zu Allan Dulles zurückkehrte, wurde er von der Gestapo Salzburg verhaftet und entging nur durch ein fingiertes Telefonat der standrechtlichen Erschießung.[472] Bei Kriegsende geriet er in amerikanische Kriegsgefangenschaft, wusste sich aber schnell mit der US-Militärmacht zu arrangieren. Vom CIC der 3. US-Armee unter Panzergeneral George Patton wurde er als Berater herangezogen und schrieb – unterstützt durch eine Sekretärin – mehr als tausend Seiten Berichte über Osteuropa für seinen Betreuungsoffizier Major Henry Flex.

Die Verkürzung der Rolle Höttls auf die Funktion als Analytiker bei Patton, die Baron Mast 1952 vornahm, beschreibt seine Ambitionen nicht vollständig. Um sich den Amerikanern auf Dauer anzudienen, bot er Dulles die Übernahme seiner immer noch aktiven Agenten auf dem Balkan an. OSS-Agenten nahmen daraufhin über die Funkstation in Steyerling Verbindung zu ihnen auf. Doch OSS-General William «Wild Bill» Donovan hintertrieb diese Absicht und wollte stattdessen den sowjetischen Geheimdienst kontaktieren, um mit diesem gemeinsam die Mannschaft Höttls in Rumänien und Ungarn zu zerschlagen. Höttl roch Lunte und spielte die Angelegenheit über Patton in Washington hoch. Der Generalstab verbot die Einschaltung Moskaus, rügte aber auch Dulles, weil er es unterlassen hatte, seine Vorgesetzten über die heikle Operation zu unterrichten.[473]

Nachdem sich mit der Entmachtung General Pattons im US-Militärnachrichtendienst die Linie durchgesetzt hatte, keine Schlüsselfiguren aus dem Machtapparat des Dritten Reichs mehr zu beschäftigen, wurde Höttl als Kronzeuge der Anklage zu den Nürnberger Kriegsverbrecherprozessen überstellt. Der amerikanische Gefängniskommandant garantierte ihm am 18. Oktober 1945 sogar völlige Bewegungsfreiheit in der Stadt.[474] Von Höttl erhielten die Ankläger die erste Aussage über den Umfang des Holocaust: Adolf Eichmann – so sagte er im Dezember 1946 aus – habe ihm im August 1944 erklärt, in den Vernichtungslagern seien bis dahin vier Millionen Juden umgebracht worden, weitere zwei Millionen hätten auf andere Weise den Tod gefunden.[475] Anschließend wurde Höttl in das Kriegsverbrecherlager Dachau geschickt und verbrachte dort ein halbes Jahr in Einzelhaft. Nach seiner Entlassung wandte er sich Hilfe suchend an den US-Botschafter in Wien und schickte ihm verschiedene Memoranden über die Lage osteuropäischer Staaten, nicht ohne auf die Unzulänglichkeiten des US-Nachrichtendienstes in diesen Ländern hinzuweisen. Botschafter Erhard verwies ihn an den CIC-Chef für Oberösterreich, Thomas Lucid. Dieser stellte Höttl umgehend ein. Von 1947 an war er beim Aufbau eines Stay-behind-Netzes – der Schaffung von Sabotage- und Widerstandsgruppen für den Fall einer sowjetischen Invasion – in Österreich eingesetzt, das über vierzig Jahre später als Gladio-Organisation durch die Medien ging. Im Sommer 1949 kündigte ihm der neue CIC-Leiter Janecko die Mitarbeit wegen angeblich fehlender finanzieller Mittel wieder auf. Wie Höttl später erfuhr, gab es einen anderen Grund für den Rauswurf: Er war von verschiedenen CIC-Dependancen verdächtigt worden, auch für die Sowjets zu arbeiten, sich zumindest auch nach Osten abzusichern. Anfang der 50er Jahre soll Höttl auch für den französischen Nachrichtendienst SDECE (Service de documentation extérieure et de contre espionnage) gearbeitet haben. Er selbst stellte seine Kontakte zum Hauptmann der Sureté, Maurice Blondell, der ihm falsche Papiere für Abstecher in die Schweiz besorgt hatte, als rein private Freundschaft hin.

Wie so viele beim CIC außer Dienst gestellte NS-Nachrichtendienst-

Heinrich («Harry») Baron von Mast; ein Privatfoto aus dem Jahr 1971

ler diente sich Höttl – «einer der raffiniertesten Nachrichten-Händler in Europa» (*Der Spiegel* 1953) – alsbald der Organisation Gehlen an.

Die zweite Schlüsselfigur, Baron Heinrich Mast, Jahrgang 1897, konnte am Ende des Zweiten Weltkriegs bereits auf eine fast dreißigjährige Karriere als Geheimdienstmann zurückblicken. Ab 1917 diente er als österreichischer Abwehroffizier in einer k.u.k. Kundschaftsstelle an der Piavefront gegen Italien und arbeitete in der Zwischenkriegszeit für den aus dem k.u.k. Evidenzbureau hervorgegangenen neuen Wiener Geheimdienst.[476] 1938 wechselte er zu Admiral Wilhelm Canaris in das OKW-Amt Ausland/Abwehr. Offiziell war er der Abwehrstelle Nürnberg attachiert, tatsächlich jedoch fungierte er mit einigen weiteren österreichischen Geheimdienstoffizieren als verdeckte Haustruppe des Admirals gegen seine SS-Konkurrenz im Reichssicherheitshauptamt.

Der erklärte Hitler-Gegner Canaris hatte schon 1943 begonnen, beweiskräftige Papiere aus der Abwehrzentrale am Berliner Tirpitzufer entfernen zu lassen. In der Illusion, irgendwann werde Hitler vor ein deutsches Gericht gestellt, hatte er von völkerrechtlichen Studien bis zu Beweisen für die Verbrechen an der Ostfront Belastungsmaterial gesammelt und von Baron Mast und zwei weiteren österreichischen Abwehroffizieren verstecken lassen. Eine mehr als weise Entscheidung, wie sich herausstellen sollte. Denn mit der Verhaftung des Admirals nach dem gescheiterten Attentat auf den Diktator wurde die Abwehrzentrale durchsucht, ohne dass das erhoffte belastende Material gegen Canaris aus den Panzerschränken zutage kam. Trotz fieberhafter Suche der Gestapo, auch nach der Hinrichtung des Admirals am 9. Februar 1945, blieb der wesentliche Teil der Unterlagen verschollen. Mast und seinen Freunden war es gelungen, die brisanten Papiere vor dem Zugriff des RSHA in Sicherheit zu bringen. Erst in Österreich, dann in Slowenien. Sie selbst waren jedoch nicht vorsichtig genug, und so konnte die Gestapo sie festnehmen und ins Konzentrationslager Mauthausen bei Wien verschleppen. Doch ihnen gelang auf dem Transport die Flucht, die sie nach Jugoslawien führte – zum Partisanenkommandeur und späteren Staatschef Josip Broz, genannt Tito.

1945 ließ Marschall Tito die österreichischen Abwehroffiziere wieder ziehen und erlaubte ihnen überdies, das Canaris-Archiv aus Slowenien – getarnt als britisches Diplomatengepäck – mitzunehmen. Er machte ihnen allerdings die Auflage, das brisante Material nicht in die Viermächtestadt Wien zu bringen, wo er eine sowjetische Machtübernahme nicht ausschließen mochte, sondern in die französische Besatzungszone nach Tirol. Der französische Hochkommissar Antoine Bethouart nahm in Innsbruck nicht nur das Archiv unter seine Fittiche, sondern machte den erfahrenen Geheimdienstoffizier Mast auch zum Colonel des Deuxième Bureau.[477]

Doch Mast wollte sich auch in den Dienst der wichtigsten Siegermacht stellen und nahm Verbindung zum US-Hauptquartier im Frankfurter IG-Farben-Haus auf. Der Baron erhielt eine Art Diplomatenpass: Die Technical Intelligence Branch des europäischen Hauptquartiers der US-Streitkräfte bescheinigte ihm am 20. Februar 1948, er sei beim amerikanischen Geheimdienst angebunden und reise in besonderer Mission. Das gab ihm nicht nur das Recht zur kostenlosen Nutzung der Bahn, sondern stellte ihn auch von allen Restriktionen frei, die den Besitz amerikanischer Dokumente betrafen. Das amerikanische Field Survey Detachment in Salzburg stellte ihm am 15. Januar 1951 einen weiteren Schutzbrief aus und bestätigte, dass er dort angestellt sei: «Er ist berechtigt, eine verschlossene Aktentasche oder einen verschlossenen Koffer mit sich zu führen, welche ohne Genehmigung des unterzeichneten Offiziers von niemandem geöffnet werden dürfen.» Auch die Wohnung von Mast in Linz durfte ohne Zustimmung des US-Geheimdienstes nicht durchsucht werden. Unterkunft hatte der Baron in der von alliierten Bombenangriffen in Mitleidenschaft gezogenen Stadtmitte in der

Bethlehemstraße 1 d über einem Handel mit Orientteppichen gefunden, nur wenige hundert Meter von der Donau entfernt, die damals die Grenze zur sowjetischen Besatzungszone bildete. Damit hatte der Baron einen ersten sicheren Ort für das Canaris-Archiv und seine anderen Dokumente gefunden und konnte die Akten auch für seine weitere Arbeit nutzen. Mindestens so wichtig wie dieser Fundus waren die in Jahrzehnten geknüpften Beziehungen zu anderen altgedienten Nachrichtendienstlern im gesamten Donauraum, und seine Lebensgefährtin Edith Berndt ergänzte das Netz: Die Kontoristin bei der AEG in Linz stand beim CIC in Verdacht, für den tschechischen Nachrichtendienst zu arbeiten.

Der Etat, den das CIC Mast für seine Gruppe zur Verfügung stellte, war sparsam bemessen. Er betrug im Juli 1949 gerade einmal 14 450 österreichische Schillinge, damals etwa 2800 DM. Er selbst bekam 3900 Schillinge, musste davon jedoch auch drei Damen bezahlen und die Betriebskosten tragen.

Mast und Höttl in der Organisation Gehlen

Höttl und Mast hatten sich Ende 1949 in Linz kennen gelernt. Höttl stieg zunächst als Berater in Masts Nibelungen-Verlag in Bad Aussee ein. *Der Spiegel* vermutete im April 1953, der Baron sei dort längst wie Höttl bei der OG angebunden gewesen. Doch erst vom 15. Oktober 1951 an fungierte Mast tatsächlich als Geschäftsführer der Gehlen-Dependance in der Landeshauptstadt Oberösterreichs, verantwortlich für die Organisation, das Verfassen von Abschluss- und Lageberichten, die «Evidenthaltung» von Vorgängen und die Verbindung zu dem Gehlen-Mann 367. Dieser wollte monatlich nach Linz kommen und Mast überdies alle zehn bis vierzehn Tage in Pullach oder an einem anderen Treffpunkt sehen.

Nachdem mit dem alten Arbeitgeber, also dem CIC, einige finanzielle Details geklärt waren, konnte der Baron auch seine Sekretärin mit in die OG übernehmen. Ihm selbst war der Wechsel in deutsche Dienste durch Zuschüsse zum US-Salär während der dreimonatigen Kündigungsfrist schmackhaft gemacht worden.[478] Mast (Internes Kürzel: L

202) schlug 1951 in dem bescheidenen Etat der Außenstelle mit monatlich 4000 Schilling zu Buche.

Die Arbeitsteilung des neuen Gehlen-Duos hat Heinz Höhne bereits 1985 dargelegt: «Mast bildete in Linz einen ‹Meldekopf› der Organisation Gehlen, der alles aufsog, was Höttls V-Männer den Westdeutschen zu bieten hatten. Und das war nicht wenig: Höttl hatte Verbindungen zur Schweizer Bundespolizei, er genoss das Vertrauen der Bregenzer Residentur des französischen Geheimdienstes, ihn verknüpfte manches mit den führenden Persönlichkeiten der neuen österreichischen Geheim- und Sicherheitsdienste in Wien.»[479]

Durch die Aufteilung Österreichs in vier Besatzungszonen war Linz zur geteilten Stadt geworden. Das Zentrum lag in der amerikanischen Zone, der Norden der Stadt jenseits der Donau auf sowjetischem Terrain. Die OG führte von diesem Grenzposten aus auch in den Westzonen Österreichs, in Oberösterreich, Salzburg und der Steiermark «genügend Kräfte», wie Mast im Oktober 1951 nach Pullach meldete. Zum Nachrichtenzentrum Wien wahrte die OG-Gruppe Distanz, einerseits wegen der umtriebigen ausländischen Nachrichtendienste in der geteilten Hauptstadt, andererseits wegen der persönlichen Bindung von Mast und Höttl an den Linzer Raum.[480] Die Aktivitäten der OG in Wien wurden wegen der Allgegenwart sowjetischer Geheimdienstler in der Praterstadt und der Ambivalenz der österreichischen Gendarmerie weitgehend von Salzburg aus gesteuert. Ein Schwerpunkt der Agentenführer Gehlens, die erneut häufig alte SS-Kameraden zur Mitarbeit bewegen konnten, lag im Einsatz von Prostituierten gegen sowjetische Offiziere. Ob «Anni», «Tamara», «Helene», «Tosca», «Alfa», «Maria», «Rosemarie» oder «Margot», sie alle versuchten, ihrem Hausrussen Dienstgeheimnisse zu entlocken oder führten ihn einem Werber des Gehlen-Dienstes zu.[481]

Das von Mast 1955 verfasste Resümee zur Arbeit der XG (internes Kürzel für den Höttl/Mast-Apparat, d. Verf.) beschrieb recht zynisch die Kriterien, nach denen die Damen ausgesucht wurden, die für die OG konspirativ tätig werden sollten: «Auch ‹Agentinnen› gelangten zum Einsatz. Hierfür waren am besten solche, die aus emotionellen Gründen – Erlebnissen mit Russen, Verlust der nächsten Angehörigen durch Ermordung etc. – zur Mitarbeit sich bereit erklärten. Sehr gut entsprachen ehemalige Nachrichtenhelferinnen, die schon über militärische Kenntnisse verfügten und auch Erfahrungen in der Behandlung von Menschen besaßen! Vereinzelte Fälle waren Frauen, die sich aus einem ‹Mata-Hari-Komplex› zur Verfügung stellten. Sie wurden nicht gerne genommen, da sie in ihrem Auftreten sich schon gegenüber den ausgezeichnet arbeitenden Russen verrieten.»[482]

Mast konnte von seinem Linzer Standort aus nicht nur militärische Fakten zum Lagebild der OG beisteuern. Im Januar 1949 berichtete er zum Beispiel über die Sabotageorganisation der Kommunistischen Partei Österreichs (KPÖ) und ihrer Jugendorganisation FÖF in Steyr, im gleichen Jahr auch über die Gablonzer Glasindustrie. Vor rumänischer Wirtschaftsspionage in Österreich und Deutschland warnte er im Oktober 1951, und im April 1951 hatten seine V-Leute herausbekommen, dass der sowjetische Nachrichtendienst in Wien Rauschgift zum Verkauf an die KPÖ lieferte.[483] Chefbeschaffer Höttl, der in Pullach unter der Deckbezeichnung L 101 geführt wurde, spähte vor allem die sowjetischen Streitkräfte aus. Im Visier hatte er deren Dislozierung und Ausrüstung, Detailinformationen über Radargeräte und Düsenjäger sowie die Nummerierung der russischen Kraftfahrzeuge. Dabei scheute sich Höttl nicht, seine Ergebnisse gegenüber der OG selbstbewusst zu vertreten. So verlangte der OG-Auftrag 112/1951, «eine abwegige Auffassung bezüglich eines angebl. Nummernsystems» bei russischen Militärfahrzeugen richtig zu stellen. Doch Höttl enttäuschte die Erwartungshaltung und führte «an der Hand von beweisenden Unterlagen aus, dass die sowj. Kfz. in Österreich nach einem System nummeriert sind.» Sic!

Am 24. August 1951 bekamen Höttl und Mast den Auftrag 106/51: eine vollständige Übersicht über die Dislozierung der Roten Armee in Österreich. Stolz berichtete Mast am 18. Oktober 1951 nach Pullach, mit den Meldungen 261 vom 20. September und 298 vom 27. September seien die Fragen zu 80 Prozent beantwortet worden. Zudem hatte Höttl zugesagt, innerhalb der nächsten 14 Tage «eine grosse Übersicht» fertig zu stellen. Doch die blieb aus, denn plötzlich hatte der eifrige Aufklärer Höttl seine Arbeit eingestellt. Angeblich aus gesundheitlichen Gründen. Obwohl Mast damit zum wichtigsten Mann der Linzer OG-Dependance aufrückte, bedauerte er den Verlust des Chefbeschaffers: «Der Ausfall von L 101 wird … auf absehbare Zeit ein schwer spürbares Vakuum im Meldungsanfall aus dieser Zone ergeben.»[484] Die durch Höttls spontanen Abgang entstandene Lücke wog umso schwerer, als nicht nur der Mann weg war, sondern auch seine bisher angehäuften Erkenntnisse. «Es ergibt sich nun die Frage, ob L 101 vielleicht nicht doch an irgendeinem Aufbewahrungsort sein bis zu seiner ‹Erkrankung› gesammeltes Material verwahrt hat und ob dies nicht zu erreichen wäre», suchte Baron Mast Pullach zu trösten. Was war geschehen?

Höttl und Mast wechseln den Arbeitgeber

Den österreichischen Adeligen hielt es auch nicht mehr lange bei Gehlen: Im «Jänner 1952 machte mir Dr. H. zusammen mit einem ehemaligen Major i.G. Gerhard Schacht aus München den Vorschlag in den ND des Amtes Blank überzutreten, was ich annahm und meine Beziehung zur Org. Gehlen löste», hielt Mast dazu in einer Notiz über seine Bekanntschaft mit Höttl fest. Nach kaum einem Vierteljahr im Sold der OG lief auch er zum Heinz-Dienst über, obwohl er nun als Stabschef von Höttl ins zweite Glied rückte: «Der Chef der Leitstelle trug nach oben zur Zentrale die Verantwortung für den gesamten Dienstbetrieb. Er erteilte in großen Zügen die Weisungen für den Auf- und Ausbau der Organisation und für den jeweiligen Schwerpunkt der Erkundung in den einzelnen Räumen. Durch ihn erfolgte auch die Zuweisung der von der Zentrale einlaufenden Gelder an den Stabschef zur Weiterleitung. Seine umfassenden personellen Kenntnisse aus der Zeit vor 45 und die vielen noch bestehenden Verbindungen ermöglichten den Ausbau der Organisation im großen Rahmen», resümierte er 1955.[485]

Anfang 1952 verfasste Höttl als Geheimmeldung 486 eine Planungsübersicht, die er mit Mast abgestimmt hatte. Die ambitionierte Zielsetzung ging davon aus, dass die Linzer Zentrale «außer der Erkundung Österreichs ihren Tätigkeitsbereich auch über die Südostländer bzw. Ungarn und Rumänien zu erstrecken hätte, wobei auch zu einem späteren Termin Italien mit dem Nahen Osten dazutreten sollte.» Acht Monate später notierte Baron Mast, dass von höherer Stelle, also von Bonn, keine Einwände gegen diese Planungen gekommen waren. Fortan erhielt nicht mehr die OG, sondern – in der Regel via München – der FWHD, was die beiden Überläufer über ihre Netze einfingen: Im Mai 1952 eine Übersicht über sowjetische Streitkräfte in Österreich, Mitte Juni eine Darstellung des Wehrpotenzials der ČSR, reichhaltig illustriert mit Fotos von Waffensystemen aus der Prager Militärpublizistik, zwei Wochen später Informationen über ein Forschungsinstitut für Bakterienkrieg in Budapest, etwa zeitgleich einen Bericht über den Einsatz griechischer Partisanen in der Industrie und im August 1952 Erkenntnisse zur fortgesetzten Demontage in der Schwerindustrie.

Gehlens Konkurrenz konnte sich über das neue Material freuen. Gleichzeitig behielten Mast und Höttl die Früchte ihrer Geheimdienstarbeit bei sich und verfügten damit über breites Grundlagenmaterial nicht nur für die Militärspionage. Ihr Archiv umfasste beispielsweise eine Presseschau für die ČSR von 1945 bis 1955 zur Außen- und Innenpolitik, zu Finanzen, Industrie, Bergbau, Landwirtschaft und Verkehrswesen, das aus einer konsequenten Auswertung offener Quellen gewonnen worden war. Auch für die Berichterstattung aus Österreich selbst konnten sie aus dem Vollen schöpfen, sei es zur Lage in Tirol oder bei der landesweiten intensiven Beobachtung der österreichischen Parteien.

Anfangs bestand das Team nur aus Höttl, Mast und einer Sekretärin, je einem Mitarbeiter für die Militäraufklärung im Burgenland und im Mühlviertel sowie einer Reihe von Mitarbeitern auf dem «Erkundungsgebiet Politik».[486] Bis 1953 belegen die Akten einen Anstieg auf bis zu zwanzig Führungsleute, die mit dem Leitungskürzel FJ eingestuft wurden. Dabei rekrutierte Mast vor allem frühere Abwehroffiziere, vielfach in Linz, zu denen er als Canaris-Vertrauter schnell Kontakt herstellen konnte.[487] «Das gesamte Führungspersonal stand mit Ausnahme der ehrenamtlichen Mitarbeiter – die eine Aufwandentschädigung erhielten – in einem gewissen ‹Angestelltenverhältnis›. Dort, wo es notwendig war, bestanden Tarnberufe in diesbezüglich zur Verfügung stehenden Privatfirmen», beschrieb er den engsten Mitarbeiterkreis.

Die Hauptverbindungsleute warben ihrerseits trotz der beschränkten Finanzen ständig neue Agenten, «die aus rein ideologischen Gründen sich zur Verfügung gestellt hatten – Kampf gegen den Bolschewismus – und daher lediglich einen Spesenersatz verlangten. Unter diesen stellten die geflüchteten Russen und Deutschrussen ein starkes Kontingent.» Dabei handelte es sich sowohl um Wolgadeutsche wie um versprengte Teile der Wlassow-Armee, die in letzter Minute in die amerikanische Zone geflüchtet waren und nun versuchten, sich vor der Repatriierung in Sicherheit zu bringen.[488] Sie boten den unschätzbaren Vorteil, mit der russischen Sprache und mit Bewaffnung und Strukturen der Roten Armee vertraut zu sein.

Allein in Österreich schuf sich die Linzer Zentrale sieben Nebenstellen. Die Leitung dieser Außenposten, deren Aufgabenzuweisung entweder nach Länder- oder nach Agentengruppen mit Sonderaufträgen erfolgte, hatten frühere Offiziere der Abwehr oder des RSHA, selten nur flüchtig ausgebildete Laien. Die Anwerbung blieb in der Regel den Leitern der Nebenstellen überlassen, doch manchmal «war es notwendig, einen neu aufgenommenen Mitarbeiter unauffällig durch den Stabschef persönlich zu überprüfen. Handelte es sich um frühere Angehörige oder Mitarbeiter der ehemaligen deutschen Nachrichtendienste oder um besonders markante Persönlichkeiten – z. B. den Vertreter der Hochgradfreimaurerei am Aachener Kongress –, musste die Genehmigung seitens der Zentrale erfolgen.»

Besonders gegenüber den alten Hasen aus den NS-Nachrichtendiensten, die sich «aus einer gewissen Berufungsleidenschaft wieder zur Verfügung stellten», war Mast misstrauisch, «da man nicht wusste, ob sie nicht gleich nach 45 für einen fremden Nachrichtendienst gearbeitet hatten – bzw. vielfach gezwungen wurden weiterzuarbeiten, um nicht gerichtlich belangt zu werden – und nun zu einer ‹Einschleusung› beauftragt wurden.»[489] Zur Schadensbegrenzung gegenüber solchen Doppelagenten oder für den Fall, dass einer seiner Leute aufflog, legte Mast ein Schema der persönlichen Verbindungen aller Agenten an, um diese schnell nach oben und unten abschalten zu können.

Die Aufblähung des Apparats trotz knapper Ressourcen und die Handlungsfreiheit außerhalb Westdeutschlands, die Höttl und Mast offensiv nutzten, führte zwangsläufig zu Differenzen mit der Leitstelle des Heinz-Dienstes in München, die der OG diesen relativ selbständigen

Beschaffungsapparat abgenommen hatte. 1955 verfasst Mast eine Gesamtdarstellung ihrer Geheimdienstarbeit als Lebenslauf der «Organisation XG». Hier wird besonders deutlich, dass sich Höttl und Mast im Gegensatz zur «OG» als eigener Nachrichtendienst verstehen, der ungeachtet seiner wechselnden Unterstellung unter Gehlen oder Heinz kontinuierlich, auf dieselben V-Männer und Quellen gestützt arbeitet.

Im April 1952 hätte es fast ein abruptes Ende der Beziehungen zwischen der «XG» und der Leitstelle München des FWHD gegeben: Aus der bayerischen Landeshauptstadt kam die Meldung, dass österreichische Behörden und eine westliche Besatzungsmacht Einspruch gegen die Arbeit der XG erhoben hätten. Als Konsequenz verlangte der Leiter der Münchner Leitstelle, dass «die beiden Herren vorläufig ihre Tätigkeit vorübergehend einstellen sollten und die einlaufenden Meldungen nicht wie bisher gesammelt und ausgewertet, sondern direkt der Leitstelle München zu übersenden wären». Offensichtlich hatte Gehlen seine Beziehungen spielen lassen, um die Abtrünnigen aufs Abstellgleis zu schieben. Aber Mast und Höttl konnten nachweisen, «dass es sich um eine nicht entsprechend sachlich überprüfte Sensationsalarmmeldung handelte». Nach zehn Tagen war alles wieder beim Alten.[490]

Zankapfel zwischen München und Linz blieb jedoch die «ungeklärte Stellung der Dienststelle, …ob diese selbständig auswerte oder nur zur Steuerung berechtigt sei.» Beim Eintritt in den FWHD hatte sich Mast auf einen komplizierten Kompromiss eingelassen. Er erreichte, dass die Linzer Dependance als selbständige Organisation direkt der Heinz-Zentrale in Bonn unterstand, sich aber mit der Münchner Leitstelle zu koordinieren hatte. Gleichzeitig sollte München die Linzer Interessen vertreten, wenn der Leiter der österreichischen Leitstelle abwesend war.[491] Das war kompliziert, und München machte Linz die nahezu gleichberechtigte Stellung immer wieder streitig. Erst bei einer Besprechung zwischen den Kontrahenten Ende Juni 1952 am Traunsee bekamen Höttl und Mast die Genehmigung zur eigenen Auswertung. Bei einem anschließenden Zusammentreffen am Attersee wurde ihnen dazu die Einstellung eines neuen Sachbearbeiters bewilligt.

Die Aufklärung der Leitstelle Linz erstreckte sich auf dem Höhepunkt außer auf Österreich selbst in die UdSSR, die ČSR, nach Ungarn,

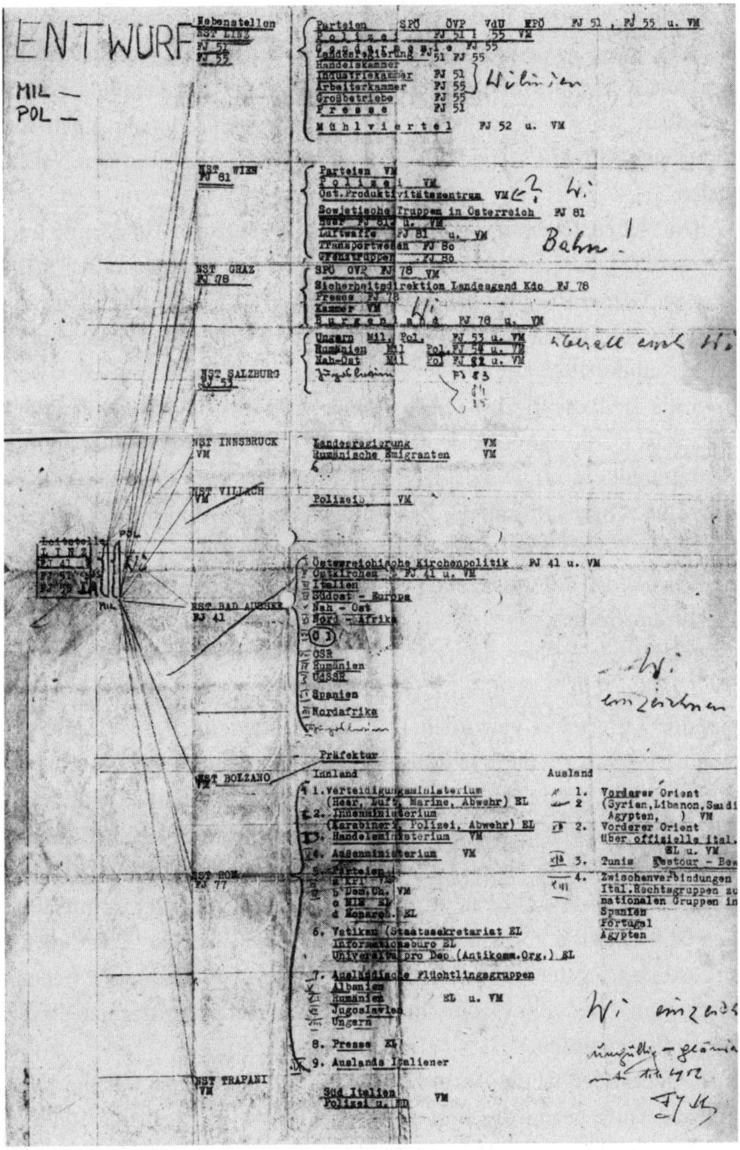

Von der Leitstelle Linz und 12 Nebenstellen Westspionage für Adenauer und Blank: Ein von Friedrich Wilhelm Heinz mit Anmerkungen versehenes Organigramm seines Dienstes aus dem Jahr 1952

Rumänien, Albanien und Jugoslawien, auch Richtung Italien und den Vatikan sowie in den arabischen Raum nach Syrien, Libanon, Saudi-Arabien, Ägypten, Tunesien und weitere Gebiete Nordafrikas. Für diese Aufgaben schuf die Leitstelle sich eigene Organisationsgruppen für Österreich, Ungarn, Italien mit der Sonderlinie I Triest und den Nahen Osten.

Die Nebenstelle Linz setzte vor allem auf politische Aufklärung und nutzte die Firma Reimers, Postfach 331, in der Bahnhofstrasse als Deckadresse. Gemeinsam beobachteten Höttl und FJ 55 mit ihren V-Männern die politischen Parteien von der ÖVP, die bei den Landtagswahlen im November 1945 mit 59,1 Prozent zur stärksten Partei geworden war, über die SPÖ, die in Linz selbst regierte, und den FPÖ-Vorläufer VdU bis zur KPÖ, die damals als einzige für die politische Neutralität der Alpenrepublik eintrat. Die beiden Späher nahmen auch die Landesregierung, die Wirtschaft und die Polizei ins Visier. Dabei kümmerte sich FJ 55 um die Gendarmerie, die Industrie- und die Arbeiterkammer, während sich Höttl auf die Handelskammer, die Presse und die Großbetriebe konzentrierte.

Nachdem die Nazis am Ufer der Donau die Hermann-Göring-Werke aus dem Boden gestampft hatten, war Linz der bedeutendste Stahlstandort Österreichs geworden. Die Amerikaner tauften den Betrieb im August 1945 in «Vereinigte Österreichische Eisen- und Stahlwerke AG» (VÖEST) um. Trotz der Zerstörungen durch 6000 Bomben wurde die Produktion bereits im Juli 1946 wieder aufgenommen. 1952 verfügte der Staatsbetrieb schon über 12 000 Beschäftigte, war größter Roheisenexporteur der Welt und hatte für die Rüstungsindustrie interessante Sonderstähle entwickelt.[492] Daneben waren für den FWHD die 25 Kilometer südöstlich gelegenen Produktionsstätten in Steyr von besonderer Bedeutung, zumal sie vom Nachrichtendienst der Kommunistischen Partei kontrolliert wurden.

Gefahrvoller als die Wirtschafts- und Politikspionage war die Militäraufklärung gegen die Besatzungsstreitkräfte. Die Selbstdarstellung der XG aus dem Jahre 1955 vermerkt dennoch nur zwei Verluste von Agenten in der sowjetischen Besatzungszone: «Von besonderer Tragik sind die beiden einzigen Fälle der Verhaftung zweier vorzüglicher Mitarbeiter durch die russ. Polizei. Der eine – verheiratet und ein Kind, im Krieg bei der Abwehr in Afrika – ging durch den Verrat eines österreichischen Staatspolizisten, der auch für Russland arbeitet, hoch. Er wurde am Steinfeld beim Fotografieren einer russ. V Raketenstation verhaftet. Der andere war ein österr. Offizier, der seinerzeit im BH [Bundesheer, d. Verf.] gedient hatte und rasanter Gegner des Bolschewismus war. Er hatte für eine alte Mutter zu sorgen. Beide Ausfälle – die einzigen in den Jahren 46/47 bis 53 – schlugen eine kaum mehr zu schließende Lücke in den militärischen Beobachtungsdienst.»[493]

Der Aufgabenkatalog der Nebenstelle Bad Aussee war am weitesten gespannt. Mast (FJ 41) und seine V-Leute betrieben Aufklärung zur österreichischen Kirchenpolitik, zu den Ostkirchen, zu Italien und zum Sender Ö 1, außerdem Militärspionage gegen die ČSR sowie politische und militärische Aufklärung gegenüber ganz Südosteuropa und Rumänien, in die UdSSR und Jugoslawien, nach Nahost und Nordfrika sowie nach Spanien. Eine Akte aus dem Mast-Archiv zu den Grenzbefestigungen der ČSR dokumentiert die Kontinuität und die Methodik des nachrichtendienstlichen Handwerks. Als Basisdokument finden sich dort eine deutsche Militärkarte und eine Planpause mit dem Ausbaustand vor der Besetzung des Sudetenlandes am 1. Oktober 1938. Weitere Dokumente zeigen die Nutzung der vorhandenen Anlagen durch die Wehrmacht im Krieg. Die jüngste Information ist das Protokoll einer Flüchtlingsbefragung 1959 in Nürnberg über Dienstverpflichtungen zu Baumaßnahmen an diesen Befestigungskomplexen. So wie die OG und der BND in den ersten Jahrzehnten ihrer Arbeit von den Unterlagen der Abteilung Fremde Heere Ost profitierten, so konnte sich das Büro von Mast und Höttl nicht nur auf zwanzig Jahre alte Wehrmachtsdokumente stützen, sondern auch auf den gesamten Fundus, den Mast im Auftrag diverser Nachrichtendienste geschaffen hatte – einschließlich der Canaris-Akten.

In der Nebenstelle der Viermächtestadt Wien spähten FJ 81 und seine V-Männer Parteien, Polizei und das Produktivitätszentrum der Alpenrepublik aus. Nebenbei betrieben sie militärische Aufklärung gegen die Rote Armee in Niederösterreich. Was die OG mit der Operation «Fahrrad», dem Durchstöbern des Mülls der sowjetischen Streitkräfte in

Österreich, vorexerziert hatte, machte der FWHD nach. Noch 1954 schwärmten seine Wiener V-Leute aus, um Aktenschnipsel oder Militärzeitschriften aus den Deponien zu klauben.

Die Dependance Salzburg in der US-Zone war auf die politische und militärische Aufklärung gegen Ungarn, Rumänien und Nahost sowie ab Januar 1952 gegen Jugoslawien angesetzt. Das älteste Gewerbe der Welt mit dem zweitältesten, der Spionage, zu paaren, verstand hier wie fast überall auch der Gegner. In der Meldung 1408 vom 24. September 1952 über eine «Getarnte ND-Zentrale der KPÖ und des NVD in Salzburg» erwies sich FJ 84 als Kenner des Rotlichtmilieus: «In der Wohnung der Margit Nessler, Salzburg, Ruppertgasse, befindet sich eine Art Nackt-Club, ähnlich wie es in Wien sog. ‹Dr. Faust-Clubs› gab, welche später von der Polizei ausgehoben wurden. Während die Wiener Nackt-Clubs lediglich als Stätten für Orgien fungierten, richtete Margit Nessler einen solchen Geheimclub als ND-Zentrale für die Kominform und die KPÖ ein … Interessante Leute werden durch die auffallend hübsche Nessler in den Club in der Ruppertgasse gelockt und dann dort nicht finanziell, sondern politisch bzw. nachrichtendienstlich erpresst.» Als ständigen Besucher der Dame machte man neben dem KP-Geheimdienstmann Eugen Scharf einen Dr. Leopold Voller aus, der beim US-Wirtschaftsgeheimdienst arbeitete und mit «größter Wahrscheinlichkeit» als Doppelagent eingestuft wurde.

Die Mitarbeiter der Nebenstelle im britisch besetzten Graz bearbeiteten unter anderem die sowjetischen Truppen im benachbarten Burgenland, was die Linzer Leitstelle vor besondere Probleme stellte. Die zahlreichen konkurrierenden Nachrichtendienste hatten bereits alle Fachleute vom Markt gefischt und zahlten überdies besser als der finanzschwache FWHD. Höttl hatte dennoch einen ehemaligen Mitarbeiter der OG, der für Pullach Luftaufklärung in Niederösterreich und im Burgenland betrieben hatte, für die XG gewinnen können. Er musste aber nach wenigen Topmeldungen registrieren, dass die Quelle immer spärlicher sprudelte und bald darauf versiegte. Seine Ermittlungen ergaben, «dass die Mitarbeiter dieser Gruppe, ‹verwöhnt› durch die hohen Geldzuschüsse der Gruppe Gehlen, annahmen, dass die Nebenstelle Österreich … aus selbstischen Gründen mit den Geldmitteln zurückhielt. Daneben laufende Gegenpropaganda der Organisation Gehlen, welche trachtete, ihrerseits diese vorzügliche Gruppe im Herbst 1952 wieder einstellen zu können, tat das Ihrige.»[494]

Im französisch besetzten Innsbruck setzte die Nebenstelle V-Leute auf die Landesregierung und auf rumänische Emigranten an, während man sich im britisch verwalteten Villach mit der Ausforschung der Polizei beschied. Zur Militäraufklärung im Mühlviertel war FJ 52 mit seinen V-Leuten eingesetzt. Bis Juni 1953 kontrollierten Sowjetsoldaten die Übergänge zur US-Zone und bewachten die Donauufer scharf, weil immer wieder einzelne Rotarmisten den Fluss durchschwammen, um zu desertieren. Wollte ein FWHD-Agent auf russisches Gebiet vordringen, musste er sich mit einem so genannten «I-Ausweis» der US-Besatzer unter den Strom von täglich 12 000 Pendlern zwischen den Zonen mischen.

Erkennbar konzentrierte sich der FWHD in Österreich – analog zur Arbeit der OG in Westdeutschland – auf Positionen in der amerikanischen Besatzungszone. Der Dienst hielt sich bei Briten und Franzosen eher zurück und klärte gegen die sowjetisch kontrollierten Gebiete ebenfalls vorzugsweise von sicheren Posten unter amerikanischem Protektorat auf.

Gegen Freund und Feind

Rückkehr zur Weltpolitik: Die Linien nach Spanien und Italien

Die Ambitionen von Baron Mast und Wilhelm Höttl gingen weit über die geheimdienstlich bedeutende, aber doch kleine Alpenrepublik und ihr südosteuropäisches «Hinterland» hinaus. Nur wenige Tage vor seinem Wechsel von Gehlen zu Heinz hatte «Harry» Mast am 11. Januar 1952 die Ausarbeitung «Nachrichtenziele der Nebenstelle Österreich» nach Pullach geschickt, in der er sich erbot, «der politischen und militärischen Führung Deutschlands ein möglichst geschlossenes Bild über die politischen und militärischen Verhältnisse des Südostens und des Mittelmeeres zu verschaffen … aber auch besonders im Mittelmeerraum der Führung Ansatzpunkte zu geben, welche eine politische Verbindungsaufnahme ermöglichen.»

Das vier Seiten umfassende Konzept unterbreitete der OG neben der Stoßrichtung gegen «bolschewistisch durchsetzte» Staaten in Südosteuropa geopolitische Gesichtspunkte für eine nachrichtendienstliche Arbeit in Italien, Spanien und im afrikanisch-kleinasiatischen Raum zur Durchdringung des gesamten mediterranen Interessengebiets. Italien «an der Nahtstelle des islamistischen-arabischen Kraftzentrums und des europäischen Kraftfeldes» sei von besonderer Wichtigkeit, weil es bemüht sei, seine alte Vormachtstellung wieder zu gewinnen, und weil arabische Staaten in den alten Achsenmächten Deutschland und Italien natürliche Verbündete ihrer «Unabhängigkeitsbestrebungen gegenüber den westlichen Kolonialmächten incl. USA in wirtschaftlicher und politischer Hinsicht» sähen. Spanien wiederum besitze, so Mast, mehr als Frankreich eine «politische Austrahlungskraft auf die nichteuropäischen Gebiete des westlichen Mittelmeerraums. Abgesehen davon führen von den spanischen Besitzungen in Afrika zweifellos nachrichtendienstliche Linien in solche Gebiete, die von Italien aus nicht existieren.» Marokko und Algerien ließen sich über einen Brückenkopf in der Franco-Diktatur so erschließen, dass auch ein Eindringen in französische Einflussgebiete möglich sei. Da die deutschen Emigrantengruppen in Madrid zerstritten seien, müsse auch für Spanien eine eigene Linie aufgezogen werden. Zum Dritten stelle die «Aufnahme der direkten nachrichtendienstlichen Verbindung mit den arabischen Staaten sowie mit Ägypten eine grundsätzliche Notwendigkeit dar ... wobei in erster Linie die gründliche Feststellung jener Kräftegruppen notwendig sein wird, welche eine prodeutsche Einstellung bekunden.»

Das ambitionierte Programm des Barons zielte auf nichts Geringeres als den Plan, mittels nachrichtendienstlicher Vorbereitung politisch wieder in den traditionellen Einflusssphären des Deutschen Reichs Fuß zu fassen und dort nationalen Interessen sieben Jahre nach Ende des Zweiten Weltkriegs wieder Geltung zu verschaffen. Selbst da, wo sie sich gegen die westlichen Siegermächte richteten. Als er bei der Personalauswahl auf «echt seriöse Persönlichkeiten» abhob, die «die notwendige Vertrauensbrücke als nichtoffizielle/offizielle Vertreter des Reiches» (sic) schlagen sollten, brach sich deutsche Großmachtpolitik auch sprachlich wieder Bahn. Dass die von den USA finanzierte OG diese Forcierung deutscher Interessen unter dem Patronat der CIA nicht offen betreiben konnte, war Mast ebenso klar wie die Tatsache, dass solche Überlegungen mit der absehbaren Schaffung eines eigenen Bonner Nachrichtendienstes ihre Eigendynamik bekommen würden.

Solange der außenpolitische Handlungsspielraum Adenauers nachhaltig eingeschränkt blieb, somit auch keine traditionelle Geheimdiplomatie möglich war, wollte Mast eine exterritoriale Vorläuferorganisation eines unabhängigen westdeutschen Geheimdienstes ins Leben rufen und damit aus wohl verstandenem Eigennutz selbst einen Fuß in die Tür des künftigen Bonner Machtzentrums setzen: «Die Aufgabe der Leitstelle Österreich besteht grundsätzlich darin, dass sie als stabiler organischer Körper im ND auf dem öster. Territorium so lange erhalten bleibt, bis auch in B.[onn] eine Stabilität und Kontinuität eintritt. Abgesehen davon muss auch gegenüber westlichen Angriffen eine innenpolitische Abdeckung gefunden werden.»[495]

Da stand Mast bereits seit einigen Monaten im Dienst von Friedrich Wilhelm Heinz, in dessen Organisation er die Ideen zur Expansion seiner Gruppe über Österreich hinaus einspeiste. Im März 1952 wollte Höttl der Zentrale einen Vorstoß in die Franco-Dikatur schmackhaft machen.[496] Am 25. Februar 1952 hatte er sich in Innsbruck mit einem Exportkaufmann der Vaduzer Firma MIORIN (Mittelmeer, Orient, Italien) getroffen, der von 1933 bis 1940 als Angestellter der Firmen Vacuum Oil und Siemens-Schuckert in Spanien tätig gewesen war und im Zweiten Weltkrieg nachrichtendienstlich in Frankreich eingesetzt wurde. Schon bei einer Geschäftsreise Ende 1951 hatte der Mann mit dem Geheimdienstkürzel L 909 in Madrid das Terrain sondiert und «zahlreiche ehem. Abwehr- sowie SD-Offiziere getroffen, die aber durchwegs hauptberuflich wirtschaftlich tätig sind. Allerdings konnte bei manchen festgestellt werden, dass viele von ihnen politisch-nachrichtendienstlich tätig sind bzw. anscheinend im Auftrag verschiedener rechtsradikaler Kreise in Deutschland.»

Diese Beobachtung widerspricht nachhaltig der Bewertung Carlos Collado Seidels für die Lage nach 1946: «Außerdem erkannten die Alliierten nun auch, dass eine Renaissance nationalsozialistischer Organisationen und Ideen im Ausland nicht zu befürchten war. Die belasteten Deutschen – ob Nazis oder nicht – waren vielmehr allein darauf bedacht, ihre Haut zu retten.»[497] Seidel lässt die Überlegung außen vor, dass insbesondere die Amerikaner die NS-Nachrichtendienstler – wie in Deutschland und Österreich vorexerziert – nicht mehr als Gegner betrachteten. Gerade die Spezialisten für Nordafrika und den Nahen Osten waren für die US-Dienste nun interessant. Besonders aufgefallen war dem geheimdienstlich erfahrenen Kaufmann L 909 in diesem Zusammenhang der legendäre SS-Obersturmbannführer Otto Skorzeny, der seine Laufbahn als draufgängerischer Kommandoführer 1943 mit der Befreiung Mussolinis gekrönt hatte. 1948 war er aus einem Internierungslager in Deutschland zu Franco geflohen und besaß nun «im vornehmsten Geschäftsviertel von Madrid ein modern eingerichtetes Baubüro». Dass Skorzeny nur wirtschaftlich am Aufbau amerikanischer Militärbasen in Nordafrika interessiert sei, nahm ihm L 909 nicht ab; er vermutete, die Firma diene Skorzeny nur als Tarnung seiner Arbeit für den US-Geheimdienst.

Zu den prominenten SD-Offizieren, deren Spur der Kaufmann L 909 verfolgt hatte, zählte auch SS-Brigadeführer Bernhardt, der 1945 mit größeren Dollarbeträgen des RSHA nach Madrid geflohen war. Johannes E. Bernhardt hatte während des Spanischen Bürgerkriegs Hitlers Zusage zur Unterstützung der aufständischen Generäle erwirkt und stand deshalb in der Gunst des «Caudillo» persönlich. Als Briten und Amerikaner 1944 erneut die Ausweisung deutscher Agenten forderten, verhinderte Franco seine Auslieferung. Bernhardt setzte sich im Sommer 1951 überstürzt nach Buenos Aires ab, nachdem sein früherer Amtschef, der verarmte Walter Schellenberg, seinen Besuch in der spanischen Hauptstadt angekündigt hatte. Insgesamt schützten Regierung und Nachrichtendienst in Madrid – entweder aus alter Verbundenheit oder wegen der wirtschaftlichen Bedeutung der Auslandsdeutschen – die Geheimdienstler und NS-Funktionäre so effektiv vor den Repatriierungsforderungen der Alliierten, dass von den 255 am dringlichsten Gesuchten 1946 105 das Land verlassen hatten, 77 versteckt lebten und 70 so hohe Protektion genossen, dass das Außenministerium ihre Ausweisung nicht erreichen konnte.[498] Ab 1947 erlahmte der Eifer der Alliierten, den Deutschen nachzusetzen. Die Spanier hatten sich mit ihrer Verschleppungs- und Vernebelungstaktik durchgesetzt.

Höttl schlug seiner Leitstelle im März 1952 vor, mit 1000 DM eine zweite Reise von L 909 zu finanzieren, um die MIORIN mit Unterstützung kapitalkräftiger deutscher Firmen in Madrid anzusiedeln. Ohne große Kosten könne so ein nachrichtendienstlicher Stützpunkt geschaffen werden. Die Ziele für die Organisationsgruppe Spanien waren weit gesteckt. Höttl bot «ein echtes Glacis für die Erkundung von Nordafrika» und «im Interesse der auswärtigen Politik der deutschen Bundesrepublik» die Ausspähung divergierender politischer Strömungen «des derzeitigen Auslandsdeutschtums»[499] in Spanien und Argentinien an.

«Harry» Mast wiederum wollte seine großen Italienpläne unter dem neuen Herrn FWHD zügig in Angriff nehmen. Als er im Januar 1952 die Grundzüge der Italienorganisation vorschlug, ließ er zugleich wissen, dass der von ihm ausgewählte Hauptverbindungsmann seine Arbeit bereits aufgenommen hatte. Er verwies auf eine ganze Anzahl von Berichten, die bereits über die Leitstelle München abgegangen waren. Die Zentrale teilte mit, dass vor April/Mai keine Geldmittel für eine römische Filiale zur Verfügung stehen würden. So lange sei die Weiterführung der Berichterstattung dennoch erwünscht. Anfang März stimmte Mast daher mit dem Chef der Münchner Leitstelle entsprechende Aufträge ab.

Doch Masts Favorit als Italienchef des FWHD machte deutlich, dass «eine Aufnahme seiner Tätigkeit im vollen Umfange der gestellten Aufgaben nur nach einer entsprechend offiziellen oder offiziösen Einführung durch die oberste Führungsstelle erfolgen könne, da die italienischen Stellen trotz prinzipiell größter Bereitwilligkeit für eine Zusammenarbeit diese Legitimierung forderten». Der Baron unterrichtete Heinz über diese Erwartungshaltung und erfuhr, dass sich die «Akkreditierung» seines Mannes mit dessen Plänen deckte. Heinz wollte nach der Ratifizierung des Deutschlandvertrags nach Rom reisen, «um damit schon allein symbolisch anzudeuten, dass der neue deutsche ND als erste offizielle Handlung die Wiederaufnahme der alten Beziehungen zum italienischen Verbündeten vor 1945 anstrebe». Doch dazu kam es nicht. Während der Verhandlungen registrierte Mast erneut Störfeuer aus Bonn. Ein General Hampe hatte im Mai in Rom gegen die Linzer Gruppe Stellung bezogen und sich dabei auf einen offiziellen Auftrag des Innenministeriums berufen. Im August erfuhr Mast von Heinz persönlich, dass die Rom-Reise wegen der ungeklärten innenpolitischen Lage nicht offiziell, sondern nur als «Privatfahrt» stattfinden könne. Mast stimmte die «Privatfahrt» mit den römischen Stellen ab, die einen Termin Anfang September vorschlugen. Heinz aber war vor Anfang Oktober nicht abkömmlich.[500]

Auf ein Zentralbüro am Tiber verzichtete Mast, «um den gegnerischen Nachrichtendiensten kein augenfälliges Ziel zu bieten».[501] Er beließ es bei unauffälligen Nebenstellen in Bolzano, Trapani und Rom, deren Leiter er etwa alle zwei Monate irgendwo in Italien traf. «In dringenden Angelegenheiten kamen die dortigen Dienststellenleiter öfters persönlich nach Österreich.»[502] Die Schaffung der Sonderlinie Triest war auf die Zentrale selbst zurückzuführen, die einen Außenposten an der Grenze zu Jugoslawien gefordert hatte. Vor allem natürlich von Rom aus wurde das ganze Spektrum der nachrichtendienstlich interessanten Gebiete bedient. Politische Aufklärung der Parteien, der

Presse und des Vatikans gehörten dazu ebenso wie der militärische Bereich und auch die Abschöpfung der ausländischen Flüchtlingsgruppen aus dem Balkanbereich. Gleichzeitig war die Nebenstelle zuständig für die politisch-militärische Aufklärung des Vorderen Orients (Syrien, Libanon, Saudi-Arabien, Ägypten) mit besonderem Augenmerk auf die Testour-Bewegung in Tunis, in der sich Großgrundbesitzer, islamische Würdenträger und das Großbürgertum Tunesiens zusammengeschlossen hatten[503], sowie für die Verbindungen italienischer Rechtsgruppen zu nationalen Gruppierungen in Spanien, Portugal und Ägypten.

Chef dieser neuen Italien-Linie war ein Mann, der unter der Deckbezeichnung L 606 firmierte und den Höttl (J 36) im Januar 1952 beschrieb: «Der Meldekopfleiter der neuen Linie ist ein alter Mitarbeiter von J 36, der diese Sparte bereits während des Krieges bearbeitete und sich seit 1943 ununterbrochen in Italien aufhält. Mitarbeiter ist Dr. phil., Sprachwissenschaftler und Sportlehrer, spricht italienisch fast akzentfrei und lebt in Italien mit legalen italienischen Ausweispapieren, wiewohl es bekannt ist, dass er in Wirklichkeit deutscher Nachrichtenoffizier war. Gedeckt ist er durch den amerikanischen Geheimdienst, für den er seit 1946 tätig ist. Hat zu diesem aber keine engeren Bindungen und hält den Kontakt nur bis zu seiner endgültigen Übernahme durch diese Stelle. Material darf daher so lange nicht an amerikanische Nachrichtenstellen abgegeben werden.»

Wer war dieser geheimnisvolle Spitzenmann L 606? Die Angaben führen unweigerlich zu Dr. Karl Haß, der im «Dritten Reich» eine für den Mittelbau des Reichssicherheitshauptamtes typische Geheimdienstkarriere gemacht hatte. Mit 26 Jahren war der arbeitslose NS-Jugendführer Haß im Januar 1939 in die SS eingetreten und in der SD-Zentrale mit der Auswertung der italienischen Presse betraut. 1943 wechselte er – inzwischen promoviert – nach diversen Stationen zum Auslandsnachrichtendienst, dem Amt VI des RSHA, und wurde im Sommer 1943 nach Rom versetzt. Dort war er im März 1944 an der Erschießung von 355 italienischen Geiseln in den Ardeatinischen Höhlen beteiligt.

Obwohl Staatsanwalt Russell O. Pettibone von der Abteilung Kriegsverbrecher beim US-Hauptquartier in Österreich Haß am 21. Oktober 1947 zur Fahndung ausgeschrieben hatte, diente dieser ab November

1947 im Rang eines Hauptmanns des CIC in Linz. Er arbeitete bei einem gegen die Rote Armee gerichteten Soldatensender des US-Geheimdienstes. Beim Rückzug der deutschen Truppen hatte Haß in Parma die Spezialeinheit «Ida» für Sabotageakte aufgebaut, aber die diesbezügliche Akte (WO 204/12798) war bereits 1945 im Londoner War Office bereinigt worden, da sich der US-Geheimdienstoffizier James Angleton vom OSS für diesen SD-Führer in Italien interessiert hatte.

Bei Kriegsende war Haß von einem Mitglied der faschistischen Partei MSI in einem Konvent in der Region Marken versteckt worden. Dort wurde er 1947 von einem CIC-Offizier aufgespürt, in eine amerikanische Uniform gesteckt und ins österreichische Gmunden gebracht, wo ihn Joseph Luongo, ein führender Mann des US-Nachrichtendienstes, in Dienst nahm.[504] Haß bekam ein Zimmer auf dem Jagdgut des Prinzen von Hannover, das der CIC beschlagnahmt hatte[505], und eine neue Identität als Carlo Steiner.[506] So vor einer Verhaftung durch die eigenen Nazi-Jäger geschützt, schickte ihn sein neuer Brotgeber 1948 nach Rom, wo Haß im Vorfeld der Wahlen Kommunisten ausspähen sollte. Zugleich beteiligte er sich an der Schleusung von NS-Größen über Genua ins Ausland.

Im November 1953 wurde Haß auf Betreiben seiner Frau nach dem Verschollenheitsgesetz in Berlin-Charlottenburg für tot erklärt. Am 2. Dezember 1962 sorgte er selbst für die Aufhebung dieses Beschlusses. Er konnte nun wieder offen auftreten, da die italienische Militärstaatsanwaltschaft im Februar 1962 die Suche nach ihm eingestellt hatte. Selbst auf der Kinoleinwand tauchte er auf: in den 60er Jahren als Nebendarsteller in dem Film «Die Verdammten» von Luchino Visconti und in anderen passenden Rollen als SA- oder SS-Mann. Ab 1962 war der mittlerweile 50-Jährige offiziell für die Deutsche Kriegsgräberfürsorge in Italien tätig und fungierte von 1964 bis 1966 gar als Leiter des deutschen Soldatenfriedhofs Motta S. Anastasia bei Catania. Mitte der 80er siedelte Haß zu seiner zweiten Frau in die Schweiz um; erst 1996 holte ihn seine Vergangenheit ein. Zunächst war er nur Zeuge im Prozess gegen Erich Priebke, im Juni 1996 wurde er jedoch festgenommen. Die römische Staatsanwaltschaft ermittelte wegen Beihilfe an dem Massaker in den Ardeatinischen Höhlen, wegen Mordes an dem Gewerkschafter Bruno

Buozzi, jeweils im März 1944, und wegen Beteiligung am Raub von 80 Tonnen Gold aus der italienischen Zentralbank. 1997 wurde Haß zu zehn Jahren und acht Monaten Haft verurteilt, musste die Strafe aber nicht antreten, da sie wegen seines Alters zur Bewährung ausgesetzt wurde.[507]

Höttl hielt im Januar 1952 fest, dass das Netz von Haß zum Teil noch «aus dem alten Nachrichtenapparat des deutschen Geheimdienstes während des Krieges» bestand, sich des Weiteren aber auf «zahlreiche wertvolle italienische Mitarbeiter der verschiedenen amerikanischen Nachrichtenstellen, die er nach der Aufhebung der offiziellen alliierten Kontrolle in Italien Ende 1947 übernahm», stützen konnte. «Ein besonderes Schwergewicht legte L 606 bei seiner Arbeit auf die Zusammenarbeit mit sämtlichen Zweigen des nach dem Krieg neu gebildeten italienischen ND ‹S.I.F.A.R.› (servizi informative delle forze armate repubblicani›)».[508] Darüber hinaus bestand «engster Kontakt zu den italienischen Ministerien, sodass u. a. auch die Berichte der italienischen diplomatischen Vertretungen im Ausland bzw. in den Satellitenstaaten zur Verfügung stehen würden. Auch bei den italienischen Wirtschaftsstellen bestehen gleich gelagerte Verbindungen. In gleicher Weise besitzt L 606 zu den einzelnen politischen Parteien von der KP bis zur MSI engste Verbindungen.»[509] Man könnte annehmen, dass Höttl besonders hochstapelte, um in Bonn leichter das Plazet für Haß als Leiter der Italienlinie zu bekommen. Doch die korrespondierenden Akten der italienischen Nachrichtendienste aus den 50er Jahren zeigen, dass er noch untertrieben hatte, was die Involvierung seines Kandidaten in geheimdienstliche und politische Organisationen Italiens betraf. L 606 war mindestens einem halben Dutzend Diensten verpflichtet. Die Übereinstimmung zwischen der italienischen und der deutsch-österreichischen Aktenlage zeigt sich auch da, wo Höttl berichtet, er und Haß hätten sich 1943, beim Abfall Italiens, um den Schutz führender Persönlichkeiten des damaligen italienischen Geheimdienstes vor deutschen Repressalien verdient gemacht.[510]

Der Militärnachrichtendienst SIFAR hatte selbst einen Agenten auf Haß angesetzt. Am 4. März 1951 konnte dieser Haß eine Liste mit Namen von Kontaktleuten entwenden, auf der die Neofaschisten Uffredduzzi, Tedeschi und De Boccard verzeichnet waren. Der Auswerter des SIFAR vermerkte handschriftlich den Verdacht, dass Haß für eine Organisation arbeite, die als Einfallstor amerikanischer Interessen im italienischen Innenministerium bekannt war: das Ufficio Affari Riservati, den Nachrichtendienst des Innenministeriums. Wenig später konnte der SIFAR-Agent mit Gesualdo Barletta und Caputo die Kontaktleute von Haß in diesem Ufficio benennen. Und Ende Juni 1951 berichtete er, dass Haß kein Einzeltäter sei, vielmehr ziehe eine Gruppe ehemaliger deutscher und österreichischer Offiziere ein geheimes Informationsnetz in diversen italienischen Städten auf.[511] Höttl hatte seinen Weltkriegskameraden Haß, der in Italien für Italiener und Amerikaner arbeitete, also schon 1951 für die OG rekrutiert und ihn später mit in den Heinz-Dienst übernommen.

Haß trug gern auf mehreren Schultern, und so ist auch der Verdacht, er habe vertrauliche Briefe des italienischen Innenministeriums an Heinz sowie die Antwortschreiben kopiert und die Kopien an Großbritannien, Israel und die Sowjetunion verkauft, wahrscheinlich nicht weit von der Wirklichkeit entfernt. Der Verdacht führte am 30. September 1953 zur Forderung des italienischen Militärgeheimdienstes, Haß und einen seiner SS-Kameraden wegen Spionage zum Nachteil des italienischen Staates des Landes zu verweisen. Hilfesuchend wandte sich Haß an seinen Konfidenten im Innenministerium, Caputo, um die Ausweisung abzuwenden, aber dieser wollte ihm zunächst keine Rückendeckung geben.

Die erwünschte Unterstützung erhielt Haß von den Amerikanern, zumal er 1953 mit Oberst Luongo, der ihn als Erster in US-Dienste genommen hatte, die Installation einer Funkstation in der Nähe von Bozen projektiert hatte. Haß spielte für die USA eine Schlüsselrolle bei der Vernetzung der extremen Rechten mit ihrer Gladio-Struktur, und da diese erst am Anfang der Durchsetzung einer Strategie der Spannung standen, die durch gezielt gesteuerten Terrorismus die Ordnungshüter der politischen Rechten an der Macht halten sollte, schien er ihnen für weitere verdeckte Operationen in Italien offensichtlich unverzichtbar.[512]

Während der jahrelangen Auseinandersetzung um den Verbleib von Haß in Italien verlängerte das italienische Innenministerium die Aufenthaltsgenehmigung zunächst am 30. Dezember 1954 und erneut am 14. Juni 1955. Diesmal hatte Caputo sich für Haß verwendet, weil dieser für die Amerikaner arbeite. Am 18. Februar 1957 teilte Caputo dem Militärgeheimdienst dann mit, sein Schützling könne so lange in Italien bleiben, wie seine Tätigkeit für die deutsche Kriegsgräberfürsorge andauere.[513] Auch hierbei handelte es sich nur um eine Tarnung fortgeführter Geheimdienstarbeit. Am 7. Dezember 1953 bat Caputo Haß, die Verbindung zu den Deutschen anzukurbeln, weil doch für Deutschland und Italien die gemeinsame Gefahr bestehe, dass sich die Amerikaner durch den Aufbau von Stay-behind-Netzen die Möglichkeit einer militärischen Okkupation schaffen würden. Das wusste Haß nun längst. Aber er vertraute Caputo an, dass er längst ein Angebot von einem Polizeihauptmann Righini aus Bologna vorliegen habe, auf Initiative italienischer Industrieller in Turin und Mailand eine von den USA unabhängige antikommunistische Geheimorganisation aus dem Boden zu stampfen. Konfrontiert mit dem Akt des italienischen Geheimdienstes, bestritt Haß 1996 gegenüber dem Mailänder Untersuchungsrichter eine solche Offerte.[514]

Vorbehalte gegen die Westmächte in italienischen Geheimdienstkreisen konstatierte auch Höttl im Januar 1952, als er kundtat, «dass fast sämtliche ital. Nachrichtenchefs, angefangen von Innenminister (Mario) Scelba, beträchtliche Reserven gegen alle westlichen Geheimdienste haben und diesen erwiesenermaßen nur jeweils einen Bruchteil des anfallenden Nachrichtenmaterials geben, während sie einer deutschen Stelle wesentlich aufgeschlossener gegenüberstehen werden».

Da Italien nach dem Zweiten Weltkrieg ein Zentrum der südosteuropäischen Emigration geworden war, ließen sich dort nachrichtendienstliche Kontakte zu oppositionellen, antistalinistischen Gruppen aus Rumänien, Albanien oder Ungarn knüpfen. Diese Zielgruppe war in dreifacher Hinsicht wertvoll: Erstens ging es um die Abschöpfung der Emigranten selbst, zweitens um die Nutzung ihrer Beziehungen in die Heimat zur Rekrutierung von Agenten, und drittens planten die amerikanischen und deutschen Dienste, Partisanenverbände wenn nicht zum Sturz, so wenigstens zur Destabilisierung der Moskauer Marionettenregierungen einzuschleusen. Karl Haß wusste 1953 auf dieser Klaviatur zu spielen: «Sehr wertvoll erscheint der Kontakt von L 606 zu den verschiedensten Südost-Emigrantengruppen in Italien, die teilweise recht lebendige Beziehungen zu ihrer Heimat haben. So z. B. zu dem albanischen Minister Kolici, der bereits während des Krieges für den deutschen Geheimdienst tätig war, und zu dem Führer der rumänischen ‹Eisernen Garde›, Constantin Papanace. Beide haben sehr gutes Menschenmaterial zur Verfügung, das bei Vorhandensein der nötigen Mittel jederzeit in diesen Ländern eingesetzt werden könnte», notierte Höttl pragmatisch.

Die führenden Kollaborateure der deutschen Besatzungsmacht in Albanien waren 1947 weitgehend von der CIA unter ihre Kontrolle gebracht worden. Hasan Dosti, Justizminister der Quisling-Regierung in Albanien, Xhafer Deva, Innenminister des italienischen Besatzungsregimes, und Midhat Frasheri, Chef der mit den Nazis kollaborierenden Organisation Balli Kombetar, der berüchtigten Eisernen Garde, gingen 1949 in die USA, um dort das Nationalkomitee für ein freies Albanien aufzubauen. Die Angehörigen der Eisernen Garde, einer Ende der 20er Jahre in Rumänien gegründeten nationalfaschistischen Studentengruppe, hatten eigentlich keinen Grund, sich mit einem deutschen Geheimdienst einzulassen. Da sie auch das Regime von König Carol II. bekämpfte, ließ dieser im Mai 1938 14 ihrer Funktionäre erschießen. Nachdem General Jon Antonescu im Juni 1940 Ministerpräsident geworden war, betrieb er die schleichende Entmachtung der militanter gewordenen «Legionärsbewegung». Ihr Aufstand am 21. Januar 1941, der mit einem blutigen Pogrom im jüdischen Viertel von Bukarest begann, brach nur durch Einsatz der Wehrmacht zusammen und endete in Massakern, die regierungstreue Militärs an Mitgliedern der Garde verübten. «Die Vertreter des deutschen Geheimdienstes in Rumänien entschlossen sich in dieser Situation, die Spitzen der Legionärsführung auf eigene Verantwortung zu retten. 14 Kommandanten der Eisernen Garde wurden längere Zeit verborgen gehalten und schließlich, als deutsche Soldaten verkleidet, mit Krankentransporten nach Deutschland gebracht», erinnerte sich Höttl 1950 seiner Großtat.[515] Doch die Geretteten landeten mit Rücksicht auf den rumänischen Verbündeten im Januar 1943 im Konzentrationslager. Erst nach dem Abfall Rumäniens vom Hitler-Reich im

August 1944 wurden sie als Kern einer Wiener Exilregierung freigelassen, als die Siegermächte in Jalta Rumänien längst Stalins Einflussbereich zugeschlagen hatten. Verschwiegen hat Höttl, dass Baron Otto von Bolschwing, Beauftragter des SD in Bukarest, den Aufstand der Garde selbst angestachelt hatte.[516]

Nach Kriegsende konnte Höttl von der Eigenmächtigkeit bei der Rettung der Gardeangehörigen, darunter ihres Geheimdienstchefs Horia Sima, profitieren. Doch wieder spielte der FWHD nur die zweite Geige: Bolschwing, von 1947 bis 1949 von der CIA zur OG attachiert, hatte bereits im US-Auftrag den Führer der Garde, Papanace, gewonnen, der auch unter dem Schutz des Vatikans stand und nun Hilfestellung bei der Rekrutierung von Agenten in Rumänien leisten sollte. Zur Rumänienberichterstattung via Italien fertigte Mast einen undatierten Aktenvermerk für Z, das heißt für Heinz selbst, in dem er ihm eine neue Option für die Militäraufklärung aufzeigte, die vor allem auf jene Sowjetverbände zielte, die mit den in Ungarn aufgeklärten Truppen in einem engen «Konnex» stünden. Für den Zugang zu Informationen über die Rote Armee in Rumänien hatte Mast den neuen Mitarbeiter FJ 60 rekrutiert, einen ehemaligen Major der rumänischen Armee, der seine Einheit nach dem Abfall Rumäniens im August 1944 auf die deutsche Seite geführt hatte. «Politisch steht er keiner Emigrationsgruppe wirklich nahe, hat aber überall die besten Beziehungen. Sehr engen Kontakt besitzt er zum Vatikan, von dem er anscheinend stark – auch materiell – unterstützt wird», machte Mast seinem Vorgesetzten die neue Quelle schmackhaft, die nur unter der Voraussetzung tätig werden wollte, «dass es sich um einen rein deutschen Dienst handle».

Noch vor Rumänien und Albanien rangierte in den Prioritäten des Heinz-Dienstes Österreichs Nachbar Ungarn. Und auch hier hatte Haß einen guten Anknüpfungspunkt in Rom gefunden. «Besonders erwähnenswert ist in diesem Zusammenhang der ehem. ungarische Militärattaché in Belgrad Dölesi, der von Italien aus eine gute Nachrichtenlinie nach Ungarn errichtet hat und bei finanzieller Unterstützung seiner Tätigkeit das Material zur Verfügung stellen würde.»[517] Haß wurde aufgefordert, insbesondere diese Verbindung zu forcieren.

Heilige Allianzen – Der FWHD und der Vatikan

Im August 1993 tat die Apostolische Nuntiatur in Deutschland auf Anfrage Überraschendes kund: Der Heilige Stuhl bzw. der Vatikanstaat verfüge über keinerlei Nachrichtendienst. «Nachrichten über militärische und wirtschaftliche Angelegenheiten werden von keiner Behörde gesammelt. Die für die zentralen Institutionen der Kirche notwendigen kirchlich-religiösen Informationen werden von den Apostolischen Nuntiaturen nach Rom geliefert.»[518] Ein gewagtes Dementi. Einerseits steht es im Widerspruch zu zahlreichen Fundstellen in der Fachliteratur[519], andererseits ist es aufschlussreich, weil zwar die Sammlung wirtschaftlicher und politischer Nachrichten ausgeschlossen und der «Meldeweg» kirchlich-religiöser Aspekte benannt wird, aber in Bezug auf politische Nachrichten keine Aussage getroffen wird.

«Der Geheimdienst des Vatikans war im wahrsten Sinne des Wortes ‹katholisch› – alles umfassend», urteilt Mary Ellen Reese 1992 in dem Abschnitt ihres Buchs, das der Audienz Gehlens und seines amerikanischen Kontrolloffiziers Waldman Ende der 40er Jahre gewidmet ist. Generell konstatiert sie: «Die Aktivitäten der katholischen Kirche ziehen sich wie ein roter Faden durch das Gewebe der Spionagegeschichte während und nach dem Zweiten Weltkrieg.»[520]

Auch wenn es wegen der überaus restriktiven und selektiven Freigabe vatikanischer Akten kaum möglich sein wird, ein umfassendes Bild der Geheimdienstaktivitäten des Heiligen Stuhls zu zeichnen[521], sind Einblicke in die klandestinen Strukturen und Operationen ab und an möglich. Zum einen brechen Zeitzeugen aus dem vatikanischen Umfeld ihr Schweigen. So gab der 84-jährige Pater Antonino Gliozzo im November 1991 gegenüber der italienischen Zeitung *Il Sabato* an, dass das von ihm geleitete geheime jesuitische und antikommunistische Netzwerk von der CIA bezahlt wurde. Die amerikanischen Geheimdienstgelder habe er über den italo-amerikanischen Rechtsanwalt Joseph Calderon erhalten.[522] Zum anderen tauchen vermehrt Akten anderer Nachrichtendienste auf, die das korrespondierende Spionagenetz des Vatikans in seiner grundsätzlichen Existenz und in zahlreichen Einzelfällen belegen.

Dass der Heilige Stuhl nicht nur völkerrechtlich ein Staat, sondern zugleich auch einer der global wichtigsten Akteure auf der internationalen Bühne ist, wird kaum bestritten. Während in den Nachkriegsjahren die Blockkonfrontation auch auf das Verhältnis Roms zu Moskau und anderen WVO-Staaten durchschlug, änderte sich die päpstliche Ostpolitik allgemeinen Strömungen folgend ab dem Ende der 60er Jahre.[523] Bis dahin blies der katholischen Kirche jedoch der kalte Wind stalinistischer Verfolgung ins Gesicht.[524] In den Anfangsjahren des Kalten Krieges arbeitete der Vatikan in den osteuropäischen Staaten zweifelsohne mit nachrichtendienstlichen Methoden, um trotz der Unterdrückung der Religionsfreiheit seinen Einfluss aufrechtzuerhalten. Die Einsetzung von Geheimbischöfen und die konspirativen, gegen die religionsfeindlichen Gesetze gerichteten Methoden führten zwangsläufig dazu, dass im Machtbereich Moskaus zahlreiche Würdenträger als Spione verurteilt wurden. So wurde beispielsweise in Ungarn 1948 der Primas von Ungarn, Kardinal Mindszenty, wegen Spionage verhaftet, in Rumänien 1951 Bischof Schubert als Vatikanspion der Prozess gemacht und in Bulgarien 1952 Bischof Bossilkow zum Tode verurteilt.[525] Doch der Vatikan gab die Hoffnung, seine angestammten Einflussgebiete in Polen oder Rumänien wiederzugewinnen und selbst in der orthodox geprägten Sowjetunion zu missionieren, nie auf. Um das zweite Ziel zu erreichen, hatte er schon 1928 das Collegium Russicum gegründet.

Der Publizist Nino Lo Bello hat 1982 das nachrichtendienstliche System des Heiligen Stuhls beschrieben und dabei die zentrale Rolle des Russicum beleuchtet: «Ohne Zweifel unterhält der Vatikan den effektivsten Spionageapparat der Welt: Er verfügt über Agenten in praktisch allen Ländern, auf alle Fälle in allen Hauptstädten, auch den kleinsten. Der Nachrichtenverkehr zwischen Rom und seinen Spionen läuft über die verschiedensten Kanäle, teils brieflich, teils mündlich, über direkte Mitteilung an den Papst oder durch verschlüsselte Funkbotschaften von Radio Vatikan, das im Übrigen das größte Sendenetz der Welt unterhält, das noch größer ist als das der BBC und täglich in mehr als dreißig Sprachen sendet [...]

Einer der besten Geheimagenten des Vatikans in den letzten Jahren war ein Mann, dessen Name kein einziges Mal in der Zeitung stand, nämlich Walter M. Ciszek, ein Priester, der unter dem Namen Wladimir

Lipinski in der Sowjetunion tätig war, wo er den Moskauer Bären jahrelang an der Nase herumführte, ehe er schließlich ‹als Spion des Vatikans› zu dreiundzwanzig Jahren Gefängnis verurteilt wurde. So wie viele andere vatikanische Berufsspione wurde Pater Ciszek für seine Aufgabe in einem dem Vatikan gehörenden Gebäude aus dem 18. Jahrhundert in der Via Carlino Cattaneo in Rom ausgebildet [...] Die dort ansässige Organisation, das Collegium Russicum, steht sogar unter ihrer amtlichen offiziellen Bezeichnung im römischen Telefonbuch. Die Männer, die in dieser seltsamen Lehranstalt ausgebildet werden, wissen, dass sie eines Tages zu gefährlichen Einsätzen ins Ausland geschickt werden. In den riesigen Hörsälen und hohen Wandelgängen des Collegium Russicum sind die Rekruten – allesamt geweihte Priester – damit beschäftigt, sich so viel Wissen als möglich über die Sowjetunion und/oder die DDR, Polen, die Tschechoslowakei, Ungarn, Rumänien und Bulgarien anzueignen. Die dort Studierenden lernen nicht nur die jeweilige Landessprache mitsamt ihren Dialekten wie Einheimische zu sprechen, sondern befassen sich intensiv mit Geschichte, Wirtschaft und der aktuellen politischen Entwicklung des jeweiligen Landes, für das sie sich spezialisiert haben. Da sich der Vatikan für militärische Informationen kaum interessiert, wird dieser Aspekt nicht besonders behandelt.»[526]

Diese Darstellung eines den Nachrichtendiensten anderer Staaten vergleichbaren Spionage- und Diversionsapparats ist nicht unumstritten geblieben. Renommierte Fachhistoriker wie David Alvarez sind der Auffassung, dass es – mit Ausnahme des päpstlichen Staats von 1815 bis 1870 – keinen echten Nachrichtendienst des Heiligen Stuhls gab, der nachweislich als verborgene Spionageorganisation systematisch über die Meldungen der Nuntiaturen hinausgehende Informationen gesammelt habe.[527]

Die Akten aus dem Fundus von Heinrich Mast sprechen eine andere Sprache. So zum Beispiel die XG-Meldung 489 vom Januar 1952, in der es um den Aufbau der Linie Italien/Vatikan des FWHD geht. Karl Haß (L 606) hatte da bereits enge Kontakte zu Piero Fiorelli geknüpft, der als Wissenschaftler und Träger zahlreicher vatikanischer Würden bekannt ist[528], nie jedoch als Pendant eines Heinz oder Gehlen betrachtet wurde: «Eine innige Zusammenarbeit vonseiten L 606 besteht mit Monsign.

Fiorelli, dem Leiter des vatikanischen Geheimdienstes. Diesbezüglich betonte Monsign. Fiorelli gegenüber L 606, dass er durchaus bereit wäre, mit dem deutschen Geheimdienst auf der antisowjetischen und antikommunistischen Basis zusammenzuarbeiten, wie das schon mit Jesuitengeneral Graf Ledochowsky geplant und auch in Einzelheiten besprochen wurde. Monsign. Fiorelli hat ferner erklärt, in der Lage zu sein, Agenten bzw. Funker in Klöstern und Stiften in den Satellitenländern unterzubringen, wenn dieser Einsatz mit ihm gemeinsam durchgeführt wird.»[529] Unterschlupf in kirchlichen Einrichtungen fand die XG jedoch nicht nur tief im kommunistischen Machtbereich. In ihrer Leitstelle selbst zahlte sie als Untermieter der Diözese Linz 2,5 Prozent der in deren Sitz anfallenden Telefonkosten an das bischöfliche Ordinariat in der Linzer Herrenstraße, wie die hausinterne Verrechnung zwischen der Diözesanverwaltung und dem Heinz-Dienst aus dem Jahre 1952 zeigt.

Der Benediktinerpater Georges Passelecq und der belgische Historiker Bernard Suchecky haben 1995 deutlich gemacht, wie der Jesuitengeneral Graf Wlodzimierz Halke von Ledochowsky Hitler-Deutschland und seiner Rassenpolitik einen entscheidenden Gefallen getan hat. Im Juni 1938 hatte Pius XI. eine Enzyklika gegen den Antisemitismus und Rassismus in Auftrag gegeben, deren Entwurf dem General Ende September unterbreitet wurde. Doch der ließ das Werk ruhen. Im Februar 1939 starb Pius XI., und im März wurde Kardinal Eugenio Pacelli als Pius XII. sein Nachfolger, ohne dass der Affront gegen die mörderische NS-Diktatur je veröffentlicht wurde. Minuziös weisen Passelecq und Suchecky nach, wie Pius XI., der Ledochowsky und der Gesellschaft Jesu das 1928 gegründete Collegium Russicum anvertraut hatte, die von ihm in Auftrag gegebene Enzyklika durch Verzögerungstaktik und Sabotage des obersten Jesuiten nie zu Gesicht bekommen hatte.[530]

Der Pole Ledochowsky, Jahrgang 1915, misstraute den Russen und verabscheute den Kommunismus. «Der Nationalsozialismus erschien ihm als das geringere Übel», hielt der renommierte Kirchenhistoriker Émile Poulat fest.[531] Wohlwollend könnte man annehmen, dass er sich von einem Opportunismus leiten ließ, der die Hoffnung auf einen Modus Vivendi mit dem NS-Staat mit Antikommunismus paarte. Doch die Akten des FWHD sprechen auch eine andere Sprache, wo es um das Verhältnis von Karl Haß zum Collegium Russicum geht, «bekanntlich jene Institution, die russisch-nationale Priester ausbildet, um sie im Falle einer Befreiung von Russland sofort zur Missionierung einzusetzen». Der Jesuitengeneral hatte die in seinem Orden über die Sowjetunion gewonnenen Informationen in den Dienst des nationalsozialistischen Vernichtungsfeldzuges gestellt. «Das Material des ‹Collegium Russicum›, das dem deutschen Geheimdienst bereits während des Krieges zur Verfügung stand, ist anerkannt hervorragend», lobte der FWHD-Mitarbeiter J 36 im Januar 1952.[532]

An diese Tradition einer gemeinsamen nachrichtendienstlichen Arbeit mit dem Collegium Russicum gegen Stalins Imperium anzuknüpfen, erschien dem Heinz-Dienst nach der Zusage von Piero Fiorelli im Januar 1952 außerordentlich vielversprechend: «Es braucht hier nicht besonders ausgeführt zu werden, welch wertvolles Material durch den vatikanischen Geheimdienst in der ganzen Welt zusammengetragen wird, wobei, wie bekannt, der Orden der Gesellschaft Jesu ‹SJ› führend ist.»[533] Dass der Papst um die nachrichtendienstlichen Aktivitäten des Collegium Russicum und anderer Stellen stets wusste, darf man schon deshalb unterstellen, weil die Aufnahme von Beziehungen zu ausländischen Nachrichtendiensten durch eine Privataudienz für ihre Leiter offiziell sanktioniert wurde, wie die Audienz für Gehlen und Waldman Ende der 40er Jahre zeigt. Auch Heinz wollte seinen für Herbst 1952 geplanten Antrittsbesuch im italienischen Innenministerium bei Commendatore Barletta, der dann nicht zustande kam, mit einer Privataudienz verbinden und hatte dafür bereits grünes Licht aus dem Vatikan bekommen. Dass der Papst ebenfalls wusste, dass seine Nachrichtenleute auch Kontakt zum FWHD hatten, geht aus dem Schluss der XG-Meldung 986 vom Juni 1952 hervor. FJ 47 erklärte darin, Kardinal Giovanni Battista Montini habe ihm bei seiner Verabschiedung Folgendes gesagt: «Er käme eben vom Papst und hätte diesem gegenüber auch erwähnt, dass er nun FJ 47 abfertigen werde. Daraufhin hätte dieser geantwortet, ‹FJ 47› möge doch den Deutschen beibringen, was der Sinn des alten Spruches Heraklits ‹panta rhei› ist. Wenn sie das begreifen würden, dann wüssten sie auch, dass alles im richtigen Fluss, d. h. in dem für sie günstigen sei.»

Als gewiefte Geheimdienstler mochten sich Mast und Höttl nicht nur auf die Kooperation mit dem vatikanischen Nachrichtendienst stützen, sondern zogen es vor, dort auch eine eigene Innenquelle zu führen. Als Heinz im Sommer 1952 die Seriosität bestimmter Meldungen aus dem Vatikan in Zweifel zog, hielt die Linzer Leitstelle dagegen: Ihr Mann sei ein seit zwanzig Jahren in Rom lebender Österreicher in der außenpolitischen Abteilung des Vatikans, der «trotz seiner Zugehörigkeit zum römischen Klerus … niemals seine großdeutsche Gesinnung abgelegt» habe. Heinz' Zweifel hatten sich offensichtlich an der grundsätzlichen Haltung des Leiters der außenpolitischen Abteilung, Giovanni Battista Montini, gegenüber Deutschland festgemacht. Denn Montini, der spätere Papst Paul VI., hatte den Kurs des Vatikans gegenüber Hitler nicht unterstützt, sondern sogar mit dem Widerstand in Deutschland zusammengearbeitet. Den Vertretern Englands und Frankreichs übermittelte er als Prostaatssekretär am 7. Mai 1940 eine Warnung vor dem Überfall der Wehrmacht auf Russland, und 1943 unterstützte er als Bischof den Canaris-Vorschlag «Waffenstillstand nach Westen, Fortsetzung des Kampfes nach Osten», den Roosevelt jedoch im Frühjahr 1943 abgelehnt hatte.[534] Höttl belehrte Heinz, die rechte Hand des Papstes sei keineswegs deutschfeindlich: «Ein Mann wie Montini … sieht im deutschen Volk sicherlich nichts anderes als eben einen entscheidenden Faktor für die Zukunft Europas – wie er persönlich zu den Deutschen steht, darf hierbei keine Rolle spielen. Dass es ihm natürlich nicht gleichgültig sein kann, ob ein religionsloser Sozialist an der Spitze der deutschen Regierung steht oder der Katholik Adenauer, bedarf keiner besonderen Erklärung.»

Hubert Wolf hat noch im Jahr 2000 konstatiert, dass «die westlichen Demokratien eine religionsfreundliche Politik betrieben. Daher konnte sich der Katholizismus weitgehend auf sich selbst konzentrieren».[535] Dabei gab es bereits hinreichende Hinweise, dass sich der Vatikan angeschickt hatte, nachhaltig Einfluss auf diese Politik zu nehmen. Der frühere italienische Ministerpräsident Giulio Andreotti erklärte bereits Anfang 1992, dass der Heilige Stuhl Verbindungen zu westlichen Geheimdiensten unterhalte.[536] Der engste Partner des Vatikans waren seit dem Zweiten Weltkrieg die Vereinigten Staaten. Mehrere Quellen berichten übereinstimmend, dass der Leiter des OSS dem Dominikaner Felix Andrew Morlion 1943/44 den Aufbau von Auslandsresidenturen seiner

Vereinigung Pro Deo an strategisch bedeutsamen Plätzen der Welt – u. a. in den USA und Lissabon – finanziert hatte. Der Belgier Morlion galt damit als Gründer des Geheimdienstes der europäischen Katholiken. Die katholische Universität des Vatikans, Pro Deo, diente als Mantel, unter dem die gleichnamige Organisation mit der CIA kooperierte. Andreottis Enthüllungen basierten nicht auf Hörensagen: Er selbst war 1945 Sekretär Morlions geworden.[537] Jetzt aufgefundene Akten des FWHD beweisen, dass Pro Deo neben dem Collegium Russicum eine weitere, auf die westliche und neutrale Welt gerichtete Organisation nachrichtendienstlichen Charakters ist. Als weitere Quellen von Karl Haß (L606) in der römisch-katholischen Kirche und dem Vatikan führte J 36 im Januar 1952 nämlich an: «Padre Morlion, Direktor der Universität ‹Pro Deo›, die in allen größeren Hauptstädten der westlichen Welt ihre Niederlassungen besitzt. Morlion ist in Italien der bekannteste und auch fähigste aktive Bekämpfer des internationalen Kommunismus und hat mit Hilfe seiner Organisation ein weit verzweigtes Nachrichtennetz aufgezogen, dessen Ergebnisse er L 606 zur Verfügung stellt.»[538]

Auf den Austausch von Nachrichten beschränkte sich das Zusammenwirken des FWHD mit seinem vatikanischen Pendant aber keineswegs. Die XG-Meldung 986 vom 19. Juni 1952 berichtet über eine persönliche Unterredung, die Höttl mit dem Kontaktmann FJ 47 aus dem Vatikan hatte: «Die beiden kamen auf jenes Konzept einer politischen Neuordnung Europas zu sprechen, das bereits Otto von Habsburg anlässlich der Unterredung am Starnberger See angeschnitten hatte. Demnach ist es so, dass der Vatikan und da wieder als ausführendes Organ Montini seit geraumer Zeit begonnen hat, eine Sammlung der katholischen Rechtsparteien in die Wege zu leiten. In den bestehenden katholischen Parteien sollen vorerst alle Linkstendenzen ausgeschaltet und jene Persönlichkeiten, die bereit sind, mit der rechten Seite zusammenzugehen, ebenso gefördert werden. Dieses neue weltpolitische Konzept müsse sich auf ein Dreieck Rom-Madrid-Bonn stützen, worüber mit dem spanischen Staatschef Franco bereits das allerengste Einvernehmen bestünde.» Dass die rechte Hand des Papstes, Montini, im Zusammenwirken mit den Geheimdiensten dreier westlicher Staaten massiv zugunsten konservativer Kräfte in die innenpolitischen Verhältnisse eingreifen wollte, gehört wohl zu den pikantesten Geheimnissen, die die XG-Akten bergen. Aber lassen sich auch konkrete Folgen dieser Verabredung nachweisen?

Zur Durchsetzung der Strategie in Italien hatte der Vatikan offensichtlich einen eigenen Mann ins Rennen geschickt: Giulio Andreotti, der als Student des Kirchenrechts schon 1943 als 24-Jähriger von Papst Pius XII. zum Präsidenten der katholischen Studentenorganisation ernannt wird. Nach dem Zweiten Weltkrieg wird er Sekretär des Gründers des vatikanischen Westgeheimdienstes, Morlion. Schon 1947 Staatssekretär und rechte Hand des christdemokratischen Ministerpräsidenten Alcide de Gasperi, steigt er bis 1970, als er das erste Mal Regierungschef wird, unaufhaltsam auf, bekleidet Dutzende öffentlicher Ämter.

Aldo Moro, der im Mai 1978 ermordete Chef der italienischen Christdemokraten, warnte stets vor seinem innerparteilichen Gegenspieler, weil dieser als Verteidigungsminister und Ministerpräsident wie kein anderer Einfluss auf die Nachrichtendienste hatte und die zentrale Rolle bei der Durchsetzung kaltherziger Geheimpolitik gespielt habe. Als die gerichtlichen Untersuchungen gegen Andreotti 1993 losbrechen, wirft ihm die Justiz auch vor, als Drahtzieher an der Entführung und Ermordung Moros durch die Roten Brigaden beteiligt gewesen zu sein, ohne indessen bis heute letztgültige Beweise vorlegen zu können. Als Motiv vermuten viele Medien, dass am Tage vor der Entführung erstmals ein Regierungsprogramm im Parlament von Kommunisten gestützt werden und damit ein wichtiger Schritt hin zum «Historischen Kompromiss» zwischen den lange bis aufs Blut verfeindeten Parteien Democrazia Cristiana und KPI erfolgen sollte. Gesichert bleibt, dass Andreotti zur «Rettung der Nation vor dem Kommunismus» die militantrechten politischen Kräfte, italienische und amerikanische Nachrichtendienste, Industrieinteressen und die Mafia zu einem schlagkräftigen Block zusammengeschweißt hatte, der das politische Leben in Italien fest im Griff hatte, bis er zurücktrat und das Parlament im März 1993 seine Immunität aufhob.[539]

Die XG-Meldung vom 19. Juni 1952 nahm auch Bezug auf eine Mitteilung, die FJ 47 bereits im Mai gemacht hatte: «In der Democrazia Cristiana, die die eigentlich Geschlagene dieses Wahlkampfes wäre, gäbe es nur einen Sieger und das wäre Prof. Gedda, der Führer der italienischen Katholischen Aktion … d. h. also mit anderen Worten, dass der Vatikan vermutlich nach den kommenden Parlamentswahlen in Italien, die wahrscheinlich einen beachtlichen Sieg des MSI und der Monarchisten bringen werden, noch stärker auf ein Bündnis mit der Rechten dringen wird. Nachdem De Gasperi bereits vertraulich seinen festen Entschluss wissen ließ, dass er niemals Chef einer solchen Regierung werden würde, dürfte wohl Gedda große Aussichten haben, seine Nachfolge anzutreten. Dass dieser Mann beim Vatikan und insbesondere beim Papst persona gratissima ist, steht außer Zweifel.»

Die Prognose, die der FWHD eingeholt hatte, erwies sich als zutreffend. Tatsächlich erlitt die DC bei den Wahlen 1953 einen erdrutschartigen Verlust, während die Rechte auf fast 13 Prozent der Stimmen zulegen konnte. Nachfolger De Gasperis wird allerdings nicht Luigi Gedda, sondern Innenminister Amintore Fanfani, wobei die Diadochenkämpfe um die Nachfolge De Gasperis «ein neues Kapitel in der Serie der Skandale» einleiteten.[540]

Mit Gedda wäre ein Mann an die Spitze Italiens getreten, der für die Einbettung des päpstlichen Programms einer länderübergreifenden Koalition der Rechtsparteien in größere politische Zusammenhänge stand: Eine der interessantesten verdeckten Operationen der US-Nachrichtendienste im Nachkriegseuropa war die Finanzierung der Europa-Bewegung, die unter anderen Churchill, Adenauer und De Gasperi zu ihren Ehrenpräsidenten zählte. Als der britische Geheimdiensthistoriker Richard J. Aldrich 1997 diese weitgefächerten Operationen untersuchte, stieß er auf einen vatikanischen Bezug: Gedda und seine Katholische Aktion waren von der US-Botschaft in Rom bei ihrem Einsatz für eine «Westliche Union» unterstützt worden, nachdem der Papst zugestimmt hatte, dass die Kirche sich zum Bannerträger einer Föderation der westeuropäischen Staaten aufschwingen sollte. Als in der US-Vertretung daraufhin Geddas Finanzbedarf mit 500 000 US-Dollar ermittelt wurde, berieten die amerikanischen Diplomaten im Oktober 1948, ob man diese beträchtliche Summe aus Mitteln der CIA oder des Marshallplans aufbringen solle.[541]

In Spanien stand der Vatikan vor dem Problem, dass der Diktator dem Heiligen Stuhl und seinem politischen Hebel Opus Dei nicht gerade Sympathien entgegenbrachte. Daher musste Montini zunächst das Grundverhältnis zwischen Rom und Madrid in Ordnung bringen lassen. Im Juni 1952 meldete Höttl dazu nach oben: «Bekanntlich bestanden zwischen Franco und dem Vatikan früher nicht unbedeutende Differenzen, die aber inzwischen beseitigt sind, wobei der päpstliche Legat Kardinal Tedeschini den Auftrag hatte, anlässlich des Eucharistischen Weltkongresses in Barcelona diese Anerkennung Francos auch deutlich sichtbar zum Ausdruck zu bringen. Tedeschini fuhr, bevor ihm noch Generalissimus Franco den protokollarisch zustehenden Besuch machen konnte, persönlich im Palast des spanischen Staatschefs vor, um damit zum Ausdruck zu bringen, welche Stellung ihm der Vatikan einräume. Franco unternehme daher auch mit Wissen und Billigung Versuche einer engeren Zusammenarbeit mit den verschiedenen antikommunistisch eingestellten Organisationen und Persönlichkeiten aus ganz Europa sowie der islamischen Staaten. Hier könne Franco nämlich weit mehr machen als Rom, schon wegen der wesentlich günstigeren Lage Madrids. In Rom ließen sich derartige Fühlungnahmen kaum verheimlichen, da sowohl der östliche wie der westliche Nachrichtendienst dort ein ganz dichtes Netz errichtet habe. Auch könne die Kirche als solche sich politisch nie so weit vorwagen wie ein weltliches Staatsoberhaupt.»[542]

Zufall oder nicht: Als Höttl die XG-Meldung verfasste, begann das Opus Dei in Spanien mit der Gründung der Vorzeigeuniversität von Navarra in Pamplona Fuß zu fassen und hatte dazu eigens Sanchez Bella als Leiter aus Argentinien geholt, eines der erlesensten Mitglieder.[543]

«Spanien ist unter allen vermuteten Fällen politischer Verstrickung des Opus Dei der offensichtlichste Fall und hat damit Modellcharakter … Der Aufstieg der Opus-Dei-Leute begann mit der weitreichenden Regierungsumbildung des Jahres 1957, bei der zwölf von achtzehn Ministern ausgewechselt wurden. Die beiden Opus-Mitglieder Alberto Ullastres und Mariano Navarro Rubio erhielten die wirtschaftspolitisch entscheidenden Ministerien für Handel und Finanzen … Bereits im gleichen Jahr konnten Opus-Leute wichtige Spitzenpositionen in der Ministerialbürokratie und im staatlichen Verwaltungsapparat besetzen ...», so Matthias Mettner 1995 in seinem Buch über «Die katholische Mafia».[544] Als 1962 der Aufstieg des Opus Dei zur Macht in Spanien abgeschlossen ist, sind neben Staat, Verwaltung und Bildungswesen auch Banken und Wirtschaftsunternehmen vielfach unter der Kontrolle seiner Mitglieder.

Opus Dei

Die XG-Meldung vom Juni 1952 wies der Bundesrepublik beim Schmieden eines rechtskatholischen Blocks eine Schlüsselrolle zu: «Der dritte Eckpfeiler (diese Formulierung stammt wörtlich von FJ 47) müsse nach FJ 47 Bonn, d. h. eben der Sitz der deutschen Regierung werden. Der deutsche Bundeskanzler, der schon früher über großes Ansehen beim Vatikan verfügt hätte, erwiese sich immer mehr als der europäische Staatsmann im Sinne einer vatikanischen Politik auf weite Sicht. Dr. Adenauer genieße heute auch beim Papst sehr große Sympathien, nachdem der Mann, der bisher zwischen dem Papst und dem deutschen Bundeskanzler gestanden hätte, tot wäre.»[545] Gemeint war mit dem Kontrahenten Adenauers der im April 1952 verstorbene Prälat Ludwig Kaas, der ehemalige Führer der deutschen Zentrumspartei und Ratgeber von Papst Pius XII., der im NS-Reich als «Onkel Ludwig» auch Gesprächspartner der Spitzen des OKW-Amtes Ausland/Abwehr gewesen war.[546]

In Spanien und Italien sind das Anwachsen der rechten Potenziale im bürgerlichen Lager und die dahinterstehenden Geheimorganisationen also ersichtlich. Und in Deutschland? Standen hinter dem Ruck von der «großen marxistischen Volkspartei» (CDU-Bundestagswahlkampf 1949) über die stille Beerdigung des Ahlener Programms und die Neutralisierung von Jakob Kaiser und anderen «Herz-Jesu-Marxisten» in den Unionsparteien bis hin zur Entmachtung des CSU-Mitbegründers Josef Müller («Ochsensepp») auch jene strategischen Überlegungen, die der vatikanische Geheimdienst 1952 angestellt hatte?

Das Opus Dei war für die Durchsetzung vatikanischer Geheimpolitik in der Bundesrepublik kein geeignetes Instrument. Zwar war es Anfang der 50er Jahre nach Westdeutschland vorgestoßen, hatte im Vergleich zu Spanien und Italien hier aber keinen maßgeblichen Einfluss entwickeln können.[547] Die von der CIA in Italien fürstlich ausgestattete Katholische Aktion als Sammelbewegung des Laienkatholizismus, die in Süddeutschland vom katholischen Landadel der CSU und ihren rechtskatholischen Hochburgen in Regensburg und Augsburg dominiert wurde, war auch kein ausreichendes Vehikel, um länderübergreifend ein katholisch dominiertes vereintes Europa als antikommunistische Bastion zu schmieden.

An Versuchen ultrarechter katholischer Politiker, es den geschlossenen katholischen Gesellschaften in Italien, Spanien oder auch Frankreich, wo der erzkonservative Bischof Lefebvre aus der Action Catholique hervorgegangen war, gleich zu tun, hat es nicht gefehlt. Dafür stehen zum Beispiel Hans Graf Huyn, der von Ende 1963 bis zu seiner Kündigung 1965 im Referat für Europäische Politische Zusammenarbeit des Auswärtigen Amtes tätig war[548], oder auch Otto von Habsburg. Nicht zufällig pflegte Letzterer enge Kontakte zum Opus Dei in Spanien, wo er einen Wohnsitz hat, und nicht zufällig war er über Jahrzehnte Vorsitzender der Paneuropa-Bewegung in Deutschland. Ins Europaparlament konnte der ehemalige Thronanwärter auf Betreiben von Franz Josef Strauß einziehen, obwohl er nicht einmal Parteimitglied bei den Christsozialen war.[549]

In der Bundesrepublik ist das Zentrum als Partei des politisch offensiven Katholizismus – auch vor dem Hintergrund des Scheiterns beider Kirchen in der NS-Zeit – nicht wieder erstanden, stattdessen ist die um ihre protestantische Hälfte ergänzte CDU gegründet worden.[550] Der vom vatikanischen Geheimdienst 1952 geborenen Idee zu einem allkatholischen Dreibund zwischen Italien, Spanien und der Bundesrepublik fehlte in Deutschland damit der Nährboden.[551] Auch SPD-Oppositionsführer Schumacher hatte diese Gefahr 1949 offensichtlich weit überschätzt, als er die katholische Kirche im Wahlkampf als «fünfte Besatzungsmacht» angriff.[552]

Um die linken Kräfte in der CDU an die Wand zu spielen, brauchte Adenauer keinen Impuls des Vatikans. Schon 1947 schaltete er den christlichen Gewerkschafter Jakob Kaiser aus, als dieser den Vorsitz des

Ausschusses für zwischenstaatliche Beziehungen bei der Arbeitsgemeinschaft der CDU-Landesverbände – die Bundes-CDU wurde erst 1950 gegründet – übernehmen sollte. Die Intrige stand den italienischen Komplotten an Perfidie um nichts nach. Als die Wahl anstand, übergab Adenauer den Versammlungsvorsitz wegen angeblicher Übermüdung an Kaiser, der zugleich wie vorgesehen für das Amt vorgeschlagen wurde. Doch da intervenierte der CDU-Landesvorsitzende von Schleswig-Holstein, Carl Schröter. «Schröters Vorwurf: Jakob Kaiser habe vor wenigen Wochen in einem Berliner Kellerlokal im Gespräch mit Berliner CDU-Politikern die Aufstellung einer ‹schwarzen Reichswehr› erörtert. Diese Information war falsch, aber Adenauer hatte sie benutzt, um Kaiser zu disqualifizieren», erinnerte sich Strauß.[553] Schröter gestand dem CSU-Vorsitzenden später, er habe von den angeblichen Kaiser-Plänen nicht die geringste Ahnung gehabt, bis Adenauer auf ihn eingeredet habe. Auch das Kesseltreiben, mit dem Kaiser dann im September 1954 in die Defensive gedrängt wurde, speiste sich aus nachrichtendienstlichen Dunkelkammern. Nach dem Übertritt des BfV-Präsidenten in die DDR diffamierten ihn einige Medien als «John-Bürgen»; der Gehlen-Freund Siegfried Zoglmann – Deckname ZENTGRAF – spielte dabei mit seiner Zeitung *Fortschritt* eine unrühmliche Rolle.[554]

Im Wahlkampf 1953 hatte Adenauer eine «ungeprüfte, aus dubioser Quelle stammende Nachricht» – so die Bewertung von Strauß – erhalten, der zufolge zwei SPD-Funktionäre aus dem Ruhrgebiet namhafte Geldbeträge aus der DDR bekommen hätten. Diesen Wahlkampfschlager nutzte er bedenkenlos bei einem Auftritt in Frankfurt. Der von den Sozialdemokraten angestrengte Prozess gegen Adenauers Zwecklüge endete mit einer verheerenden Niederlage des Kanzlers – allerdings erst nach gewonnener Wahl.[555] Das Geheimnis, welche dubiose Quelle die nützliche Falschmeldung im Kanzleramt platziert hatte, ist nie gelüftet worden. Ob das BfV, die OG oder der FWHD sich bei Adenauer mit der getürkten Meldung beliebt machen wollte, muss offen bleiben. Die Inlandsaufklärung des FWHD etwa bei der Ausforschung Gustav Heinemanns, die Ausspähung innenpolitischer Gegner des Kanzlers durch die OG und die diesbezüglichen Dienstleistungen des BfV haben Adenauer jedenfalls so manchen rechtswidrigen taktischen Vorteil gegenüber Gegnern in allen Lagern verschafft, dessen er sich zu bedienen wusste.

Dass Adenauer bei der Ausschaltung politischer Linkskräfte in der Union und darüber hinaus im Einklang mit amerikanischen und vatikanischen Interessen handelte, ist offensichtlich. Zu beurteilen, ob dahinter auch ein konzertiertes, über nachrichtendienstliche Kanäle abgestimmtes und multinationales Vorgehen stand, lässt die von restriktiver Geheimhaltung seitens des Auswärtigen Amtes und des BND bestimmte Quellenlage in der Bundesrepublik noch nicht zu. Die von Otto John nach seinem Übertritt in die DDR zu Protokoll gegebene Kooperation des Verfassungsschutzes mit dem CIC in Stuttgart beim Kampf gegen die KPD und seine Hinweise auf nachrichtendienstliche Ermittlungen Adenauers gegen Jakob Kaiser lassen es jedoch vermuten.[556] Heinz jedenfalls blieb nur wenig Zeit, dieses Spiel mitzuspielen.

Gehlen hat die Nase vorn

Das Ende des Heinz-Dienstes

Gehlen war immer bemüht, mit seinem weit größeren Apparat den FWHD zu überflügeln. wie Graf Schwerin in einer Vortragsnotiz schon am 18. Oktober 1950 festhielt. Doch seinen Konkurrenten allein durch größere Erfolge auszustechen war ihm nicht vergönnt. Die Alarmglocken hatten in Pullach spätestens zu dem Zeitpunkt geläutet, als Heinz den ersten Auftrag Adenauers, ihm den Aufmarsch in der DDR aufzuzeigen, in nur zwei Wochen bravourös gelöst hatte. Die Beachtung, die die Heinz-Berichte anschließend in Bonn fanden, verstärkte den Argwohn Gehlens, der in Pullach auch darunter litt, weit vom Schuss zu residieren. Als eine Gruppe von sechs Bundestagsabgeordneten, darunter Franz Josef Strauß und Fritz Erler, im Mai 1953 dem FWHD in Wiesbaden einen Besuch abstattete, waren die Parlamentarier immerhin so überzeugt von der Leistungsfähigkeit dieses Geheimdienstes, dass sie seine Übernahme in den Bundesdienst anstelle der OG in Betracht zogen.[557]

Hinter den Kulissen hatte Gehlen bereits lange nach Möglichkeiten gesucht, Heinz aus dem Rennen zu werfen, und dafür einen ansonsten ungeliebten Verbündeten gefunden: Otto John. Die *Deutsche Illustrierte* war gut unterrichtet, als sie John am 7. August 1954 rückblickend vorwarf, der »Abschuss des ehemaligen Abwehrchefs der Dienststelle Blank, Oberstleutnant a. D. Friedrich Wilhelm Heinz» sei auf sein Konto gegangen. Mit Wissen, wenn nicht im Auftrag Globkes hatte John mindestens seit 1951 Belastungsmaterial gegen Heinz gesammelt, obwohl Blank mit dem BfV-Chef eine Kooperationsvereinbarung getroffen hatte. Im April 1953 stellte sich Blank noch einmal schützend vor Heinz und forderte John brieflich auf, «keine über den gesetzlichen Auftrag des Bundesamtes … hinausgehenden Ermittlungen»[558] gegen Heinz und seinen Dienst durchzuführen. Da hatte John seine Sammlung fragwürdiger Vorwürfe schon weitgehend beisammen: Heinz führe unberechtigt den Rang eines Obersten, wofür er im November 1954 wegen Meineids zu sechs Monaten Gefängnis verurteilt wurde, er sei heimlich der SPD beigetreten und habe seine NS-Vergangenheit bei der Einstellung ins Amt Blank verschwiegen. Johann Graf Kielmannsegg legte am 29. Juli 1953 einen Untersuchungsbericht vor, den Blank am 15. Juni in Auftrag gegeben hatte: «Dessen Bericht entlarvte die meisten Vorwürfe als Petitessen, peinlich eher für John als für Heinz.»[559]

Gefährlicher als das Herumhacken auf Lappalien waren zwei andere Initiativen seiner Gegner: zum einen der Versuch, ihm die Fortführung seines Nachrichtenhandels nach Eintritt in das Amt Blank nachzuweisen, zum anderen das Bestreben, ihn in die Nähe des nachrichtendienstlichen Gegners zu rücken.

Mit seinen späteren Mitarbeitern Kolb und von zur Mühlen hatte Heinz im Nachkriegs-Berlin und später im französisch besetzten Neuwied einen schwunghaften Nachrichtenhandel für Briten, Amerikaner und Franzosen aufgezogen. Er arbeitete auch mit dem zwielichtigen holländischen Nachrichtenhändler Jan Eland, dem bald die Felle wegschwammen, weil ihn der niederländische Geheimdienst feuerte. Heinz hatte Eland aber noch in der zweiten Jahreshälfte 1950 Material überlassen, und dieser begann, ihn im Herbst 1951 zu erpressen. Heinz leitete ein Strafverfahren ein, Eland wurde in erster Instanz zu neun Monaten Haft verurteilt. Bei den anschließenden Revisionsverfahren arbeiteten Eland und sein Verteidiger Helmut Kelch mit Otto John zusammen, der sein Dossier über Heinz anreichern wollte. Das MfS sah in Kelch, als dieser im Februar 1954 mit der Bitte um Material gegen Heinz in Ostberlin vorstellig wurde, einen Beauftragten Gehlens.[560] Im Fall Eland wurde Heinz also offensichtlich von der OG und dem BfV in die Zange genommen. Selbst als Eland in der Nacht vom 2. auf den 3. November 1953 in Zürich an einer Überdosis Schlaftabletten starb, Fremdeinwirkung nicht ausgeschlossen, setzte Kelch seine Wühlarbeit fort.

Heinz' Gegner probierten nun eine andere Variante: Mit der legendären prosowjetischen Spionageorganisation Rote Kapelle in Verbindung gebracht zu werden, war ein tödliches Gift in den heißen Anfangsjahren des Kalten Krieges. Also versuchten sie, Heinz mit dem Verdacht zu Fall zu bringen, er pflege Kontakte zu einem der bedeutendsten Männer dieses europaweiten Spionageringes, Rudolf Rössler. Gehlen warf in diesem Zusammenhang gleich fünf Angehörigen des Amtes Blank, darunter auch Oster und Graf Kielmannsegg, andauernde Kontakte zur Roten Kapelle vor. Aber der amerikanische Militärnachrichtendienst stufte die Verdächtigungen als «fixe Idee» des Pullacher Chefs ein.

Ganz so abwegig, wie die gängige Geschichtsschreibung, dem US-Votum folgend, Gehlens Vorwürfe einstuft, waren sie nicht. Eine XG-Meldung vom Januar 1952 über Karl Haß (L 606) gibt nämlich Hinweise darauf, dass Bonner Nachrichtendienstler in Rom Verbindungen zur Roten Kapelle suchten und fanden: «Sehr zu beachten ist auch die Verbindung von L 606 zu der in Italien noch vorhandenen und inzwischen wesentlich ausgebauten sowjetischen Nachrichtenorganisation ‹Rote Kapelle›, in der verschiedene deutsche Personen tätig sind. Diesem Komplex müsste wohl ganz besondere Beachtung geschenkt werden, da es sich hier um einen hervorragend getarnten, mit außerordentlich großen Mitteln dotierten ND. handelt. Sehr zu beachten ist in diesem Zusammenhang, dass in den letzten Wochen und Monaten in Italien verschiedentlich deutsche Persönlichkeiten ankamen, die sich offziell als Vertreter des neuen ‹Bonner› Geheimdienstes ausgeben und z.T. bereits Kontakt mit Nachrichtenagenten der ‹Roten Kapelle› haben.»[561]

Heinz-Gegner Globke machte aus alldem ein Dossier an Adenauer und würzte es mit Ausfällen von Heinz, die dieser in seinem 1930 erschienenen Buch «Sprengstoff» gegen rheinische Separatisten geäußert hatte, die Unterstützung durch «PanEuropa-begeisterte Oberbürgermeister domüberschatteter Städte» erfahren hätten.[562] Schließlich fehlte auch der Hinweis nicht, dass Heinz im März 1953 beim Gemeinschaftsfest der Dienststelle Blank seinen Dienstausweis auf dem Pförtnertisch vergessen hatte, der verschwunden blieb.[563]

Obwohl Kielmannsegg, der persönliche Kanzler-Referent Ernst Wirmer und der Blank-Stellvertreter Wolfgang Holtz gegen eine Entlassung von Heinz votierten, setzte Globke die Amtsenthebung durch. Er konnte dabei auf die Unterstützung von General Heusinger zählen, der von März 1948 bis 1952 unter dem Decknamen Horn Leiter der Auswertung der OG gewesen war. Blank selbst köderte er mit der Aussicht, ihm im

Verteidigungsministerium den aus der OG hervorgehenden Bundesnachrichtendienst zu unterstellen. So schickte Blank auf direkte Anweisung Adenauers Heinz zum 1. Oktober in den Urlaub, löste widerwillig das Dienstverhältnis zum 31. März 1954 auf und ordnete die Übernahme der Geschäfte durch seinen Stellvertreter, Johannes Kirsch, an. Seine Effizienz hatte der Heinz-Dienst damit weitgehend verloren. Er verlor sich mit der Eingliederung in die Aufklärungsstrukturen der entstehenden Bundeswehr ab 1955.[564]

Gehlen war an einer Übernahme des Restkörpers nicht interessiert, übernahm allenfalls einige Angehörige des FWHD. Das entsprach seiner Generallinie beim Umgang mit erloschenen Konkurrenten, die er Adenauer bereits am 16. Mai und Ende August 1952 in Memoranden über Aufgaben und Struktur seines künftigen Dienstes, darunter «Eingliederung etwaiger sonstiger geeigneter Gruppen», vorgeschlagen hatte. Er nahm dort Bezug auf «solche kleineren, personell deutsch besetzten Stellen mit ND-Aufgaben, welche von den Allierten unterhalten und eingesetzt wurden. Ihre Übernahme hat sich aber mit einer Ausnahme nicht als zweckmäßig erwiesen», vertraute er seinen Memoiren an.[565]

Achim Oster arrangierte sich mit Gehlen, der ihn 1954 vorübergehend mit der Leitung des MAD beauftragte. Von 1958 bis 1962 diente der Oberstleutnant i.G. dann als Heeres-, Luftwaffen- und Marineattaché in Spanien und war dort verantwortlich für die Festnahme des *Spiegel*-Redakteurs Conrad Ahlers.

Auch Gerhard Schacht, der ehemalige Chef der Leitstelle München, machte Karriere in der Bundeswehr. 1966 war er bereits Kommandeur des Heeresfliegerregiments 3. Ab 1968 konnte er als Militärattaché im Iran und 1969 in der Türkei wieder nachrichtendienstlichen Aufgaben nachgehen.[566] Horst Löser jedoch, mit Heinz persönlich befreundet, lehnte 1955 eine Übernahme in das Verteidigungsministerium oder den Bundesnachrichtendienst ab und warf Globke «Ausschaltung bzw. Abschiebung der Offiziere der Hitleropposition» vor.[567]

Heinz war sein ganzes nachrichtendienstliches Leben hindurch Werbeversuchen östlicher Dienste ausgesetzt: Erstmals 1936, als der sowjetische Geheimdienstoffizier Alexander Hirschfeld den gerade in die Abwehr eingetretenen Heinz durch eine Liaison mit dessen Frau anwerben wollte. Dann ein zweites Mal 1949, als ihn ein Angebot der *Berliner Zeitung* zur Mitarbeit erreichte, ein indirekter Werbeversuch des KGB. Und ein drittes Mal im Juni 1952, als man ihn über seine ehemalige in Westberlin lebende Sekretärin zu ködern suchte, nachdem die Sowjets über ihre Agentin Vera Schwarte, Vorzimmerdame bei John, von der Hexenjagd auf Heinz Wind bekommen hatten.[568] Von diesem Vorstoß hatte Heinz nur durch Zufall erfahren, als er seine frühere Mitarbeiterin in der geteilten Stadt besuchte. Der für die Spionageabwehr zuständige John war zwar von Verbindungsbeamten des Innenministeriums in Berlin unterrichtet und um eine Warnung an Blank gebeten worden, hatte das potenzielle Opfer und seinen Vorgesetzten aber im Dunkeln gelassen.

Der vierte Versuch fand gleich nach seiner Entlassung statt. Am 1. November 1953 suchte der sowjetische Agent Alfred Friedrich, früher einmal ein Gehlen-Mann, Heinz in seiner Wiesbadener Wohnung auf, um ihm ein verlockendes Angebot zu machen. Er könne Leiter der Deutschland-Abteilung des sowjetischen Nachrichtendienstes werden, wenn er übertreten würde. Doch Heinz ließ den Kurier durch BKA-Beamte, die im Nebenzimmer warteten, festnehmen. Der geständige KGB-Mann wurde später verurteilt.[569]

Einen fünften Anlauf, Heinz mit großen Versprechungen auf ihre Seite zu ziehen, unternahmen die sowjetischen Dienste, als er am 16. Dezember 1954 freiwillig zu einem Treffen mit Kolb in Berlin kam, von dem er sich wohl Hilfe in seinem Meineidsverfahren erhoffte. Nach Heinz' Darstellung wurde er nach Berlin-Karlshorst zum KGB entführt und hatte sich nur deshalb so schnell zur Mitarbeit bereit erklärt, um Zeit für die Vorbereitung seiner Flucht zu gewinnen. Jedenfalls war er schon wieder im Westen, bevor der eigens aus Moskau eingeflogene Vernehmungsoffizier im Osten landete. In den konservativen Medien Westdeutschlands fand Heinz aber mit seiner Version einer Entführung keinen Glauben.[570] Nach seiner Rückkehr in den Westen gab die DDR an, Heinz habe zwar Dokumente zur OG und zum Amt Blank übergeben, sein Ersuchen um Asyl sei aber abgelehnt worden, weil er zu Zeiten der Weimarer Republik an der Ermordung Walther Rathenaus und Matthias Erzbergers beteiligt gewesen sei.[571] Die Öffnung der MfS-Akten zeigt, dass es sich dabei um eine Propagandalüge gehandelt hatte, da selbst die

MfS-Offiziere bei der Bewertung des Vorgangs im Juli 1956 zu dem Ergebnis kamen, es habe sich bei Heinz' Kooperationsbereitschaft «nur um eine Finte» gehandelt.[572] Ein Verfahren wegen Landesverrats gegen Heinz wurde nie eingeleitet. Der US-Militärnachrichtendienst ließ ihn aber noch lange als potenziellen Sowjetspion überwachen. So starb Friedrich Wilhelm Heinz 1968, ohne rehabilitiert worden zu sein. Der ewige Verdacht, in die Dienste des Gegners getreten zu sein, machte es Gehlen leicht, die Verdienste seines Konkurrenten so klein zu reden, dass Veteranen aus Pullach auch heute noch vom Versagen des Friedrich-Wilhelm-Heinz-Dienstes überzeugt sind.

Die Bilanz des Heinz-Dienstes

Die Meinungen zur Qualität des FWHD gehen weit auseinander. Das 1971 von Zolling und Höhne über Heinz gefällte Urteil war vernichtend. Sie stempelten ihn als «geheimdienstlichen Schwarzhändler» ab, der nur Zeitungsmeldungen angereichert habe.[573] 1985 fiel Höhnes Kritik noch härter aus. Nachdem sich die Franzosen von Heinz, der unter dem Decknamen TULPE eine fiktive Agentengruppe in Mitteldeutschland führte, getrennt hatten, habe Heinz für Achim Oster und das Kanzleramt «ein neues Phantasiereich der Spionage» geschaffen.[574] Der Adenauer-Biograph Henning Köhler schätzte Heinz 1994 als wenig seriös, aber handwerklich geschickt ein. Er habe seine Berichte so zusammengeschrieben, dass sie bei Adenauer Wirkung zeigten.[575] Meinl und Krüger kamen in ihrer Fallstudie 1994 zu dem Urteil, er habe sich als insgesamt verlässliche Informationsquelle für den Bundeskanzler erwiesen.[576] Der Militärhistoriker Roland Foerster bescheinigte Heinz, trotz mancher Irrtümer dem Bundeskanzler gute Dienste geleistet zu haben.[577]

Doch alle diese Urteile beruhen auf einem geringen Aktenbestand und damit unvollständiger Kenntnis der Organisation. Im Lichte der zitierten und gesichteten Akten der Nebenstelle Linz des FWHD und ihrer zahlreichen Ableger muss man dem weitgehend positiven Urteil Gero von Gersdorffs zustimmen und darüber hinaus feststellen, dass die österreichische Dependance nicht nur in militärischer Hinsicht, sondern auch was die wirtschaftliche und politische Aufklärung im gesamten Donauraum, in Österreich, Italien und dem Vatikan betrifft, ertragreich war. Die bisher nicht gewürdigten politisch-operativen Aktivitäten – besonders im Hinblick auf das Zusammenwirken mit dem Heiligen Stuhl – zeigen überdies, dass Adenauer sich hier nicht nur auf einen veritablen Nachrichtenbeschaffungsapparat stützen konnte, sondern auch ein Geheiminstrument zur außenpolitischen Fühlungnahme besaß.

Die von Baron Mast verfasste Schlussbilanz der XG-Leitstelle Linz verweist auf über 4000 Meldungen und sparte 1955 nicht mit Eigenlob: «So wurde daher die Tätigkeit der Leitstelle Österreich vonseiten der eigenen zentralen Leitung und seitens der USA außerordentlich zufrieden stellend beurteilt und gab es auf dem Sektor des Meldewesens zahlreiche Belobigungen. Sie sind allerdings ohne die wirklich einwandfreie und vielfach aufopfernde Tätigkeit der einzelnen Agenten, VM und gelegentlichen Mitarbeiter nicht möglich gewesen.»[578]

Doch das nachrichtendienstliche Dorado war für die XG immer mehr zu schwierigem Terrain geworden – parallel zu den Bonner Planungen, die OG in den Bundesdienst zu übernehmen. Anderthalb Jahre nachdem er das Lager gewechselt hatte, registrierte Höttl im Herbst 1952 Intrigen gegen sich, die ihn in Probleme mit seinem neuen Dienstherrn stürzten. Im Oktober 1952 gab Friedrich Wilhelm Heinz seinem Münchner Residenten Schacht sogar die Anweisung, das Mitarbeiterverhältnis mit Höttl umgehend zu beenden und die Leitstelle Österreich zu liquidieren. Er warf Höttl vor, sich im Ausland als Vertreter des Amtes Blank ausgegeben, geheime Anschriften und Verbindungen preisgegeben und nicht zuletzt anstelle von Tatsachen zweckdienliche Kombinationen berichtet zu haben. Angeschwärzt worden war Höttl – so die Auskunft seines Dienstherrn – durch ein Schreiben des bevollmächtigten Vertreters des amerikanischen Hochkommissars im Amt Blank. Dieser soll auf eine Warnung der amerikanischen, britischen und französischen Nachrichtendienste in Österreich vor einer Zusammenarbeit mit Höttl verwiesen haben. Der Vorwurf ließ den Beschuldigten nicht ruhen. Am 17. Oktober 1952 sprach er persönlich bei der Alliierten Hochkommission in Deutschland vor, sechs Tage später nahm er Verbindung zu den britischen und französischen Geheimdienststellen in Österreich auf.

Überall versicherten ihm die Vertreter der westlichen Siegermächte, dass sie keinen derartigen Schritt unternommen hatten. Ermutigt von diesen Auskünften wandte er sich in einem geharnischten Brief an Heinz persönlich, um zu den «ehrenrührigen» Behauptungen Stellung zu nehmen. «Ich habe in der Zeit meiner Tätigkeit für Ihre Dienststelle mehr als 1500 Meldungen an Sie abgesandt, wobei mir nicht ein einziges Mal mitgeteilt worden wäre, dass man eine dieser Meldungen anzweifelt oder gar als aus Zweckbehauptungen und Kombinationen bestehend ansieht», konterte Höttl in dem Schreiben und forderte Heinz auf, ihm die eigentlichen Urheber der Verdächtigungen namhaft zu machen. Zuvor hatte Höttl bereits eine angebliche Demarche der österreichischen Regierung beim Amt Blank vom April 1952 gegen seine Tätigkeit als «Phantasiegebilde» entlarvt, wobei ihm letztlich mitgeteilt wurde, dass es sich um eine Beschwerde Wiens bei der Bayerischen Staatskanzlei gehandelt habe. Doch auch dafür fand er in Wien keine Bestätigung.

Am 4. Oktober 1952 ordnete Blank zunächst das endgültige Aus der Eigenständigkeit der Leitstelle Linz und Höttls an, der mit einer Übergangsbeihilfe abgespeist werden sollte. Am Tag zuvor hatte die Münchner Außenstelle Baron Mast zu einer Besprechung zwischen dem 8. und 10. Oktober am gewohnten Treffpunkt in Österreich eingeladen, um «insbesondere die weitere Mitarbeit von Personen aus Ihrem Arbeitsbereich zum Gegenstand einer eingehenden Aussprache zu machen», und gebeten, dazu mit FJ 53 und FJ 85 zwei Hauptverbindungsleute hinzuzuziehen. Der FWHD wollte Höttl zwar loswerden, auf die Netze der Linzer Dependance aber auf keinen Fall verzichten.

Der kaltgestellte Höttl hing der Illusion nach, er könne noch einmal mit seinem ganzen Apparat die Seiten wechseln. «Nach Entlassung von seiner Stelle im Amt Blank nahm Dr. Höttl Verbindung zur Org. Gehlen zwecks Übernahme seiner Organisation in die Org. Gehlen auf», kommentierte Mast 1953 den Stand der laufenden Verhandlungen, die nicht von Erfolg gekrönt waren, weil sie von amerikanischen Interventionen begleitet wurden: Höttl war am 26. März 1953 vom CIC Salzburg verhaftet, eine Woche später jedoch wieder auf freien Fuß gesetzt worden. Den schnell ausgeräumten Verdacht, er sei in den Schwarzhandel der inzwischen von den Russen angeworbenen ehemaligen CIC-Agenten

Captain Kurt Ponger und Leutnant Otto Verber verstrickt gewesen, nahm der *Spiegel* im April 1953 zum Anlass, Höttls schillernde Laufbahn zu publizieren und zahlreiche Details seiner Arbeit für eine «westdeutsche Nachrichtenorganisation» zu veröffentlichen – darunter die Trefforte des Heinz-Dienstes von Bad Ischl über Attnang-Puchheim bis zum Café am Stadtplatz in Vöcklabruck. Der Name Friedrich-Wilhelm-Heinz-Dienst fiel dabei nicht, aber eine ganze Serie von Vorwürfen über Sowjetkontakte bis zu Koalitionen im rechtsextremen Lager zielte offensichtlich darauf, Höttl für jede weitere Geheimdienstarbeit zu verbrennen.[579] In einem umfangreichen Leserbrief an den *Spiegel* vom 7. Mai bemühte sich Höttl vergeblich um Richtigstellungen bei dem verantwortlichen Redakteur. Dabei handelte es sich um seinen einstigen SS-Kameraden Dr. Horst Mahnke. Die Tatsache, dass Mahnke eine erstrangige Pressesonderverbindung des BND – Deckname KLOSTERMANN – war[580], lässt ahnen, wo der Gegenwind gegen Höttl entfacht worden war.

Nachdem Heinz im Oktober 1953 aus dem Amt Blank geschieden war, schlug die Lähmung des Blankschen Nachrichtenapparats auch auf die Leitstelle Linz durch. «In der Zeit von Ende 1954 bis Anfang 1955 erfolgte eine teilweise Abtrennung einzelner Arbeitsgebiete von der Leitstelle Österreich, die nun von der Zentrale direkt gesteuert wurden. Mit dem Staatsvertrag wurde die Leitstelle aufgelöst. Die noch verbliebenen Auslandsbeobachtungsräume wurden nun auch der Zentrale direkt unterstellt», resümierte Mast, der schon 1954 freiwillig als Stabschef ausgeschieden war.[581] Mast erwies sich als gewiefter als Höttl. Von Innsbruck aus war er für den französischen Hochkommissar Bethouart tätig, noch lange über den Abzug der Franzosen im Oktober 1955 hinaus. Die Akten und Dokumente, die die Höttl/Mast-Gruppe vom Ende der 40er Jahre bis 1955 angehäuft hatte, brachte er in seinen Besitz.

Mast und Höttl in den BND zu übernehmen, verbot sich für Gehlen nicht nur aus Rache gegenüber den Überläufern. Das Hauptaufklärungsziel, die sowjetischen Verbände, war entschwunden, und für die innenpolitische Aufklärung im Nachbarland und in Südosteuropa hatte er längst eine Parallelstruktur aufbauen lassen. Bereits 1948 waren Bruno Kauschen, ehemals im Amt VI des RSHA, und Josef Adolf Urban, vormals SD-Führer in Wien und Balkanexperte Walter Schellenbergs, der bis zum Chef der SD-Leitstelle Budapest aufgerückt war, mit dem Aufbau einer OG-Residentur in Österreich betraut worden.[582]

Mit dem vagabundierenden Geheimdienstsöldner Urban hatte Gehlen keinen guten Griff getan. Nach den Aufzeichnungen seines Gegenspielers Höttl war Urban nach Kriegsende als bezahlter Nachrichtenagent für das amerikanische CIC, den britischen FSS (Field Security Service), den israelischen Nachrichtendienst, das Deuxième Bureau, für den Nachrichtendienst der Sicherheitsdirektion des österreichischen Innenministeriums und für die Neonazigruppe Dr. Soucek tätig. Wegen seiner Rolle als Nachrichtenchef der 1948 zerschlagenen Werwolfgruppe des Grazers Theodor Soucek[583] war Urban über längere Zeit inhaftiert, musste jedoch von der österreichischen Sicherheitsdirektion freigelassen werden, da in einem Prozess auch seine Mitarbeit dort zur Sprache gekommen wäre. Im Bericht vom 16. Juli 1952 über «Ursachen und Hintergründe der Angriffe gegen Dr. H.» hielt Höttls Büro überdies fest, dass Urban seine Mitarbeiter vereidigte «auf den Führer Adolf Hitler, nachdem er sichere Informationen habe, dass dieser am Leben sei, und zwar befinde er sich lt. Urban in einer warmen Oase im Südpolargebiet. Den Kontakt zu Hitler will Urban über Mitarbeiter in Buenos Aires halten.»[584] Der ehemalige SS-Obersturmbannführer wurde trotz anhaltend tiefbrauner Gesinnung und seiner Enttarnung 1956 als Mitarbeiter des BND übernommen und diente bis weit in die 70er Jahre hinein in Pullach.

Gehlen contra Blank

Zielstrebig hatte Gehlen seine Strategie zur Erringung des nachrichtendienstlichen Monopols verfolgt. Und er setzte sich letztlich durch, wenn ihm auch die angestrebte Position eines Ministers für Staatssicherheit versagt blieb. Heinz Höhne hat 1985 die Abfolge dieses Aufstiegs über die politischen Leichen von Heinz (Tulpe) und John dargestellt: «Erst musste sich noch Tulpe entlarven und Osters Geheimdienst scheitern, musste im Sommer 1954 die mysteriöse Flucht des BfV-Präsidenten John in die DDR die Stellung des Verfassungsschutzes erschüttern, bis

Gehlen alles erreicht hatte, was er sich vorgenommen hatte: die Erhöhung seiner Organisation zum Bundesnachrichtendienst.»[585]

Theodor Blank, der von Heinz stets viel gehalten und seiner Entlassung nur auf Druck Adenauers zugestimmt hatte, war nun seines eigenen Nachrichtendienstes beraubt und in Abhängigkeit von Gehlen geraten. Dass der ihm nicht wohl gesonnen war, sondern Franz Josef Strauß als obersten Militärpolitiker und künftigen Verteidigungsminister favorisierte, wusste Blank spätestens, seit ihn Heinz aufgrund der XG-Meldung vom 19. August 1952 über die «Tätigkeit der ‹Demokratischen Liga› gegen die deutsche Bundesregierung, in Sonderheit gegen deren Sicherheitsbeauftragten Theodor Blank» unterrichtet hatte. Der persönlichen Information, die FJ 64 am 16. August ermittelt hatte, war ein Beschaffungsauftrag von Heinz (Z) persönlich vorausgegangen, und sie barg Sprengstoff:

«Aufgrund des Wunsches von Z, durch die seinerzeitige Quelle nähere Informationen über die konspirative Tätigkeit gegen den deutschen Sicherheitsbeauftragten Theodor Blank in Erfahrung zu bringen, hatte FJ 64 eine weitere Unterredung mit dem im Vorbericht genannten Vertreter des israelischen Nachrichtendienstes in Wien. Diese ergab im Wesentlichen folgende Punkte:

> Hauptträgerin des Kampfes gegen Blank ist die ‹Demokratische Liga›, deren Bedeutung nach Auffassung des israelischen ND-Mannes in Deutschland stark unterschätzt wird. Die ‹Demokratische Liga› ist eine Unterorganisation der ‹Jewish Agency›, also jener jüdischen Institution, die ähnlich wie seinerzeit die ‹Alliance Internationale Israelite› in Paris auf der gesamten Welt die jüdischen Belange vertritt …
> Über die ‹Jewish Agency› führte der israelische ND-Mann einige Details aus … Die ‹Jewish Agency› verfügt über drei Hauptsitze, nämlich New York, Genf und Israel. Der Staat Israel hat der ‹Jewish Agency› vor kurzem den Status einer exterritorialen Organisation zuerkannt, was offiziell damit begründet wurde, dass die ‹Jewish Agency› infolge ihrer umfassenden Manipulationen mit ausländischen Valuten den Devisengesetzen des Staates Israel nicht unterstellt

werden könne und daher einen exterritorialen Status erhalten müsse. In Wirklichkeit ist es natürlich die stark subversive Tätigkeit der ‹Jewish Agency› gegen verschiedene Staaten, die die israelische Regierung zu diesem Schritte zwang …

Genauso wie die ‹Jewish Agency› ist auch die ‹Demokratische Liga› in Deutschland aufgebaut. Deren offizielle Leitung ist also keineswegs identisch mit der wirklichen Führung des Verbandes. Bei Zusammenkünften dieser, die nur im kleinsten Kreise erfolgen, werden außerordentlich scharfe Vorsichtsmaßregeln angewendet.

Eine besondere Gruppe der ‹Demokratischen Liga› ist beauftragt, mit den verschiedenen deutschen Parteien und sonstigen Institutionen Verbindung aufrechtzuerhalten, wobei ein besonders inniger Kontakt zur SPD besteht, der über eine namentlich nicht bekannte Persönlichkeit der SPD in Düsseldorf führt. Desgleichen hat die ‹Demokratische Liga› auch Verbindung zu österreichischen Gruppen und hier besonders wieder zur SPÖ, die unmittelbar zu deren Zentralsekretariat in Wien führt.

Außerordentlich eng sollen die Verbindungen zu den drei westlichen Besatzungsmächten, insbesondere zu deren Geheimdiensten sein. Hier erklärte der israelische ND-Mann, dass der Kontakt zum amerikanischen Geheimdienst ‹naturgemäß am allerinnigsten› wäre, da die konfessionelle Zusammensetzung dieser Organisation tatsächlich eine natürliche Voraussetzung dazu bilde. Während die ‹Demokratische Liga› die verschiedenen Geheimdienste mit ihrem Nachrichtenmaterial versorgt und insbesondere solches über angeblich nationalistische bzw. neofaschistische Umtriebe vorlegt, erhält sie dafür umfassendes Nachrichtenmaterial aus aller Welt, das naturgemäß sofort der ‹Jewish Agency› zugängig gemacht wird. Dass natürlich ein enger Kontakt der ‹Demokratischen Liga› zum israelischen ND auch besteht, versteht sich von selbst. Man scheint diese Dazwischenschaltung der ‹Demokratischen Liga› auch deshalb zu gebrauchen, weil verschiedene amerikanische Zentralstellen im Pentagon und State Department eine direkte Zusammenarbeit mit dem israelischen Nachrichtendienst ablehnen sollen.»

Nach dieser langatmigen Bewertung der Meldung kommt FJ 64 auf den Punkt:

> «Neben dieser rein nachrichtendienstlichen Tätigkeit besteht die Hauptaufgabe, welche der ‹Demokratischen Liga› von der ‹Jewish Agency› gesetzt wird, mehr in einer zersetzenden Tätigkeit. Es soll in Westdeutschland wie auch in Österreich jegliche nationale Regung unterdrückt und deren Träger diffamiert werden. Ganz besonders gilt dies hinsichtlich des Wehrwillens der deutschen Bevölkerung. Hier richtet sich der Hauptkampf der ‹Demokratischen Liga› – und dazu soll nach Informationen des israelischen ND-Mannes ein direkter Auftrag der ‹Jewish Agency› vorliegen – gegen den Sicherheitsbeauftragten der deutschen Bundesregierung, Theodor Blank. Dessen Format gilt in diesen Kreisen als sehr bedeutend, und seine Konzeption der Schaffung einer wirklich modernen neuen deutschen Wehrmacht würde von israelischer Seite als ‹wahrhaft besorgniserregend› angesehen. Man habe in der ‹Demokratischen Liga› (das Gleiche gilt natürlich für die ‹Jewish Agency›) die Auffassung, dass Blank zufolge seiner politischen Vergangenheit als christlicher Gewerkschaftler eine sehr günstige Voraussetzung für den Posten des deutschen Verteidigungsministers habe, nachdem er einerseits bei der Masse der Arbeiter als einer der Ihren angesehen werden muss, andererseits bei der in Westdeutschland einflussreichen katholischen Kirche eine gute Abstützung findet. Dazu kommt, dass Blank als Reserveoffizier, der im Osten gekämpft hat, auch bei den ehemaligen deutschen Soldaten über ein gutes Ansehen verfügt. Aus all diesen Gründen wäre eben ein Mann wie Blank besonders gefährlich und müsse daher möglichst noch vor seiner offiziellen Betrauung ‹erledigt› werden. Wenn schon die Errichtung einer deutschen Wehrmacht, auf die die Vereinigten Staaten von Amerika immer stärker drängen würden, nicht verhindert werden könnte, müsste nach Meinung der ‹Demokratischen Liga› und der ‹Jewish Agency› versucht werden, zumindest einmal Blank an der Übernahme des Postens des deutschen Verteidigungsministers zu hindern. Falls eine derartige Einrichtung geschaffen werden soll, wäre es nach dieser Auffassung

günstiger, wenn ihre Leitung entweder ein richtiger Parlamentarier oder aber ein ehemaliger deutscher General übernehme. Beide würden weit mehr Angriffsfläche bieten als Blank, wozu noch käme, dass nach Meinung der Kreise, die in dieser Richtung tätig sind, ein anderer Mann von dem Format in Westdeutschland nicht so leicht zu finden wäre. Diese Auffassung sollen übrigens auch französische militärische Kreise vertreten, die aus der Zusammenarbeit mit Blank bei den Verhandlungen in Paris zu der Auffassung gelangt seien, dass dieser tatsächlich die Fähigkeiten habe, eine neue deutsche Wehrmacht zu schaffen, die bezüglich ihrer Modernität allen anderen Armeen überlegen sein müsste.

In den nächsten Wochen und Monaten ist daher von der ‹Demokratischen Liga› eine umfassende Kampagne gegen Blank geplant, zu der man sich auch die Mitarbeit zahlreicher prominenter deutscher Zeitungen sicherte. Befragt von FJ 64, ob der Informator Einzelheiten darüber wisse, verneinte dieser und wies darauf hin, dass es sich in erster Linie um sozialdemokratische oder auch ultranationalistische Zeitungen handle, zu denen durch Mittelspersonen der ‹Demokratischen Liga› Kontakt bestünde. Der israelische ND-Mann nannte als einziges Organ, dessen Namen ihm in Erinnerung geblieben ist, die ‹Süddeutsche Zeitung› in München.

Weiters ist geplant, Blank durch Interviews ‹aufs Eis zu führen›, so z. B. soll er demnächst bei einem Interview gefragt werden, wie er sich die Rückführung der deutschen Heimatvertriebenen vorstelle. Man hofft, die Beantwortung dieser heiklen Frage dementsprechend propagandistisch gegen Blank ausschlachten zu können.»

Ihre besondere Brisanz gewann die XG-Meldung, als es um die Beteiligung Reinhard Gehlens, der sich selbst den Decknamen DR. SCHNEIDER zulegt hatte, an dem Komplott ging:

«Über die Verbindungen des Dr. Schneider zur ‹Demokratischen Liga› und damit zur ‹Jewish Agency›, gab der israelische ND-Mann an, dass er die seinerzeitige Kontaktaufnahme nicht genau kenne. Er vermutet, dass die Verbindung durch eine amerikanische Geheimdienststelle hergestellt wurde, weiß aber sicher, dass führende Leute der ‹Demokratischen Liga› Wert auf die Zusammenarbeit mit Dr. Schneider legen. Man kenne dort die Aspirationen Dr. Schneiders auf den Posten eines deutschen Abwehrchefs, weiß, dass Schneider in der Person Blanks, der sich anders festgelegt haben soll, ein großes Hindernis dafür sehe. Auf dieser Basis wurde Dr. Schneider als sehr aktiver Mitarbeiter im Kampf gegen Blank gewonnen, der gerade in letzter Zeit überaus wertvolle Verbindungen dafür zur Verfügung gestellt haben soll. Insbesondere ist man bei der ‹Demokratischen Liga› optimistisch, dass es Dr. Schneider durch einen Verbindungsmann in der unmittelbaren Umgebung des deutschen Bundeskanzlers Dr. Adenauer – dessen Namen allerdings Schneider nicht preisgab – gelingen wird, dem deutschen Regierungschef klar zu machen, dass maßgebliche amerikanische Militärs gegen eine Betrauung Blanks mit dem Posten eines Verteidigungsministers sind. Dr. Schneider hofft dann bei einem anderen Bewerber, dessen Kandidatur er unterstützen würde, mit Sicherheit seine Ernennung zum Abwehrchef zu erhalten.»

Man muss nicht lange rätseln, welche anonymen Mächte Gehlen hier ins Feld geführt hatte. Sein Verbindungsmann war zweifelsohne die graue Eminenz bei Adenauer, Globke, den er ein gutes Jahr vorher, am 29. Juni 1950, erstmals im Bundeskanzleramt besucht hatte. Der damalige Ministerialdirektor war am 7. Mai 1951 zu einem ausführlichen Gegenbesuch nach Pullach gereist.[586] Der konkurrierende Bewerber um das Amt des Verteidigungsministers war Franz Josef Strauß, der sich seit der Teilnahme an einem handverlesenen Gesprächskreis zum deutschen Verteidigungsbeitrag 1950 bei US-Hochkommissar McCloy zum einflussreichsten verteidigungspolitischen Sprecher der CDU/CSU-Bundestagsfraktion entwickelt hatte. Strauß selbst bezeugt wiederum die Schlüsselrolle von Globke im Palais Schaumburg: «Nicht zuletzt war er, was damals besonders wichtig war, der Verbindungsmann zu den Nachrichtendiensten und hatte ein besonders inniges Verhältnis zu Reinhard Gehlen.»[587]

Auch scheute sich Hitlers ehemaliger Generalmajor Gehlen nicht,

1952 Heinz (Z) und Blank bei seinen Bundesgenossen als Antisemiten anzuschwärzen, um das gemeinsame Ziel – den Sturz Blanks – zu untermauern. Die XG-Meldung führt dazu aus: «Mit der Person Z's beschäftigt man sich laut Information des israelischen ND-Mannes bei der ‹Demokratischen Liga› nicht so sehr, wiewohl man ihn dort gleichfalls restlos ablehnt, nachdem anscheinend von Dr. Schneider eine Information vorliegt, dass es sich bei diesem um eine stark antisemitische nationalistische Persönlichkeit handelt; einem Manne, der sich nicht bescheiden würde, nur die Funktion eines militärischen Nachrichtenchefs zu erfüllen, sondern auch darüber hinaus große Ambitionen habe. Übrigens wirft man auch Blank vor, stark judengegnerisch eingestellt zu sein, und will dafür verschiedene Äußerungen kennen, die er gerade in letzter Zeit gemacht hat.»

Alarmiert veranlasste Heinz ein weiteres Mal detaillierte Nachforschungen. Er erhielt am 1. August 1952 die Meldung, die Geheimbesprechung zum Sturz Blanks habe – so ein Nachhaken von FJ 64 bei dem israelischen Geheimdienstmann – «Anfang Mai bis Mitte Juni 1952 in Garmisch-Partenkirchen» stattgefunden.

Über seine frühe Gegnerschaft zu seinem Amtsvorgänger legte Strauß selbst Zeugnis ab: «Bereits 1950 hatte ich große Bedenken gegen die Ernennung Blanks zum ‹Beauftragten des Bundeskanzlers für die mit der Vermehrung der alliierten Truppen zusammenhängenden Fragen›.» In Pullach war der Kampf hinter den Kulissen bekannt. Der Leiter der Fernmeldeaufklärung Leo Hepp beklagte beispielsweise in einem Brief an seinen späteren Nachfolger General Alfred Praun im Herbst 1952 die Lähmung, die diese Auseinandersetzung mit sich brächte.

Adenauer hatte Blank, den 3. Vorsitzenden der Industriegewerkschaft Bergbau, zu seiner Absicherung beim linken Flügel der CDU ausgewählt. Im Frühjahr 1955 wird die Dienststelle Blank zum Verteidigungsministerium, dieser am 8. Juli zum ersten Verteidigungsminister. Er sollte es nur ein Jahr lang bleiben, obwohl er durch seinen Nachrichtenchef 1952 vor der breiten Allianz seiner Gegner im In- und Ausland gewarnt worden war. Im Sommer 1956 marschierten die CSU-Spitzen bei Adenauer auf, um ihn zu kippen, doch der Kanzler bezog zunächst eine harsche Position gegenüber Strauß: «Solange ich Kanzler bin, werden Sie nie Verteidigungsminister», und warf ihm vor, seine Angriffe gegen Blank beruhten nur auf enttäuschtem Ehrgeiz. Aber bereits vier Wochen später hatte der Regierungschef einen Sinneswandel vollzogen und machte Strauß das Angebot, Verteidigungsminister zu werden.[588]

Der Wertung von Hans-Peter Schwarz: «Seit der Wehrbeitrag zur Debatte stand, zog es ihn in die Sicherheitspolitik. Aber er brauchte sechs Jahre, bis er Theodor Blank niedergekämpft hatte», setzte Strauß die Behauptung entgegen, Blank habe entgegen seinen Mahnungen gravierende Fehler gemacht und sei letztlich an seinen überzogenen Planungen gescheitert: «So habe ich Blank weder gestürzt noch niedergekämpft.»[589]

Für beides, das Niederkämpfen und den folgenden Sturz Blanks, zeichnete ein anderer verantwortlich: Reinhard Gehlen, der sich dafür jedoch von Strauß die Dankbarkeit des Eingeweihten versprach. Zunächst schien diese Rechnung aufzugehen, denn es war Strauß, der eine Woche nach dem Auftritt Otto Johns in Ostberlin bei Kanzleramtsstaatssekretär Globke anregte, die 1954 in einer Denkschrift von Heinz Dechant vorgeschlagene Einrichtung eines Bundessicherheitsamtes, zunächst sogar Bundessicherheitshauptamtes, zu beraten.[590] Doch mit Blick auf das Reichssicherheitshauptamt, den zentralen Repressionsapparat des NS-Regimes, war die Errichtung eines von Gehlen geführten monopolartigen Nachrichtenapparats nicht durchsetztbar, wenn auch die CDU-Bundestagsfraktion 1956 noch einmal über die Eingliederung des Verfassungsschutzes in die Organisation Gehlen beriet. Die Allianz bzw. Seilschaft zwischen Gehlen und Strauß war mit der *Spiegel*-Affäre und ihrem Vorspiel in Pullach zum Sturz von Strauß allerdings beendet. So hat Adenauers wichtigster Nachrichtenchef letztlich im Dienste amerikanischer und anderer ausländischer Interessen gleich zwei Verteidigungsminister vom Sockel gestoßen, ohne dass es ihm großen Nutzen gebracht hätte.

Pannen, Pleiten und Affären

Der BND ist etabliert – und der Stern seines Gründers sinkt

Reinhard Gehlen hatte auch die letzten Attacken seiner Gegner – und seiner Freunde – unbeschadet überstanden. Zwar war die Errichtung eines Supergeheimdienstes, der alle Kompetenzen der militärischen wie zivilen Aufklärung und Abwehr in sich vereinigte, politisch nicht durchsetzbar, aber alle seine anderen Hoffnungen und Planungen gingen in Erfüllung. Am 5. Mai 1955 erkannten die Westalliierten die Souveränität der Bundesrepublik an, vier Tage später wurde der westdeutsche Staat in die NATO aufgenommen. Schon am 11. Juli beschloss das Kabinett Adenauer die Übernahme der OG als Bundesnachrichtendienst. Zwar dauerte es noch bis zum 1. April 1956, bis der BND offiziell in Dienst gestellt wurde, aber Gehlen war am Ziel. Die Monate zwischen Kabinettsbeschluss und Indienststellung musste er noch überstehen, vor allem bürokratische Fragen waren noch zu klären. Wie hoch sollte der Etat des neuen Geheimdienstes sein? Bekleideten seine Mitarbeiter in Zukunft den Beamtenstatus oder waren sie Angestellte des Bundes? Sollte der Dienst weiter expandieren oder zunächst personell eingefroren werden? Die Regierungsbürokratie brauchte ihre Zeit, um diese Fragen abzuarbeiten, aber dann konnten in Pullach die Sektkorken knallen.[591]

James Critchfield warf vor einigen Jahren die interessante Frage auf, ob dies zugleich der Endpunkt einer geheimen, zielgerichteten Planung der USA war, die ihren Beginn mit dem Ende des Zweiten Weltkriegs genommen hatte. Seine Antwort: «Unglücklicherweise waren wir Amerikaner an diesem Punkt der Geschichte völlig unfähig zu einer solch kreativen Planung.»[592] Dann stellte der langjährige Chef der CIA in Pullach die noch interessantere Frage nach der anderen Seite der Medaille. Und kam zu einem anderen Ergebnis: «Ich würde es nicht schwierig finden, ein hinreichend plausibles Szenario einer politischen Planung auf deutscher Seite zu konstruieren. Aber es war Stückwerk, nicht eine große Konspiration.»[593] Das war sehr vorsichtig formuliert, aber sicher nicht weit von der Wahrheit entfernt. Die Konspiration auf deutscher Seite hat es gegeben, und sie hat früh nach dem Zusammenbruch Hitler-Deutschlands begonnen. Aber den großen Masterplan gab es, wenn überhaupt, sicher nur in einigen wenigen Köpfen, die ihren strategischen Weitblick in der Rückschau zudem noch in zu rosigen Farben zeichnen. Es gab genug Klippen, an denen alle militärischen und geheimdienstlichen Planungen hätten scheitern können. Sie wurden mit Glück, mit Geschick, mit Intrigen und mit Konspiration umschifft. Anders hätte Gehlen nie elf Jahre nachdem er von Hitler seines Postens als Chef der Fremde Heere Ost enthoben worden war, von Adenauer zum ersten Präsidenten des Bundesnachrichtendienstes ernannt werden können.

Das neue Kind hatte allerdings einen Geburtsfehler: Der Auslandsnachrichtendienst der Bundesrepublik wurde nicht auf eine gesetzliche Grundlage gestellt. Der BND verdankte seine Gründung einem Kabinettsbeschluss aufgrund der Organisationsgewalt der Regierung. Das heißt, die Regierung hat das Recht zur «Gestaltung der staatlichen Funktionskörper und die Zuweisung ihrer Befugnisse und Obliegenheiten».[594] Die Gründung des BND vollzog sich weitgehend undiskutiert, außerhalb der parlamentarischen Debatte und von der Öffentlichkeit wenig beachtet, für Gehlen ein nicht zu unterschätzender Vorteil. Doch der Nachteil dieses Geburtsfehlers wog weit schwerer: Ein Geheimdienst ohne gesetzliche Grundlage musste auf Dauer Misstrauen erwecken, den Anschein des Illegalen bekommen und unter Akzeptanzproblemen in der Bevölkerung leiden. So kam es, und so blieb es lange Jahre.

Die Opposition hatte der Regierung das Recht zur Gründung des BND im Rahmen ihrer Organisationsgewalt zwar zugestanden, die fehlende gesetzliche Grundlage aber bedauert.[595] Zur parlamentarischen Kontrolle der Arbeit des Geheimdienstes wird im Februar 1956 ein dreiköpfiges Vertrauensmännergremium eingerichtet, das bis 1964 auf sechs Mann aufgestockt wird. Auch dies geschieht auf Grundlage von Beschlüssen. Eine gesetzliche Basis für die demokratische Überprüfung der Geheimdienstarbeit wird vom Bundestag erstmals am 9. März 1978 verabschiedet – mehr als zwanzig Jahre nach der Gründung des BND.

Ein eigenes Gesetz über den Bundesnachrichtendienst, das dessen Stellung im institutionellen Gefüge des Staates endgültig verankert und seine Arbeit auf eine legale Basis stellt, wird erst 1991 beschlossen. Der BND hat den Kalten Krieg weitgehend im rechtsfreien Raum geführt.

Kaum anzunehmen, dass ein Mann wie Gehlen an diese Probleme im Herbst 1955 allzu viele Gedanken verschwendete. Er hatte genug anderes zu tun. Am 8. September reiste Adenauer mit einer Delegation nach Moskau. Zum ersten Mal betrat nach dem Krieg ein deutscher Regierungschef den Boden der Sowjetunion. Für Gehlen war es die erste Gelegenheit, der Bundesregierung die Nützlichkeit seines Dienstes direkt zu beweisen, und das sogleich auf allerhöchstem politischen Parkett. Er zog alle Register seines Könnens und versorgte den Kanzler und die Mitglieder seiner Delegation mit Berichten und Analysen zur Lage in der Sowjetunion und zu einzelnen sowjetischen Persönlichkeiten. Gleichzeitig beteiligte sich der Dienst auch an der Planung und praktischen Durchführung der Reise. Ein Teil der Delegation reiste bereits Tage vor dem Eintreffen des Bundeskanzlers in einem Sonderzug nach Moskau. Dieser Zug diente während der Verhandlungen als Arbeitsplatz für die deutsche Abordnung, ein Vorschlag Gehlens, der einen Wagen zu einer Kommunikationszentrale umrüsten und einen weiteren für geheime Besprechungen abhörsicher machen ließ.[596]

Es ist eine heikle Mission für den Bundeskanzler. Die Sowjetunion will die Aufnahme diplomatischer Beziehungen, Adenauer will das eigentlich nicht. Dahinter steckt die Sorge, mit diesem Schritt die Zweistaatlichkeit Deutschlands zu zementieren und den Alleinvertretungsanspruch zu unterminieren. Der Kanzler taktiert. Die Deutschen wollten zwei Dinge, sagt er: die Rückkehr der immer noch in den Lagern darbenden Kriegsgefangenen und Zivilinternierten und die Wiedervereinigung.[597] Dass er Letztere nicht bekommen wird, ist ihm klar. Dass er aber um die Aufnahme diplomatischer Beziehungen zur Sowjetunion nicht herumkommt, will er überhaupt etwas erreichen und das Verhältnis der beiden Staaten voranbringen, wird ihm während der Tage in Moskau bewusst. Er ändert seine Strategie und verhandelt einen Kompromiss, der in einem Brief an den sowjetischen Außenminister Nikolai Bulganin festgehalten und zu «einem der kostbarsten Dokumente der Adenauer'-

schen Deutschlandpolitik»[598] wird. Die Fragen der Grenzen und der Zukunft Deutschlands als Ganzes bleiben ungeachtet der vereinbarten Aufnahme diplomatischer Beziehungen ausgeklammert. Adenauer kehrt mit einem diplomatischen Sieg nach Bonn zurück; ihm folgen in den nächsten Monaten die Züge mit den deutschen Kriegsgefangenen.

Damit war Gehlen wieder in seinem Element. Die Befragung von Kriegsgefangenen hatte er schon bei Fremde Heere Ost zum integralen Bestandteil seiner Aufklärungsarbeit gemacht. In der OG setzte er die Methode mit der Befragung der Flüchtlinge fort, und nun konnte er sich mit dem BND den Heimkehrern widmen. Natürlich ging es wieder um die Erkenntnisse, die die Gefangenen in den Lagern gesammelt hatten, um das Schicksal von Kameraden, um die sowjetischen Funktionäre und Soldaten. Außerdem wurden die Heimkehrer wieder nach Infrastruktur und Industriestandorten befragt, die sie in der Sowjetunion zu Gesicht bekommen hatten. Die Ergebnisse wurden in einer Zentralkartei gesammelt, und diesmal bekam das Ganze noch einen anderen Hintersinn: Die Heimkehrer wurden auch politischen Befragungen unterzogen, das heißt, sie hatten zu ihrer eigenen Gesinnung Stellung zu nehmen. Diese wurde damit ebenfalls archiviert. Bewarb sich in Zukunft ein Heimkehrer bei einer Behörde oder einem Ministerium, konnte eine «Inspektorenanfrage»[599] an die Heimkehrer-Kartei gestellt werden. Von dort erhielt die Dienststelle Auskunft über die politische Zuverlässigkeit des Stellenkandidaten.[600]

Frontstadt Berlin

Die wichtigsten Ziele der Aufklärungsarbeit des BND blieben die DDR und die Sowjetunion. Aber etwas Entscheidendes hatte sich verändert. Hatte die OG bislang mit dem Mandat und im Auftrag der CIA operiert, so war der BND nun Partner, aber auch Konkurrent der Amerikaner. Dies sollte sich vor allem in der Frontstadt Berlin zeigen. Hier hatte sich die Berliner Operationsbasis der CIA zum Big Player im Krieg der Geheimdienste gemausert. Sie betrachtete die sowjetische Militär- und Geheimdienstzentrale in Karlshorst als ihren wichtigsten Gegner, ihr galt ein Großteil der Aufklärungsaktivitäten in diesen Jahren. Seit Frühjahr 1955 lief nach mehrjähriger Vorbereitungszeit eine der spektakulärsten und bis heute legendären Spionageoperationen des Kalten Krieges. Die Amerikaner hatten einen Tunnel gegraben, der unter der Sektorengrenze hindurch bis zu einer Stelle reichte, von der aus sowjetische Telefonleitungen angezapft werden konnten. Das hört sich simpel an, war aber ein Unternehmen von ungeheuren logistischen Ausmaßen. Der Tunnel war rund 600 Meter lang. An seinem Ausgangspunkt im Westteil Berlins errichteten die Amerikaner nach offizieller Lesart und für jeden sichtbar ein Lagerhaus, in dem in Wirklichkeit Hunderte von Aufnahmegeräten standen, die telegraphische und telefonische Verbindungen mitschneiden konnten. Auf der anderen Seite hatte man unterirdisch eigens einen Verstärkerraum eingerichtet und darüber den Raum, in dem man die unterirdisch verlegten Leitungen anzapfte. Ab Mai 1955 wurden in den folgenden elf Monaten auf zehntausenden Tonbandspulen hunderttausende Telefongespäche aufgezeichnet, dazu täglich 300 Meter Fernschreiben abgefangen.[601] Man kam auf westlicher Seite mit dem Übersetzen und Auswerten des anfallenden Materials überhaupt nicht mehr nach. Der Tunnel war längst außer Betrieb, als sein Ausstoß immer noch die Geheimdienste seiner Betreiber beschäftigte.

Das Absurde, aber dennoch für die Spionage im Kalten Krieg so Typische war: Die Sowjets wussten von dem Tunnel. Die CIA hatte den britischen Geheimdienst SIS in das Projekt eingeweiht und an der Aktion beteiligt. Der britische SIS war aber erfolgreich durch den berühmten KGB-Spion George Blake unterwandert, der seine Erkenntnisse über Planung und Bau des Tunnels an seine Führungsoffiziere weiterleitete. Den Sowjets wiederum war ihr Spion in London so wichtig, dass sie auf keinen Fall seine Enttarnung riskieren wollten, indem sie aus heiterem Himmel den Tunnel hochgehen ließen, und dabei womöglich einen Fehler begingen, der Blake ans Messer liefern konnte. Also lauschten die Amerikaner, und die Sowjets ließen lauschen. Folgt man den Erkenntnissen von Bailey, Kondraschow und Murphy, dann nahm das Unternehmen noch absurdere Formen an, weil der KGB es zuließ, dass auch sicherheitsrelevante Informationen auf den Tonbändern landeten. Das ist einerseits verständlich, denn hätten die Verbindungen plötzlich nur noch Belangloses geliefert, wären die Amerikaner misstrauisch geworden und hätten damit gerechnet, enttarnt worden zu sein. So allerdings erhielten Amerikaner und Briten Informationen über die Umstrukturierung des sowjetischen Verteidigungsministeriums, über die verbesserte atomare Schlagkraft der sowjetischen Luftflotte in der DDR, über Personen, die für das sowjetische Atomenergieprogramm arbeiteten, über Hunderte von Stützpunkten der Luftflotte in der DDR, Polen und der UdSSR. Und schließlich auch über die Tatsache, dass eine Abhöreinheit des KGB in Karlshorst ihrerseits eine amerikanische Telefonleitung angezapft hatte. Diese blieb im Gegensatz zu den sowjetischen in Zukunft stumm.

Währenddessen suchte der sowjetische Geheimdienst den Tunnel. Denn er wusste von Blake zwar, dass es ihn gab und was darin vorging, aber er kannte seine genaue Position nicht. Moskau sandte Ende 1955 eigens eine Einheit technischer Experten unter Wadim F. Gontscharow nach Berlin, um den Tunnel zu lokalisieren. Als Gontscharow dem Leiter des KGB-Apparats in Karlshorst, Jewgeni Pitowranow, Vollzug melden konnte, sannen die Sowjets nach einer geeigneten Methode, die Entdeckung des Tunnels erstens zufällig wirken zu lassen und zweitens einen großen Propagandacoup daraus zu machen.

Chruschtschow steckte indes in dem Dilemma, dass er weder seinen Top-Spion George Blake gefährden noch die Beziehungen zum Vereinigten Königreich belasten wollte. Ende April war er zu einem Staatsbesuch bei Königin Elizabeth II. geladen. Man entschloss sich, diesen Termin zur «zufälligen» Entdeckung des Spionagetunnels zu nutzen. Die entsprechenden Vorbereitungen wurden getroffen. Der sowjetische Stadtkommandant erhielt Weisung, bei seinem amerikanischen Pendant offiziell zu protestieren, eine Pressekonferenz wurde geplant, zu der sowohl im Westen als auch im Osten akkreditierte Journalisten geladen wurden. Die Führung der DDR war instruiert, ebenfalls eine Stellungnahme zu der sowjetischen Entdeckung abzugeben. Vor allem wurde festgelegt, dass sich Entrüstung und Protest ausschließlich gegen die USA richten sollten. Die britische Beteiligung an dem Projekt wurde verschwiegen. Am 22. April 1956 tat die sowjetische Sondereinheit den ersten Spatenstich, am Tag darauf lief die offizielle Kampagne an, die so erfolgreich war, dass auch der Westen lange Jahre an eine zufällige Enttarnung seiner spektakulären Operation glaubte.

Die Zusammenarbeit zwischen dem BND und der CIA gestaltete sich in dieser Zeit schwierig. Die Abstimmung war unzureichend, da sich nun anders gelagerte Interessen gegenüberstanden. Im Juni 1956 trifft in der BND-Zentrale in Pullach amerikanischer Besuch ein. Der Leiter der Berliner Operationsbasis der CIA, David Murphy, unterrichtet seine Gesprächspartner über das sowjetische Hauptquartier Karlshorst. Die westdeutschen Geheimdienstler sind nicht ahnungslos. Sie führen in dieser Zeit selber eine hochrangige Quelle in Ostberlin. Es ist der Direktor des Parteiverlages «Verlag der Nation», gleichzeitig Mitglied der Nationaldemokratischen Partei Deutschlands. Die Quelle mit dem Decknamen LENA liefert politische Informationen, aber auch eine Fülle von Fakten und Details über Karlshorst, von Telefonnummern über Autokennzeichen bis hin zur Beschreibung von KGB-Angehörigen. Außerdem liefert LENA vom BND gefilterte oder auch gefälschte Nachrichten über den Westen an den KGB, denn dieser hatte LENA längst angeworben. Aber LENA hatte sich offenbart und wurde fortan als Doppelagent in Pullach geführt. Ein hochbrisantes Unternehmen, aber die Chancen schienen das Risiko zu rechtfertigen.

Als David Murphy in Pullach weilte, baten ihn seine Gesprächspartner, LENAS Angaben anhand der Akten der Berliner Operationsbasis zu überprüfen. Murphy sagte zu und sah sich in der Folgezeit einer wahren Lawine von Prüfungsersuchen ausgesetzt. LENA sprudelte, und die BOB-Bearbeiter mussten aufpassen, dass sie bei der Beantwortung der BND-Anfragen nicht selber geheimes Material zum Beispiel aus dem Tunnelprojekt zum Besten gaben.[602]

Der BND arbeitete an einer Studie über Karlshorst, die sich auf LENA-Material stützte, aber Ende 1956 wollte man einen Schritt weiter gehen und eigene Quellen anwerben, die Zugang zum Karlshorster Areal besaßen. Das rief die CIA auf den Plan, die ihre eigenen Aufklärungsbemühungen gefährdet sah. Ein Verbindungsoffizier intervenierte bei einem BND-Mann, der für Karlshorst zuständig war, und bat um Zurückhaltung. Als dies augenscheinlich nichts fruchtete, kam es im Dezember 1956 zu einer erneuten Unterredung. In den folgenden

Monaten steigerten sich die Friktionen zu einem Disput, dessen Tonfall merklich schärfer wurde. Die Berliner Operationsbasis der CIA übte Druck aus, sodass im September 1957 schließlich höhere BND-Beamte im Auftrag der Amerikaner an Gehlen die Frage übermittelten, ob er das Operationsgebiet Karlshorst nicht der CIA überlassen könne. David Murphy drohte sogar, die CIA werde in Zukunft keine Anfragen des BND bezüglich Karlshorst mehr beantworten, wenn dieser sich weiter unkooperativ verhalte.[603]

So war das Problem natürlich nicht zu lösen. Gehlen konnte und wollte auf derartige Ansinnen nicht eingehen. Er sagte lediglich zu, ohne vorherige Konsultationen keine Operationen zu starten, und im Zweifel der CIA den Kontakt zu einer potenziellen Quelle überlassen, wenn die Amerikaner zu dieser einen besseren Zugang hätten. Auch die CIA-Zentrale in Langley sah ein, dass der deutsche Geheimdienstchef weiter nicht gehen konnte. Die Zeiten hatten sich geändert. Der Geheimdienst der souveränen Bundesrepublik konnte kaum zugunsten eines Geheimdienstes eines anderen Staates auf Operationen im eigenen Interessengebiet verzichten. Die neuen Herren saßen in Bonn, nicht mehr in Washington.

Die Aufmerksamkeit, die der BND Karlshorst widmete, nahm weiter zu. 1959 schickte Gehlen einen Mann nach Berlin, der sich ausschließlich um das sowjetische Hauptquartier kümmern sollte. Sinnigerweise bezog er ein Büro im US-Hauptquartier an der Clayallee. Die BND-Operation trug die Deckbezeichnung «Diagramm», und im Verlauf der Arbeit entstand ein fünfbändiges Handbuch über Karlshorst mit Personaldaten, Straßenkarten, Plänen und Telefonverzeichnissen. Es wurde auch an den Generalbundesanwalt, die Landeskriminalämter und den Verfassungsschutz weitergeleitet. Die BOB erhielt ebenfalls ein Exemplar und war wenig begeistert, wie Bailey, Kondraschow und Murphy sich erinnern. Die meisten Telefonnummern habe man auch aus dem Ostberliner Telefonbuch erfahren können.[604]

In diesen Jahren hatte BOB-Chef Murphy engen Kontakt zu dem Mann, der beim BND für die Aktion «Diagramm» verantwortlich zeichnete und mit viel Nachdruck auf eine Intensivierung der Aufklärung gegen Karlshorst drängte. Dieser BND-Mitarbeiter führte auch die Quelle

LENA. Mehrfach trafen sich Murphy und sein Gesprächspartner in Pullach und Berlin, wo sie sich in sicheren Häusern der CIA-Basis begegneten. Das Gegenüber von David Murphy war Heinz Felfe.

Der Maulwurf: Die Affäre Felfe

Heinz Felfe hatte seit seinem Eintritt in die OG Ende 1951 eine glänzende Karriere hingelegt und wurde 1958 zum Leiter der Gegenspionage gegen die Sowjetunion. Der ehemalige Kriminalkommissar und Sturmführer im Sicherheitsdienst der SS erzielte schon als Hilfsreferent im Sowjetreferat der Gegenspionage glänzende Resultate. Schon 1953 vermeldete FRIESEN, so sein Deckname im BND, seinen überraschten Vorgesetzten, ihm sei es gelungen, ein Netz von V-Männern in Moskau einzurichten, an deren Spitze ein Oberst der Roten Armee stehe. Die Nachrichten aus dem Herzen des Sowjetreiches begannen zu strömen. Berichte über Partei, Armee und Regierung, über Aktionen des sowjetischen Geheimdienstes und sogar Geheimpapiere der Regierung der DDR beschafften die Quellen Felfes, dessen Ansehen in der Pullacher Zentrale stetig stieg.[605] Schließlich führte seine unermüdliche Aufklärungsarbeit sogar zur Enttarnung des sowjetischen Spions C. A. Weber, der Herausgeber des Magazins *Die deutsche Woche* war.[606] Nahezu zwangsläufig begeisterte Felfe mit solchen Erfolgen auch seinen Chef Gehlen und kletterte in der Hierarchie hinauf, bis er die gesamte Sowjetspionage unter sich hatte und die Operation «Diagramm» leitete. Gehlen hatte an Felfe einen Narren gefressen. Als das Spiel mit dem Doppelagenten LENA ebenfalls immer besser lief, lehnte der BND-Präsident sich für seinen Meisterspion ganz weit aus dem Fenster und wurde bei Kanzler Adenauer persönlich vorstellig, um ihm Bericht zu erstatten. Gehlen wollte mit Bonn abstimmen, welche geheimen Materialien man als Spielmaterial für die Sowjetunion an die Quelle LENA weitergeben konnte. Und er ging noch weiter: Er wollte Zugriff auf alle Informationen der betroffenen Ministerien, um genaues und auch in Teilen zutreffendes Material herausfiltern zu können. Im Klartext: Gehlen wollte in alle geheimen Panzerschränke der Regierung blicken dürfen, um seinen

Topagent des KGB in Pullach: Heinz Felfe

Doppelagenten mit Informationen für dessen sowjetische Führungsoffiziere spicken zu können. Dass er mit diesem Ansinnen auf massiven Widerstand stoßen musste, war abzusehen, aber wieder funktionierte die Seilschaft mit seinem Intimus Globke. Es wurde ein «Aufbau»-Komitee eingerichtet, das die geheimen Unterlagen der Ministerien durchforsten und gegebenenfalls zur Weitergabe an LENA freigeben sollte.[607] Der Vorsitzende dieses Komitees war Felfe, der fortan im Kanzleramt ein und aus ging.[608] Das Wort Staatsgeheimnis konnte er aus seinem Wortschatz streichen.

Es ist wohl die Hochphase der Beziehung zwischen Gehlen und Adenauer. Der BND hat eine offizielle Verbindungsstelle in den Dachstübchen des Palais Schaumburg eingerichtet, deren Vertreter täglich an Globke berichten. Natürlich melden sie andererseits nach Pullach, was sich im Umkreis des Kanzlers ereignet.[609] In dieser Phase, in der sich der unaufhaltsame Aufstieg Felfes vollzieht, steht Moskau im Brennpunkt des Interesses der Regierung. Genauer gesagt: die sowjetische nukleare Raketenrüstung. Im Herbst 1957 ist es Gehlen, der mit einem dicken Koffer voller Unterlagen bei Adenauer zum Vortrag erscheint und den Regierungschef über die immense nukleare Aufrüstung der Sowjetunion unterrichtet. Auch die Stationierung von Kernwaffen in den ostmitteleuropäischen Staaten weist er dem Kanzler nach, dessen Zorn sich daraufhin gegen den alten Gehlen-Freund Generalinspekteur Heusinger richtet, der das alles nicht gewusst habe. Auch dass die amerikanischen Interkontinentalraketen weit hinter der sowjetischen Raketentechnik zurückstehen, macht Gehlen Adenauer klar.[610]

Dass Gehlen mit diesen Informationen Politik betreiben und Entscheidungen des Kanzlers beeinflussen kann, liegt auf der Hand. Die Berlin-Krisen und die «Krieg-in-Sicht»-Krisen wechseln sich ab und bedingen sich gegenseitig. Der Kanzler zweifelt am unbedingten Abschreckungswillen der Amerikaner, gleichzeitig steht die Entscheidung über die Stationierung amerikanischer Raketen in der Bundesrepublik im Raum. In dieser Situation bestärkt Gehlen wieder einmal Adenauers Phobie vor den Russen, die jetzt stark genug sind, die Erde zu vernichten.

Der Weg Felfes in den BND war modellhaft für die funktionierenden alten Seilschaften. Denn Felfe wurde von zwei «alten Kameraden» in die OG geholt. Der ehemalige SS-Oberführer und Chef der geheimen Feldpolizei, Willi Krichbaum, war Anfang der 50er Jahre verantwortlich für deren Personalpolitik. Was Wunder, dass er nach alten Kameraden suchte, die über einschlägige Erfahrung verfügten, Leuten wie Johannes Clemens, auch bekannt als der «Tiger von Como». Clemens war im Krieg in Himmlers SD eingetreten und hatte sich seinen Spitznamen 1944 in Italien durch eine grausige Tat «erworben». Auf seine Weisung waren 350 italienische Geiseln – Männer, Frauen und Kinder – erschossen worden. Im April 1945 wurde er von kanadischen Truppen festgenommen und wegen dieses Kriegsverbrechens vor Gericht gestellt. Verurteilt wurde er aber nicht. Er berief sich erfolgreich darauf, nur auf Befehl eines Vorgesetzten gehandelt zu haben.[611] Clemens wiederum kannte Felfe aus gemeinsamen Tagen beim SD in Dresden. Auch OG-Personalchef Krichbaum erinnerte sich an den Kameraden Felfe, dem er im Krieg begegnet war. Er suchte ihn auf, man wurde sich einig. Und so schloss sich wieder einmal ein unseliger Kreis. Ende 1951 saßen alle drei vereint in der OG. Felfe resümiert in seinen Memoiren: «Meine frühere Tätigkeit im Auslandsnachrichtendienst des Reichssicherheitshauptamtes war unter den gegebenen Umständen geradezu die Eintrittskarte in die Organisation Gehlen.»[612]

Mit dem Trio Krichbaum, Clemens und Felfe erfüllten sich die schlimmsten Albträume der Amerikaner, die noch 1955 zum Vorstoß des Generals Trudeau bei Adenauer geführt hatten.[613] Denn alle drei hatten noch eine ganz andere Eintrittskarte: zum sowjetischen Geheimdienst KGB. Und die hatten sie schon sehr viel früher gelöst. Alles hatte sich exakt so abgespielt, wie Teile der US-Nachrichtendienste befürchtet und vorausgesehen hatten. Die skrupellose, beide Augen verschließende Rekrutierungspolitik Gehlens und seiner engsten Mitstreiter hatte die Katastrophe heraufbeschworen. Menschen wie Clemens, die an Kriegsverbrechen beteiligt waren, waren erpressbar. Der KGB wusste das, und er hatte die Mittel, diese Kandidaten aufzuspüren und unter Druck zu setzen. Dabei ging er nicht weniger schnell vor als die Amerikaner im Fall Gehlen. Der Unterschied war, dass die meisten schwer belasteten ehemaligen Nazis, die sich später in sowjetischen Diensten wiederfanden, sich nicht freiwillig gemeldet hatten. Die Sowjets hatten genug NS-Dokumente erbeutet und Aussagen von Kriegsgefangenen gesammelt, um gezielt auf die Suche nach geeigneten Personen gehen zu können, die man mit ihrer Vergangenheit unter Druck setzen konnte. In den größeren Städten Mitteldeutschlands richteten sie Stäbe ein, die sich der Unterstützung deutscher Kommunisten bedienten und nach ehemaligen Nazis fahndeten. Clemens trieben sie schon 1946 auf. Der spätere MfS-Oberst Rudolf Emilius hatte von seinen sowjetischen Auftraggebern die Weisung bekommen, sich nach Clemens zu erkundigen, der sich angeblich in seiner Heimatstadt Dresden aufhielt. Emilius fand ihn in seiner Wohnung mit seiner Frau am Mittagstisch sitzend. Noch am selben Tag, dem 30. Juni 1946, unterschrieb Clemens die Verpflichtungserklärung für seine Mitarbeit beim KGB.[614] Über Clemens gelangten sie an Krichbaum und über beide an Felfe. Letzterer betont in seinen Memoiren, schon zuvor Kontakt zu sowjetischen Hochschuloffizieren gehabt zu haben, bestätigt aber, dass die endgültige Anbahnung seiner Kontakte zum KGB über Clemens gelaufen ist.[615]

Felfe war für die Sowjetunion vom ersten Tag an ein nutzbringender und aussichtsreicher Informant. Nach dem Krieg war er in britisch-kanadische Gefangenschaft geraten und hatte sich schnell, seiner Neigung folgend, dem britischen Nachrichtendienst angedient. Als diese Arbeit 1949 von den Briten aus finanziellen Gründen beendet wurde, fand er bald eine Anstellung in der Flüchtlingsstelle des Ministeriums für gesamtdeutsche Fragen, wo er genau das tat, was auch die OG zu ihren Hauptaufgaben zählte: Heimgekehrte befragen.

Als die alte SS-Seilschaft sich gegenseitig in der OG untergebracht hatte, war für den KGB der Traum eines jeden Geheimdienstes in Erfüllung gegangen: Der Gegner war erfolgreich unterwandert. Und mit jedem Schritt, den Felfe auf der Karriereleiter in Pullach nach oben machte, wurde er für seine Auftraggeber wertvoller. Der Leiter der Spionage gegen den KGB war schließlich selber KGB-Agent. Der Mann, der den Doppelagenten LENA führte und mit Informationen versorgte, arbeitete mit einem KGB-Kollegen zusammen. Der Gehlen-Vertraute, der im Kanzleramt ein und aus ging, um geheime Unterlagen der Ministerien zu sichten, stand auf der Gehaltsliste des Gegners. Einen größeren anzunehmenden Unfall konnte es für den BND nicht geben. Und Gehlen ahnte nichts. Als er es schließlich mitbekam, war die Katastrophe nicht mehr aufzuhalten. Der größtmögliche Schaden für ihn selbst und den Dienst, den er geschaffen hatte, war längst eingetreten.

Der Heckenschütze

Der sowjetische Geheimdienst hatte die Karriere Felfes im BND massiv befördert, indem er ihm Material zuspielte, mit dem Felfe in Pullach glänzen konnte. Ein Höhepunkt dieser Taktik, der den Stellenwert des Spions untermauerte, war die Opferung des Agenten Weber. Er wurde auf dem Silbertablett präsentiert, um Felfe einen spektakulären Erfolg zu ermöglichen. Felfe fühlte sich völlig sicher, und seine Führungsoffiziere ließen ihn in dem Glauben, dass keinerlei Gefahr einer Enttarnung bestand. Bei den regelmäßigen Treffen kam zwar auch das Problem der sowjetischen Überläufer zur Sprache. Aber Felfe bekam immer wieder zu hören, dass er sich keine Sorgen machen müsse; niemand wisse von seiner Existenz und seiner Identität.[616] Das war nur die halbe Wahrheit, aber es trug dazu bei, dass der recht überhebliche Felfe sich völlig sorglos bewegte und selbst in Berlin unter den Augen von deutschen und amerikanischen Kollegen verschwand, um seinen Führungsoffizier zu treffen.

Einer der Überläufer, vor denen Felfe sich fürchtete, erschien bereits am 25. Februar 1954 im militärischen Hauptquartier des USA in Wien und ersuchte um politisches Asyl. Es stellte sich heraus, dass es sich um

Major Sergejewitsch Deriabin handelte, den Leiter der Gegenspionage des KGB in Wien. Zu den vielen Informationen, die er den Amerikanern in der Folgezeit gab, gehörte auch der Hinweis auf zwei sowjetische Maulwürfe in der OG. Ihre Decknamen lauteten «Peter» und «Paul». Zum Leidwesen der Amerikaner war das alles, was der Major über die Identität der Agenten zu sagen wusste. Und das reichte nicht.[617]

«Paul» war Heinz Felfe, aber das konnte zu diesem Zeitpunkt noch niemand wissen.[618] Der nächste Hinweis ergab sich schon im Dezember 1955 während des Prozesses gegen einen mutmaßlichen Gehlen-Agenten in der DDR. In dem öffentlichen Verfahren gab der Mann Informationen, die nach Einschätzung der US-Gegenspionage nur von einer hochrangigen Quelle in der OG stammen konnten. Mary Ellen Reese schreibt in ihrem Buch über die Organisation Gehlen, dass es dem CIA-Mann Clare Edward Petty gelungen sei, den Kreis der Verdächtigen auf zwei Personen zu reduzieren. Der eine Name sei nie bekannt gegeben worden, bei dem anderen habe es sich um Felfe gehandelt. Dieser Bericht sei im Januar 1957 an Gehlen weitergeleitet worden, der bei der Nennung des Namens Felfe nicht einmal gezuckt habe.[619] Reese bezieht sich auf die Aussagen ehemaliger CIA-Beamter, darunter auch Petty. Der Vorwurf, der damit impliziert wird, liegt auf der Hand: Gehlen habe seine Augen vor einem Verdacht verschlossen, den er nicht wahrhaben wollte. Zu überzeugt war er davon, dass Felfe einer seiner besten Männer war, der Erfolge wie kein anderer vorzuweisen hatte. Außerdem hatte Gehlen sich mit der Operation Lena in Bonn zu weit vorgewagt, um jetzt zuzugeben, dass der Mann, der Zugang zu den Geheimakten des Kanzleramtes hatte, ein Maulwurf war. Ob es sich genau so zugetragen hat, lässt sich bis heute nicht beantworten.

Um die Ereignisse, die letztlich zur Enttarnung Felfes führten, haben sich lange Legenden gerankt. Eine von ihnen lautete, der BND habe es selbst und aus eigenem Antrieb geschafft, Felfe auffliegen zu lassen. Allzu glatt sei er gewesen, ein Streber, bei den Kollegen unbeliebt. Seine Erfolge habe er zu schnell und zu perfekt errungen, und letztlich habe sein aufwendiger Lebensstil, der nicht zu seinem bescheidenen Gehalt passte, das Misstrauen geschürt und ihn ins Fadenkreuz interner Ermittlungen geraten lassen. So berichten es auch Zolling und Höhne[620], und natürlich pflegte auch Gehlen die Legende: «Die massiven Eingriffe und Hilfen der Sowjets, die zur innerdienstlichen Anerkennung Felfes geführt hatten, vermochten jedoch auf Dauer nicht von Ergebnissen dienstinterner Sicherheitsmaßnahmen und Untersuchungen abzulenken, die Felfe belasteten. Unter meiner persönlichen Leitung setzte eine kleine Gruppe ausgewählter Mitarbeiter die Überprüfung fort, bis sich nach monatelanger Mosaikarbeit die Verdachtsmomente zu einem Gesamtbild fügten [...] In selbstverständlicher Befolgung der von mir stets auch für den Dienst bejahten rechtsstaatlichen Grundsätze habe ich keinen Augenblick gezögert, den Fall im eigenen Bereich zum unerfreulichen Ende zu führen und nicht irgendwie ‹unter den Teppich› zu treten.»[621]

Wie so oft erzählt Gehlen hier zwar nicht die Unwahrheit, aber er verschweigt die andere Hälfte der Geschichte. Das Ende des Doppelagenten begann angeblich mit einem Brief: Im März 1958 soll der US-Botschafter in Bern, Henry J. Taylor, ein Schreiben erhalten haben, in dem ein zweiter Brief steckte, der an den FBI-Direktor J. Edgar Hoover gerichtet war. Der anonyme Verfasser bot Informationen über sowjetische Spionagemaßnahmen an. Unterzeichnet war der auf Deutsch geschriebene Brief mit Heckenschütze. Unter diesem Namen wurde der Unbekannte fortan geführt. Untersuchungen des Briefpapiers, der Schrift und des Stils führten CIA-Spezialisten zu dem Schluss, dass es sich bei dem Absender wahrscheinlich um einen Polen handelte. Eine Vermutung, die sich später als richtig herausstellen sollte.[622] Die Amerikaner waren misstrauisch. Immerhin konnte es sich um eine Falle handeln, um den Versuch, den US-Diensten einen Doppelagenten anzudienen oder sie mit Desinformationen zu versorgen. Aber man versuchte, mit dem Heckenschützen über Kleinanzeigen in Tageszeitungen, einen toten Briefkasten im Berliner Tiergarten, ein Postschließfach und eilig geschaltete Notfalltelefonnummern in Kontakt zu bleiben. In den nächsten 30 Monaten erreichen den US-Geheimdienst so insgesamt 14 Briefe des Heckenschützen. Sie überprüften jeden Hinweis des Unbekannten akribisch. Und unter vielen Nebensächlichkeiten kamen einige echte Sensationen zum Vorschein. So unterrichtete der Heckenschütze seine neuen Partner über eine Warnung, die vom KGB an den polnischen Geheimdienst ergangen war. Der KGB teilte seinen Genossen mit, dass die

USA planten, einen polnischen Geheimdienstoffizier in der Schweiz umzudrehen. Diesen Plan gab es tatsächlich, und er war so frisch, dass der KGB ihn nur von einer hochrangigen Quelle aus den Reihen der Amerikaner erhalten haben konnte. Schließlich führte Material des Heckenschützen, das die USA an die Briten weitergaben, zur Enttarnung der KGB-Spione Gordon Lonsdale (in Wahrheit der Russe Colon Molody) und George Blake.

Im Dezember 1958 teilte der Heckenschütze mit, dass die sowjetischen Dienste Zusammenfassungen von Berichten des BND an den polnischen Geheimdienst weitergaben. Ein erneuter Hinweis auf den oder die Maulwürfe im BND. Endgültige Gewissheit, dass es einen Agenten im innersten Führungszirkel Pullachs geben musste, brachte dann ein Bericht des Heckenschützen, er habe ein Geheimdokument gesehen, das den Hinweis «mutual assistance» (gegenseitige Unterstützung) enthalten hatte. Die nächste Sensation, denn das Wort bezog sich auf eine Unterredung Gehlens mit CIA-Chef Dulles, in der die zukünftige Zusammenarbeit von BND und CIA erörtert worden war. Eine solche Unterredung hatte es nur in Deutschland gegeben, und die Worte «mutual assistance» waren auf dem Washingtoner Exemplar der Tagesordnung nicht zu finden.[623] Und dann tauchten «Peter» und «Paul» wieder auf. 1958 hatte Heckenschütze an einem Treffen der Geheimdienst- und Sicherheitschefs der Ostblockstaaten teilgenommen. Auf dieser Versammlung hielt der Leiter der KGB-Gegenspionage, General Oleg M. Gribanow, eine Rede, in der er unter anderem erzählte, dass unter den sechs Mitgliedern der OG, die an einer Orientierungsreise der CIA durch die Vereinigten Staaten teilgenommen hätten, zwei Sowjetagenten gewesen seien.[624] Das war ein entscheidender Hinweis. Felfe hatte unlängst an einer solchen Orientierungstour teilgenommen. Allmählich zog die Schlinge sich zu. Aber ein schlüssiger Beweis, der seine Ausschaltung möglich gemacht hätte, war das immer noch nicht, wenngleich es dem Heckenschützen 1960 auch noch gelang, von einem sowjetischen Berater die Bestätigung der Informationen Gribanows zu erhalten.[625] Aber die Operation BEVISION (gemeint war der Heckenschütze) hatte endgültig zur Operation UJDROWSY (Heinz Felfe) geführt.

Die Geschichte des Heckenschützen endet so spektakulär, wie sie begonnen hat. Im Dezember 1960 wählt er die Notfallnummer, die der US-Geheimdienst eigens für ihn eingerichtet hat. Er will in den Westen überwechseln und hat Zeit und Ort bereits ausgewählt: Weihnachten in Westberlin. Vorher versteckt er noch Filme mit Hunderten von fotografierten Dokumenten in einem hohlen Baumstumpf, den die CIA für ihn in Warschau am Weg zu seiner Arbeit «gepflanzt» hat. Als der Heckenschütze dann tatsächlich mit seiner Geliebten in Westberlin auftaucht, fällt den aus Washington herbeigeeilten CIA-Oberen ein Stein vom Herzen. Es gibt ihn wirklich, er ist keine perfide Erfindung der Russen. Er heißt Michail Goleniewski, Oberstleutnant des polnischen Staatssicherheitsdienstes und zugleich Quelle des KGB.

Das ist die offizielle Geschichte vom Heckenschützen, wie sie in der aktuellen Literatur mehr oder weniger übereinstimmend berichtet wird. Dass auch diese Version nicht die ganze Wahrheit enthält, sei hier schon gesagt. Auf die wirklichen Hintergründe des Heckenschützen – die Ereignisse um Felfe sind davon nur mittelbar berührt – werden wir zurückkommen.[626]

Michail Goleniewski alias Heckenschütze wusste in der Tat, worüber er berichtete. Wenigstens zum Teil. Es spricht einiges dafür, dass der KGB die Doppelrolle, die er spielte, aufgedeckt hatte, und ihn tatsächlich als Desinformationsagenten einsetzen wollte. Dies in Verbindung mit dem eindeutig zutreffenden Hinweis von Gribanow auf die Maulwürfe in Pullach hat die Spekulation genährt, dass Felfe von den Sowjets bewusst geopfert wurde, um den BND in die Katastrophe zu treiben. Dafür spricht auch die Tatsache, dass der KGB seinen Topspion nicht warnte, nachdem Goleniewski in den Westen übergelaufen war, obwohl sein Führungsoffizier wusste, dass dies zur Enttarnung Felfes führen konnte.[627]

Das Drama zog sich nach dem Übertritt Goleniewskis weiter hin. Die CIA-Leute in Pullach, die täglich mit Gehlen und mit Felfe zu tun hatten, konnten sich noch nicht dazu durchringen, ihr Wissen mit dem BND zu teilen. Zu groß war ihre Sorge, etwas könne durchsickern und der Maulwurf im letzten Augenblick gewarnt werden. Niemand ahnte, dass die Sowjets dies augenscheinlich gar nicht wollten. Erst im Januar 1961 entschloss sich die CIA, Gehlen mit den Beweisen zu konfrontieren, ohne jedoch Goleniewski als Quelle zu benennen. Ausgerechnet auf der Weihnachtsfeier, die der Chef der Frankfurter CIA-Niederlassung ausrichtete, nahmen sie ihn beiseite. Ein CIA-Mitarbeiter erinnert sich an die entscheidenden Momente: «Es war offensichtlich, dass etwas Ernstes im Anzug war. Wir waren alle sehr angespannt. Einer aus dem Verbindungsstab zog ein Blatt Papier aus der Tasche und gab es Gehlen; es war eine Liste mit Namen. Dann berichtete er dem Doktor mehr oder weniger das, was der Heckenschütze gesagt hatte – dass zwei Leute, die an einer Orientierungsreise in die Vereinigten Staaten teilgenommen hatten, Sowjetagenten seien und dass dies die Liste der Teilnehmer sei. Er sah sich die Liste ein paar Minuten lang an und deutete schließlich auf einen Namen und sagte: ‹Ich tippe ohne einen bestimmten Grund auf diesen Felfe.› Niemand sagte etwas, und er vertiefte sich weiter in die Liste. Nach einigen Minuten wählte er noch ein paar weitere Namen aus. Aber ich denke, wir alle wussten, dass Felfe unser Mann war.»[628]

Auch Gehlen wird in diesem Moment gewusst haben, dass dies das Ende seines Meisterspions war – und dass es das Ende seines Dienstes sein konnte. Nimmt man die Aussagen beider Seiten – der Amerikaner und des BND –, so wird nicht ganz klar, wer ab diesem Zeitpunkt die Initiative bei der Überführung Felfes gehabt hat. Wahrscheinlich haben ihn CIA und BND in Teilen gemeinsam und in Teilen getrennt beschattet und Beweise für seinen Verrat gesucht. Hans-Henning Crome, damals noch junger Mitarbeiter des BND, erinnert sich, dass Gehlen ein kleines Ermittlungsteam zusammenstellte, das in seinem eigenen Büro sein Hauptquartier einrichtete. Bis auf den Leiter der Sicherheitsabteilung, Walrab Rudolf von Buttlar, seien bewusst nur sehr junge Mitarbeiter ausgewählt worden, im Schnitt unter dreißig Jahre alt. Dazu gehörte er selbst. Sehr schnell, so Crome, habe man Felfe als den Hauptverdächtigen lokalisiert. Die anderen Mitglieder der bewussten USA-Delegation seien schnell als Verdächtige auszuschließen gewesen. Außerdem habe Felfe Fehler begangen.[629]

Aber auch die USA leisteten weiter Hilfe bei der Ausschaltung des Maulwurfs. Und das war auch vonnöten. Immerhin gehörte Felfe zu den intimsten Kennern des BND, das Risiko war viel zu hoch, dass er seine eigenen Kollegen dabei entdeckte, wie sie ihn beschatteten. Also stellte die CIA ein Überwachungsteam zusammen. Außerdem wurde sein Telefon abgehört, seine Post wurde überwacht, und selbst in sein Haus drang eine Abordnung ein.[630] Schnell fanden die Ermittler heraus, dass Felfe mit Clemens zusammenarbeitete, der die Aufträge des KGB entgegennahm, und mit einem weiteren alten Kollegen aus Hitlers Zeiten, Erwin Tiebel, der als Kurier fungierte. In Telefongesprächen zwischen Clemens und Felfe fiel auch der Name Alfred, Felfes Führungsoffizier im KGB. Doch die Hoffnung, Felfe auf frischer Tat zu ertappen, erfüllte sich nicht. Felfe war zwar überheblich und arrogant, aber er war auch clever. Er traf sich mit seinem Kontaktmann hauptsächlich sonntagsmorgens in Wien, wenn wenig Verkehr herrschte, kontrollierte mit dem alten Trick, viermal hintereinander rechts abzubiegen, ob ihm jemand folgte, und schaffte es so, seinen Schatten zu entwischen. Einmal reichten ihm dreißig unbeobachtete Minuten, um sich mit seinem Führungsoffizier zu treffen.[631] Es dauerte noch rund sechs Monate, bis die Ermittler genug Material beisammen hatten[632] und bis Clemens und Felfe ihren entscheidenden Fehler begingen. Clemens hatte einen Brief von Alfred erhalten, den er nicht entziffern konnte. Er rief bei Felfe an und beschwerte sich. Felfe wies Clemens an, ihm den Brief als Einschreiben zu schicken. Darauf hatten die Ermittler gewartet. Sie fingen den Brief ab und hatten nun den schriftlichen Beweis, auf den sie so lange gewartet hatten: die chiffrierten Anweisungen für Felfe von seinem Führungsoffizier. Es war Freitag, der 3. November 1961. Die Ermittler fotokopierten den kompromittierenden Brief und ließen ihn Felfe zugehen. Sie warteten auf Montag.

Felfe begab sich an diesem Montagmorgen nach Pullach, um sich mit einem V-Mannführer im Fall *Banane* – so der vielsagende Deckname der dubiosen Quelle – zu treffen. In seinem Büro ereilte ihn die telefonische Mitteilung, er werde gegen zehn Uhr zu einem Vortrag bei dem Leiter des «Strategischen Dienstes», Wolfgang Langkau (Deckname LANGENDORF), gerufen. Erst gegen elf Uhr war es dann soweit. Felfe wurde ins Büro von Langkau bestellt. Was sich in den folgenden Minuten genau abspielte, darüber gibt es von Felfe und von anderen Autoren widersprüchliche Schilderungen. Laut Felfe machte Langkau aus der Sache eine echte Inszenierung, indem er ihm erst einmal die St.-Georgs-Medaille für zehnjährige Mitarbeit im Dienst verleihen wollte und sich anschließend langatmig den Fall *Banane* schildern ließ. Dann schließlich habe Walrab von Buttlar das Büro mit drei Polizisten in Zivil betreten, die zuerst Langkau aus dem Büro geführt hätten. Danach hätten die Kriminalbeamten ihn, Felfe, verhaftet.[633] Eine andere Version besagt, dass alles ganz schnell ging. Langkau habe den abgefangenen Brief von Clemens auf seinem Schreibtisch liegen gehabt. Felfe habe dies sofort erkannt und noch versucht, ein Stück Mikrofilm zu verschlucken, das er unvorsichtigerweise im Portemonnaie trug. Aber er sei von Sicherheitsbeamten überwältigt worden und habe den Mikrofilm mit einer Zusammenfassung der Aufträge seines Führungsoffiziers nicht mehr aufessen können.[634]

Welche dieser beiden Versionen auch stimmt, am 9. November 1961 erlebt die Affäre Felfe ihren vorläufigen Höhepunkt. Der KGB-Spion wird in die Zuständigkeit des Ermittlungsrichters am Bundesgerichtshof überführt. Auch Clemens und Kurier Tiebel wurden verhaftet. Die Enttarnung des KGB-Netzes in Pullach war die schlimmste Schmach, die Gehlen in seiner jahrzehntelangen Geheimdienstkarriere hinnehmen musste. Sie konnte sich zum Jüngsten Gericht für den Bundesnachrichtendienst ausweiten. Auf jeden Fall war es eine Niederlage, von der sich Gehlen nie wieder vollständig erholen sollte.

Unermesslicher Schaden

Die internen Untersuchungen, die unmittelbar nach der Verhaftung des KGB-Trios eingeleitet wurden, und der Prozess, der am 8. Juli 1963 vor dem Bundesgerichtshof begann, brachten das ganze Ausmaß des Desasters an den Tag. Der geheimdienstliche Schaden, aber auch der Imageverlust, den der Dienst in der Öffentlichkeit erlitt, hätten größer kaum sein können.

Hans-Henning Crome erinnert sich, Felfe habe die ihm eigene arrogante Haltung auch nach der Festnahme beibehalten. Zugegeben habe der Doppelagent nur, was ihm durch Dokumente bewiesen werden konnte oder was sein Komplize Clemens seinen Vernehmern offenbarte.[635] Doch das reichte, um den Schluss zu rechtfertigen, dass die Aufklärung des BND gegen die Sowjetunion in Trümmern lag. Neben den unzähligen Funkmeldungen, die Felfe dem KGB übermittelte, lieferte er 20 Tonbänder und 300 Minoxfilme mit 15 661 Aufnahmen. In seinem Landhaus fanden sich weitere 15 Mikrofilme, die den Ermittlern Hinweise auf die Arbeit des Superspions gaben. Er hatte alles preisgegeben, was ihm in die Finger und unter die Augen gekommen war. Tote Briefkästen, Chiffrierungscodes, Kurierwege: die gesamte Logistik des BND in Bezug auf die Sowjetunion. Noch dramatischer war die Tatsache, dass der KGB aufgrund von Felfes Verrat das gesamte Spionagenetz des BND enttarnen konnte: insgesamt 94 V-Männer, darunter 46 führende Mitarbeiter.[636] Auch die Auswirkungen auf die zukünftige Arbeit des BND waren unabsehbar. In der Diensteinheit «Ei.O.», Eigene Organisation, wurden alle Mitarbeiter des BND mit Klarnamen und Klardaten geführt. Die Einheit war in einem besonderen Verschlussraum untergebracht, in dem nur unter Aufsicht gearbeitet werden durfte. Leiter der «Ei.O.» war der BND-Mann Hummel, ein Fußballfan aus Hamburg-Barmbek. Er wurde unverzüglich abgelöst, weil der KGB-Spion bei ihm monatelang Namen und Daten wichtiger BND-Mitarbeiter abgeschrieben hatte.[637]

Im Grunde ist der ganze Umfang des Verrats bis zum heutigen Tage unklar. Der russische Geheimdienst SWR, Nachfolgeorganisation des KGB, hat die entsprechenden Akten bis heute nicht freigegeben. Felfe hatte nicht nur Einblick in jede Operation des BND, sondern auch exzellente Informationen über die CIA-Operationen gegen das sowjetische Hauptquartier Karlshorst. Aber angeblich war Moskau an diesen Informationen gar nicht interessiert. So soll sein Führungsoffizier Alfred 2 zu ihm gesagt haben: «Uns interessiert, wenn jemand Zugang zu unseren Tresoren hat. Andere Dinge sind nicht von Interesse. Wir wissen, was wir in Karlshorst haben und wie es funktioniert, und wir wissen es besser als die Amerikaner.»[638] Sonderlich glaubwürdig ist das nicht. Es legt eher den Verdacht nahe, dass Felfe bis heute der Taktik treu geblieben ist, die er schon nach seiner Verhaftung an den Tag legte. Clare Petty und Howard Roman verhörten Felfe ab März 1962. In insgesamt zehn Sitzungen wollten sie herausbekommen, welche Operationen er verraten hatte. Nahezu ergebnislos: «Er hat uns erzählt, wovon er wusste, dass wir es wussten, und kein Wort mehr ... Sein Erinnerungsvermögen für alles andere war bemerkenswert schlecht ... je länger ich mit Felfe zusammen war, desto weniger glaubte ich ihm. Wir haben rein gar nichts herausbekommen», berichtete Petty.[639]

Redseliger war Felfe, wenn es ihm selber nutzte. Ohne Skrupel, aber wohl in Absprache mit dem KGB verriet er den Sowjetspion Dr. Peter Fuhrmann, ehemaliger Staatsanwalt in Westberlin und nun Leiter der Gegenspionage des Militärischen Abschirmdienstes (MAD) in Hannover. Fuhrmann wurde 1954 vom KGB zur Mitarbeit erpresst und 1962 mitleidlos geopfert, um Felfe die Möglichkeit zu geben, seine Richter milder zu stimmen. Der erneute Verrat brachte ihm ein mickriges Jahr. Statt zur Höchststrafe von 15 Jahren verurteilten die Richter am Bundesgerichtshof ihn nur zu 14 Jahren Haft. Hans Clemens wurde zu zehn Jahren und Erwin Tiebel zu drei Jahren Freiheitsstrafe verurteilt.

Der Prozess, der wegen seiner Brisanz und der Geheimhaltungsaspekte nur zum Teil öffentlich war, ruinierte den Ruf des BND und seines Präsidenten Gehlen vollends. Die wenigen Verhandlungstage, an denen Öffentlichkeit zugelassen war, reichten aus, um den Dienst zu demontieren. «Skandalöse Zustände in Gehlens Spionageabwehr», titelte *Der Abend* in West-Berlin[640], «Der Geheimdienstchef wusste von nichts» die *Abendzeitung* in München.[641] Die Presse der Republik nahm den BND unter Beschuss, und vor allem eines der peinlichsten Kapitel rückte durch Felfes Enthüllungen erneut ins Zentrum des Interesses: «Braun gegen Rot», so die *Frankfurter Rundschau.*[642] «Die schwarz-braunen Zellen bei Gehlen» nannte es *Die Welt* in ihrer Schlagzeile vom 18. Juli 1963: «Hier rächt sich eine fatale Personalpolitik, die kleinen und größeren Nazis, kleineren und größeren SS- und SD-Leuten besonders während der ersten Aufbaujahre nach dem Kriege und durchaus mit Kenntnis der Aufsichtsorgane – früher der Amerikaner und später der Deutschen – fröhlichen Unterschlupf im Nachrichtendienst gewährte, wo sie unter sich ein eigenes Verbindungsnetz unterhielten, das sie immer weiter auszudehnen suchten.»[643]

So war es, und es konnte jetzt auch nicht mehr einfach geleugnet werden. Aber was waren die Konsequenzen? Gehlen war bemüht, jede persönliche Verantwortung für den Fall Felfe von sich zu weisen. Innerhalb des Dienstes wurde Schadensbegrenzung betrieben. Die enttarnten V-Leute, die noch nicht im Gefängnis gelandet waren, wurden abgeschaltet, und mithilfe des ehemaligen SS-Mannes mit dem Decknamen ACKERMANN, der belastendes Material zusammentrug, versuchte man, die anderen SS-Leute aus dem BND zu drängen.[644] ACKERMANN musste seine Pappenheimer kennen. Sein bürgerlicher Name lautete Ebrulf Zuber, ehemaliger SS-Obersturmführer und Mitarbeiter der ersten Stunde in der OG. Der Teufel wurde mit dem Beelzebub ausgetrieben. Zuber selbst überlebte die ihm aufgetragene Säuberungsaktion wie durch ein Wunder und hatte noch eine lange Karriere beim BND vor sich, während der er es bis zum Unterabteilungsleiter brachte.[645]

Doch mit solchen Operationen an bereits toten Gliedern des Patienten ist es eigentlich nicht getan. In der Öffentlichkeit wird der Ruf nach vorzeitiger Pensionierung Gehlens laut. Gerüchte über eine geplante Zusammenlegung der drei bundesdeutschen Nachrichtendienste unter der Verantwortung des Kanzleramtes machen die Runde. Die Regierung schweigt oder dementiert.[646] Im September 1963 treffen sich die drei Fraktionsvorsitzenden Heinrich von Brentano (CDU), Erich Ollenhauer (SPD) und Erich Mende (FDP) zu geheimen Gesprächen mit Vertretern des BND, um sich über die umstrittene Personalstruktur des Dienstes zu unterrichten. Man einigt sich darauf, im Gespräch zu bleiben.[647] Bundesinnenminister Hermann Höcherl sagt eine entsprechende Untersuchung im Bundesamt für Verfassungschutz zu und kündigt einen Bericht an. Kanzleramtschef Globke beweist aufs Neue seine Verlässlichkeit und erklärt, «es seien Maßnahmen getroffen worden, um sicherzustellen, dass sich ein derartiger Fall nicht wiederholt»[648]. Außerdem beteuert er, die «Gesamtzahl der früher im Polizeidienst (einschließlich Gestapo und SD) tätigen ehemaligen SS-Angehörigen, die heute dem BND angehören, liegt weit unter einem Prozent des BND-Personals»[649]. Man glaubt ihm nicht wirklich, aber er bleibt dabei.

Die sattsam bekannte Mauertaktik hat Erfolg. Gehlen wird nicht in den Ruhestand geschickt, sondern darf den BND bis zum Erreichen der Pensionsgrenze führen. Wenn man noch von Führung sprechen kann: Der Vertrauensverlust, den Gehlen auch in den Reihen des eigenen Apparates erlitten hat, ist nicht zu reparieren. Die Art und Weise, wie die Affäre innerhalb des Dienstes aufgearbeitet wird, verschärft zusehends die Kritik an Gehlen, der sich immer weiter abschottet und sich nur noch mit einem geschlossenen Zirkel engster Vertrauter umgibt. Die Suche nach weiteren Konfidenten Felfes, dessen Aufgabe es auch gewesen war, dem KGB Tipps für die Anwerbung neuer Agenten zu geben, wird zur fixen Idee. Selbst der Leiter des Strategischen Dienstes, Langkau, und der BND-Vizepräsident Horst Wendland geraten in den nicht zu beweisenden Verdacht, mit östlichen Geheimdiensten in Verbindung zu stehen.

Die Atmosphäre war auf Jahre hinaus vergiftet, und das Verhalten des Präsidenten, dem seine Feinde im Dienst wieder einmal Untätigkeit, ja Behinderung vorwarfen, trug das seine dazu bei. Nur so ist eine Stellungnahme des BND-Regierungsdirektors und erbitterten Gehlen-Gegners Hans Maetschke zu verstehen, die dieser im Frühjahr 1968 an das Bundeskanzleramt sandte: «Dass die Sowjets Felfe fallen ließen, ohne einen entsprechenden Ersatz zu haben, ist schwer zu glauben, denn Felfe hatte ja einen Schwerpunktauftrag als Tipper. Dieser Umstand und die Tatsache, dass die Ergebnisse [der internen Ermittlungen, d. Verf.] wohl kaum mehr als ausreichend bezeichnet werden können, hat gewisse Verdachtsmomente in weiten Kreisen aufkommen lassen. Alle Tatsachen und Hinweise [auf Felfe-Verbindungen, d. Verf.] wurden der Führung schon 1965 bekannt gegeben, lediglich die Reaktion der Führung – es wurden diejenigen verfolgt, die meldeten – hat dazu geführt, dass sich eine Fronde bildete, die einen Weg suchte, eine Klärung durch ein unabhängiges Gremium zu erreichen ... ‹Die Truppe› hat das Vertrauen zur Führung weitgehend verloren (das zieht sich durch alle Bereiche); sie erwartet die Schaffung klarer Verhältnisse, da nur dann wieder positive Ergebnisse zu erzielen sind ... Mit dem Präsidentenwechsel ist nichts getan. Es muss eine Reform an Haupt und Gliedern erfolgen.»[650]

Hexenjagd, Misstrauen und Fraktionsbildung – die Auswirkungen der Affäre auf den inneren Zustand des Dienstes waren weit erschütternder, als es die Öffentlichkeit erfuhr. Zehn Jahre hatte Heinz Felfe für den BND gearbeitet. Zehn Jahre hatte er alle seine Informationen mit dem KGB geteilt. Sollte der KGB ihn tatsächlich 1961 bewusst geopfert haben, um dem BND nicht wieder gut zu machenden Schaden zuzufügen, so ist ihm das zumindest für mehr als ein Jahrzehnt gelungen. Noch Mitte der 70er Jahre sind die Auswirkungen des Felfe-Verrats im Dienst zu spüren, beeinflussen sie die Geheimdienstarbeit in der Bundesrepublik. 1974 beschäftigt sich der damalige BND-Vizepräsident Dieter Blötz mit einem Mann namens Joachim Müller-Raabe. Besagter Müller-Raabe hatte bis 1954 für die CIA im Bereich militärischer Aufklärung gearbeitet. 1974 trat er erneut an den amerikanischen Geheimdienst heran.[651] Blötz nimmt dazu in einem Schreiben Stellung: «Bei erneuter Durchsicht des Vorgangs MÜLLER-RAABE (siehe Vermerk vom 22. 6. 74, Ziff. 1.5) fällt mir auf, dass auch hier wieder ein Zusammenhang zu einem Felfe zur Kenntnis gewesenen Vorgang besteht. Verfolgt man ähnliche Fälle während der vergangenen Jahre, stößt man immer wieder auf Querverbindungen zu FELFE und seinem Wissen über Operationen und Personen. Ich bitte deshalb dringend, möglichst bald eine Übersicht anzulegen, aus der sich bildhaft und in kurzer Beschreibung alle Fälle, zumindest aus der Zeit nach FELFEs Austausch, ergeben, in denen ein Wissen FELFEs unterstellt und ein Verrat durch FELFE wahrscheinlich ist. Eine weitere Übersicht sollte über alle Bereiche entwickelt werden, aus denen sich schaubildhaft ergibt, welche Kenntnis von Operationen und Personen im Gesamtdienstzusammenhang FELFE gehabt hat.»[652] (Versalien im Original)

Nach jahrelangem Tauziehen hatte die Bundesregierung Heinz Felfe am 14. Februar 1969 gegen 18 DDR-Häftlinge ausgetauscht. Gehlen, aber auch sein Nachfolger Wessel hatten sich lange geweigert, ihn freizulassen, aus Angst vor dem Wissen, das er noch besaß und nach seiner Entlassung dem KGB und dem MfS preisgeben würde. Felfe blieb für den BND eine lebende Zeitbombe, die bis in die 70er Jahre nichts von ihrer Gefährlichkeit eingebüßt hatte. Immer wieder tauchten Verdachtsfälle auf, wurden Kontakte Felfes in andere Ämter enthüllt.

Wie weit sein Arm gereicht hatte, erfuhr auch der Spion im Bundesamt für Verfassungsschutz, Hansjoachim Tiedge. Noch Anfang der 70er Jahre stößt er im Bundesamt auf die so genannten «Tannenbaum»-Belasteten. «Tannenbaum» war Felfe, belastet war, wer Kontakt zu ihm gehabt hatte.[653]

Felfe war nicht der erste Ostspion in einem westdeutschen Geheimdienst; er war nicht der einzige; er war nicht der letzte. Aber er war der Albtraum, der Realität geworden war. Der braun-rote Wiedergänger, vor dem alle Skeptiker und Mahner jahrelang gewarnt hatten.

«Niemand hat die Absicht, eine Mauer zu errichten»

«Wäre ich, in jenen sonntäglichen Vormittagsstunden des 13. August, kühleren Blutes gewesen, hätte ich bemerkt, dass die verehrten Herren Kommandanten verwirrt, hilflos, ohne Anweisung waren.»[654] Diesen bemerkenswerten Satz schreibt der Regierende Bürgermeister von Berlin und spätere Bundeskanzler Willy Brandt in seinen Erinnerungen. Es ist der Morgen des 13. August 1961. Seit Mitternacht ist der öffentliche Verkehr zwischen Ost- und Westberlin unterbrochen. Seit 1 Uhr haben 25 000 Mann der Betriebskampfgruppen der DDR damit begonnen, die Zugänge zwischen Ost- und Westberlin mit Hilfe von Stacheldraht zu sperren. Der Bau der Mauer hat begonnen.[655] Die verwirrten und hilflosen Kommandanten, die Brandt meint, waren die Befehlshaber der Westalliierten, die er an diesem Morgen zum ersten und einzigen Mal in ihrem Hauptquartier in Dahlem aufsucht. Brandt erwartet eine Reaktion, Protest, Gegenmaßnahmen, aktive Zeichen, dass die Alliierten Westberlin nicht im Stich lassen. In diesen dramatischen Stunden begegnet er lediglich zögerndem, ja vielleicht sogar ängstlichem Abwarten. Das SED-Regime und die Sowjetunion, die den Westen gerade auf die schlimmste denkbare Art provoziert haben, sollen ihrerseits auf keinen Fall provoziert werden.

Die Verantwortlichen wurden von den Ereignissen in Berlin überrollt. Am Abend zuvor hatte für die SPD in Nürnberg die heiße Phase des Bundestagswahlkampfes begonnen. Der Brandt-Vertraute Egon Bahr schläft, als ihn die Nachricht in Nürnberg telefonisch ereilt.[656] Brandt selber nächtigt in einem Sonderzug von Nürnberg nach Norddeutschland, als er in Hannover geweckt und von den Geschehnissen in Berlin unterrichtet wird. Brandt und Bahr eilen auf dem schnellsten Weg in die nun geteilte Stadt. Bundeskanzler Adenauer ist erst am Tag zuvor aus seinem Urlaub im italienischen Cadenabbia zurückgekehrt. Er ist in seinem Haus in Rhöndorf, als ihn Globke gegen sieben Uhr am Morgen anruft.[657] Eine Stunde später erhält der Kanzler einen Anruf des Bundesministers für gesamtdeutsche Fragen, Ernst Lemmer, der ihm rät, sofort nach Berlin zu fliegen. Aber Adenauer bleibt am Rhein. Verteidigungsminister Franz Josef Strauß ist ebenfalls mitten im Wahlkampf. Am Tag des Mauerbaus spricht er auf Veranstaltungen in Dortmund, Hamburg und Schleswig-Holstein.[658] US-Präsident John F. Kennedy vertreibt sich die Zeit auf seinem Segelboot, und Kreml-Chef Nikita Chruschtschow weilt in seinem Feriendomizil Pizunda auf der Krim.[659] Die Mächtigen der Welt sind anderweitig beschäftigt.

Die Abriegelung der Übergänge zu den Westsektoren Berlins und der folgende Mauerbau war keine spontane Affekthandlung der DDR-Regierung, sondern Höhepunkt einer Krise, die seit 1958 schwelte. Die Frage nach dem zukünftigen Schicksal Deutschlands und nach dem Status von Berlin stand nach wie vor unbeantwortet im Raum. Westberlin war das Zentrum der wieder anschwellenden Flüchtlingsströme, die sich in die Auffanglager der Westsektoren ergossen.[660] Als Schaufenster des Westens oder der Demokratie war Westberlin für die DDR wie ein Stachel im Fleisch und die größte Bedrohung ihrer Stabilität. So sah es das SED-Regime, und so sah es auch die Sowjetunion. Ende 1958 gingen die DDR-Führung und der Kreml in die Offensive. Einer Ulbricht-Rede am 27. Oktober, in der er die Hoheitsgewalt für ganz Berlin für die DDR einforderte, folgte eine Rede Chruschtschows im Moskauer Sportpalast am 10. November. Er kündigte an, die Sowjetunion werde «der souveränen DDR jene Funktionen in Berlin übertragen, die noch sowjetische Stellen ausüben».[661] Das war die offizielle Ankündigung, das Viermächteabkommen zu brechen. Der Kreml-Chef ging noch weiter. Am 27. November ging eine sowjetische Note an die Regierungen in Washington, London und Paris, die als «Berlin-Ultimatum» berühmt geworden ist. Ein halbes Jahr Frist setzte Chruschtschow den Westalliierten. In dieser Zeit sollten sie der Entmilitarisierung Westberlins zustimmen. Chruschtschow verlangte den Abzug der amerikanischen, britischen und französischen Truppen und die Beendigung des «Besatzungsregimes». Andernfalls drohte er ein einseitiges Vorgehen der Sowjetunion und der DDR an.

Das war die ultimative Konfrontation, der eine umfassende diplomatische und mediale Kampagne folgte, in der vor allem auch die Rolle Westberlins als Zentrum der Arbeit westlicher Geheimdienste gegen die DDR und die Sowjetunion in den Vordergrund geschoben wurde. Ein Nervenkrieg hat begonnen, der die nächsten zwei Jahre bestimmen wird. Ein Treffen zwischen Eisenhower und Chruschtschow im September 1959 in Camp David bringt lediglich die Vereinbarung, dass über die Zukunft Berlins neue Verhandlungen stattfinden sollen, die eine Lösung im Interesse aller Beteiligten anstreben und der Wahrung des Friedens dienen. Das Ultimatum ist verstrichen, ohne dass es zur finalen Konfrontation gekommen ist, aber die Forderungen Chruschtschows bleiben unvermindert bestehen.[662]

Im Mai 1960 sollte auf einer Gipfelkonferenz in Paris erneut über die Berlinfrage verhandelt werden, aber Chruschtschow nutzt den Abschuss eines amerikanischen Spionageflugzeugs über dem Gebiet der Sowjetunion zum Eklat und lässt die Konferenz platzen.[663] In der DDR wird die Lage für das SED-Regime immer existenzieller, gleichzeitig verstärkt Ulbricht seine Polemiken und Angriffe gegen den Westen. Das Jahr 1961 sieht erneut dramatische Ereignisse in kurzer Folge. In den USA übernimmt John F. Kennedy die Präsidentschaft. Der 43-Jährige ohne Erfahrungen in der Außenpolitik muss gleich in den ersten Monaten einen herben Nackenschlag einstecken. Im April scheitert die von der CIA unterstützte, aber kläglich vorbereitete und durchgeführte Invasion in der kubanischen Schweinebucht.[664] Mit dieser Hypothek im Gepäck reist Kennedy Anfang Juni nach Wien zu seinem ersten Treffen mit Chruschtschow. Über das, was sich zwischen diesen beiden Staatsmännern persönlich abspielte, ist viel geschrieben und spekuliert worden. Es gibt Schilderungen, unter anderem des Kennedy-Bruders Robert, dass John F. Kennedy von der Härte und Unerbittlichkeit Chruschtschows geschockt war. Kennedy habe es so empfunden, dass Chruschtschow ihn wegen des Versagens während der Kuba-Invasion nicht ernst nahm und ihn deshalb in der Berlinfrage massiv unter Druck setzte. Er sei dem Bösen noch nie so nahe gewesen, soll der US-Präsident seinem Freund LeMoyne Billings nach dem Treffen gesagt haben.[665] Sergeij Kondraschow, der bei dem Gipfel dabei war, berichtet aber, dass Chruschtschow sehr wohl von der Einsicht Kennedys in die Weltlage und seiner Fähigkeit, seine Position zu verteidigen, beeindruckt war.[666] Das persönliche Empfinden Kennedys und die Aussage Kondraschows müssen sich nicht unbedingt ausschließen. Tatsache ist, dass bei dem Treffen der Konflikt in eine neue Dimension eintritt. Erneut stellt Chruschtschow ein Ultimatum. Binnen sechs Monaten sollen die Westmächte einem in Absprache mit der Sowjetunion verhandelten Friedensvertrag zustimmen, andernfalls werde die Sowjetunion einen Separatfrieden mit der DDR schließen und ihr die Kontrolle über die Verkehrswege nach Westberlin übertragen.[667]

Der Wortlaut des Gesprächs zwischen Kennedy und Chruschtschow ist berühmt geworden. Kennedy will wissen, ob das bedeutet, dass der Zugang nach Westberlin für die Westalliierten gesperrt wird. Chruschtschow bejaht das ungerührt. «Dann werden wir uns von Angesicht zu Angesicht gegenüberstehen», sagt Kennedy. «Wir wollen keinen Krieg», antwortet Chruschtschow, «wenn Sie ihn uns aber aufzwingen, wird es einen geben.» Kennedy beendet den Gipfel mit dem Satz: «Es scheint einen kalten Winter zu geben in diesem Jahr.»[668]

Dass die Krise einem Höhepunkt zusteuerte und dringend einer wie auch immer gearteten Lösung bedurfte, musste jedem klar sein. Kennedy wollte sich auf keinen Fall erpressen und die Westmächte auch nicht aus Westberlin vertreiben lassen. Ebenso wenig aber will er einen Krieg um Berlin, schon gar nicht um ganz Berlin. Die Lösung, die er am 27. Juli in einer Rundfunk- und Fernsehrede findet, ist sibyllinisch und in mehr als einer Hinsicht ein Wink mit dem Zaunpfahl Richtung Moskau. Einerseits verkündet er ein drastisches Programm zur Aufrüstung, andererseits betont er die so genannten «three essentials», die für die USA in Bezug auf Berlin unabdingbar sind: das Recht der Westalliierten auf Anwesenheit in Westberlin, das Recht der Westalliierten auf freien Zugang nach Westberlin und das politische Selbstbestimmungsrecht der Westberliner Bürger. Zu Ostberlin kein Wort, das Signal war in Moskau kaum zu überhören.[669] Das nächste noch weniger: Der demokratische Vorsitzende des Auswärtigen Ausschusses des Senats, J. William Fulbright, sagt in einem Fernsehinterview: «Ich verstehe nicht, warum die Ostdeutschen ihre Grenzen nicht schließen. Ich denke, sie haben das

Recht dazu.»[670] Laut David Murphy, der im August 1961 Leiter der Berliner Basis der CIA wird, hat Fulbright dies kaum ohne Absprache mit dem Präsidenten sagen können. Jeder in der CIA in Berlin habe gewusst, dass Kennedy nie die Absicht hatte, gegen den Bau der Mauer aufzubegehren.[671] Ulbricht aber hatte die unbedingte Absicht, sie zu bauen. Bereits am 15. Juni hatte er auf einer Pressekonferenz einen bemerkenswert folgenlosen Fehler begangen: Auf die Frage einer Journalistin der *Frankfurter Rundschau*, ob er die Staatsgrenze mitten in Berlin am Brandenburger Tor errichten wolle, antwortet er in seiner unübertroffen komplizierten Art: «Ich verstehe Ihre Frage so, dass es in Westdeutschland Menschen gibt, die wünschen, dass wir die Bauarbeiter der Hauptstadt der DDR dazu mobilisieren, eine Mauer aufzurichten. Mir ist nicht bekannt, dass eine solche Absicht besteht. Die Bauarbeiter unserer Hauptstadt beschäftigen sich hauptsächlich mit Wohnungsbau, und ihre Arbeitskraft wird dafür voll eingesetzt. Niemand hat die Absicht, eine Mauer zu errichten.»[672] Kein Mensch hatte Ulbricht nach einer Mauer gefragt, aber kein Mensch hatte ihm anscheinend auch richtig zugehört. Der Satz blieb wirkungslos.

Am 5. August kommt es in Moskau auf Antrag Ulbrichts zu einem Treffen der Parteichefs der Warschauer-Pakt-Staaten. Laut Kondraschow, Bailey und Murphy diskutiert man nicht offen den Bau einer Mauer oder die Abriegelung der DDR, sondern verurteilt einhellig die offene Grenze «zwischen unserem Berlin und Westberlin».[673] Das stillschweigende Einverständnis mit Ulbrichts geplanten Maßnahmen. Zwei Tage später verkündet dieser dem Politbüro den Beschluss, die Grenzen in der Nacht vom 12. auf den 13. August zu schließen. Die streng geheimen abschließenden Vorbereitungen der Operation «Rose», in die nur eine Hand voll Spitzenfunktionäre eingeweiht ist, beginnen. Selbst der KGB weiß angeblich zu diesem Zeitpunkt nicht, dass die Schließung der Grenzen unmittelbar bevorsteht.[674]

Seit jenem schicksalhaften Tag wird immer wieder die Frage gestellt, ob der Westen über die Pläne der DDR-Führung unterrichtet war. Besonders über den Informationsstand der westlichen Nachrichtendienste wurde und wird diskutiert und gestritten. Die Entwicklungen, die zum Bau der Mauer führten, zeigen indessen eher, wie sinnlos manchmal die

Frage nach der Zuverlässigkeit und Schnelligkeit von Geheimdienstarbeit vor dem Hintergrund bestimmter politischer Entwicklungen ist. Besonders, wenn diese Entwicklungen zentralen weltpolitischen Rang einnehmen und sich nicht hinter unzugänglichen Bergketten abgelegener Weltregionen abspielen. Wussten die westlichen Dienste, dass die DDR etwas zur Unterbindung des stetig anschwellenden Flüchtlingsstroms unternehmen wollte und musste? Natürlich, jeder wusste es. Wussten sie, dass dies zur Abriegelung der Grenzen, zum Aufstellen von Stacheldrahtverhauen führen konnte? Wenn sie Fernsehen schauten, mussten sie es wissen. Senator Fulbright hatte den Osten ja geradezu aufgefordert. War die Überraschung, die sich aller Verantwortlichen im Westen am Tag X bemächtigte, vor diesem Hintergrund glaubwürdig? Ja, denn man kann ja immer hoffen, dass das scheinbar Unvermeidliche dann doch nicht eintritt. Und was den genauen Tag, die Geschwindigkeit und die Konsequenz anging, mit der die DDR-Führung ihren einmal gefassten Beschluss in die Tat umsetzte, waren die Geheimdienste und ihre Auftraggeber in den westlichen Regierungen wohl tatsächlich überrascht. Zwei Tage vor dem entscheidenden Datum weilt US-Außenminister Dean Rusk bei Adenauer in dessen Urlaubsdomizil Cadenabbia. Über eine bevorstehende oder besser gesagt zu befürchtende Abriegelung Ostberlins reden sie nicht einmal.[675]

Selbst wenn man den exakten Termin im Voraus gewusst hätte, es hätte wohl nichts geändert. Dennoch werden solche historischen Ereignisse und Krisen gerne benutzt, um die vermeintliche Effizienz und den Nutzen der Geheimdienste zu diskutieren und gegebenenfalls zu beweisen. Im Fall des Mauerbaus betrifft dies ganz besonders den BND.

Als Gehlen 1968 aus dem Dienst schied, verfasst Marion Gräfin Dönhoff in der *Zeit* ein Porträt. Darin geht sie auch auf die Arbeit des BND im Vorfeld des Mauerbaus ein: «Ich habe vor einigen Jahren einmal Berichte des Gehlen'schen Geheimdienstes aus dem Jahre 1961 zu Gesicht bekommen und kann nur sagen, ich wundere mich über das offizielle Bonn, das am 13. August aus allen Wolken fiel. Das wäre wirklich nicht nötig gewesen, wenn es jene Berichte gelesen hätte. Allerdings scheint es oft gar nicht so sehr daran zu liegen, dass die Politiker nicht lesen, sondern mehr daran, dass sie das, was sie lesen, nicht wahrhaben wollen [...]

Damals im Jahr 1961 meldete der BND vom Januar an, dass eine Isolierung Westberlins bevorstehe und sich offenbar eine Zernierung vorbereite. Im Juli wurden die Warnungen dringlicher – es hieß, die Sperrung der Sektorengrenze stünde bevor. Am 1. August wurde gemeldet, es müsse mit der Unterbrechung des S-Bahn- und des U-Bahn-Verkehrs gerechnet werden. Dennoch fiel das offizielle Bonn am 13. August aus allen Wolken.»[676]

Auch für Gehlen war die Arbeit des BND rückblickend selbstverständlich eine Erfolgsstory: «Ich habe noch im Jahre 1961 eine ausführliche Dokumentation erstellen lassen, aus der zweifelsfrei hervorging, dass der Dienst sehr wohl seine Aufgabe zur rechtzeitigen Unterrichtung der damaligen Bundesregierung erfüllt hatte. In zahlreichen Einzelmeldungen vor dem 13. August war auf die außerordentliche Zuspitzung der Situation an den Übergängen in Berlin hingewiesen worrden. Die Massenflucht, die zum Verlust vieler wertvoller Spezialisten geführt hatte, musste demnach von Pankow unterbunden werden, sollte es nicht zu einer Katastrophe für das Ulbricht-Regime kommen. Viele Informationen zeigten in aller Deutlichkeit auf, dass der Zeitpunkt für rigorose Maßnahmen zur Abschnürung nicht mehr lange auf sich warten lassen würde. Als schließlich aus zuverlässigen Quellen berichtet wurde, dass Ulbricht von sowjetischer Seite freie Hand für die Unterbindung der Fluchtwelle gegeben war, blieb nur der Stichtag offen.»[677]

Es wird diese vom BND erstellte Dokumentation des Einzelmeldungsaufkommens vor dem Tag X gewesen sein, die die Gräfin von der *Zeit* derart beeindruckt hatte. Die positive Bewertung der Aufklärung des Mauerbaus liegt dem BND bis heute sehr am Herzen. Pünktlich zum vierzigsten Jahrestag der Abriegelung im Jahr 2001 tauchte im *Spiegel* eine interne Recherche des BND aus den 80er Jahren auf, die erneut belegen soll, wie genau der BND über die Pläne Ulbrichts informiert war. Der *Spiegel* zitiert den Wochenbericht 32 des BND vom 9. August 1961, der auch schon 1971 von Zolling und Höhne erwähnt wird[678]: «Vorliegende Meldungen zeigen, dass das Pankower Regime sich darum bemüht, die Einwilligung Moskaus für das In-Kraft-Setzen durchgreifend wirksamer Sperrmaßnahmen – wozu insbesondere eine Abriegelung der Berliner Sektorengrenze und die Unterbrechung des S- und U-Bahn-

Verkehrs in Berlin gehören würde – zu erhalten.»[679] Und der *Spiegel* weiter: «Den wohl größten Coup konnte der BND am Samstag, 12. August vermelden. Aus Ostberlin ging folgende Information ein: ‹Am 11. 8. 1961 hat eine Konferenz der Parteisekretäre der parteigebundenen Verlage und anderer Parteifunktionäre beim ZK der SED stattgefunden. Hier wurde unter anderem erklärt: 1. […] 2. Die Lage des ständig steigenden Flüchtlingsstroms mache es erforderlich, die Abriegelung des Ostsektors von Berlin und der SBZ in den nächsten Tagen – ein genauer Tag wurde nicht angegeben – durchzuführen und nicht wie eigentlich geplant erst in 14 Tagen.›»[680]

So weit, so gut, aber bestätigten die Meldungen nicht lediglich das, was alle wussten? Es musste etwas passieren, und es würde passieren. Erst nach langem Zögern hatte sich Willy Brandt durchgerungen, in seiner Wahlkampfrede am Vorabend des Mauerbaus in Nürnberg die Situation der Menschen in der DDR in aller Deutlichkeit anzusprechen: «Heute Abend wird der 17 000ste Flüchtling dieses Monats in Berlin ankommen. Zum ersten Mal werden wir 2500 Flüchtlinge im Laufe von 24 Stunden aufzunehmen haben. Warum kommen diese Menschen? Weil die Sowjetunion einen Anschlag gegen unser Volk vorbereitet, über dessen Ernst sich die wenigsten klar sind. Weil die Menschen in der Zone Angst haben, dass die Maschen des Eisernen Vorhangs zementiert werden. Weil sie fürchten, in einem gigantischen Gefängnis eingeschlossen zu werden. Weil sie brennende Sorge haben, sie könnten vergessen werden, abgeschnitten, geopfert werden auf dem Altar der Gleichgültigkeit und vernachlässigter Chancen.»[681]

Seine prophetischen Sätze hätten geklungen, als habe er zuvor mit Pullach telefoniert, schrieb der *Spiegel*. Brandt hatte nicht mit Pullach telefoniert. Er hatte, wie es sich für einen Politiker gehört, das Weltgeschehen aufmerksam verfolgt und richtig interpretiert. Er kannte die Konsequenzen, welche die Flüchtlingsströme, die Berlin-Ultimaten Chruschtschows und die Signale, die aus Amerika kamen, hatten und haben mussten. Er und seine engsten Mitarbeiter hatten begriffen, dass die USA Moskau einen Freibrief ausgestellt hatten, was ihren Umgang mit der DDR anging.[682] Auf Geheimdiensterkenntnissen basierten diese Folgerungen nicht: «Mir wurden keine Hinweise der deutschen oder alliierten Geheimdienste übermittelt. Tatsächlich scheint es gelungen zu sein, die Vorbereitung der Abriegelung völlig zu tarnen. BND wie CIA, der britische und der französische Geheimdienst – sämtliche nachrichtendienstlichen Organisationen des Westens scheinen hinters Licht geführt worden zu sein», schreibt Brandt 1976 in seinen Erinnerungen.[683] Egon Bahr entsinnt sich deutlicher: «Am Montag kam ich dazu, die Lageeinschätzung des Bundesnachrichtendienstes zu lesen, vom vergangenen Freitag, mit der Aussage: Besondere Vorkommnisse seien für das Wochenende nicht zu erwarten.»[684]

Da der Adenauer-Biograph Hans-Peter Schwarz zu dem Schluss kommt, dass auch der Kanzler vom Mauerbau dem Anschein nach völlig überrascht wurde[685], stellt sich die Frage, ob der BND seine bahnbrechenden Erkenntisse mit niemandem geteilt hat. Oder war es vielmehr so, dass die Befürchtungen und Warnungen derart auf der Hand lagen, dass den bestätigenden Berichten des BND keine weitergehende Bedeutung zugemessen wurde? Letztlich hätte es zweier Voraussetzungen bedurft, um aus der nachrichtendienstlichen Arbeit in diesem historischen Moment praktischen politischen oder militärischen Nutzen ziehen zu können: Erstens die exakte Angabe des Starttermins für die Operation «Rose». Dazu aber war angesichts der Tatsache, dass selbst in der DDR-Führung nur eine Hand voll Personen informiert waren, niemand in der Lage. Zweitens hätte es des Willens bedurft, aufgrund der Informationen konkrete Gegenmaßnahmen zu ergreifen. Diesen Willen gab es ebenfalls nicht. Um Westberlin hätte Kennedy vielleicht Krieg geführt. Um Ostberlin und die DDR nicht. Die weltpolitische Entwicklung war längst zu weit fortgeschritten, als dass sich an dieser Tatsache noch etwas hätte ändern lassen.

Entsprechend lau blieben die Reaktionen: Es wurde protestiert. Aber erst am 19. August bemühten sich US-Vizepräsident Lyndon B. Johnson und der legendäre Held der Luftbrücke, General Lucius D. Clay, nach Westberlin, um der Bevölkerung moralische Unterstützung zu geben und zu versichern, dass die USA sie nicht im Stich lassen würden. Außerdem schickte Washington 1500 Mann zur Verstärkung ihrer Garnison auf dem Landweg in die geteilte Stadt. Willy Brandt hatte um zusätzliche Truppen gebeten, aber auch dies war nicht mehr als ein symbolischer Akt. Niemand dachte daran, die Grenzen mit Gewalt wieder zu öffnen.

Für die Dienste aller Seiten bedeutete die Schließung der Grenzen, dass ihre operative Arbeit Gefahr lief zusammenzubrechen. Der Kontakt zu V-Leuten und Agenten war kaum noch aufrechtzuerhalten. Die CIA hatte bereits nach dem Ultimatum von 1958 damit begonnen, Agenten mit Funkgeräten auszurüsten. Im November nach der Grenzschließung unterhielt die Berliner Operationsbasis Kontakt zu über 25 derart ausgestatteten Agenten.[686] Verbindung zu anderen Quellen konnte in Zukunft nur noch über speziell ausgebildete «legale Reisende» wieder aufgenommen oder gehalten werden, das heißt durch Menschen, die als Geschäftsleute, Handlungsreisende oder in ähnlicher Funktion die Grenze zur DDR passieren durften. Von entsprechenden Vorbereitungen des BND ist nichts bekannt. Wenn selbst Markus Wolf, der Chef der HVA, davon spricht, dass die Fortführung der Arbeit ab dem 13. August nur unter erheblichen Schwierigkeiten und Umstrukturierungen möglich war[687], kann man ermessen, was die Schließung der Grenzen für den BND bedeutete. Die Enttarnung des Top-Spions Felfe nur wenige Monate später machte das Desaster perfekt. Die Tatsache, dass es in den folgenden Jahren immer weniger spektakuläre Spionageprozesse gegen BND-Agenten in der DDR gab, legt nicht unbedingt den Schluss nahe, dass die Abwehr der DDR ihre Arbeit schlecht machte oder der BND seine gut. Es ist vielmehr ein Beleg für die Tatsache, dass die Mauer und Felfe die Aufklärung Pullachs nach Osten in Stücke gehauen hatten. Und es blieb auch keine Zeit, die Schocks zu verdauen, denn schon im nächsten Jahr geriet der BND in den Strudel einer Affäre, die das politische Klima in der Bundesrepublik für immer veränderte.

«Ein Abgrund von Landesverrat»

Eigentlich war nicht viel passiert. Der *Spiegel* hatte am 8. Oktober 1962 eine kritische Titelgeschichte publiziert, was zu den wöchentlichen Gewohnheiten der Blattmacher an der Elbe gehörte. Unter dem Titel «Bedingt abwehrbereit» beschäftigte sich das Magazin anlässlich der

Nato-Übung «Fallex 62» wieder einmal mit der Militärpolitik der Bundesrepublik und mit seinem Lieblingsfeind, Verteidigungsminister Franz Josef Strauß. Im Mittelpunkt stand die Auseinandersetzung zwischen Strauß und der Regierung in Washington um den Einsatz taktischer Atomwaffen im Falle eines Krieges mit der Sowjetunion. Strauß wolle seit Jahren Mittelstreckenraketen des Typs Polaris mit einer Reichweite von 2000 bis 3000 Kilometern nach Europa bekommen. Vor allem setze er sich für den raschen Einsatz taktischer Kernwaffen im Ernstfall ein, während US-Verteidigungsminister Robert McNamara auf massive Verstärkung der konventionellen Streitkräfte baue, um Zeit für Verhandlungen zu gewinnen, bevor die Sowjettruppen die Verteidigungslinien der Nato überrennen können.[688] Außerdem enthält der Artikel Details über den Verlauf des Nato-Manövers, in dem erstmals davon ausgegangen wird, dass ein dritter Weltkrieg mit einem Großangriff auf Europa beginnt. Das Ergebnis ist für Strauß niederschmetternd. Seine Truppe erweist sich als bedingt abwehrbereit, seine Strategie des Einsatzes von Atomraketen und Atomgranatwerfern anstelle von Brigaden und Soldaten als untauglich für eine Vorwärtsverteidigung der Bundeswehr.[689]

Das meiste dessen, was der stellvertretende Chefredakteur Conrad Ahlers mit Hilfe seines Kollegen Hans Schmelz aus dem Bonner *Spiegel*-Büro in dem Artikel ausbreitete, konnten geneigte Leser bereits in anderen Veröffentlichungen und Fachpublikationen finden, hätten sie sich die Mühe gemacht. Als die Geschichte erschien, ging nicht eben eine Welle der Erschütterung durchs Land. *Spiegel*-Herausgeber Rudolf Augstein hatte die militärpolitischen Passagen der Titelgeschichte nicht einmal mehr zur Kenntnis genommen, nachdem er erfahren hatte, dass Strauß zwar einen vorbeugenden Schlag gegen Moskau in seine strategische Planung einbauen wollte, damit aber weder bei Adenauer noch in der Nato auf Gegenliebe stieß. Damit war das Thema für den Herausgeber erledigt. Auch Ahlers selbst fand sein in Teilen durchaus kompliziertes Werk nicht eben mitreißend: «Eine mühsame, nur für besonders interessierte Leser verdauliche Lektüre», befand er später.[690]

Einige interessierte und vor allem informierte Leser hatte der Bericht schon vor seiner Veröffentlichung gefunden. Nach guter Redakteurssitte sicherte sich Ahlers bei Fachleuten ab. So bekam der Hamburger Innensenator und SPD-Wehrexperte Helmut Schmidt einen ersten Entwurf, den er mit Ahlers durchging. Dabei fielen ihm einige Punkte auf, die eventuell der Geheimhaltung unterliegen konnten. Er markierte sie und empfahl Ahlers, den Artikel noch einmal in dieser Hinsicht prüfen zu lassen.

Nun erwies es sich als nützlich, dass der *Spiegel* seit den frühen 50er Jahren Kontakte zum BND unterhielt. Die besten hatte wohl Verlagsdirektor Hans Detlev Becker, der 1954 die Titelgeschichte «Des Kanzlers lieber General» geschrieben hatte, mit der Gehlen zum ersten Mal massiv in die Öffentlichkeit getreten war. Den Kontakt zwischen Gehlen und dem *Spiegel* hatte damals BND-Mann Worgitzky hergestellt, der später dann Oberst Adolf Wicht als BND-Residenten in Hamburg beim *Spiegel* einführte. Der BND legte unter der Bezeichnung «Rot-Weiß» eine eigene *Spiegel*-Akte an, in der Verlagsdirektor Becker unter dem Decknamen DETLEV geführt wurde.[691] Ahlers stellte nach seinem Besuch bei Schmidt eine Liste von 13 Punkten auf, die er unter dem Aspekt des Geheimschutzes überprüft wissen wollte. Er übergab die Liste Becker, der sie wiederum an BND-Oberst Wicht weiterleitete. Dieser sagte zu, das Ganze nach Pullach zu senden. Dort hatten die Experten nur Einwände gegen einen einzigen Punkt, der aus dem Artikel gestrichen wurde. Die Geschichte konnte erscheinen. Sie erschien. Und erwartungsgemäß geschah gar nichts.

Wie die Ereignisse, die dann fern des *Spiegel*-Hauses ins Rollen kamen und miteinander in Beziehung standen, ist bis heute nicht in allen Details geklärt. Wahrscheinlich sind sie auch nicht mehr zu klären. Sicher ist, dass der *Spiegel* auch weniger prominente Feinde hatte als den Verteidigungsminister Strauß. Einer von ihnen war Professor Dr. jur. et rer. pol. Friedrich August Freiherr von der Heydte. Ebenso eindrucksvoll wie der Name war die Liste der Funktionen des Freiherrn: Ordinarius für Völkerrecht und bayerisches Staatsrecht an der Universität Würzburg, dortselbst Leiter des Instituts für Wehrtechnik, CSU-Abgeordneter im Bayerischen Landtag, Verbindungsmann der CSU zur SS-Ehemaligen-Organisation HIAG, Statthalter der deutschen Statthalterei des katholischen Ritterordens vom Heiligen Grabe, Mitglied der «Abendländischen Akademie», Vorsitzender der «Christlich-Demokratischen

Hochschulgemeinschaft», Mitbegründer der reaktionären Organisation «Rettet die Freiheit» und außerdem noch Oberst der Reserve.[692] Der Mann, der auch auf die Idee gekommen war, die Bundeswehr in katholische und evangelische Divisionen einzuteilen, und der an der publizistischen Front für Organisationen warb, die ein durchaus gestörtes Verhältnis zur freiheitlich-demokratischen Grundordnung aufwiesen, hatte sich den *Spiegel* zu einem seiner Hauptgegner erkoren. Höhepunkt der Auseinandersetzung war eine Anzeige wegen Landesverrats und landesverräterischer Fälschung, die der Kämpfer fürs Abendland bei der Bundesanwaltschaft erstattete. Sie bezog sich auf früher erschienene Artikel des Magazins, aber als «Bedingt abwehrbereit» an die Kioske kam, reichte er den Titel als Beleg nach.[693]

Interessant ist nun eine gewisse Parallelität der Ereignisse. Während ein empörtes CSU-Mitglied und Oberst der Reserve sich an die Bundesanwälte in Karlsruhe wendet, wendet sich ein empörter Verteidigungsminister, ebenfalls CSU-Mitglied, an seinen Kanzler in Bonn. Am 12. Oktober schreibt Strauß in einem als «geheim» klassifizierten Brief an Adenauer eine Beschwerde über die neuen *Spiegel*-Angriffe, in der er sehr exakt den Tatbestand der landesverräterischen Fälschung beschreibt: «Inzwischen haben – für mich nicht überraschend, weil zur Beeinflussung meiner Entscheidung angekündigt [gemeint ist die Entscheidung, ob Strauß in Bonn bleibt oder nach München geht, d. Verf.] – neue Angriffe gegen mich begonnen, die eine raffinierte Vermengung richtiger Details mit falschen Behauptungen darstellen.»[694] Und dann packt Strauß die von ihm sattsam bekannte Keule aus: «Die hier angewandte Methode sollte Gegenstand einer ernsten Untersuchung und Ausgangspunkt energischer Maßnahmen werden. Der publizistische Terror ist genauso eine kriminelle Angelegenheit wie der gewaltsame.»[695]

Wes Geistes Kind die Gegner des *Spiegel* sind, die sich da formieren, lässt sich deutlicher kaum zeigen. Landesverrat und publizistischer Terror ist ihrer Meinung nach, was Augstein, Ahlers und Konsorten an der Alster betreiben. Ein direkter Zusammenhang zwischen der Offensive von der Heydtes und dem Vorgehen von Strauß ist nicht zu beweisen. Aber als dem kämpferischen Reserveoberst wenig später die höchst seltene Beförderung zum Brigadegeneral zuteil wird, hält er es für angebracht zu betonen, dies sei keine Belohnung.[696]

Die Empörung wächst. Adenauer reiht sich höchstpersönlich in die Reihe der Empörten ein und erklärt Strauß in einem Antwortbrief am 16. Oktober, dass er einen Gesetzentwurf in Auftrag gegeben habe, der sich mit Beleidigungen durch die Presse auseinandersetzen solle.[697] Mittlerweile haben Bundesanwälte in Karlsruhe damit begonnen, die mögliche Anwendung bereits bestehender Gesetze zu prüfen. Da sie sich alleine nicht zur Beurteilung der militärischen Details des *Spiegel*-Titels in der Lage sehen, suchen sie nach einem Gutachter. Und finden ihn ausgerechnet im Verteidigungsministerium. Über das, was in diesen Tagen passiert, welche Interessen oder Absichten in die bis dahin schlimmste innenpolitische Krise der Republik führen und welche Rolle der BND dabei spielt, wird Jahrzehnte spekuliert. Einigen Aufschluss gibt schon ein genauer Blick auf die Frage, wer wann mit wem spricht.

Am 16. Oktober, dem Tag, an dem Adenauer seinen Verteidigungsminister Strauß über sein Gesetzesvorhaben gegen Beleidigungen durch die Presse informiert, finden zwei wichtige Treffen statt. Zum einen sitzen auf der Hardthöhe Strauß, sein Staatssekretär Volkmar Hopf, sein Pressesprecher Oberst Gerd Schmückle, sein Adjutant Oberst Wagenknecht, der Gutachter Heinrich Wunder, der Referent Hans-Günther Schwenck und der neue Leiter des Nachrichtenwesens im Ministerium, Brigadegeneral Ferber, beisammen. Thema ist der Inhalt von «Bedingt abwehrbereit». Strauß gibt Order, alle in Frage kommenden Stellen hätten die Arbeit des Gutachters Heinrich Wunder zu unterstützen. Der ist sehr erleichtert, die gesamte Führungscrew des Ministeriums ist über die Priorität des *Spiegel*-Gutachtens unterrichtet.[698]

In Hamburg trifft sich an diesem Tag *Spiegel*-Verlagsdirektor Becker erneut mit BND-Oberst Wicht. Wicht ist mit dem Fallex-Titel zufrieden. Becker erzählt ihm, er habe gehört, dass der Artikel andernorts geprüft werde. Wicht weiß davon nichts, und Becker glaubt ihm.[699] Adenauer scheint zu diesem Zeitpunkt nicht über die Vorgänge unterrichtet.

Der nächste Tag bringt eine entscheidende Begegnung, über die Strauß seinen Kanzler erst einen Monat später in einem diesmal sogar als «streng geheim» eingestuften Brief informiert.

Am 17. Oktober trifft Strauß BND-Chef Gehlen. Strauß weiht Gehlen unter vier Augen ein, «dass der Generalbundesanwalt ein Ermittlungsverfahren gegen *Spiegel*-Redakteure eingeleitet habe und dass Gutachter aus dem Dienstbereich des Verteidigungsministeriums dem Generalbundesanwalt dazu ein Gutachten erstatten sollen.»[700] In dem gleichen Gespräch habe Gehlen – so erzählt Strauß später seinem Pressesprecher Schmückle und wahrscheinlich auch Adenauer – darauf gedrängt, gegen den *Spiegel* vorzugehen, da dieser geheimste Nato-Unterlagen besitze. Außerdem habe Gehlen geraten, Justizminister Wolfgang Stammberger von der FDP bei der Aktion außen vor zu lassen.[701] Auch über dieses Gespräch ist Adenauer zu diesem Zeitpunkt nicht unterrichtet. Man muss es noch einmal buchstabieren: Gehlen, dessen BND die bedenklichen Punkte des *Spiegel*-Artikels vor der Veröffentlichung begutachtet und freigegeben hat, drängt jetzt auf eine Aktion gegen den *Spiegel* wegen Landesverrats unter Umgehung des Justizministers.

Wieder nur einen Tag später stehen erneut zwei erhellende Unterredungen auf dem Programm: In Hamburg sitzen sich wieder BND-Mann Wicht und *Spiegel*-Mann Becker gegenüber. Wicht bestätigt nun, dass gegen den *Spiegel* wegen Geheimhaltungsverstößen in Bezug auf «Bedingt abwehrbereit» ermittelt wird, und betont, der BND könne nur für die ihm vorgelegten Fragen eine Verantwortung übernehmen.[702] Am gleichen Abend erscheint Strauß bei Adenauer und unterrichtet den Kanzler über die Einleitung des Ermittlungsverfahrens. In seinem streng geheimen Brief vom 11. November an Adenauer macht Strauß noch einmal aktenkundig, dass er an diesem Abend mit dem Kanzler auch über die Vorbehalte gegen Justizminister Stammberger spricht. Diese beziehen sich auf die guten Kontakte, die Stammberger augenscheinlich zum *Spiegel* unterhält, auf die Tatsache, dass der *Spiegel* seit langem sehr gut über die Vorgänge im Justizministerium unterrichtet ist, und dass dem Blatt angeblich Unterlagen über Vergehen Stammbergers während dessen Militärzeit vorlägen, die den Minister unter ständigen latenten Druck brächten.[703] Hans-Peter Schwarz kommt zu dem Schluss: «Der Knoten der *Spiegel*-Affäre wird also bereits in dieser Besprechung geschürzt. Adenauer sieht sich von Strauß höchstpersönlich ins Bild gesetzt. Wie dieser ist er davon überzeugt, dass es hier um einen schweren

Fall des Verrats militärischer Geheimnisse geht. Er ermächtigt Strauß daher zu energischem Vorgehen ‹ohne Ansehen von Name und Person› … Und man darf annehmen, dass bereits bei dieser Gelegenheit Einverständnis darüber herrscht, den als ‹undicht› einzustufenden Bundesjustizminister Stammberger durch dessen Staatssekretär Walter Strauß ausschalten zu lassen, der sich dabei mit dessen Amtskollegen Volkmar Hopf im Verteidigungsministerium kurzschließt.»[704]

Damit ist nicht nur der Knoten geschürzt, damit ist quasi das Drehbuch der Katastrophe geschrieben. Vor allem werden die Fäden sichtbar, die die Beteiligten in dieser komplizierten Affäre weben. Vor dem Erscheinen der Titelgeschichte laufen diese nur von Hamburg über BND-Oberst Wicht nach Pullach. Dann verlaufen sie aber auch zwischen Strauß und Pullach. Gehlen wirkt auf Strauß ein, und gleichzeitig muss es einen erneuten Faden zwischen Pullach und dem BND-Mann Wicht zurück nach Hamburg geben. Nimmt man die Abfolge der Ereignisse, so ist die zentrale Rolle des BND in der *Spiegel*-Affäre kaum zu übersehen. Er beantwortet erst die Fragen des *Spiegel* zum Geheimschutz, dann ermuntert er den Verteidigungsminister zu hartem Vorgehen gegen das Blatt, und dann sitzt ein BND-Mann in Hamburg und warnt den *Spiegel* vor eben diesem. So stellt sich die Sache dar, glaubt man den Schilderungen der unmittelbar Beteiligten. Dazu passt, dass der für den Artikel zuständige Redakteur Ahlers sich schriftlich bestätigen lässt, dass er sich im Zweifelsfall auf den Informantenschutz berufen kann, noch Aufzeichnungen und Reisekostenabrechnungen aus seinem Büro entfernt und dann am 19. Oktober in aller Seelenruhe mit seiner Gattin nach Spanien in Urlaub fährt.[705]

Es erübrigt sich fast, hier nochmals festzustellen, dass Gehlen im Nachhinein eine Warnung des *Spiegel* durch den BND abstreitet: «Es erübrigt sich fast, hier nochmals festzustellen, dass – wie auch von der Bundesanwaltschaft zweifelsfrei ermittelt wurde – eine Warnung an den *Spiegel* durch den Dienst nicht erfolgte. Sie war schon deshalb unmöglich, weil die leitenden Mitarbeiter des BND über die beabsichtigte Aktion selbst überhaupt nicht unterrichtet waren.»[706] Es ist eine dieser typischen Erklärungen Gehlens, die mehr verschleiern, als sie erklären. Waren die leitenden Mitarbeiter selbst nicht informiert? Oder waren sie über die Aktion selbst nicht informiert? Meint er mit Aktion die Ermittlungen an sich? Oder die Durchsuchung und Besetzung der *Spiegel*-Redaktion und die Verhaftung der verantwortlichen Redakteure? Von Letzterem konnte BND-Oberst Wicht nichts wissen, als er am 18. Oktober mit Verlagsdirektor Becker zusammentraf. Erst einen Tag später erreichte das Gutachten des Verteidigungsministeriums Karlsruhe. Durchsuchungsbeschlüsse und Haftbefehle gab es da noch nicht. Es war just der Tag, als Ahlers schon alle notwendigen Vorbereitungen traf und sich auf in den sonnigen Süden machte.

Nachdem alles so weit gediehen ist, verschwindet der BND tatsächlich völlig aus der Schusslinie. Das weitere Vorgehen bestimmen der Verteidigungsstaatssekretär Volkmar Hopf, die Bundesanwälte Albin Kuhn und Walter Wagner, die sich zur Verstärkung noch den Ersten Staatsanwalt Siegfried Buback holen. Hopf bietet der Bundesanwaltschaft zur Unterstützung die Geheimtruppe des Verteidigungsministeriums, den MAD, an. MAD-Chef General Selmayr ist zur Stelle und gern zu Diensten. Zu einem Treffen am 22. Oktober erscheinen auch noch der Leiter der Sicherungsgruppe des Bundeskriminalamtes, Ernst Brückner, und dessen Stellvertreter Theo Saevecke. Vom BND weit und breit keine Spur. Diese Tatsache ist in der Literatur immer eindeutig interpretiert worden: «Der Geheimdienst war von Anfang an aus den geheimen Erörterungen zwischen Bundesanwaltschaft, Sicherungsgruppe Bonn und Verteidigungsministerium ausgeschaltet.»[707] Und: «Der BND war wegmanövriert.»[708]

Einmal davon abgesehen, dass der BND bei einer solchen Aktion überhaupt nichts zu suchen hatte, darf man heute angesichts der geschilderten Abläufe wohl die Vermutung hegen, dass Gehlen sich gar nichts Besseres wünschen konnte, als dass andere ab diesem Zeitpunkt die Arbeit übernahmen, die er an verschiedenen Fronten vorbereitet hatte.

Während Strauß den Bundeskanzler ständig auf dem Laufenden hält, erfährt Justizminister Stammberger von der Justizaktion überhaupt nichts. Und auch sein Staatssekretär Walter Strauß wird erst am 24. Oktober informiert. Am Tag zuvor hat der Ermittlungsrichter am Bundesgerichtshof, Wolfgang Buddenberg, bereits die Haftbefehle für Augstein und Ahlers sowie umfassendste Durchsuchungs- und Beschlagnahmebeschlüsse für die Wohnungen der Beschuldigten und die Räume des *Spiegel* in Hamburg und Bonn unterzeichnet.[709] Justizstaatssekretär Walter Strauß wird von Verteidigungsminister Franz Josef Strauß mitgeteilt, es liege eine Anweisung des Kanzlers vor, Justizminister Stammberger vorerst nicht zu unterrichten. Ob Adenauer diese Anweisung explizit so gegeben hat, weiß man nicht, aber es wurde bereits gezeigt, dass er über die Vorbehalte gegen Stammberger und den Ablauf des Verfahrens von Strauß informiert worden ist, Strauß also im guten Glauben handeln konnte, sich mit dem Kanzler in völliger Übereinstimmung zu befinden.[710] In Bonn war längst etwas von einer Aktion gegen den *Spiegel* durchgesickert. Heinrich Krone erfährt von Innenminister Höcherl, dass etwas im Gange ist, und notiert es in sein Tagebuch. Ebenso, dass Höcherl wohl mit Strauß über die Ermittlungen gesprochen hat.[711] Diese sind so geheim, dass eine ganze Reihe von Personen von ihnen dennoch Kenntis haben. Detailliert und umfangreich vor allem der Kanzler.

Der Ablauf und die Folgen der Aktion gegen den *Spiegel* sind oft und ausführlich beschrieben worden.[712] Am 26. Oktober stehen die Sturmtruppen gegen das publizistische Sturmgeschütz bereit, als in Düsseldorf, wo Augstein einen Wohnsitz hat, ein Mann in einem schwarzen Mercedes mit Hamburger Kennzeichen verhaftet wird. Die Beamten halten ihn für den Herausgeber. In Wahrheit haben sie den *Spiegel*-Mitarbeiter Erich Fischer gefangen, zuständig für den Verkauf von Anzeigen, wohnhaft in Düsseldorf, ausgerüstet mit einem Hamburger Dienstwagen. Der Irrtum wird erkannt, und nun sieht man Gefahr im Verzug. Der allgemeine Startschuss wird gegeben. Die Einsatzgruppen in Bonn und Hamburg, immer begleitet von Bundesanwälten, rücken aus, um die Räume des *Spiegel* zu besetzen, zu durchsuchen und die vorgesehenen Verhaftungen vorzunehmen.

Das Ganze gestaltet sich schwieriger als gedacht. An diesem Freitag gegen 21 Uhr sind noch viele Redakteure und andere Mitarbeiter damit beschäftigt, die aktuelle Ausgabe druckfertig zu machen. Und sie sind durchaus nicht bereit, ihre Arbeit liegen zu lassen, denn dann würde am Montag kein Heft erscheinen können. Chefredakteur Claus Jacobi sieht sich clevererweise mangels Kompetenz außerstande, die Mitarbeiter nach Hause zu schicken. Die Beamten in Hamburg sind ein wenig hilflos. Eine Vielzahl von *Spiegel*-Leuten sind in Schach zu halten und gleichzeitig eine Unmenge an Räumen zu durchsuchen. Sie fordern Verstärkung an. Als etwa drei Dutzend Schutzpolizisten eintreffen, wird aus der Durchsuchung eine Besetzung. Im Laufe der Nacht wird auch noch ein Akt der Pressezensur daraus, denn Ermittlungsrichter Buddenberg, der ebenfalls nach Hamburg gekommen ist, lässt sich durch einen Kurier alle aktuellen Druckfahnen bringen, um sie zu prüfen, auf dass weitere Straftaten verhindert werden. Sind bislang irgendwelche Straftaten begangen worden? Was in dieser Nacht nicht recht klappen will, ist die Sache mit den Verhaftungen. Zwar werden eine Reihe von Redakteuren vorläufig festgenommen, aber die Hauptverdächtigen sind nicht zu greifen. Ahlers ist im Urlaub und Augstein schlicht nicht da. Die Beamten, die ihn zu Hause abholen wollen, treffen nur seine Ehefrau an. Ihnen ist entgangen, dass Augstein von ihr getrennt lebt und an den Abenden zuvor immer in seine Wohnung am Hamburger Leinpfad gefahren ist.

Inzwischen ist es Redakteuren im *Spiegel*-Haus gelungen, heimlich zu telefonieren: mit der Deutschen Presseagentur und vor allem mit Rechtsanwalt Josef Augstein, dem Bruder des Herausgebers. Der fährt sofort nach Hamburg, wo Rudolf Augstein den Abend zusammen mit Verlagsdirektor Becker verbracht hat. Dann stoßen noch Justitiar Riko Graepel und Verleger John Jahr hinzu. Gemeinsam beraten sie. Schließlich kommt man zu dem Schluss, Augstein solle sich am nächsten Mittag freiwillig stellen. Er lässt dies durch seinen Bruder ankündigen und fährt gegen 12 Uhr ins Polizeipräsidium, wo Staatsanwalt Buback schon wartet.

Die Telefone stehen nicht still in dieser Nacht. Und auch die für den Fort- und Ausgang der Aktion bedeutendste Maßnahme wird am Telefon eingeleitet und entschieden: Staatssekretär Hopf, der im Auftrag von Strauß den gesamten Vorgang für das Verteidigungsministerium gemanagt hat, sitzt in seiner Privatwohnung in Bonn und lässt sich laufend unterrichten. Er ist darüber informiert, dass sich Ahlers mit seiner Frau in Spanien aufhält. Gegen 23 Uhr ruft er den Leiter der Sicherungsgruppe des BKA, Brückner, an und fordert ihn auf, die Verhaftung von Ahlers in Spanien zu veranlassen. Brückner weiß, was die Stunde geschlagen hat, und erwidert dem Staatssekretär, dass er dies in eigener Verantwortung nicht machen kann. Außerdem erklärt er Hopf, der dies als Verteidigungsstaatssekretär auch selber wissen müsste, dass eine Auslieferung Ahlers' von Spanien nach Deutschland wegen des politischen Charakters des Deliktes rechtlich nicht zulässig sein werde. Bezeichnend ist die Antwort von Hopf: Das Justizministerium werde die Verhaftung ‹auf eigenem Wege› versuchen, wenn die Sicherungsgruppe dazu nicht in der Lage sei.[713]

Das ist die Ankündigung eines schwerwiegenden Rechtsbruches, und er wird auch ins Werk gesetzt. Während Theo Saevecke von der Sicherungsgruppe und Regierungskriminaldirektor Dickopf vom BKA noch diskutieren und gemeinsam zu dem Schluss kommen, dass eine polizeiliche Amtshilfe im Fall Ahlers aufgrund der Interpol-Statuten nicht infrage kommt, telefoniert Strauß bereits mit dem Kanzler der deutschen Botschaft in Madrid, Otto Reif. Er erteilt dem aus dem Schlaf gerissenen Reif die Anweisung, dafür zu sorgen, dass Militärattaché Achim Oster binnen dreißig Minuten im Büro des Verteidigungsministers zurückrufe. Er fragt Reif auch, ob er wisse, dass Ahlers sich in Spanien aufhalte. Der Kanzler der Botschaft bestätigt das. Dann kommt Strauß zum großen dramatischen Finale: «Ich verpflichte Sie, über dieses Telefongespräch mit niemandem zu sprechen als mit dem Oberst Oster. Dies ist ein dienstlicher Befehl; ich handele in diesem Augenblick auch im Namen des Herrn Bundeskanzlers und des Herrn Außenministers. Haben Sie alles klar verstanden?»[714]

Reif hat verstanden. Vielleicht ist er noch im Halbschlaf, vielleicht hat ihn der Kommandoton überfahren, auf den Gedanken, dass der Verteidigungsminister ihm keine dienstlichen Befehle zu erteilen hat, kommt er jedenfalls nicht. Strauß hat zumindest in einem Teil dreist gelogen. Im Auftrag von Außenminister Gerhard Schröder handelt er jedenfalls nicht. Dass es einen Auftrag Adenauers gegeben hat, ist lange bestritten worden. Aber in seinem streng geheimen Brief vom 19. November an Adenauer stellt Strauß noch einmal nachdrücklich fest, dass er in dieser dramatischen Nacht mit Adenauer telefoniert hat. Im Sommer 1965 bestätigt Adenauer dieses Gespräch gegenüber dem CDU-Präsidium. Strauß habe ihm mitgeteilt, dass *Spiegel*-Redakteur Ahlers im Begriff sei, von Spanien nach Tanger zu fahren. Er habe nicht weiter nachgefragt, sondern «Strauß lediglich aufgefordert, alles zu tun, was er für möglich, für nötig und für verantwortlich halte»[715].

Was Strauß für möglich, nötig und verantwortlich hielt, war und blieb immer eine Sache für sich. Nach diesem Stand der Erkenntnis kann aber nicht von der Hand gewiesen werden, dass er sich mit gutem Grund einreden konnte, mit Rückendeckung des Kanzlers zu handeln. Auch in diesem gravierendsten aller Aspekte der *Spiegel*-Affäre. Adenauer war die zweite treibende Kraft hinter Strauß. Um das Urteil des Adenauer-Biographen Hans-Peter Schwarz vorwegzunehmen: «Hätte Strauß damals die Beteiligung Adenauers voll bekannt gemacht, wäre die Ära Adenauer mit ziemlicher Sicherheit im Spätjahr 1962 zu Ende gegangen.»[716]

Noch ist die Affäre aber nicht einmal über ihre erste Nacht hinaus. Kurz vor halb eins ruft Militärattaché Oster aus Madrid den Verteidigungsminister an. Auch Oster trifft die volle Wucht des von seiner Mission durchdrungenen Schwergewichts aus Bayern: «Herr Oberst Oster, ich komme soeben vom Bundeskanzler, und dies, was ich jetzt zu sagen habe, ist ein dienstlicher Befehl.»[717] Oster gibt den weiteren Verlauf des Gesprächs später zu Protokoll: «Es sei von entscheidender Bedeutung, dass Ahlers so schnell wie möglich festgesetzt würde, damit der Generalbundesanwalt durch Ahlers – Augstein sei in Kuba[718] – erführe, wo das Loch im Verteidigungsministerium sei [...] Auf meine Gegenvorstellung, dass ich ohne irgendeine Handhabe bei den spanischen Behörden nichts erreichen würde, eröffnete mir der Minister nach einer Rückfrage in seinem Dienstzimmer, wobei der Name des Staatssekretärs Hopf fiel, dass der Haftbefehl auf dem Interpol-Wege unterwegs sei, und wies mich an, bei den spanischen Behörden den Aufenthaltsort des Ahlers anzugeben und das polizeiliche Ersuchen auf vorläufige Festnahme zu unterstützen.»

Damit hat Strauß zum zweiten Mal in dieser Nacht massiv gelogen. Von einem Interpol-Haftbefehl kann gar keine Rede sein. Ganz im Gegenteil, der eifrige Staatssekretär Hopf hat sich mittlerweile in mehreren Telefonaten belehren lassen müssen, dass an eine Einschaltung Interpols überhaupt nicht zu denken sei und eine Auslieferung von Spanien nicht verlangt werden könne. Die Rechtslage ist sonnenklar. Und einige Staatsvertreter sind in dieser Nacht auch noch bei klarem Verstand, haben aber leider nicht die Kontrolle über die Operation. Militärattaché Oster jedenfalls glaubt seinem obersten Chef und macht sich schweren Herzens auf den Weg, um den dienstlichen Befehl zu erfüllen. Es ist eine heikle Mission, denn Oster und Ahlers sind befreundet, kennen sich aus gemeinsamen Zeiten im Amt Blank. Vor einigen Tagen sind sie noch gemeinsam durch Madrid spaziert. Jetzt marschiert Oster zu Legationsrat Christian Feit, klingelt ihn aus dem Bett und erzählt ihm auf der Straße vom Befehl des Ministers. Er wiederholt, Strauß habe erklärt, der Haftbefehl sei unterwegs. Der ganze *Spiegel* sei beschlagnahmt, mehrere hohe Offiziere, vielleicht zwölf, verhaftet. Ahlers sei der Haupttäter.[719] Strauß hat nichts ausgelassen, um die Untaten des *Spiegel* in etwa auf die Höhe der Kuba-Krise zu bugsieren.

Oster und Feit wecken als Nächsten den Konsulatssekretär Kunz, der den spanischen Interpol-Leiter Pozo González kennt, und weiter geht der Marsch durchs nächtliche Madrid. Bei González angekommen, stehen endlich vier Männer auf der Straße und diskutieren über Verrat, Kommunisten, Kuba und Kriegsgefahr. Strauß' Lüge vom Haftbefehl gibt den Ausschlag. Gegen drei Uhr in der Frühe holen spanische Beamte Ahlers und seine Frau aus ihrem Hotelbett in Torremolinos und verfrachten sie in die nächstgelegene Gefängniszelle. Auf Anraten des Legationsrates Feit, mit dem Ahlers ebenfalls befreundet ist, erklärt er sich bereit, freiwillig nach Deutschland zurückzukehren. Nach einer weiteren Nacht in der Arrestzelle landet Ahlers am Sonntag mit seiner Frau auf dem Frankfurter Flughafen, wo er sofort festgenommen und zur Sicherungsgruppe nach Bad Godesberg gebracht wird.[720]

Aus der Aktion gegen den *Spiegel* wird binnen kürzester Zeit die *Spiegel*-Affäre, dann ein politischer Skandal, dann eine Regierungskrise. Die noch nie da gewesene Besetzung und Drangsalierung eines gesamten Verlags- und Redaktionsbetriebes versetzt die Republik in Aufruhr und provoziert Solidarisierungsmaßnahmen in nie gekanntem Ausmaß. Die Aktion legt den *Spiegel* fast vier Wochen lahm. Das kann Augstein und sein Magazin in den Ruin treiben, doch andere Verlage und Zeitschriften wie *Stern* und *Zeit*, sogar Axel Springer, bieten Unterstützung an und leisten sie. Die Redakteure produzieren ihre Zeitschrift im Exil unter erschwerten Bedingungen. Intellektuelle, Studenten und der so genannte Mann auf der Straße protestieren gegen das Vorgehen der Staatsgewalt, das als Zensur und Rückfall in düsterste Zeiten empfunden wird. Die Auflage schnellt in die Höhe, das nächste Heft ist ausverkauft.

Die Strafverfolgungswilligen hält dies alles zunächst nicht ab. Als sieben Tage nach Start der Aktion im Büro von Verlagsdirektor Becker Notizen über dessen Gespräche mit BND-Oberst Wicht gefunden werden, lässt die Bundesanwaltschaft auch Becker und Wicht verhaften. Da zunächst der wahre Dienstherr von Wicht nicht bekannt gegeben wird, kann der BND immer noch seine Rolle als Unbeteiligter spielen. Dabei ist er wohl längst wieder voll im Geschäft: Jahre später veröffentlichen Frank P. Heigl und Jürgen Saupe das Buch «Operation EVA», in dem es um die Affäre Langemann geht. Hans Langemann gehört innerhalb des BND zur Abteilung «Strategischer Dienst», über die später noch zu berichten sein wird. Heigl und Saupe liefern auch zur *Spiegel*-Affäre pikante Details. Während die Durchsuchung des *Spiegel* auf vollen Touren läuft, taucht angeblich Langemann im Auftrag von BND-Vize Worgitzky unvermittelt im *Spiegel*-Gebäude auf und entwendet unter den Augen der Bundesanwälte Material über Treffen zwischen Worgitzky und Verlagsdirektor Becker.[721] Wenn dies so war, dann musste auch Gehlen bereits wissen, dass Gefahr im Verzug war. Und dann gab es mehr zu verheimlichen als nur die Beantwortung einiger Fragen in Bezug auf die Geschichte «Bedingt abwehrbereit». Aber Langemann hatte nicht alles mitnehmen können, was auf eine BND-*Spiegel*-Connection hindeutete. Und so sollte die Verhaftung von Oberst Wicht Gehlen in ärgste Bedrängnis bringen.

Derweil geht aber erst einmal das muntere Verhaften weiter: Redakteur Hans Schmelz, der mit Ahlers an der Titelgeschichte «Bedingt abwehrbereit» gearbeitet hatte, landet hinter Gittern, ebenso Rechtsanwalt Josef Augstein. Noch Ende November – die Koalition zwischen CDU und FDP ist längst durch Rücktritt der fünf FDP-Minister am 19. November 1962 zerbrochen, die Republik steckt in der schwersten Regierungskrise seit ihrer Gründung – wird der Oberst im Führungsstab, Alfred Martin, verhaftet, weil er als einer der Ersten mit Ahlers über die Fehler der Strauß'schen Atomstrategie gesprochen hatte. Im Parlament kommt es zu tumultartigen Szenen, die parlamentarischen Regeln purzeln. Adenauer mischt sich immer wieder in die Debatten ein, die sich vor allem gegen Strauß und Innenminister Höcherl wenden. Von seinem Sitz aus befleißigt sich Adenauer der Vorverurteilung. Er sieht den berühmten «Abgrund von Landesverrat». Augstein ist sein Hassobjekt: «Auf der einen Seite verdient er am Landesverrat; und das finde ich einfach gemein. Und zweitens, meine Damen und Herren, verdient er an allgemeiner Hetze gegen die Koalitionsparteien, und das gefällt Ihnen, wie Sie nicht bestreiten können.»[722] Dass es sich um Landesverrat handelt, ist für Adenauer längst erwiesen, und Landesverrat ist für ihn «so schlimm wie Mord». Höcherl befleißigt sich eher der Verniedlichung. Die Verhaftung von Ahlers in Spanien sei wohl «etwas außerhalb der Legalität gewesen», gibt er zu und schafft damit ein geflügeltes Wort. Und Strauß? Strauß lügt. Mit der Verhaftung habe er nichts zu schaffen gehabt. Das alles sei Sache des Generalbundesanwalts gewesen. Die Abgeordneten der Opposition versuchen, ihn festzunageln, vergebens: «Ich habe mit der Ingangsetzung des Verfahrens und mit den Amtshandlungen des Verteidigungsministeriums bis zur Durchführung der staatsanwaltlichen Maßnahmen, die in der Nacht bereits vom Rundfunk mitgeteilt worden sind, bevor ich telefonisch verständigt worden bin, nichts zu tun.»[723] Das ist schon fast dreist, aber Strauß bleibt hart. Staatssekretär Hopf wusste etwas, er gar nichts. Fritz Erler hakt nach, ebenfalls vergeblich: «Ich bin von den zuständigen Herren meines Hauses darauf hingewiesen worden, dass diese Angelegenheit im Laufen sei ... Mehr wusste ich nicht. Ich wusste nicht, was kommt. Ich wusste nicht, wann es kommt. Ich wusste nicht, gegen wen es kommt.»[724]

Verteidigungsstaatssekretär Hopf muss gehen, Justizstaatssekretär Walter muss gehen, die FDP-Minister demissionieren unter anderem wegen der Hintergehung ihres Kollegen Stammberger freiwillig. Nur Strauß bleibt. Bis zum 30. November, dann kann auch er sein nahezu unglaubliches Beharren auf der Unwahrheit und sein Festhalten am Amt nicht mehr durchhalten. Gemeinsam mit den anderen CSU-Ministern erklärt er seinen Rücktritt.

Der Schaden ist längst irreparabel. Einerseits. Andererseits hat die Affäre die Republik verändert. Als Augstein am 7. Februar 1963 nach 103 Tagen Untersuchungshaft als Letzter der Gefangenen entlassen wird, ist er für viele zum Idol geworden. Alle Vorwürfe des Landes- oder gar Hochverrats lösen sich unter den Augen objektiver Gutachter und Richter in Luft auf. Die Eröffnung des Hauptverfahrens gegen ihn und Ahlers lehnt der Bundesgerichtshof im Mai 1965 mangels Beweisen ab. Die Verfahren gegen alle anderen Beschuldigten werden ebenfalls gar nicht erst eröffnet oder eingestellt. Insgesamt hat die *Spiegel*-Affäre der Bundesrepublik einen Liberalisierungsschub gegeben und einen Diskurs in Gang gesetzt, der auch das Ende der obrigkeitsstaatlichen Traditionen der 50er Jahre mit einem Paukenschlag einläutet. Genauso wie das Ende der Ära Adenauer, die diese Traditionen verkörpert.[725] Und auch das Ende der Ära des BND-Präsidenten Gehlen, auch wenn dieser letztlich Adenauer um einige Jahre im Amt überlebt.

Die Unterlagen, die im Büro des Verlagsdirektors Becker gefunden worden sind und die auf einen Kontakt zwischen Becker und BND-Oberst Wicht hinwiesen, brachten Gehlen in eine prekäre Situation. Seit ein Jahr zuvor KGB-Spion Felfe unter großem öffentlichem Getöse enttarnt worden ist, ist das ehemals enge Verhältnis zwischen Gehlen und dem Kanzler abgekühlt. Jetzt erhält es den zweiten und entscheidenden Knacks. Adenauer, der mit Urteilen schnell bei der Hand ist, verdächtigt den BND-Präsidenten des Doppelspiels. Für ihn stellt es sich so dar, dass Gehlen einerseits mit dem *Spiegel* paktiert, andererseits Strauß und damit indirekt auch ihn in eine Aktion gegen das Magazin getrieben hat. Nur: was bezweckt der BND-Chef? Verfolgt er ureigenste Ziele? Oder stecken dahinter ganz andere Mächte? Die Gerüchte schießen ins Kraut. Von einer Fernsteuerung des BND durch östliche Geheimdienste ist die Rede. Von einer extrem reaktionären Offiziersgruppe, die hinter Gehlen steht und gegen Strauß eine stärkere konventionelle Rüstung propagiert. Und dann sind da natürlich noch die USA. Zehn Jahre war Gehlen ihr Mann. Strauß auch, aber jetzt nicht mehr. Stecken sie hinter der Affäre, um den unlieb gewordenen «Atom»-Minister loszuwerden?[726]

Adenauer will es wissen. Nachdem er sich ein Wochenende mit den Unterlagen beschäftigt hat, bestellt er Gehlen am 12. November – die Affäre treibt auf ihren Höhepunkt zu – ins Palais Schaumburg. Es ist ein Verhör, das der Kanzler mit seinem Geheimdienstchef führt, und in dessen Verlauf muss allerhand zur Sprache gekommen sein, was für Gehlen wenn nicht belastend, so doch zumindest unangenehm gewesen ist. Nach dem Gespräch lässt Adenauer ihn warten. Der Kanzler diktiert ein Papier, das die wichtigsten Punkte des Gesprächs zusammenfasst. Gehlen muss dieses Papier unterschreiben, und er unterschreibt es auch. Es landet im Panzerschrank des Referenten für den BND im Kanzleramt, Günter Bachmann. Der genaue Wortlaut dieser einen Seite Text ist heute nicht mehr nachvollziehbar, aber er muss für Gehlen so bedeutend sein, dass er es nicht vergisst. Als Adenauer Ende 1963 nach 14 Jahren Kanzlerschaft abtritt, gelingt es Gehlen, das kompromittierende Schriftstück wieder in die Hände zu bekommen. Der neue Kanzleramtsminister Ludger Westrick weist Bachmann an, das Papier nach Pullach zu schicken. Über seinen weiteren Verbleib ist nichts bekannt. Mit an Sicherheit grenzender Wahrscheinlichkeit ist es vernichtet worden.[727]

Adenauer ist mit Gehlen noch nicht fertig. Im Gegenteil, er ist außer sich und berichtet seinem getreuen Bundesminister für besondere Aufgaben, Heinrich Krone, von dem ungeheuerlichen Verdacht gegen Gehlen. Adenauer lässt Justizminister Stammberger und Bundesanwalt Kuhn ins Palais Schaumburg zitieren. Der Justizminister, dem niemand etwas gesagt, und der Bundesanwalt, der die Ermittlungen betrieben hat – das entbehrt nicht einer gewissen Ironie –, sollen nun Gehlen verhaften, weil er über Oberst Wicht den *Spiegel* vor der bevorstehenden Aktion gewarnt habe. So stellt sich das ein Kanzler vor, der zeitweilig nicht mehr mit beiden Beinen in der Realität verankert ist. Aber diesmal hat er Pech. Justizminister und Bundesanwalt machen ihm klar, dass es ohne einen ordentlichen Haftbefehl keine Verhaftung geben kann. Adenauer denkt wehmütig an vergangene Zeiten. Er sei auch einmal Staatsanwalt gewesen, soll er gesagt haben, und früher sei das aber ganz anders gewesen.[728]

Stattdessen müssen Stammberger und Kuhn den BND-Präsidenten einvernehmen, der immer noch in einem Zimmer des Palais Schaumburg wartet. In Nebenzimmern sind die mit ihm angetretenen BND-Oberen Worgitzky, Weiß und Wendland untergebracht. Nach Zolling und Höhne sollen sie mitgehört haben, was Gehlen aussagte. Und das gereichte ihm nicht zur Ehre. Unsicher und stotternd habe er ausgesagt, er wisse im Grunde gar nicht, worum es gehe. Als Bundesanwalt Kuhn nachbohrte, habe er eingeräumt, er könne nicht ausschließen, dass Mitarbeiter des BND im Außendienst auf eigene Faust gehandelt hätten. Seine lauschenden Mitarbeiter habe diese Aussage sehr erregt, und in einer zweiten Einvernahme habe Gehlen diese Aussage dann zurückgenommen.[729] Sehr logisch klingt das nicht, da Gehlen bereits ein belastendes Papier unterschrieben hat. Es sei denn, er und Adenauer hätten eine Vereinbarung getroffen, dass diese Seite mit Gehlens Unterschrift bis auf weiteres im Panzerschrank verbleibt, sodass Gehlen im Gespräch mit Stammberger und Kuhn danach trachtet, sich unter allen Umständen einer möglichen Strafverfolgung zu entziehen.

Es bleibt Spekulation. Genauso wie die Antwort auf die Frage, welche Interessenkoalition letztlich hinter der *Spiegel*-Affäre steckte. Immer wieder tauchten Spekulationen auf, Teile des Ausgangsmaterials für den Artikel «Bedingt abwehrbereit», seien im Rahmen einer sowjetischen Kampagne gegen Strauß vom KGB lanciert worden. Augstein hat sich gegen diese Behauptungen Anfang der 80er Jahre sogar mit rechtlichen Schritten gewehrt.[730] Zuletzt vertraten Bailey, Kondraschow und Murphy diese These[731], aber schlüssige Beweise fehlen. Dass zumindest Teile des Materials auf irgendeine Weise dem *Spiegel* zugespielt wurden, ob dieser nun die genaue Quelle kannte oder nicht, ist nicht auszuschließen. Sicher scheint jedenfalls, dass die Rolle Gehlens und des BND in der *Spiegel*-Affäre größer und zentraler war, als bisher in vielen Publikationen angenommen. Sicher ist auch, dass die Nutznießer der Krise in Washington saßen, denn Strauß, der ihnen mit seinem Atomfetischismus erheblich auf den Nerven herumgetrampelt war, musste seinen Hut nehmen. Ob zwischen beidem ein Zusammenhang bestand, lässt sich letztlich auch nicht beweisen.

Und drittens ist sicher, dass Gehlen am Ende ebenfalls zu den Opfern gehörte. Die Auswirkungen der Affären Felfe und *Spiegel* beschäftigten die Öffentlichkeit noch Jahre. Die Ost-Aufklärung lag in Trümmern, Gehlens Verhältnis zu Kanzler und Regierung war zerrüttet, seine Stellung im eigenen Haus angeschlagen. Zu echten Reformen fehlte die Kraft. In den letzten Jahren isolierte sich Gehlen zusehends auch von den eigenen Mitarbeitern.

Zunächst aber rettet ihn die Tatsache, dass die Ära Adenauer bald darauf zu Ende geht. Ende 1963 ziehen mit Ludwig Erhard und Ludger

Westrick zwei Männer ins Kanzleramt ein, die sich für die Arbeit des Geheimdienstes und Geheimdienstpolitik nicht wirklich interessieren. Gehlen kann erst einmal weitermachen. Und dabei hilft ihm nach der Katastrophe Felfe vor allem, dass der BND seit 1956 nicht mehr nur der Aufklärungsappendix der USA gegenüber der DDR und der Sowjetunion ist. Der BND hat sich längst aufgemacht in die weite Welt.

Tödliche Doppelspiele

Von der globalen Krise zum globalen Dienst

Wenige Tage nachdem der KGB im April 1956 in einer weltweit wahrgenommenen Aktion den amerikanischen Spionagetunnel in Berlin enttarnt hatte, traf die Welt der nächste Schock im internationalen Geheimdienstkrieg: Am 1. Mai 1956 flog der Pilot Francis Gary Powers in 21 500 Metern Höhe mit seinem Spionageflugzeug U2 auf das sowjetische Raketentestgelände Baikonur zu. Sein Auftrag: Aufklärung der Radarsysteme in der Umgebung der Basis und Verifizierung der Vermutung, dass die Sowjets dort mittlerweile eine zweite Abschussrampe besaßen. Powers aktivierte gerade die Kamerasysteme, als er in den Erfassungsbereich einer sowjetischen Boden-Luft-Raketenbasis geriet. Die Sowjets hatten ihre Raketen in den letzten Jahren stetig verbessert, und das wurde Powers zum Verhängnis. Die Rakete explodierte kurz hinter dem Heck der U2 und beschädigte Leitwerk und Flügel. Die Maschine begann auseinander zu brechen. Dann verschwand die U2 von den sowjetischen Radarschirmen bei Swerdlowsk. US-Spezialisten der National Security Agency (NSA), die von einem Horchposten in der Türkei aus die sowjetischen Funk- und Radarsignale anzapfen konnten, verfolgten das gesamte Drama.[732]

Die Amerikaner starteten sofort eine Vertuschungskampagne, wie es bei den häufigen Zwischenfällen mit Spionageflugzeugen üblich geworden war. Doch nie war ein Vorfall derart katastrophal gewesen. Fünf Tage später bestätigte Chruschtschow vor dem Obersten Sowjet den Abschuss der Maschine und hielt unter dem Jubel der 1300 Delegierten eine Brandrede gegen den amerikanischen Aggressor: «Stellt euch vor, was geschehen wäre, wenn ein sowjetisches Flugzeug über New York, Chicago oder Detroit erschienen wäre. Wie hätten die Vereinigten Staaten reagiert? … Es hätte Krieg bedeutet!»[733] Eine rhetorische Frage? Eine offene, aber leere Drohung? Man wusste es in diesen Wochen und Monaten nicht. Die Welt steuerte 1956 auf die bedrohlichste Krise seit Ende des Zweiten Weltkriegs zu. Im Herbst eskalierte die Lage an zwei Fronten weiter: In Ungarn wuchs sich der Protest gegen das kommunistische Regime zu einem Volksaufstand aus, der zu einem kurzfristigen Abzug der Sowjettruppen führte. Als die neue Regierung unter dem Reformkommunisten Imre Nagy dann aber den Austritt des Landes aus dem Warschauer Pakt beschloss, kehrten die russischen Panzer zurück und beendeten die «Konterrevolution» blutig.[734] Zehntausende flohen nach Österreich und Bayern, und die bange Frage war, ob die Panzer ihnen folgen würden. Diese Frage wollte Bonn auch vom BND beantwortet wissen, so Gehlen in seinen Erinnerungen.[735]

Fast zeitgleich zum sowjetischen Überfall auf Ungarn eskalierte die Situation im Nahen Osten. Der ägyptische Staatspräsident Gamal Abdel Nasser war frustriert. Monatelang hatte er mit Washington und zugleich mit Moskau über den Bau des Assuan-Staudamms verhandelt. Beide Großmächte waren sehr interessiert an diesem Projekt und an der Freundschaft zu einem der wichtigsten Führer der arabischen Welt. Aber Nasser überspannte den Bogen, die USA zogen sich zurück, und auch die Sowjets wollten die ägyptische Preistreiberei nicht mehr mitmachen. Nasser reagierte und verkündete die Verstaatlichung des strategisch hochwichtigen Suezkanals. Damit hatte er fast nur noch Feinde. Eines der dramatischsten diplomatischen und geheimdienstlichen Spiele des Kalten Krieges begann. Es war ein Spiel mit dem Feuer, das die Welt endgültig an den Rand des dritten Weltkriegs brachte.[736]

England und Frankreich waren mit ihren Geheimdiensten die Hauptakteure dieses Spiels. Ihr Partner in der Krisenregion war Israel, und der Plan war perfide: Israel sollte die Rolle des Aggressors übernehmen und einen Krieg mit Ägypten vom Zaun brechen. Im Fall der ägyptischen Gegenwehr, mit der ja unter allen Umständen zu rechnen war, wollten England und Frankreich als Friedensstifter intervenieren und am Ende die Oberhoheit über den Suezkanal übernehmen, Israel sollte die Sinaihalbinsel behalten. Der US-Autor James Bamford nennt es einen Plan, «der in seiner Hinterhältigkeit nach den schlimmsten Tagen des Kolonialismus roch».[737] Zumindest war er brandgefährlich.

Die Rolle der USA ist nicht ganz klar. Haben ihre Geheimdienste tatsächlich weitgehend versagt und alles viel zu spät erkannt? Bamford ist überzeugt, dass Amerika von den Partnern betrogen wurde. Als es endlich Wind von den englisch-französisch-israelischen Kriegsplänen bekam, habe man sofort entrüstet auf das primitive und brutale Unternehmen reagiert.[738] Auch der britische Autor Richard Aldrich konzediert, dass Briten und Franzosen ihre Absprachen mit Israel vor Washington geheim halten wollten, hält es aber für mysteriös, dass diese Geheimhaltung angesichts der US-Militärpräsenz in den Schaltstellen der Londoner Macht und der notwendigen militärischen Vorbereitungen funktioniert haben soll.[739] Demnach hätte Washington zunächst abgewartet, wie sich alles entwickelt – besonders im Hinblick auf die Reaktion der Sowjetunion –, um erst dann entrüstet zu reagieren.

Am 29. Oktober 1956 startete «Operation Musketeer», der Angriff auf Ägypten. Moskau antwortete mit der Drohung, Atomraketen auf Paris und London abzufeuern. Washington reagierte auch: entrüstet. Aldrich berichtet, Präsident Eisenhower habe den britischen Premierminister Anthony Eden persönlich angerufen: «Sind Sie das, Anthony?» Eine leise Stimme habe geantwortet: «No.» Aber Eisenhower verstand nicht und legte los: «Hier ist Präsident Eisenhower, ich kann nur annehmen, dass Sie den Verstand verloren haben.» Edens Pressesekretär William Clark bekam den Wutausbruch des US-Präsidenten ab.[740] Am Ende war es wirklich den massiven Interventionen Eisenhowers in Paris und London zu verdanken, dass alle Beteiligten am 6. November in einen Waffenstillstand einwilligten. Die sowjetischen Atomraketen blieben in ihren Silos.

In diesem Krisenjahr blieb dem BND keine Zeit, erwachsen zu werden. Die Welt wackelte, und Pullach musste sich binnen kürzester Zeit auf die neuen Herausforderungen einstellen. Nicht mehr nur die DDR direkt vor der Nase, sondern auch die Partner, Ungarn und sogar den Nahen Osten musste man im Blick haben. Die Bundesregierung konnte es von Pullach erwarten. Und was tat der BND? Er hatte alles im Griff. Zumindest, wenn man den vollmundigen Schilderungen des Präsidenten Glauben schenken will. So verkündet er zum Einmarsch in Ungarn: «Aus einer Fülle von nachrichtendienstlichem Material ergab sich für uns die Möglichkeit, die militärischen Operationen und Bewegungen der Sowjets genau zu verfolgen und in einen größeren machtpolitischen Zusammenhang zu stellen ... wir haben dementsprechend frühzeitig gemeldet, dass mit einem Übergreifen der sowjetischen militärischen Operationen auf Österreich und Bayern nicht gerechnet werden müsse.»[741]

Alles in Ordnung also, der Dienst ist auf der Höhe der Zeit. Das Gegenteil ist ihm schwer zu beweisen, da die Quellenlage dürftig ist. In erster Linie handelt es sich um Enthüllungen und Propaganda der Gegenseite, deren Wahrheitsgehalt bis heute kaum nachzuvollziehen ist. Sicher ist, dass die OG in den 50er Jahren von Österreich aus versuchte, Aufklärung gegen Ungarn zu betreiben. Verantwortlich für den Aufbau eines Spionageringes in mehreren österreichischen Städten war der BND-Mann Roman Henlinger, Deckname Dr. GRAU, der offiziell im Münchner Osteuropa-Institut arbeitete und sowohl einen deutschen als auch einen österreichischen Pass besaß.[742] Im Frühjahr 1962 gab in Berlin der Ukrainer Ossip Werhun, der schon im Zweiten Weltkrieg für die Abwehr der Heeresgruppe Süd tätig war, eine Pressekonferenz, in der er enthüllte, in den 50er Jahren in Wien für die OG gearbeitet zu haben. Sein Chef sei GRAU gewesen. Er habe vom BND eine Ausbildung in einem Lager im bayerischen Holzkirchen erhalten und sei dann nach Österreich entsandt worden, wo die Polizei ihm ein Pass auf den Namen Josef Vesely ausgestellt habe. Werhun behauptete außerdem, während des Aufstandes habe der BND eine Gruppe des ukrainischen Nationalistenführers Stepan Bandera nach Ungarn geschleust, da diese sich im Grenzgebiet ungehindert bewegen konnte.[743] Die späte Aussage passt zu der Propagandakampagne gegen den BND, die nach der Niederschlagung der Revolte von Budapest aus in Gang gesetzt wurde. Ende Januar 1957 verkündete Istvan Szirmai, der Leiter des staatlichen ungarischen Informationsdienstes, ebenfalls auf einer Pressekonferenz, der BND habe gemeinsam mit den Diensten der USA und Großbritanniens geholfen, die Revolte zu planen, und versprochen, den Rebellen bewaffnete Unterstützung zu geben. Auch Szirmai präsentierte einen vermeintlichen Überläufer, Sandor Visnyei, der erklärte, er sei Leiter des «Ungarischen Büros der Organisation Gehlen» gewesen, habe den Aufstand mit geplant und die Aufständischen mit Waffen versorgt. Auf der gleichen Konferenz verkündete Szirmai die Festnahme von vier britischen Studenten unter Spionageverdacht sowie die Ausweisung einer US-Journalistin.[744]

Der Vorgang ist exemplarisch für die Propagandaschlachten der Zeit; über den wahren Kern der Anschuldigungen wird in manchen Fällen bis in die jüngste Zeit spekuliert. Vor allem die Frage, ob den ungarischen Aufständischen tatsächlich bewaffnete Hilfe zugesagt wurde und diese sich darauf verließen, ist bis heute umstritten. Angeblich hatte das CIA-finanzierte *Radio Free Europe* entsprechende Meldungen verbreitet, was die Kämpfer verleitet habe, bis zur letzten Sekunde auszuharren. Eine Untersuchung des Europarates stellte später fest, dass tatsächlich der Geheimsender *Radio Freies Moskau* diese Meldungen auf dem Höhepunkt der Kämpfe gesendet hatte. Dieser wurde von der russischen Nationalistenbewegung NTS betrieben und sendete vor allem Propaganda für die Sowjettruppen in der DDR. Nun wurde NTS ebenfalls von der CIA finanziert, womit sich der Kreis schließt und die Frage nach der Rolle der westlichen Geheimdienste während des Ungarn-Aufstandes fragwürdig bleibt.[745]

Tödliches Doppelspiel I: Der Nahe Osten

Noch positiver, weil zukunftsträchtiger fällt Gehlens Bewertung der BND-Leistungen im Nahen Osten während der Suez-Krise aus: «Sie war die erste Ausweitung der eigenen Erkundungsmöglichkeiten auf ein außereuropäisches Gebiet [...] Als sich die Kämpfe an der Suez-Front nach dem Eingreifen der Engländer und Franzosen zu einer weltweiten militärischen Kraftprobe zu entwickeln drohten, war der Dienst in der Lage, von den Brennpunkten des Geschehens schnell und zutreffend zu berichten. Dabei bewährten sich neu gewonnene Verbindungen, die ihren Wert in den folgenden Jahren behalten sollten [...] In meinen Gesprächen erfuhr ich zu meiner Befriedigung, dass dem Dienst der ‹Sprung› in den Nahen Osten gelungen war [...] Während viele Verbindungen der in diesem Raume traditionell stark vertretenen westlichen Dienste durch die Überwachung aller diplomatischen Vertretungen nicht voll zur Wirkung kommen konnten [...] bewährten sich unorthodox eingesetzte

Mitarbeiter des Dienstes, deren ständige und uneingeschränkte Bewegungsfreiheit aufrechterhalten werden konnte.»[746]

Tatsächlich? Hat der BND die ihm zugewiesenen Aufgaben derart gut erfüllt, wie Gehlen das glauben machen will? Wie hatte der BND diesen Sprung in den außereuropäischen Raum überhaupt geschafft? Der Nahe Osten und besonders Israel stellten für einen deutschen Geheimdienst natürlich ein heikles Einsatzgebiet dar. Wer waren die «unorthodoxen» Männer, die der BND nahezu uneingeschränkt einsetzen konnte? Gehlen gibt darauf keine Antwort. Wie immer bleibt er im Vagen, positiv bewertend – wenig erklärend.

Die Rolle, die der BND seit Mitte der 50er Jahre im Nahen Osten zu spielen begann, ist eindeutig zweifelhaft. Zweifelhaft vor allem in seiner Position als «Everybodys Darling». Der Dienst war stets zu Diensten, ungeachtet jeder Lagertheorie, unbeeindruckt von moralischen Verpflichtungen oder historischen Lasten. Der Typ des deutschen Geheimdienstlers in der Tradition der Wehrmacht oder schlimmerer Institutionen Hitler-Deutschlands war ein willkommener Partner in Ländern, die Israel als unversöhnliche Feinde gegenüberstanden. Der gleiche Typ gab in diesen Ländern aber auch eine hervorragende Tarnung ab, stand er in Wirklichkeit in Diensten des israelischen Geheimdienstes. Gehlens BND versuchte, diese fragwürdige Konstellation zu nutzen, um im Nahen Osten Fuß zu fassen. Wieder reichen die Wurzeln dieser Bemühungen bis in die Zeit der OG – und noch weiter – zurück, und wieder waren es die USA, die den Weg ebneten.

Der BND besaß einen Residenten in Damaskus, der später auch in Ägypten tätig war und unter anderem im internationalen Waffenhandel sein Unwesen trieb. Dieser Mann nannte sich Dr. Georg Fischer. In Wahrheit handelte es sich um Alois Brunner, Adjutant von Adolf Eichmann, Judenreferent, zuständig für Deportationen und nach Auskunft des Simon-Wiesenthal-Zentrums persönlich verantwortlich für die Ermordung von 128 500 Menschen.[747] Frankreich verurteilte Brunner in Abwesenheit wegen Verbrechen gegen die Menschlichkeit zum Tode, und Eichmann gab zu Protokoll, «sein bester Mann» sei von einem Volksgericht in Wien zum Tode verurteilt und am 10. Mai 1946 hingerichtet worden. In Wirklichkeit erfreute sich der Kriegsverbrecher bester

Gesundheit. Der US-Geheimdienst hatte 1946 kurzfristig den Agentenkontrakt Brunners übernommen und ihn dem Zugriff der Franzosen entzogen.

Mitte der 50er Jahre, während der eskalierenden Spannungen im Nahen Osten, tauchte Brunner im Rahmen eines amerikanisch-deutschen Geheimdienst-Joint-Ventures in Ägypten auf. Der spätere Staatspräsident Nasser hatte bereits 1951 Kontakt zur CIA aufgenommen und um Hilfe beim Aufbau eines militärischen Geheimdienstes in Ägypten gebeten. Sein Wunsch traf in den USA auf offene Ohren. Allerdings zogen sie es vor, sich bei dem heiklen Unternehmen nicht an vorderster Front zu zeigen. CIA-Chef Dulles wandte sich an Gehlen, dessen Apparat sich aufgrund der beschriebenen Prädispositionen hervorragend für einen Einsatz in dem arabischen Staat eignete.[748]

Man mag sich fast Thackerays Auffassung anschließen, die Geschichte sei die Wiederkehr des ewig Gleichen, oder zumindest der ewig Gleichen, nur in wechselnden Kostümen. Denn auch Gehlen sucht sich einen Helfer und verfällt ausgerechnet auf Otto Skorzeny, den SS-Experten für Sabotage und verdeckte Operationen hinter den feindlichen Linien.[749] Skorzeny sträubt sich zunächst, er ist mittlerweile Geschäftsmann und mag den lukrativen Reiz des Unternehmens nicht einsehen. Doch Gehlen sichert ihm zu, dass die CIA das ägyptische Salär mit Mitteln der OG aufstocken werde und für die Kosten der Operation aufkomme. Als das immer noch nicht reicht, macht sich auch Skorzenys Schwiegervater, Hitlers Finanzgenie Hjalmar Schacht, für den Auftrag der USA stark.[750] Skorzeny ist endlich überzeugt. In den nächsten anderthalb Jahren rekrutiert er rund hundert deutsche Mitarbeiter als Berater für den ägyptischen Sicherheitsdienst, unter ihnen wieder viele «alte Kameraden» wie den SS-Mann und HJ-Funktionär Hermann Lautenbacher und den Goebbels-Propagandisten Franz Buensch, der auch Resident Gehlens in Kairo wird.[751] Zu der illustren Truppe gesellt sich alsbald Brunner, der bis Anfang der 60er Jahre in Kairo bleibt. Man wird also mit Fug und Recht behaupten dürfen, dass die OG und damit später der BND am Nil «dick im Geschäft» ist.

Der deutsche Einfluss auf den ägyptischen Militärapparat stieg weiter, als Nasser massiv begann, Wissenschaftler und Ingenieure für ein geheimes Raketenprogramm zu rekrutieren. Auch hier fanden sich die alten Seilschaften ein: Direktor des ägyptischen Raketenprogramms CERVA wurde Dr. Wilhelm Voss, ehemals leitender Mitarbeiter der Munitionswerke Hermann Göring und Leiter der Skoda-Fabriken in der Tschechoslowakei. Sein Assistent wurde Professor Paul Goercke, der in Hitler-Deutschland an der Entwicklung der V1-Raketen mitgearbeitet hatte. Die Anwerbungen begannen während der Suez-Krise und setzten sich in den nächsten Jahren fort. Es ging so weit, dass in der deutschen Presse Anzeigen erschienen, die Jobs für technische Berater der Flugzeugindustrie in Nordafrika offerierten. Bewerber hatten sich an eine Deckadresse in Zürich zu wenden. Einer von ihnen war Ferdinand Brandner, SS-Oberst und Flugzeugkonstrukteur, der von den Ägyptern unter der Prämisse eingestellt wurde, weitere Deutsche anzuwerben. Brandner sprach in der Folgezeit nicht weniger als 220 Landsleute an und versuchte, sie zur Mitarbeit an den Nil zu locken.[752]

Die Schlüsselperson für den Transfer von Experten und Material war der ägyptischstämmige Schweizer Waffenhändler Hassan Sayed Kamil, der für die Schweizer Waffenfirma Oerlikon gearbeitet hatte. Kamil hatte Kontakte bis in die Spitze der deutschen Flugzeugindustrie. So war er es, der den legendären Flugzeugkonstrukteur Willy Messerschmitt kontaktierte, um ihn ebenfalls anzuwerben. Messerschmitt lehnte es aus verständlichen Gründen ab, nach Ägypten umzuziehen, und er wollte auch keine direkte Verbindung zwischen seinen Firmen und den ägyptischen Forschungszentren, aber er reiste häufig an den Nil, um Rat zu geben.[753] Das Gleiche galt für Dr. Eugen Sänger, Mitarbeiter des Raketenforschungszentrums in Peenemünde und nun Leiter des Instituts für die Physik der Strahlantriebe in Stuttgart. Er pendelte ebenfalls zwischen Deutschland und Kairo und vermittelte andere Mitarbeiter seines Instituts in Teilzeitverträge mit der ägyptischen Rüstungswirtschaft.[754]

Es gibt keinen Beweis dafür, dass der BND bei diesem massiven Beschäftigungsprogramm seine Hände im Spiel gehabt hat. Dass er es nicht wusste, und dass er es vor allem nicht zu nutzen wusste, ist angesichts der massiven Hilfe beim Aufbau des ägyptischen Geheimdienstes unwahrscheinlich. Die Bonner Regierung war in einer Zwickmühle. Rechtlich konnte sie gegen die deutschen Fremdarbeiter kaum etwas unternehmen, denn das Grundgesetz sicherte Freizügigkeit zu, und die Möglichkeit, Staatsbürgern die Ausreise zu verbieten, wenn sie im Ausland deutsche Interessen gefährdeten, gab es nicht. Auch das Kriegswaffenkontrollgesetz, im April 1961 vor dem Hintergrund illegaler Waffenexporte nach Algerien erlassen, bot in diesem Fall keine Handhabe.[755]

Aber handelten die Rüstungsexperten überhaupt wider deutsche Interessen? Die USA und damit auch die Deutschen und andere westliche Mächte waren daran interessiert, den Staat Nassers an den Westen zu binden. Auf keinen Fall wollte man riskieren, dass Ägypten sich die dringend benötigte Hilfe in Moskau holte, dessen Einfluss im Nahen Osten so verstärkt worden wäre. Daneben hatte Bonn eigene Interessen, die zunehmend Bedeutung für die Geheimdiplomatie und die Aktivitäten des BND gewannen. Es galt die Hallstein-Doktrin: der Alleinvertretungsanspruch der Bundesrepublik für ganz Deutschland und die damit verbundene Nichtanerkennung der DDR. So manche Schaukelpolitik gegenüber Staaten der Dritten Welt verdankte sich dem Bemühen, die politische Anerkennung der DDR unter allen Umständen zu verhindern. Auch wenn man dafür mit Freund und Feind paktieren und kungeln musste. Andererseits konnte das Engagement in Kairo zu erheblichen Friktionen mit Israel führen, wenn es in der Öffentlichkeit bekannt wurde. Und so kam es auch.

Dabei half der BND, wo er konnte. So ist der blonde Pferdenarr, der im Dezember 1960 in Kairo landet, völlig unverdächtig. Im Gegenteil, der Enddreißiger hat eine Vergangenheit, die ihm in jenen Tagen am Nil alle Türen öffnet. Er hatte als Offizier unter Feldmarschall Rommel am Afrika-Feldzug teilgenommen und war überzeugter Nazi. Nach dem Krieg wollte Wolfgang Lotz es auf einen Neuanfang in Deutschland und eine Umerziehung zum Demokraten nicht ankommen lassen, sondern setzte sich nach Australien ab. Aber diese neue Heimat sagte ihm nicht zu. Also kam der Herrenreiter, der in vier Sprachen fließend zu Hause war, nach Ägypten, um dort eine Reitschule und ein Gestüt zu eröffnen. Die stramme Gesinnung, die Reiterattitüde und die Champagnerpartys, die er gab und besuchte, machten ihn bald zum hoch angesehenen Mitglied der feinen Kairoer Gesellschaft und der großen deutschen Kolonie. Seine Vorlieben gefielen, und er machte sich viele Freunde.[756]

Nur: An der Geschichte stimmte nichts – außer dem Namen. Wolfgang Lotz wurde 1921 in Mannheim geboren. Seine Mutter war Jüdin, sein Vater ein christlicher Theaterdirektor. Als die Nazis an die Macht kamen, ließ der Impresario sich scheiden, die Mutter emigrierte mit dem Sohn nach Palästina. Hier nahm er den Namen Zeev Gur-Arie an, trat mit 16 Jahren der Haganah bei und erwarb ein Landwirtschaftsdiplom. Den Zweiten Weltkrieg überlebte er auch nicht bei Rommels Wüstenfüchsen, sondern als Freiwilliger der britischen Armee, für die er an Kommandounternehmen hinter den deutschen Linien teilnahm. Nach dem Krieg trat er in die israelische Armee ein, kämpfte im Unabhängigkeitskrieg und wurde schließlich Geheimdienstoffizier. Als Zeev Gur-Arie alias Wolfgang Lotz nach Kairo kam, war er eine der Geheimwaffen des Mossad-Chefs Isser Harel im Kampf gegen die deutschen Wissenschaftler, die Nassers Raketen bauen sollten. Harel sah in ihrer Tätigkeit eine tödliche Bedrohung für den jungen Staat Israel und war bereit, alles zu ihrer Beseitigung zu tun. Und Lotz war erfolgreich. Er fand schnell Kontakt zum Kreis der deutschen Ingenieure und Wissenschaftler und zum Zirkel um Staatschef Nasser. Lotz entdeckte auch die Verbindungen zwischen Ferdinand Brandner und dem Schweizer Waffenhändler Kamil. Er war verblüfft über das Ausmaß, das die deutsch-ägyptische Zusammenarbeit angenommen hatte.

Was hatte das alles mit dem BND zu tun? Nun, Pullach hatte Wolfgang Lotz ausgebildet und ihm geholfen, sich auf seine komplizierte und hochgefährliche Mission vorzubereiten. Isser Harel wollte gegen die deutschen Berater vorgehen – und der BND ging ihm zur Hand. Das Hilfeersuchen erreichte Pullach 1959. 1960 tauchte Lotz im Westberliner Aufnahmelager Marienfelde auf und wurde zur Ausbildung nach München gebracht. Der Spitzenagent paukte deutsche Tischsitten, aber auch Spionagetechniken und Schießen standen auf dem Lehrplan.[757] Schließlich versorgte der BND ihn mit Papieren und rüstete ihn mit Empfehlungsschreiben hochrangiger früherer deutscher Offiziere aus. Derart trainiert und präpariert, passierte Lotz alle Befragungen der Behörden, als er in Kairo um die Einreise- und Aufenthaltsgenehmigung bat.[758] Schließlich reiste er sogar noch einmal nach Deutschland. Vor allem, um ein Netz von Mossad-Agenten, die im Rahmen der Operation

«Damokles» an der Aufdeckung der deutschen Ägypten-Connection arbeiteten, zu unterstützen. Lotz sollte helfen, die Verbindungen zwischen den Schweizer Tarnfirmen, Eugen Sängers Stuttgarter Institut und Kairo zu enttarnen. Als er nach Ägypten zurückkehrte, brachte er gleich noch eine «arische Ehefrau» mit. Auch dies arrangiert vom Geheimdienst, obwohl Lotz in Wirklichkeit mit einer Jüdin verheiratet war und zwei Kinder hatte. Tarnung ist alles.[759]

Mossad-Chef Harel ging im Kampf gegen die deutschen Rüstungshelfer am Nil auf Konfrontationskurs mit Staatschef Ben Gurion, dem eher an einer weiteren Normalisierung der Beziehungen zur Bundesrepublik gelegen war. Aber als diplomatische Interventionen, offizielle Proteste und heftige Debatten in der Knesset und in der Öffentlichkeit nichts fruchteten, mochte Harel nicht mehr warten. Er griff zu rabiaten Mitteln und befahl die Versendung von Drohbriefen und Briefbomben an deutsche Wissenschaftler in Kairo. Sie wurden zum Teil in Hamburg oder Stuttgart abgeschickt, zum Teil aber auch direkt aus Kairo, von Lotz. Harel machte Ernst. Eine Briefbombe aus Hamburg verletzte die Sekretärin des Forschungsleiters Wolfgang Pilz schwer. Eine andere Bombe, in Stuttgart aufgegeben, tötete in einem geheimen Büro des Raketenprojekts fünf ägyptische Mitarbeiter.[760]

Die Aktionen blieben nicht auf Ägypten beschränkt. Im Juli 1962 charterte der Waffenhändler und Mittelsmann Kamil eine Maschine, die ihn und seine Frau von Sylt nach Düsseldorf bringen sollte. Im letzten Augenblick musste er seine Abreise verschieben. Die Maschine stürzte ab, seine Frau und der Pilot starben. Der Raketentechniker Dr. Hans Kleinwächter pendelte regelmäßig zwischen Kairo und seinem Laboratorium in Lörrach. Im Frühjahr 1963 war er auf dem Weg von seiner Arbeit in Lörrach nach Hause, als Unbekannte ihn stoppten und auf ihn feuerten. Er entkam unverletzt. Ein anderer Raketentechniker, Dr. Heinz Krug aus München, dessen Firma INTRA vermutlich elektronisches Gerät und Raketenmotoren nach Kairo geliefert hatte, wurde am 10. September 1962 von seiner Frau als vermisst gemeldet. 48 Stunden später fand man sein Auto, kurz danach traf ein anonymer Brief ein, in dem behauptet wurde, Krug sei tot. Weder er noch seine Leiche wurden jemals gefunden.[761]

Nun ist der Topagent Lotz sicher nicht in jeden dieser Fälle involviert gewesen. Fakt bleibt, dass der Mann, der maßgeblich für die Ermittlungen und Operationen des israelischen Geheimdienstes gegen deutsche Rüstungstechniker in ägyptischen Diensten verantwortlich zeichnete, seine Ausbildung und seine Legende vom BND erhalten hatte: vom gleichen BND, der andererseits maßgeblich am Aufbau des ägyptischen Geheimdienstes beteiligt und wahrscheinlich besser als manch anderer über die Rüstungsaktivitäten in Ägypten informiert war. War das jetzt ein Interessenkonflikt oder die perfekte Wahrung aller Interessen?

Die Zusammenarbeit zwischen dem westdeutschen Geheimdienst und Israel hatte ungeachtet aller historischen Belastungen bereits Anfang der 50er Jahre begonnen. Hohe Funktionsträger des Mossad wie der spätere stellvertretende Leiter David Kimche erinnern sich, dass sie mit großen Vorbehalten dem Dienst gegenübertraten, der mit ehemaligen Angehörigen von Wehrmacht und SS durchsetzt war. Israel habe den Kontakt nicht gesucht, sondern er sei vor allem auf US-Initiative zustande gekommen.[762] Doch die Hilfe, die Gehlen anbot, kam dem um sein Überleben kämpfenden Staat Israel gerade vor dem Hintergrund der aufziehenden Suez-Krise gelegen. Die Idee, deutschstämmige und deutschsprachige Agenten mit einer deutschen Identität in Ägypten einzuschleusen, lag nahe, und Wolfgang Lotz war nicht der Erste, der auf diese Art und Weise sein Leben für Israel riskierte.

Mitte der 50er Jahre musste Israel einen Abzug der englischen Truppen vom Suezkanal befürchten. Dies sollte unter allen Umständen verhindert werden, und die Mittel, die man einsetzte, waren entsprechend radikal und ein erneutes Beispiel dafür, dass im Krieg der Geheimdienste der Zweck nahezu alles heiligt und die Unterscheidung zwischen Freund und Feind eine Marginalie darstellt. Der israelische Geheimdienst plante, Bomben in englischen und amerikanischen Einrichtungen in Kairo und Alexandria zu zünden, um Spannungen zwischen beiden Mächten und Ägypten zu provozieren und die Engländer zum Bleiben zu bewegen. Der gebürtige Österreicher Abraham Seidenberg (oder Avraham Seidenwerg, er trug auch den israelischen Namen Avri Elad)[763] begab sich als deutscher Geschäftsmann Paul Frank nach Ägypten, um die Operation mit Hilfe anderer jüdischer Aktivisten durchzuführen. Sie endete in einer Katastrophe. Im Juli 1954 explodierten kleinere Brandsätze und Sprengbomben in verschiedenen Briefkästen und in den US-Kulturzentren in Kairo und Alexandria. Als Mitglieder des Netzes am 23. Juli Sprengsätze in Kinos platzieren wollten, explodierte einer von ihnen vorzeitig in der Tasche eines Agenten. Er wurde verhaftet. Noch in derselben Nacht landeten alle Beteiligten außer Seidenberg, dem die Flucht gelang, in ägyptischen Gefängnissen. Jahre später schöpfte der israelische Geheimdienst Verdacht, dass Seidenberg seinerseits Kontakte zum ägyptischen Sicherheitsdienst unterhalten hatte. Vor allem Isser Harel vertrat die Ansicht, Seidenberg habe das Netz verraten. Die Beweislage war fragwürdig, dennoch wurde Seidenberg zu einer langjährigen Haftstrafe verurteilt.

Das Desaster zog allerdings noch weitere Kreise. Die Verhafteten landeten in den Folterzellen der Ägypter, und da es zumindest einmal einen Kontakt von Mitgliedern des Seidenberg-Netzes zu einem autark arbeitenden israelischen Agenten gegeben hatte, wurde auch dieser verraten. Sein Name war Max Binnet. Er war als deutscher Vertreter eines Prothesenherstellers an den Nil gekommen und hatte es bis zum Generalvertreter von Ford gebracht. Seine geschäftlichen und gesellschaftlichen Kontakte führten ihn in die direkte Umgebung des Chefs der Militärjunta, General Muhammad Nagib, des Vorgängers Nassers. Auch Binnet hatte seine Identität in Deutschland erhalten. Eigentlich hieß er Meir Bennet, war als Sohn deutscher Eltern in Ungarn geboren und 1935 nach Palästina gekommen, wo er in die Haganah eintrat. 1952 hatte ihn der israelische Geheimdienst nach Deutschland geschickt, wo ihn die OG legendierte. Nach der Verhaftung Bennets unternahm Israel viel, um seine Agenten zu retten. Auch die Bundesrepublik stand zu ihrem Hilfsangebot. Auf Bitten Israels erkannte sie die deutsche Staatsbürgerschaft Bennets an und wurde sogar bei den ägyptischen Behörden vorstellig. Umsonst: Meir Bennet oder Max Binnet, wie er nun hieß, beging am 21. Dezember 1954 in seiner Zelle Selbstmord. Zwei weitere Mitglieder des Ringes um Seidenberg wurden am 31. Januar 1955 hingerichtet, die anderen bekamen Haftstrafen zwischen sieben Jahren und lebenslänglich. Nur zwei wurden freigesprochen.[764]

Auch der einige Jahre später von den Israelis lancierte Topspion Lotz überstand seine Mission trotz seiner Legendierung durch den BND nicht. Im Februar 1965 wurde er enttarnt und gemeinsam mit seiner deutschen Frau Waltraud festgenommen. Die Umstände seiner Verhaftung, bei der er einen Sender bei sich trug, waren lange unklar. Eine Version lautet, dass er einer Routineüberprüfung durch den ägyptischen Geheimdienst zum Opfer fiel, der vor einem Staatsbesuch Ulbrichts sämtliche Häuser an der Fahrtstrecke des DDR-Führers kontrollierte. Einer anderen Version zufolge hatte der Herrenreiter und Champagnerspion schlicht jede Vorsichtsmaßnahme außer Acht gelassen und so seine Entdeckung provoziert, während die dritte Fassung des Hergangs davon ausgeht, dass er von einem Maulwurf im BND verraten und vor dem Staatsbesuch aus dem Verkehr gezogen worden sei.[765]

In Wahrheit hatte Pullach im Zuge des hasardeurhaften Doppelspiels am Nil ein kapitales Eigentor geschossen. Laut Zolling und Höhne hatte der Resident in Kairo, Gerhard Bauch, den Auftrag, «das rund um den Sowjetblock gebildete Horchsystem des BND durch eine Basis am Nil zu ergänzen».[766] Kurt Weiß, bis zum Mai 1970 BND-Abteilungsleiter, berichtete aber 1979, dass zur technischen Aufbauhilfe für Kairo auch die Errichtung der Funkabwehr gehört hatte, die dann den Verkehr von Lotz nach Israel aufspürte. Offensichtlich konnten Experten die Sprüche so weit entschlüsseln, dass eine Meldung, in der Lotz den BND-Residenten als eine seiner Unterquellen bezeichnete – ungeachtet ihres Wahrheitsgehalts – zur Verhaftung und anschließend teuer erkauften Freilassung Bauchs führte.[767]

Die Verhaftung von Lotz macht erneut deutlich, wie verantwortungslos das Doppelspiel war, das der BND trieb. Es ging so weit, dass Resident Bauch nicht ahnte, dass Lotz ein von Pullach ausgebildeter israelischer Spion war. Mehr noch: Seine Legende und sein Auftrag wurden vor dem Residenten bewusst geheim gehalten. Bauch aber war misstrauisch geworden. Laut Zolling und Höhne sandte er eine Anfrage nach Pullach, ob Lotz tatsächlich deutscher Staatsbürger war. Aber er bekam keine Antwort. Auch beim zweiten Mal nicht, und auch nicht beim dritten Mal. Schließlich reiste er persönlich nach Pullach, um die Recherche voranzutreiben. Aber selbst BND-Vize Worgitzky, der die Operationen im Nahen Osten verantwortete und der Mentor Bauchs war, konnte seinem Schützling nicht helfen.[768] Das hatte üble Konsequenzen. Als Lotz verhaftet wurde, unterzogen ihn die Ägypter den einschlägigen Verhörmethoden. Lotz hielt wohl nur zum Teil stand, und so landete auch Bauch in einer Kairoer Zelle. Dreimal musste Worgitzky anreisen, bis er die Kollegen vom Nil so weit hatte, dass sie Bauch freiließen. Er schied kurz darauf frustriert aus dem Dienst.[769]

Bei Lotz erwiesen sich die deutschen Behörden ebenso standhaft wie bei Bennet. Er leugnete bis zum Schluss, für den israelischen Geheimdienst tätig gewesen zu sein, und die Deutschen stützten seine Version, bestätigten seine Staatsbürgerschaft und sorgten für seine Betreuung in der Haft. Es hätte ihm wahrscheinlich nichts genutzt, hätte es nicht ein kleines Detail gegeben: Er war im Gegensatz zu den meisten seiner jüdischen Mitkämpfer nicht beschnitten. Er konnte seinen jüdischen Glauben leugnen, die Ägypter kauften es ihm ab. Ansonsten wäre er wahrscheinlich wie Bennet am Galgen geendet.[770] So endete der Prozess mit dem Urteil lebenslänglich für ihn und drei Jahren Haft für seine Frau. Nach dem Sechstagekrieg 1967 wurden beide im Zuge des Gefangenenaustauschs freigelassen und in die Bundesrepublik abgeschoben. Der BND hatte ihn nicht vergessen. Mitarbeiter aus Pullach warteten in München und kümmerten sich um ihn, bis ihn eine Maschine der El Al weiter nach Tel Aviv transportierte.[771] Erst nach seiner Entlassung wurde seine Arbeit für den Mossad offenbar. Die Rolle des BND blieb noch lange ein gut gehütetes Geheimnis. Ein tödliches Doppelspiel war es, das Lotz im Gegensatz zu vielen anderen überlebte. Und es war nicht das einzige.

Tödliches Doppelspiel II: Algerien

Am 1. November 1954 löste die algerische Befreiungsbewegung FLN (Front Libération Nationale) unter Ahmed Ben Bella eine Terrorwelle aus, mit der der Unabhängigkeitskrieg Algeriens gegen Frankreich begann. Obwohl der französische Geheimdienst SAS (Sections Administratives Spéciales) 1956 in Algerien von 192 auf 520 Mann aufgestockt wurde, gelang es nicht, die Unabhängigkeitsbewegung zu kontrollieren.[772] Erwan Bergot, Offizier des berüchtigten Fallschirmjägerbataillons «11. Bataillon Parachutiste de choc», beschrieb 1976 die Operationen seines Verbandes gegen die Führer und Sympathisanten der FLN in Algerien und Frankreich, aber auch in Spanien, der Schweiz und Deutschland.[773] Nicht nur Frankreichs Militär beantwortete den nordafrikanischen Unabhängigkeitskampf blutig, auch die berüchtigte Killertruppe des französischen Geheimdienstes, «La Main Rouge», führte unter dem Befehl von General Paul Grossin einen gnadenlosen Vernichtungsfeldzug gegen FLN-Funktionäre und deren Helfer in ganz Westeuropa. «Es gibt Situationen, da müssen Feinde des Staates liquidiert werden. Gestern wie heute», fasste Constantin Melnik, der damals verantwortliche Geheimdienstkoordinator in Paris, das mörderische Credo des französischen Nachrichtendienstes zusammen.[774]

Melnik gestand in der Rückschau allein zehn Anschläge auf deutschem Boden ein, darunter vier gegen Aktivisten der FLN, vier Mordanschläge gegen deutsche Waffenhändler und zwei Aktionen, die sich gegen die Logistik der FLN richteten: Am 5. November 1958 wurde der FLN-Generalsekretär Ait Acéne in Bonn mit einem automatischen Gewehr erschossen. Im Oktober 1959 wurde am Hauptbahnhof in Köln Ahmed Nesbah Opfer eines Attentats. Am 19. Januar 1959 starb der FLN-Funktionär Abd el Solvalar am Saarbrücker Bahnhof durch einen Genickschuss. Ein Geschäftsfreund des Hamburger Waffenhändlers Otto Schlüter wurde am 28. September 1956 in dessen Hamburger Lager von einer Bombe zerrissen. Am 3. Juni 1957 überlebte Schlüter selbst ein zweites Attentat, seine Mutter wurde dabei getötet. Am 3. März 1959 zerfetzte eine Autobombe den Waffenhändler Georg Puchert in Frankfurt. Und am 31. Dezember 1959 starb Abdelkader Aisson, ein Partner von Puchert, durch einen Genickschuss. Zwei Anschläge des Service Action richteten nur Sachschaden an: Am 1. Oktober 1958 sprengten Kampfschwimmer den jugoslawischen Frachter Atlas mit Waffen für die FLN, und am 16. November 1960 explodierte der Wagen des Münchner Exportkaufmanns Wilhelm Beißner, der 1943 Chef des Sicherheitsdienstes in Tunis gewesen war.

Allein 1960 zeichnete die «Rote Hand» für 135 Morde, sechs Anschläge auf Schiffe und drei auf Flugzeuge verantwortlich: in Frankreich, aber auch in Rom, Madrid, Ostende, Genf und der Bundesrepublik. Die Täter wurden nie ermittelt. Die Polizei schien unfähig, die Angehörigen der Hit-and-run-Teams zu fassen. Und diese Unfähigkeit war gewollt. Eine Sonderkommission der Sicherungsgruppe Bonn des BKA unter dem BND-Mann Homann überwachte in Zusammenarbeit mit dem Deuxième Bureau potenzielle Mitglieder der FLN und den wachsenden Einfluss der algerischen Exilregierung. Aus einer vertraulichen Akte des BKA berichtete das *Neue Deutschland* im November 1961, dass zur Amtshilfe der deutschen Behörden auch die Unterdrückung von Ermittlungen gegen die «Rote Hand» gehöre.[775] Die Regierung Adenauer war bereit, den Rechtsstaat außer Kraft zu setzen, um Präsident de Gaulle zu unterstützen. Als Hafid Keramane und Mouloud Kassim, zwei Führer der algerischen Unabhängigkeitsbewegung, 1961 in der Bundesrepublik festgenommen wurden, übte Bonn Druck auf den Generalbundesanwalt aus, sie im Gefängnis zu belassen. Der widerstand dem Ansinnen, da er keine Fluchtgefahr sah, und veranlasste ihre Freilassung.[776]

Der Pariser Geheimdienstkoordinator Melnik, zu dieser Zeit Partner Gehlens, gestand später auch ein, dass die Morde und Anschläge mit dem französischen Präsidenten abgestimmt und mit dem deutschen Partnerdienst abgesprochen waren. Der BND lieferte den Franzosen die Daten, die sie zur präzisen Durchführung ihrer Operationen im Bundesgebiet benötigten: «Gehlens Leute gaben uns prima Informationen. Zum Beispiel, dass die FLN-Waffen aus der Tschechoslowakei kamen und dann auf jugoslawische Schiffe verladen wurden», schwärmte Melnik noch mit 68 Jahren.[777]

Chef der Spezialeinheit «Rote Hand» war Marcel Mercier. Der Oberst des SDECE (Service de Documentation Extérieure et de Contre-Espionnage) residierte vorher als Botschaftssekretär in Bern. Als seine Geheimdienstaktivitäten aufflogen, wurde er aus der Schweiz ausgewiesen. Sein Schweizer Partner, Geheimdienstchef René Dubois, verübte Selbstmord, nachdem seine Zusammenarbeit mit Mercier bekannt geworden war.[778] Kontakt zum BND hielt Mercier bereits von der Schweiz aus über einen Hamburger Verbindungsmann mit dem Decknamen Jean Paul Mesmer. «Mercier, bis Ende 1958 dem französischen Stadtkommandanten von Berlin offiziell als Bolschewisten-Bekämpfer attachiert, besuchte den General Gehlen zuletzt Ende 1959 in München. Andere Kontaktgespräche führte er mit einem Hamburger Verbindungsmann des Bundesnachrichtendienstes», berichtete der über den BND stets gut informierte *Spiegel* im März 1960.[779] Mit gefälschten französischen Pässen auf die Namen Jean Rousseau und Jean Walleck reiste Mercier im Kampf gegen die FLN ab 1958 quer durch Deutschland. Bevor es Ende November 1959 zum Kontakt auf höchster Ebene mit Gehlen selbst kam, verhandelte der französische Geheimdienstoffizier James Achard bereits im April 1957 mit den deutschen Kollegen in einer konspirativen Außenstelle des BND in der Münchner Marsstraße. Die Geheimbesuche beruhten auf Gegenseitigkeit: 1957 war im Hauptquartier des SDECE am Boulevard Mortier ein Büro des BND nahe den Räumen des Geheimdienstchefs eingerichtet worden. Ende der 50er Jahre ging dort als Verbindungsoffizier ein Vertrauensmann Gehlens ein und aus: Oberst Werner Reppening[780], enger Mitarbeiter von Verteidigungsminister Franz Josef Strauß in dessen Amtszeit von 1956 bis 1962. Über das Verbindungsbüro hinaus hatte der BND in Paris auch eine Residentur: «EVA 55 – Führungsstelle III» lautete in den 60er Jahren ihre Deckbezeichnung; geleitet wurde sie von BND-Mann Dr. Wilhelm Haas, Deckname JACOBS, der schon als Oberstrichter im besetzten Frankreich Pariser Erfahrungen hatte sammeln können.[781]

Der BND trieb auch mit seinem französischen Partner ein doppeltes Spiel: Während er die «Rote Hand» bei der Ausschaltung der algerischen Opposition und ihrer deutschen Helfer unterstützte, nahm er über die Residentur Kairo, wo die algerische FLN im September 1958 eine provisorische Regierung bildete, Kontakt zum gemäßigten Flügel der Separatisten auf. Flankiert wurde dies vom SPD-Bundestagsabgeordneten Hans-Jürgen Wischnewski, der Anfang 1960 von der Polizei gewarnt wurde, er solle sich wegen seiner FLN-Verbindung in Acht nehmen. Die Franzosen hätten einen Agenten auf ihn angesetzt.[782]

Um sich über die Chancen der FLN auf die Machtübernahme in Algier ein eigenes Bild zu verschaffen, etablierte der Pullacher Dienst eine illegale Residentur im algerischen Sidi bel Abbes. Unter Gehlen besetzte ein ehemaliger deutscher Fremdenlegionär diesen Posten, um von früheren Kameraden Informationen abzuschöpfen.[783] Zuvor war Richard Christmann, der von August 1954 bis August 1955 für die OG im Saarland gegen Frankreich gearbeitet hatte, nach Tunis gegangen. Getarnt als Handelsunternehmer und geführt von seinem ehemaligen Abwehrkameraden Hermann Giskes, etablierte er ein Spionagenetz und eine Basis zur Unterstützung der FLN. Offiziell schied SALAH – so sein Deckname – am 31. August 1961 aus dem BND aus. Die algerischen Behörden nahmen ihn jedoch noch Ende November 1965 wegen Spionage für die Nato fest und verwiesen ihn des Landes.[784] Das *Neue Deutschland* sah in der Nachfolge Christmanns im November 1961 vier Mittelsmänner des BND, die in Algerien für die Franzosen die FLN und für die deutsche Industrie lohnende Objekte ausgespäht haben sollen, darunter Franz Wimmer-Lamquet, früher SS-Standartenführer im SD und Verbindungsoffizier zwischen Schellenberg und Gehlen.[785]

1959 eskalierten Bürgerkrieg und FLN-Terror. De Gaulle sah sich trotz militärischer Erfolge zum Einlenken gezwungen. Dies brachte ihm und Frankreich neue militante Gegner: 1960 wurde die OAS (Organisation Armée Secrète) gegründet, die Widerstandsorganisation der algerischen Franzosen. Die OAS verfügte nur über etwa 1000 Mitglieder, aber sie machte den französischen Diensten schwer zu schaffen.[786] Schließlich hatten die meisten ihrer Offiziere Erfahrungen im Indochina-Krieg sammeln können.[787] Paris setzte der ebenfalls mit Terror operierenden OAS eine nicht minder harte Truppe entgegen, die «barbouzes» (Bärte), die aus der 1946 geschaffenen Service d'Action Civique hervorging und deren Existenz bis 1958 von den Pariser Innenministern geleugnet wurde. Die «Bärte» betrieben Drogen- und Waffenhandel und scheuten weder vor Erpressung noch Mord zurück.[788] Noch 1972 behauptete Lucien Bitterlin, der als Geheimdienstmann die OAS in Algerien bekämpfte, die «Bärte» seien nie Teil eines französischen Nachrichtendienstes oder der Polizei gewesen, sondern unabhängige Terrorismusbekämpfer. Ihren Namen verdankten sie einem der Mitbegründer des SAS, Dominique Ponchardier, der diesen Begriff in Anspielung auf die Neigung der Schlapphüte zu falschen Bärten gewählt hatte.[789] Gegen die OAS war den französischen Diensten mehr Erfolg beschieden als gegen die FLN. Der Historiker und langjährige Mitarbeiter der französischen Justizpolizei,

Jacques Delarue, berichtete 1981, dass mehrere Mordanschläge auf de Gaulle vereitelt werden konnten, da es eine Quelle mit dem Decknamen PASTIS (Klarname Benoit) innnerhalb der OAS gab.[790]

Auch jetzt fand man den BND wieder auf beiden Seiten. Im Januar 1962 meldete die (Ost-)*Berliner Zeitung*, der BND unterstütze die französische Terrororganisation: «Agenten des Gehlen-Dienstes ‹arbeiten› in Nordafrika für die ‹Deutsche Afrika-Gesellschaft e.V.›. Die dort gesammelten Informationen werden vom Gehlen-Hauptquartier in Pullach bei München im Austauschverfahren den OAS-Vertrauensleuten ausgehändigt.»[791] Berufen konnte sich die *BZ* auf zwei westeuropäische Quellen: Der *France Observateur* meldete, dass Hamburg, Hannover und Frankfurt Umschlagplätze für die deutsche Unterstützung der OAS mit Waffen seien. Die belgische Zeitung *Le Drapeau Rouge* wusste von Verbindungen des belgischen SS-Mannes Roger Degueldre, eines Hauptorganisators der OAS, zur Zeitschrift *Nation Europa*, die der OG unterstünde. Gehlen selbst habe sich mit OAS-Führungsmann Salan am 15. Januar 1962 in einer Münchner Villa getroffen – behauptete wiederum das *Neue Deutschland* am 30. März 1962. Gehlen habe Salan dabei die Unterstützung der OAS zugesagt. Am Tag darauf seien die Verhandlungen in Frankfurt mit zwei wichtigen Mitarbeitern Gehlens, darunter Franz Alfred Six[792], fortgesetzt worden.

Als Reaktion auf die Verhandlungen zwischen der französischen Regierung und der algerischen Befreiungsbewegung, die im Mai 1961 begannen, steigerte die OAS noch einmal ihren Terror. Am 9. September 1961 scheiterte ein Attentat auf de Gaulle knapp. Auch nach der Einigung zwischen de Gaulle und der FLN setzte die inzwischen verbotene OAS den Terror fort. Erst im Juni 1962 akzeptierte sie den bereits am 18. März in Evian unterzeichneten Waffenstillstand.[793] Aber damit war der verdeckte Kampf Frankreichs gegen die OAS noch nicht abgeschlossen.

Anfang 1963 beherbergte die Altenstädter Luftlandeschule Gäste, deren Interesse an der Fallschirmjägerausbildung den deutschen Soldaten eher unverständlich war: eine fünfköpfige Gruppe französischer Elitesoldaten. Drei Offiziere und zwei Feldwebel, die in Vietnam und in Algerien Kriegserfahrung gesammelt hatten. Die französischen Fallschirmjäger waren jedoch nicht fest in den deutschen Lehrgangsbetrieb eingespannt, sondern hatten nur den Status von Beobachtern. In ihren freien Stunden unternahmen sie mit ihren Privatwagen unter anderem Ausflüge nach München. Ihr deutscher Begleiter, Leutnant Hans-Dieter Raethjen, stellte verwundert fest, dass sie sich in der Landeshauptstadt außerordentlich gut auskannten. An einem Sonntag im Februar 1963 wurde der Chef der OAS, Antoine Argoud, in München gekidnappt. Ein Kommando überwältigte ihn, wickelte ihn in einen Teppich und verfrachtete ihn anschließend in einen französischen Kleinlaster. Leutnant Raethjen erfuhr davon aus den Medien. Am Montag nach der Entführung waren alle französischen Gäste mitten im Lehrgang plötzlich verschwunden. Am Wochenende hatten sie offensichtlich ihre Sachen gepackt und waren abgereist. Die Nachfrage eines Bundeswehroffiziers bei dem mit ihm befreundeten Verbindungsoffizier der französischen Streitkräfte blieb ohne Antwort: Kommandant Cailloud konnte oder wollte die überstürzte Abreise des Kommandos nicht kommentieren. Als Kriegsheld, der im Frühjahr 1954 in Vietnam den 800-Kilometer-Marsch nach Dien Bien Phu mitgemacht hatte, waren ihm die Offiziere der Spezialeinheiten aber wohl nicht unbekannt.[794]

Nach dem Kalten Krieg wurde das Geheimnis um die Entführung Argouds, dem anschließend in Paris der Prozess gemacht wurde, in Frankreich teilweise gelüftet: Die Mitglieder des Kommandos entstammten dem berüchtigten 11. französischen Luftlandebataillon, das Anfang 1963 aufgelöst worden war. Ein Teil seines Personals hatte sich dem SDECE angeschlossen und war ihm auch gleich nützlich. Als Verteidigungsministers Pierre Messmer den Befehl zur Verschleppung Argouds erteilte, wurden die Fallschirmjäger in die Aktion einbezogen. Es war nicht etwa – wie verbreitet wurde – der Gangster Georges Boucheseiche, der den OAS-Obersten kidnappte. Ein Kommandomitglied spielte lediglich dessen Doppelgänger.[795] Unbekannt war bisher, dass der BND – wie im Falle der Anschläge gegen die FLN – seinem französischen Partner auch hier behilflich war, indem er ihm in Altenstadt eine gut getarnte Basis zur Vorbereitung und Durchführung der Aktion verschaffte.

Zwei Jahre nachdem Algerien unter der Führung der FLN unabhängig geworden war, zahlte sich die deutsche Doppelstrategie gegenüber

Frankreich aus. Im April 1964 ging Joachim Tzschaschel offiziell als Militärattaché nach Algier, nachdem ihn Hans-Jürgen Wischnewski auf den Einsatz vorbereitet hatte.[796] Die Fiktion, er sei als Vertreter der Bundeswehr nach Nordafrika gegangen, hält Tzschaschel selbst in seinen im Jahr 2000 erschienenen Erinnerungen aufrecht, obwohl er sich schon im Februar 1994 einer dreißigjährigen Tätigkeit im Inlands- und Auslandsdienst des BND gerühmt hatte.[797] Unter dem Decknamen TISCHNER fungierte er ab Ende 1966 im BND als Unterabteilungsleiter für Politische Auswertung, von 1974 bis zu seiner Pensionierung im März 1979 leitete er dann als Brigadegeneral die Abteilung Auswertung. Mindestens seit seinem Einsatz in Algerien 1964, wenn nicht schon als Mann der OG bei den deutschen Beratergruppen in Syrien Anfang der 50er Jahre, war Tzschaschel im Auftrag Pullachs unterwegs.

Die Armeeführung in Algier signalisierte dem ehemaligen Generalstabsoffizier der Wehrmacht Interesse an einem Bundeswehrbeitrag zur Aufrüstung des Landes. Während Parteiführer Ben Bella einen häufig überdramatisierten Kurs auf einen sozialistischen Staat hin steuerte, war die Armeespitze, namentlich der Kabinettschef des Verteidigungsministers Houari Boumedienne, an westdeutscher Militärhilfe als Gegengewicht zu russischen und chinesischen Lieferungen interessiert. Tzschaschel erreichte aber nur in drei Fällen humanitäre Hilfe aus Beständen der westdeutschen Streitkräfte. Völlig unterschlagen hat er, dass zu seinem Beobachtungsauftrag auch das Engagement der DDR in Algerien zählte: Ostberlin hatte bereits 1958 mit der Unterstützung der algerischen Befreiungsfront begonnen und einen Oberst des militärischen Geheimdienstes mit der Kontrolle des Waffenschmuggels aus WVO-Ländern nach Algerien betraut.[798] Während des Unabhängigkeitskrieges wurden 100 algerische Studenten, die 1960 zum Schein an der Leipziger Universität immatrikuliert wurden, in der NVA-Kadettenanstalt in Naumburg zu FLN-Kämpfern ausgebildet.[799] Die Offizierschule Naumburg führte Mitte Juni 1961 bereits den dritten Lehrgang für etwa 100 algerische Fähnriche durch, die nach einer allgemeinen Ausbildung von einem Jahr eine Spezialausbildung bei einzelnen Truppenteilen erhielten. Zum Ende der 70er Jahre waren noch mehr als tausend NVA-Angehörige als Ausbilder für Fernmelde- und Pioniertechnik in Algerien tätig sowie etwa 100 Geheimdienstberater, die den Bau von Abhöranlagen und die Schulung von Agenten übernommen hatten.[800]

In seinen Memoiren beschreibt Tzschaschel die «tief sitzende Spionagefurcht aller Araber», die dazu führte, dass ein ihm befreundeter Hauptmann der algerischen Armee verhaftet wurde, weil er in Verdacht stand, zusammen mit der Bonner Botschaft einen Staatsstreich vorbereitet zu haben. Dem BND-Vertreter gelang es, den Offizier, den er angeblich nur mit Noten deutscher Militärmärsche versorgt hatte, weitgehend zu entlasten.[801] Unberechtigt war die Sorge der algerischen Spionageabwehr nicht. Am 19. Juni 1965 entmachtete Oberst Boumedienne Ben Bella. Da war Tzschaschel seit einem Monat nicht mehr in Algier. Die deutsche Botschaft war am 15. Mai geschlossen worden, der BND-Vertreter musste das Land verlassen. Bonn war wieder einmal Opfer seiner eigenen Hallstein-Doktrin geworden, die die Aufnahme diplomatischer Beziehungen zur DDR mit dem Abbruch aller Kontakte beantwortete.[802] Die Militär- und Geheimdienstkooperation mit Israel tat ein Übriges.

Auch der Sowjetunion war an Algerien gelegen. Nicht nur wegen seiner geostrategischen Position im Mittelmeer, sondern auch wegen seiner Eignung als Basis für die Unterstützung sozialistisch orientierter Unabhängigkeitsbewegungen in Afrika. Zeitweise durften sowjetische Flugzeuge mit Waffen für den Kongo von algerischen Fliegerhorsten abheben. Außerdem bekam Moskau Nutzungsrechte im Hafen von Anaba eingeräumt. Doch trotz des blutigen Krieges gelang es Paris, in seinem ehemaligen Kolonialgebiet allmählich wieder Fuß zu fassen Mit Blick auf die propagierte Neutralität der arabischen Staaten im Ost-West-Konflikt und ihr Engagement in der Bewegung der blockfreien Staaten widerstand die algerische Regierung sowjetischen Begehrlichkeiten zur Einrichtung von Militärbasen.

Die Strategie Gehlens, einerseits dem französischen Partnerdienst bei der Bekämpfung der FLN Hilfe zu gewähren, andererseits mit einem Flügel der Unabhängigkeitsbewegung zusammenzuarbeiten, parallel den gemeinsamen Gegner der Pariser Regierung und der FLN, die OAS, zeitweise zu fördern und ihn dann, als der Misserfolg absehbar wurde, der französischen Regierung ans Messer zu liefern, ist nur auf den ersten

Blick zielloser Schlingerkurs Pullachs. Der zweite Blick zeigt die Grundmuster operativer Außenpolitik und ihrer nachrichtendienstlichen Um- und Irrwege. Einerseits war die Bundesrepublik dem Nato-Partner Frankreich verpflichtet, andererseits wollte sie aus nationalen, vornehmlich wirtschaftspolitischen Interessen im Zuge der Entkolonialisierung in Afrika Fuß fassen. So geriet die Bundesrepublik zwangsläufig in Konflikt mit den um ihre Einflusssphären besorgten Westmächten in Paris, London oder Lissabon. Gleichzeitig war diese Konkurrenzsituation vom wirkungsmächtigeren Ost-West-Konflikt überlagert. Es lag im gemeinsamen Interesse der Nato-Staaten, die Ausweitung des sowjetischen Einflusses auf dem schwarzen Kontinent einzudämmen, geopolitische Bastionen zu sichern oder zurückzuerobern. Teils arbeitsteilig mit den USA, teils allein auf Bonner Interessen fixiert, prallte der BND dort nicht nur mit den Diensten der Sowjetunion aufeinander, sondern in zunehmendem Umfang mit dem Gegner aus Ostberlin, der seinerseits für die Führungsmacht in Moskau operative Teilaufgaben übernahm.

Von Madrid nach Moskau – Gehlens gescheiterter Flankenangriff

Einen der ersten Auslandsstützpunkte hatte die OG bereits Ende der 40er Jahre in Spanien eröffnet: «Gehlen musste als Kostgänger der Amerikaner bei Wiederaufnahme der Kontakte mit den Spaniern sehr diskret vorgehen … Der erste Kontakt mit der spanischen Regierung wurde von Eric Waldman und Gehlen bei einem Treffen mit dem spanischen Militärattaché in Bern hergestellt, der für sie einen Flug nach Spanien zu Gesprächen mit dem Chef des spanischen militärischen Geheimdienstes arrangierte … Was die Organisation Gehlen anging, bot Spanien einen großen und vollständig ausgestatteten Rückzugsort für den Fall eines Krieges.»[803] Nachdem die OG 1956 von der US-Vormundschaft befreit war, konnte sie in Spanien endgültig wieder Fuß fassen und an die Positionen der NS-Dienste im Franco-Staat anknüpfen. Gehlen und seine Strategen fassten 1957 den Plan, von Spanien aus eine groß angelegte Operation gegen Moskau und seine Verbündeten zu führen. Als Ziel hatten sie Rotspanier ins Auge gefasst, die nach der Niederlage im Spanischen Bürgerkrieg 1939 ins Moskauer Exil gegangen waren. Da die sowjetischen Dienste ihnen dort wenig Freiheiten ließen, sah man in Pullach gute Chancen, einige von ihnen als Agenten zu gewinnen.

Julián Gorkin, Gründungsmitglied der spanischen KP, war ein Opfer des Terrors, mit dem der NKWD in den internationalen Brigaden Linientreue erzwungen hatte. In den letzten Bürgerkriegswirren erlebte er den Exodus der kommunistischen Führung aus Spanien: «Lister, Modesto, Hidalgode Cisneros, Uribe, Togliatti, Hernández und so viele andere. Während die letzten Kämpfer der Republik massakriert wurden oder verzweifelt flohen, kam die kommunistische Führungsmannschaft in Moskau an. Manche entdeckten dort das wahre Gesicht des ‹sozialistischen Paradieses›, andere setzten ihre eidbrüchige Tätigkeit gegen ihr Vaterland fort. Manche ereilte die Todesstrafe, andere, zu weiteren Untaten bereite Verräter, wurden mit Ehren und Auszeichnungen überschüttet.»[804] Da sie häufig genug aus reinem Überlebensdrang mit ihren sowjetischen Gastgebern kooperierten, war die Idee, erfahrene spanische Kommunisten für eine Arbeit gegen Moskau zu gewinnen, nicht abwegig.

In Spanien selbst wollte Gehlen bewährte NS-Geheimdienstler einsetzen: So sollte der sudetendeutsche Offizier Paul Fidrmuc vom Wiener Evidenz-Bureau, der 1937 ins OKW-Amt Ausland/Abwehr gekommen war, eine Schlüsselposition einnehmen, obwohl er in der Abwehr als «Schaumschläger» gegolten hatte.[805] Auch Heinz Canaris, von seinem berühmten Onkel 1935 nach Spanien geschickt und dort als «keine besondere Leuchte»[806] verschrien, sowie Alfred Müller-Thyssen, bis 1945 Leiter der Militärorganisation in Pamplona, sollten mit von der Partie sein. Der spanische Nachrichtendienst war einverstanden. General Hans Dörr, der letzte Militärattaché der NS-Regierung in Madrid, wurde von Gehlen in die Planungen einbezogen. Da er nach dem Krieg militärischer Berater des spanischen Generalstabs in Madrid wurde, konnte er den Ambitionen Pullachs Nachdruck verleihen.

Seit dem Bürgerkrieg hatte Francos Geheimdienst systematisch alle Regimegegner im In- und Ausland erfasst und bot so dem BND eine Übersicht über lohnenswerte Anbahnungsziele. Interessant waren außer den spanischen Kommunisten die Kampfgenossen der Internationalen Brigaden. Das Informationsbüro der Regierung in Madrid hatte 1952 eine englische Broschüre über die ausländische Unterstützung für die Rotspanier herausgegeben. Bereits dort fanden sich Dutzende von Hinweisen auf Karrieren, die Angehörige der Internationalen Brigaden in Italien, Frankreich und vor allem in Osteuropa gemacht hatten.[807]

So war der Brigadekommandeur Karol Swierezewsky nun Verteidigungsminister in Polen. Im Warschauer Kabinett saßen Oberst Szyr als Vize-Industrieminister, Mietowski als Vizeminister für Staatssicherheit und Oberst Torunczyk als Vizeminister der wiedererlangten Gebiete. Tadeusz Oppman war Militärattaché in Paris, Ksiezrezyk Leiter des Geheimdienstes in Krakau und Mieczyslaw Szeleyen Direktor der Politschule für Offiziere in Łodz. In der Tschechoslowakei war der Spanienveteran Klement Gottwald als Premierminister zu höchsten Ehren gekommen. Bohumil Lastovicek fungierte als Direktor des Staatsradios, Lace Holdos war Vizepräsident des slowakischen Nationalrats, Milos Nekvasil Leiter des Zensuramts, Joska Spirk Präsident der tschechisch-moravischen Bergarbeitergewerkschaft, Ily Bart Sekretär des Schriftstellerverbandes, und Leopold Horrman war Kommandeur der Polizeistreitkräfte. In Rumänien wurde der Politkommissar Walter Roman Leiter der Propagandaabteilung des Verteidigungsministeriums, in Ungarn wirkte Ladislas Rajk als Innenminister und hatte Ferenc Minnich zum Polizeipräfekten von Budapest gemacht; Sicherheitschef der ungarischen Armee war Generalleutnant Miklos Szalvoi. In Jugoslawien, wo Tito selbst als «Ingenieur Tomanek» die Verbindung zwischen der Komintern und dem Stab der Internationalen Brigaden gehalten hatte, waren mit Ivo Rukasinov Slatich, Branko Ribkar und Dusani vier Spanienkämpfer Generäle der Bundesarmee geworden und Bore Naksov Polizeichef von Belgrad.[808]

Als in der DDR 1956 deutsche Spanienkämpfer geehrt wurden, konnte die SED zum Festakt 350 Veteranen begrüßen, darunter führende NVA-Militärs wie Generalleutnant Karl Heinz Hoffmann oder General Ewald Munschke und Größen des politischen Lebens wie Minister Alfred Neumann, Politbüromitglied Heiner Rau oder ZK-Sekretär Kurt Hager. Zu den bereits verfemten Veteranen der Internationalen Brigaden zählte Brigadekommandeur Wilhelm Zaisser, 1953 von Ulbricht und Mielke als Minister für Staatssicherheit kaltgestellt.[809]

Francos Nachrichtendienste[810] standen der geplanten BND-Offensive positiv gegenüber, sahen sich aber nicht in der Lage, diesen Vorstoß finanziell oder personell zu unterstützen, da sie vor allem auf die Repression gegen Regimegegner und auf die ehemaligen Kolonien fixiert waren. Doch auch bei der Finanzierung der Operation konnte Gehlen auf Spezialisten aus RSHA und SD zurückgreifen. Als Finanzleiter war Otto Horcher von der Berliner Horcher Gastronomie vorgesehen, der seit 1934 in Spanien weilte und die Geldtransaktionen des RSHA vorgenommen hatte. Ihm zur Seite stand ein Teilhaber seines Unternehmens, der Hoteldirektor Hans D. Warsinski, der als SD-Agent in Frankreich und Spanien gearbeitet hatte. Mit Marquis Lionelle de Wuit war ein weiterer ehemaliger SD-Mann von der Partie, der in Spanisch-Marokko Falschgeldoperationen durchgezogen hatte und nach Kriegsende als Fluchthelfer für belastete Nazis agierte.

Unter den faschistischen deutschen Spanienkämpfern hatte wiederum die DDR Quellen erschließen können, die aus unterschiedlichen Motiven bereit waren, für das MfS zu arbeiten. Das reichte von finanziellen Interessen bis zur Verbitterung über die erneut führenden Rollen ihrer ehemaligen Vorgesetzten in Militär und Geheimdienst der Bonner Republik. Von ihnen erfuhr das MfS von den Pullacher Planungen, Rotspanier in der Sowjetunion anzuwerben. Nur wenige Spitzenleute in Ostberlin waren über die brisanten Erkenntnisse unterrichtet worden. Sie reichten ihr Wissen an den sowjetischen Bruderdienst weiter.[811] So konnte Moskau in Madrid intervenieren und dem Unterfangen einen Riegel vorschieben. Franco wurde aufgefordert, die westdeutschen Aktivitäten zu unterbinden. Als Druckmittel setzte Moskau dabei den wenig diplomatischen Hinweis ein, dass der spanische Staatsschatz – von der republikanischen Regierung in Sicherheit gebracht – immer noch in den Tresoren an der Moskwa lag. Das grandios gescheiterte Joint Venture hinderte die Geheimdienste in Pullach und Madrid jedoch nicht, anschließend enge Partnerdienstbeziehungen zu entwickeln.

Operation EVA

Der strategische Dienst des Lebemanns Hans Langemann

Die Ende der 40er und in den frühen 50er Jahren gestarteten Auslandsoperationen der OG können nicht darüber hinwegtäuschen, dass in den ersten zehn Jahren nahezu die gesamte Organisationsstruktur des Dienstes nach Osten ausgerichtet war. Diese Fixierung, die durch das US-Mandat bedingt war, barg immense Gefahr. Die Zerschlagung der Netze in der DDR und in der Sowjetunion traf die OG und dann den BND als Ganzes. Sie kostete ihn fast die Arbeitsgrundlage und damit die Existenzberechtigung, da rund 2500 Mitarbeiter nur mit Ostaufklärung beschäftigt waren und sich nun ihrer Kontakte und Verbindungen beraubt sahen. Gleichzeitig drohte das exzessive Abschottungsprinzip, das Gehlen innerhalb des Apparates durchgesetzt hatte, sich zum Bumerang zu entwickeln, weil niemand mehr genau wusste, was noch funktionierte und was nicht.[812]

Gleichzeitig boten sich Mitte der 50er Jahre zwei Chancen zur Neustrukturierung und Umorientierung: die Überführung in die Hoheit der Bundesrepublik und die technologische Entwicklung, die eine größere Unabhängigkeit von menschlichen Quellen versprach. Auf die Entwicklung der technischen Aufklärung in dieser Epoche des BND werden wir noch zurückkommen. Die Frage war, ob Gehlen in der Lage sein würde, sich an die Spitze dieser Umstrukturierung zu setzen. Es gab in den Reihen des BND genug Mitarbeiter, die dies bezweifelten und deshalb selber die Initiative ergriffen.

Zunächst wurde darauf gedrängt, einen starken Mann neben Gehlen als Vizepräsidenten zu installieren. Gehlens Kandidat war der ehemalige Sturmbannführer der Waffen-SS, Wolfgang Langkau, der seit 1953 die Untervertretung der OG in Berlin geleitet hatte. Doch Langkau war im BND als Intrigant und Geheimhaltungsfetischist verschrien. Die Reformer hatten ihren eigenen Favoriten, den ehemaligen Generalstabsoberst und Leiter der OG-Außenstelle Bremen/Hamburg, Hans-Heinrich Worgitzky.[813] Die Reformer machten Druck und setzten sich durch. Am 24. Mai 1957 wurde Worgitzky erster Vizepräsident des BND. Während er sich unverzüglich an die Reform des Apparates machte, was für ihn vor allem Straffung, Modernisierung und Verwissenschaftlichung der Erkenntnisgewinnung bedeutete, übernahm der unterlegene Langkau 1957 die Leitung des so genannten «Strategischen Dienstes».

Worgitzky hatte erkannt, dass die Zeit des klassischen Spions sich zumindest hinter dem Eisernen Vorhang dem Ende zuneigte. Er zog daraus die Konsequenzen: Zum einen forcierte er den Ausbau der technischen und fernmeldeelektronischen Aufklärung, zum anderen setzte er auf so genanntes offenes Material, also Rundfunksendungen, Presseveröffentlichungen und Fachliteratur. Letztlich sollte dies zu einer Objektivierung der Auswertung beitragen, da die unsicheren, gefärbten, im schlimmsten Fall gefälschten Meldungen der menschlichen Quellen quasi einer wissenschaftlichen Überprüfung unterzogen werden konnten.

Damit einher ging ein neues System der Bewertung von Quellen und ihrer Meldungen. Eine Quelle wurde fortan von A wie «zuverlässig» bis E wie «unzuverlässig» oder F wie «Zuverlässigkeit kann nicht beurteilt werden» eingestuft. Die eingehenden Meldungen erhielten eine adäquate Einstufung von 1 wie «von anderer Seite bestätigt» bis 5 wie «unwahrscheinlich» oder 6 wie «unbewertbar».[814] Nach US-Vorbild richtete Worgitzky ein Lagezentrum ein, das parallel zur Auswertungsabteilung alle eingehenden Meldungen analysierte und bewertete. Vor allem für einen schnellstmöglichen Meldungsweg zum Kanzleramt im Falle heraufziehender Krisen stellte dies einen weiteren Schritt der Rationalisierung dar. Entsprechend dem Klassifizierungssystem für Quellen und Nachrichten wurde auch die Dringlichkeit der herausgehenden Berichte von M wie «zurückstellbar» bis Z wie «Blitz» eingestuft. All dies konnte dazu beitragen, den Dienst effizienter und seine Leistungen transparenter zu machen. Der BND begab sich auf den Weg in die Zukunft und schien ein Stück weit Abschied zu nehmen vom Spionagebild seiner Gründungsväter.

Doch Gehlen war der Kurs Worgitzkys suspekt. Vor allem war er gegen eine weitere personelle Ausdünnung und Straffung des Dienstes. Die

Globalisierung des Auftrags, die Ausdehnung der Aktivitäten auf alle Kontinente und vor allem in alle Lager hinein boten den geeigneten Ausweg. Diese Aktivitäten wurden im Strategischen Dienst zusammengefasst.

Gründer des «Strategischen Dienstes»: BND-Eminenz Wolfgang Langkau

Langkau legte den Grundstein für den Strategischen Dienst bereits Mitte der 50er Jahre, als er mit Hilfe eines konservativ-katholischen Zirkels von Gesinnnungsgenossen begann, eine Westaufklärung der OG aufzubauen. Eines der Standbeine dieses Kreises Gleichgesinnter war die Abendländische Gesellschaft des Fürsten von Waldburg-Zeil. Der Fürst, zugleich Mitglied der CDU und der CSU, besaß Anteile an diversen bayerischen Zeitungen und scharte einen exklusiven Kreis aus Adeligen, Mitgliedern der Kurie und Menschen um sich, die die Nähe zu einer dieser Gruppen suchten. So gehörte der ehemalige Außenminister des souveränen Malteser-Ritterordens, Graf Thun-Hohenstein, zu der Gesellschaft, ebenso wie die Grafen Schall, der französische Graf de Saalberg, später die Kardinäle Ottaviani und Tisserant. Letzterer war zeitweise Kardinalstaatssekretär und damit ranghöchster katholischer Würdenträger nach dem Papst. Überhaupt waren die rechtskonservativen Kreise Italiens ein ergiebiges Reservoir für Mitarbeiter dieses klandestinen Geheimdienstzirkels. Die ehemalige Sekretärin Mussolinis, Fürstin Raymonda de San Severino, stieß ebenso hinzu wie der Generalkommandant der Carabinieri, Pesce, und sogar der Chef des italienischen Geheimdienstes SIFAR, General de Lorenzo. Und inmitten dieser illustren Gesellschaft tummelte sich in Rom der Physiker Dr. Johannes (Giovanni) Gehlen, seines Zeichens Bruder des BND-Präsidenten.[815] Kontakte hielt Langkau aber auch zum israelischen Mossad, zum japanischen Kaiserhaus, zum

Führer der Nationalchinesen in Taiwan, Tschiang Kai-schek, und zum Regime des südkoreanischen Präsidenten Syngman Rhee.

Die Abteilung «Strategischer Dienst», auch «Langkau-Dienst» genannt, erhielt nach der Reorganisation der BND-Struktur im Zuge der Felfe-Affäre die Kennnummer 273. Zu dieser Abteilung gehörte seit 1956 formell auch der so genannte «Winterstein-Dienst», benannt nach seinem Leiter Kurt Weiß, alias WINTERSTEIN, dem unter anderem die Gegenspionage und der Auslandsverbindungsdienst oblagen, das heißt, die offiziellen Residenten in den Auslandsvertretungen und die Verbindungen zu den so genannten Partnerdiensten, intern als «Fleurop-Dienste» bezeichnet. Obwohl in einer Abteilung organisiert, arbeiteten Langkau und Weiß mit ihren Apparaten weitgehend unabhängig voneinander. Die Organisationsstruktur war so kompliziert wie irgend möglich, und sicher war dies von Gehlen auch gewollt. Zwar war Weiß nominell der Vertreter Langkaus, aber das operative Geschäft und die Auswertung organisierte Langkau über einen eigenen Apparat. Bemerkenswert ist vor allem, wie hier die Drähte nicht nur aus dem Ausland zusammenliefen, sondern auch die Verbindungen in den innenpolitischen Bereich gehalten wurden. So unterstand Langkau, Deckname HOLTEN, direkt der Bereich Zentrale Führung, in dem die Sonderverbindungen zusammenliefen.

Hier wurde unter anderem Dr. Johannes Schauff, Deckname SPATEN, geführt, der sich guter Beziehungen zu Herbert Wehner rühmen durfte, aber auch Kontakte in hohe Regierungskreise hatte und bei Gelegenheit mit Außenminister von Brentano und der Familie Strauß zu Abend speiste. Das Gleiche gilt für Freiherr von und zu Guttenberg, Deckname SCHRIFTSETZER, der später als parlamentarischer Staatssekretär im Kanzleramt gemeinsam mit Kanzleramtschef Karl Carstens die Aufsicht über den BND führte. Über Schauff und Guttenberg war Gehlen sehr gut darüber informiert, welche Absichten Strauß im Verlauf der *Spiegel*-Affäre hegte.[816]

Der Langkau-Apparat verfügte über drei Untereinheiten und sechs Außenstellen. Eine dieser Außenstellen war für die innenpolitische Einflussnahme von zentraler Bedeutung. In der Dienststelle 921 in München wurden Auswertung und Analyse betrieben und die «Steuerungshinweise für West-, Ost- und wirtschaftspolitische Aufklärung» verfasst. Die Elaborate wurden mit der zentralen Lagegruppe Gehlens abgestimmt und dann von der Abteilung Langkaus an ausgesuchte Empfänger in Politik, Kirche und Militär verteilt. Heigl und Saupe listen die illustre Reihe der so genannten Bedarfsträger auf: Hans Globke, Heinrich Krone, Heinrich von Brentano, Bruno Heck und Eugen Gerstenmaier aus den Reihen der CDU, Freiher von und zu Guttenberg von der CSU, Fritz Erler und Wilhelm Mellies von der SPD.[817] Die Sekretärin von Mellies, Ursula Bulla, wiederum arbeitete für den KGB, was zu einer unbeabsichtigten Erweiterung des BND-Verteilers führte.[818]

Strauß war trotz aller Animositäten ebenso dabei wie der damalige Ministerpräsident von Baden-Württemberg und spätere Bundeskanzler Kurt Georg Kiesinger. Auch bei den Kirchen bedachte man beide Konfessionen mit Vorteilen für die katholische: Zum Verteiler gehörten der Leiter der katholischen Akademie, Monsignore Dr. Forster, Kardinal Julius Döpfner, Deckname EIGENHEIM, Dr. Otto Roegele, Deckname DR. OB, und auf der anderen Seite der evangelische Militärbischof Dr. Hermann Kunst, Deckname KÜNSTLER.[819] Durch diese weit gestreuten Verbindungen war es dem BND nicht nur möglich, über Parteigrenzen hinaus Informationspolitik zu betreiben, sondern auch Einblick in das innenpolitische Geschehen der Bundesrepublik zu erhalten.

Entscheidende Bedeutung für die von Gehlen forcierte Globalisierung des Dienstes besaß die von Dr. Hans Langemann alias DR. LÜCKRATH geführte Zentrale Operationsgruppe, eine weitere der drei Untereinheiten des Langkau-Apparates. Langemann hatte die Kontrolle über ein Netz illegaler Residenten in Äthiopien, Frankreich, Griechenland, Hongkong, Italien, Malta, Österreich, Südamerika, Südvietnam und dem Vatikan. Seine Rolle bis zu seinem Ausscheiden aus dem BND im November 1970 kann kaum überschätzt werden. Auch danach blieb er als Leiter des Staatsschutzes im bayerischen Innenministerium eine der dunkelsten und bizarrsten Figuren im Dickicht bundesdeutscher Geheimpolitik. Als Langemann Anfang der 80er Jahre aus einer Mischung aus Geltungssucht, Geldgier und Intriganz heraus einen Großteil seiner Aktivitäten im BND gegenüber Frank P. Heigl und Jürgen Saupe enthüllte, löste der «Mann mit dem Kopfschuss» (Strauß) – Langemann hatte eine Kriegsverletzung erlitten, die eine lange Narbe in seinem Gesicht zurückließ – einen Skandal aus, der zu den größten gehört, die der BND in seiner an Skandalen nicht armen Geschichte je zu überstehen hatte. Heute lässt sich noch besser als damals übersehen, dass Langemann nicht etwa nur einige Details aus den weltweiten Aktivitäten des BND aufdeckte, sondern den überwiegenden Teil aller Auslandsoperationen Ende der 60er Jahre jenseits der Staaten des Warschauer Vertrages und des Nahen Ostens der Öffentlichkeit preisgab.[820]

Als Langemann 1957 seinen ersten Kontakt zum BND erhielt, war er 32 Jahre alt. Als 19-Jähriger hatte er an Spähtruppkommandos an der Ostfront teilgenommen und sich seine schwere Kopfverletzung zugezogen. Nach dem Krieg studierte er Jura, wurde Staatsanwalt und schrieb mit 30 Jahren das Buch «Der politische Mord». Während seiner Recherchen lernte er den ehemaligen Gestapo-Mann und damaligen Kriminalrat Saevecke von der Sicherungsgruppe Bonn kennen. Es war der gleiche Saevecke, der später in der *Spiegel*-Affäre in die Vorbereitungen der Aktion eingeschaltet wurde. Saevecke tippte den jungen Staatsanwalt Langemann für den BND. Das Anwerbungsgespräch führten Personalchef SEIDEL und der Leiter der Medizinischen Abteilung, Dr. Hans Schneemilch – eine Familienangelegenheit, denn SEIDEL hieß eigentlich von Seydlitz und war ein Schwager Gehlens, und Dr. Schneemilch, Deckname DR. SCHLÖMEL, war ein Halbbruder des Präsidenten. Langemann wurde eingestellt und zunächst dem Referat DDR der Unterabteilung Gegenspionage zugeteilt. Für Schreibtischarbeit und Aktenpflege war er allerdings nicht zu haben, und so hielt er sich nicht lange mit der Beschattung von osteuropäischem Botschaftspersonal auf und lehnte auch die Übernahme der BND-Außenstelle Köln ab. Er entwickelte lieber eigene Operationspläne, die in Pullach auf offene Ohren stießen. Bereits die erste Operation Langemanns mit dem Decknamen SACHER war ein voller Erfolg. Mit Hilfe zweier übergelaufener MfS-Offiziere gelang es ihm während der Weltjugendspiele in Wien, den aus Ostberlin angereisten «Pressereferenten» der DDR-Mannschaft umzudrehen. Der Mann hieß Heinz Kupfer und war Offizier in der Hauptabteilung V des MfS. Langemann hatte nach knapp einem Jahr im BND seinen ersten Coup gelandet, und seine Karriere sollte trotz einiger peinlicher Pannen unaufhaltsam sein. Die erste Panne blieb noch unentdeckt. Langemann war auch schuldlos. Er hielt in der Zentrale Vorträge über Abwerbungstaktiken. Leider erzählte er auch vom Fall Kupfer, und leider saß Felfe unter den Zuhörern. So hatte der BND nicht lange Freude an seinem neuen Mitarbeiter.

Die nächste Operation allerdings endete mit einem kapitalen Fehlschlag. Da Langemann mit Sportmannschaften gute Erfahrungen gemacht hatte, kamen ihm die Olympischen Winterspiele im amerikanischen Squaw Valley gerade recht. Er plante einen internationalen Coup, und es gelang ihm sogar, die CIA mit ins Boot zu holen, obwohl dieser Operationen auf heimischem Boden streng untersagt waren. Aber das gemeinsame Interesse am Umdrehen ostdeutscher Staatsschützer war stärker als legalistische Bedenken. So lief streng geheim die Operation SNOWBALL an: Langemann reiste mit einem in Pullach gefälschten Diplomatenpass in die USA, um sich mit seinem Komplizen Dick Gold von der CIA zu treffen. In Squaw Valley jagten die beiden in den Foyers und Bars der Hotels bald Seehundfellschuhe mit Schnürsenkeln. Die DDR-Eisschnelllauf-Olympiasiegerin Helga Haase hatte Langemann nämlich verraten, dass die Delegation aus Ostdeutschland Schuhe mit Schnürsenkeln trug, während die Kollegen aus dem Westen der Reißverschlusstechnik vertrauten. Die Jagd nach Ostagenten endete indes wenig ehrenvoll nach wenigen Tagen auf einer Herrentoilette. Dort stellten FBI-Agenten, die hinter die Aktivitäten Langemanns gekommen waren, diesen schnöde an die Wand und durchsuchten ihn nach Waffen. Nach einem peinlichen Verhör und einer Nachfrage bei der bundesdeutschen Botschaft, wo man keinen Diplomaten Langemann kannte, durfte der Senkrechtstarter die nächste Maschine nach Washington besteigen und von dort zurück über den Atlantik reisen.

Verleiden konnte ihm dieser Misserfolg sein olympisches Hobby allerdings nicht. Schon bei den nächsten Sommerspielen in Rom war er wieder auf Achse. Diesmal in Begleitung einer zwölf Mann starken Werbekolonne, zu der erneut die beiden MfS-Überläufer – Walter Hiebsch und Max Heim – gehörten, die ihm schon in Wien hervorragende Dienste geleistet hatten. Diesmal waren sie erfolgreicher als in Squaw Valley. Sie konnten ein hochrangiges Mitglied der DDR-Delegation «überreden», in die Dienste des BND zu treten.

In Rom machte Langemann die Bekanntschaft des Gehlen-Bruders Johannes, alias Professore Giovanni, alias Gio. Der gute Mann war Physiker und Nationalökonom, hatte aber leider keinerlei nachrichtendienstliche Ausbildung. Das hinderte ihn allerdings nicht daran, BND-Resident in Rom zu werden und bis zum Beamtenrang des Leitenden Regierungsdirektors aufzusteigen.[821] Der Nutzen Gios hielt sich in engen Grenzen, und seine Berichte wurden in Pullach mit größter Vorsicht genossen. Seinen Umgang in der römischen Gesellschaft konnte man je nach politischer Prädisposition mit Erschrecken oder Bewunderung betrachten. Zum Beispiel mit einer gewissen «Donna Raymonde», die als «Faschistin reinsten Geblüts»[822] mit alten SS-Kameraden Umgang pflegte. Doch Gio hatte durch seinen Posten als Sekretär des Malteser-Ritterordens über dessen Außenminister Graf Thun-Hohenstein[823] auch Kontakte zum Vatikan, die letztlich für seine Bestallung als BND-Resident ausschlaggebend gewesen waren. So spionierte für Gio Gehlen ein Conte Ferreti, seines Zeichens Kavallerieoffizier, Journalist und Großneffe von Papst Pius XI.

Für Langemann war der dubiose Professor aus dem Gehlen-Clan ein gefundenes Fressen. Er brauchte für seine hochfliegenden Pläne Einfluss im engsten Zirkel der Pullacher Führung. Partygänger und Geheimdienst-Nichtsnutz Gio wiederum musste sein ramponiertes Image dringend aufpolieren. Da hatten sich zwei gesucht und gefunden, die nun gemeinsam darangingen, den Vatikan nachrichtendienstlich aufzumischen. Eine der zentralen Figuren wurde dabei der Marquese Emilio de Mistura, ein Mann mit einer mehr als bewegten Vergangenheit. Sohn eines Italieners und einer Österreicherin, die in zweiter Ehe einen albanischen Adligen heiratete, wuchs er in Tirana auf, schlug eine Laufbahn im Militär ein und brachte es bis zum Chef der Leibwache des albanischen Königs. Der Krieg beendete die Karriere, und nachdem der Marquese die albanische Königin ins ägyptische Exil geleitet hatte, was ihm gute Verbindungen in der arabischen Welt verschaffte, ließ er sich in Rom nieder. Der Marquese mit besten Drähten in höchste Kreise Roms und des Vatikans sollte eine herausragende Stellung im verzweigten Agentennetz des Strategischen Dienstes einnehmen, dessen operativen Bereich Langemann leitete.

Dieser war bei der Anwerbung zukunftsträchtiger Agenten wenig wählerisch. So hatte er bereits Anfang der 60er Jahre den wegen mehrerer Raubüberfälle in Frankreich und Italien verurteilten Raoul Matalon in Dienst genommen. Nachdem Matalon, Deckname PIERRE, bei einem gemeinsamen Einsatz von BND und CIA gegen ein französisches Verbrechertrio in Ostberlin «verbrannt» worden war, fand Langemann für ihn neue Beschäftigung in Lateinamerika.[824] Ein weiteres Schmuckstück in Langemanns Sammlung war Susanne Sievers-Zill, die auf mehr als verschlungenen Pfaden zum BND kam. Die Journalistin, Jahrgang 1920, hatte zu Beginn der 50er Jahre in Zusammenarbeit mit dem Ost-Büro der SPD einen Pressedienst herausgegeben. Die notwendigen Recherchen führten sie regelmäßig in die DDR, wo das Ost-Büro der SPD als Spionagezentrale galt. So wurde zwangsläufig die Staatssicherheit auf sie aufmerksam, und 1952 landete Sievers vor dem Obersten Gericht der DDR, das sie zu acht Jahren Zuchthaus verurteilte. Angeblich hat sie in der Haft dem Ansinnen des MfS nachgegeben, in Zukunft für den Arbeiter- und Bauernstaat zu arbeiten.[825] Sievers spielte nach ihrer Haftentlassung jedenfalls eine unrühmliche Rolle als Liebschaft Willy Brandts, die sie in einem mit Hilfe des Journalisten und KGB- sowie HVA-Agenten Hans Frederik unter Pseudonym publizierten Buch breittrat. Dann arbeitete sie kurzzeitig im Verteidigungsministerium für Strauß und landete schließlich unter dubiosen Umständen beim BND. Angeblich hatte sie der Mehrfach-Agent Frederik, der mittlerweile auch Kontakte nach Pullach geknüpft hatte, dort eingeführt, wo sie auf den alten MfS-Mann und Langemann-Konfidenten Max Heim traf.[826] Sievers paßte so recht ins Konzept des Strategen Langemann und bekam den klingenden Decknamen FERRARI, vielleicht wegen ihrer roten Haare.

Langemann hatte einen Großteil seiner dubiosen Truppe beisammen, als 1962 endgültig seine Stunde schlug. Nach dem Schock der Felfe-Affäre blies der BND zum Sturm auf die weite Welt. Gehlens letzter echter Vertrauter in Pullach, General Langkau, sollte den Strategischen Dienst zum zentral gesteuerten globalen Spionageapparat ausbauen. Die Operation EVA begann, angeblich benannt nach dem Haus Nr. 36 im Pullacher Camp, in dem Langkau residierte und das dazumal von Eva Braun bewohnt worden war.[827] Operationschef von EVA wurde Langemann. Die von ihm geleitete Führungsstelle I trug die Bezeichnung EVA 71, Langemann fungierte hier unter dem Decknamen JACQUES und hatte die Leitung aller Operationen der diversen Dienststellen im Ausland. Operation EVA und ihr Ausstoß an Meldungen wuchs rapide. Produzierte sie 1962 noch 146 Meldungen, so waren es 1965 schon 1374. Gehlens und Langkaus Traum vom globalen BND nahm Gestalt an. Die Organisationsstruktur blieb BND-üblich verzweigt und unübersichtlich, die Kennzeichnung der Dienststellen war in ihrer nicht vorhandenen Logik nur dem Eingeweihten einigermaßen eingängig. Im Ausland hatte Langemann die Aufsicht über folgende Dienststellen:

EVA 21: Führungsstelle VII/KARDINAL = Dr. Wilhelm Haas. Residentur in Wien mit Graf Roland von Vermes, Deckname BAUMANN.

EVA 55: Führungsstelle III/DR. JAKOBS. Residentur in Paris mit Zuständigkeiten für Ost/West und Belgien.

EVA 77: Führungsstelle V/MARIANNE = österreichische Philologin, die Vermögen und Wohnsitze in Österreich, Schweiz und Italien besaß.

EVA 85: Führungsstelle II/FISCHER = Marie Luise von Koenneritz, Sekretärin von General Langkau, in dieser Funktion Deckname KÖRNER.

EVA 102: Führungsstelle IV/MARIANO = Marquese de Mistura, auch unter dem Decknamen EMILIO. Residentur in Rom mit Schalt- und Sicherheitsbereich Mittelmeerraum und Funkstelle HELIOS, die auf einer eigens angeschafften Hochseeyacht untergebracht war.

EVA 130: Residentur und Operationsstab in Athen mit Unterresidenturen in Beirut, Damaskus, Kairo und Nikosia sowie den Quellenbereichen Balkan und SU/USA-Politik im Mittelmeerraum.

EVA 150: Führungsstelle VI/SUSANNE = Susanne Sievers, auch unter dem Decknamen FERRARI. Residentur in Hongkong mit Unterresidenturen in Tokio, Manila, Djakarta und Singapur.

Daneben führte Langemanns Unterabteilung eine ganze Reihe von Sonderbezeichnungen für Stellen, Verbindungen und operative Bereiche mit besonderem Geheimhaltungsbedürfnis oder Sonderfunktionen:

EVA-BELINDA: Operative Westagenten.

EVA-FACKEL: Operative Angelegenheiten in Südostasien.

EVA-PALME: Operative Angelegenheiten im Mittelmeerraum und Nordafrika.

EVA-TAIFUN: Operative Angelegenheiten im fernöstlichen und pazifischen Raum.

EVA-Y: Operative Angelegenheiten in Nahost.

EVA 71/ISABELLA: Äthiopischer Nachrichtendienst.

EVA-ORIGON: Schaltungen für kriegsnahe Spannungszeiten.

EVA-AGENTURA: Weltweite Organisation von Schalt- und Tarneinrichtungen, z. B. eine Universitätsstelle in Tokio.[828]

Neben diesen Führungsstellen und Zuständigkeitsbereichen wurden einzelne Agenten und verschiedene Operationen zumeist mit der Bezeichnung EVA plus einer entsprechenden Nummer belegt. So konnte EVA X ein Agent oder eine Operation sein, die wiederum in den Zuständigkeitsbereich einer Führungsstelle EVA Y fallen konnten oder einer Sonderstelle EVA Z zugeordnet waren. Den Überblick hatten wahrscheinlich nur Langemann und Langkau selbst, wenn überhaupt.

Die römische Residentur mit Agent EVA 102 alias Marquese de Mistura bildete eines der Herzstücke der Operation. Der Graf führte eine Scheinexistenz als Publizist, die ihm Zugang zu christdemokratischen wie sozialistischen Politikern, Militärs und Würdenträgern des Vatikans verschaffte. Gerade Letzterer gehörte seit jeher zu den bevorzugten Partnern, aber auch Zielen des Gehlen-Dienstes. Das Netz der Operation EVA verstärkte bald der Agent EVA 901, mit bürgerlichem Namen Aristide Brunello, Deckname BRUNO, ein Prälat der Kurie. Die Kontakte des Experten für Ostkirchen gingen bis hin zu Monsignore Casaroli, später Kardinalstaatssekretär. Gleichzeitig fungierte Brunello aber auch als Chefredakteur und Herausgeber der Zeitschrift *Mondo Orientale*. Als solcher hatte Brunello genug Kontakte zu anderen katholischen Journalisten, um sich schnell ein Korrespondentennetz – besser gesagt Informantennetz – zu schaffen, das Quellen in Japan, Hongkong, Taiwan, den Philippinen, Malaysia, Kambodscha, Laos, Thailand, Indien und Aden umfasste.[829] Da auch Marquese de Mistura nicht untätig war, entstand von Rom aus eine Art Netz im Netz. So unterhielt der Graf Kontakte zu den Jägern vom internationalen Orden Sankt Hubertus, zu dessen US-

Umtriebig an angenehmen Wirkungsstätten: BND-Agent Dr. Hans Langemann

Sektion er mithilfe des BND Beziehungen knüpfte. Aus den Reihen der globalen Jägerorganisation finden sich der österreichische Honorarkonsul in San Francisco, Karl U. Weber, und der Vizepräsident der Western Hotels Company International, Daniel E. London, in der Liste der Sonderverbindungen von EVA-Chef Langemann wieder. Bis nach Südvietnam reichte der lange Arm des Marquese. Dort gelang es ihm, den späteren Informationsminister Dr. Thon Tat Tien für den BND zu rekrutieren, der als Agent EVA 501 firmierte.[830]

Die römische Dependance ließ sich EVA einiges kosten. In der Strukturaufstellung taucht schon die Hochseeyacht HELIOS auf, die im BND unter der sinnigen Tarnbezeichnung HELIUM lief. Sie wurde vom Marquese de Mistura im Auftrag des BND angeschafft. Als Eignerin fungierte die römische Dependance der «Domingo Panama Company Inc.», eine BND-Gründung, die in Rom auf Mistura eingetragen war. Funken und Sonnen ließen sich auf diese Art und Weise zwanglos miteinander verbinden, die Yacht sorgte für Abwechslung im anstrengenden Geheimdienstalltag. Auch das von Gehlen persönlich perfektionierte Prinzip Vetternwirtschaft funktionierte im Land der Zitronen und Pomeranzen. So schickte Langemann EVA 125 auf ein Internat nach England, wo der noch schulfähige Perspektivagent sein Abitur machen sollte. Als arbeitskrafterhaltende Maßnahmen wurden ihm Ferienreisen in die USA und nach Mexiko spendiert, bis er letztlich wieder in Rom im Geheimdienstauftrag eine höhere Angestellte einer UN-Organisation betört haben soll. Der Nachwuchs-Romeo hieß Stefano de Mistura und war der Sohn des umtriebigen Marquese.

Im Finanzierungsplan für 1966, den Mistura am 10. August 1965 an Langemann schickt, betont der Graf: «Wie der Zentrale bekannt ist, habe ich befehlsgemäß meinen Operationsbereich erheblich ausgeweitet.»[831] Erheblich heißt: nahezu global. Angesichts seines weltweit operierenden Netzes mahnt de Mistura eine Aufstockung des Budgets seiner Führungsstelle an. Er weist darauf hin, das sich besonders die BELINDA-Berichterstattung, das heißt die operative Aufklärung nach Westen hervorragend entwickelt hat. Dies vor allem im Hinblick auf die «Aufklärung der in Deutschland nicht immer ‹zutreffend bewerteten Außenpolitik der USA und Großbritanniens›.»[832] Was das unter anderem bedeuten konnte, wird sich noch zeigen. Auf jeden Fall meldet der Graf für das Jahr 1966 einen Finanzbedarf von 399 600 DM an. Eine für die damalige Zeit nicht eben geringe Summe. In der EVA-Operations- und Finanzplanung vom 5. Dezember 1967 schlägt die Führungsstelle bereits mit 429 800 DM zu Buche; das ist mehr als ein Drittel des gesamten Operationsetats von 1 152 588 DM.[833] Wohlgemerkt handelte es sich hierbei nur um die Finanzmittel, die direkt für die Bezahlung der EVA-Agenten und ihrer Einsätze benötigt wurden. Der gesamte Etat der Abteilung Strategischer Dienst betrug bis zu 40 Millionen Mark pro Jahr, während der Gesamtetat des BND in jenen Jahren bei jeweils unter 70 Millionen blieb.[834]

Einen noch angenehmeren Arbeitsplatz als Rom erhielt die Langemann-Agentin Sievers alias Ferrari. Sie durfte Domizil auf Capri beziehen, wo die Geheimdienste der Rotchinesen ihren ersten europäischen Stützpunkt aufgebaut hatten. Diese sollte Sievers nun beobachten. Doch ein Hauptziel der Kumpane Langemann und Gio Gehlen blieb die Unterwanderung des Vatikans. Mit Marquese de Mistura hatten sie ein exzellentes Entree, und mit Aristide Brunello, der es mithilfe von BND-Geld und Propaganda bis zum Bischof brachte, kam ein weiteres dazu. Aber das reichte den kircheninteressierten Nachrichtendienstlern nicht. Die Vatikan-Connection wurde weiter ausgebaut. Als EVA-Agent 1200 spionierte ein Mitarbeiter des Geheimarchivs des Kirchenstaates mit dem Decknamen Fatti. EVA 1201 trug den klingenden Namen Caruso und war Mitglied des Jesuitenordens. Dazu kamen noch die Agenten Bischof und Don Ignatio. Das Geld aus Pullach strömte reichlich in die Ewige Stadt, und der Marquese konnte sich einen schmucken «Dienstsitz» in der Villa «Sancta Brigitta» leisten. Hier gründete er gleich einen eigenen Orden, den «Ordine Militare de Santa Brigitta», dem auch zahlreiche prominente amerikanische Politiker angehörten.[835]

Von Interesse für den BND war vor allem die Ostpolitik des Vatikans. Die Hallstein-Doktrin bestimmte auch hier das außenpolitische Augenmerk. Die Frage, ob der Vatikanstaat die DDR anerkennen würde, war für die BND-Truppe ein zentraler Aufklärungspunkt und der Papst-Vertraute Monsignore Casaroli mit seinen häufigen Besuchen in Staaten des Warschauer Vertrages eine der wichtigsten Zielpersonen.

Aber auch bundesdeutsche Politiker gerieten ins Netz des italienischen BND. Allerdings weniger die papsttreuen Vertreter der CSU oder der CDU als vielmehr die vermeintlich vaterlandslosen Gesellen der Sozialdemokratie, deren zaghafte Versuche einer neuen Ostpolitik das Misstrauen der Pullacher Antikommunisten weckten. Direkte Gespräche mit der Regierung in Ostberlin gab es noch nicht, und auch Kontakte nach Moskau waren Ende der 60er Jahre nicht existent. Die Idee lag nahe und war clever, den indirekten Draht zum Kreml über die Eurokommunisten in Rom unter ihrem Parteivorsitzenden Enrico Berlinguer zu suchen, um über diese nach Moskau zu übermitteln, was man für mitteilenswert hielt, und gleichzeitig eine Kontaktaufnahme zum SED-Regime einzuleiten. So geriet auch Egon Bahr ins Visier des BND. Als er sich im April 1968 gemeinsam mit dem Journalisten und späteren Brandt-Berater Leo Bauer zum Gedankenaustausch mit den prominenten italienischen Kommunisten Fanfani Sergio Segre und Berlinguer traf, hatte der besorgte BND sein Ohr im Wind. Über seinen Konfidenten Dr. Alceste Santini, Herausgeber der Zeitschrift *Religioni Oggi* und zugleich Leiter des Pressebüros der ungarischen Botschaft in Rom, erfuhr EVA 901, Aristide Brunello, vom Inhalt der Konsultationen Bahrs.

Ein BND-Vermerk vom 25. April 1968 wirft ein bezeichnendes Bild auf die verwirrenden Spielchen, die zwischen den Beteiligten an den klandestinen Dialogen ablaufen. Der Vermerk bezieht sich ausdrücklich auf eine persönliches Gespräch zwischen Brunello und Santini und stellt fest, dass die KPI von der SPD-Führung direkt beauftragt worden sei, «sich als Vermittler in dem Dialog zwischen den beiden Deutschland und bei der Verwirklichung der Ostpolitik im Sinne der SPD einzuschalten».[836] Die KPI habe Bedingungen in Bezug auf eine Legalisierung der verbotenen Kommunistischen Partei Deutschlands und das Verhältnis zur DDR gestellt, die für die SPD unannehmbar seien. Die SPD habe aber zugesagt, in diesem Sinne auf die CDU einzuwirken. Der Vermerk berichtet weiter: «Die KPI hat bereits mit ihrem Vermittlungswerk begonnen und ist sowohl bei der Regierung in Pankow zugunsten der Ostpolitik Brandts wie bei den kommunistischen Parteien Osteuropas vorstellig geworden, um in diesen weitere Mitarbeiter für die Vermittleraktion zu gewinnen.»[837]

Die Aktivitäten der italienischen Eurokommunisten werden zur damaligen Zeit als eine Politik des Polyzentrismus bezeichnet und liegen nicht auf der offiziellen Linie Moskaus. Der BND hält fest: «Praktisch hat die KPI also aus Rom ein neues Zentrum kommunistischer Initiative gemacht.»[838] Interessant ist bei dem ganzen Spiel die Rolle Santinis. Der gilt nämlich der KPI als «neutrale Persönlichkeit». Da die italienischen Kommunisten wegen ihrer Beziehungen zu Moskau immer noch Wert darauf legen, ihre Vermittlerrolle nicht an die ganz große Glocke zu hängen, schalten sie den als unabhängig eingestuften Herausgeber einer um Ausgleich bemühten Zeitschrift neben KPI-Mitgliedern als offiziellen Gesprächspartner ein. In diesem Sinne redet Santini im Auftrag der KPI mit Brandt-Freund Leo Bauer und danach mit dem BND. Santini hilft durch seine guten Beziehungen zur Regierung in Rom auch einer SED-Delegation unter Paul Verner, eine problemlose Einreise nach Italien zu erhalten. So erfährt der BND einige vertrauliche Details der Ostpolitik des SPD-Vorsitzenden, Außenministers und Vizekanzlers der großen Koalition. Was es dem Dienst nützt, ist mehr als fraglich, denn im gleichen Vermerk wird festgestellt: «Die KPI hat anscheinend von Kiesinger selbst eine Ermutigung für ihre Vermittlerrolle erhalten. Nach Aussagen von KPI-Funktionären soll Kiesinger am 2. Februar bei dem Empfang des Staatspräsidenten im Quirinal Longo persönlich für die Aktion gedankt haben, die die KPI zugunsten einer Normalisierung zwischen Ost und West durchführt. Die genannten Funktionäre betrachten dies als ein Zeichen dafür, dass Kiesinger über die Kontakte zwischen KPI und SPD nicht nur informiert, sondern sogar mit Brandt einer Meinung war, dass der KPI eine Vermittlerrolle zwischen den beiden Deutschland übertragen werde.»[839]

Wenn dem so war, dann konnte der BND zwar viele Spiele spielen, aber niemandem etwas Neues erzählen. Der Sensationswert der kommunistischen Kontakte der SPD lag nahe Null.

Einem erzählte der BND aber vorsichtshalber gar nichts: Am Tag nach seinen Gesprächen in Italien ist der Brandt-Vertraute Bahr selber zu Gast bei Gehlen in Pullach. Der Präsident sieht davon ab, den Ost-Experten der SPD über den Bericht zu unterrichten, der bereits auf seinem Schreibtisch liegt. Als Bahr ein Jahr später mit Kiesinger persönlich über seine Kontakte zu den italienischen Kommunisten spricht, erfährt er von diesem, dass seine Aktivitäten – und dies nicht nur in Italien, sondern auch in einem Münchner Hotel – vom BND observiert worden sind. Bahr reagiert gelassen. Als Politiker, der aus dem Geheimdienstzentrum Berlin kam, sei er immer davon ausgegangen, von den verschiedensten Geheimdiensten beobachtet zu werden, erinnert er sich heute.[840]

Dass Kontakte deutscher Sozialdemokraten zu europäischen Kommunisten per se geeignet waren, die nationale Sicherheit der Republik zu gefährden, diese Auffassung war in der Natur der Pullacher Nachrichtenbeschaffer verankert. Im Falle Herbert Wehners schickte Gehlen gar seine engste Vertraute und Mitarbeiterin, seine fast allmächtige Sekretärin Annelore Kunze, genannt Alo, an den Tiber. Die EVA-Agentin Sievers berichtet Mitte der 70er Jahre in einem Brief an Langemann – der ist mittlerweile oberster bayerischer Staatsschützer –, dass Alo eines Tages bei ihr in der Villa Vittoria in Rom aufgetaucht sei, um Material über Wehner abzuholen. Sie habe Gehlens Sekretärin gesagt, dass sie das ganze Material schon an Hans [Langemann] geschickt habe.[841] Die Spitzen der SPD konnten sich also umfassender Betreuung durch den bundesdeutschen Geheimdienst gewiss sein. Selbst im befreundeten Ausland waren sie vor den Augen und Ohren der Pullacher Gesellen nie sicher.

Der Graf, Publizist, Firmeninhaber, Ordensstifter und Geheimagent de Mistura sollte seine Nützlichkeit für den BND auch tausende Kilometer von Rom entfernt unter Beweis stellen. Zunächst rief er in der italienischen Hauptstadt eine weitere Tarneinrichtung ins Leben: die «Internationale Journalisten Assoziation I.J.A». Dann stellte er sich selber einen Presseausweis aus, steckte zusätzlich einen vom BND beschafften

Diplomatenpass der Bundesrepublik ein und setzte sich in ein Flugzeug nach Saigon. Langkau und Langemann hatten 1963 Vietnam als neues Betätigungsfeld für den BND entdeckt. Was der CIA recht war, sollte ihnen billig sein. Und auf dem antikommunistischen Ticket hatte der Marquese durchschlagenden Erfolg. Bis zum südvietnamesischen Präsidenten Ngo Dinh-Diem drang der Marquese vor, und dieser war gesprächsbereit. Sein Privatsekretär Dr. Thon Tat Tien wurde als EVA 510 in die Liste der BND-Agenten aufgenommen. Und er blieb seiner Verpflichtung auch treu, nachdem Präsident Diem schon im gleichen Jahr der Kontaktaufnahme zum BND ermordet wurde. Da Dr. T.T.T., so sein Name im BND, es bis zum Informationsminister brachte, verfügte Pullach auch im weiteren Verlauf des Krieges über eine echte Spitzenquelle in der Führung Südvietnams. Auf Vermittlung von Dr. T.T.T. kam noch eine weitere hinzu: Colonel Tran Van Due, Sicherheitschef des vietnamesischen Generals Loan. Letzterer brachte es zu schrecklicher Berühmtheit. Das Foto, das zeigt, wie General Loan auf offener Straße einem Vietcong in den Kopf schießt, gehört zu den bekanntesten Bildern des letzten Jahrhunderts. Wie im Fall des Präsidenten Diem endete auch die Zusammenarbeit Trans mit dem BND gewaltsam. Im Sommer 1968 wurde er von Nordvietnamesen getötet. «Der vierte Gefallene meines dortigen Quellennetzes», berichtete Langemann an Langkau.[842] Auf eine weitere BND-Quelle mit dem Namen Dr. Diem stößt Thomas Walde, als er 1980 Teile des Langemann-Materials zu sehen bekommt. Dieser Dr. Diem wird ebenfalls als Informationsminister bezeichnet. In einem Brief an Abteilungsleiter Weiß zeigt er sich interessiert an einem Treffen mit dem «legendären BND-Chef Gehlen» anlässlich der Pariser Gespräche über die Lösung des Vietnamkonflikts.[843] Es ist nicht klar, wer dieser Diem war. Der ermordete Präsident kann es nicht gewesen sein. Nicht von der Hand zu weisen ist die Möglichkeit, dass es sich um den Journalisten und Herausgeber Bui Diem gehandelt hat, der 1965 Berater des südvietnamesichen Präsidenten und später sowohl Botschafter in den USA als auch Beobachter bei den Friedensgesprächen wird. In diesen Funktionen pendelt er zwischen Saigon, Paris und Washington. Zu einem Treffen mit Gehlen kommt es aber nicht.[844]

Wie so oft, stellt sich auch beim BND-Engagement in Vietnam die

Frage nach dem politischen Nutzen, den Bonn daraus ziehen konnte. Oder war es geheimdienstlicher Selbstzweck, auch in dieser Krisenregion seine Finger in irgendeiner Weise im Spiel zu haben? Die Frage ist nicht zu beantworten. Interessant ist, dass sich die Meldungen nicht auf den militärischen Bereich und den Fortgang des Krieges beschränkten, sondern auch auf vermeintliche oder tatsächliche wirtschaftliche Interessen der USA eingingen. So wurde über umfangreiche Erdölfunde im Golf von Thailand berichtet, an deren Ausbeutung die USA partizipieren wollten, und über private wirtschaftliche Interessen der Gattin des Präsidenten Johnson, die angeblich an den Geschäften amerikanischer Baufirmen in Südvietnam interessiert war. Daraus den Schluss zu ziehen, die USA hätten den Vietnamkrieg aus privatwirtschaftlichen Erwägungen ihrer Präsidentengattin in die Länge gezogen, hieße denn doch die Kaffeesatzleserei zu weit treiben. Ende 1968 verliert Hubert Humphrey die Wahl gegen Richard Nixon. Dass Nixon gemeinsam mit Kissinger aus wahltaktischen Überlegungen die Friedensverhandlungen in Paris hintertrieben und so einen Abzug der Truppen in unmittelbarer Zukunft verhindert hat, legte zuletzt Christopher Hitchens überzeugend dar.[845] Die Belange des US-Baugewerbes dürften dabei kaum eine Rolle gespielt haben.

Die amerikanischen Freunde wurden über die Aktivitäten des BND in Südostasien nicht informiert. «Für Fleurop gesperrt», lautete die Kennzeichnung der eingehenden Meldungen. In umgekehrter Richtung nahm man die Hilfe des mächtigen Freundes CIA gerne in Anspruch. Und dies sogar, wenn es um heikle innenpolitische Angelegenheiten der Bundesrepublik ging. Seit Dezember 1966 regierte in Bonn eine große Koalition. An ihrer Spitze stand mit Kurt Georg Kiesinger ein Mann, der von der ersten Stunde seiner Regierung an polarisierte und angefeindet wurde. Noch am Tag vor seiner Wahl zum Bundeskanzler erhielt Kiesinger einen Brief von Günter Grass, in dem der zornige Literat und SPD-Wahlkämpfer mit ganz großem Kaliber schießt: «Wie sollen wir der gefolterten, ermordeten Widerstandskämpfer, wie sollen wir der Toten von Auschwitz und Treblinka gedenken, wenn Sie, der Mitläufer von damals, es wagen, heute hier die Richtlinien der Politik zu bestimmen? [...] Hat Herr Globke nicht schon genug Schaden anrichten dürfen? [...] Gibt es in der SPD/CDU/CSU keinen Mann, der unbelastet genug wäre, das Amt des Bundeskanzlers zu verwalten?»[846]

Die Ohrfeige, die Kiesinger am 7. November 1968 auf dem CDU-Parteitag in Berlin von der 29-jährigen Beate Klarsfeld einstecken musste, ist in die Geschichte eingegangen. Es war die Zeit, als sich eine ganze Generation von Studenten auf die Fahnen geschrieben hatte, mit dem Muff von tausend Jahren aufzuräumen. Kiesinger hatte das Tausendjährige Reich Hitlers in der NSDAP verbracht, nämlich «von März 1933 bis zum bitteren Ende», wie es der Brandt-Biograph Gregor Schöllgen formulierte.[847] Im Hauptberuf ein vorzüglicher Jurist, hatte Kiesinger während des Zweiten Weltkriegs im Außenministerium Ribbentrops gearbeitet, wo er hauptsächlich mit Auslandspropaganda beschäftigt war.[848] Ohne noch einmal die Frage nach Kiesingers persönlicher Verstrickung und nach seiner Tragbarkeit Mitte der 60er Jahre diskutieren zu wollen, bleibt festzustellen, dass er zwangsläufig das Ziel von Angriffen war und ständig in der Gefahr schwebte, dass seine Tätigkeit während der Hitler-Diktatur benutzt wurde, um ihn mit unbequemen Fragen unter Druck zu setzen oder gar mit unbequemen Fakten zu erpressen. Anfang 1968 schien diese Gefahr akut zu werden. Angeblich waren auf dem Pressemarkt Kopien von Dokumenten angeboten worden, die die USA nach 1945 erbeutet hatten. Inhalt der Papiere, die man im National Archive in Washington einsehen und fotokopieren konnte, waren die Desinformations- und Propagandakampagnen der Nazis von 1942 bis 1944. In einem dieser Dokumente sollte der Name Kiesinger gemeinsam mit dem Namen Adolf Eichmann auftauchen.[849] Was immer das inhaltlich heißen mochte, für den BND bedeutete es Alarm, als die Informationen in Pullach bekannt wurden.

General Langkau bekam die Nachrichten auf den Tisch. Er reichte sie weiter an seinen Operationschef Langemann. Der Staatssekretär im Kanzleramt Freiherr von und zu Guttenberg wurde informiert und bat die Geheimdienstler um Hilfe. In Washington wurde der BND-Resident eingeschaltet. Das war zu dieser Zeit der alte Gehlen-Freund und Mann der ersten Stunde, Heinz Danko Herre. Langemann packte seine Koffer, während Herre für ihn einen Termin mit CIA-Chef Richard Helms vereinbarte. Als Langemann den Flieger nach Washington bestieg, hatte er einen Brief Gehlens an Helms in der Tasche. Hochrangiger konnte das Problem der Kiesinger-Akten nicht mehr behandelt werden, seine Lösung war eher hemdsärmeliger Natur: CIA-Chef Helms brachte seinen NS-Experten und Archivar Hart ins Spiel, und der suchte gemeinsam mit Langemann einen Weg, wie man Kiesinger weiteren Ärger ersparen konnte. Zunächst ließ man alle Mikrofilmrollen kopieren, auf denen Dokumente mit dem Namen des Kanzlers auftauchten. Diese nahm Langemann mit. Die Originale konnten nun aufgrund bestehender Gesetze und Abkommen zwischen den Westalliierten und Bonn nicht einfach vernichtet werden. Man verfiel auf einen simplen Trick: Die Verzeichnisse und Findbücher wurden aus dem Verkehr gezogen. Ohne sie war es so gut wie unmöglich, die kompromittierenden Akten wieder zu finden. In Pullach war man sehr zufrieden. Der freundliche CIA-Mann Hart erhielt einen nicht weniger freundlichen Dankesbrief.

Es war nicht das einzige Mal, dass die CIA dem BND hilfreich zur Seite stand. Als Langemann sich wegen der Kiesinger-Akten mit Helms traf, konnte er sich gleich noch für einen anderen Freundschaftsdienst bedanken. Er betraf den verurteilten Räuber und EVA-Agenten Matalon[850], alias PIERRE, der im Pullacher Auftrag sein Unwesen in Lateinamerika trieb. Unter anderem soll es ihm gelungen sein, auf Kuba aktiv zu werden und dort sogar bis zum Maximo Líder Fidel Castro persönlich vorzudringen. Ein Ausflug nach New York schien dann seine Agentenkarriere zu beenden. Auf dem Flughafen wurde er von US-Beamten verhaftet. Eine Italienerin hatte ihn den Polizisten gemeldet. Sie war überzeugt, in Matalon den Mann zu erkennen, der sie in Italien einmal überfallen hatte. Das konnte die Falle eines gegnerischen Dienstes sein oder schlicht und einfach den Tatsachen entsprechen. Auf jeden Fall landete Matalon im Knast. Angeblich war es wieder Staatssekretär Guttenberg persönlich, der sich einsetzte und dafür sorgte, dass erneut ein Pullacher Emissär über den großen Teich flog. Oberst a. D. Ulrich Bauer, alias BAYERLE, machte ebenfalls einen von Erfolg gekrönten Besuch bei der CIA. Wenig später war Matalon wieder auf freiem Fuß.[851]

Die Liste der Auslandsoperationen des BND in den 60er Jahren ist lang und lässt sich beliebig fortsetzen. Oft folgt dabei das Vorgehen dem bewährten Muster, sich politischer Unterstützung in der Dritten Welt im

Hinblick auf die Hallstein-Doktrin zu versichern, indem man die verschiedenen Systeme und Regime bei ihrem vordringlichen Ziel unterstützt: der Machterhaltung. Was in Ägypten funktioniert hat, funktioniert auch in Indonesien, wo ein BND-Kommando den militärischen Geheimdienst ausbildet. In Zentralafrika ist es die Palastwache eines Machthabers. Saudi-Arabien, der Kongo, Persien, Tansania und Afghanistan – der BND kann sich über mangelnde Kundschaft nicht beklagen.[852] Oft geht die Hilfe weit über den Rat hinaus. Dann folgt die Tat in Form von materieller Hilfe der besonderen Art, über die im nächsten Kapitel zu berichten sein wird.

Die Operation EVA allerdings, und damit auch die BND-Karriere ihres Operationschefs Langemann, neigt sich Anfang 1968 unweigerlich dem Ende zu. Der Vollständigkeit halber soll der Entwicklung kurz vorgegriffen werden: Am 1. April 1968 wird BND-Präsident Gehlen in den Ruhestand verabschiedet. Im Juni folgt ihm der Chef des Strategischen Dienstes Langkau, der sein 65. Lebensjahr vollendet. Sein Nachfolger wird Kurt Weiß, alias WINTERSTEIN. Die Zeiten, in denen Langemann schalten, walten und Geld ausgeben konnte, fast wie er wollte, sind bald vorbei. Er geht nach Rom und löst Giovanni Gehlen als BND-Resident ab. Das Ende der Ära Gehlen und der Machtwechsel in Bonn Ende 1969 bedeuten endgültig auch das Ende der Operation EVA. Im November 1970 scheidet Langemann aus dem BND aus. Aber die Aufräumarbeiten im EVA-Netz werden den Dienst noch Jahre beschäftigen. Und erst die Affäre, die Langemann 1982 auslöst, als er an die Öffentlichkeit geht, macht das ganze Ausmaß der zum Teil im höchsten Maße dilettantischen, zum Teil schlicht illegalen Aktionen im Rahmen der Operation EVA deutlich.

Waffen für alle

Der BND liefert auch in Spannungsgebiete

Am 30. Dezember 1984 feiert der Exportkaufmann Gerhard Georg Mertins seinen 65. Geburtstag. Der Laudator findet erhebende und erhabene Worte, die wohl nur wenige Geburtstagskinder in ihrem Leben hören dürfen: «Mertins saß in seinem Leben immer wieder mit Königen, Präsidenten, Ministern und natürlich Generälen am Tisch. Viele dieser Gesprächspartner wurden Freunde der Bundesrepublik Deutschland. Gerhard Mertins war schließlich auch ein brillanter Analytiker für Fragen der Außenpolitik. Von diesem Talent partizipierte über Jahre hinweg auch die Bundesregierung, direkt oder über ihren Nachrichtendienst, den BND. Gewiss wäre es recht und billig, wenn ihm anlässlich des 65. Geburtstages ein Bundesverdienstkreuz überreicht würde. Dass dies nicht so ist, hat natürlich besondere Gründe. Ein bisschen Feigheit wohl spielt dabei eine gewichtige Rolle. Gewichtiger als alle Zeichen ist wohl das Wort. Deshalb soll jetzt gesagt werden, was bei der Verleihung eines Verdienstkreuzes üblich ist: ‹Gerhard Mertins hat sich um das Vaterland verdient gemacht!›»[853]

Wer ist dieser so geehrte und auch wieder nicht geehrte Patriot und Tischnachbar von Königen und Präsidenten? Gerhard Mertins wurde am 30. Dezember 1919 in Berlin geboren. Eine etwa Ende der 60er, Anfang der 70er Jahre in Englisch verfasste Kurzbiographie, die wohl als geschäftliches Empfehlungsschreiben gedacht war, weist als Wohnsitz das Gut Buschhof in Königswinter bei Bonn, aber auch eine Adresse in Mount Vernon/Alexandria in den USA aus.[854] Mertins ist verheiratet und hat zwei erwachsene Töchter, die in den USA leben, und zwei Söhne, die in Deutschland das Internat besuchen. Nach einer militärischen Ausbildung an der Kadettenschule «Internat Insel Scharfenberg» bei Berlin macht er während des Zweiten Weltkriegs Karriere als Berufsoffizier. Am Ende des Krieges hat er überlebt und ist Fallschirmjäger-Major. «Fünf

Mal verwundet während des Krieges, höchste Dekorationen, inklusive des ‹Eisernen Kreuzes›, verkündet die Kurzbiographie stolz. Nach dem Krieg startet Mertins eine zivile Karriere. Er besucht die höhere Handelsschule und wird – wie er es in Englisch formuliert – Assistenzmanager beim Generaldirektor des Volkswagenwerkes in Wolfsburg. Sein journalistischer Freund und Verteidiger Heinz Vielain, ehemals Leiter des Bonner Büros der *Welt am Sonntag*, drückt es unspektakulärer aus: «Dann mischt er in Wolfsburg beim Vertrieb der Volkswagen mit, ist einer der Leute, die für den Export der ‹Käfer› zuständig sind.»[855] Doch Mertins hält es nicht lange in Wolfsburg. Er macht sich selbständig, gründet ein Exportunternehmen und macht für Mercedes Geschäfte im Orient und in Afrika, die ihn wohl erstmals in Kontakt mit gekrönten Häuptern bringen. «Jerry aus Germany» sollen König Saud und Prinz Faisal von Saudi-Arabien ihn nennen.[856] Der weitere Ausbau des Handels im Nahen Osten geht mit einer teilweisen Abkehr von rein zivilen Erwerbszweigen einher. In der Kurzbiographie findet sich ein lakonischer Eintrag: «1951–1955 – Leiter einer Militärberater-Gruppe (Fallschirmjäger) beim Verteidigungsministerium Ägyptens.» Diesmal ist es Vielain, der buntere Details zu bieten hat: «Er bildet arabische Truppen im Sprung mit Fallschirmen aus, die er aus der Bundesrepublik beschafft hat. Bald rollen deutsche Lastwagen für die ägyptische Armee durch den Wüstensand, dann schließlich wird mancherlei wehrtechnisches Gerät aus Düsseldorf erprobt, und Mertins hat längst einen Nebenjob als Ausbilder. Das Verteidigungsministerium in Kairo zahlt ihm dafür das Salär eines Staatssekretärs.»[857] Man kann davon ausgehen, dass Mertins dies seinem Freund Vielain genau so erzählt hat. Für die fast explosionsartige Expansion des Mertins-Handelsimperiums in den nächsten Jahren bietet die Fortsetzung der Kurzbiographie nüchternen Beleg, die wir im Folgenden vollständig zitieren:

> «1956–1962 – Errichtung einer deutschen Export-Organisation im Mittleren Osten einschließlich der Länder Saudi-Arabien, Ägypten, Syrien, Bahrain und anderer. Neben der Etablierung eines weiten Kundenkreises mit Interesse an logistischem Material waren wir in der Lage, bedeutende deutsche Produzenten wie Volkswagen, Daim-

ler-Benz, Klöckner-Humboldt-Deutz, Brüggemann & Brandt und andere einzuführen.
1963 – Gründung der MEREX AG in der Schweiz, Anteile im Besitz der Familie Mertins. Aktivvermögen beläuft sich auf 10 Millionen Deutsche Mark.
1964 – Gründung der deutschen Filiale der MEREX AG in Bonn. (Heute Deutsche MEREX GMBH, Stammkapital DM 1 500 000).
1966 – Gründung der MEREX Gesellschaft in Washington D.C., (Stammkapital US-Dollar 560 000).
Heute [zum Zeitpunkt der Abfassung des Papiers, d. Verf.] gehören die folgenden Werke und Besitzungen zur MEREX-Gruppe:

- TERRAPART Fahrzeugteile- und Vertriebs-GmbH, Remscheid, Stammkapital DM 1 500 000)
- Werk Meckenheim (verpachtet an das Deutsche Verteidigungsministerium), Wert 3 Millionen Deutsche Mark.
- GUT BUSCHHOF, Landwirtschaftliches Unternehmen mit Hotel und Sportcenter, gehört der MEREX AG.

Zusätzlich wurden einige weitere Unternehmen gegründet in Westdeutschland, Abu Dhabi/U.A.E., Quito/Ecuador, Athen/Griechenland, Riad/Saudi-Arabien.
Wir besitzen Verbindungsbüros in London, Paris und Rom und haben Agenturen in
Fernost: Manila, Tokio, Seoul, Hongkong, Bangkok, Kuala Lumpur, Karachi und Rawalpindi.
Mittlerer Osten: Kairo, Tripolis/Lybien, Damaskus, Ankara.
Amerika: Toronto/Kanada, Guatemala City/Guatemala, Mexico City/Mexiko, Panama City/Panama, Caracas/Venezuela, Bogota/Kolumbien, Santiago/Chile, Rio de Janeiro/Brasilien.
[Unterstreichungen im Original, d. Verf.]»

Es ist kaum übertrieben, wenn man feststellt, dass der oder die Verfasser ein weltweites Imperium skizzieren, das über immense Kontakte und für die damalige Zeit gewaltige Finanzmittel verfügt. Allein die anderthalb Millionen Mark Stammkapital, die für einige Firmen des Konsortiums angegeben werden, sind für die 60er und 70er Jahre große Summen. Das alles hat Mertins innerhalb zweier Jahrzehnte in die Welt gesetzt. Es haben viele Geschäftsleute für sehr viel kleinere Imperien das Bundesverdienstkreuz erhalten. Wahrscheinlich liegt das daran, dass sie mit anderen Dingen handelten als das MEREX-Imperium. Das aufschlussreiche Firmenporträt kommt nach der Auflistung der weltweiten Kontakte zu einer trockenen und alles erklärenden Fortsetzung:

«Hauptinteressen unserer Unternehmen sind:
- Militärische und logistische Beratung,
- Beschaffung logistischen Materials,
- Errichtung militärischer Produktionsstätten aller Art, inklusive Beratung,
- Bereitstellung und Austausch logistischer Systeme,
- Organisation militärischer Kommando- und Kommunikationszentren,
- Prüfung und Zulassung,
- Beschaffung und Verschiffung,
- Beschaffung von Ersatzteilen aller Art, inclusive für Luftlandeeinheiten,
- Fallschirmsprung-Schulen,
- Fallschirmfabrikationen,
- Produktion von Ersatzteilen für Militärfahrzeuge aller Art, sowie für Luftlandesysteme,
- Export von Wartungsausrüstung
- Planung und Bau von Marinebasen, etc.»

Das ist erstens Klartext und zweitens umfassend. Nun sind Rüstungsgeschäfte in der Bundesrepublik nicht generell verboten, aber durch das Kriegswaffenkontrollgesetz und das Außenwirtschaftsgesetz strikter und restriktiver geregelt als in den meisten anderen Ländern. Waffenexport in so genannte Krisenregionen oder Spannungsgebiete ist generell untersagt. Für die Einhaltung der Vorschriften und die Genehmigung etwaiger Geschäfte ist das Bundesministerium für Wirtschaft mit dem nachgeordneten Bundesamt für gewerbliche Wirtschaft (heute Bundesausfuhramt) verantwortlich. Auch wenn es damals den Begriff «Spannungsgebiet» im amtlichen Sprachgebrauch noch nicht gibt, die entsprechenden Gesetze bestehen seit 1961. Sie untersagen jeden Export von Waffen, die zur Kriegführung geeignet sind, wenn die Gefahr besteht, dass diese Waffen bei friedensstörenden Handlungen oder zur Führung von Angriffskriegen verwendet werden könnten, oder zu befürchten steht, dass völkerrechtliche Verpflichtungen der Bundesrepublik gestört oder verhindert werden. Das ist alles ziemlich klar und eindeutig. Der Exporteur hat seinem Antrag eine so genannte Endverbleibs-Bescheinigung beizufügen, in der erklärt wird, in welches Land die Waffen geliefert werden, und dass sie dort auch «verbraucht» werden.

Mit diesen Gesetzen, die sie sich selber aus gutem Grund gegeben hat, hat die Bundesrepublik in den 60er Jahren ein in mehrfacher Hinsicht größer werdendes Problem. Zum einen verrotten in Lagern und Hangars zunehmend veraltete Waffensysteme, die nur noch Geld kosten und Platz rauben. Zum anderen stehen die potenziellen Kunden vor allem aus der so genannten Dritten Welt oder den Schwellenländern Schlange. Und drittens ist die Bundesrepublik in einer politischen Zwickmühle. Das Diktat der Hallstein-Doktrin macht eine angemessene Außenpolitik immer schwieriger. Aber es gibt ja den BND. Und es gibt dessen Mitarbeiter Uranus, einen deutschen Exportkaufmann, dessen Schweizer Firma vor allem im Nahen Osten, aber auch auf anderen Kontinenten aktiv ist, und der dem Gehlen-Dienst wertvolle Informationen über Waffengeschäfte, Waffenhändler und das Interesse gewisser Staaten an Waffenkäufen übermittelt. Uranus ist seit 1964 für den BND aktiv, und es handelt sich natürlich um niemand anderen als Gerhard Mertins.

Im Sommer 1964 fällt in Bonn und Pullach die Entscheidung, es nicht mehr nur bei der Informationsbeschaffung zu belassen. Die Verantwortlichen wollen nicht länger zuschauen, wie andere Geschäfte mit der heißen Ware machen und politischen Nutzen daraus ziehen. Mertins alias Uranus erhält in seinem Domizil am Genfer See Besuch von zwei Herren aus Pullach mit den Namen Sturm und Dr. Hermsdorf. Letzterer heißt bürgerlich Dr. Erwin Hauschildt; er hat bis zu seinem Eintritt in den BND im Verteidigungsministerium gearbeitet, was ihn für seine neue

Unternehmerkarriere im Auftrag des BND: Waffenhändler Gerhard Mertins

Mission prädestiniert.[858] Die beiden Gesandten Gehlens konfrontieren den Geschäftsmann Mertins nicht mit einer Idee, sondern mit einem ausgearbeiteten Plan, der so umfassend ist, dass er nur in enger Abstimmung mit Bonner Regierungsstellen entwickelt worden sein kann.

Sie reden nicht lange um den heißen Brei herum: Die MEREX ist auserkoren, als Konkurrent der Sowjetunion auf dem Weltmarkt der Rüstungsexporte aufzutreten. Das Ziel ist klar definiert. Durch billigere und bessere Angebote soll der Weltmacht des Kommunismus bei den interessierten neutralen Staaten der Rang abgelaufen werden. Es geht darum, den politischen Einfluss der Bundesrepublik im Sinne der Hallstein-Doktrin in den umstrittenen Weltregionen zu festigen. Die Geheimdienstler haben an alles gedacht und allem Anschein nach auch schon mit allen Beteiligten gesprochen. Das Material liegt oder steht in den Bundeswehrdepots parat. Die bundeseigene Verwertungsgesellschaft m.b.H. (VEBEG) steht als Anbieter bereit. Die ebenfalls im Bundesbesitz befindliche Spedition Schenker ist als Transporteur innerhalb Westdeutschlands mit im Boot. Der Gerling-Konzern ist willens, alle Lieferungen zu versichern, und die Deutsche Bank übernimmt gerne die Finanzierung. Alles ist streng geheim, Mertins ist das letzte fehlende Glied in der Kette, und auch für ihn haben die Emissäre Pullachs bereits geplant. Die MEREX müsse aus der neutralen Schweiz in die Bundesrepublik umziehen und ein Schiff anschaffen, mit dem die heimlichen Transporte durchgeführt werden können. Die Endabnehmerstaaten der Rüstungsgüter bleiben in jedem Falle geheim. Die Pullacher räumen auch die letzten Bedenken Mertins' aus, als sie versichern, dass der BND als Bundesbehörde alle Aktivitäten in dieser Richtung mit den Dienstherren im Bundeskanzleramt abspreche und in dieser Hinsicht alles abgesichert und gedeckt sei.[859]

All dies ist illegal, aber so geschieht es. Elf Jahre später wird ein Richter Mertins und seine engsten Mitarbeiter vom Vorwurf des Verstoßes gegen das Kriegswaffenkontrollgesetz freisprechen, weil er im berechtigten Glauben gehandelt habe, alles sei von der Regierung genehmigt und angeordnet und damit nach Recht und Gesetz in Ordnung gewesen.

Nach einer relativ kurzen Anlaufphase beginnt das Geschäft in der zweiten Jahreshälfte 1965 zu florieren. Wahrscheinlich haben Regierung und BND eine gewisse Zeit gebraucht, um auf dem Wege der Geheimdiplomatie die internationalen Hilfstruppen in Stellung zu bringen, die die Waffenlieferungen im Sinne der deutschen Gesetze abdecken sollen. Nötig sind «unverdächtige» Abnehmer, mit denen die Verträge geschlossen werden und die bestätigen, dass die gelieferten Rüstungsgüter in ihrem Land verbleiben.

Ein Staat bietet sich an, zu dem der BND die besten Kontakte unterhält: der Iran unter Schah Reza Pahlevi. Bereits 1960 hatte der BND seine Residentur in Teheran eingerichtet. Von 1960 bis 1965 arbeitete dort der Militärattaché BND-Oberst Karl-Otto von Czernicki, Deckname CÄSAR, gefolgt vom ehemaligen Wehrmachtsmajor und späteren Oberst im Generalstab, Ludwig Hauswedell. Die Zusammenarbeit mit dem gefürchteten Geheimdienst des Schahs, SAVAK, war eng und wie in den meisten dieser Fälle prekär. 1977 gab die Bundesregierung zu, dass der BND bereits seit 1959 mit dem SAVAK kooperierte, um Informationen über oppositionelle Iraner in der Bundesrepublik zu sammeln. In der zweiten Hälfte der 60er Jahre unterstützte der BND dann den Iran direkt bei Ausbildung und Aufbau des Geheimdienstes.[860] Gleichzeitig gab es in der Bundesrepublik wie im Iran großes Interesse an engeren wirtschaftlichen Beziehungen. Der Iran hatte Milliarden Erdöldollar, die er in den westlichen Industriestaaten investieren konnte und sollte, und der Schah brauchte westliche Unterstützung bei der politischen und wirtschaftlichen Festigung des Regimes.

Der Deal ist bald perfekt. Höchste iranische Stellen sind involviert. Geheimdienstchef General Nassiri bekommt seine Befehle direkt vom stellvertretenden Verteidigungsminister General Hassan Toufanian.

Ebenfalls beteiligt sind die SAVAK-Generäle Alavikia, Fardust und Montaset. Mertins wird die Herren noch Anfang der 70er Jahre auf einer Seite seines Curriculums, die der Zusammenarbeit mit dem Iran gewidmet ist, als Referenzen angeben.[861]

Ein Schiff besitzt die MEREX mittlerweile auch. Die «Billetal», ein 5000-Bruttoregistertonnen-Frachter, hat 2,5 Millionen Mark gekostet. Am 29. November 1965 legt der Frachter im saudischen Hafen von Damman im Persischen Golf an. Einen Monat liegt das Schiff am Kai, bevor es wieder ausläuft und Anfang Januar 1966 den iranischen Hafen Shapour erreicht. Das Hauptquartier der iranischen Armee bestätigt dem Kapitän wenig später, die vereinbarten Waren gemäß den Exportpapieren erhalten zu haben. Nur: Die Bestätigung wird einen Monat vordatiert. Die Ladung der «Billetal» ist längst gelöscht. Raketen, Geschütze, Panzerfäuste, Maschinengewehre, Minen und andere Waffen im Wert von rund 12,5 Millionen Mark sowie Munition für rund 2,2 Millionen Mark sind bereits in Saudi-Arabien geblieben: ein Betrug und eine Umgehung des Kriegswaffenkontrollgesetzes und des Bundesausfuhrgesetzes im großen Stil. Die Ausfuhrgenehmigung des Bundesamtes für gewerbliche Wirtschaft weist als Endabnehmer des Kriegsgeräts den Iran aus. Der Vertrag über das Rüstungsgeschäft datiert vom 27. Juli 1965, geschlossen mit dem Gesandten bei der Botschaft des Iran in Köln, General Alavikia.

Der zweite existierende Vertrag mit einem Vertreter des Königreiches Saudi-Arabien wurde einen Tag später unterzeichnet. Er gehört zu den Vorgängen, deren strengste Geheimhaltung Mertins vom BND zugesagt wurde.[862] Auch hier knüpft der geheime Waffendeal an Traditionen: Schon 1958 hat der BND die Palastwache des Königs von Saudi-Arabien mit Pistolen und Funkgeräten ausgerüstet, und in der zweiten Hälfte der 60er Jahre engagiert sich der BND in Riad wie in Teheran bei Schulung und Aufbau des Geheimdienstes.[863] Wie zumeist – siehe Ägypten – ungeachtet divergierender Beziehungen zu Israel.

Im September 1965 wird aus dem beständig schwelenden Konflikt zwischen Pakistan und Indien um das Kaschmirtal ein Krieg. Die Gefechte werden trotz mangelnder Reserven auf beiden Seiten mit Erbitterung geführt. Panzer kommen zum Einsatz und erstmals auch moderne

Kampfflugzeuge. Die Region ist in mancher Hinsicht heiß umkämpft. Pakistan neigt dem kapitalistischen Westen zu, während Indien sich dem Neutralismus zugewandt und damit neue Einflussbegehrlichkeiten Moskaus geweckt hat. Bonn möchte auf keiner der beiden Seiten zurückstehen, und der BND sorgt wieder einmal dafür, dass man sich nicht zwischen Freund und Feind entscheiden muss.

Am 29. März 1966 nehmen auf dem Fliegerhorst Oldenburg Piloten der Luftwaffe in Zivil ihren Marschbefehl entgegen. Ihr Auftrag: Überführung von 90 Düsenjets des amerikanischen Typs F 86 Sabre in den Iran. Nach der Einführung des Starfighters sind die Maschinen Auslaufmodelle. Der Vertrag mit dem stellvertretenden iranischen Verteidigungsminister Toufanian ist bereits vor vier Monaten unterzeichnet worden, aber die Auslieferung der Maschinen hat sich verzögert, weil die USA und Kanada, von denen die Bundesrepublik die Jäger erworben hatte, einem Weiterverkauf zustimmen mussten. Die USA zögern, sie trauen dem Braten nicht recht, weil auch der Iran längst dazu übergegangen ist, die F 86 auszumustern. Schließlich geben sie diplomatischem Druck Teherans nach. Das Bundesamt für gewerbliche Wirtschaft erteilt dem deutschen Vertragspartner MEREX die Ausfuhrgenehmigung mit der Endverbleibsbescheinigung für den Iran. Das Misstrauen der USA war durchaus berechtigt. Die Luftwaffenpiloten, die die Maschinen auf dem iranischen Flughafen Vadathi landen, werden bereits erwartet: von Militärattaché Hauswedell – und von den pakistanischen Piloten, die die Maschinen ihrem Bestimmungskrieg entgegenfliegen sollen.[864] Nach dem Dreieck Bonn–Iran–Saudi-Arabien funktioniert auch das Dreieck Bonn–Iran–Pakistan.

Obwohl Kriegsgegner Indien seine Ware bei der Bundesrepublik bereits im Sommer 1965 bestellt hat, können die Inder ihre 28 Erdkampfflugzeuge vom Typ Seahawk erst im Juli 1966 in Empfang nehmen. Grund ist unter anderem, dass die Maschinen diesmal den umständlichen und langwierigen Weg über See an Bord der «Billetal» nehmen müssen. Zur Tarnung des Unternehmens dient dem BND diesmal nicht der Iran, sondern die italienische Firma Tirenna SA. Obwohl das Abkommen mit dem indischen Botschafter in Bonn getroffen worden ist und die Inder die Frachtkosten bereits im Voraus bezahlt haben, werden die Flugzeuge laut Ausfuhrgenehmigung und Frachtpapieren an den Nato-Partner Italien geliefert. Die fingierten Rechnungen stellt die Firma Tirenna SA in Rom. Die «Billetal» wird auf See per Funk von ihrer Wartungsfirma nach Cochin in Indien umgeleitet, wo sie am 23. Juli 1966 eintrifft.[865]

Es ist nicht sicher, ob alle Waffengeschäfte der Bundesrepublik mit Hilfe des BND und der Firma MEREX bekannt geworden sind. Zehn Jahre später werden vor Gericht acht Fälle verhandelt, darunter die hier geschilderten. Insgesamt habe sich das für die Bundesrepublik so lohnende Geschäft mit dem Altmaterial aus Bundeswehrbeständen auf ein Gesamtvolumen von nur 80 Millionen Mark belaufen, gibt Mertins selbst an.[866] Selbst wenn das den Tatsachen entsprechen sollte, sagt es wenig über das Ausmaß der tatsächlich getätigten geheimen Waffengeschäfte aus. Die Verträge der Geschäfte, für die Mertins und seine Mitarbeiter angeklagt und am Ende freigesprochen wurden – Mertins-Freund Vielain nennt weitere Lieferungen zum Beispiel an Saudi-Arabien –, datieren alle zwischen Juli 1965 und September 1966. Die Abwicklung der Lieferungen zieht sich bis in den Herbst 1967 hin. Doch derart häufige und umfangreiche Transaktionen können nicht völlig geheim bleiben.

So bekommt angeblich der russische Botschafter in Teheran Wind von den Lieferungen an Pakistan und geht mit seinem Insiderwissen dem deutschen Militärattaché Hauswedell bei Cocktail-Empfängen in Teheran auf die Nerven. Deshalb ist es nicht weiter verwunderlich, dass Indien in Bonn vorstellig wird, um sich über die ‹Unparteilichkeit› der Staatshändler im Kaschmir-Konflikt zu beschweren. Schließlich wird sogar der US-Senat hellhörig und beginnt, sich für die Geschäfte der Bundesrepublik mit dem Iran zu interessieren. Immerhin hat die UNO über die Kriegsgegner Indien und Pakistan ein Waffenembargo verhängt. Doch die Amerikaner wissen weitgehend Bescheid. Mertins hat einen Firmensitz, ein Privatdomizil und familiäre Bindungen in die USA. Er hat sich abgesichert.[867]

Aber private Vorkehrungen und Eiertänze auf diplomatischem Parkett reichen nicht aus. Auch deutsche Behörden werden misstrauisch und mittel- oder unmittelbar auf die Firma MEREX aufmerksam. So soll es 1966 erste Ermittlungen des Verteidigungsministeriums gegen einen Referenten wegen Bestechlichkeit im Zusammenhang mit Waffenlieferungen gegeben haben. 1967/68 sind es nicht eingeweihte Mitarbeiter des Wirtschaftsministeriums, die gegen die MEREX wegen Verstoßes gegen die Ausfuhrbestimmungen im Fall der Flugzeuglieferungen an Indien vorgehen. Der BND schaltet sich in die Ermittlungen ein. Sie enden mit einem Bußgeldverfahren.[868] Und dann kommt auch noch die Steuerfahndung auf die Idee, sich mit dem Finanzgebaren der MEREX zu beschäftigen. Das Netz der Geheimhaltung und Absicherung ist also längst nicht so dicht, wie der BND dem Kaufmann Mertins versprochen hat. Noch hält es, aber der BND, der auf keinen Fall sein Betätigungsfeld Rüstungshandel verlieren will, baut vor. Es ist zu riskant, sich nur auf die MEREX-Connection zu verlassen.

Schon Mitte der 60er Jahre knüpft der BND auch Beziehungen zu dem Hamburger Handelshaus Dobbertin & Co KG. Kontaktmann ist der Vorsitzende der Geschäftsführung, Mortimer von Zitzewitz. Er erhält erst über die Schweizer Firma Fagora S.A. einen Kredit über zwei Millionen Mark und kann ab 1967 durch eine direkte Beteiligung der Schweizer Vermögensverwaltungsgesellschaft die Mehrheitsverhältnisse im Familienunternehmen Dobbertin zu seinen Gunsten ändern.[869] Kurz darauf wird die Dobbertin-Tochtergesellschaft Werkzeug-Außenhandel GmbH gegründet und der Ex-Hitler-Adjutant und Ex-BND-Mann General a. D. Gerhard Engel zum Geschäftsführer berufen. Neben der MEREX hat der BND sich eine zweite Adresse geschaffen, über die sich das einträgliche Geschäft mit dem Krieg ausbauen ließ. Der Waffenhändler BND expandiert. Es startet, wie es der *Spiegel* 1978 ausdrückt, ein «riskantes Kontrastprogramm zur offiziellen deutschen Außenpolitik»[870], das in der zweiten Häfte der 60er Jahre weltweit Waffen verschiebt. Geliefert wird:

- an Nigeria, von 1967 bis 1970 Schauplatz des blutigen Biafra-Bürgerkrieges mit zwei Millionen Toten; die Deutschen belieferten beide Bürgerkriegsparteien;
- an Rhodesien, obwohl sich die Bundesrepublik dem im Dezember 1966 von der UNO verhängten Handelsembargo gegen das Regime von Ian Smith angeschlossen hatte;

- an Südafrika, das schon in jener Zeit als Apartheid-Staat international verrufen war;
- an Griechenland, wo seit 1967 eine Militärdiktatur jede demokratische Opposition niederhielt;
- an Jordanien, seit Gründung in kriegerische Konflikte mit dem gleichfalls von Bonn aufgerüsteten Israel verwickelt.[871]

Ein Dobbertin-Geschäft, das BND-Präsident Wessel einräumte, ist auch aus heutiger Sicht besonders bemerkenswert: Die Firma lieferte eine Uranprobe im Gegenwert von 1750 Mark an die Volksrepublik China und bot Peking zugleich weitere zwanzig Tonnen Uran an.

Es dürfte schwer fallen, bei den Verantwortlichen in Pullach und Bonn ein moralisches Kriterium für die Auswahl der Belieferten auszumachen. Insgesamt war das Ausmaß des illegalen Waffenhandels noch größer, als es die MEREX-Connection und das Folgeprojekt Dobbertin und Werkzeugmaschinenfabrik Engel erkennen ließen. Nicht – wie in zeitnahen Publikationen bislang berichtet – einzelne BND-Beamte, sondern ein ganzes Referat, die Dienststelle 906, die in einer Villa an der Wolfratshausener Straße in München untergebracht war, organisierte den illegalen Waffenhandel unter Gehlen und seinem Nachfolger Wessel.

Viele Operationen – wie der Waffenexport nach Nigeria – wurden mit der im Bundesbesitz befindlichen Fritz Werner AG, Geisenheim/Berlin durchgeführt. Das Betätigungsfeld der Dienststelle 906 reichte von kleineren illegalen Operationen im Waffenhandelsbereich – wie der Beschaffung von Pistolen für den syrischen Geheimdienst in Italien Ende der 60er Jahre – bis zu verbotenen Inlandsoperationen, zum Beispiel, als es 1969 darum ging, auf Bitten des SAVAK die Handelswege von Waffen für die oppositionellen Volksmudschaheddin aus Frankfurt/Main in den Iran aufzuklären.[872]

Dienststellenleiter von 906 war ein gewisser Schneider, Deckname SCHWABACH. Er wird ab 1969 BND-Resident in Kairo, später Personalchef in Pullach.[873] Führender Kopf des ganzen Unternehmens war allerdings der bereits erwähnte Dr. Erwin Hauschildt, alias DR. HERMSDORFF, der auch die Kontakte zur MEREX und zu den anderen am Waffenhandel beteiligten Dienststellen, Speditionen, Banken und Versicherungen gehalten hatte. Er war Gehlens Spezialist für den Waffenhandel und hatte den gesamten Ablauf in der Hand. Im April 1969 wurde Hauschildt offiziell vom BND für fünf Jahre beurlaubt, um als stellvertretender Vorsitzender der Verwaltungsgesellschaft Dobbertin & Co tätig werden zu können.[874]

Neben einigen weiblichen Verwaltungsangestellten und dem Ehepaar Hartz im gehobenen Dienst – der Mann war direkt bei Mertins in der Firma MEREX eingesetzt – dienten bei 906 fünf BNDler des höheren Dienstes, deren Karrieren Bände sprechen:

1. Ein BND-Beamter mit dem Decknamen WOLFGANG.
2. Hans Dieter Raethjen, Deckname HATON, wurde Hilfsreferent im Bereich Nah-/Mittelost IF3. Er diente zuletzt beim Referat IA3 (Anbahnung) und war von 1979 bis 1982 Inhaber der Firma Hara-Consult GmbH, die wiederum von der Telemit-Tochter Astro-Technik mit der Ausbildung der libyschen Präsidialgarde betraut war.
3. Günther Baltutis, Deckname UTRECHT, wurde in den 70er Jahren Verbindungsführer in der Unterabteilung 12, war dann im Polenreferat 12F (Köln) und wurde Vertrauter von CDU-MdB Werner Marx. Nach Bekanntwerden seiner Beziehungen zu konservativen Politikern wurde er als Oberst aus dem BND gefeuert und bis zu seiner Pensionierung 1985 im Amt für Sicherheit der Bundeswehr in Bad Neuenahr-Ahrweiler beschäftigt.
4. Wolbert Smidt, Deckname SANDMANN, ein von Gehlen für den BND rekrutierter Jurist, übernahm Ende der 70er Jahre als Leiter das BND-Referat IA4 (Einsatzführung), war ab Mai 1986 BND-Resident in Frankreich und bis ca. 1990 Botschaftsrat in Paris. Seit 1991 fungierte er als Unterabteilungsleiter 12. BND-Präsident Porzner stellte im Januar 1996 erfolglos im Bundeskanzleramt einen Antrag auf Entlassung von Smidt wegen mangelnder Dienstaufsicht über die Nürnberger Außenstelle. Aus der heraus hatten drei BND-Beamte illegal – von den russischen Truppen beim Abzug aus den fünf neuen Ländern beschafftes – Wehrmaterial zum persönlichen Vorteil an den britischen MI6 verkauft und sich überdies auf Geschäfte mit der Mafia in Millionenhöhe eingelassen hatten. Hintergrund des Konfliktes mit dem übervorsichtigen und fachfremden Porzner sollen

Insidern zufolge aber eher handfeste Meinungsverschiedenheiten über die nach Auffassung von Smidt viel zu lasche nachrichtendienstliche «Betreuung» der abziehenden Russen gewesen sein. (Operation GIRAFFE)

5. Siegfried Barth, Deckname IMHORST, war als Direktionsassistent der Lech-Werke im Herbst 1967 zum BND gewechselt, wurde BND-Verbindungsführer und Anbahner im Bereich Sowjetblock, stieg 1983 zum Leiter der Unterabteilung 15 (Gegenspionage Warschauer Vertrag) auf und amtierte danach als Leiter der Unterabteilung 11, die für die Inszenierung des Plutoniumschmuggels nach München im August 1994 verantwortlich zeichnet. Zuletzt war er – bis zu seiner Pensionierung im Sommer 2001 – sogar Vizepräsident des BND.[875]

Nicht nur außenpolitisch, sondern auch innenpolitisch sind die BND-Waffengeschäfte von erheblicher Brisanz. Der Einstieg in den internationalen Rüstungshandel wird unter der von Ludwig Erhard geführten CDU-Bundesregierung geplant und in die Tat umgesetzt. Doch 1966 übernimmt in Bonn eine große Koalition unter Bundeskanzler Kiesinger das Ruder. Außenminister wird Willy Brandt. Während der erste Gehversuche in der Entspannungspolitik macht, forciert der BND die Waffenlieferungen in die Spannungsgebiete der Welt. Als der BND-Mann HERMSDORFF im April 1969 zur Waffenhandelsfirma Dobbertin «in Urlaub» geschickt wird, geschieht dies mit Wissen des noch amtierenden CDU-Kanzleramtschefs Karl Carstens. Auch die MEREX war ihm bereits aus seinen früheren Stationen als Staatssekretär im Auswärtigen Amt und im Verteidigungsministerium ein Begriff. Am 1. Juni 1969 wird Carstens erneut mit den Waffengeschäften des BND konfrontiert. Die Steuerfahndungsstelle Bonn will Auskunft vom Kanzleramt, ob die Rüstungslieferungen der MEREX an Indien und Pakistan in den Jahren 1965 bis 1967 tatsächlich im Auftrag des BND erfolgt seien und Mertins deshalb keine Auskünfte geben dürfe.[876] Das Problem ist also in höchsten Regierungskreisen virulent und bringt die sozialliberale Koalition in höchste Nöte, als diese Ende 1969 die Regierungsverantwortung übernimmt. Die neuen Herren in Bonn befinden sich gleich in mehrfacher Hinsicht in der Bredouille. Das Interesse der Finanzbehörden und der

Staatsanwaltschaft an den dubiosen Aktivitäten des BND mit den Waffenhandelsfirmen MEREX und Dobbertin ist nicht mehr einfach vom Tisch zu wischen. Und zumindest in groben Zügen müssen einzelne Sozialdemokraten aus der Zeit der großen Koalition über das Gebaren informiert gewesen sein.

So nimmt es nicht wunder, dass auch der neue Chef im Kanzleramt, Horst Ehmke, mauert und der ermittelnden Staatsanwaltschaft Auskünfte und Akteneinsicht verweigert.[877] Zum einen kann Pullach den Schutz des neuen obersten Dienstherren erwarten, zum anderen will man in der Folgezeit auch dem nun als Oppositionsführer amtierenden Carstens nicht ans Leder. Dessen weitere Karriere ist durch die Verstrickung in die Rüstungsgeschäfte des BND immer wieder in Gefahr, so als er 1974 vor dem Guillaume-Untersuchungsausschuss zu dem Komplex offenbar die Unwahrheit sagt und dadurch in eine juristische Auseinandersetzung mit dem stellvertretenden SPD-Fraktionsvorsitzenden Günther Metzger gerät. Auch diesmal liegt er mit der Spekulation richtig, dass das Kanzleramt aus Geheimhaltungsgründen und im eigenen Interesse keinen Anlass sieht, den benannten Zeugen eine Aussagegenehmigung zu erteilen.[878] Als sich Carstens 1979 der Wahl zum Bundespräsidenten stellt, kocht die Angelegenheit wieder hoch, mit dem gleichen Ergebnis: keinem.

Vor allem die Ermittlungen gegen Mertins und seine Mitarbeiter ziehen sich über Jahre hin und halten Kanzleramtschef Ehmke in Atem. Bereits am 21. Mai 1970 schreibt er dem Oberstaatsanwalt: «In dem Ermittlungsverfahren hat sich der Beschuldigte Mertins im Rahmen seiner staatsanwaltschaftlichen Vernehmungen am 20. März 1970 unter anderem zu dem Vorwurf geäußert, Kriegswaffen in andere Länder ausgeführt zu haben als in diejenigen, die in den Endverbleibszeugnissen angegeben sind. Bei seinen diesbezüglichen Bekundungen hat sich der Beschuldigte auf Vorgänge bezogen, über die im Bundesministerium für Verteidigung, im Auswärtigen Amt und beim Bundesnachrichtendienst schriftliche Unterlagen vorhanden sind. Im Einvernehmen mit dem Bundesministerium der Verteidigung und dem Auswärtigen Amt erkläre ich, dass die bei den genannten Behörden befindlichen Akten und Schriftstücke nicht zur Verfügung gestellt werden können, weil das Bekanntwerden des Inhalts dieser Unterlagen dem Wohl des Bundes Nachteile bereiten würde.»[879] Wohl nicht nur dem Bund. Jedenfalls ist der unter Druck geratene Ehmke dankbar, dass der Abteilungsleiter IV im BND, Rolf Möller-Wagennetz, jede erdenkliche juristische Hilfe leistet, um die BND-Leute aus der Schusslinie der Ermittler und des Gerichts zu holen.[880]

Die Zusammenarbeit oder besser taktische Abstimmung zwischen Kanzleramt und BND ist eng. Enger als es das bisher beschriebene Verhältnis zwischen Ehmke und Pullach vermuten lässt. Als die Ermittlungen der Staatsanwaltschaft bereits weit fortgeschritten sind, fertigt der BND-Vizepräsident Dieter Blötz am 9. Juli 1973 einen Vermerk über ein Gespräch mit seinem Präsidenten Wessel. Blötz hat seinem Chef über einen Brief des Kanzleramtschefs berichtet. Danach sollen die BND-Mitarbeiter SCHWABACH und HOTTER nunmehr in der Angelegenheit als Beschuldigte vernommen werden. Das könnte dem Verfahren eine neue Wendung geben, wie die Staatsanwaltschaft hofft und der BND fürchten muss. Also baut man vor. Blötz bemerkt, er habe bereits «erneute beschleunigte Prüfung durch AL IV [Abteilungsleiter Rolf Möller-Wagennetz, d. Verf.] veranlasst, sodass Änderung Verhalten BND und BK [Bundeskanzleramt] falls nötig, möglich.»[881] Das heißt, man versucht, sich auf ein neues Aussageverhalten oder die Freigabe bestimmter Inhalte vorzubereiten.

Am 11. April 1974 stimmt Blötz mit dem Ministerialdirigenten im Kanzleramt, Franz Schlichter, das weitere Vorgehen im Fall Mertins ab und bittet ihn, Staatssekretär Horst Grabert noch einmal auf die besondere Problematik hinzuweisen. Als Ergebnis einer neuerlichen Besprechung mit Grabert am 16. April weist Blötz die Leiter der Abteilungen I und IV an, die von der Staatsanwaltschaft angeforderten 54 BND-Dokumente zur Verfügung zu stellen, allerdings nur in dem Umfang, «wie sie unmittelbar mit dem Waffenhandel zu tun haben und wie Aussagegenehmigungen für MA [Mitarbeiter] des BND erteilt wurden. Der Rest, insbesondere Meldungsinhalte, Stellungnahmen, Bearbeitungs- und Dokumentationshinweise, ist zu schwärzen».[882] Das kann man als Strategie interpretieren, dem Gericht die nackten Fakten zum Ablauf des illegalen Waffenhandels nicht vorzuenthalten, die geheimdienstlichen Zielsetzungen und politischen Vorgaben jedoch auszublenden.

Die sozialdemokratischen Herren im Kanzleramt hatten aber auch eigene Interessen, die Details der Waffentransaktionen möglichst im Dunkeln zu halten. Sicherheitsinteressen der Bundesrepublik standen dabei nicht unbedingt im Vordergrund. Peinlich war für die Genossen die Finanzierung von Dobbertin-Waffengeschäften durch die gewerkschaftseigene Bank für Gemeinwirtschaft. Am 27. August 1973 traf Blötz den BfG-Direktor van Heukelum in einer BfG-Niederlassung am Frankfurter Flughafen und teilte ihm mit, die «Regierung könne in Waffenhandelsgeschäften kaum in die Öffentlichkeit gehen, da sie über die BfG zumindest indirekt mitbeteiligt wäre». Van Heukelum versprach, die Einzelheiten zu prüfen, und verabredete sich mit Blötz für den 31. August in der Hamburger BfG-Niederlassung.[883] Bei diesem Treffen räumt er dann ein, dass es eine «alte Geschäftsverbindung der BfG zu Dobbertin gab». Aus den Bankunterlagen ließe sich jedoch nicht erkennen, dass es sich um Waffengeschäfte gehandelt habe. Van Heukelum hatte bei den Recherchen aber entdeckt, dass ein ehemaliges BfG-Vorstandsmitglied sich vor seiner Pensionierung 1966 in München mit einem BND-General – vermutlich General a. D. Engel – getroffen hatte. Es habe jedoch wenig Sinn, den mittlerweile 73-Jährigen zu befragen, erklärte er dem BND-Vize. Als Blötz diese Ergebnisse am 7. September 1973 im Kanzleramt vortrug, war Staatssekretär Grabert mit der Auskunft und der Erledigung des Vorganges einverstanden.[884] Erledigt war er noch lange nicht. Die Ermittlungen liefen weiter, und zumindest halb öffentlich musste die Entspannungspartei Brandts ein Interesse an der Aufklärung der BND-Machenschaften zeigen.

Die Staatsanwälte lassen nicht locker. Nachdem die Eröffnung des Hauptverfahrens gegen Mertins und die MEREX zunächst abgelehnt worden war, kommt es doch zum Prozess. Am 26. November 1975 werden die Angeklagten freigesprochen. In der Begründung heißt es: «Erwiesen ist, dass der Anstoß für die Gestaltung der mit der Anklage erfassten Geschäfte vom BND ausgegangen ist, der seinerseits die im Ausland ermittelten Bedarfswünsche mit den politischen Zielen der Bundesregierung beziehungsweise den von zuständigen Regierungsstellen geäußerten Vorstellungen koordiniert hat.»[885] Die Richter sehen Mertins nicht als reinen Gehilfen und Befehlsempfänger und die Bundesbeamten nicht als alleinige Haupttäter, stellen aber fest: «... Zum anderen war aber auch klar, dass die Firma MEREX AG der Bundesregierung gleichzeitig als Werkzeug diente, um die nur von der Bundesregierung zu verantwortenden politischen Entscheidungen in die Wirklichkeit umzusetzen.» [886]

Deutlicher kann man Verantwortung kaum zuweisen. Mertins handelte auf Veranlassung und im Auftrag des BND. Er konnte davon ausgehen, dass seine Aktivitäten von der Regierung gewollt und abgesichert waren. Über moralische Verstrickungen und Verantwortlichkeiten kann man streiten. Eine juristisch zurechenbare Schuld konnten die Richter bei dem Waffenhändler im Staatsauftrag nicht entdecken. Die Verantwortlichen in Bonn und Pullach sind juristisch nie belangt worden. Politisch gab es genug Gründe, warum die alte Weisheit, dass neue Besen gut kehren, hier nicht galt. Mertins wurde 1980 eine Entschädigung für durch den Prozess entstandene Schäden in Höhe von fünf Millionen Mark zugesprochen.

Lauschtechnik für alle Fälle

Das Fernmeldewesen und die Funkaufklärung des BND in den Gründerjahren

Die Technische Aufklärung spielte in den Anfängen des BND eine begrenzte Rolle. Sie war 1956 nur durch die Gruppen «ND-Technik und -Forschung» und «Fernmeldewesen/Funkaufklärung» vertreten. Der Personalbestand des BND betrug 1957 1245 Mitarbeiter[887], davon im technischen Bereich etwa 20 Prozent. Ende 1956 hatte Pullach eine deutliche Vermehrung des technischen Fachpersonals beschlossen, stand jedoch vor dem Problem, qualifizierte Mitarbeiter zu finden. «Im Zeichen der Wirtschaftsblüte verschwindet gutes Personal in der Industrie, welche nicht an behördliche, oft ungenügende Bezahlung gebunden ist … Es kostete monatelange Bemühungen, mehrere hochverdiente, selbständige, im In- und Ausland anerkannte Meister mit langer ND-Erfahrung im gehobenen Dienst unterzubringen», klagte Technik-Chef Albert Praun 1960 und wagte Kritik an der Schwerpunktsetzung Gehlens: «Es ist schwer abzuwägen, ob der Auslandseinsatz, oft vieler Wochen, wichtiger war als die stetige eigene Aufbauarbeit.»[888]

Der ehemalige Referatsleiter Markwardt betonte 1996, Gehlen habe sich ab Mitte der 50er Jahre kaum noch um den gewachsenen Apparat gekümmert, weil er einerseits «im Bonner politischen Geschehen verhaftet» und andererseits «in dieser Zeit voll mit dem Aufbau der nachrichtendienstlichen Technik des Dienstes beschäftigt war. Die Abteilung II … wurde in diesen Jahren von Gehlen höchstpersönlich mit dem soliden Fundament versehen, das sie später zwar zur kleinsten, aber teuersten und außerordentlich erfolgreichen Abteilung machen sollte.»[889] Zolling und Höhne führen den «stark wissenschaftlich-technologischen Akzent» und die zunehmende Bedeutung von Operationen mit «den vielfältigen Mitteln der automatisierten Spionage» dagegen auf Worgitzky zurück, der 1957 erster BND-Vizepräsident wurde.[890]

In Pullach war mit Gründung der Bundeswehr mancher Abgang zu verzeichnen. So ging auch Leo Hepp, um dort den Fernmeldebereich aufzubauen. Das Verteidigungsministerium hatte schon 1955 Fernmeldespezialisten wie Hepps Mitarbeiter Bode aus Pullach abgezogen[891], der jedoch später zurückkehrte, um im April 1973 zum Technikchef des BND aufzusteigen. Hepps unmittelbarer Nachfolger wurde 1956 General Praun alias SCHWARZ – der bereits im Zweiten Weltkrieg für die Funkaufklärung der Wehrmacht verantwortlich war.

Mit der neuen Unabhängigkeit stand der BND vor der Notwendigkeit, sein gesamtes Fernmeldewesen zu reorganisieren und es den globaler werdenden Aufgaben anzupassen. Das war mit hohen Kosten verbunden. Allein von Mitte 1958 bis Ende 1959 wurden an handelsüblichem Hauptgerät beschafft: 94 Kurzwellen- und UKW-Sender, drei Funkfernschreibempfangsanlagen, sechs Fernsehgeräte, drei UKW-Peiler, sechs Kurzwellenpeiler, sechs Notstromaggregate sowie drei Heptagon-Antennenanlagen zum Stückpreis von 250 000 Mark. Sorgen bereitete dem BND die Kostenexplosion. So kostete 1956 ein einziger Horchempfänger rund 3000 Mark, 1959 bereits 9000 bis 12 000 Mark.

Mit dem neuen Material wurden die bestehenden Stationen ausgestattet: das 1956 gebaute Objekt KASTAGNETTE in Husum für die Beobachtung des nordatlantischen Raumes, die automatisierten Telefonieempfangsanlagen am Hohen Meissner und in Berlin oder die BND-Station am alten Flughafen der Husarenkaserne in Braunschweig. Dabei waren 1959 die Geräte für die neuen Anlagen in Monschau-Höven, wo der ausländische Botschaftsfunk aus Bonn erfasst wurde, und in einer Kaserne in Kassel erst bestellt.[892] In Kassel und bei der Schwesterstation in Braunschweig waren offensichtlich zwei Funkaufklärungsstationen gegen Osteuropa geschaffen worden, da eine Studie des Stockholmer Friedensforschungsinstituts SIPRI dort 1979 eine kombinierte Funkempfangs- und -störanlage[893] ausgemacht hatte, «operated by BND»[894].

Welchem Umstand es zu verdanken war, dass der BND relativ früh auch mit der Erkundung des Weltraums begann, hat Hepp 1984 dargelegt: «Die Funkverbindungen der Organisation Gehlen, vor allem die geheimen Funkverbindungen, beruhten auf der Übertragung über Kurzwelle und hier wieder auf den Möglichkeiten der Raumwelle. Die Übertragungsmöglichkeiten der Raumwelle sind abhängig vom jeweiligen Zustand der verschiedenen Schichten der Ionosphären. Um die jeweils passende Sendefrequenz wählen zu können, ist Vorbedingung eine genaue Kenntnis ihres jeweiligen Zustandes … Nach dem Zweiten Weltkrieg nahm Frankreich wissenschaftliches Personal des Ionosphärendienstes der ehemaligen deutschen Wehrmacht in seine Dienste und errichtete mit diesem eine Station zur Beobachtung der Ionosphäre in Breisach … Über die französische Sonderverbindung kam die OG Anfang der 50er Jahre mit dem Ionosphäreninstitut in Breisach in Verbindung. Sie erhielt von diesem laufend die so genannten ‹SPIM-Nachrichten› (service de prévision ionosphèrique militaire), die eine wertvolle Unterlage für die Bearbeitung der geheimen Funkverbindungen bildete. Etwa im Jahre 1956 entschloss sich die französische Armee dazu, das Institut aufzugeben. Einem Teil des Personals wurde freigestellt, in französische Dienste in Frankreich zu treten. Die betreffenden Mitarbeiter waren aber dazu nicht bereit. Bemühungen, das Ionosphäreninstitut der deutschen Bundespost anzugliedern, scheiterten. Das Institut wurde nach einigem Hin und Her dann durch den inzwischen aus der Organisation Gehlen hervorgegangenen Bundesnachrichtendienst übernommen. Es war klar, dass Umfang der Anlage und Zahl der Mitarbeiter lediglich für eine ionosphärische Beratung des Funkdienstes des BND viel zu groß war.»[895]

Doch da öffnete sich mit der beginnenden Nutzung des Weltraums durch die Supermächte ein neues Aufgabenfeld für den BND. Der Einsatz von Satelliten für Fernmeldeverbindungen, als Aufklärungsmittel oder als Kommandostellen machte eine Beobachtung der künstlichen Himmelskörper erforderlich, und so übertrug der BND dem Ionosphäreninstitut in Breisach auch diese neue Aufgabe.

Um die geschilderten Schwierigkeiten bei der Ausbildung von Außenfunkern im Morsen zu überwinden, wurde noch in der OG mit der Entwicklung eines Kurzsignalgeräts (KSG) begonnen, dessen Prototyp im Februar 1955 fertig gestellt war. «Dieses verzichtet auf die Morseausbildung. Die Bedienung ist in zwei Tagen zu erlernen. Die zu funkende Meldung wird Tabellen entnommen, die auf den Auftrag des V-Mannes zugeschnitten sind. Sein Hauptnachteil – das durch die Tabellen eng begrenzte Vokabular – beschränkt seinen Einsatz auf solche Quellen, deren Meldungstext sich mit großer Sicherheit voraussagen lässt. Die Möglichkeit, derartige stereotype Kurzmeldungen abzusetzen, genügt zwar für die Masse der Durchschnitts-V-Leute. Für Spitzenquellen muss aber die Möglichkeit zurückgewonnen werden, die der klassische Agentenfunk bot: die Übertragung individueller Meldungen größerer Länge», hielt der BND 1960 fest.[896] 1956 war die Konstruktionsphase abgeschlossen. Nach Behebung der Kinderkrankheiten wurde das Gerät bei 30 Agenten jenseits des Eisernen Vorhangs eingesetzt. Es konnte per Kurier eingeschleust werden, und auch unausgebildete Quellen konnten damit Meldungen absetzen, von denen über 75 Prozent beim BND ankamen. «Allein 1957 kaufte der Bundesnachrichtendienst für nicht weniger als 495500 DM Agentenfunkgeräte», enthüllte Julius Mader 1960.[897] Bei einem ausgewiesenen Gesamtetat von 29,3 Millionen DM, der in Wirklichkeit etwa das Doppelte ausgemacht haben dürfte, war das eine stattliche Summe für diesen Einzelartikel. Dennoch hatte Mader nur die Spitze des Eisbergs ausgemacht, denn das Außenfunker-Programm sollte mit zehn Beschaffungsvorhaben bis Ende 1960 etwa 2,5 Millionen DM kosten.

Als der ehemalige SS-Scharführer Armin Zopf aus Bad Tennstedt in den 50er Jahren als westlicher Funkagent vor einem DDR-Gericht stand, sagte er aus, er habe über den Rundfunk im Amerikanischen Sektor RIAS spionagetechnische Nachrichten erhalten.[898] Auch für die OG und den BND wäre eine solche Dienstleistung der öffentlichen Rundfunkanstalten der gefahrloseste Weg gewesen, Agenten Aufträge und Informationen zukommen zu lassen. «Leider war es immer noch nicht möglich, mit der Bundespost und/oder den Rundfunkanstalten zu einer Regelung zu kommen, die eine technisch durchaus mögliche regelmäßige Ansprache und Übermittlung von Aufträgen an die im Einsatzgebiet arbeitenden A-Funker oder V-Leute ermöglichte. Die Aufnahme von Mitteilungen und Aufträgen mit handelsüblichen Rundfunkempfängern wäre für A-Funker und V-Leute völlig gefahrlos gewesen. Sie hätten lediglich mit den Schlüsselmitteln für das in wenigen Stunden zu erlernende Verfahren des individuellen Zahlen- oder Buchstabenwurms ausgerüstet werden müssen», klagte Hepp 1984 in seiner Studie «Die geheimen Funkverbindungen des Bundesnachrichtendienstes». Die Bundespost behauptete 1957, keinen geeigneten Sender zu haben, und die «Rundfunkgesellschaften der Bundesrepublik schieden ob ihrer politischen Einstellung» aus, sodass zunächst weiter mit der BND-Sendezentrale auf dem Truppenübungsplatz Baumholder operiert wurde.

«Erst 1959 gelang es, von der Bundespost zwei Telefoniesender in Frankfurt mit 5-Kilowatt-Leistung täglich 4, sonntags 6 Stunden zu ermieten. Nach mehreren Monaten einer behelfsmäßigen Bänderbesprechung und ihrer Sendung vom Fernmeldehaus der Post aus wurde in Frankfurt ein eigenes festes Studio errichtet, wo die Aufträge der Außenstellen an ihre Afus über den Fernschreiber zusammenlaufen, hier verschlüsselt, auf Bänder gesprochen und den Sendern unmittelbar zugeleitet werden. – Ende 1959 wurden auf diese Weise etwa 90 V-Leute jenseits des Eisernen Vorhangs mit Aufträgen versorgt», bilanzierte der BND.[899]

Funktechnisch wählte Pullach aus Sicherheitsgründen den gegenseitigen Blindfunk, d. h. Anruf und Antwort erfolgten zeitlich versetzt und auf verschiedenen Frequenzen. Die «ND-Begriffsbestimmungen für den Bundesnachrichtendienst» in der Neufassung von 1974 kannten den Rundspruchdienst, d. h. einen Funkführungsdienst, der auf bestimmten Frequenzen verschlüsselte Anweisungen für ND-Verbindungen im europäischen Bereich sendete oder sich beim Individuellen Rundspruchdienst an bestimmte Zielpersonen richtete. Der Schnellinformationsdienst wiederholte chiffrierte Sendungen auf allen Frequenzen auch für das außereuropäische Ausland und der Sonderblindfunkdienst schickte weltweit in Morsetelegraphie verschlüsselte Anweisungen an bestimmte Zielpersonen.[900]

Bereits 1957 hatte der BND im Einvernehmen mit den USA den Bau eines UKW-Senders in Westberlin veranlasst, um seine Funkagenten im Großraum Berlin anzusprechen, aber dieser ging nie in Betrieb, da der US-Kommandant Schwierigkeiten mit den Sowjets fürchtete. Damals ahnte niemand, dass er damit auch die Möglichkeit der Frühwarnung und schnellen Lagefeststellung beim Mauerbau ein Jahr später sabotiert hatte.

Auch unter den in den 60er Jahren mit verbesserter Technik ausgestatteten Funkagenten hatte man Verluste zu beklagen. 1966 wurde der im VEB Funkwerk Berlin beschäftigte Franz Pankraz angeklagt, weil er

Wirtschaftsspionage in seinem Betrieb und Militärspionage im Raum Frankfurt/Oder betrieben hatte. Das MfS fand eine Sende- und Empfangsanlage des BND bei ihm sowie diverse Handfeuerwaffen und Munition. Pankraz war lange unentdeckt geblieben: Er hatte bereits 1956 beim Aufstand in Ungarn Meldungen für Pullach abgesetzt. Im Februar 1969 wurde in Ostberlin mit Rudolf Sonnabend ein weiterer E-Fall-Funker verurteilt. Er hatte jahrelang Militär- und Wirtschaftseinrichtungen in der Hauptstadt der DDR und geeignete Landungsmöglichkeiten für Diversionseinheiten ausgekundschaftet.[901]

Der verbesserten Technik des BND beim Agentenfunk stand auf der anderen Seite ein Ausbau der Funkabwehr der Staaten des Warschauer Vertrags entgegen, die über das Anpeilen der Pullacher Agenten Abwehrerfolge erzielen konnten. In Polen wurde Anfang der 60er Jahre ein Agententrio des BND festgesetzt. Dessen Kopf war ein Pole mit dem Decknamen Bernhard. Er war in Westberlin von der OG angeworben worden, wurde per Ballon an der polnischen Küste abgesetzt und fand sein Funkgerät in der Gepäckaufbewahrung des Bahnhofs von Poznan vor – getarnt als Tonbandgerät sowjetischer Bauart. Bis zu seiner Verhaftung hatte er Militär- und Industrieanlagen fotografiert und die Mikrofilme über tote Briefkästen dem BND zugespielt. Für Eilmeldungen und zum Empfang von Aufträgen benutzte er jedoch Funk, was sein Verhängnis war. Auf Bernhard war die polnische Abwehr bei der Fahndung nach einem weiteren Funkagenten namens Kurt Sztoch gestoßen. Der gebürtige Pole war 1937 in die Dienste der Abwehr getreten und hatte als Offizier des SD in dem berüchtigten Bordell «Salon Kitty» gearbeitet, wo vornehmlich Prominente abgehört wurden.[902] Im März 1946 wurde Sztoch als Mitglied einer Werwolfgruppe in Polen gefasst, konnte jedoch entkommen. Für die OG war er zunächst als Werber im Aufnahmelager Berlin-Marienfelde tätig, bevor er unter falschem Namen wieder nach Polen eingeschleust wurde. Seine Aufgabe bestand darin, sich als «Julian Gralski» im Umfeld eines Ingenieurs zu platzieren, der federführend an der Entwicklung eines Radargeräts mit zusätzlicher Infrarottechnik für elektronische Störmaßnahmen gegen Kampfflugzeuge beteiligt war. Schon im Besitz der abgelichteten Konstruktionspläne, wurde Sztoch verhaftet und zu lebenslanger Haft verurteilt.[903]

Das Anwachsen der Zahl der Partnerdienste machte weitere Funkverbindungen erforderlich, obwohl die meisten innerdeutschen und europäischen Verbindungen über Fernschreiber liefen. Beim Bau einer neuen Heptagon-Antenne in Pullach stieß der BND auf Gegenwind bei der Flugsicherung und bei den Bau- und Naturschutzbehörden, sodass sie erst 1959 stand.[904] Mit den Objekten MÜHLE in Kreuzholzhausen, KLEEFELD in Söcking und ALPINA in Tutzing hatte sich der BND im Sommer 1960 ein vernetztes Dreieck von Sendestationen geschaffen. Man versprach sich nun endlich auch stabile Funkverbindungen in den Nahen und Fernen Osten. Zugleich erprobte der BND neue Sender und Transistorempfänger in einem Volkswagen, um einen beweglichen und schwer zu peilenden Funkverkehr einzuführen.

Für den Kriegsfall ging die OG davon aus, dass der Raum München nicht erfolgreich verteidigt werden und die Pullacher Zentrale ebenso wie die Station in Tutzing verloren gehen könnte. Um die Außenfunker dennoch unter Kriegsbedingungen nutzen zu können, mussten sichere Sende- und Empfangszentralen in der Etappe errichtet werden. Die OG fand dafür zwei Plätze 200 Kilometer südlich von Madrid. «Alle genannten Führungs- und Agentenfunkverbindungen sind auch für die Ausweichleitstelle in Spanien vorgesehen. Die Pläne für die notwendigen Bauten liegen vor, die für die technische Ausstattung sind mit der Firma Standard Elektrik – Lorenz A.G. besprochen. Sie soll mit den Bearbeitern des BND als Berater der spanischen Freunde den Gesamtausbau leiten. Bisher hatten die amerikanischen Freunde eine Mammut-Funkstation in gewaltigen Kraftfahrzeugen für die Agenten- und Führungsfunkverbindungen im Ernstfall zur Verfügung gestellt. Sie machte vom Übungsplatz Baumholder aus Versuchssendungen. Jetzt steht die Station auf den spanischen Plätzen, bis sie durch die festen Bauten ersetzt werden kann», schilderte der BND 1960 die Vorsorge für den Ernstfall.[905] Die Ausweichzentrale war 1959 in einem Konvoi über die Pyrenäen gebracht worden[906]; zugleich wurde die Leistung des Sendegeräts KSG gesteigert, um die Reichweite auf 2500 Kilometer zu erhöhen. Noch unter Gehlen wurde 1968 der Bau einer Aufklärungsstation in der Mancha eingeleitet, jedoch erst Anfang der 70er Jahre vollendet. Zwischen den Orten Manzanares und Daimiel entstand der Lauschposten auf einer Finca.

Neben der Kooperation mit Spanien entwickelte sich ab 1956 auch die technische Zusammenarbeit mit den drei bedeutendsten Nato-Partnern. Mit den Amerikanern, Briten und Franzosen wurden gegenseitige Besuche der Agentenfunkzentralen in Frankfurt, Hannover und Paris vereinbart. Zum Aufbau der über 2500 Kilometer reichenden Verbindung nach Spanien steuerten die Briten ihre Erfahrungen aus der Funklinie London-Kenia bei. Die US-Dienste lieferten als Gegenleistung für Konstruktionspläne des neuen deutschen Agentenfunkgeräts in Deutschland noch nicht erhältliche Filter und Transistoren.[907] Pullach baute seine Auslandspräsenz auf technischem Gebiet zunehmend aus. 1960 wurden Kurzwellenpeiler für BND-Standorte in Spanien und Frankreich in Auftrag gegeben.[908] Die BND-Residentur in Rom steuerte in den späten 60er Jahren mit der Funkstelle HELIOS den Schalt- und Sicherheitsbereich Mittelmeerraum.[909]

Schon früh half der BND den Partnern mit Kommunikationstechnik. Dem saudischen König schickte er 1958 Pistolen, aber auch Funkgeräte für die Palastwache, dem indonesischen Militärnachrichtendienst half er 1965 beim Sturz des Präsidenten Ahmed Sukarno durch die Lieferung von Funkgeräten und Maschinenpistolen im Wert von 300 000 Mark.

Nachdem Anfang der 60er Jahre der Ausbau der Stationen im Inland große Fortschritte gemacht hatte, exportierte der BND gemeinsam mit seinen Stammlieferanten aus der Industrie Technik und Know-how in verbündete Staaten. So wurde eine Legalresidentur in Taiwan eingerichtet und dort eine der fortschrittlichsten Funkanlagen gebaut.[910] Zugleich half er dem türkischen Partnerdienst beim Aufbau fernmeldeelektronischer Aufklärungsstellen unter anderem in Samsum am Schwarzen Meer.[911] Seinem iranischen Partnerdienst PFAUENAUGE schließlich, dem brutalen SAVAK, lieferte der BND Technik, um die Botschaften der Warschauer Vertragsstaaten in Teheran abzuhören. Er partizipierte an den Lauschergebnissen des SAVAK so ungefiltert, dass er 1967 auch die aus diesen Vertretungen abgesetzten Meldungen über den Besuch des Schahs in der Bundesrepublik erhielt.

Die nachrichtendienstliche Technik umfasst ein weites Feld von der Entwicklung von Einbruchswerkzeugen über Dokumentenfälschung bis zu Geheimschriften. 1958 hatte der Rechnungshof vorgeschlagen, die Laboratorien und Werkstätten der ND-Technik in einem Objekt zu konzentrieren, doch Gehlen lehnte dies aus Geheimhaltungsgründen ab.[912] Deshalb blieb es bei mehreren Objekten, in denen getrennt Geheimtechnik, Fernmeldetechnik und Kryptotechnik erforscht und gefertigt wurden. Zunächst gab es zwischen den Bereichen Überlappungen. Die Abteilung Nachrichtenwesen hatte 1959 beispielsweise zwei Verfahren für eine drahtlose Fotofernauslösung und ein Schnellverfahren zur Fertigung von Nachschlüsseln entwickelt und sie an die Gruppe Geheimtechnik abgegeben.[913] Auch die Aufgabe des Baus von Alarm- und Sicherungsanlagen wanderte in eine andere Abteilung.

Der BND hatte bereits im Februar 1957 einen Entwurf über die Aufstellung einer «Zentralstelle für das Chiffrierwesen» (ZfChi) vorgelegt, doch erst nach langwierigen Verhandlungen mit allen «Bedarfsträgern» erließ das Kanzleramt zwei Jahre später die Aufstellungsverfügung. Die ZfChi wurde mit zwei Aufgabenfeldern betraut: «Kryptologische Entwicklung und Begutachtung der von den Bedarfsträgern benötigten Chiffrierverfahren … und Entzifferung der fremden Chiffrierverfahren.»[914] Die Konzentration des Kryptowesens erfolgte zum einen, weil dies auf der Linie Gehlens lag, möglichst alle ND-Bereiche unter seiner Führung zu vereinigen, zum anderen gab es sachliche Motive. Im Zweiten Weltkrieg waren mehrere Stellen der Wehrmacht, der SS und des Außenamts konkurrierend und bis 1944 ohne Abstimmung im Chiffrierwesen tätig gewesen. Daraus leitete Erich Hüttenhain drei Gründe für die Zentralisierung dieses Bereichs ab: «1) Die Entzifferung fremder und die Entwicklung eigener Chiffrierverfahren müssen sich gegenseitig befruchten. 2) Die Erfahrung hat gelehrt, dass diejenigen Staaten, bei denen eine Zentralisierung des Chiffrierwesens besteht, bessere Geheimschriften verwenden … 3) Die Kryptologie ist im Laufe der letzten Jahrzehnte eine Wissenschaft geworden, die als Hilfswissenschaften die Mathematik, die Linguistik und die Technik zu Rate zieht.»[915]

Eine analytische Gruppe von Mathematikern, gestützt auf erste Elektronenrechner und Hollerith-Maschinen, war damit beschäftigt, die immer komplexer werdenden Chiffrierverfahren zu lösen. Die Linguisten erfassten die Verfahren inhaltlich, bevor sie der Auswertung zugeführt wurden. Bei der Verschlüsselung stützte man sich auf ein Chiffriergerät, das Zahlen und Buchstaben mischte und die Meldungen auf Lochstreifen stanzte. Experten, die schon unter dem NS-Regime auf diesem Feld gearbeitet hatten, entwickelten ab 1951 das so genannte HASARDO. Drei solcher Geräte liefen rund um die Uhr, um Agenten- und Führungsfunkverbindungen sowie Fernschreiblinien zu verschlüsseln. Dem Außen- und Innenministerium und der Bundeswehr stellte der BND solche Geräte zur Verfügung. In Kooperation mit dem Unternehmen «Telefonbau und Normalzeit» entwickelte Pullach dann eine neue Chiffriermaschine, die an die Technik der ENIGMA des Zweiten Weltkriegs anknüpfte. In Zusammenarbeit mit der Firma Hell entstand eine Weiterentwicklung der Hagelin-Maschine, die die USA im Krieg benutzt hatten.

Pionierarbeit leistete der BND 1959 bei der Sprachverschlüsselung über eine künstliche Sprache, die im Labor erfolgreich erprobt worden war. Bei Sprachverschlüsselungszusätzen für den Flugfunk oder für wichtige Persönlichkeiten erwartete man 1960 stürmische Forderungen aus Politik, Diplomatie und Militär.[916] Zwar gab es schon Anfang der 50er Jahre Stimmencodierer – Adenauer benutzte sie für seine Telefonate mit Eisenhower –, aber diese Vocoder hatten gigantische Ausmaße und waren für einen mobilen Einsatz ungeeignet.[917] Bis ein Elcrovox-Gerät (Electronic-Crypto-Vox) beim BND, Grenzschutz, Bundeswehr, Nato und bei der Regierung stationär und mobil eingesetzt werden konnte, vergingen nach MfS-Erkenntnissen noch zehn Jahre: Frühestens ab 1969 sei das von Siemens gebaute Gerät mit einem Sprachcodierteil von Sennheiser für streng geheime Gespräche eingesetzt worden.[918]

Mit Dr. Otto Leiberich, Deckname Dr. Leitner, gewann der BND 1957 einen Mitarbeiter, der zum guten Ruf, den das Chiffrierwesen bei den Partnern genoss, erheblich beitrug. Von 1962 bis 1974 war er Chefmathematiker des BND und avancierte 1975 zum Direktor der Zentralstelle für Chiffrierwesen. Als die ZfCh 1989 in die Zentralstelle für Sicherheit in der Informationstechnik umgewandelt wurde, stieg er zu deren Direktor auf und leitete bis zu seiner Pensionierung 1991 auch die Nachfolgeorganisation, das Bundesamt für die Sicherheit der Informationstechnik.[919]

Abgang auf Raten

Das Ende der Ära Gehlen: Geschwächt durch Korruption und Vetternwirtschaft

Reinhard Gehlen hat den BND begründet, und er hat eine gesamte, über 20 Jahre währende Ära des Geheimdienstes geprägt. Vieles, was in der Ära Gehlen angelegt wurde, sollte über weitere Jahre und Jahrzehnte den Dienst beeinflussen und bestimmen. Dennoch war der Abschied Gehlens ein tiefgreifender Einschnitt. Auch wenn dieses Ende nicht so sehr durch ein Datum bestimmt war als vielmehr durch eine jahrelange Entwicklung.

Nach der *Spiegel*-Affäre und nach der Enttarnung des Topspions Felfe im November 1961 sank der Stern Gehlens unaufhaltsam. Sein Niedergang hatte zwar schon mit der Offensive der östlichen Nachrichtendienste ab 1953 begonnen, aber das wahre Ausmaß der dort erlittenen Schlappen war nicht bekannt geworden, und sie konnten zunächst durch blumige Berichte sowie expandierende Aktivitäten im Westen und in neutralen Ländern überspielt werden. Im Sommer 1963 hatten sich die Fraktionsvorsitzenden von Brentano, Ollenhauer und Mende durch BND-Beamte über die Personalverhältnisse in Pullach unterrichten lassen und dabei auch die Frage erörtert, ob Gehlen gehen müsse oder nicht.[920] Solange jedoch Adenauer regierte und Globke bis Herbst 1963 im Kanzleramt die Strippen zog, drohte Gehlen keine vorzeitige Pensionierung. Allerdings wurde seine Macht begrenzt.

«Über die Stellung des Bundesnachrichtendienstes gegenüber dem Bundeskanzleramt bestanden verschiedene Auffassungen. Leitende Herren des Dienstes, vor allem auch Präsident Gehlen selbst, vertraten die Meinung, der Dienst sei eine oberste Bundesbehörde, die selbständig neben Bundeskanzleramt und Bundespresseamt dem Bundeskanzler unterstehe. Tatsächlich wurden die Aufgaben, die nach gesetzlichen Vorschriften von obersten Bundesbehörden wahrgenommen werden müssen, vom Bundeskanzleramt, nicht vom BND erledigt, z.B. bestimmte

Haushalts- und Personalangelegenheiten. Im Übrigen aber wurde dem BND für seine Tätigkeit freie Hand gelassen», erinnerte sich 1980 der Abteilungsleiter im Kanzleramt, Reinhold Mercker.[921] Er fasste als Konsequenz aus den Affären *Spiegel* und Felfe zusammen, Globke sei zu der Auffassung gelangt, «dass die Einführung einer Dienstaufsicht, ähnlich wie sie bereits über das Bundesamt für Verfassungsschutz geführt wurde, kaum zu vermeiden sei ... Nach gründlicher Prüfung ist dann – vor allem auch im Hinblick auf entsprechende Regelungen ausländischer Staaten – davon abgesehen worden, den Dienst aus der unmittelbaren Ressortierung zum Regierungschef herauszunehmen. Durch entsprechende Personalvermehrung im Bundeskanzleramt ist dann dafür Sorge getragen worden, dass eine stärkere Dienstaufsicht ausgeübt werden konnte.»

Eine Unterstellung des BND unter das Verteidigungs-, Außen- oder Innenministerium hatte Gehlen also gerade noch abwenden können, aber sein Anspruch, bei großer Handlungsfreiheit nur dem Kanzler verantwortlich zu sein, war zurechtgestutzt worden. Zugleich nahm die Zahl seiner Förderer in Bonn und München stetig ab. Aus dem Zweckbündnis mit Strauß war durch die *Spiegel*-Affäre sogar eine Feindschaft erwachsen, wie Gehlen sehr wohl wusste. Am 25. Juli 1963 hatte die BND-Verbindung 273 eine Eilnotiz für ihren Verbindungsführer auf den Weg «von Hand zu Hand» gebracht, in der ausführlich ein Gespräch des Münchner Monsignore Forster mit Strauß am Tag zuvor referiert wurde. Hauptthema der Unterredung war die *Spiegel*-Affäre und «wie es dazu kam». «Franz Josef erklärte sein Verhalten (dessen Fragwürdigkeit er sich heute bewusst sei) aus der Enttäuschung über die Tatsache, dass der Präsident des BND den *Spiegel* gewarnt und ihn daher gezwungen habe, noch rechtzeitig in der ‹bekannten› Form einzugreifen. Leider sei dieses – insbesondere die Beschlagnahme eines entscheidenden Dokumentes – nicht mehr gelungen», fasste 273 das «mit allen Details ausgeschmückte» Gespräch zusammen. Im Kern machte Strauß Gehlen für seinen erzwungenen Rücktritt als Verteidigungsminister verantwortlich und hatte damit aus seiner Sicht allen Grund, seine Ablösung zu befördern. Ausweislich einer Aktennotiz von General Langkau war Gerd Schmückle sogar der Auffassung, es habe in der *Spiegel*-Affäre eine ganze Front ehemaliger NS-Generäle beim BND gegen Strauß gegeben.

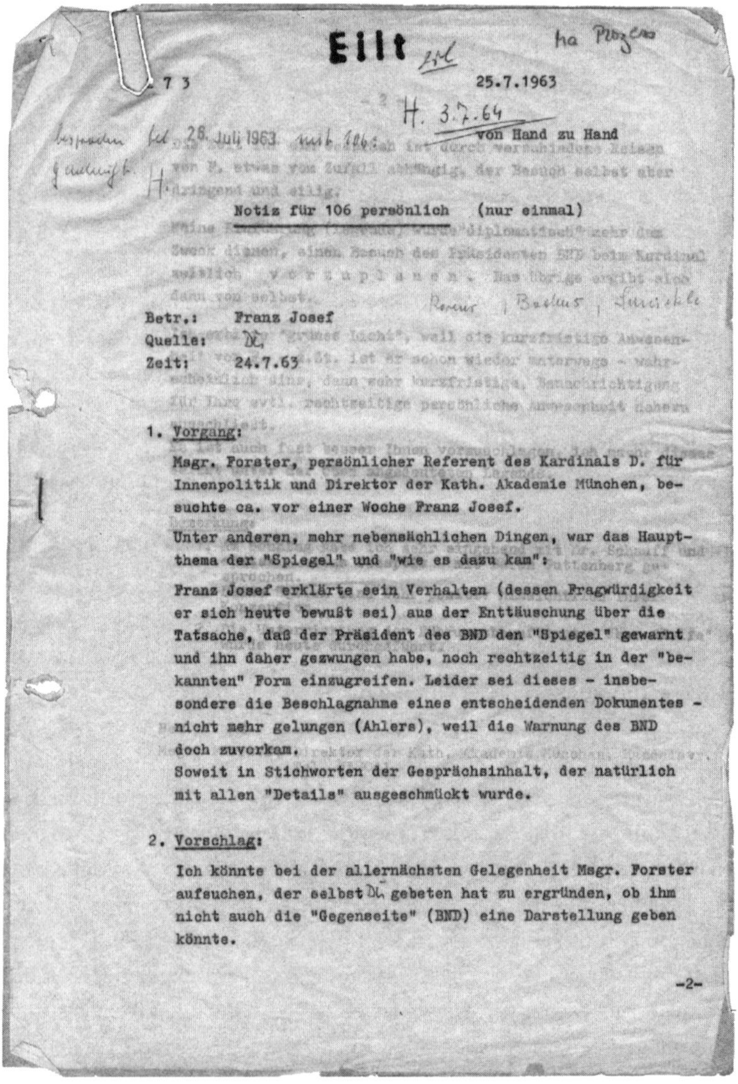

Eilt

73 — 25.7.1963

26. Juli 1963

von Hand zu Hand

Notiz für 106 persönlich (nur einmal)

Betr.: Franz Josef
Quelle: DL
Zeit: 24.7.63

1. Vorgang:

Msgr. Forster, persönlicher Referent des Kardinals D. für Innenpolitik und Direktor der Kath. Akademie München, besuchte ca. vor einer Woche Franz Josef.

Unter anderen, mehr nebensächlichen Dingen, war das Hauptthema der "Spiegel" und "wie es dazu kam":

Franz Josef erklärte sein Verhalten (dessen Fragwürdigkeit er sich heute bewußt sei) aus der Enttäuschung über die Tatsache, daß der Präsident des BND den "Spiegel" gewarnt und ihn daher gezwungen habe, noch rechtzeitig in der "bekannten" Form einzugreifen. Leider sei dieses - insbesondere die Beschlagnahme eines entscheidenden Dokumentes - nicht mehr gelungen (Ahlers), weil die Warnung des BND doch zuvorkam.

Soweit in Stichworten der Gesprächsinhalt, der natürlich mit allen "Details" ausgeschmückt wurde.

2. Vorschlag:

Ich könnte bei der allernächsten Gelegenheit Msgr. Forster aufsuchen, der selbst DL gebeten hat zu ergründen, ob ihm nicht auch die "Gegenseite" (BND) eine Darstellung geben könnte.

-2-

Vertrauliches über einen Gehlen-Gegner: Franz Josef Strauß und die Schuld an der Spiegel-Affäre

Adenauers Nachfolger Erhard hatte von vornherein ein gespaltenes Verhältnis zum BND. Nachdem Erhard am 16. Oktober 1963 gewählt worden war, ließ er das Verbindungsbüro aus dem Palais Schaumburg ausquartieren, da er nicht «mit diesen Leuten unter einem Dach» sitzen wolle; Erhard und seinem Staatssekretär Ludger Westrick mangelte es – so Johannes Gross – an «Verstand für Akten, für den Geheimdienst, die Institutionen der Macht».[922]

Der Chef der großen Koalition, Kiesinger, der beim BND den Decknamen KONRAD trug, fühlte sich dem Dienst zu Dank verpflichtet, weil Gehlens Leute ihm über die CIA seine NS-Akten besorgt hatten[923] und weil Pullach mit der Operation IGEL im November 1967 geholfen hatte, den Staatsbesuch des Kanzlers in Indien vorzubereiten und gegen die starke Propaganda der DDR abzuschirmen.[924] Eigentlich hätte Gehlen altersbedingt im Frühjahr 1967 in den Ruhestand treten sollen, doch Kiesinger schob das Problem seiner Nachfolge vor sich her und behalf sich schließlich damit, die Amtszeit des Präsidenten im Einvernehmen mit der SPD um ein Jahr zu verlängern.

In dieser Situation schrieben im Oktober 1967 22 leitende BND-Mitarbeiter und Ex-BND-Leute einen vierzehn Seiten umfassenden Brief, dem individuelle Beschwerden und Einzeldarstellungen beigefügt waren, an den zuständigen Staatssekretär im Kanzleramt Werner Knieper.[925] Das Schreiben sollte für eine Reform des BND sorgen, zielte aber vor allem auf die Ablösung des Präsidenten. Die Gegner des «Doktors» informierten auch CDU und SPD über die Missstände in Pullach sowie Bundespräsidialamt und Bundesgerichtshof. Knieper, seit 1966 Leiter des Kanzleramts und zugleich Geheimdienstkoordinator, habe den Brief der 22 Abweichler mit Gehlen besprochen, sodass aus dem versuchten Umsturz nichts wurde, vermutete BND-Veteran Oskar Reile im Oktober 1974.[926]

Anführer der Frondeure war der ehemalige Abwehroffizier Hans Maetschke, der es schon früher gewagt hatte, drei Denkschriften zur Reform des Dienstes vorzulegen. Maetschke war lange Zeit in der Pullacher Zentrale tätig, bevor er eine BND-Außenstelle in Mainz übernahm. Der eingeschworene Gehlen-Gegner galt im Dienst als extrem rechts und fanatischer Strauß-Anhänger. Die erste seiner Denkschriften vom 4. Juli

1962 hatte Gehlen selbst im Original vorgelegen. Er ließ sie jedoch erst neun Monate später durch seinen persönlichen Referenten Eberhard Blum kurz und schwammig kommentieren. Doch Maetschke ließ nicht locker und unterbreitete im September 1963 eine weitere Denkschrift. Als das wieder nichts fruchtete, gab er dem Leiter der Gegenspionage im Oktober 1964 seine dritte kritische Ausarbeitung, die er auch Vizepräsident Wendland persönlich vortrug. Alles vergeblich. Frustriert wechselte Maetschke am 1. August 1965 zur Bundeswehr.

An Kandidaten für die Gehlen-Nachfolge mangelte es nicht. Im Gespräch waren Staatssekretär Mercker, General Graf Kielmannsegg, Botschafter Schnippenkoetter, die Vizepräsidenten Wendland und Wessel. Gehlen selbst hatte keinen Kronprinzen erwählt und votierte für die beiden Letztgenannten. Nur mit Wessel führte Kiesinger am 15. Oktober 1967 eine Aussprache. «Im Winter 1967/68 schien sich die Lage jedoch geklärt und Kanzler Kiesinger für Wessel entschieden zu haben, obzwar er den Konkurrenten Wendland gar nicht kennen gelernt hatte.»[927] Die treibende Kraft hinter dem Entschluss war offenbar wieder Maetschke, der selbst am ersten Weihnachtstag keine Ruhe gab. Er «habe durch zwei persönliche Telefongespräche am 25. 12. 67 den entscheidenden Anstoß gegeben, dass, nach einer Besprechung in Bonn am 25. abends, ein Kurier ins Urlaubsquartier des Kanzlers geflogen ist, um dem Kanzler die Entscheidung abzuringen und seine Unterschrift für den Präsidentenwechsel zu bekommen», teilte er Oberstleutnant Rudolf Rothe mit und erinnerte an eine Notiz von 1963: «Diesen Saustall kann eigentlich nur noch einer, nämlich General Wessel in Ordnung bringen.»

Im Kanzleramt war man sich bewusst, dass mit dem Präsidentenwechsel die Probleme nicht gelöst sein würden, denn nicht nur die Person, das ganze System Gehlen war gescheitert. Karl Carstens, Kniepers Nachfolger im Kanzleramt, griff folglich die Beschwerden über die Missstände wieder auf und setzte zur Klärung – und sicherlich auch, um die schmerzlichen Eingriffe in den Besitzstand der altgedienten Gehlen-Vertrauten zu legitimieren – die Mercker-Kommission ein.[928] Dieser Kommission gehörten als Vorsitzender Staatssekretär a. D. Mercker, unter Adenauer Referatsleiter im Kanzleramt für den Geschäftsverkehr zwischen Kanzler und BND, Ministerialdirektor a. D. Dr. Raab, ein Vertrauter von Carstens, und der 1964 pensionierte Generalleutnant a. D. Alfred Zerbel an. Sie hatten aufgrund eines Vertrages vom 31. Mai 1968 eine Reihe dem Kanzleramt vorliegender Beschwerden von Mitarbeitern des BND und von Hinweisen Außenstehender zu überprüfen.

Im Zuge dieser Untersuchung sind etwa 100 BND-Mitarbeiter einvernommen worden. Zur Gänze ist der 200 Seiten umfassende Bericht der Mercker-Kommission nie öffentlich geworden, er wurde im Panzerschrank des Kanzleramtes verwahrt und selbst dem BND nie zur Verfügung gestellt. Allerdings liegt ein Regierungsbericht aus dem Jahre 1970 vor, der im Zuge der Langemann-Affäre 1982 publiziert wurde und der über weite Strecken Abschnitte des Berichts im Originalwortlaut wiedergibt und einleitend konstatiert: «Am 24. Juli 1969 legte die Kommission ihren Bericht vor. In dessen zweitem Teil werden die im Zuge der Behandlung der Beschwerden und Hinweise von ihr festgestellten sachlichen Probleme des Dienstes, insbesondere Gründe für die Mängel in seiner damaligen Leistungsfähigkeit und in seiner inneren Lage behandelt. Angefügt hat die Kommission Empfehlungen zur Behandlung dieser Mängel.»[929] Als der CDU-Abgeordnete Baier im Oktober 1971 das Gerücht in die Welt setzte, die Kommission sei nur eingesetzt worden, um nach dem Fall Felfe nach weiteren Verrätern zu suchen, erteilte ihm der Geheimdienstspezialist des *Spiegel*, Zolling, in einem Leserbrief an die *Zeit* eine harsche Antwort und bilanzierte: «Kurzum, das Urteil der Mercker-Kommission war für Gehlen vernichtend.»[930]

Am Denkmal Gehlen kratzten zwei massive Vorwürfe. Als ersten nannte Zolling die «Laschheit in der Amtsführung (Gehlen war oft wochenlang im BND nicht zu sehen, dafür aber im Garten seines Hauses beim Anlegen von Selbstschüssen oder als Segler auf dem Starnberger See)». Aber selbst dann konnten Mitarbeiter mit Gehlen in Konflikt geraten. So fiel BND-Mann Ernst von Bary in Ungnade, weil er Gehlens Segelkurs mit seinem eigenen Boot ungebührlich gekreuzt hatte.[931] Dass der BND trotz «Dauerurlauber» Gehlen nicht in Agonie lag, verdankte er der Initiative von Abteilungsleitern wie Kurt Weiß (Außenpolitische Aufklärung) oder Erich Dethleffsen (Auswertung), die bemüht waren, auch ohne die lenkende Hand des Präsidenten die Routinearbeit zu bewältigen. Überdies übernahm Horst Wendland als Leiter der Verwaltungs- und Organisationsabteilung wesentliche Führungsfunktionen. Als Vorstufe zur Reform arbeitete er an neuen organisatorischen Richtlinien, hielt die Verbindungen zu den Partnerdiensten und nach Bonn aufrecht und blieb im Dialog mit unangepassten BND-Beamten, die an ihm ihre Hoffnung auf Besserung festmachten.[932]

Der zweite auf Gehlen zielende Vorwurf war dessen ausgeprägte Vetternwirtschaft. Als der BND am 17. November 1966 dem Kanzleramt «die im Bundesnachrichtendienst tätigen Verwandten des Herrn Präsidenten» namhaft machte, stapelte er tief. Vier Veteranen aus OG-Zeiten waren da aufgeführt und sechs ab 1962 in Dienst gestellte Familienmitglieder. Die Wirklichkeit sah anders aus.

Da war zunächst der bereits erwähnte Halbbruder Dr. Johannes Gehlen (Gustav), der vom 1. Januar 1946 an in der OG diente. Der Schwager Brinkhard von Seydlitz-Kurzbach, der weniger unter seinem Decknamen Seydel denn unter seinem Spitznamen Winnetou bekannt war, kam Anfang 1947 zur Fernmeldeaufklärung der OG. Im BND reüssierte er als Brigadegeneral und Leiter der Personalabteilung von 1957 bis 1961. Der ehemalige Oberst Alfred Dürrwanger alias Justus war am 1. Juni 1955 in die OG eingetreten. Im Jahr darauf setzte Gehlen ihn als ersten Leiter des Verbindungsbüros des BND in Bonn ein, und zwei Jahre später heiratete Justus Gehlens Tochter Katharina. Als er dann die Residentur in Washington übernehmen sollte, lehnte die CIA ihn ab. Ersatzweise stieg der Schwiegersohn zum BND-Vertreter in Paris auf. Der angeheiratete Stiefbruder Dr. Hans Schneemilch (Schlömel) leitete ab Mai 1946 den ärztlichen Dienst der OG und wurde 1957 als leitender Regierungsmedizinaldirektor BND-Amtsarzt, obwohl als Morphinist verschrien. Seinen Vetter Peter von Vaernewyck, der bereits ab April 1943 als Oberleutnant bei Fremde Heere Ost diente, hatte Gehlen zum 1. Oktober 1956 als Hauptmann in die Gegenspionage geholt. Die weiblichen Sprösslinge der Familie ließ der BND-Präsident als Dolmetscherinnen beschäftigen, Tochter Marie Therese ab Dezember 1962, Nichte Christina ab Februar 1964 und Schwiegertochter Gisela ab März 1964. Und noch im März 1965 verstärkten Sohn Felix Christoph als Verwaltungsangestellter Thalheim im Bereich Technik und Schwiegersohn Jobst Kosska als Psychologe den Familienclan in Pullach.[933]

Der Guillaume-Untersuchungsausschuss des Bundestags erhielt im August 1974 einen noch tieferen Einblick in die Vetternwirtschaft. 16 Verwandte, bekannte BND-Verwaltungschef Herbert Rieck, hatte Gehlen auf sichere Posten in Pullach gehievt und dabei weder eine glückliche Hand noch die Unbestechlichkeit des preußischen Generalstabsoffiziers bewiesen. «Ein anderer Gehlen-Verwandter, gelernter Drucker und ohne Nachrichtendienst-Erfahrung, musste seinen BND-Posten in Lateinamerika verlassen, weil er im Verdacht stand, Finanzmanipulationen begangen zu haben», meldete seinerzeit der *Spiegel*.[934]

Auch Vorwurf und Redensart «Wie der Herr, so 's Gscherr» trafen zu: Gehlens Vetternwirtschaft hatte Schule gemacht. Als Rieck 1970 die Verwaltung des BND übernahm, stieß er auf 130 Fälle, in denen Mitarbeiter ihre Verwandten im Dienst untergebracht hatten: «Viele wurden nur selten in der Dienststelle gesehen, andere zerschnippelten ausländische Zeitungen und bereiteten sie zu neuesten BND-Meldungen auf.»[935] Besonders beliebt war die Versorgung studierender Kinder im so genannten Babyclub, wo sie sich in den Semesterferien ein Zubrot verdienen konnten. So ließ der Leiter der Auswertung, Heinz Danko Herre, seinen studierenden Filius Dagobert Herre in der studienfreien Zeit als Kurier beschäftigen.[936] Häufig diente die Ferienarbeit der Vorbereitung auf späteren Einsatz im BND als so genannter «Leitungszögling». Der Sohn von General Langkau, Wolf-Werner Langkau, studierte beispielsweise von 1957 bis 1966 Jura und trat dann in den BND ein, der seine akademische Laufbahn weiter förderte und ihn bis 1970 über «Völker- und landesrechtliche Probleme der Kriegs- und Friedensspionage» promovieren ließ.

Klaus von Weitershausen, dessen Vater und Mutter beide in Pullach dienten, avancierte in den 70er Jahren zum Leiter des BND-Referats IB B 3 (Beamte). WILHELM ging dann 1975 in die BND-Verbindungsstelle Bonn und rückte in den 80er Jahren zum Leiter einer Unterabteilung auf. 1994 war er Sicherheitsbeauftragter und galt als ein Kandidat für das Amt des BND-Vizepräsidenten, bevor ihn BND-Präsident Hans-Jörg Geiger nach Abschluss der Untersuchungen gegen Volker Foertsch aus der Sicherheitsabteilung versetzte.[937]

Die Personalpolitik nach Gutsherrenart zeigte sich auch auf anderen

Feldern. Die «Bevorzugung zum Teil überalterter Militärs auch auf Gebieten, von denen diese Soldaten nichts verstanden» war die eine Seite dieser Medaille, die andere, dass die meisten «Altgardisten» ihre Führungspositionen missbrauchten, um «die von den Hochschulen kommenden Nachwuchskräfte in untergeordnete Stellungen abzudrängen»[938] und sich und ihren Paladinen die Pfründe zu sichern. Dabei ging es nicht nur um gute Dienstbezüge, auch «finanzielle Unstimmigkeiten» und «übertriebene Reiselust von Führungsmitarbeitern ins Ausland (unter dem Vorwand der Pflege von Beziehungen zu befreundeten Diensten)» konstatierte Hermann Zolling. Der Mercker-Bericht fand deutlichere Worte: «Als ein Zeichen der Korruption hat es die Kommission angesehen, dass der Bundesnachrichtendienst der Eingabe eines früheren Mitarbeiters zufolge in Unterschlagungsfällen grundsätzlich von einer Anzeige gegen die Täter bei der Staatsanwaltschaft absieht. Hierzu hat sie festgestellt, dass im Bundesnachrichtendienst Unterschlagungen größeren Ausmaßes vorgekommen sind, von denen allerdings ein großer Teil noch in die Zeit der Organisation Gehlen zurückreicht.»

Eklatantes Beispiel war wieder der Halbbruder des Präsidenten, der in Rom mit der Fürstin Raimonda Millionen verpulverte. Als der BND den Fall untersuchte, stieß er überdies auf gefälschte Quellenabrechnungen und andere Durchstechereien. Er sei zwar ein Hasardeur, aber dennoch ein guter Nachrichtendienstler gewesen, versuchte Kurt Weiß 1982 das Bild des korrupten Residenten aufzubessern. «Um dem Verdacht im Personal entgegenzuwirken, dass Unterschlagungsfälle und sonstige Unregelmäßigkeiten aus unkorrekten Gründen vom Dienst gedeckt werden», empfahl die Mercker-Kommission, «dass künftig der BND dem Staatssekretär des Bundeskanzleramtes über größere Unterschlagungen und Unregelmäßigkeiten sowie über die aus diesem Anlass geplanten Maßnahmen berichtet.»

Doch Gehlen hatte nicht nur Zuckerbrot für seine Fraktion parat, sondern auch die Peitsche für Dissidenten. Als schärfste Waffe diente ihm seine Sicherheitsabteilung, die «Sonderfälle» im Sinne des Präsidenten handhabte. Mit der Drohung, Untersuchungen wegen Feindverdacht aufzunehmen, wurden missliebige Mitarbeiter unter Druck gesetzt. So gelang es Gehlen, Opponenten weitgehend mundtot zu machen und von den Fleischtöpfen lukrativer Verwendungen – besonders im Ausland – fern zu halten. An den Schalthebeln saßen seine Vertrauten, und sie schalteten willkürlich, wie der Mercker-Bericht verdeutlicht: «In zwei Fällen hat der zuständige Beamte der Zentrale der Kommission gegenüber unumwunden zugegeben, dass auch nach seiner Auffassung kein Anlass für einen Feindverdacht und damit für die Sicherheitsuntersuchung gegeben gewesen sei. Die spektakuläre Art, mit der in beiden Fällen die Sicherheitsüberprüfung eingeleitet wurde, lässt erhebliche Zweifel darüber aufkommen, ob damit wirklich die Klärung eines immerhin möglichen Feindverdachts beabsichtigt war oder ob nicht vielmehr die Beschwerdeführer unter Druck gesetzt werden sollten. Wenn auch die Angehörigen eines geheimen Nachrichtendienstes sich darüber im Klaren sein müssen, dass sie aus Sicherheitsgründen einer stärkeren Kontrolle unterworfen sein müssen als Angehörige mancher anderer Berufe, so muss es zu einer gefährlichen Erschütterung des Vertrauens führen, wenn der Eindruck aufkommt, dass mit an sich notwendigen Maßnahmen unkorrekte Zwecke verfolgt werden. Es wird deshalb empfohlen: die Handhabung der Sicherheitsvorschriften innerhalb des Dienstes zu überprüfen und sicherzustellen, dass Sicherheitsoperationen gegen Mitarbeiter nur dann eingeleitet werden, wenn sich dies nach Entscheidung des Präsidenten oder seines Vertreters aus sachlichen Gründen als notwendig erweist.»

Hans Maetschke hatte im Dezember 1967 in einem Brief an das Verteidigungsministerium beklagt, dass die BND-Führung Oppositionsgruppen bekämpfe, «mit allen Mitteln und den bekannten Praktiken. Ganze Oberservationsgruppen und Ermittler-Teams sind gegen eigene Mitarbeiter eingesetzt.» Den Verfolgungswahn der Sicherheitsabteilung bekam der Gehlen-Gegner am eigenen Leibe zu spüren: Nachdem er über die Probleme der 22er-Gruppe (siehe oben) mit dem FDP-Staatssekretär im Innenministerium Hans Schäfer[939] gesprochen hatte, bemerkte er nächtens auf der Terrasse seines Hauses einen Trupp BND-Observanten.[940]

In seinem Buch «Verschlusssache» holt Gehlen kurz vor seinem Tod noch einmal zur Rettung seines Lebenswerkes aus und hebt die aus seiner Sicht hervorragende Leistungsfähigkeit des BND zum Ende seiner

Dienstzeit hervor, die in der präzisen Vorhersage des Einmarsches der Roten Armee in der ČSSR im Sommer 1968 gegipfelt habe: «Die vielfach geäußerte Überraschung hätten sich die Spitzenpolitiker des Westens, den deutschen Bundeskanzler eingeschlossen, freilich ersparen können ... Der Dienst hatte mehrere Tage vor Invasionsbeginn deren Vorbereitungen erkannt und mit einer eindeutigen Lagebeurteilung gemeldet. Sie lautete in Kürze: Die an den Staatsgrenzen der ČSSR ursprünglich zu Manövern versammelten Truppen des Warschauer Paktes werden einmarschieren und am ersten Tag Prag besetzen. Das Informationsbild des Dienstes setzte sich, wie mir versichert wurde, aus zahlreichen Einzelmeldungen und zusätzlichen Erkenntnissen zusammen, die mit gewagten Sondereinsätzen im Grenzraum der ČSSR gewonnen werden konnten.»[941]

Auch dieser letzte Rehabilitationsversuch muss wohl in den Bereich der Legende verwiesen werden. Der scheidende Vorsitzende der Parlamentarischen Kontrollkommission, Johannes Gerster, berichtete 1991, dass die entsprechenden Meldungen vom Mossad gekommen waren, der sie freundlicherweise dem BND überlassen hatte.[942] Die entscheidende Frage lautet aber wieder: Haben solche Geheimdienstinformationen einen praktischen Nutzen, oder meldete man nur, womit jeder rechnete? Eine Studie des Bundesbeauftragten für die Unterlagen des Staatssicherheitsdienstes der ehemaligen DDR (Gauck-Behörde) untersucht die Zerschlagung des Prager Frühlings im Spiegel der Stasi-Akten. Aus ihnen geht hervor, dass das MfS es durch operative Maßnahmen geschafft hatte, Material zur Außenpolitik der Bundesrepublik aus dem Zeitraum Mai bis Juni 1968 zu beschaffen. Aus diesen Unterlagen sei ersichtlich gewesen, dass «der Westen bereits damals mit einer sowjetischen militärischen Intervention gerechnet habe».[943] Die Studie zitiert auch eine Aktennotiz der HVA, in der eine Mitteilung des Leiters der Militärmission der ČSSR in Westberlin, Oldrich Krepelak, festgehalten wird: «Genosse K. teilte ferner mit, dass er kürzlich auf einem Empfang von dem stellvertretenden Leiter der Vertretung des Bonner Auswärtigen Amtes in Westberlin angesprochen wurde und dieser ihm mitgeteilt habe, dass man in Bonn über Informationen verfügte, dass der Einmarsch von Truppen sozialistischer Länder in die ČSSR vorgesehen wäre. Nach der Planung komme dabei der Armee der DDR besondere Bedeutung zu.»[944]

Es ist wie vor dem Mauerbau. Die einen wissen, was die anderen vorhaben. Und die anderen wissen, dass die einen es wissen. Ob die Informationen nun vom Mossad oder vom BND kommen, ist unerheblich. Übrig bleibt, dass die Behauptung, es gewusst zu haben, im Nachhinein ohne Einordnung in den Wirkungszusammenhang nur der Legendenbildung dient. Man kann davon ausgehen, dass die Geschehnisse in der ČSSR im August 1968 noch einmal ein einschneidendes Erlebnis am Ende, eigentlich schon kurz nach Gehlens Laufbahn waren. Es ist erklärlich, dass er in der Rückschau verbissen versuchte, seine Lebensleistung zu rechtfertigen und das Bild, das seine Nachfolger von ihr zeichneten, zu revidieren. Dass dieses Bild in weiten Teilen vernichtend war, konnte und wollte er nicht akzeptieren.

Der Mercker-Bericht indes beschreibt den Zustand des BND am Ende der Ära Gehlen gleich zu Beginn: «Die Kommission stellte fest, dass die Effizienz des Bundesnachrichtendienstes in der Aufklärung gegen den Osten sich ungünstig entwickelt hat und mehr und mehr abgesunken ist. Sie sieht dafür mehrere Gründe: Der Dienst sei schwerfällig geworden, er habe nicht rechtzeitig Vorkehrungen für voraussehbare Erschwernisse in den Verbindungen zum Osten getroffen. In seiner Führungsspitze sei die Risikobereitschaft geschwunden. Übersteigerte Sicherheitsbedenken hätten die Leistungsfähigkeit behindert. Nach Auffassung der Kommission ist nötig: a) Die bestehenden Regeln für die operationelle Sicherheit (sei es, dass sie auf schriftliche Anordnung oder auf eine bloße Übung zurückgehen) auf ihre Notwendigkeit zu überprüfen, wobei selbstverständlich der Grundsatz weiter zu beachten ist, dass bei gleichwertigen Wegen zur Erreichung eines bestimmten Zieles der Weg mit dem geringeren Risiko vorzuziehen ist. b) Bei außen- oder innenpolitischen Risiken sollte die Entscheidung des Staatssekretärs des Bundeskanzleramtes eingeholt werden. c) Bei den Dienstangehörigen, insbesondere den Außenstellen, sollte durch entsprechende Aufklärung der dort möglicherweise noch bestehende Eindruck mangelnder Risikobereitschaft der Führung beseitigt werden.»

Am 30. April 1968 wurde Generalleutnant a. D. Gehlen, mit dem

Großen Verdienstkreuz des Verdienstordens der Bundesrepublik mit Stern und Schulterband geehrt, in den Ruhestand versetzt. Zur Ruhe kam der BND dadurch nicht, auch, weil der rührige Pensionär am Starnberger See alte Vertraute um sich scharte, über die er in den Dienst hineinzuwirken suchte. Als ob er den selbst verschuldeten Verfall seines Apparats nicht wahrgenommen hätte, pflegte er in diesem Kreis weiter seine Legende und beschwor wieder und wieder den Abglanz, der durch sein Lebenswerk auf seine alten Mitstreiter fiel.

II. Von Pullach in die weite Welt: Geheime Politik und schmutzige Geschäfte

Gruppenbildung mit Dame

Von Erblasten und Seilschaften – Die Ära Wessel beginnt

Als feststand, dass Gerhard Wessel das Amt des BND-Präsidenten übernehmen würde, sparten die so genannten Vertrauensjournalisten des BND nicht mit Vorschusslorbeeren. Werner Erdsack, BND-Deckname ELSENHEIMER, bescheinigte dem Pastorensohn aus Neumünster im *Münchner Merkur*, er sei ein «erfolgreicher Gehlen-Schüler und dessen langjähriger Mitarbeiter in US-Diensten vor Eingliederung des BND ins Bonner Kanzleramt. ‹Vater› des militärischen Abschirmdienstes und gleichermaßen qualifizierter Truppenführer wie Nato-Stabsoffizier.»[945] Wessel selbst äußerte gegenüber Peter Stähle vom *Stern*, Deckname STIEHLER: Wenn ihm jetzt der Präsidentensessel in Pullach angetragen worden sei, dann «würde ich das schon meinem Freund Gehlen zuliebe nicht ablehnen»[946]. Weniger begeistert wurde Wessel offensichtlich bei einigen Vertrauten Gehlens aufgenommen. Schon bald nach seinem Amtsantritt am 1. Mai 1968 hegte er den Verdacht, von der eigenen Truppe abgehört zu werden. Den eigenen Wanzenabwehrfachmann THALHEIM mochte er schon deshalb nicht einschalten, weil es sich dabei um den Sohn seines Vorgängers handelte. So ließ er seine alten Verbindungen zum MAD spielen und holte dessen Lauschabwehrtrupp nach Pullach. Das MAD-Team untersuchte die Präsidentenvilla im Camp Nikolaus fünf Tage lang und förderte einen ganzen Waschkorb voll Wanzen zutage. Bis in die Toilette hatte der Lauschangriff gereicht.[947]

Grabenkämpfe im Hauptquartier

Eine Lauschaktion, die sich gegen führende Köpfe des eigenen Apparats richtete, war keine Ausnahme. So war auch der frühere Vizepräsident Worgitzky abgehört worden.[948] Solche widerrechtlichen Aktivitäten ze-

Gerhard Wessel (links), der zweite Präsident des BND

mentierten die unselige Rolle der Sicherheitsabteilung, die schon die Mercker-Kommission beklagt hatte, weil sie so über jeden Schritt des Präsidenten oder seines Stellvertreters informiert war und Strategien zur Besitzstandswahrung entwickeln konnte. 1968 warnte Hans Maetschke den Oberstleutnant Rudolf Rothe brieflich vor BERNHARD, dem Freiherrn Walrab von Butlar, der in Pullach auch als «der Rote Baron» firmierte, und vor PETERS, der 1956 eine wichtige Funktion in der Sicherheitsabteilung übernommen hatte: «Ich habe nur noch ein Interesse, dass die Herrn Bernhard, Peters und Genossen, die nach wie vor alle diejenigen verfolgen, die zur Opposition gehören – und dies offensichtlich noch tun können – das Handwerk gelegt wird. Sie wissen ja selbst, mit welchen Mitteln diese beiden Fürsten arbeiten, und Sie werden ja unter Umständen noch erleben, welche Widerstände gegen Sie eingebaut werden.» [949] Im Oktober 1968 schickte er dann einem Admiral im Verteidigungsministerium[950] eine persönliche Unterrichtung, die sich kritisch mit Wessels ersten Reformbestrebungen auseinander setzte: «Die Planungskommission, die vom Präsidenten eingesetzt wurde, hatte Anfang September 1968 ihre Arbeiten abgeschlossen und einen neuen

Organisationsplan vorgelegt. Dabei ist festzustellen, dass die Kommission im Wesentlichen aus den Leuten bestand, die bisher schon an entscheidender Stelle gearbeitet haben und denen es nicht gelungen war, vernünftige Vorstellungen durchzusetzen. Entscheidend ist auch, dass Dienststellenleiter des ‹Feldes› nicht als ständige Vertreter in der Kommission saßen, sondern nur vereinzelt gehört wurden. Das bedeutet, dass die eigentlichen Träger der nachrichtendienstlichen Beschaffung entweder gar nicht oder nur unvollständig gehört wurden.»

Die Mitglieder der Kommission betrachteten ihren Auftrag offensichtlich als eine Art Selbstbedienungsladen, denn aus ihr selbst gingen die neuen, alten Abteilungsleiter hervor: Die Zentralabteilung mit den Unterabteilungen Personal, Sicherheit und Datenverarbeitung übernahm Gehlens einstiger persönlicher Referent Eberhard Blum (HARTWIG). Die Abteilung Beschaffung mit sämtlichen nachrichtenbeschaffenden Unterabteilungen bekam Kurt Weiß (WINTERSTEIN). Die Fernmeldeaufklärung übernahm Leo Hepp, und Leiter der Auswertung wurde Erich Dethleffsen (DEGENHARDT).

Im zunächst wichtigsten Bereich, der Nachrichtenbeschaffung mit menschlichen Quellen, hatte sich die Planungskommission am englischen Modell orientiert, das Gehlen-Adjutant Blum aus Großbritannien mitgebracht hatte. Dabei steuert ein Unterabteilungsleiter (Controller) eine bestimmte Anzahl von operativen Führungsbereichen (desks), die nach Ländern gegliedert sind. Auch an diesem Neubeginn übte Maetschke heftige Kritik: «Die Schwächen des neuen Planes sind m. E. in den folgenden Problemen zu sehen: Durch die Zusammensetzung der Planungskommission mit Angehörigen des alten Establishments war von vornherein die Gefahr gegeben, dass man wie im Jahre 1946 nicht primär die Organisation vom Auftrag her schafft, sondern die Organisation auf die vorhandenen Personen zuschneidert. Die Führung im Beschaffungsbereich wird zu erheblichen Friktionen führen, weil der Leiter desk den notwendigen Apparat hat, der Controller aber nicht. Sind Desk-Führer und Controller starke Persönlichkeiten oder versucht der Desk-Führer den Controller auszumanövrieren, so müsste das zu derselben Problematik führen, wie sie bisher durch die so genannten Führungsbeauftragten längst evident war. Bei den gegebenen Haushaltsplanstellen ist die große Gefahr vorhanden, dass für die beschaffenden Außenstellen (genau wie bisher) so wenig übrig bleibt, dass qualifiziertes Personal auf die Dauer dort nicht gehalten werden kann und sich damit praktisch an der eigentlichen Arbeit des Feldes kaum etwas ändern wird.»

Maetschke selbst war es gewesen, der Wessel durch seine Intervention bei Kanzler Kiesinger ins Amt gehievt hatte, doch er sah sich schon bald in seinen Hoffnungen getrogen: «Der Präsident hat offensichtlich mit Elan und bestem Willen zunächst versucht, sich einen Überblick und Durchblick zu verschaffen. Er ist dabei zwar auf eine Reihe von Missständen gestoßen, ist in entscheidenden Fragen aber nur bis an die Grenzen vorgedrungen, weil er sich einfach in dem Wust von Halbwahrheiten, Unwahrheiten, Fehlinformationen und -interpretationen nicht durchgefunden hat. Ein sehr sachlicher und unvoreingenommener ND-Führer hat es so ausgedrückt: ‹Der neue Präsident ist vom Establishment mit Polypenarmen aufgesogen worden.› Durch den Einfluss dieses Establishments wurden und werden Zug um Zug alle Reformer und alle diejenigen, die vor der Kommission in Bonn ausgesagt haben, ausgeschaltet und mit den alten Methoden des unterschwelligen Rufmordes verdächtigt und verleumdet, um sie letzten Endes unglaubwürdig zu machen oder sie zur Resignation zu bringen», schrieb er an den Admiral und machte in Freiherr von Butlar wiederum einen der «Hauptverantwortlichen für die gesamten Missstände der inneren und äußeren Sicherheit» aus.

Den Bericht der Mercker-Kommission enthielt das Kanzleramt auch dem neuen Präsidenten vor. Doch Wessel bekam aus Bonn Hinweise, welcher BND-Angehörige vor der Kommission ausgepackt hatte. Um sich einen persönlichen Eindruck von den angeprangerten Missständen zu verschaffen, lud Wessel Ende Juli 1968 DR. SCHIMMER, einen im Krankenrevier des Dienstes tätigen Psychologen, vor und zog Vizepräsident Wendland bei dem Gespräch hinzu. SCHIMMER, Dr. Herbert Schmidt, war 1956 – frisch über «Gestalt und Bewegung in der menschenkundlichen Erscheinungsdeutung» promoviert – in den BND eingetreten. Er wurde zunächst von Gehlen protegiert, 1967 aber unter mysteriösen Umständen abgelöst, nachdem er eine Reihe von Vorgängen zu Papier gebracht und sie dem Präsidenten vorgelegt hatte. «Bei diesen Vorgängen soll es sich um Dinge handeln, die eigentlich der Staatsanwaltschaft übergeben werden müssten [...] Dr. Sch. hat rückhaltlos ausgepackt, und General Wessel soll tief erschüttert immer wieder die Frage an General Wendland gestellt haben, wie denn das nur möglich gewesen und wer denn eigentlich dafür verantwortlich sei. Wendland habe dabei kaum eine vernünftige Erklärung abgeben können. Er habe bei dieser Unterredung einen sehr bedrückten Eindruck gemacht», resümiert Maetschke.

Für Dr. Schmidt zahlte sich seine Auskunftsbereitschaft nicht aus. Er wurde in eine Münchner Außenstelle verbannt, um dort bei der Gesprächsaufklärung zu assistieren. Er entwickelte wachsenden Verfolgungswahn und beschuldigte selbst Wessel der Zusammenarbeit mit dem KGB. Als für seine neue Dienststelle ein Sicherheitsumzug angeordnet worden war, wurde Schmidt nicht über diese alarmmäßige Rückverlegung in die Zentrale informiert und stand am nächsten Tag vor der vernagelten Tür. Bei seinem Anruf in der Zentrale wurde er beschieden, er solle doch zu Hause bleiben, bis alles neu geregelt sei. Immer wieder rief der Psychologe aus seiner Mietwohnung in der Münchner Gotthardstraße in Pullach an und fragte nach, wo er seinen Dienst wieder antreten solle. Jedes Mal wurde er vertröstet und erhielt weder eine Aufgabe noch einen Dienstort zugewiesen – jahrelang. Als es in seiner Ehe kriselte, ging Schmidt, weiterhin als Oberregierungsrat besoldet, nach Regensburg und eröffnete dort eine psychotherapeutische Praxis. Erst als 1971 auf Veranlassung des Kanzleramts die BND-Stellenpläne durchforstet wurden, stießen die Prüfer wieder auf SCHIMMER. Der BND musste nach seinem Mitarbeiter regelrecht fahnden. Nur weil er über eine Regensburger Bank Unterhaltszahlungen an seine Frau leistete, konnte ihn ein Observationskommando ausmachen und nach Pullach zurückholen. Da keine Dienststelle ihn haben wollte, wurde er schließlich dem Einstellungsreferat zugewiesen. Dort blühte sein Verfolgungswahn erneut auf. Eines Tages kam er mit verbundenen Handgelenken in den Dienst. Die Postbeamtin des mittleren Dienstes, mit der er nun zusammenlebte, hatte ihm nächtens die Pulsadern aufgeschnitten und gab dies in einer Vernehmung auch zu. Schmidt bestand jedoch darauf, einem Anschlag des KGB zum Opfer gefallen zu sein. Als Anfang der 80er Jahre die Münchner Schickeria-Serie «Kir Royal» im Fernsehen zu sehen war, erbte SCHIMMER den Spitznamen des Titelhelden, des Klatschreporters «Baby Schimmerlos». Endstation seiner ungewöhnlichen Laufbahn wurde schließlich die Leitung der Dienststelle 49 F in der Münchner Tangastraße, dem BND-Abschiebebahnhof für Alkoholiker und andere Sicherheitsrisiken. 1985 wurde er pensioniert und zog sich an den Chiemsee zurück.

Als BND-Vize Wendland am 8. Oktober 1968 mit einer Pistole in seinem Büro Selbstmord verübte, fiel schnell ein Schatten auf Wessel. In Pullach und darüber hinaus schossen die Spekulationen über die Ursache des Suizids ins Kraut. Sie reichten von «Weibergeschichten» im Dienst über Wendlands Herabsetzung durch Wessel bis hin zu dem Verdacht, der zweite Mann in Pullach habe für den tschechischen Geheimdienst – möglicherweise als französischer Partner getarnt – gearbeitet. Offiziell wurden psychische Probleme als Ursache angegeben.

Tatsächlich, so informierte Kurt Weiß den Hamburger Fernsehjournalisten Bernd Hesslein, war Wendland wegen Depressionen in Behandlung, die noch einmal einen Schub bekamen, nachdem Wessel ihm deutlich gemacht hatte, dass er nicht sein Mann sei und er ihn am liebsten zur Bundeswehr abschieben wolle. Die Familie Wendlands und seine Vertrauten im Dienst lasteten den Freitod dem neuen Präsidenten an.[951]

Wie in einer Kettenreaktion folgten der Selbsttötung des Vizepräsidenten innerhalb weniger Tage fünf weitere Suizide: Hermann Lüdke, pensionierter Flottillenadmiral, erschoss sich noch am gleichen Tag mit einem Jagdgewehr. Hans-Heinrich Schenk, Regierungsdirektor im Wirtschaftsministerium, erhängte sich am 15. Oktober in Köln. Edeltraud Grapentin, Lektorin im Bundespresseamt, setzte am 16. Oktober ihrem Leben mit einer Überdosis Schlaftabletten ein Ende. Johannes Grimm, Oberstleutnant im Führungsstab der Streitkräfte, beging am 18. Oktober Selbstmord. Drei Tage später verschwand der Regierungshauptsekretär im Verteidigungsministerium, Gerhard Böhm. Er wurde später tot aufgefunden.

Ein Untersuchungsausschuss des Bundestages fand keine Hinweise auf einen Zusammenhang zwischen diesen sechs Selbstmorden innerhalb von zwei Wochen im Sicherheitsapparat der Bundesrepublik und keine möglichen Hintergründe. Nur im Fall des ehemaligen Chefs des Stabes für Logistik im Nato-Hauptquartier, Hermann Lüdke, der mit Wendland befreundet war, führten pannenreiche Ermittlungen zum Nachweis einer nachrichtendienstlichen Tätigkeit – vermutlich für die ČSSR – und zu Zweifeln an der Selbstmordthese.[952] Wessel stand nun unter noch stärkerem Druck, die Reform seines Apparats nachhaltig zu betreiben.

Das Arrangement, das Wessel mit den wichtigsten Ziehsöhnen Gehlens getroffen hatte, wurde durch den Ausgang der Bundestagswahl 1969 infrage gestellt. Zunächst spielte Wessel sogar mit dem Gedanken, angesichts der neuen politischen Rahmenbedingungen in den Ruhestand zu treten. Doch nicht zuletzt seine Frau Rosemarie, die Gefallen an ihrer Rolle als Präsidentengattin gefunden hatte, und Gehlen selbst bewogen ihn, im Amt zu bleiben.[953] Beliebt hatte sich der BND bei seinem neuen obersten Dienstherrn, Bundeskanzler Willy Brandt, durch die Observationen der SPD-Kontakte zu Eurokommunisten und Sowjetdiplomaten zuvor nicht gemacht. Nachdem die Sozialdemokraten das Regierungsruder in die Hand genommen hatten, übernahm Horst Ehmke als Kanzleramtsminister die Verantwortung für den BND. Da er schon seit 1966 die Demarche kannte, die eine Gruppe von Beamten, Offizieren und Angestellten zu den unhaltbaren Zuständen in Pullach in Umlauf gebracht hatte, wusste er auch, wo er anzusetzen hatte. Ehmke sagte der Inlandsaufklärung des BND und den von Wessel immer noch gelittenen Seilschaften in Pullach und mit ihnen den christsozialen Politikern den Kampf an. Als ersten Reformschritt jedoch fasste er Neubesetzungen in der Führungsriege ins Auge – zunächst bei der Stelle des Vizepräsidenten, die nach Wendlands Suizid vakant geblieben war.

Im Kandidatenkarussell kreisten mehr als ein Dutzend Namen. Aber Ehmke fing sich Absage auf Absage ein, bis er mit Dieter Blötz einen Notkandidaten fand, der sich in die Pullacher Löwengrube wagen wollte. Der Hauptgeschäftsführer des Hamburger SPD-Landesverbandes war als Vorsitzender des Innenausschusses der Hamburger Bürgerschaft mit der Kontrolle des Landesamtes für Verfassungsschutz betraut. Diesem hatte er schon als Student Spitzeldienste geleistet, und jetzt schützte er mit ihm gemeinsam die Sozialdemokratie der Hansestadt vor linker Unterwanderung. Aufkeimenden Widerstand in Pullach gegen Blötz brach Ehmke durch die Drohung, Wessel notfalls durch den profiliertesten Gegner Gehlens, BfV-Präsident Günter Nollau, zu ersetzen.[954]

Mit Rückendeckung eines Kabinettsbeschlusses vom 9. April 1970 führte Ehmke am 4. Mai die neue Mannschaft in Pullach ein, was dort als Einzug der ‹Heiligen Drei Könige› persifliert wurde. Neben Blötz besetzte er die wichtigste Abteilung I mit dem Verfassungsschützer Richard Meier, einem ehrgeizigen Juristen, der von 1957 bis 1969 im BfV gleich fünf Mal befördert worden war. Damit wurde zugleich sein Vorgänger Weiß kaltgestellt. Der legendäre WINTERSTEIN wurde auf den Posten des Leiters der BND-Schulen abgeschoben.

Die CSU-Seilschaft im Dienst beklagte nach Ehmkes erster «Säuberung» insgesamt ein Dutzend Opfer, die – wie der Kristallisationspunkt der weißblauen Haustruppe, Berno von Wickede – in den vorzeitigen Ruhestand versetzt wurden. Andere christsoziale Parteigänger wurden aus operativen Funktionen in Organisationsreferate abgeschoben. Weichen musste auch Gehlens persönlicher Referent Blum, der als Resident nach Washington geschickt wurde. «Aber wie diese Versetzung von Blum nach Washington von Ehmke angekündigt und wie sie begründet wurde, hat uns alle zutiefst empört. Mit kaum verhohlener Feindseligkeit und fast Hohn in der Stimme wurde Blum nicht etwa ‹weggelobt› [...] sondern richtig hinausgeekelt», beschrieb Waldemar Markwardt den Vorgang.[955] Neuer Leiter der Abteilung für Verwaltung und Finanzen wurde der Hamburger Herbert Rieck.

Wie zerrüttet das Verhältnis Blums zum Präsidenten war, zeigte die Botschaft, die dessen Vize Blötz 1973 aus den USA erhielt: Am 3. Juli hatte Walrab von Butlar Blötz im Vertrauen mitgeteilt, dass ihm Blum bei einem Besuch in Washington anvertraut habe, er wolle nach der Verwendung in den USA keine andere Tätigkeit unter Wessel in der Zentrale annehmen. Als Blötz mit Staatssekretär Grabert am 10. Juli 1973 in Bonn Personalangelegenheiten diskutierte, ließ er durchblicken, dass er Wessel entsprechende Andeutungen gemacht hatte. Zugleich setzte er ihn davon in Kenntnis, dass Wessel Material gegen seinen Washingtoner Repräsentanten sammeln ließ.[956]

Blum blieb jedoch in den USA und saß seinen Widersacher in der Präsidentenvilla erfolgreich aus: Nach dem vierjährigen Intermezzo des aufstrebenden Genscher-Vertrauten Klaus Kinkel auf dem Chefsessel in Pullach von Anfang 1979 bis zum Ende 1982 sollte der Traum des mittlerweile 63-jährigen Blum, sein Bildnis neben dem Gehlens im Präsidentenhaus hängen zu sehen, endlich in Erfüllung gehen. Blum amtierte bis Ende Juli 1985 und war – so die Einschätzung der ehemaligen BND-Regierungsdirektorin Gabriele Gast – ein Beispiel dafür, dass der Dienst nicht von seinem Präsidenten geprägt und gefordert werden musste, sondern auch quasi von selbst laufen konnte. Dass Kanzler Helmut Kohl gerade Blum reaktivierte, führte in Pullach noch einmal zu einer Spaltung zwischen Wessel-Freunden und -Feinden.

Der neue Vizepräsident Blötz stand in Pullach von vornherein im Fadenkreuz der Kritik. Er wurde verspottet als der «Herr vom Hamburger Wohnungsamt» – eine Anspielung auf die Rekrutierung General Langkaus 1948 aus dem Münchner Wohnungsamt. Wegen seiner devoten Art, jedermanns Zigarette anzuzünden, wurde Blötz aber auch gerne als «Flammenwerfer» bezeichnet.

Obwohl er sich durch die Teilnahme am jährlichen Tischtennisturnier in der Leistungsklasse I um Akzeptanz bemühte, blieb Blötz im Camp Nikolaus ein Fremdkörper, misstrauisch beäugt als von Ehmke entsandter Aufpasser. Neben der ihm zweifellos zugedachten Rolle als «Spion des Kanzlers» im Isartal sollte er vor allem Scharnier zwischen Dienst und Regierung sein. So war er es anstelle des Präsidenten, der wöchentlich nach Bonn ins Kanzleramt und zu anderen Bedarfsträgern reiste, während Wessel in der Hauptstadt nur selten gesehen wurde. Das geht aus seinen Vermerken über die wöchentlichen Gespräche im Kanzleramt, Außenministerium oder auf der Hardthöhe hervor, aus denen die nachfolgenden Kapitel viel Honig über die operative Außenpolitik der sozialliberalen Koalition saugen können und die hier erstmals zur Erhellung einer wichtigen Phase des Dienstes herangezogen werden können.

Gehlen warf Wessel nun vor, er hätte nach seinen ersten Erfahrungen unter den roten Herren doch zurücktreten sollen. Wessel setzte dem in Pullach entgegen, er bleibe doch nur im Amt, um Schlimmeres zu verhüten. Aus seiner grundlegenden Aversion gegen den außenpolitischen Kurs der Regierung Brandt-Scheel machte er keinen Hehl und wetterte in den Abteilungsleiterbesprechungen häufig gegen den «Entspannungsschwindel».

Im Pullacher Grabenkampf zählte die Funktionsfähigkeit des BND bereits weniger als Positionsvorteile im parteipolitischen Stellungskrieg. Eine CSU-Seilschaft installierte konspirative Verbindungen, um die neue Ostpolitik der sozialliberalen Regierung zu bekämpfen. Eine Schlüsselrolle spielten dabei die Bundestagsabgeordneten Werner Marx (CDU) und der schon früher äußerst umtriebige Freiherr von und zu Guttenberg (CSU). Den zahlreichen Innenquellen, die HVA-Chef Wolf bei den christsozialen Parteien gewonnen hatte, blieb die heimliche Koalition erzkonservativer BNDler und ihrer politischen Frontsoldaten nicht verborgen, und das MfS informierte über Kuriere den SPD-Fraktionsvorsitzenden Wehner, den Geschäftsführer Karl Wienand sowie Staatssekretär Grabert über seine Erkenntnisse in Bezug auf die «Umtriebe der Seilschaften».[957]

So gelang es dem Kanzleramt, die langjährige Protektion von U-Booten der CSU im Dienst zurückzudrängen. Als Ergebnis eines Gesprächs mit Wessel am 23. Mai 1973 hielt Blötz zur anstehenden Neubesetzung der Stelle eines Verbindungsresidenten (VR) zur bayerischen Staatsregierung fest: «PANTEN kommt nicht infrage als VR Bayern.» Bei PANTEN handelte es sich um den der CSU und Strauß besonders verbundenen Oberst Joachim Phillip, der es später – unter Helmut Schmidt – doch noch schaffte, in das als «Wehrbereichsverwaltung VI – Verbindungsstelle» getarnte Büro in der Grünwalder Straße 61 in München einzuziehen.

Eine schon an der Sprache als BND-internes Produkt erkennbare Studie aus der CSU-Zentrale vom Frühjahr 1980 macht deutlich, dass Wessel sich in den Augen seiner Gegner dem Primat der Politik mehr beugte, als es der konservativen Truppe in Pullach lieb war: «Man muss Wessel gewisse mildernde Umstände für seine Amtsführung zubilligen, erhielt er doch damals als Vizepräsidenten und dazu als Leiter einer der vier Hauptabteilungen sehr bald zwei SPD-Apparatschiks aus der Bonner Baracke aufgedrückt. Als völlige Laien im ND-Geschäft spielten sie zunächst keine wesentliche Rolle. Wessel meinte optimistisch, sie umerziehen zu können [...] Diese Erwartung zerstob aber schlagartig nach der Machtübernahme der Viererbande Brandt, Ehmke, Bahr und Wehner [...] Bei den nun erfolgenden Eingriffen in den BND-Betrieb, die radikalster Art waren, hätte Wessel beweisen können und müssen, dass mehr in ihm an Charakter und Zielstrebigkeit im Interesse seiner Aufgabe steckte, als er zeigte. Aber er kapitulierte vor einer Horde roter Proleten.»[958]

Da der BND letztlich auf das Wohlwollen der führenden Repräsentanten des Staates angewiesen war, setzte Blötz viele Hebel in Bewegung, um bei seinen obersten Parteifreunden Überzeugungsarbeit zu leisten. Gustav Heinemann, der am 5. März 1969 zum Bundespräsidenten gewählt worden war, stand dem BND mehr als nur ablehnend gegenüber, also sollte er durch die Vorbereitung seines Rumänienbesuchs von der Qualität der Informationslage in Pullach überzeugt werden.[959] Der Leiter der Auswerteabteilung wurde persönlich mit der Vorlage eines Berichtsentwurfs zur Lage in Rumänien betraut.[960] Anlässlich des Vortrags erreichte Blötz beim Staatssekretär im Bundespräsidialamt, Dietrich Spangenberg, dass Wessel und er Heinemann ihre Aufwartung machen durften. Heinemann gab die – angesichts seiner Erfahrungen verständliche – grundsätzliche Aversion gegen den Apparat jedoch nie auf, und so war es auch erst sein im Mai 1979 gewählter Nachfolger Karl Carstens, der als erstes Staatsoberhaupt zu einem Besuch nach Pullach kam.[961]

Beim Ringen um Akzeptanz vornehmlich im sozialdemokratischen Lager kam dem Besuch von Helmut Schmidt in der Zentrale am 26. März 1971 besondere Bedeutung zu. Zumal der Verteidigungsminister die Entscheidungshoheit über die Kommandierung von Soldaten nach Pullach besaß und ihm somit eine Schlüsselrolle bei der Besetzung von Posten vor allem in der Fernmeldeaufklärung zufiel. Blötz bescheinigte der Visite im Gespräch mit Ehmke in der Woche darauf einen «erfolgreichen und erfreulichen Verlauf». Durch Einladungen nach Pullach für gutes Wetter bei führenden Sozialdemokraten zu sorgen, zählte bis zum Ende seiner Amtszeit zu Wessels Strategie. Der SPD-Rechtsexperte Alfred Emmerlich, die rechte Hand Wehners, reiste noch Ende 1979 ins Camp Nikolaus, wo man erfreut seine große Aufgeschlossenheit für nachrichtendienstliche Probleme registrierte.[962]

Einen erreichte Wessel jedoch nicht: Bundeskanzler Willy Brandt. Anlässlich eines Besuches im Kanzleramt habe Wessel den Kanzleramtschef Ehmke gelobt. Nach anfänglichem Krach sei die Verständigung nun gut. Den Bundeskanzler habe er aber seit Monaten nicht gesehen, notiert Klaus Harpprecht in seinem Tagebuch am 20. März 1973 über eine Wessel-Visite in Bonn.[963] Und auch im Oktober desselben Jahres, als Wessel in Bonn erneut mit dem Kanzler-Vertrauten Harpprecht über Amerika, Europa-Politik, Wehner und die depressiven Anflüge Brandts spricht, macht er darauf aufmerksam, dass er den Kontakt zu Brandt seit Monaten verloren habe. Willy Brandt zeigt an der Arbeit der Geheimdienstler in Pullach wenig Interesse. Harpprecht notiert: «BK [Bundeskanzler] nimmt schon lange nicht mehr an den Lagebesprechungen mit dem BND teil. Wessel versteht das vollkommen, denn die meisten Details seien für BK uninteressant. Ich meinte, dass BK Wessel bei guter Gelegenheit wieder sehen sollte.»[964]

Während sich die offzielle Führung so um Akzeptanz im politischen Raum bemühte, führten die CSU-Seilschaften ihren einmal begonnenen Kleinkrieg gegen die Regierung unverdrossen weiter und lancierten bündelweise Geheimpapiere in die rechte Kampfpresse. Im Visier hatten sie vor allem die Ostpolitik und ihren Aufsichtsminister Ehmke. Als dieser mit der Tschechin Maria Hlavacova eine neue Lebensgefährtin fand, glaubten seine Gegner, endlich einen guten Angriffspunkt zu haben. Sie nutzten ihre Pressekontakte, um den Geheimdienstkoordinator als Sicherheitsrisiko zu diffamieren.[965] Der BND-Vertrauensjournalist Horst Zimmermann (Deckname ZIETSCH) von der *Welt am Sonntag* hatte im August 1972 beispielsweise versucht, die «Heiratsvorschriften» beim BND und anderen Sicherheitsbehörden in Erfahrung zu bringen, um diesen Maßstab dann auf den Minister anzuwenden.[966] Ihren Höhepunkt erreichte die Kampagne oder besser Schlammschlacht, als in Bonn das Gerücht verbreitet wurde, Wessel habe seinen Minister schriftlich zum Rücktritt aufgefordert, weil Ehmke vom BND verlangt habe, seine Schwiegermutter aus der ČSSR zu schleusen. Dieser Brief, behauptete der Redakteur der Presseagentur Reuter, Seemann, im August 1972, läge in einem Safe der Illustrierten *Quick*, und nur deshalb habe es in deren Redaktionsräumen polizeiliche Durchsuchungen gegeben.[967]

Mit so schlichten Mitteln ließ sich die Stellung Ehmkes jedoch nicht erschüttern. Er ist erst durch den aufsehenerregendsten deutsch-deutschen Spionagefall aus dem Amt geschieden. Am Tage des Rücktritts von Willy Brandt äußerte Ehmke gegenüber Schmidt, er wolle im neuen Kabinett keinen Posten mehr übernehmen.[968] Brandt gab sein Amt auf, nachdem sein persönlicher Referent Günter Guillaume am 24. April 1974 unter Spionageverdacht für die DDR festgenommen worden war und sich als DDR-Offizier zu erkennen gegeben hatte. Im Mai 1956 in die Bundesrepublik eingeschleust, hatte der DDR-Agent nach seinem Eintritt in die SPD Parteikarriere gemacht, war ab Juli 1970 Kontaktmann des Kanzleramts zu Gewerkschaften und Arbeitgebern und ab 1972 persönlicher Referent des Kanzlers.[969] Obwohl weder Verfassungsschutz noch BND Sicherheitsbedenken gegen den prominentesten Agenten von Markus Wolf geäußert hatten, und obwohl BfV und BND in der Phase erster Verdächtigungen wenig professionell vorgegangen waren, suchten die Unionsparteien mit Vorwürfen an die Adresse des Kanzleramts, Honig aus der Affäre zu saugen.[970]

In weiten Teilen des BND wurde der Rücktritt Brandts mit Genugtuung aufgenommen, zumal sie bei seinem Nachfolger Schmidt auf ein pragmatischeres Verhältnis zum Dienst und damit größere Handlungsfreiheit hofften. Doch der Wechsel im Amt des Regierungschefs ermutigte auch die Gegner des BND-Präsidenten. In der Mitte von Wessels Amtszeit hatte sich gegen ihn eine Fronde rechtskonservativer Nachrichtendienstler gebildet, die von Günther Heysing aus seinem Ruhesitz im Tessin gemanagt wurde und die sich in Anlehnung an das von Heysing gegründete Informationsblatt für ehemalige Kriegsberichterstatter «Wildente» nannte. Heysing war im Zweiten Weltkrieg Höherer Heeresberichter und Autor solch martialischer Bücher wie des 1942 erschienenen Bandes «Sturmangriff. So kämpft die deutsche Infanterie von 1940» oder – der Wende des Kriegsglücks folgend – des 1943 publizierten Werkes «Er ging an meiner Seite. Erinnerungsblätter an gefallene Kameraden». Er war 1959 zu Gehlen gestoßen und forschte für ihn unter dem Decknamen HECHT die Hamburger Presselandschaft aus. Nach Ehmkes Anweisung, die rechtswidrige Inlandsaufklärung einzustellen und die Beziehungen zu Hunderten westdeutscher Medienleute zu kappen, wurde er abgeschaltet und mit einer hohen Abfindung in den Ruhestand versetzt.[971]

Anfang Oktober 1974 hatte Heysing in einer Absteige in der Münchner Türkenstraße mit Freunden die Gründung einer vierten Partei erörtert. Nach den Wahlergebnissen in Hessen und Bayern sollten diese Planungen jedoch bis zum Ausgang der Wahlen in Nordrhein-Westfalen auf Eis gelegt werden, weil es dem Kreis aus ehemaligen und aktiven BNDlern sowie rechtskonservativen Politikern und Publizisten zunächst darum ging, den BND wieder unter ihre Kontrolle zu bringen. Am 5. November 1974 machte Heysing Redakteuren des *Stern*, die ihn in seinem Altersitz im Tessin besuchten, das Angebot, der Illustrierten drei Fälle von gravierenden Fehlentscheidungen Wessels besonders im operativen Bereich zuzuspielen. «Von der Veröffentlichung der Anti-Wessel-Geschichte erwartet die Gruppe Wildente den Sturz von Wessel, der dann durch WINTERSTEIN ersetzt werden soll; die Kröte Blötz wäre zu schlucken, besser aber noch durch eine gestandene sozialdemokratische Persönlichkeit à la Kaisen zu ersetzen. Für eine solche Lösung erhofft sich die Gruppe auch die Zustimmung des jetzigen Kanzlers, von dem sie ohnehin mehr Verständnis für ihre Probleme erwartet. «Wildente» machte deutlich, dass als Haupt dieser Bewegung WINTERSTEIN gelte. Von der CSU sei die Sache abgesegnet», hielt Thomas Walde in seinen Notizen fest. Eingebunden sei auch der Leitende Regierungsdirektor im Bundesamt für Verfassungsschutz, Heinrich Degenhardt, der Heysing in seiner Casa Grillo im Tessin besucht hatte. Der CDU-Mann leitete ab 1966 die Abteilung III (Linksextremismus) in Köln.

Wessels Gegner, die auf Rückhalt in Teilen des BND vertrauen konnten, scheiterten, obwohl Weiß ihm so manchen Knüppel zwischen die Beine warf. Erst Wessels Nachfolger Klaus Kinkel sollte im November 1981 für «Methusalems Ende» sorgen, als er Weiß wegen des Missbrauchs seiner Verbindungen zu Unionspolitikern in den Ruhestand schickte.[972]

Wessel übte selbst eine strenge Dienstaufsicht aus. Schon am frühen Morgen suchte er unangekündigt dieses oder jenes Büro auf, ließ sich von Referenten und Sachbearbeitern vortragen. Zum 1. Oktober 1974 ließ er sogar Stechuhren in Pullach einführen.[973] Blötz versuchte, ihm nachzueifern. Vier Monate nach seiner Amtseinführung suchte er am 4. September 1970 die Büros des Leiters der Abteilung Technische Aufklärung auf. Doch um halb neun Uhr morgens fand er dort niemanden vor. Dafür standen das Zimmer von General Heinz Burchardt, sein Vorzimmer und die gegenüberliegenden Räume offen, in drei Panzerschränken steckten die Schlüssel und ein vierter mit Einsatzakten war sperrangelweit geöffnet. Als Blötz die herbeigeeilte Vorzimmerdame auf die Sicherheitsmängel ansprach, fragte die erstaunt, was sie denn seiner Meinung nach tun solle, wenn sie den Raum verlassen müsse. «Zum Schluss stellte sie die Frage, wer ich sei», hielt der Vizepräsident betroffen in seiner Aktennotiz fest.

Sein Führungsstil wurde in Pullach vielfach als arrogant empfunden. Ein entscheidendes Mittel zur Kontrolle der Dienstabläufe sah der Hamburger Verwaltungsfachmann in Vermerken über Missstände, die er oft genug in rüdem Ton formulierte. Dabei war Blötz kein Thema zu gering. So verlangte er im Juni 1975, den Bezug von Zeitungen drastisch einzuschränken, da sich mancher Mitarbeiter ein häusliches Abonnement durch eine dienstlich nicht gebotene Bestellung zu ersparen suche. Über seinen eigenwilligen Stil sollte Blötz am Ende stolpern. In einer pompösen Notiz hatte er dem Leiter der Abteilung II, General Hubertus Großler, am 29. Januar 1975 eine persönliche Mahnung wegen der Beschaffung eines «Europarufs» erteilt: «Die Leitung des Dienstes hat seit Jahren die Abt. II beauftragt, Umschau nach einem System zu halten, mit dem in und um München herum eine nahezu lückenlose Erreichbarkeit der Leitungsmitglieder und anderer wichtiger MA [...] sichergestellt werden kann [...] Ziel war, die Sendeeinrichtungen in der Nähe des Hauptbahnhofes, auch für diese Zwecke, ohne größere eigene Installationen und Investitionen benützen zu können [...] In der Zwischenzeit habe ich ein Exemplar – das Versuchsexemplar für den gesamten Dienst – in meinem Besitz. Erstaunt höre ich, und zwar ohne diesen Punkt zu einer Untersuchung werden zu lassen, dass Mitarbeiter der Abt. II sich dezidiert und verwundert äußern, warum von mir ein solches Gerät bestellt wurde. Ich würde nunmehr dringend bitten, dass die möglichen Systeme doch noch einmal durch die Abt. II geprüft und mir ein geeigneter Vorschlag für den bereits genannten Zweck vorgelegt wird.»

Der von Blötz so heftig eingeforderte Europieper sollte ihm zum Verhängnis werden, denn eines Morgens ließ er ihn im Bett seiner Geliebten liegen. Der gehörnte Ehemann fand den Empfänger, als der nächtens sein schrilles Piepen von sich gab. Über die Geräteerfassung des BND konnte der leichtsinnige Eigentümer zugeordnet werden. Der Seitensprung weitete sich zur Dienstaffäre, was an der prekären Tatsache lag, dass die Geliebte des Vizepräsidenten zugleich seine Sekretärin (Deckname NELKEN) war und überdies verehelicht mit einem Major in der Militärauswertung des BND, der den Decknamen HARFE trug.

Kanzleramtsstaatssekretär Manfred Schüler und der frisch gebackene BND-Chef Kinkel zögerten zunächst, ein Verfahren wegen disziplinarrechtlicher Verfehlungen einzuleiten. Äußerer Druck ließ ihnen jedoch keine andere Wahl. «Auslöser waren dann zwei Briefe an den Bundesdisziplinaranwalt Hans Rudolf Claussen. Abgesandt hatte die Schreiben, die auch bei Zeitungen eingingen, das Münchner Anwaltsbüro Elmar Seiler im Auftrag eines anonymen Mandanten, den die Regierung zwar im BND, jedoch nicht in der ‹Führungsschiene› des ‹Dienstes› vermutet», erfuhr der *Spiegel* im August 1979.[974] Bonner Regierungsbeamte werteten diese Kampagne als späte Rache der Unionsseilschaft in Pullach an Horst Ehmke, der den Außenseiter 1970 protegiert hatte.

Das war jedoch nur die halbe Wahrheit, denn der Denunziant hatte noch ein persönliches Motiv. Als der Fehltritt von Blötz bereits Kantinengespräch war, aber Kinkel dennoch nicht eingriff, sah der BNDler mit dem Decknamen RITTGER seine Chance, durch die anonyme Einschaltung des Bundesdisziplinaranwalts Rache an seinem Vorgesetzten zu nehmen, der ihm einmal eine saftige Disziplinarbuße aufgebrummt hatte. So musste Blötz im August 1979 das Feld räumen.[975] Seine Geliebte, inzwischen geschieden, fand eine Anstellung bei der Münchner Rüstungsschmiede MBB. Der Stuhl des Vizepräsidenten blieb bis zum Amtsantritt von Norbert Klusak zum 1. April 1980 verwaist.

Nähere Nachforschungen hätten ohnehin ergeben, dass der sonst so pingelige Blötz seine Stellung ziemlich dreist zur Pflege seines Verhältnisses missbraucht hatte. Am 11. März 1975 deklarierte er die Schäferstündchen gar als Mehrarbeit, indem er bis auf Widerruf die Zahlung einer Pauschale an seine Sekretärin anordnete, da NELKEN «ab 1.2.75

weisungsgemäß täglich durchschnittlich 2 Überstunden» leiste. BND-Major Harfe, der gehörnte Ehemann, war dienstlich viel unterwegs. Böse Zungen behaupteten, Blötz habe dies befördert. Am 11. Dezember 1975 jedenfalls wies er die Fahrbereitschaft zur «Stellung eines Dienst-PKW» für seine Sekretärin an und führte zur Begründung aus: «In der Zeit vom 1. 1. – 31. 3. 1976 steht Frau Nelken aus familiären Gründen kein Privat-PKW zur Verfügung.»

Es würde Gerhard Wessel und Dieter Blötz sicherlich nicht gerecht, wollte man ihre lange Amtszeit auf die dargestellten Grabenkämpfe, Querelen und Intrigen verkürzen. Auf der anderen Seite waren beide sehr wohl bemüht, die operativen und technischen Kapazitäten des trägen Apparats auf Vordermann zu bringen, Partnerdienstbeziehungen zu festigen und neue zu erschließen sowie den politischen Vorgaben, die von den Regierungen Brandt und Schmidt ausgingen, gerecht zu werden. Mit wechselndem Erfolg, wie noch zu berichten sein wird.

Partytage

Mit der Übernahme wichtiger Positionen im BND im Mai 1970 machten sich die neuen sozialdemokratischen Ordnungshüter auch an die Beseitigung längst bekannter Missstände im Personalplafonds. Bei diesen Aufräumarbeiten kam insbesondere Blötz dem Parteiauftrag nach, die eingefahrenen, überalterten und mehr der CSU als der Bundesrepublik verpflichteten Seilschaften wenn schon nicht aufzulösen, so doch auszudünnen.

Im Punkt 5 «Sonderverbindungen» ihres Berichts hatte die Mercker-Kommission 1969 festgehalten: «Die Kommission hat sich kritisch mit den außerhalb des normalen Apparates geführten Sonderverbindungen auseinander gesetzt. Es handelt sich dabei zunächst um eine Reihe pensionierter Beamter und Offiziere, denen der Dienst laufend Vergütungen in zum Teil nicht unbeträchtlicher Höhe zahlte. Die Kommission hat hier ein Missverhältnis zwischen dem nachrichtendienstlichen Wert der erbrachten Leistung und der gewährten Vergütung festgestellt. Zum andern handelt es sich vorwiegend um Persönlichkeiten, die zum Teil ihrerseits wieder Verbindungen zu anderen einflussreichen Persönlichkeiten unterhalten.»

Durch die Blume hatten Mercker und seine beiden Mitstreiter damit auf die parteipolitischen Verbindungen überbezahlter BND-Konfidenten in die Unionsparteien hingewiesen. Sie warnten aber gleichzeitig davor, allzu entschieden mit dieser Vetternwirtschaft aufzuräumen: «Es ist deshalb bei Anbahnung oder Lösung derartiger Verbindung mit Vorsicht vorzugehen, und die Kommission empfiehlt, dass der BND in Zweifelsfällen vorher dem Staatssekretär des Bundeskanzleramtes berichtet.»

Die angeratene Vorsicht bei der Trennung von Gehlens Altlasten war mit hohen Kosten für den BND verbunden. Unter den bezeichnenden Decknamen PARTYTAGE und GOLDENER WESTEN wurden im Juli 1970 zwei Aktionen gestartet, die nicht etwa geheimdienstliche Operationen betrafen, sondern Abfindungen, Renten und Pensionen. Die größte gezahlte Abfindung soll 520 000 DM betragen haben. Sie ging an einen Außendienstleiter, der bei seiner Verabschiedung Wessel demonstrativ den Handschlag verweigerte.[976] Der neue Personal- und Verwaltungschef Rieck machte sich dadurch unbeliebt, dass er eine ganze Reihe von Ehefrauen, Töchtern und Söhnen führender BNDler an die Luft setzte, sofern sie sich nicht durch fünfzehnjährige Dienstzugehörigkeit einen unkündbaren Status erobert hatten.[977]

Teuer wurde unter anderem die Abwicklung eines Sonderverbindungsbereichs, der außerhalb von Hans Langemanns EVA-Komplex aufgebaut worden war und den Decknamen STEINADLER trug.[978] Die von dem führenden BND-Mann mit der Deckbezeichnung 273 A persönlich geführte Operation war das Kind von Thomas Sessler, Deckname STEIN. Der Münchner Verleger hatte ein Netz von vier Verbindungen gespannt, die der strategischen Westaufklärung des BND in Richtung USA, Vereinte Nationen und Skandinavien dienten. Sein Verlagssitz in der bayerischen Landeshauptstadt war zugleich die Außenführungsstelle K 4 T.[979]

Zwei eher preiswerte Quellen von STEIN waren in Berlin und Wien angesiedelt: Die V-Nummer 58 420 in Berlin und die V-Nummer 58 441 in Wien erhielten monatlich 3000 DM und etwa gleich hohe Spesen, ihre Abfindung fiel mit je 9000 DM entsprechend gering aus. In Stockholm hatte Sessler den V-Mann mit der Nummer 58 400 für monatlich 8000

DM unter Vertrag, der ein Abschaltgeld in Höhe von 35 000 DM kassierte, in New York den V-Mann 58 500 mit einer monatlichen Vergütung von 2500 US-Dollar (damals 9300 DM), dem der Abschied mit 30 000 DM vergoldet wurde. Die Spitzenquellen in der schwedischen Hauptstadt und in New York machten allein 1969 monatliche Spesen in Höhe von ca. 240 000 DM geltend: fast drei Millionen DM im Jahr. Auch die Trennung von STEIN selbst kam nicht eben billig. Um einen unangenehmen Prozess zu vermeiden, legte Blötz ein Abschaltgeld von 100 000 DM fest, sowie weitere 100 000 DM für die Forderungen, die Sessler für den Verlag und die Quellenabgeltungen erhoben hatte. Die Wiederbelebung des Verlags war offensichtlich von Erfolg gekrönt, er existiert noch heute.

Die Restrukturierung des überalterten Apparats scheuchte die Betroffenen naturgemäß auf und führte zu interessanten Absetzbewegungen in den Einflussbereich der CSU, dem der BND zunehmend entrissen schien. Zugleich weckte sie – wie immer, wenn sich ein staatlicher Geldtopf auftut – Begehrlichkeiten und rief Vermittler und Abzocker auf den Plan, wie Blötz schnell merkte. Er beklagte sich am 23. Juli 1970 – nur zwei Monate nach seiner Amtsübernahme – bei seinem Präsidenten, dass einige BNDler ihren überflüssig gewordenen Agenten bereits falsche Versprechungen gemacht hatten, und regte an: «Für diesen Fall sollte nach meiner Meinung aber überlegt werden, ob Mitarbeiter, die unkorrekte Zahlung zugesagt haben, in Regress genommen werden können. Dabei ist von Bedeutung, dass die Mitarbeiter LÜCKRATH und SCHEFFEL den Dienst in Kürze quittieren werden und bei der Bayerischen Staatsregierung als Beamte anfangen wollen.» Bei SCHEFFEL handelte es sich um Hans Christoph Freiherr Schenk von Stauffenberg, der im Strategischen Dienst des BND zuständig für Steuerungshinweise gewesen war und zum 1. August 1970 in die Protokollabteilung der Bayerischen Staatskanzlei wechselte. Ab dem Frühjahr 1977 gab er den so genannten *Stauffenberg-Dienst* mit Hintergrundinformationen aus Politik und Wirtschaft heraus. LÜCKRATH war natürlich Langemann, «der Mann mit dem Kopfschuss». Nach nur kurzer Verwendung im bayerischen Kultusministerium wechselte er als Staatsschützer zum Innenministerium und wurde schließlich im März 1982 als Ministerialdirigent wegen seiner Enthüllungen über den BND vom Dienst suspendiert.

Als Drahtzieher mit einer besonderen Beraterrolle beim Übertritt der Spitzen-BNDler in die Münchner Landesregierung hatte Blötz den altgedienten Geheimdienstmann General Langkau alias HOLTEN in Verdacht. Der ehemalige Sturmbannführer der Waffen-SS war 1953 als Leiter der Untervertretung in Berlin zur OG gekommen. Dann diente er als Leiter des Gehlen direkt unterstehenden Strategischen Dienstes und galt als BND-Verbindungsoffizier zur CDU/CSU und Experte für Israel. Obwohl er bereits zum 30. September 1963 als Bundeswehrgeneral pensioniert worden war, war HOLTEN als Leiter der Beschaffung aus dem BND erst mit 65 Jahren zum 30. Juni 1968 ausgeschieden.[980]

Die Fluchtbewegung in die Arme der bayerischen Staatsregierung erfasste eine ganze Reihe von Mitarbeitern Langkaus, wobei einige den Umweg über das «Koordinierungsreferat Olympische Spiele» nahmen. Zum Beispiel Dr. Erika von Bülow, die unter dem Decknamen VON CORNELI in den 60er Jahren V-Mann-Führerin in Italien gewesen war und nach ihrer Rückkehr in die Zentrale in FRAMBERG umgetauft wurde. Ihr stand eine besondere Verwendung bevor, und den BND-Oberen war es recht. Am 3. Juli 1972 erörterte Blötz im Beisein der beiden SPD-nahen Abteilungsleiter Meier und Rieck mit Ehmkes Ministerialdirigenten Franz Schlichter einen diesbezüglichen Brief an den bayerischen Staatsminister Ludwig Huber, der neben Langemann und von Stauffenberg auch Frau DR. FRAMBERG übernehmen wollte, und zwar als «persönliche Sekretärin für Parteizwecke».

Man war sogar erpicht darauf, die Dame in andere Fittiche zu übergeben, da sie im Zusammenhang mit dem wohl bekannten BND-Konfidenten Aristide Brunello Aktivitäten entfaltet hatte, die sich mit «ihrem Dienstverhältnis beim BND nur schwer vereinbaren ließen». Da sich die Angelegenheit verzögerte, bat man den bayerischen Staatsminister, sich der Sache anzunehmen. Auch hier ging es wieder um schlechte Arbeit gegen gutes Geld, dem schließlich zum Zweck der Abschaltung weiteres hinterhergeworfen werden musste, nachdem sich DR. FRAMBERG als Beraterin Brunellos eingeschaltet hatte. Der Prälat der Kurie mit der V-Nummer 58201 erhielt zunächst monatlich 1000, dann 2500 DM aus

Pullach. Am 24. Oktober 1967 eiste Langemann eine Sonderzahlung in Höhe von 20 000 DM los, da der Prälat «familiäre Schwierigkeiten» hatte. Seine Familie bedrängte ihn mit Forderungen aus einem Erbe, das er – angeblich, um sein Buch «The Silent Church» zu finanzieren – durchgebracht hatte. Da Brunello «ernsthafte Störungen in seinem Priesteramt» befürchtete, wurde dem «Freund 901» der Betrag als Prämie zugewiesen.[981] Dabei war von Bülow und Langemann klar, dass der Prälat keineswegs in ein frommes Werk investiert hatte, sondern schlicht vor hohen Spielschulden stand. Präsident Wessel war Brunello entgegengekommen und hatte ihm eine Abfindung von 30 000 DM offeriert. Doch Brunello pokerte und forderte weitere 2500 DM sowie die Erstattung von Reisekosten. Blötz jedoch blieb hart.

Am 18. Mai 1971 bereits hatte Blötz seinen Präsidenten über ein Gespräch mit Staatsminister Huber informiert, der gebeten habe, auch den Mitarbeiter Baumann in Dienst nehmen zu können.[982] Doch dazu war der BND nicht gleich bereit. So schickte Huber Langemann vor, um den Wunsch erneut bei Blötz vorzubringen.[983] Hinter dem Decknamen Baumann verbarg sich Graf Roland von Vermes, Ungar mit chilenischer Staatsbürgerschaft, der ab 1967 die Führung «hochrahmiger» – so in der Personalsache V 41 120 vom 14. Januar 1969 wörtlich – internationaler Verbindungen und außenpolitische Aufklärung wahrnahm. Der siebensprachige Leiter der BND-Residentur Wien verfügte über Quellen in den erzbischöflichen Ordinariaten in Wien und Eisenstadt, im Malteser-Ritterorden, im Verein der Theresianer in Wien sowie in «Satellitenbotschaften» in der österreichischen Hauptstadt. Mit Graf Vermes war bereits der vierte BNDler bei CSU-Minister Huber gelandet.

Es blieb nicht der Letzte. Auch Raoul Matalon, der sich unter dem Decknamen Pierre in den 60er Jahren seine ersten Sporen beim BND in Lateinamerika verdient hatte[984], erweckte das Interesse der CSU. Als EVA-Agent 49 war der 1924 in Saloniki geborene staatenlose Jude bald weltweit in Gegenspionageoperationen eingesetzt worden. Ein «fachlich seriöser, internationaler Profi; eigenwillig, skrupellos, verschlagen, gefährlich, aber stets bis zur Selbstaufgabe loyal», charakterisierte ihn sein Chef Langemann in einem Brief an Strauß vom 13. Dezember 1977. Pierre wurde im März 1972 abgeschaltet. Es gelang ihm indes, über einen offenbar befreundeten Redakteur der *Bild*-Zeitung, der bei Blötz nachfragte, weshalb man sich im Fall Matalon so schäbig gegenüber einem langjährigen Mitarbeiter verhalte, Druck zu machen. Dem Rat des Journalisten folgend, klagte Matalon gegen die Höhe des Abschaltgeldes von 5000 DM und erstritt vor dem Münchner Arbeitsgericht 35 000 DM.[985]

Mit seinem Abgang sollte sich für die BND-Oberen enthüllen, was eigentlich im Gange war: In der Abteilungsleiterbesprechung am 2. November 1973 teilte Abteilungsleiter Meier mit, dass ihn Langemann gefragt habe, ob er Matalon für eine CSU-Nachrichtendiensttätigkeit ansprechen könne.[986] Damit war die Katze aus dem Sack. Die Meister der christsozialen Konspiration gruppierten offenbar im Münchner Kultusministerium eine geheimdienstliche Keimzelle, nachdem sie die Kontrolle über den BND zum Großteil verloren hatten.

Die Versuche, Matalon innerhalb der CSU als geheimdienstlichen Nothelfer zu etablieren, scheiterten. Auf Empfehlung Langemanns empfing Strauß Matalon am 19. Dezember 1977 in seiner Münchner Wohnung. Der fünf Jahre zuvor abgeschaltete BND-Agent teilte Strauß mit, er könne einen KGB-Mann in seiner Umgebung aufdecken, schwächte dann ab, mindestens in der Umgebung eines CSU-Politikers. Auf die Frage, was ihm ein solcher Hinweis wert sei, gab Strauß 5000 DM zur Antwort. Dann lohne es sich für ihn nicht, darüber nachzudenken, beschied ihn Matalon. Bevor Strauß sich auf einen Handel einließ, zog er «zweckdienliche Erkundigungen» ein und erhielt diese am 11. Januar. Drei Tage später gab es einen Rüffel für Langemann. Strauß warf ihm vor, ihm «einen tollen Burschen ins Haus geschickt» zu haben.[987] Der BND setzte sogar das Bayerische Landesamt für Verfassungsschutz auf den Ex-Spion an, und im April 1978 unterrichtete Blötz Staatssekretär Schüler, dass nun ein Mitarbeiter des Bundesamtes den Vorgang in Pullach eruiere.[988] Der BND hatte keine andere Wahl; wäre tatsächlich ein KGB-Agent in Strauß' Nähe entdeckt worden, hätte er angesichts der bekannten Verdächtigungen Matalons den schwarzen Peter gehabt.

Mit Susanne Sievers alias FERRARI, die uns ebenfalls schon begegnet ist, wechselte eine der buntesten Figuren im BND ebenfalls zum Agentenring der CSU. Die Journalistin und kurzzeitige Brandt-Romanze hatte eine Weile im Verteidigungsministerium gearbeitet, bevor sie in Pullach landete. Im Umfeld von Wehrminister Strauß war sie nur kurz verblieben, da der «diese verdammte Sievers vom Hals haben» wollte. Der BND schickte sie zunächst nach Italien, anschließend wurde sie Leiterin der BND-Residentur in Hongkong.[989] Das Wissen, das sich die rothaarige Journalistin vor ihren Auslandseinsätzen durch wechselnde Liebschaften in Bonn erworben hatte, machte der BND sich auch für seine verbotene Inlandsaufklärung zunutze. In seinem Geheimtagebuch hielt Blötz noch im Juni 1975 fest: «Frau SPEYER hat mir am 21. Mai 1975 eine mehrseitige Ausarbeitung über Susanne Sievers gegeben, die sie in den Unterlagen der Pressestelle gefunden hat. Die Liste enthielt u. a. eine Übersicht über Intimbekanntschaften der Frau S.» Er sorgte dafür, dass die inkriminierenden Dokumente, «die innenpolitische Aufklärung zum Gegenstand hatten», zügig aus den Archiven verschwanden. Zu diesem Zeitpunkt war FERRARI seit fünf Jahren nicht mehr beim BND. «Der nunmehrige Bundeskanzler Brandt erinnerte sich an die bösen Taten der Sievers und beauftragte seinen BND-Aufseher Horst Ehmke, die jetzt in Hongkong arbeitende Doppelagentin hinauszuwerfen»[990], schildert Peter-Ferdinand Koch die Rachegelüste des neuen Kanzlers. Ein Anwalt aus der Sozietät des CSU-Abgeordneten Friedrich Zimmermann erstritt ihr eine Abfindung von 300 000 DM.

Die CSU-Seilschaft im BND musste also einen beträchtlichen Aderlass hinnehmen. Sie bestand aber fort und war auch unter der SPD-Kanzlerschaft aktiv. Immer wieder trumpfte sie im Dienst mit der Rückendeckung führender Christsozialer auf, die ihre Parteifreunde nicht im Stich ließen, wenn es um die Besetzung herausgehobener Positionen in Pullach ging.[991]

Die Abschaltung von Quellen, die Pensionierung überalterter Führungsleute und die Transferliste zur CSU sollte der Steigerung der Effektivität dienen. Eine «Entnazifizierung», wie sie das Bundesamt für Verfassungsschutz vollzogen hatte, war nicht beabsichtigt. So empörte sich Maetschke 1968 darüber, dass auch Wessel ehemalige Nazis protegierte: «Dass ein Mann wie ACKERMANN als ehemaliger hoher SS-Führer nunmehr die gesamte Datenverarbeitung und damit das Karteiwesen zentral übernimmt, und dass es ihm im Jahre 1968 möglich ist, ehemalige

SS- und SD-Führer in seine unmittelbare Umgebung zu ziehen, zeigt deutlich, auf welchem Wege sich der Dienst befindet. Die alte Crew des Doktors sitzt zwar nicht mehr im so genannten Doktorhaus, aber sie haben alle irgendwelche Büros bekommen und können von dort aus ihren Einfluss weiter ausüben.»

Der 1920 in Petersburg/ČSR geborene Ackermann war ein krasses Beispiel dafür, dass die «alten Kameraden» auch unter Wessel gelitten waren. Mit bürgerlichem Namen hieß er Ebrulf Zuber. Er war früh der NSDAP beigetreten und besuchte 1940 die SS-Junkerschule in Braunschweig. Im Juli 1940 trat er in die Leibstandarte Adolf Hitler der Waffen-SS ein. Bei einem Unfall mit einer Handgranate wurde er am 13. August 1941 schwer verletzt. Befördert zum Obersturmführer wechselte er am Ende 1943 zum SS-Hauptamt/Amtsgruppe D. Nur zwei Wochen später landete er bei der 11. Freiwilligen Panzergrenadierdivision Nordland. Noch im Frühjahr 1945 meldete Zuber sich freiwillig zum Fronteinsatz. So geriet er in der ČSR in sowjetische Gefangenschaft, aus der er jedoch frühzeitig entlassen wurde. Am 2. Mai 1945 nahmen ihn die Amerikaner erneut fest. Im Kriegsgefangenen-Entlassungslager Heilbronn gestand Zuber seine SS-Zugehörigkeit und wurde im Dezember 1946 wieder verhaftet. Am 7. Juli 1947 landete er letztlich im CIC-Camp Oberursel, dem Sitz der OG. Seinen Eintritt bei Gehlen hatte das CIC jedoch schon auf 1946 datiert. 1956 wurde Ackermann zunächst als Verbindungsführer in den BND übernommen. Obwohl alle NS-Belasteten überprüft werden sollten, fragte die als Bundesvermögensverwaltung getarnte Dienststelle erst im Oktober 1959 beim Document Center in Berlin an, ob die von Zuber angegebenen Daten zu seiner SS-Laufbahn stimmten. Zwanzig Jahre später, im Januar 1979, erhielt das US Document Center eine Anfrage der Staatsanwaltschaft, die sich vergeblich nach Zubers Adresse erkundigte.

In der Zwischenzeit hatte Ackermann Karriere gemacht. Als erfolgreicher Leiter der BND-Beschaffungsdienststelle in Augsburg war er von Gehlen in die Zentrale geholt worden und rückte 1971 zum stellvertretenden Leiter der Abteilung I auf. Selbst sein Chef Meier hatte ihn protegiert[992], obwohl dieser eigentlich entsetzt über die Zahl von Mitarbeitern war, die ihre Karriere im Hitler-Reich begonnen hatten. Der ungebrochene Aufstieg führte ihn Ende der 70er Jahre auf den Posten des Leiters der BND-Unterabteilung Nachrichtendienstliche Führung, 1981 wurde er Leiter der Unterabteilung 12 (DDR), und mit der Zusammenfassung der Referate, die gegen die DDR und die Warschauer Vertragsstaaten arbeiteten, übernahm Zuber 1983 auch diese herausragende Position.[993] Seinen Abschied erhielt er 1987.

Wenn dennoch ein BND-Mitarbeiter wegen seiner SS-Zugehörigkeit entlassen wurde, steckten dahinter häufig ganz andere Gründe. Der SS-Offizier Dr. H. Hubig war bereits im Zweiten Weltkrieg von Oskar Reile für das Amt Ausland/Abwehr geworben worden. 1956 holte dieser ihn auch in die Fernaufklärung der OG. Die ganze Mannschaft um Reile stand in Gegnerschaft zu Felfe und hatte den Leiter der Gegenspionage frühzeitig in Verdacht, für die andere Seite zu arbeiten. Nachdem Felfe 1961 entlarvt worden war, wurde Hubig unter dem Vorwand seiner Mitgliedschaft in der SS entlassen. Tatsächlich ging es den Verantwortlichen, die dem hochrangigen Feindagenten bis zuletzt die Stange gehalten hatten, darum, die Felfe-Gegner auszuschalten, deren dienstinternen Triumph sie nun fürchteten.[994]

Loch bei Loch – und hält doch

Von Verrätern, Partisanen und schwarzen Konten

Widerstand aus den eigenen Reihen und Komplotte widerfuhren Wessel in ähnlicher Weise wie Gehlen. Mit dem Spionageverdacht gegen einen seiner ranghöchsten Mitarbeiter hätte ihn beinahe auch ein Fall Felfe ereilt. Jürgen Magnus von Alten, Vortragender Legationsrat im Auswärtigen Amt, war 1973 zum Leiter der Auswertungsabteilung in Pullach aufgestiegen. Am 19. Mai 1976 wurde der Ex-Diplomat, der nun auf den Decknamen Cäsar hörte, wegen des Verdachts geheimdienstlicher Tätigkeit gegen die Bundesrepublik suspendiert, seine Dienstwohnung ergebnislos durchsucht. Am 20. August 1976 legte BND-Mitarbeiter Drake dem Leiter der Sicherheit sowie dem Präsidenten eine Abschätzung vor, was von Alten durch die Teilnahme an den Abteilungsleiterbesprechungen von Juni 1974 bis April 1976, durch die Lektüre der Protokolle und aus seinem eigenen Geschäftsbereich hätte verraten können.

Der potenzielle Schaden schien gewaltig. Cäsar kannte die Tarnnamen aller Partnerdienste, die gemeinsamen Operationen, die Residenturplanungen und dabei auftretende Friktionen mit dem Auswärtigen Amt, alle Auftragsprioritäten, Einzelheiten über die Ausbildung der Residenten und des Führungsnachwuchses, die wichtigsten Operationen der Funkaufklärung samt Deckbezeichnungen, G-10-Schaltungen (Telefonüberwachungen), Haushalts- und Stellenprobleme sowie Pannen-, Haft-, Betreuungs- und Austauschfälle.[995] Fünfzehn Jahre nach Felfe drohte Wessel eine ähnliche Katastrophe wie seinerzeit Gehlen.

Wie von Alten in Feindverdacht geriet, war erneut ein Stück aus dem Tollhaus, bei dem die Sicherheitsabteilung Regie führte. Ausgangspunkt der Verdächtigungen war die Meldung 797 488 vom 9. Januar 1962, die der Agent V-7 499 seinem Verbindungsführer Dr. Kestler zukommen ließ. Dieser legte daraufhin eine Karteikarte an, auf der «von Alten, 1/62 tätig beim Staatlichen Presseamt der DDR» verzeichnet wurde. Als der persönliche Referent des BND-Vizepräsidenten am 8. September eine Kopie dieser Karte erhielt, stellte er umgehend Nachforschungen zum vermeintlichen Belastungsmaterial gegen von Alten an. Den ersten Fehlschlag erlitt er beim Versuch, die Originalmeldung zu bekommen. Der BNDler ARNDT aus dem Sicherheitsreferat IV E ließ ihn wissen, er habe keine Meldung mit der angegebenen Nummer, überhaupt nur eine einzige Meldung der fraglichen Quelle zu einem ganz anderen Vorgang. Der Verbindungsführer konnte sich an den Vorgang gar nicht mehr erinnern und auch in den alten Unterlagen nicht fündig werden. Bei Recherchen in der Quellenakte tauchte dann eine Unterquelle namens ADOLF CLAUDIUS auf, die seinerzeit Verbindungen zu «SbZ-Journalisten und zum Presseamt hatte».

Der Referent des Vizepräsidenten wurde bei der Überprüfung des Feindverdachts von Pontius zu Pilatus geschickt. Der BNDler PREGLER empfahl ihm den Kollegen DAHL, der damals zur DDR-Spionage gehört hatte. Als der nichts fand, verwies er den Referenten an HERZOG, der aber gerade im Urlaub war. Auch beim Leiter des Zentralreferats I A 2, Foertsch (FLEMING), lagen keine Erkenntnisse vor. BND-Mann SCHERM verwies ihn nach Rücksprache mit dem Kollegen OSTERLOH ergebnislos an das Referat III B 3 (Auswertung DDR). WERTHER und Frau ELSON fanden in ihren Akten nur eine Unterlage, die dem Inhalt der Karteikarte entsprach. WERTHER empfahl, doch bei Günther Buch, der in der Bundesanstalt für Gesamtdeutsche Aufgaben DDR-Biographien bearbeitete, anzufragen, da der BND zu diesem gute Beziehungen habe.[996]

Kurzum, die einzige Grundlage für den Verdacht gegen den Leiter der Auswertungsabteilung war eine einzeilige, sage und schreibe vierzehn Jahre alte Meldung aus dritter Hand, die den Nachnamen von Alten aufwies. Der Gipfel der Peinlichkeit war erreicht, als der Blötz-Referent durch Befragung zweier weiterer leitender Mitarbeiter erfuhr, dass es sich um eine zufällige Namensgleichheit handelte. «MA PREGLER war die Existenz eines Namensvetters des früheren AL III beim DDR-Presseamt neu. MA SCHERM kam zu dem Ergebnis, dass in dem Feststellungsbogen zur ‹Feststellung der Lebensverhältnisse› des AL III (alt) der Namensvetter aus Ostberlin nicht auftaucht», hielt er am 10. September

1976 fest. Erst vier Monate später, im Januar 1977, wurde Jürgen von Alten rehabilitiert, aber er durfte nicht in den BND zurückkehren. «Im nachrichtendienstlichen Bereich müssen wir sehr pingelig sein», war der einzige Kommentar, den Geheimdienstkoordinator Schüler dazu abgab.

Von Alten wurde auf einen unbedeutenden, aber hoch dotierten Posten im Bundesdienst abgeschoben, was seinen chronischen Geldmangel beheben half. Bereits bei Dienstantritt war sein Drang zum Geld aufgefallen. In der Umzugskostenrechnung hatte er versucht, 20 000 DM für Verluste an seiner Katzenzucht zu schinden. Ein Observationskommando stieß schließlich auf die Ursache seiner Finanzprobleme. Er verbrachte einen Gutteil der Freizeit in Bordellen und wurde daher als Sicherheitsrisiko eingestuft.[997]

Gut ein Jahr nach den Untersuchungen gegen Jürgen von Alten wurde die Bürokraft Heidrun Hofer am 21. Dezember 1977 wegen des Verdachts nachrichtendienstlicher Agententätigkeit verhaftet, als sie die Grenze nach Österreich zu einem Treffen mit ihrem Führungsoffizier passieren wollte. Ihre Festnahme ging möglicherweise auf einen Tipp des französischen Nachrichtendienstes SDEC zurück, vermutete Christopher Andrew 1999. Der Grund für diese von BND-Leuten nicht geteilte Annahme liegt wohl in der Tatsache, dass Heidrun Hofer Anfang der 70er Jahre als Büroangestellte für den BND in der deutschen Botschaft in Paris gearbeitet hatte und dort von den östlichen Diensten als BND-Frau erkannt worden war. Observateure des KGB hatten sie in Paris beim dienstlichen Besuch in Bibliotheken und Instituten verfolgt und zugleich festgestellt, welchen Geschmack in puncto Mann sie hatte und welche Art der erotischen Anbahnung bei ihr ankam. Der ostdeutsche Illegale «Roland» begann – getarnt als Mitarbeiter einer neonazistischen Gruppe deutscher Patrioten – ein Verhältnis mit ihr. Der Romeo-Agent hatte eine hieb- und stichfeste Legende aus den Daten eines schon seit langen Jahren in Schweden lebenden deutschen Geschäftsmannes bekommen und sich mit entsprechend gefälschten Ausweisen etwa zwei Jahre in Argentinien aufgehalten, um dort Zugang zu deutschnationalen Kreisen zu suchen.

Romeo-Agent «Roland» machte «Rosie» – so ihr KGB-Deckname – im Februar 1973 in Innsbruck mit «Wladimir» bekannt, hinter dem sich der in Russland geborene Volksdeutsche Iwan Unrau verbarg. «Wladimir» gab sich als Bekannter von Canaris aus und fand so einen hervorragenden Anknüpfungspunkt zu Heidrun Hofers Vater, der als ehemaliger Abwehroffizier bisher alle potenziellen Lebenspartner seiner Tochter abgelehnt hatte, wie Recherchen des KGB ergeben hatten. Nach Waldemar Markwardt war Kapitän Hofer Ursache dafür, dass seine Tochter nicht nur aus Liebe, sondern auch aus ideologischen Gründen spionierte. Die als deutschnationale Organisation ehemaliger SS-Leute getarnte KGB-Crew lud den Kapitän nach Wien ein, umgarnte den alten Mann mit Erinnerungen an angebliche gemeinsame, aber allesamt gefallene Bekannte und schwor ihn auf den Kampf gegen die neue Ostpolitik ein.[998] Auch gegenüber der Tochter bediente man sich des Tricks, ihr durch Nennung einer Reihe von Klar- und Decknamen hoher BNDler zu suggerieren, es gäbe diesen rechtskonservativen Zirkel, zu dem sie in enger Verbindung stünden. Von da an lieferte sie dem KGB Geheiminformationen aus ihrem Büro.

Heidrun Hofer wurde keineswegs, wie von Wessel in einem Rundschreiben behauptet, «vom Dienst in einer gelungenen Abwehroperation enttarnt»; sie flog auf, weil den Kollegen der aufwendige Lebensstil der nach BAT bezahlten Angestellten ins Auge stach. Misstrauisch machte sie auch, dass sie zwar häufig von ihrem Verlobten schwärmte, ihn aber nie zu Feiern mitbrachte, weil «Roland» natürlich fürchten musste, dort auf ihm angeblich gut bekannte BNDler zu stoßen. Als die Affäre mit «Roland» zu Ende ging, setzte der KGB zwei weitere ostdeutsche Illegale ein, «Manson» in der Rolle als «Rolands» Vater und «Frank» als ständigen Kontaktmann, um Heidrun Hofer, die sich inzwischen mit einem BND-Major verlobt hatte, auf der ideologischen Schiene weiter zu binden. Als der BND sie im Dezember 1977 verhaften ließ, hatte sie sechs Jahre für den KGB gearbeitet. «Roland» war bei dem Zugriff zwar in ihrer Wohnung, entkam aber, weil die Rückfront des Hauses unbewacht blieb. Er konnte unerkannt abtauchen. Unter dem Schock der Erkenntnis, nicht aus Liebe und für Gesinnungsfreunde verraten zu haben, sondern einem KGB-Mann auf den Leim gegangen zu sein, und weil der BND-Major die Verlobung gelöst hatte, sprang Heidrun Hofer bei den Vernehmungen durch das Landeskriminalamt in München aus dem sechsten Stock. Sie überlebte den Sturz, weil der Aufprall durch eine Hecke gedämpft wurde, war jedoch auf Dauer behindert und lebte anschließend in Norddeutschland von Sozialhilfe. Rechtskräftig verurteilt wurde sie nie, obwohl drei Jahre nach ihrer Festnahme Anklage erhoben wurde. Sie trug vor, dass sie die Dienstgeheimnisse im Glauben verraten hatte, für eine BND-interne Geheimorganisation und nicht für einen fremden Dienst zu arbeiten.[999] Endgültig wurde das Verfahren erst zehn Jahre später, 1987, wegen Verjährung eingestellt.

Als Heidrun Hofer 1974 von Paris nach München zurückkehrte, arbeitete sie als Büroangestellte in der Dienststelle I G 3 in der Elsenheimer Straße in München, die mit der Bearbeitung den BND-Mobilmachungspläne für den Ernstfall beschäftigt war. Laut Christopher Andrew war sie in der Zentrale auch im Verbindungsbüro Westeuropa und im Verbindungswesen zur Nato tätig.[1000] Der leitende BND-Beamte Volker Foertsch legte im Januar 1978 eine 15-seitige Ausarbeitung zum Verratsfall Hofer vor.[1001] Naturgemäß stand bei der Schadensabschätzung ihre Verwendung im Mobilmachungsreferat und damit ihr Wissen um die Stay-Behind-Planungen des BND im Vordergrund. Die BND-Vorkehrungen für den Kriegsfall hatten zwei Komponenten: zum einen die Rückverlegung der Zentrale aus ihrer zu großen Frontnähe und zum anderen die Stay-Behind-Verbände («Gladio»), die sich im Kriegsfall vom Gegner überrollen lassen und in seinem Rücken aufklären und Sabotageakte verüben sollten. Beim Referat I G 3 lagerten einerseits alle Unterlagen über die BNDler, die im Falle eines Angriffs auf die Bundesrepublik mit ihrem Material in die geplanten Bereitstellungsräume verlegt werden sollten, soweit die Militärs und Techniker nicht direkt als Reservisten eingezogen würden. Andererseits steuerte das Referat Ausbildung und potenziellen Einsatz der Untergrundkämpfer des BND und ihr Zusammenwirken mit Bundeswehr und Nato.

Damit war dem sowjetischen Geheimdienst bekannt, was in der Bundesrepublik selbst nach dem Ende des Kalten Krieges verschwiegen wurde. Anfang der 60er Jahre hatte die Partisanentruppe des BND, eingebettet in die Fallschirmjägertruppe, eine erste Blüte erlebt. In der Luftlandeschule im oberbayerischen Altenstadt wurde die H-Baracke errichtet, um Raum für die so genannte «Lehrgruppe Rittmeier» zu schaffen. Major Rittmeier, Ritterkreuzträger des Zweiten Weltkriegs, baute hier den Kern der Fernspähtruppe der Bundeswehr auf. Zugleich hatte diese Einheit den Kriegsauftrag, die Stay-Behind-Kräfte des BND aufzufüllen. Im Übungsgelände am Sauwald probten die Werwolf-Nachfolger den verdeckten Kampf.

Aus dem Mobilmachungsreferat I G 3 wechselten einige Soldaten zur Bundeswehr. Adalbert von Spanni beispielsweise stieß als Hauptmann aus dem BND zu den Fallschirmjägern. In den 70er Jahren agierte er aber bereits wieder in der BND-Unterabteilung IF (Übrige Welt). Zur Mitte der 70er Jahre war die BND-Streitmacht «Gladio» wie ein leichtes Pionierbataillon gegliedert, umfasste in Friedenszeiten aber nur 30 bis 40 BNDler. Geführt wurde die Truppe von dem Panzergrenadier Oberstleutnant Mischke und seinem Stellvertreter Major Bürger, einem Luftlandepionier. Die Lehr- und Versuchskompanie in Altenstadt war in der Kriegsplanung wesentlicher Bestandteil dieses Verbandes. Um angesichts der zahlreichen Wehrpflichtigen die Geheimhaltung zu sichern, wurde dienstlich verbreitet, die Einheit würde im Konfliktfall die Nahsicherung des BND übernehmen. Tatsächlich sollten die Fallschirmjäger hinter den Linien des Feindes aufklären und Sabotage betreiben.

Die Partisanentaktik wurde auf dem Standortübungsplatz Guselried bei Hohenpeißenberg geübt, der dazu mit modernsten ober- und unterirdischen Schießanlagen ausgestattet worden war. Die Gladio-Verstärkungskräfte aus Altenstadt trainierten auf diesem Gelände, während die Angehörigen von I G 3 eine BND-eigene Anlage nutzten. Gerardo Seravalle, bis 1974 Chef der italienischen Gladiatoren, berichtete 1991, dass es im März 1973 in Oberbayern sogar ein großes Stay-Behind-Manöver namens «Alpine Friendship» gegeben hatte. Zu diesem Manöver seien vom BND auch die Ausbilder des Gladio-Trainingszentrums auf Sardinien eingeladen worden. Die Rückzugsorte des BND für den Kriegsfall im Saarland und in Nordfrankreich hatte die unfreiwillige KGB-Agentin Hofer ebenso ausgeforscht wie die Sendeanlagen zur Führung der Gladio-Kämpfer in Großbritannien.[1002] Experten schätzten den entstandenen Schaden für BND und Nato auf etwa 100 Millionen DM, weil die Bereitstellungsräume aufgegeben und neue erkundet und ausgestattet werden mussten.

Als Willy Brandt Anfang der 70er Jahre den sowjetischen Staatspräsidenten Leonid Breschnew in Oreanda besuchte, warnte ihn sein Gastgeber, dass die gegen Polen gerichtete Außenstelle des BND in Köln im Visier der Spionageabwehr der Staaten des Warschauer Vertrags sei. Gegenmaßnahmen des KGB habe er unter Kontrolle, aber eine Gewähr für die stille Hinnahme dieser Aktivitäten durch die polnischen Freunde würde er nicht übernehmen.[1003] Ende 1981 erschien dann in der Zeitung des DDR-Außenministeriums *horizont* ein Artikel über «CIA und BND als Organisatoren der Konterrevolution in Polen», der einen vollständigen Überblick über die auf Polen gerichtete Arbeit zweier BND-Dienststellen in München und Köln bot.[1004] Grund für das profunde Wissen der Zeitung: Das MfS verfügte dort mit seinem Agenten «Bingen» über eine Innenquelle. Das Münchner Referat musste aufgelöst werden. Die Quelle «Bingen» ist bis heute nicht enttarnt worden. Nach Auskunft eines leitenden Mitarbeiters der Auswertung der HVA IX muss es sich um eine in unteren Besoldungsgruppen angesiedelte Bürokraft gehandelt haben, die offenbar Zugang zum Papierkorb und herumliegendem Material des Referatsleiters gehabt hatte. Genug immerhin, um sein weltweites Netz hochgehen zu lassen.

Für eine der Affären, die Ende der 70er Jahre Aufsehen erregte, kann man die Sicherheitsabteilung des BND sicher nicht verantwortlich machen: für die Affäre um die Agentin Inge Goliath, die im Vorzimmer des CDU-Abgeordneten Werner Marx platziert war und nach ihrem Übertritt in die DDR im März 1979 dessen intensive Beziehungen zu konservativen BNDlern, namentlich Oberst Günter Baltutis (UTRECHT) und Kurt Weiß, enthüllte. «Herta» – so ihr MfS-Deckname – informierte ihre Auftraggeber nicht nur über das Netzwerk aus Unionspolitikern, Journalisten und Nachrichtendienstlern, das einen konspirativen Kampf gegen die neue Ostpolitik führte, sondern erbeutete aus dem Büro ihres Arbeitgebers auch dort eingegangene BND-Papiere.[1005]

Zumindest geschlampt haben die BND-Abwehrstrategen, was den Abfluss geheimdienstlicher Informationen in das politische Umfeld von CDU, CSU und der ihr nahe stehenden Hanns-Seidel-Stiftung anging. Auch unter sozialliberalen Regierungen hatten führende BND-Mitarbeiter Freunden in der Union und rechts stehenden Journalisten bedenkenlos Geheimpapiere zugespielt, ohne zu ahnen, dass diese Szene vom DDR-Geheimdienst unterwandert war. Der wohl gravierendste Fall, was die Einspeisung von BND-Geheimnissen in die rechte politische Landschaft und ihren Endverbleib beim MfS betrifft, ist jener des Münchner Publizisten Dr. habil. Gerhard Baumann: Von 1957 bis zu seiner Enttarnung 1991 verkaufte er im Glauben, für den französischen Geheimdienst zu arbeiten, der MfS-Bezirksverwaltung in Leipzig abgestützt auf Beziehungen zu Kurt Weiß und dem BND-Vize Paul Münstermann hunderte politische und nachrichtendienstliche Informationen.[1006]

Gabriele Gast und Alfred Spuhler

In Vergessenheit scheint zu geraten, dass der Grundstein für die größte Niederlage des BND in seinem In-Fight mit der Hauptverwaltung Aufklärung des MfS unter Markus Wolf in der Ära Wessel gelegt wurde: Die erst nach der Wende öffentlich gewordene Unterwanderung Pullachs durch die Top-Agenten der DDR, Dr. Gabriele Gast und Alfred Spuhler.[1007] Gabriele Gast wurde im Dezember 1991 wegen geheimdienstlicher Agententätigkeit zu sechs Jahren und neun Monaten Freiheitsentzug verurteilt. Im Vergleich zu anderen MfS-Agenten in deutschen Sicherheitsbehörden oder in den USA enttarnten KGB-Agenten, die lebenslang bekamen, war es ein eher mildes Urteil, gemessen am Wert ihrer 17 Jahre währenden Spionage. Fragwürdig ist das Urteil dennoch, denn alle für den BND in der DDR tätigen Agenten wurden rehabilitiert und finanziell entschädigt.

Ihre Doktorarbeit zum Thema «Die politische Rolle der Frau in der DDR», die sie bei Klaus Mehnert in Aachen begonnen hatte, führte die junge Politikwissenschaftlerin im Frühjahr 1968 nach Karl-Marx-Stadt. Im Spätsommer freundete sie sich dort mit dem MfS-Mitarbeiter Karl-Heinz Schneider an, der für sie «Karlicek» hieß. Anfang 1969 erfolgte dann im Ostberliner Hotel «Unter den Linden» eine so genannte Klaransprache durch den Leiter der Abteilung XV der MfS-Bezirksverwaltung Karl-Marx-Stadt, Gotthold Schramm. Nach anfänglichem Zögern erklärte Gabriele Gast sich zur Spionage für das MfS bereit und weilte

Gabriele Gast, Markus Wolfs Topquelle «Gisela», stieg beim BND bis zur Sachgebietsleiterin «Sowjetische Blockpolitik» auf. Problemlos konnte sie abends mit nach Hause nehmen, was ihr für das MfS kopierenswert schien.

bis zum Frühjahr 1973 alle zwei bis drei Monate in Ostberlin, um Schneider zu treffen und zugleich ihre nachrichtendienstliche Ausbildung zu absolvieren, die sie als Quelle «Gisela» in Agentenfunk, Dokumentenfotografie und Geheimschreibverfahren erhielt. Ihre erste Stelle fand sie nach ihrer Doktorarbeit 1972 am Münchner «Forschungsinstitut für Sicherheit und internationale Fragen e.V.». Als die von der Konrad-Adenauer- und der Hanns-Seidel-Stiftung getragene Einrichtung im Juni 1973 schließen musste, wurde sie an den BND getippt und von einem Herrn «Grafrath» auf einen möglichen Eintritt in den BND angesprochen.

Die Sicherheitsüberprüfung, während der alle MfS-Kontakte ruhten, überstand Gabriele Gast problemlos und begann am 1. November 1973 ihre Tätigkeit als BND-Angestellte. Sie machte eine steile Karriere: Nach dem Grundlehrgang für den höheren BND-Dienst und einem Intensivkurs Russisch arbeitete sie ab 1. April 1974 in der Auswertung. Im Juni 1976 wurde sie als Regierungsrätin beamtet, zwei Jahre später zur Oberregierungsrätin befördert und im April 1987 zur Regierungsdirektorin ernannt. Als Sachgebietsleiterin Auswertung im Referat Politik der Sowjetunion hatte sie Zugang zu allem, was in den Bereichen «Sowjetische Westpolitik» oder «Sowjetische-Dritte-Welt-Politik» an Informationen anfiel. Sie wählte selbst aus, was ihr aus der Materialflut für das MfS bedeutsam erschien, und fertigte bis 1981 aus Notizen Eigenberichte, die sie abfilmte. Ab 1981 benutzte «Gisela» eine Aktentasche mit Geheimfach, um Originalberichte zum Abfotografieren mit nach Hause zu nehmen, ohne dass sie bei den Torkontrollen – vier in zehn Jahren! – aufgefallen wäre. Nur während ihrer Abordnung zum Kanzleramt von Dezember 1978 bis Juni 1979 ging sie auf Tauchstation.

Im Februar 1983 wechselte sie als Sachgebietsleiterin der «Spitzenberichterstattung» ins Lagereferat und saß dort an der Quelle für alle außenpolitisch bedeutsamen Vorgänge: «Zugänglich waren ihr Drahtberichte des Auswärtigen Amtes und Botschaftsberichte bis zum Verschlussgrad ‹Geheim›, die Rohmeldungen der BND-Abteilung Beschaffung, die tägliche Meldungsmappe der Abteilung Auswertung für den Präsidenten des BND und eine Ausarbeitung von dessen Lagevortrag, den er wöchentlich im Bundeskanzleramt zur Einschätzung der Sicherheitslage und zu dem wichtigsten aktuellen Meldeaufkommen des BND hielt», konstatierte das Bayerische Oberste Landesgericht in seinem Urteil.

Vier bis fünf Mal im Jahr traf sich Gabriele Gast mit dem MfS-Mann Schneider. Die Treffen fanden in der Bundesrepublik statt, aber auch in Österreich, Italien, den Niederlanden, Griechenland, Schweden und der Schweiz. Dazu kamen alle ein bis zwei Jahre Führungstreffs in Österreich, Ungarn, Griechenland oder Jugoslawien. Die besondere Wertschätzung, die «Gisela» bei der HVA genoss, spiegelte sich auch in insgesamt sieben Zusammenkünften mit Markus Wolf zwischen September 1975 und Mai 1986 in Jugoslawien und in der DDR. Im November 1987 rückte sie zur Leiterin des Sachgebiets «Sowjetische Blockpolitik» und Stellvertreterin des Referatsleiters auf. Nun lief alles, was den Warschauer Pakt und die Entwicklungen in der DDR betraf, über ihren Schreibtisch. Außerdem eine Vielzahl von «Randerkenntnissen» und allgemeinen Unterlagen, die für das MfS von ebenso großem Wert waren. Obwohl das gesamte Aktenmaterial der HVA geschreddert worden war, wurde Gabriele Gast letztlich durch einen Überläufer aus dem MfS enttarnt. Karl-Christoph Großmann, der Stellvertreter von MfS-General Harry Schütt, kannte zwar den Namen der Top-Agentin nicht, war aber über ihre Biographie bis hin zur Adoption eines behinderten Kindes informiert. Seine Aussagen führten den BND zielsicher zu dem ranghöchsten Maulwurf, den Markus Wolf im Herzen des Gegners hatte.

Alfred Spuhler rangierte als Hauptmann im BND weit unter Gabriele Gast. Was er dem MfS liefern konnte, stammte selten aus der Leitungsebene, aber dafür hatte er zunächst in der Fernmeldeaufklärung, dann in der Operationsführung Richtung DDR Zugangsmöglichkeiten, die nicht das Endprodukt der Spionage, sondern die geheimdienstliche Arbeit selbst betrafen.

Nachdem der Unteroffizier bei einem Manöverunfall ein Auge verloren hatte, wechselte er zum 1. Oktober 1968 zum «Amt für Militärkunde», wie die Legende für im BND eingesetzte Soldaten noch heute heißt. Als Fachoffizier wurde der Stabsfeldwebel im militärischen Nachrichtenwesen und in der Fernmeldeelektronischen Aufklärung ausgebildet. Den Soldaten Alfred Spuhler plagten Gewissensprobleme wegen der Aufrüstung im Westen und der verzerrten Darstellung der Bedrohung aus dem Osten. Nachdem er sich an Mitglieder der KPD gewandt hatte, nahm er im Spätherbst 1971 in Ostberlin Kontakte zum MfS auf. Im Frühjahr 1972 wurde seine Zusammenarbeit mit der HVA per Handschlag besiegelt, nachdem Alfred seinen älteren Bruder Ludwig Spuhler, einen technischen Angestellten beim Max-Planck-Institut in Garching, als Mitverschworenen und technischen Assistenten gewonnen hatte. Von da an schmuggelte Alfred BND-Dokumente in seiner Sporttasche mit doppeltem Boden, während Ludwig Spuhler in der Regel für die Verfilmung und den Transport über tote Briefkästen in Interzonenzügen oder zu Instrukteuren des MfS in der Bundesrepublik sorgte.

Anfangs arbeitete Alfred Spuhler in der Abteilung II (Technische Aufklärung) und lieferte dem MfS Informationen zur Struktur des BND und Verbindungen zur Bundeswehr und zu Partnerdiensten. Er konnte dank der Schnelligkeit seines Bruders auch die aktuellen Flugdaten der Aufklärungsflugzeuge Breguet-Atlantic in die DDR übermitteln, sodass diese rechtzeitig Vorsichtsmaßnahmen traf. Die Verwundbarkeit der ostdeutschen Telekommunikation durch Abhöroperationen des BND ließ sich zwar nicht aus der Welt schaffen, aber die DDR konnte besonders sensible Übertragungswege schützen und durch Ausbau des Kupferkabelnetzes statt der Funkstreckenübertragung den Geheimschutz verbessern.

Mit nur kurzen Pausen – 1974 wegen der Festnahme Günter Guillaumes, 1979 wegen der Flucht des MfS-Offiziers Werner Stiller in die Bundesrepublik – schaffte das Team nahezu täglich Geheimmaterial aus Pullach heraus. Bis zu 400 Blatt in der Woche schickte das Bruderpaar auf verschiedenen Wegen in die MfS-Zentrale in der Normannenstraße, sodass die HVA letztlich um Prioritätensetzung bat und nur noch Ausschnitte aus dem wöchentlichen «Militärischen Lagebericht OST» und dem monatlichen «Militärischen Lagebericht» bekommen wollte. Das Material erhielt in Ostberlin meist das Prädikat besonders wertvoll.

Ab Anfang 1978 wurden «Peter» und «Florian» – so ihre MfS-Decknamen – von der Markus Wolf direkt unterstehenden Abteilung IX der HVA unter General Harry Schütt geführt, die 1973 zur Gegenspionage geschaffen worden war. Treffs fanden an wechselnden Orten – oft in Österreich – statt. Ludwig sah ihren Instrukteur, den MfS-Oberstleutnant Günter Böttger, sehr häufig, Bruder Alfred nahm 15 Mal an diesen Zusammenkünften teil. Die Chefs der DDR-Auslandsaufklärung motivierten aber auch die Spuhlers durch persönliche Zusammenkünfte. Zu einem Treffen mit Markus Wolf wurden sie 1984 nach Dresden geschleust, ein Jahr später nach Ostberlin, und auch Wolf-Nachfolger Werner Großmann drückte ihnen im Frühjahr 1987 in Budapest die Hand. Für ihre erfolgreiche Arbeit wurden Alfred und Ludwig Spuhler mit DDR-Orden überhäuft, von Kampforden bis zur Verleihung des Vaterländischen Verdienstordens in Gold an Alfred und in Silber an Ludwig Spuhler im Jahre 1987. Der Jüngere brachte es beim MfS zum Oberstleutnant. 289 800 DM ließ sich Wolf über all die Jahre die Arbeit von «Peter» kosten, «Florian» erhielt insgesamt 266 900 DM, doch das Geld ging weitgehend für den nachrichtendienstlichen Aufwand drauf.

Der Wert Alfred Spuhlers für die HVA stieg im Oktober 1980 noch einmal beträchtlich. Spuhler – BND-Deckname Pergau – wurde Referent im Sachgebiet 12 AB, zuständig für militärische Auftragssteuerung und Meldungsbearbeitung bei der Ausspähung der DDR. Gleichzeitig wurde er Vertreter des Sachgebietsleiters. Nun hatte er Zugang zum Quellencomputer des BND und konnte die Decknamen, Quellenbeschreibungen, Aktivitäten und Treffs der gegen den anderen deutschen Staat eingesetzten BND-Agenten abrufen. «Die preisgegebenen Daten geheimer menschlicher Quellen, die für den BND arbeiteten, förderten deren Einkreisung und ermöglichten es, etwa 100 von ihnen zu enttarnen. Über sie konnte man fingiertes Material an den BND heranspielen und so Aufklärungsergebnisse verfälschen. Ferner war es möglich, diese Quellen umzudrehen und gegen den BND einzusetzen oder sie bei Bedarf gänzlich stillzulegen», hielt das Gericht in seiner Urteilsschrift fest und sah keinen Anlass, am Wahrheitsgehalt der Geständnisse der Brüder zu zweifeln. Tiefer blickende Beobachter jedoch wussten, dass es wohl einen Deal gab, bei dem PERGAU den Verrat von rund 100 BND-Quellen pauschal gestand und dem Dienst so der Nachweis, welche seiner 300 auf die DDR angesetzten Spione nicht wirklich im Geheimen agierten, sondern unter dem wachen Auge der Ostberliner Spionageabwehr, im Einzelnen erspart blieb.

Die Quellenbeschreibungen aus dem BND ermöglichten es der Spionageabwehr der DDR, in kriminalistischer Kleinarbeit die Identität der BND-Agenten zu ermitteln und zugleich die Loyalität der Umgedrehten routinemäßig zu überprüfen. Manchmal dauerte die Spurensuche nur wenige Wochen, in Ausnahmefällen waren die Verdächtigen erst nach Jahren enttarnt. Letztlich wurden nahezu alle angeworbenen DDR-Bürger oder westlichen Reiseaufklärer – voran die kleinen Fische – ermittelt. Nur die Hinweise auf zwei BND-Quellen in Westdeutschland, die Alfred Spuhler übermittelt hatte, bereiteten dem zuständigen MfS-Offizier großes Kopfzerbrechen. Bis zur Wende gelang es ihm nicht, ihre Identität zu klären und damit einen Fahndungserfolg zu melden. Dabei handelte es sich um die Quelle MIRZA, einen Publizisten und Medienwissenschaftler, und die Quelle FATUM, ebenfalls ein bedeutender Publizist in der Bundesrepublik.

FATUM war so bedeutend, dass er nicht von der Abteilung I des BND gesteuert wurde, sondern unmittelbar aus der Leitungsebene des Dienstes. Ab 1967 soll er unmittelbar nach Treffen mit führenden Persönlichkeiten in den Staaten des Warschauer Vertrags regelmäßig telefonisch nach Pullach berichtet haben. Er informierte den BND unter anderem über Gespräche mit Valentin Falin, Botschafter der Sowjetunion in Bonn von 1971 bis 1978 und anschließend Erster Stellvertretender Chef der Informationsabteilung des ZK der KPdSU, mit Mieczyslaw Rakowski, dem stellvertretenden polnischen Ministerpräsidenten, und nicht zuletzt über Diskussionen mit Klaus Gysi, dem Vater von Gregor Gysi. Klaus

Gysi schöpfte er erst in Rom, als dieser dort DDR-Botschafter war, zur DDR-Außenpolitik ab und anschließend in seiner Verwendung als Staatssekretär für Kirchenfragen zu Ostberliner Strategien der Kirchenpolitik. Die Spuren von FATUM finden sich auch in BND-Akten: Am 4. März 1975 bat der Vizepräsident des BND im Kanzleramt den Ministerialdirigenten Schlichter um die Rückgabe des Vorgangs Gysi. Schlichter wies ihn darauf hin, dass die Angelegenheit so bedeutend war, dass sie bereits in einer Unterredung zwischen Staatssekretär Schüler und BND-Präsident Wessel behandelt worden war.[1008]

Enttarnt wurden die Brüder «Peter» und «Florian» nicht erst durch die Wende. Der MfS-Mitarbeiter Stürmer, der die Abzüge operativ beschaffter Filme der HVA machte, spielte Anfang Oktober 1988 dem Verfassungsschutz in Westberlin das Deckblatt einer BND-Aufzeichnung vom Januar 1986 zu. Als Stürmer am 24. November 1988 vom MfS festgenommen wurde, legte er beim Verhör ein volles Geständnis ab. Ende November 1988 ging deshalb eine Warnung an die Brüder Spuhler, die alle Beweis- und geheimdienstlichen Hilfsmittel beseitigten und ihre Arbeit einstellten. Doch der BND war ihnen bereits auf der Spur, ließ ihre Telefone abhören und observierte sie in ihrem Wochenendhaus in Österreich. Am 29. November 1989 wurden sie – nachdem andere MfS-Überläufer zu ihrer endgültigen Enttarnung beigetragen hatten – festgenommen. Im November 1991 erhielt Alfred eine zehnjährige, Ludwig eine fünfeinhalbjährige Freiheitsstrafe.

Während seiner Amtszeit musste Wessel keinen Eklat fürchten, denn nur der Fall Hofer wurde, ohne dass der Verratsumfang zur Gänze ersichtlich war, öffentlich bekannt. *Die Welt* hatte immerhin am 14. Januar 1977 besorgt in ihrer Titelzeile gefragt: «Hat Spionin Hofer den BND auf Jahre gelähmt?» Den Pensionär Wessel muss jedoch das völlige Versagen der Spionageabwehr unter seiner Verantwortung schwer getroffen haben. Vor allem, weil die Innenquellen der HVA im BND nicht aus schnöder Gewinnsucht, sondern aus ideologischer Überzeugung für die DDR tätig geworden waren.

Mit den Randfiguren Goliath und Baumann, mit den Innenquellen BINGEN und Hofer und vor allem mit der MfS-Rekrutierung von Gast 1969 und Spuhler 1971 wurde der BND in der Ära Wessel von seinen

Gegnern in Moskau und Ostberlin so erfolgreich unterwandert, dass der Verratsumfang von Felfe und seinen beiden Mittätern in der Ära Gehlen demgegenüber fast schon unbedeutend erscheint.

«Hinübergerettete Gelder»

Schaut man auf die offiziellen Haushaltszahlen des BND im Etat des Kanzleramts in den 70er Jahren, zeigt sich, dass der BND kein Stiefkind der sozialliberalen Regierungen Brandt-Scheel und Schmidt-Genscher war. 1967 unter CDU-Kanzler Kiesinger gingen 68,6 Millionen DM nach Pullach, 1970 unter Brandt 75,4 und 1977 unter Schmidt sogar 111,5 Millionen DM.[1009] Inflationsbereinigt gab es im BND-Etat in den ersten sieben Jahren der sozialliberalen Regierung einen Anstieg um ein Viertel, der wesentlich aus den großen Investitionen in die Modernisierung der funkelektronischen Aufklärung resultierte.

Der DDR-Publizist Mader hatte zu den Finanzierungsquellen der OG und des BND auch Erträge aus dem Waffenhandel gezählt.[1010] Im Oktober 2000 sind diese Vorwürfe durch Recherchen des Magazins *Facts* in Akten der Schweizer Bundesanwaltschaft zumindest in einem Fall bestätigt worden. Im Zuge der Wiederbewaffnung wurde die Bundeswehr nicht nur mit altem Wehrmaterial der USA versorgt: Als wesentliche Neubeschaffung stand ein Schützenpanzer in der Prioritätenliste. Unter den konkurrierenden Angeboten erhielt der HS-30 der Genfer Waffenschmiede Hispano-Suiza den Zuschlag, obwohl es ihn zum Zeitpunkt des Vorvertrages nur als Pappmodell gab. Als Vermittler trat der Octogon-Trust aus Schaan in Liechtenstein mit seinem Geschäftsführer Rudolf Ruscheweyh auf, der bereits im «Dritten Reich» Waffengeschäfte gemacht hatte. Er arbeitete bei seinen Rüstungsdeals eng mit dem Ex-Abwehrmann Karl Klein zusammen, genannt «China-Klein», der nach Überzeugung der Schweizer Dienste nach Kriegsende ein Vermögen von 250 Millionen Franken der deutschen Abwehr verwaltete und in Meggen im Kanton Luzern als chinesischer Generalkonsul residierte. Ausschlaggebend für die Beschaffung des HS-30-Schützenpanzers, der sich nach Einführung als völlig mangelhaft erwies und mehrfach umkonstruiert wurde, waren Provisionsmillionen, vulgo Bestechungsgelder, die nach den Akten der Schweizer Bundesanwaltschaft auf Konten der CDU, der CSU und des BND flossen.

Bei dem Geschäft von geplanten 2,8 Milliarden DM für 10000 HS-30 zog im Hintergrund Adenauers Staatssekretär Otto Lenz die Fäden, der im Mai 1957 auf der Rückreise von einem Afrikabesuch in Neapel an Malaria starb. Laut eidesstattlicher Versicherung seiner Sekretärin war der CDU-Mitbegründer häufig in Paris und Genf, um von einem Bankier Robinson aus Tanger größere Wahlspenden für die CDU in Empfang zu nehmen. CDU-Gründungsmitglied Werner Plappert, der sich 1959 mit dem Schweizer Geheimdienst-Oberstleutnant Paul Schaufelberger, dem Chef der Bundespolizei Fritz Dick und dem Berner Bundesanwalt Hans Fürst besprochen hatte, teilte Adenauers Nachfolger Erhard gleich zweimal mit, dass der Panzerdeal der CDU «eine Wahlhilfe von ca. 50 Millionen DM» einbrachte.

Der Berner Geheime Schaufelberger hatte Verteidigungsminister Strauß eine Liste der Begünstigten zukommen lassen und sagte dies auch vor dem später eingerichteten parlamentarischen Untersuchungsausschuss in Bonn aus. Doch die Aufstellung verschwand, und Strauß diffamierte den Zeugen als Lobbyisten der Konkurrenz von Hispano-Suiza. Auf der Gewinnerseite standen der Kanzler-Intimus und Geheimdienstmann Achim Oster, Rudolf Ruscheweyh und Hans Klein vom Octogon-Trust sowie der Hispano-Suiza-Mann Conrado José Kraémer, die zusammen 30 Millionen DM an Provisionen sahen.[1011] Oskar Reile erklärte im Oktober 1974, dass Kraémer «bei HS-30 besonders abstaubte». Durch die HS-30-Beschaffung war Bonn ein Schaden von mindestens 200 Millionen DM entstanden, doch der Bonner Untersuchungsausschuss konnte kaum Erhellendes zutage fördern. Auch Gehlen war im Januar 1968 mit einer Aussagegenehmigung des Kanzleramtes als einer von 130 Zeugen vor den Ausschuss geladen worden.[1012] Seine vorgetäuschte Unwissenheit wird nun, 35 Jahre später, dadurch erklärlich, dass der BND an dem schmutzigen Geschäft mitverdient hatte.

Zwar unterhielt das Verteidigungsministerium zur Vermeidung und Untersuchung von Bestechungsfällen ein Referat «Ermittlungen in Sondersachen», doch auch dieses Problem hatte Gehlen gut im Griff: Seit

1959 leitete Karl Helmut Schnell dieses Referat, und der war nachrichtendienstlich wie politisch angebunden. Er wurde gleich nach Kriegsende Referendar bei dem ehemaligen Abwehrmann und CSU-Mitbegründer Dr. Josef Müller, genannt «Ochsensepp», und war wohl ab 1957 Mitarbeiter des Bundesnachrichtendienstes, unter anderem im Bonner Verbindungsbüro.[1013] 1968 rückte er zum Leiter des MAD-Sicherheitsreferats der Hardthöhe auf, wurde jedoch 1970 im Zusammenhang mit der Bestechungsaffäre bei der Beschaffung des HS-30-Schützenpanzers abgelöst.[1014]

Das Magazin *Facts* berief sich im Oktober 2000 unter anderem auf Ex-Staatsminister Karl Moersch, der erklärte, dass der US-Geheimdienst bei den ersten Bundestagswahlkämpfen jene Parteien unterstützte, die sich für die Wiederbewaffnung einsetzten, und dass er aufgrund von BND-Informationen wisse, dass Adenauer, wohl um die schwarzen Wahlkampfkassen noch praller zu füllen, seinen Geheimdienstmann Oster beauftragt hatte, das Milliardengeschäft mit dem Octogon-Trust abzuwickeln. Am 27. August 1973 traf BND-Vizepräsident Blötz in Bonn mit Staatssekretär Moersch zusammen, der im Jahr darauf Staatsminister im Außenamt und FDP-Landesvorsitzender in Baden-Württemberg wurde.[1015] Blötz zeigte sich verwundert, dass Moersch den CSU-Mann und im Waffenhandel eingesetzten BNDler Dr. Erwin Hauschildt alias Dr. Hermsdorff im Untersuchungsausschuss des Bundestages so überaus herzlich begrüßt habe, während er zugleich Geheimdienste öffentlich rüge. Moersch erläuterte ihm, dass er der CSU damit bewusst den Wind aus den Segeln habe nehmen wollen, da diese eine grundlegende Abneigung gegen ihn hegte. Späte Rache, weil er Berichterstatter des HS-30-Ausschusses gewesen war.

Da das Gespräch in «betont freundschaftlicher Atmosphäre» stattfand, erfuhr Blötz von dem früheren Journalisten Moersch auch, dass dies nicht sein erstes Zusammentreffen mit Hauschildt gewesen war. Während des HS-30-Ausschusses war Moersch im Auftrag Gehlens von Hauschildt, der seit der Mitte der 50er Jahre im Bonner BND-Verbindungsbüro saß, aufgesucht worden. Dieser wollte die Ergebnisse der geheimen Ausschussberatungen erfahren und versuchte nassforsch, ihn bei dieser Gelegenheit auf eine dauerhafte Zusammenarbeit mit dem BND zu verpflichten. «Gott sei Dank», so Moersch, habe er das Angebot abgelehnt.

Erträge aus den Waffenhandelsgeschäften des BND sind zu keiner Zeit, wie es die Bundeshaushaltsordnung vorschreibt, in den Bundeshaushalt zurückgeflossen. So gab es in Bonn immer wieder Vermutungen, dass der Dienst im Isartal über beträchtliches Eigenkapital verfüge. In der Fragestunde des Bundestages am 5. Dezember 1974 brachte ausgerechnet ihr SPD-Genosse Karlheinz Hansen die Parlamentarische Staatssekretärin im Kanzleramt, Marie Schlei, in Bedrängnis. Er wollte wissen, ob es zutreffe, dass «der BND, wie öffentlich verlautbart, über eigenes Vermögen verfügt, das nicht im Haushalt ausgewiesen ist und damit nicht der Kontrolle durch den Haushaltsausschuss oder den Bundesrechnungshof unterliegt? Woher stammt dieses Vermögen und wozu wird es verwendet?» Marie Schlei beschied ihn: «Der Bundesnachrichtendienst verfügt nicht über Vermögen, das nicht der Kontrolle des für ihn zuständigen Unterausschusses des Haushaltsausschusses des Deutschen Bundestags und der Kontrolle des Bundesrechnungshofes unterliegt. Beide Kontrollgremien haben vollkommene Übersicht.»

Als Dieter Blötz am 27. Februar des darauf folgenden Jahres bei Staatssekretär Schüler weilte, wies er seinen Vorgesetzten darauf hin, dass die Antwort von Marie Schlei «nicht zwingend richtig» gewesen sei. Schüler wisse doch aus der geschilderten Operation THESAURUS, dass der BND über eigenes Vermögen verfüge, das weder im Haushalt ausgewiesen ist noch der Kontrolle durch den Haushaltsausschuss oder Rechnungshof unterliege. Zwei Jahre später sprach er Schüler erneut auf THESAURUS an und erläuterte wenig später, am 29. Juni 1977, dass Wessel sehr beunruhigt sei, da er einen Skandal und eine «mögliche Verwicklung» befürchte. Schüler entschied, dass es ohne eine Entscheidung des Chefs des Kanzleramts keine Änderung in der Angelegenheit THESAURUS geben dürfe. Was sich hinter der ominösen Operation THESAURUS verbarg, ist unklar. Klar wird jedoch, dass sie auf höchster Ebene gehandelt wurde und dass bei ihrer Durchführung Geldmittel eine Rolle spielten, die aus einem geheim gehaltenen Topf stammten.

Woher, hatte der SPD-Abgeordnete Hansen gefragt, stammte das gerüchteweise erwähnte Vermögen des BND? Aus dem schwunghaften

Waffenhandel der 60er Jahre allein kam es nicht: Den Grundstock hatte ein Teil der Erbmasse der NS-Geheimdienste gebildet. Eine Schlüsselrolle bei der Bergung der Hinterlassenschaft von RSHA und Abwehr spielte der Ex-Militärattaché Rudolf von Glinski, der im April 1945 zu Gehlen stieß und mit der Suche nach sicheren Verstecken betraut wurde, in denen nicht nur geheime Dokumente landeten und die ab 1946 gemeinsam mit der CIA wieder geräumt wurden. «Allein bei einer kurzen Operation stellten die Amerikaner beinahe acht Tonnen Gold sicher, die von den Deutschen versteckt worden waren», ermittelte Mary Ellen Reese.[1016] Das Ehepaar Glinski ging 1948 nach Brasilien, wo Glinski von 1936 bis 1938 gearbeitet hatte. Später siedelten sie in die USA über. Noch 1999 lehnte Rudolf Glinski ein Interview zu seiner Schatzgräbertätigkeit nach Rücksprache mit seinem ehemaligen Präsidenten Wessel kategorisch ab.

Antwort auf die Frage nach den Quellen der BND-Schwarzkonten erhielt die Öffentlichkeit erst im Jahr 2000 durch die Memoiren eines ehemaligen Oberstleutnants des MfS – ohne die brisante Information indes zur Kenntnis zu nehmen. Helmut Wagner beschreibt die Ursachen des Ereignisses, das die ganze Amtszeit Wessels überschattete: des Selbstmordes seines Vizepräsidenten Horst Wendland am 8. Oktober 1968, der sich in seinem Büro erschoss.

«Immerhin brauchten das Bundeskanzleramt in Bonn und die BND-Zentrale in Pullach eineinhalb Tage, um sich über die offizielle Version zu verständigen: eine schwere reaktive Depression führte nicht nur zu häufiger Niedergeschlagenheit und zu partiellen Ausfallerscheinungen bei dem BND-Vizepräsidenten, sondern auch zum Griff nach der Pistole. Die ganze Wahrheit kennt wahrscheinlich niemand», kommentierte die *Süddeutsche Zeitung* im Oktober 1968.[1017] Felfe behauptet in seinen Memoiren, dass Wendland «wegen zu eigener und einseitiger Zusammenarbeit mit der französischen Seite von den eigenen Leuten in den Tod getrieben»[1018] worden sei. Andere BND-Mitarbeiter hingegen glaubten, dass er für den tschechischen Geheimdienst gearbeitet habe, und sahen sich von einschlägigen Publikationen des früheren Generalstabschef der Tschechoslowakei bestätigt.[1019]

Hans Maetschke unterrichtete Admiral Poser 1968 über die Hintergründe des Suizids: «Eine kleine Gruppe von Mitarbeitern hat seit

1965/66 gewisse Verdachtsmomente einer Feindtätigkeit in der Führungsspitze gehabt und dies auch zum Ausdruck gebracht. Dabei wurde auch die Person Wendlands mehrfach erwähnt. Es gab aber zweifellos hier keinerlei stichhaltiges Material. Von einer ganz bestimmten Seite wurde auch einmal die Frage erörtert, ob es sich bei W. etwa um die berüchtigte Quelle ‹Werther› aus der Roten Kapelle handeln könne. Von diesen Verdächtigungen hat Wendland zweifellos gewusst.» Maetschke zitierte die Überlegungen zweier hochrangiger «ND-Führer» zu Wendlands Suizid: «Er habe erkannt, welch große Verantwortung er auf sich geladen habe, wobei er sich selbst als Opfer des Doktors und dessen Clique betrachtete und befürchtete, dass er allein zum Sündenbock gestempelt werden sollte. Der Selbstmord im Dienstzimmer sei daher eine Demonstration gegen Wessel gewesen. Ein Augenzeuge schildert hierzu eine Szene bei der Trauerfeier am Grabe, als die Tochter General Wendlands zunächst ihre Hand zurückzog, als General Wessel nach seiner Rede ihr die Hand reichte.»

Als das MfS Anfang der 80er Jahre Altvorgänge über West-Geheimdienstler in das neue Datenbanksystem des KGB und seiner Bruderdienste, SOUD, einspeiste, stieß Wagner auf die Notiz einer Wendland sehr nahe stehenden MfS-Quelle. Daraus ging hervor, dass Wendland nach einem Gespräch mit Wessel alle Brücken für abgebrochen hielt und sich kaltgestellt sah. Wessel «habe nicht davor zurückgeschreckt, ihm mit dem ‹schlesischen Adeligen› zu drohen, und angedeutet, dass er die Zusammenhänge mit den ‹hinübergeretteten Geldern› kenne, wovon nicht nur er [Wendland] profitiert habe. Das sei nicht nur eine Diffamierung seiner Person, sondern auch des Dienstes. Das Allerschlimmste sei aber, dass offensichtlich der ausgeschiedene Präsident die hierzu vorhandenen Unterlagen übergeben habe, obgleich dieser ihm versichert hatte, ‹alles› vernichtet zu haben, damit nichts in andere Hände gerate.»[1020]

Die Suche nach dem schlesischen Adeligen führte Wagner zu Kurt Gerhard von Rohrscheidt, der bis 1942 für das Amt Ausland/Abwehr arbeitete und dann nach Madrid ging, um dort bis 1945 die Gegenspionage zu leiten. «Die Verbindung zum spanischen Geheimdienst war so eng, dass er diesem bei Kriegsende die Kasse der in Spanien operierenden deutschen Abwehr – in Gold und Devisen über 1 Million Reichsmark –

übergab, um sie vor dem Zugriff der Amerikaner zu retten und für eine spätere Verwendung einzusetzen. Hierzu hatte von Rohrscheidt entsprechende Absprachen mit dem spanischen Geheimdienst getroffen. Während seiner Internierung von 1946 bis 1948 in Frankreich hat er den Amerikanern kein Wort darüber gesagt. Es blieb bei dem Kreis von vielleicht zwei, drei Eingeweihten. Diese waren in Spanien verblieben und gingen alltäglichen Geschäften nach.»[1021]

Rohrscheidt war 1952 auf US-Empfehlung hin zur OG gestoßen und 1956 von Gehlen aus der Generalvertretung Bremen in die Zentrale geholt worden. Der Monokelträger und Langkau-Vasall – so Oskar Reile – übernahm im Strategischen Dienst Sonderaufgaben wie den Aufbau der Attaché-Abteilung und die Unterbringung in Botschaften eingesetzter Mitarbeiter. Bis 1956 hatte die OG zwar Kontakte nach Spanien, aber keine feste Basis in Madrid, da ihr US-Vormund dort zu herrschen wünschte. Mit Gründung des BND war der Weg frei, an die guten Beziehungen der Kriegsjahre anzuknüpfen, ehemalige Nachrichtendienstler zu reaktivieren und vor allem auf die von Rohrscheidt sichergestellte Kriegskasse zuzugreifen.

Bei der Quelle des MfS handelte es sich um einen Freund von Rohrscheidts, der mit ihm in Frankreich interniert war. Er folgte dem schlesischen Adeligen nicht in die OG, hielt aber engen Kontakt nach Pullach und übersetzte für Gehlen die 1952 in Englisch erschienenen Memoiren Schellenbergs. Laut Wagner und seiner Quelle wurden die Millionenrücklagen der Abwehr nicht nur zu geheimdienstlichen Operationen, sondern auch für private Zwecke genutzt – von Rohrscheidt und von Wendland selbst. Scheinbar fühlte sich Wendland von Gehlen verraten und von Wessel unter Druck gesetzt. Er hatte zu den zwei oder drei Eingeweihten gehört, die um die Kriegskasse wussten und sie nutzten. Gehlen hatte das Wissen anscheinend an Wessel übergeben, der es nun gegenüber Wendland nutzte, dessen Stern in Pullach im Sinken begriffen war. Dieser wurde für viele Missstände im BND verantwortlich gemacht. So kam vieles zusammen.

Während in der Öffentlichkeit und unter den BND-Mitarbeitern nach Wendlands Suizid die Gerüchteküche brodelte, wusste nur ein sehr kleiner Kreis von Eingeweihten, dass es im Kern um das Machtwissen über den illegalen Kapitalstock ging. Als BND-Vizepräsident Blötz von den schwarzen Kassen erfahren hatte und Staatssekretär Schüler – darüber unterrichtet – nichts unternahm, um den Haushaltsgesetzen Genüge zu tun, da waren die regierenden Sozialdemokraten in Mithaftung genommen. Da auch die Regierung Kohl nie eine Auflösung des Kapitalstocks und seine Rückführung in den Bundeshaushalt angeordnet hat, sind die im Waffenhandel verdienten und die «hinübergeretteten Gelder» auch heute noch ein Fall für den Staatsanwalt bzw. den Generalbundesanwalt.

«Bleiben Sie weiterhin faire Verlierer»

Wieder Schlappen gegen das MfS – aber ein Top-Spion in Moskau

Solange die Ost-West-Beziehungen von starren Fronten geprägt waren, konzentrierten sich die Nachrichtendienste beider Seiten auf Militärspionage. Erst die Mitte der 60er Jahre einsetzende Entspannungspolitik und vor allem die neue Ostpolitik ließen das Interesse an den politischen Vorgängen in den Staaten des Warschauer Vertrags nachhaltig wachsen. Der Brandt-Vertraute Egon Bahr sagt im Rückblick, er habe für seine Verhandlungen mit Moskau, Warschau oder Ostberlin nichts wirklich Wichtiges vom BND erfahren und sein Wissen lieber aus politischen Quellen geschöpft. Dennoch verlangte das Kanzleramt unter SPD-Führung – voran Geheimdienstkoordinator Ehmke – von Pullach eine intensivere Aufklärung der DDR-Politik und erweiterte den Prioritätenkatalog für politische Fragen auch auf die übrigen Staaten des Warschauer Vertrags.

Noch heute betont Günter Gaus, von 1974 bis 1981 Leiter der Bonner Ständigen Vertretung in Ostberlin, mit Stolz, er habe dafür gesorgt, dass die Vertretung eine BND-freie Zone geblieben sei. Auch der ehemalige MfS-Oberstleutnant Wagner berichtet, Gaus habe «in zwei Gesprächen mit BND-Präsident Wessel erreicht, dass kein BND-Mitarbeiter in der Vertretung eingebaut wurde. (An dieser Vereinbarung wurde bis zum Ende der DDR festgehalten).»[1022]

Als nach Unterzeichnung des Grundlagenvertrages im Dezember 1972 über die Regularien zum Austausch diplomatischer Vertretungen verhandelt wurde, herrschte Einvernehmen zwischen Kanzleramt und BND, dass der Bonner Auslandsnachrichtendienst mit in Ostberlin einziehen solle. Pullach hatte genaue Vorstellungen über den Einbau von drei BND-Mitarbeitern (MA) in die Ständige Vertretung, die den Staatssekretären Grabert und Gaus unterbreitet wurden: «Ein MA, A13/14 für allgemeines Wirtschaftsressort, möglicherweise Diplomkauf-

VPr

13. Juli 1973

V e r m e r k

T. bei Pr am 11.7.73,11.45-13.15 Uhr

I. Bericht über Te. BONN

1. StS GRABERT am 10.7.73

a) Ergebnisse Persb. BMVg mit Ziel, auch nach jetzigem AL III B 7-Stelle dort für Bw zu halten, insbesondere aber auch UAL-Stelle III A, wegen ihrer besonderen Bedeutung, für die mil.Auswertung und die Aufträge an die Beschaffung nach vorüb...

2. MinDir HOPPE, AA, am 3.7.73

a) Einbau BND in OSTBLOCK-Residenturen; StS hat Aufnahme des Gesprächs bereits zugestimmt.

b) Fünf Personalakten für Nachfolger AL III.

3. StS GRABERT und StS GAUS am 26.6., StS GAUS am 6.7.73

Besprechung und Vorbereitung des Einbaus von drei BND-Angehörigen in Vertretung in OSTBERLIN.
Ein MA, A 13/14 für allgemeines Wirtschaftsressort, möglicherweise Diplomkaufmann oder Diplomvolkswirt, ein MA, A 13/14 für allgemeines Pol.-Ressort, zuständig für Wissenschaft, Kultur und Sport und ein Faktotum, das fahren und alle möglichen Dinge erledigen kann.

- 4 -

Vermerk des BND-Vizepräsidenten Dieter Blötz zum Thema Ständige Vertretung: Günter Gaus gelang es durch Hinhaltetaktik, den BND außen vor zu halten.

mann oder Diplomvolkswirt, ein MA, A13/14 für allgemeines Pol.-Ressort, zuständig für Wissenschaft, Kultur und Sport und ein Faktotum, das fahren und alle möglichen Dinge erledigen kann.» Gaus wurden sogar die Personalakten der infrage kommenden Mitarbeiter unterbreitet.

Als Dieter Blötz am 28. August 1973 mit Gaus weitere Einzelheiten besprechen will, bittet dieser ihn überraschend um ein Vier-Augen-Gespräch, über dessen Inhalt die Leitung des Dienstes später unterrichtet werden sollte. Gaus hatte nichts Geringeres auf dem Herzen als die Bitte, die vorgesehenen Maßnahmen bis Mitte 1974 zu verschieben. Nachdem die letzte Verhandlungsrunde zwischen Bahr und DDR-Unterhändler Michael Kohl sich als schwierig erwiesen habe, wollte er kein Risiko durch den Einsatz von BND-Leuten in der Ständigen Vertretung eingehen. Gaus setzte sich durch.

Da die deutsch-deutschen Verhandlungen sich gerade bei den ins Auge gefassten Folgeverträgen zum Grundlagenvertrag in den Bereichen Post- und Fernmeldewesen, Verkehr, Wirtschaft, Wissenschaft, Technik etc. als schwieriges Terrain erwiesen, blieb der BND in der Ständigen Vertretung, die im Mai 1974 ihre Arbeit aufnahm, außen vor. [1023] Auch in der Ära Helmut Kohl waren die Verhandlungsrunden mit der DDR zur Senkung des Reisealters für DDR-Bürger, zur Anerkennung der DDR-Staatsbürgerschaft, zur Auflösung der Erfassungsstelle Salzgitter, zur Einrichtung einer deutsch-deutschen Bank in der Schweiz oder beim 1983 von Strauß eingefädelten Milliardenkredit[1024] stets so sensibel, dass die westliche Seite sie nicht durch enttarnte BND-Leute zusätzlich belastet sehen wollte.

Im Februar 1971 berichtete BND-Vizepräsident Dieter Blötz über die Verhaftung einer Transitquelle in der DDR.[1025] Dieser BND-Vermerk wirft nur ein erstes Schlaglicht auf den Aderlass an Agenten, der dem BND in den 70er und 80er Jahren bevorstehen sollte. Seit Alfred Spuhler die HVA mit Hinweisen aus dem Pullacher Quellencomputer speiste, hatte die Spionageabwehr in Ostberlin leichtes Spiel mit den BND-Agenten. Außerdem schafften die Spionageabwehr des MfS, die im Westen völlig unterschätzte MfS-Fernmeldeaufklärung und der Durchgriff des MfS auf alle staatlichen Einrichtungen aus der DDR ein Minenfeld, auf dem die Spione aller westlichen Nachrichtendienste regelmäßig hochgingen.

Mit den Darstellungen aller aufgeflogenen BND-Spione von Kraftfahrern über Binnenschiffer bis zu Zugreisenden lassen sich Enzyklopädien füllen. Immer mit dem gemeinsamen Nenner der Geschichte vom Hasen und dem Igel. Wenn der BND glaubte, ein Ziel erreicht zu haben, stand das MfS meistens bereits an der Ziellinie und wartete. Wenn Fahrer der westdeutschen Spedition Dachser in Thüringen auf Autobahnparkplätzen tote Briefkästen für Spione füllten, die die 8. sowjetische Gardearmee aufklären sollten, dann las die Spionageabwehr der DDR die Post zuerst, und wenn der BND einen Westberliner Studenten auf der Bahnfahrt von Hannover nach Berlin wähnte, dann wurde der Bafög-Agent stattdessen gerade auf der Transitautobahn von Lübeck nach Berlin vom MfS festgenommen. Seine Auftraggeber in Pullach konnte der Transitspion täuschen, indem er mit dem Auto fuhr und ihnen früher gemachte Beobachtungen leicht abgewandelt erneut verkaufte. Die MfS-Hauptabteilung II, die jeden seiner Schritte im Auge hatte, konnte er nicht hinters Licht führen.

Die Verhaftung von BND-Agenten in der DDR erfolgte nur, wenn es den Machthabern ins Konzept paßte, denn einen Gutteil hatten sie unter Kontrolle und nutzten die Überwachung, um ein Profil des Erkenntnisinteresses des BND zu gewinnen. Bevor der MfS-Spion Alfred Spuhler dazu massenweise Gelegenheit hatte, war ein Doppelagent an den BND herangespielt worden, der seine Pullacher Auftraggeber von 1969 bis zur Wende erfolgreich täuschte: Wolfgang Medo, ein ehemaliger Kriegsberichterstatter, stieß 1959 vom Ost-Büro der SPD zum BND. Als IM Klaus Petersen stand er treu zum MfS. Seinem BND-Verbindungsführer Dr. Linke ließ er die Nachricht zukommen, sein in Ostberlin lebender Sohn «Hans» habe Zugang zur Druckfahne des demnächst erscheinenden Buchs von Julius Mader über die westlichen Geheimdienste. Der BND sprang an. Medos MfS-Agentenführer Rudolf Schmidt deponierte einen eigens für den BND gefertigten Probedruck am Grenzübergang Bahnhof Friedrichstraße, den Medo für Linke abholte. Der BND-Spezialist des MfS, Franz Hänel, hatte den Text aber vorher entschärft, um den neuen Präsidenten Wessel in Sicherheit zu wiegen. In Pullach war die Freude über die gelungene Aktion dennoch groß.[1026]

Damit war der Köder erfolgreich ausgelegt, und der BND setzte seinen Verbindungsführer Ludwig Harz (HAGEMEISTER) auf «Hans» an, der den BND-Decknamen NICKI bekam. Harz verlangte Stadtpläne von Gera oder Jena, Auskünfte über Personen des öffentlichen Lebens, Zeitschriften aus dem Militärverlag oder auch Erkundungen laufender Baumaßnahmen in Ostberlin. Und NICKI lieferte, was immer seinem Agentenführer im MfS verantwortbar erschien. Als Wolfgang Medo gestorben war, übernahm seine ebenfalls in Westberlin wohnende Frau «Iris» (BND-Deckname ROSE) die Rolle des Verbindungsglieds zwischen «Hans» und HAGEMEISTER und spielte ihrerseits zusammen mit Rudolf Schmidt das Doppelspiel bis zum Ende der DDR weiter. Nach der Wende wurde NICKI durch einen Überläufer aus dem MfS enttarnt und geriet in die Mühlen der Justiz. Der BND drängte darauf, dem Mann den Prozess zu machen, dem er über zwei Jahrzehnte so gute Aufklärungsergebnisse verdankte, dass sein Verbindungsführer mehrfach belobigt wurde. Der Rechtsanwalt von NICKI und Rudolf Schmidt hoffte auf einen Musterprozess der besonderen Art. Die Gauck-Behörde musste der Staatsanwaltschaft mehr als 20 Ordner der MfS-Hauptabteilung II zur Verfügung stellen, die naturgemäß auch der Verteidigung offen standen und die Harz nicht als Musterfall eines hochdekorierten BND-Verbindungsführers aussehen ließen. Nicht nur, dass er bei seinen Treffs mit Nicki in Westberliner Restaurants Unmengen von Alkohol in sich hineinschüttete: Von «Iris», die als Krankenschwester in Westberlin arbeitete, ließ er sich auch Großpackungen «Gelonida» mitbringen, da er nicht nur alkohol-, sondern auch tablettensüchtig war. Er unterschlug – laut MfS-Aktenlage – Agentenlohn, bereitete seinen Agenten entgegen allen Bestimmungen auf den Check durch BND-Sicherheitsleute vor, verschwieg in Pullach, dass seine Quelle längst nicht mehr im Militärverlag der DDR in der Storkower Straße tätig war, lieferte dem MfS durch seine Geschwätzigkeit Hinweise auf Kollegen und BND-Operationen und so weiter und so fort. Nachdem der Anwalt ein Fax erhalten hatte, in dem ein westdeutscher Publizist die Merkwürdigkeiten mediengerecht zusammenfasste, wurde er überraschend ohne Mandanten zur Staatsanwaltschaft bestellt. Der Oberstaatsanwalt teilte ihm mit, dass er das Verfahren einstellen wolle, weil der BND-Landesverbindungsreferent vorstellig geworden sei und im Interesse des Dienstes darum gebeten habe. Der gewitzte Anwalt stimmte dem Wunsch jedoch nicht zu. Er bestand mit Erfolg auf Abschluss des Verfahrens durch eine lächerlich geringe Geldauflage für die Beschuldigten, damit es nicht wieder aufgerollt werden konnte.

Im August 1977 wurden in Ostberlin der Kreisvorsitzende der FDP aus Leer in Ostfriesland, Heinrich Bartels, und seine Ehefrau wegen Spionage für den BND festgenommen. Das MfS war einem Hinweis seines Agenten Spuhler aus dem Jahre 1972 nachgegangen. Durch seinen Einblick in den BND-Quellencomputer konnte Spuhler den DDR-Geheimdienst auf ein Ehepaar aufmerksam machen, das für die BND-Dienststelle «DDR Militär Nord» in Bremen tätig war und vom Verbindungsführer DELIUS, bürgerlich Döll, geführt wurde. Fünf Jahre hatten die Gegenspionage-Experten der Staatssicherheit vergeblich versucht, aufgrund der Informationen Spuhlers die Identität der Agenten zu ermitteln.

Die erste Vernehmung des Ehepaars Bartels fand in einem MfS-Objekt am Motzener See am Rand Berlins statt. Die MfS-Offiziere waren nicht sicher, ob sie den Nachweis der Spionage tatsächlich führen konnten, da Militäraufklärer allenfalls kryptische Notizen, aber kaum verwertbare Beweismittel mit sich führen. Der BND hatte seinen Agenten daher suggeriert, sie seien vor jedem Zugriff sicher, und es unterlassen, sie psychologisch auf den Fall einer Festnahme vorzubereiten. So waren die Eheleute Bartels völlig überrumpelt und legten sofort ein umfassendes Geständnis ab. Ihre Spionagetätigkeit hatte sich im Wesentlichen gegen Objekte der Gruppe der Sowjetischen Streitkräfte (GSSD) im Raum Perleberg gerichtet. Verwundert zeigten sich die Vernehmer des MfS, wie ungerührt Frau Bartels über ihre Rolle als persönliche Sekretärin des Leiters des Frauenkonzentrationslagers Ravensbrück während des Zweiten Weltkriegs plauderte. Für die nächste Vernehmung entlieh die MfS-Untersuchungsabteilung aus Archiven der DDR ein Fotoalbum, das das Stammpersonal im KZ angelegt hatte. Es war in die Haut ermordeter Insassen von Ravensbrück eingebunden worden. Die BND-Agentin aus

Ostfriesland blätterte es ganz unbefangen durch, schilderte einige Erlebnisse, zeigte auf Aufnahmen von sich und ihr persönlich bekannten SS-Männern.

Das *Neue Deutschland* berichtete über die Festnahme und die Verurteilung der BND-Agenten zu 15 Jahren Haft, ging auf den nationalsozialistischen Hintergrund von Frau Bartels jedoch nicht ein. Zu Zeiten eines christdemokratischen Kanzlers in Bonn hätte die DDR-Propaganda Honig daraus gesogen und in der Presse illustriert, dass der BND sich selbst Menschen bediente, die unmittelbar in den Mord an den europäischen Juden eingebunden gewesen waren. Doch 1977 hielt die Staatssicherheit auf politische Weisung diese Informationen zurück, um die Beziehungen zur sozialliberalen Regierung in Bonn nicht zu belasten.

Das Ehepaar Bartels musste seine Haftstrafe nicht vollständig absitzen, da der BND immer starken Einfluss auf die Liste der aus DDR-Haft freizukaufenden Bundesbürger nahm. Von der Begrüßungsfeier, mit der BND-Mitarbeiter ihre verloren gegangenen Schafe im Westen willkommen hießen, schoss das MfS wiederum Fotos. Für die Unbill ihrer Haft erhielten die Bartels eine finanzielle Entschädigung vom BND.[1027]

Nachdem Klaus Kinkel am 1. Januar 1979 auf dem Chefsessel in Pullach Platz genommen hatte, drängte er auf einen höheren Ertrag aus der DDR-Spionage mit menschlichen Quellen.[1028] Ende 1980 verordnete er auch der BND-Militäraufklärung eine neue Offensive. Die BND-Dienststellen RING im Bremer Grünenweg 26 für den Norden der DDR, legendiert als «Der Bundesminister für Verkehr, Abteilung Seeverkehr», und ihre Schwestereinrichtung ISARSALON in der Münchener Karl-Theodor-Straße 55, getarnt als «Technische Untersuchungsstelle für Fertigungsverfahren», für den Süden der DDR rekrutierten sowohl Bundes- wie DDR-Bürger, darunter viele Fernfahrer aus beiden Staaten. Wolfgang Jochims (Odenwald) war in Bremen ab 1980 federführend bei der Operation PARKUHR und wurde seiner augenscheinlichen Erfolge wegen 1984 zum Major befördert.[1029]

Doch da hatte die entsprechende Gegenoperation des MfS namens «Perspektive» bereits eingesetzt. Allein in Erfurt wurden zwischen 1982 und 1989 zehn BND-Spione entlarvt, die es vor allem auf die Mikroelektronik abgesehen hatten. 1986 wurde das Netz der Kraftfahrer schließlich vollständig aufgedeckt. Der BND hatte 120 Lkw-Fahrer ins Visier genommen, davon wurden 15 enttarnt und verurteilt, 15 hatten sich vorher offenbart und arbeiteten nun umgedreht gegen den BND, 30 hatten nur flüchtigen Kontakt gehabt und gingen straffrei aus, und 60 befanden sich noch im Status von künftigen Zielpersonen. Nach der Enttarnungswelle brach der BND die Operation PARKUHR ab und machte sich an die Pannenauswertung.[1030]

Als der Chef der MfS-Hauptabteilung II, Generalmajor Günther Kratsch, im August 1987 die Bilanz der zwischen 1977 und 1986 festgenommenen 163 Westagenten, davon 94 vom BND, aufmachte[1031], zeigte sich, dass Kinkel – bei allen Erfolgen in Drittländern außerhalb des Warschauer Vertrags – in der DDR genauso gescheitert war wie seine Vorgänger und Nachfolger. Doch zunächst schien ihm das Glück des Tüchtigen zu winken.

Der Überläufer: Werner Stiller

Am 18. Januar 1979 konnte der BND im deutsch-deutschen Spionageduell punkten, denn an diesem Tag wechselte der MfS-Offizier Werner Stiller von Ost- nach Westberlin.[1032] «Oberstleutnant Werner Stiller (31), Diplomphysiker, privilegierter Sachbearbeiter in der Elite des Ostberliner MfS, Erster Sekretär der SED in seiner Abteilung und damit von hohem Einfluss an seinem Arbeitplatz, war im Westen. Der Frontwechsel des Doppelagenten war für den Bundesnachrichtendienst (BND) der größte Erfolg seit vielen Jahren – zugleich sprudelte, jetzt risikolos, eine der ergiebigsten Quellen für westliche Abwehrspezialisten und Ost-Analytiker», lobte Heiner Emde den spektakulären Erfolg.[1033] Laut Emde war der «Frontwechsel» Stillers von Ost- nach Westberlin mit der «Disziplin eines Routiniers, der jahrelang ein lebensgefährliches Doppelspiel getrieben hatte», planmäßig erfolgt. BND-Mitarbeiter hätten ihren Überläufer bereits in Westberlin erwartet. Ein eigenes Buch Stillers festigte 1986 die Legenden. Es war «redigiert» vom BND, dem mehr als an der Wahrheitsfindung daran lag, Salz in die Wunde des MfS zu streuen.[1034]

Der Überläufer hatte Dienstvorschriften, Telefonverzeichnisse, Mitarbeiterlisten und Materialbegleitlisten der zwischen 1975 und 1978 an die Auswertung übermittelten Informationen im Fluchtgepäck. Der Erfolg des BND war aber vor allem psychologischer Natur und brachte den Chef des als uneinnehmbar geltenden DDR-Spionageapparats, Markus Wolf, in Schwierigkeiten. Den eigentlichen nachrichtendienstlichen Wert Stillers, dessen Verrat letztlich nur zu 17 Festnahmen führte, schätzte eine Staatssekretärsrunde 1980 als eher gering ein, obwohl so wichtige Industriespione wie Klaus Fuelle, Finanzbuchhalter in der Wiederaufbereitungsanlage Karlsruhe, enttarnt wurden. Die Geringschätzung mag darauf zurückzuführen sein, dass 30 von Stiller enttarnte DDR-Spione rechtzeitig fliehen konnten.

Stiller hatte 1975 auch Dr. Karl Hauffe, Institutsdirektor an der Universität Göttingen, der früher für den KGB gearbeitet hatte, für das MfS reaktivieren können und ihn nach seiner Flucht enttarnt. Hauffe, MfS-Deckname «Fellow», kam vor Gericht mit einer Freiheitsstrafe zur Bewährung davon. BND-Insider führten das darauf zurück, dass der Professor für MfS und BND gearbeitet hatte. Da der BND dies ungern zugeben wollte, habe er hinter den Kulissen für ein vergleichsweise mildes Urteil gesorgt.

Das erste Mal sei sein Versuch, sich dem BND anzudienen, an der eigenen Schusseligkeit gescheitert, sagte Stiller nach der Wende, weil er Termine und Vereinbarungen nicht einhalten konnte. Als Reisekader, der selbst zur Fußballweltmeisterschaft 1974 nach Gelsenkirchen fahren durfte, hatte der MfS-Oberleutnant zahlreiche Gelegenheiten, sich dem BND zu nähern. Seinen zweiten Versuch unternahm er über den westdeutschen Bruder seiner Freundin, den Coburger Oberstudienrat Herbert Kross. So kam es im April 1978 zum ersten Kontakt mit dem BND-Mann Wolfgang Richter, RITTER, und Ende Mai zu einem zweiten mit dessen Vorgesetzten.

Noch 1992 suggerierte der *Spiegel*, was in den BND-Darstellungen seit 1979 behauptet wird: Jahrelang sei Stiller im MfS für den BND tätig gewesen, jahrelang habe er via Agentenfunk, mit Kurieren und toten Briefkästen konspirativ gearbeitet, ohne dass ihm die Spionageabwehr der DDR auf die Schliche gekommen sei. Schon in seiner ersten Berichterstattung im März 1979 hatte das Nachrichtenmagazin die offizielle BND-Version kolportiert: «Seit Jahren arbeitet der MfS-Offizier mit dem Bundesnachrichtendienst zusammen. Wann er kommen, wie lange er aushalten sollte, überließen die BND-Leute unter ihrem neuen Chef Klaus Kinkel dem Risikogespür des Ostberliners.»[1035]

Doch das operative Hochziel «Innenquelle» konnte der BND bei Stiller nicht lange durchhalten. Zwischen dem BND-Chefgespräch Ende Mai 1978 und dem ersten Ausschleusungsversuch im Oktober 1978, der an einer Autopanne der Stillerfreundin «Helga» scheiterte, lag nur ein knappes halbes Jahr. Stiller wurde vom BND zu Recht so früh abgezogen: Seine Verhaftung stand unmittelbar bevor. Mit der Legende vom Jahrhunderterfolg des BND wäre das Eingeständnis so kurzer Stehzeit jedoch nicht zu vereinbaren gewesen. Erst nach der Serie des *Spiegel* meldete sich eine «Beteiligte», die Stiller-Freundin Uschi Mischnowski, die den Dilettantismus des BND teilweise offen legte. Zweimal war der vom BND arrangierte Versuch gescheitert, geheime Dokumente per Bahn auszuschleusen, weil die Verbindungsführer entweder übersehen hatten, dass der vorgesehene Waggon nur schwer bewacht im Transit durch die DDR fuhr, oder beim zweiten Versuch die angeblich gelockerte Deckenplatte in der Zugtoilette fehlte, sodass die Agentin ihre Sendung entnervt hinter die Wasserleitung klemmte. Stiller informierte Pullach über den fehlgelaufenen Versuch durch ein Telegramm an eine Deckadresse in Einbeck. Da bei einem Postlagerauftrag Telegramme nicht aufgehoben, sondern zurückgesandt werden, ging die Botschaft zurück und gelangte direkt in die Hände der DDR-Spionageabwehr. Eine Woche später informierte der MfS-Offizier den BND wiederum telegraphisch über eine nunmehr erfolgreich im Interzonenzug Leipzig–Mönchengladbach versteckte Sendung. Der Rückläufer landete auch diesmal bei den Abwehrleuten, die im Vorgang «Borste» seit Ende August 1978 nach einem Verräter in den eigenen Reihen suchten. Von Mielke unter Druck gesetzt, leiteten die Fahnder die Aktion «Adlerflug» ein, eine gezielte Überwachung aller Absendestellen für Telegramme in Ostberlin. Die Luft wurde immer dünner, da auch die Funkaufklärung der Staatssicherheit die drei vom BND zu ihrem Top-Agenten aufgebauten Funklinien im Visier hatte. Als Stillers Vorgesetzter auch noch Druck wegen seines Verhältnisses zu «Helga» und anderer Flirts ausübte, wollte Stiller schnell die Seiten wechseln.

Nicht wegen, sondern trotz der BND-Vorbereitungen zur Flucht erreichte er wenige Tage vor seiner geplanten Festnahme den Westen: «Denn die falschen Ausreisepapiere, die Stiller im Oktober 1978 zum raschen Verlassen der DDR bekam, erwiesen sich als grob fehlerhaft. Aus Stillers braunen Augen hatten die Pullacher Passfälscher die ‹Augenfarbe grau› gemacht, ein Umstand, den jeder DDR-Grenzer sofort bemerkt hätte. Außerdem war den Fälschern entgangen, dass die Ostberliner Behörden kurz zuvor die Farben der Einreisestempel geändert hatten. Und auch die Devisenbescheinigung, erinnert sich Mischnowski, ‹war fehlerhaft› – ‹mit den Papieren wären wir sofort aufgeflogen›.» So unterblieb die zuerst für Oktober 1978 geplante Flucht. Den nächsten Versuch am 18. Januar 1979 organisierte Stiller, trotz frischer Papiere vom BND, sicherheitshalber nach eigenen Regeln: Er benutzte seine HVA-Sonderausweise, um von östlicher Seite den Berliner Bahnhof Friedrichstraße zu betreten und diesen, unkontrolliert, auf Westberliner Seite zu verlassen.

Uschi Mischnowski hingegen musste noch tagelang schwitzen, weil der BND wieder patzte. Sie war verabredungsgemäß am gleichen Tag mit ihrem Sohn nach Warschau gereist, wo sie in einem Postfach ihre Ausreisepapiere finden sollte. Doch der BND-Agent hatte nicht geliefert – «schlechtes Wetter», erfuhr sie, sei der Grund. Sie saß in Polen mehrere Tage lang «auf einem Pulverfass, bis ihre Ausreise über Helsinki gelang»[1036].

Stillers Ankunft in Westberlin hatte die dortige BND-Dienststelle völlig überrascht. Eilig wurde ein Schutzkommando in Pullach alarmiert, das nach Berlin flog. In einer PANAM-Maschine wurde der Überläufer nach München gebracht. Von dort ging es per Hubschrauber nach Köln zur 60-stündigen Dauervernehmung durch das Bundesamt für Verfassungsschutz.

Zurück in München, wurde Stiller zunächst im Hotel «Alter Wirt» in Grünwald und dann in einer Überläuferwohnung einquartiert. Befragungen und die Analyse der 20 000 Seiten aus MfS-Schriftstücken, die Stiller mitgebracht hatte, füllten nun seine Tage. Immer hinter den

Mauern eines von einem 20-köpfigen Kommando überwachten Überläuferobjekts, und nur unterbrochen von Kurzurlauben auf Elba und am Gardasee, bis er Ende 1979 für drei Monate an die CIA ausgeliehen wurde, deren Resettlement-Gruppe ihm später seine neue Identität gab – ohne die von der *Bild*-Zeitung suggerierte Gesichtsoperation.

Im Mai 1992 hat Werner Stiller in einer *Spiegel*-Serie[1037] einen Teil seiner Geschichte offenbart. Demzufolge war er nach seiner Flucht zwei Jahre lang vom BND und drei Monate von der CIA betreut und abgeschirmt worden. Dann absolvierte er an der Washington University in St. Louis eine Manager-Ausbildung und begann als Broker an der Wall Street. Nach kurzer Tätigkeit am New Yorker Finanzplatz wechselte Stiller zu einer Investmentbank in London. Seit Frühjahr 1990 lebte der ehemalige Oberleutnant des MfS unter seinem neuen Namen als Bankmanager in Frankfurt.[1038] «Wir sind fast in das gesamte europäische Ausland plus Fernost geflogen. Da ging es darum, bestimmte Aktionen des BND vorzubereiten oder durchzuführen»[1039], schilderte Stiller 1992 die anschließende nachrichtendienstliche Arbeit beim neuen Dienstherrn. Beispielsweise in Paris, London und Tokio sei es um Operationen gegen MfS-Residenten gegangen, räumte er auf Nachfrage ein.

In Japan versuchte der BND noch 1986 einen Wissenschaftler der Ostberliner Humboldt-Universität anzubahnen, der nach dem Überlaufen Stillers als informeller Mitarbeiter der HVA stillgelegt worden war. Bereits in der ersten Woche seines zweimonatigen Studienaufenthalts in Tokio erhielt er Besuch von zwei Herren aus Pullach, denen er gleich nach der ersten Ansprache per Fahrrad entwischte. Beim zweiten Anlauf am Abend verwahrte er sich derart energisch gegen die Kontaktversuche, dass sie aufgaben. Der BND-Spitzenbeamte, der monatelang mit Stiller um die halbe Welt jettete, war CADRAS. Er leitete nicht nur die Versuche, mit Hilfe Stillers weitere Überläufer zu gewinnen, er reichte seinen Ex-DDR-Kollegen auch von einem Partnerdienst zum anderen weiter.

Stefan Frauendorf war in der DDR am Zentralinstitut Rossendorf beschäftigt und zugleich als IM der MfS-Bezirksverwaltung Dresden tätig. Kinkel persönlich setzte seine Leute auf den Arbeitspartner Stillers an. Sie konnten ihn im Dezember 1979 während einer Konferenz in Kopenhagen zur Mitarbeit «bewegen», indem sie ihm drohten, ihn als MfS-Agenten zu outen. Seine Anwerbung sollte vor allem der Ausforschung der DDR-Kernforschung dienen. Da das MfS seine Fachberater nach Stillers Übertritt vorbeugend überwachte, wurde Frauendorf durch die Postkontrolle enttarnt und im September 1985 zu elf Jahren Haft verurteilt, aus der er erst durch die Amnestie der Modrow-Regierung 1990 freikam.[1040]

Hans-Georg Wieck, BND-Präsident von September 1985 bis September 1990, forcierte die Angriffe des BND auf die DDR noch einmal. Um nicht nur im Ausland, sondern auch in der DDR selbst an weitere MfS-Offiziere oder andere Geheimnisträger heranzukommen, setzten der BND und Stiller Werbebriefe an Kollegen Stillers auf. Ein BND-Kurier sollte sie 1987 in Ostberlin aufgeben, um die Postkontrolle des MfS zu umgehen. Dieser Kurier war jedoch durch die routinemäßige Reisewegüberwachung längst erkannt, und das MfS war ihm immer auf der Spur, wenn er in die Hauptstadt der DDR reiste. Diesmal machte der BNDler es seinen Verfolgern besonders einfach. Er nahm die S-Bahn vom Bahnhof Friedrichstraße zum Alexanderplatz und warf seine Post in den video-überwachten Briefkasten vor dem Präsidium der Volkspolizei.

Beim Sichten des Filmmaterials konnte sich der ermittelnde MfS-Offizier nur wundern. Der Kurier hatte gleich einen ganzen Stapel der Werbebriefe eingeworfen. Wenige Minuten später kehrte er völlig aufgeregt zurück und umkreiste den Kasten. Die dritte Filmsequenz zeigte ihn dann in Begleitung eines Mitarbeiters der DDR-Post, dem er wild gestikulierend sein Problem schilderte: Er hatte in der Hast seinen Reisepass gleich mit versenkt. Das MfS sorgte für die Festnahme des BND-Kuriers, ließ die Briefe aber nach der Ermittlung der Adressaten laufen, um zu testen, ob die von Stiller angeschriebenen Offiziere den Anbahnungsversuch von selbst melden würden, was sie ausnahmslos taten. Der BND erhielt über eine seiner enttarnten Deckadressen einen zynischen Gruß aus Ostberlin: «Jedes Spiel hat einmal ein Ende. Bleiben Sie weiterhin faire Verlierer. Ihr MfS.»[1041]

BND-Präsident Kinkel glaubte, neben Stiller noch ein genauso heißes Eisen im Feuer zu haben: Winfried Baumann, den «Roten Admiral».

Als führender Mitarbeiter des militärischen Geheimdienstes der DDR und Leiter der operativen Abteilung 8 war er 1970 wegen seines Alkoholproblems entlassen worden. Im November 1977 nahm er über seine Lebensgefährtin, die Ärztin Dr. Christa-Karin Schumann, Kontakt zu deren Bruder in Heidelberg auf, um sich dem BND anzudienen. Weihnachten 1978 erhielt Baumann in Dresden vom Bruder seiner Lebenspartnerin die Grundaustattung des BND: eine Anweisung zum Kauf eines speziellen Radios für den Empfang geheimer Sendungen und Chiffrierunterlagen. Mündlich übermittelte der Bruder die Bereitschaft des BND, Baumann auszuschleusen, da Kinkel sich persönlich für den Fall engagiere. Der potenzielle Top-Agent war in Pullach Chefsache.

Über Funk und durch Briefe in Geheimschrift, die er an Deckadressen schickte, verriet Baumann die ersten drei von insgesamt acht DDR-Spionen im MAD. Da man in Pullach offensichtlich nicht wusste, dass man es mit einem seit acht Jahren außer Dienst befindlichen Alkoholkranken zu tun hatte, übermittelte der BND Baumann immer neue Aufträge. Man wollte wissen, ob die Sowjetunion in den Konflikt zwischen China und Vietnam eingreifen werde, oder ob DDR-Reservisten eingezogen würden. Der als Kurier eingesetzte Horst Hering traf Karin Schumann mehrfach in Berlin und arrangierte für Ostern 1979 erstmals eine Ausschleusung des Paares und der beiden Kinder der Ärztin über Ungarn. Sie scheiterte, weil Baumann aufgrund der schlechten Absicherung der Aktion einen Rückzieher machte. Als der «Rote Admiral» aus Ungarn ausgeschleust werden sollte, hatte ihm Pullach zwar einen Pass gefälscht, aber den Einreisestempel vergessen, sodass das Papier zur Ausreise nicht taugte.

Nachdem der erste Versuch misslungen war, sollte ein zweiter über Polen erfolgen. Doch das MfS hatte das Agentenpaar längst unter Kontrolle, weil bei einer Routinekontrolle einer der mit Geheimtinte geschriebenen Briefe an eine BND-Deckadresse erkannt, analysiert und weitergeleitet worden war. Durch die Observierung des Postamts kam das MfS den beiden auf die Spur. Mielke ordnete die Verhaftung Karin Schumanns und Winfried Baumanns für den 5. Juni 1979 an. Die Durchsuchung der Wohnung erbrachte nicht nur ausreichendes Belastungsmaterial und neuerliche Fluchtpläne, sondern versetzte die Staatssicherheit auch in die Lage, selbst anstelle des Paars den Kontakt zum BND über Funk und Post fortzusetzen.

Karin Schumann wurde im Gefängnis gezwungen, einen Brief mit Geheimtinte an den BND zu richten, um die Ausschleusung abzustimmen. Sie spielte jedoch weiter doppelt und markierte den Brief mit einem so genannten Sicherheitszeichen. MfS-Offiziere bemerkten den versteckten Warnhinweis und ließen den Brief in ihrer Fälscherwerkstatt noch einmal schreiben. Dem BND fiel die Täuschung nicht auf, und so schickte er seinen Kurier Horst Hering mit neuen Ausweispapieren nach Polen. Er wurde am Posener Bahnhof verhaftet und im Einvernehmen mit den polnischen Behörden per Flugzeug nach Ostberlin gebracht. Zu lebenslanger Haft verurteilt, wurde Hering schließlich im Mai 1982 ausgetauscht. Karin Schumann konnte, obwohl nur zu 15 Jahren Gefängnis verurteilt, erst 1987 freigekauft werden[1042], da Baumann ihr die Namen von 22 DDR-Agenten im Westen diktiert hatte. Diejenigen, die Ostberlin nicht zurückrufen musste, sollten noch lange weiterarbeiten.

Abweichend von der Darstellung des *Stern* behauptet der *Spiegel*, CSU-Mitglied Hering sei ein Doppelagent gewesen, der vom MfS als IM «Alexander» geführt wurde.[1043] Hering war jedoch nur unwissentlich bei Messebesuchen vom MfS abgeschöpft und deshalb unter einem Quellenvorgang geführt worden. Selbst in Untersuchungshaft weigerte er sich beharrlich, auf Angebote des MfS einzugehen.

Ex-Fregattenkapitän Baumann wurde nach einem dreitägigen Geheimprozess in Leipzig am 18. Juli 1980 durch Genickschuss hingerichtet. Nach Informationen der Nachrichtenagentur ADN fing Mielke ein Gnadengesuch Baumanns an Staats- und Parteichef Honecker ab. Klaus Kinkel erklärte nach Angaben seines Sprechers, der BND habe keine Möglichkeit gehabt, ihm zu helfen. Die DDR habe Behandlung und Verurteilung Baumanns als absolute Geheimsache behandelt. Von der Verurteilung und der «wahrscheinlichen Hinrichtung» habe der BND erst viel später erfahren.[1044] Diese Schutzbehauptung trifft nicht zu, da DDR-Rechtsanwalt Vogel das Innerdeutsche Ministerium im Januar 1980 über den bevorstehenden Spionageprozess informiert hatte und drei Monate später das Mandat für Baumann niederlegte. «Für Eingeweihte ist damit klar, dass der ehemalige Fregattenkapitän des Todes ist», erläuterte der *Spiegel* im Herbst 1992.[1045]

Um alle missglückten BND-Operationen der 70er und 80er Jahre gegen die DDR aufzuzählen, reicht der Raum hier nicht aus. Selbst die von Kinkel forcierte Umweganbahnung, das sind Anwerbungsversuche von DDR-Funktionsträgern im westlichen oder neutralen Ausland, brachte selten den gewünschten Erfolg. Der Einsatz des Romeo-Agenten Klaus Hille gegen die Frau des DDR-Historikers Percy Stulz, UNESCO-Direktor in Paris, scheiterte 1979 ebenso wie drei Jahre zuvor der Versuch, den Sohn des DDR-Verteidigungsministers Heinz Hoffmann in Wien mit einer Million DM zum Übertritt zu überreden. Allenfalls mit dem ehemaligen DDR-Botschafter Peter Schädlich, der im Mai 1979 via Helsinki zum BND kam, war ein Erfolg zu verbuchen und mit DDR-Botschaftsrat Martin Winkler, der im August 1985 in Buenos Aires übertrat, ein Glücksfall.[1046]

Nach eigenem Eingeständnis hat der Fall Baumann den damaligen BND-Präsidenten Klaus Kinkel «saumäßig geschlaucht»[1047], und dazu gab es auch allen Grund, weil die «Chefsache Baumann» durch den Dilettantismus des Dienstes zum Tod eines Menschen und zur Verhaftung zweier weiterer geführt hatte.

Häufig waren die Erfolge des BND kurzlebig: Im April 1980 wurde der DDR-Diplomat Wolfgang Reif in Djakarta erfolgreich auf eine Tätigkeit für CIA und BND angesprochen. Bereits Mitte 1981 kehrte er in die DDR zurück, wurde verhaftet und 1983 zu lebenslanger Haft verurteilt. Etwas länger stand der NVA-Fähnrich Hans-Walter Bos in BND-Diensten. Er war zum Jahreswechsel 1982/83 nach einem Kaufhausdiebstahl vom Schweizer Geheimdienst rekrutiert worden. Als er Anfang 1984 – als Kraftfahrer des DDR-Militärattachés in Wien bei den Verhandlungen über konventionelle Abrüstung in Europa – Zugang zu brisantem Material hatte, boten die Schweizer Pullach eine Kooperation an. Bos wurde enttarnt und bekam ebenfalls lebenslang, aber da hatte er die östlichen Positionen schon verraten.[1048]

Der Fall Stiller wie der Fall des «Roten Admirals» offenbarten handwerkliche Defizite Pullachs bei der Fälschung von Pässen. Dieser Dilettantismus wurde noch im November 1988 einem Überläufer zum Verhängnis. Bei der Grenzkontrolle im Zug Berlin–Prag–Wien erregte am Übergang zur ČSSR ein Pass den Argwohn der Grenzer. Der Einreisestempel zeigte Linienführungen, die entgegen dem korrekten Vermerk nicht geradlinig waren. Der Pass wurde dem Reisenden abgenommen und unter UV-Licht auf lumineszierende Bestandteile untersucht. Die entsprechenden Teile des Sichtvermerks leuchteten nicht auf. Der Verdächtige wurde gebeten, zur Klärung den Zug zu verlassen, der ohne ihn nach Österreich weiterfuhr. Laut Eintragung handelte es sich bei dem Mann um den Bundesbürger Hans-Dieter Schulz, Jahrgang 1957, wohnhaft in Düsseldorf. Als die Grenzer ihn befragten, brach er schnell ein und gestand, dass es sich bei seinen Unterlagen um Fälschungen handelte. Er offenbarte seine wahre Identität als DDR-Bürger Sebastian P., geboren 1957 in Bernburg, wohnhaft in Preetz. P. gab überdies an, NVA-Major zu sein und einen Lehrgang an der Militärakademie der Volksarmee der ČSSR in Brno (Brünn) zu besuchen.

Nach diesem Geständnis wurde er an die Militärabwehr der ČSSR überstellt. In den folgenden Vernehmungen gab P. an, mit dem gesellschaftlichen System in der DDR und in der ČSSR nicht einverstanden zu sein. Aus diesem Grund habe er über Verwandte in der BRD Kontakt zu einer Schleuserorganisation aufgenommen und mit ihr seine Flucht vorbereitet. In den weiteren Vernehmungen konzentrierte sich der ČSSR-Sicherheitsdienst auf die Frage, ob P. Geheimnisverrat begehen wollte. Da P. beharrlich bei seiner Geschichte von der Flucht aus Unzufriedenheit blieb, kam man zu dem Schluss, dass er diese Absicht nicht hatte. Die Militärabwehr der ČSSR nahm Kontakt zur Militärabwehr der DDR (Hauptabteilung I des MfS) auf und stellte dieser eine Fotokopie des Reisepasses und eine Detailvergrößerung des auffälligen Sichtvermerkes zur Verfügung. Der Vergleich mit anderen dem MfS vorliegenden Kopien von Passfälschungen ergab, dass es sich um eine Fälschung des BND handeln müsse.

Es gab gleich mehrere Hinweise: 1986 hatte der BND bei einer Anbahnungsoperation schon einmal Sichtvermerke der Stadt Düsseldorf benutzt und noch einmal im selben Jahr im Rahmen einer versuchten Anbahnung der Ex-Ehefrau von Markus Wolf. Die zweite Beweiskette verdankte das MfS der Ausspähung des westdeutschen Passwesens.

Durch die Behörden wurden nach Bedarf größere Posten von Pässen bei der Bundesdruckerei bestellt und mit fortlaufender Nummerierung ausgeliefert. Das MfS hatte durch eine Quelle die Auslieferungslisten bekommen und konnte nun feststellen, dass der Reisepass von P. nicht zu einer Düsseldorfer Serie gehörte, sondern nach Hamburg gegangen war.

Den Sicherheitsbehörden der ČSSR wurden diese Erkenntnisse zunächst vorenthalten, um eine schnelle Überstellung P.s an die Strafverfolgungsbehörde der DDR zu erreichen. Bereits bei seiner ersten Vernehmung durch das MfS gestand P., sich über westdeutsche Verwandte an den BND gewandt zu haben. Diese waren kurzzeitig in die ČSSR eingereist, um dem BND einen Einreisestempel zur Verfügung stellen zu können. Dieser Stempel wurde dann – nicht gut genug – in die Fälschung kopiert und verlor dabei seinen lumineszierenden Charakter. Vor dem Fluchtversuch hatte P. im Auftrag des BND alle Unterlagen, zu denen er als Offizier der NVA und Student an der ČSSR-Militärakademie Zugriff hatte, abfotografiert und die Filme auf dem Grundstück seiner Mutter in Preetz und in der Nähe von Brno in Erdverstecken gelagert. Zu einer Verurteilung des NVA-Offiziers kam es durch die Wende nicht mehr.

Von höchstem Interesse: Der wilde Osten

Einen Aderlass an Agenten musste der BND auch in Polen und der ČSSR hinnehmen, wenn auch nicht im selben Umfang wie in der DDR. Für die Marineaufklärung gegenüber dem Warschauer Vertrag verfügte die Unterabteilung Ostblock über ein eigenes Referat (12 J), getarnt als «Amt für See- und Schifffahrtswesen» in der Hamburger Eiffestraße, das bis Juni 1987 vornehmlich die Ostsee ausspähte. (Im Juli 1987 wurde die Außenstelle nach Bremen verlegt.) Hauptauftrag war, die Hafenkapazitäten der sozialistischen Anrainer auszuforschen, primär Rostock, Stettin, Danzig, Kaliningrad, Riga, Tallin und Leningrad.

Der BND heuerte Seeleute, die Aufnahmen von Hafenanlagen und Schiffsbewegungen machen sollten. Einer von ihnen war der Aushilfskapitän Johannes Wenzel, angestellt von einer Schiffsmaklerfirma in Lübeck. Wenzel wurde Ende 1973 von einem polnischen Militärgericht zu zehn Jahren Gefängnis wegen Spionage verurteilt. Die Foto-Aufklärung polnischer Häfen, gab er vor Gericht an, habe er nicht wegen des Agentensalärs von 50 DM je Film bzw. 25 DM je Information betrieben, sondern weil der BND ihm gedroht habe, andernfalls für die Auflösung seines Arbeitsverhältnisses zu sorgen.[1049]

Die Akten des BND-Vizepräsidenten Blötz legen nahe, dass es sich bei dieser Aussage um eine in Polen gern geglaubte Schutzbehauptung handelte. Blötz berichtete seinem Präsidenten im Oktober 1973, der begeisterte Fotograf Wenzel sei sofort zur Mitarbeit bereit gewesen und habe auch keine großen finanziellen Forderungen gestellt. Bei dieser Gelegenheit informierte er Wessel auch über die eingeleiteten Maßnahmen: Sofort nach der Verurteilung solle der Lübecker auf die Austauschliste gesetzt werden. Berthold Beitz werde bei seinen nächsten Verhandlungen in Polen den Vorgang thematisieren. Außerdem habe auch ein Gespräch zwischen Blötz, Meier und Björn Engholm über die finanzielle Situation von Frau Wenzel stattgefunden. Dem BND schmeckte es gar nicht, dass die Ehefrau des Untersuchungshäftlings ihren SPD-Wahlkreisabgeordneten Engholm sowie Egon Bahr und Manfred Schüler eingeschaltet hatte. Um sie von «unüberlegten Schritten abzuhalten», hatte Blötz Engholm gebeten, mäßigend auf sie einzuwirken. Engholm sollte ihr ausrichten, dass es gefährlich sei, die finanzielle Unterstützung durch den BND zu erwähnen, weil dann mit einer Anrechnung dieser Zuwendungen durch das städtische Sozialamt zu rechnen sei.[1050]

Ende Oktober 1973 kümmerte sich Blötz persönlich um eine engere Abstimmung bei der Marineaufklärung. Das Durchgreifen von ganz oben zahlte sich offenbar aus, denn bis zur nächsten bekannt gewordenen Panne vergingen immerhin fast sieben Jahre. Im April 1980 verurteilte das Militärgericht in Stettin den Bremer Kapitän Ingo Wagener wegen Spionage und versuchtem Menschenhandel. Er hatte nicht nur den Hafen Danzig ausgespäht, sondern wollte im September 1979 auch eine Gruppe von DDR-Bürgern in den Westen bringen.[1051] Der Fall bestärkte die Dienste der Warschauer Vertragsstaaten, dass Spionage und Fluchthilfe bei westlichen Geheimdiensten Hand in Hand gingen. So verdächtigten sie jeden als «kriminellen Menschenhändler» abgestempelten Schleuser als Feindagenten.

Die erwähnte BND-Außenstelle in Bremen nahm Polen nur ins Visier, wenn es um Marinefragen ging. Der eigentliche Hauptsitz der Polenspionage lag in Köln. BND-Oberst Günther Baltutis, Deckname UTRECHT, leitete das Referat 12 F, das in der Kaserne Butzweilerhof seine operative Außenstelle hatte. Anlässlich einer Personalversammlung im Beisein des eigens angereisten Vizepräsidenten beklagten sich die Mitarbeiter über zu wenig Leute «im Feld».[1052] Abhilfe sollte eine BND-Residentur in der Warschauer Botschaft bringen. Der neue Botschafter Ahrens und das Auswärtige Amt standen dem Pullacher Vorschlag diesmal positiv gegenüber.[1053] Aber auch in den 80er Jahren wurde die Polenaufklärung nicht viel effizienter, da der polnische Nachrichtendienst nahezu alle Stammmitarbeiter in Köln identifizieren und ihre Verbindungsleute in Polen und anderen WVO-Staaten ausmachen konnte. Der Anbahner bei 12 F, Witigo von Wittke (STRELOW), führte zwar zeitweise eine stellvertretende polnische Generalstaatsanwältin als Agentin, aber da diese mit dem Ingenieur nicht zurechtkam und ihn schon beim dritten Treff als Schwein beschimpfte, erwies sich die Linie als wenig ertragreich.[1054]

Das Zielgebiet ČSSR bearbeitete der BND von einer Führungsstelle in München aus, die vorgeschobene Außenposten in Bayern und Österreich unterhielt. Am 28. Februar 1974 erlitt die Dienststelle einen herben Verlust, als der Journalist Werner Gengenbach in Brünn beim Kontakt mit zwei tschechischen Staatsbürgern verhaftet wurde. Am 7. März verlangte Bundesaußenminister Hans-Dietrich Genscher seine sofortige Freilassung. Über *dpa* ließ das Auswärtige Amt wider besseres Wissen verlauten, es halte «aufgrund seiner Informationen» den Spionagevorwurf gegen den 61-Jährigen für ungerechtfertigt.[1055]

Werner Gengenbach (Arbeitsname Karl) führte von 1967 bis zu seiner Festnahme von Wien aus ein BND-Agentennetz in der ČSSR, Ungarn, Bulgarien, Rumänien und Jugoslawien. Der Wirtschaftsjournalist suchte Zugang zu Personen, die über wirtschaftliche und politische Informationen verfügten, hauptsächlich zum RGW. Er desavouierte das Außenministerium durch sein Geständnis, das er im Prozess ablegte.[1056] Das Stadtgericht von Prag verurteilte «Karl» im Oktober 1974 schließlich zu zehn Jahren Freiheitsentzug.[1057] Aufgrund vielfältiger Bemühungen nicht zuletzt des deutschen Botschafters in Prag, Gerhard Ritzel, wurde Gengenbach im Januar 1978 freigelassen und nach Österreich ausgewiesen. Ende April setzte der BND Manfred Schüler über ein Gespräch mit dem entlassenen Agenten in Kenntnis. Der Dienst habe ihm mit 30 000 DM geholfen und ihm über Kontakte eine Beschäftigung bei der «Deutschen Welle» in Köln besorgt.

Botschafter Ritzel hatte sich auch deshalb so ins Zeug gelegt, weil er nach seiner Prager Zeit den Posten des Leiters der BND-Auswerteabteilung anstrebte. Im Mai 1977 hatte er sich direkt beim Kanzleramt darum beworben. Bei Präsident Wessel stieß er auf offene Ohren, doch das Außenamt war vom Vorgehen des Botschafters irritiert. Auch Schüler hatte kein Interesse daran, Ritzel im BND zu sehen. Deshalb kam der Botschafter erst nach dem Regierungswechsel zum Zuge, sinnigerweise als Nachfolger Schülers als Koordinator der Nachrichtendienste im Kanzleramt von Mai 1981 bis Juni 1983.

Die Leitung des Auswärtigen Amts war meist äußerst skeptisch gegenüber Anträgen des BND, verdeckte Residenten in den Hauptstädten der Staaten des Warschauer Vertrages im Schutz der Botschaften zu platzieren. Zu sehr fürchtete man politische Skandale, sollten sie enttarnt werden. Besonders Moskau galt Genscher in dieser Beziehung als sensibler Standort. Doch der BND ließ nie locker. Am 27. April 1971 erörterte der Vizepräsident im Auswärtigen Amt, ob der Leiter des Russland-Referats im AA, Dr. Alfred Blumenfeldt, nachrichtendienstlich eingesetzt werden könne.[1058] Letztlich rang sich Genschers Amt dazu durch, seinen Spezialisten in den Dienst der Auslandsaufklärung zu stellen. Blumenfeldt ging aber nicht in die Hauptstadt, sondern wurde Generalkonsul in Leningrad. Dort wurde er 1976 tatsächlich enttarnt, «subversiver Aktivitäten» überführt und zur *persona non grata* erklärt.[1059]

In der Zwischenzeit kämpfte Pullach ständig mit dem Auswärtigen Amt, um auch in Moskau und anderen kommunistischen Metropolen zum Zuge zu kommen. Im Mai 1975 schlug der Ministerialdirektor im AA, Wilhelm Hoppe, vor, anlässlich einer Botschafterkonferenz mit den einzelnen Botschaftern das Gespräch über die Schaffung von Residenturen zu suchen.[1060]

Am 12. Februar 1976 erzielte eine Runde aus drei BNDlern und vier Vertretern des Kanzleramts und des Außenministeriums endlich Einigkeit darüber, dass beim Einsatz von BND-Residenten im kommunistischen Machtbereich eine vollständige Integration in die Botschaften erforderlich sei. Zugleich wurde der Aufbau einer Außenstelle in Moskau beschlossen.[1061]

Sonderfall VICTOR: Ein Top-Spion im KGB

Als stärkstes Argument für einen verdeckt arbeitenden BND-Mann an der Moskwa hatte Pullach seit Juni 1975 den «Sonderfall Victor» ins Feld geführt.[1062] Dahinter verbirgt sich die aus unerfindlichen Gründen nie hochgespielte Rekrutierung eines KGB-Offiziers im Jahre 1971. Wo der Leutnant dem BND in die Arme lief, ist nicht völlig geklärt. Die *Berliner Morgenpost* spekulierte am 26. Juni 1998, er habe sich 1970 in Österreich für die westliche Seite entschieden, sein Führungsoffizier Volker Foertsch gab später ein «westeuropäisches Land» an.[1063] Tatsächlich war Victor bereits 1968 an den BND herangetreten und lieferte erste Informationen.

Am 30. März 1971 besprachen sich Geheimdienstkoordinator Ehmke und BND-Vizepräsident Blötz den ganzen Vormittag. Ganz oben auf der Tagesordnung stand die Operation «V», an der auch der Abteilungsleiter für Beschaffung, Meier, und sein Unterabteilungsleiter für Nachrichtendienstliche Führung, Zuber, teilnahmen. Ehmke stimmte zu, dass der BND andere Ministerien oder Behörden nicht darüber informieren wollte, welchen großen Fisch er an der Angel hatte.[1064] Aber andere wussten längst Bescheid: In Pullach hatte der Leiter der Unterabteilung I E, Zuber, (Ackermann), seinen Vizepräsidenten bereits am 8. März 1971 über die Möglichkeit, eine wichtige Innenquelle im KGB zu erschließen, unterrichtet. Präsident Wessel war einverstanden, und Meier wurde als Abteilungsleiter in Kenntnis gesetzt.[1065] Meier (Manthey) hatte eine Rücksprache mit der CIA vorgeschlagen, und man folgte seinem Votum. Der BND informierte den Partnerdienst «Hortensie» über den wichtigsten Agenten, den er je im KGB rekrutieren konnte. Besonders professionell war dieses Vorgehen nicht. Es wurde wohl von dem Wunsch getragen, das durch den Felfe-Verrat immer noch lädierte Ansehen des BND

Richard Meier, Abteilungsleiter I im BND, später Präsident des Bundesamtes für Verfassungsschutz

in Langley aufzupolieren. Auch der Mossad wurde früh, mindestens vor Ende 1975, über die Existenz von VICTOR in Kenntnis gesetzt.[1066] Die CIA drängte, an der Operation beteiligt zu werden. Die Offiziere Dimmer und Fendig trugen diese Forderung schon am 14. April 1971 vor, doch der BND wollte den KGB-Offizier nicht so einfach in amerikanische Hände übergehen lassen. Zur Klärung führte Blötz am 21. April ein Gespräch mit John P. Dimmer, der seit August 1970 in der Bonner CIA-Residentur saß.[1067]

Die Morgengabe VICTORS bestand in den Erkenntnissen über gegen die Bundesrepublik eingesetzte Ostspione, die er bei seiner Arbeit in den Deutschland-Referaten des KGB von Frühjahr 1968 bis Herbst 1970 gewonnen hatte. Da diese Verdachtsfälle ganz frisch waren, sah der BND keine Möglichkeit, sie ohne eine Gefährdung seiner Quelle an das Bundesamt für Verfassungsschutz weiterzugeben. Wessel, Blötz und Meier diskutierten das Problem und beschlossen, erst einmal ein Jahr verstreichen zu lassen. Meier fasste die Überlegungen in einem Vermerk vom 19. Mai zusammen: «Das BfV müsste sich nach Unterrichtung durch den BND veranlasst sehen, die erforderlichen Ermittlungen einzuleiten. Dazu wäre ein umfangreicher Personenkreis einschließlich Observanten in die Identität der Verdachtspersonen einzuweisen [...] Ein Sicherheitsdienst kann eine so langwierige Arbeit nicht beginnen, ohne selbst von der Authentizität des Ausgangspunktes überzeugt zu sein. Alle diese Maßnahmen würden die Quelle, die innerhalb des KGB nur mit wenigen anderen Offizieren Zugang zu diesen Akten hatte, gefährden. Es ist deshalb geboten, die Unterrichtung hinauszuschieben und zudem aufzuteilen, um eine doppelte Verschleierung zu erreichen

[…] Frühestens im Herbst 1971 sollte mit der Unterrichtung des BfV begonnen werden. Eine bloße Orientierung des Präsidenten des BfV zum jetzigen Zeitpunkt wird der Sachlage nicht gerecht.»

In einem Fall sah sich der BND jedoch gezwungen, einen Warnhinweis von VICTOR sofort umzusetzen. Meier teilte Blötz am 14. April mit, dass eine Propaganda-Aktion des KGB gegen General Johannes Steinhoff wegen seiner früheren Mitgliedschaft in der NSDAP geplant sei. Meier empfahl eine allgemeine Information an das Bundesministerium für Verteidigung.[1068] Der Luftwaffengeneral Steinhoff hatte gerade als Vorsitzender des Nato-Militärausschusses den international wichtigsten deutschen Posten in der westlichen Militärallianz angetreten.

Als Agentenführer von VICTOR fungierte von Anfang an Volker Foertsch, Deckname FLEMING. Foertsch, Jahrgang 1934, hatte von 1954 bis 1957 an den Universitäten Hamburg und München Volkswirtschaft studiert, war aber schon seit 1953 Angehöriger der OG unter seinem ersten Decknamen FÖRSTER. Nach der Übernahme in den BND fand er von 1957 bis zum Mai 1959 Verwendung im Strategischen Dienst und von Juni 1959 bis Mitte 1965 im Leitungsstab Gehlens. Von Juli 1965 bis Anfang 1970 diente er in der Gegenspionage-Aufklärung und von März 1970 bis Juli 1971 im Sektor Personelle Sicherheit. 1971 rückte er schließlich zum Leiter des Referats I A 5 (Gegenspionage) auf, im März 1975 sogar zum Führungsstellenleiter Aufklärung Westeuropa (I E 2). Anschließend fungierte er als Referatsleiter Gegnerische Dienste und war zugleich von 1974 bis Ende 1983 Sachverständiger in Strafverfahren zu Landesverrat und geheimdienstlicher Agententätigkeit. Der Aufstieg in die oberste Führungsriege gelang ihm 1981 als Unterabteilungsleiter Gegnerische Dienste. Ab April 1985 hatte er als Unterabteilungsleiter 12 für die operative Aufklärung des Sowjetblocks eine Schlüsselstellung inne. Den Gipfel seiner Karriere erreichte er 1989 als Chef der Beschaffungsabteilung. Nach Konflikten mit BND-Präsident Konrad Porzner machte der ihn im Februar 1994 zum für die Sicherheit zuständigen Abteilungsleiter, nachdem er mit dem Versuch gescheitert war, Foertsch zu entlassen.[1069]

Im Mai 1995 geriet Foertsch in den Verdacht, ein Maulwurf des KGB zu sein. Auslöser für den Verdacht, der von russischer Seite über das

Magazin *Focus* gestreut wurde, waren die Aussagen von Jurij Drosdow, Ex-Direktoratschef des KGB, der behauptete, mit der Quelle D-104 einen Agenten ganz oben im BND platziert zu haben. Drosdows Hinweise, D-104 sei der Sohn eines hohen Wehrmachtoffiziers und bereits als 23-Jähriger in den Dienst Gehlens getreten, passten wie die Faust aufs Auge auf Volker Foertsch, Neffe des ersten Generalinspekteurs der Bundeswehr, Friedrich Foertsch, und Sohn des Wehrmachtgenerals Hermann Foertsch. Neuen Schub bekam der Verdacht, als die bei den abziehenden sowjetischen Truppen in der Ex-DDR gewonnene Quelle RÜBEZAHL im Oktober 1997 einen angeblich aus dem Föderalen Sicherheitsdienst Moskaus (FSB) stammenden Vermerk nach Pullach schickte, der besagte, ein langjähriger Agent müsse abgeschaltet werden, weil er durch die schwere Erkrankung seiner Frau und den Freitod des Sohnes in eine persönliche Krise geraten sei. Wieder konnten die Angaben nur auf Foertsch zutreffen.[1070]

Obwohl alle dienstinternen und vom Bundesamt für Verfassungsschutz durchgeführten Untersuchungen keinen Beweis gegen Foertsch erbringen konnten, und obwohl er vom Generalbundesanwalt nach sechswöchigen Ermittlungen entlastet wurde, erhob die Parlamentarische Kontrollkommission im Juni 1998 die Forderung nach seiner Versetzung in den einstweiligen Ruhestand.[1071] Weder Kanzleramt noch Bundespräsident folgten diesem Ansinnen. Verbittert erstattete Foertsch 1998 Anzeige gegen den BND-Sicherheitschef von Weitershausen (WILHELM) und einen seiner Mitarbeiter wegen falscher Verdächtigungen.[1072] Schließlich sollte Foertsch ab Oktober 1998 als Leiter der Schulen des BND eingesetzt werden.[1073] Er zog es jedoch vor, zum 16. Dezember – sechseinhalb Monate vor Erreichen des Pensionsalters – freiwillig aus dem BND auszuscheiden. Foertsch machte öffentlich Intrigen innerhalb des BND gegen seine Person für den Verdacht verantwortlich, ein KGB-Maulwurf zu sein. Es ist jedoch nicht auszuschließen, dass es der russische Dienst war, der ihm die Niederlage heimzahlen wollte, die er durch die Rekrutierung VICTORS und dessen 15-jährige Tätigkeit für den BND erlitten hatte. VICTORS Informationen über den wichtigsten gegnerischen Dienst, den KGB, waren für Pullach von größter Bedeutung.

Im April 1975 lieferte der KGB-Oberst die besonders brisante Information, der SPD-Abgeordnete Paul Gerhard Flämig, Jahrgang 1919, sei ein Ostspion. Der Rekrutierung des 1963 in den Bundestag eingerückten MdB, der ab 1970 zugleich Mitglied des Europaparlaments und wichtiger Ausschüsse beider Parlamente war, widmete Markus Wolf in seinen Memoiren einige Seiten. Flämig war danach im Sommer 1969 von einem Verbindungsmann der HVA zu einer Reise durch die Sowjetunion mit einem DDR-Reisepass bewegt worden. Wolfs russische Partner arrangierten dabei ein «zufälliges» Zusammentreffen in einem Anglerparadies an der Wolga. Nach einer rustikalen und sentimentalen Feier wagte Wolf am nächsten Tag eine Klaransprache. Er konnte den wichtigen SPD-Mann sofort gewinnen – «genau zu dem Zeitpunkt, an dem Willy Brandt Bundeskanzler wurde».[1074]

Von da an arbeitete Flämig als O-Quelle mit den Decknamen «Julius» und «Walter» für die Abteilung II (Parteien) der HVA, die von Oberst Kurt Gailat geleitet wurde, der auf dem Papier auch sein Führungsoffizier war.[1075] De facto wurde Flämig aber von keinem Geringeren als Wolf betreut.[1076] Der Chef der HVA traf seine Spitzenquelle unter anderem in Plauen und Chemnitz, wohin der SPD-Abgeordnete über Skandinavien reiste. O-Quellen (offizielle Quellen) lieferten der HVA operativ bedeutsame Informationen und «offizielle Unterlagen, Materialien, Dokumente, Publikationen, Archive, Informationsspeicher» etc.[1077]

Wertvoll war Flämig insbesondere durch die Lieferung von Material aus der Europäischen Atomgemeinschaft (EURATOM), die im März 1957 als gemeinsamer Markt für Kernbrennstoffe und nukleare Ausrüstungen gegründet wurde. Ab 1967 lag die Exekutive von EURATOM bei der EG, und mit 20 Mitgliedern im Ausschuss für wissenschaftliche Technik und 101 Mitgliedern im Wirtschafts- und Sozialausschuss war die Zahl der Geheimnisträger so groß, dass Flämig die Informationen fast ohne Risiko beiseite schaffen konnte.

Bei einem Treffen im Kölner Crest-Hotel am 10. April 1975 unterrichten BND-Vize Blötz und sein Abteilungsleiter Meier den BfV-Präsidenten Nollau über die Verdachtsmomente gegen Flämig. Doch der BfV-Präsident blockt ab. Eine Observation, lässt Nollau den BND wissen, sei wegen der internationalen Tätigkeit Flämigs aussichtlos.[1078] Als Blötz am

21. August 1975 bei Staatssekretär Schüler antritt, muss er hören, dass der Verfassungsschutz das Kanzleramt zwar über den Verdacht in Kenntnis gesetzt hatte, dieser aber aus Sicht der Kölner Behörde unbegründet sei. Schüler weist Blötz an, nun SPD-Bundesgeschäftsführer Holger Börner entsprechend zu informieren.[1079] Auch das führt zu nichts. Im Februar 1976 erfährt Blötz von Börner, dass Flämig wieder zur Bundestagswahl aufgestellt wird.[1080]

Trotz der mehrfachen Hinweise aus Pullach unter Verweis auf die solide KGB-Quelle haben SPD-Führung und Verfassungsschutz die Ermittlungen gegen Flämig nicht mit dem Nachdruck geführt, der zu seiner Enttarnung oder zu seinem Umdrehen hätte führen können. Damit wurde zugleich die Chance verpasst, an den Gegner in Ostberlin und an Markus Wolf direkt heranzukommen. Erst ab Mai 1994 wurde Flämig wegen geheimdienstlicher Agententätigkeit[1081], die er als IM bis 1989 weitergeführt hatte, strafrechtlich verfolgt. 1998 wurde das Verfahren wegen des schlechten Gesundheitszustandes Flämigs eingestellt.[1082]

Im Verfahren wies Flämig die Spionagevorwürfe zurück, Kontakte zu Wolf und der HVA allerdings räumte er ein. Die habe er jedoch nicht eigenmächtig gepflegt, sondern im höheren Parteiauftrag, namentlich gedeckt von Karl Wienand, der selbst 1995 wegen seiner MfS-Kontakte verurteilt wurde.[1083] Der Verdacht, dass das SPD-geführte Kanzleramt und Günter Nollau als enger Vertrauter Herbert Wehners Flämig wissentlich gedeckt haben, wird in den Memoiren von Markus Wolf da erhärtet, wo er sein Verhältnis zu dem «janusköpfigen Renegaten» Wehner schildert: «Einem einflussreichen Bundestagsabgeordneten, der mit uns zusammenarbeitete, grummelte er im Vorbeigehen zu: ‹Pass auf, über dir zieht sich ein Netz zusammen.› Unsere sofortigen Nachforschungen ergaben, dass die Quelle in das Fadenkreuz des Verfassungsschutzes geraten war. Wir konnten sie noch rechtzeitig schützen.»[1084] Das kann nur auf Flämig gemünzt gewesen sein.

Victor musste 1976 ins Hauptquartier der 1. KGB-Hauptverwaltung nach Jasenewow zurückkehren. Die Schwierigkeiten, ihn in Moskau unter dem Druck einer äußerst offensiven Spionageabwehr des KGB zu führen, mit ihm zu kommunizieren und Material von ihm zu bekommen, waren groß. Offensichtlich führte der BND seine Topquelle auf eine Art und Weise, die einen neuen spionagetechnischen Fachbegriff zeitigte: den lebenden Briefkasten. Während häufig für den Material- und Informationsaustausch zwischen Diensten und ihren Quellen tote Briefkästen genutzt werden, hatte der BND einen Mitarbeiter der Botschaft mit einer Legende ausgestattet, und dieser fungierte nun als «lebender Briefkasten». Als Blötz am 14. Oktober 1976 in Bonn mit dem deutschen Botschafter zusammentraf, äußerte der die Sorge, ob die konstruierte Legende des Kuriers auf Dauer halten würde. Vorsichtshalber sollte doch überlegt werden, ob es nicht besser sei, ihn in den Verwaltungsbereich des Auswärtigen Amtes zu versetzen.[1085] BND-Insider berichten, Foertsch sei sogar einmal nach Moskau geflogen, um wenigstens Sichtkontakt mit seiner Innenquelle im KGB zu haben.

Seit der KGB-Oberst wieder in Moskau saß, war sein Ertrag eher spärlich. Aber seine Enttarnung oder ein Umdrehen waren ebenso wenig feststellbar. Fast acht Jahre später, im Frühsommer 1985, titelte die *Süddeutsche Zeitung*: «KGB-Oberst in den Westen übergelaufen.» Regierungssprecher Peter Boenisch dementierte in Bonn am nächsten Tag entschieden. Sein Dementi klang schon deshalb glaubhaft, weil man einen so schönen Erfolg für die westdeutschen Nachrichtendienste niemals verschwiegen hätte.

Absetzen musste sich der KGB-Oberst aus Moskau aber tatsächlich: wegen krimineller Machenschaften – allerdings nicht der Nachrichtendienste, sondern gewöhnlicher Diebe, die in seine Wohnung eingebrochen waren. Dabei ließen die Ganoven auch das Briefpapier mitgehen, das der BND chemisch präpariert hatte. Victor fürchtete nun, der sowjetischen Abwehr könne zunächst die Qualität und dann die geheimdienstliche Manipulation des Briefpapiers auffallen, sollte dieses auf dem Schwarzmarkt angeboten werden. Dem BND gelang es, seine Topquelle über Skandinavien in die Bundesrepublik auszuschleusen. Fortan blieb Victor von der Bildfläche verschwunden. Der KGB-Oberst Oleg Gordiewsky – wenige Monate später übergelaufene Innenquelle des britischen Geheimdienstes in der Ljubjanka – registrierte vor seiner Flucht noch die Irritationen im als schwer infiltrierbar geltenden KGB und die intensiven Nachforschungen zum potenziellen Verratsumfang.[1086]

Die Versuche des BND indessen, einen eigenen Mann in Moskau zu etablieren, blieben erfolglos. Das galt sowohl für seinen Mitarbeiter Kubbutat, den Pullach Anfang der 80er Jahre vergeblich in Moskau platzieren wollte, wie für den ehemaligen Luftwaffenattaché in Moskau, Hans-Joachim Barakling. Getarnt wurde dieser als Verkaufsleiter der Lufthansa. Aber der ehemalige Starfighter-Pilot stand bereits vor seinem Eintreffen am Einsatzort unter umfassender Kontrolle der HVA und des sowjetischen Geheimdienstes. Die HVA-Quelle im BND «Peter» hatte schon die ersten Planungen verraten.[1087]

Der Donauraum

Als sich Staatssekretär Schüler am 20. Juli 1976 nach Fällen erkundigte, in denen östliche und westliche Nachrichtendienste zusammenarbeiten, erhielt er vom Bundesamt für Verfassungsschutz die Auskunft, dies sei nur im Verhältnis der USA zu Jugoslawien bekannt. Für Pullach hingegen war Titos Geheimdienst ein Gegner, Jugoslawien traditionell Zielgebiet eigener Spionage. Bis 1962 stand dabei die bloße Beobachtung politischer, wirtschaftlicher und militärischer Vorgänge im Vordergrund. Mit dem Streit in der jugoslawischen Parteispitze und den aufkeimenden Nationalitätenkonflikten kam es ab 1962 zu einer engen Orientierung an den Exilfaschisten der Ustasa. Ab 1966 folgte sogar eine massive Anwerbung neuer Agenten, erinnerte sich 1994 Anton Duhacek, langjähriger Chef des Auslandsnachrichtendienstes des Außenministeriums. Ab 1971 registrierte Duhacek unter der Regierung Brandt den Beginn von BND-Maßnahmen zur Destabilisierung Jugoslawiens, die unter Präsident Kinkel ab 1980 auf die Teilung des Staates ausgerichtet waren.[1088]

Offiziell war Willy Brandt um eine Annäherung an Belgrad bemüht. Im Juni 1968 reiste er als Außenminister zu Gesprächen mit seinem Amtskollegen Marko Nikezic nach Belgrad, dann zu Tito nach Brioni. Der Marschall brachte seine Besorgnis über die Aktivitäten der rechtsgerichteten Ustasa im Ausland zum Ausdruck; «mehrfach wurden auch in der Bundesrepublik jugoslawische Diplomaten Opfer von Terroranschlägen. Wir bemühten uns, auch in Zusammenarbeit zwischen den Sicherheitsbehörden der beiden Länder, dieses Problem unter Kontrolle zu halten», überlieferte Brandt 1976.[1089] Durch Briefe und Telefonate – vor allem aber durch seine Besuche im Frühjahr 1973 als Kanzler und im Sommer 1975 als SPD-Vorsitzender – hielt er stets enge Kontakte zur jugoslawischen Führung.

Während das Bundesinnenministerium 1967, 1968 und 1976 Verbote rechtsgerichteter kroatischer Vereine aussprach, setzte der BND auf die Separatisten der kroatischen Ustasa um Franjo Tudjman und förderte deren Unabhängigkeitsbestrebungen.[1090] Hinter den Kulissen traf er Vorbereitungen, um im Falle von Titos Ableben den absehbaren Zerfallsprozess des Vielvölkerstaates in deutschem Interesse steuern zu können. Parallel zur Unterstützung der kroatischen Separatisten entfaltete der BND ab Mitte der 70er Jahre unter Kanzler Helmut Schmidt eine sektorale Zusammenarbeit mit dem jugoslawischen Nachrichtendienst SDB (Sluzba Drzavne Bezbednosti) in Fragen der Terrorismusbekämpfung, die in den Händen von Gerhard Güllich lag.[1091]

Die Bundesrepublik Jugoslawien war zwar blockfrei und stellte keine unmittelbare Bedrohung für die Nato dar, aber dennoch war der BND auch um ein militärisches Lagebild des Tito-Staats bemüht. Als Blötz am 6. September 1971 eine Unterredung mit Präsident Wessel hatte, wies er ihn auf ein neues Quellenpotenzial für das Mosaik der Militäraufklärung hin. Im Sommer 1971 sei bekannt geworden, dass eine größere Zahl von jugoslawischen Gastarbeitern zu Wehrübungen zurückberufen wurde. Wessel und Blötz kamen überein, einen Prüfungsauftrag an den Leiter der Abteilung I, Meier, zu formulieren, ob solche Gastarbeiter für den BND geworben werden könnten. Von da an gehörten die Arbeitspendler aus dem Tito-Staat zur festen Zielgruppe Pullachs.

Die Spionage gegen Jugoslawien war eingebettet in die Aufklärung des Donauraums, der auch die ČSSR, Ungarn, Bulgarien, Rumänien und Albanien umfasste. Die operative Außenstelle für diesen Bereich lag in München und verfügte 1976 über 27 Mitarbeiter. Diese Beschaffungsdienststelle betreute insgesamt mehr als 200 geheimdienstliche Verbindungen. Darunter nur wenige wertvolle Innenquellen im Staats- und Regierungsapparat, in Industrie und Medien der auszuspähenden Staaten. Bei den Außenquellen gab es mehrere Dutzend Gesprächsaufklärer, über 50 Beobachter und beim operativen Hilfspersonal mehr als 50 Beschaffungshelfer und zahlreiche Schalteinrichtungen. «Die Relation zwischen dem operativ eingesetzten Personal und den geführten Verbindungen zeigt damit deutlich eine Auslastung der Außenstelle an der oberen Grenze. Das aber nicht nur zahlenmäßig.» Diese eher milde Kritik stammt aus einem Vortrag, den ein BND-Offizier dieser Dependance der Abteilung I mit dem Decknamen Grötzinger auf einem Nachwuchsseminar am 4. März 1976 hielt. Was er dann in seiner «Bilanz eines Anbahners/Verbindungsführers nach 1½ jährigem Einsatz»[1092] vortrug, erschütterte die Anwesenden nachhaltig. Es erlaubt einerseits einen tiefen Einblick in die Arbeit einer operativen BND-Außenstelle, andererseits legt es schonungslos die Schwachstellen des Apparates offen. Und diese lagen vor allem im personellen Bereich.

«Kritisch auf einzelne Verbindungsführer bezogen, ist festzustellen, dass viele zu alt für den Außendienst, krank und zu lange im ‹Geschäft› sind. Letzteres bedeutet, dass sie entweder feindbekannt oder in langjähriger Berufsroutine abgebrüht und abgestumpft sind. Fehler wurden dadurch möglich und sind auch passiert. Unglücklicherweise arbeiten in meiner Außenstelle Verbindungsführer, die mit unveränderlichen äußeren Kennzeichen (z. B. steifes Bein) oder sonstigen körperlichen Leiden (Sehschwäche, bis zur Erblindung auf einem Auge) behaftet sind, ‹klassische› Fehler, wie ein Verbindungsführer nicht auszusehen hat. Besonders nachteilig macht sich bemerkbar, dass keine Nachwuchskräfte mit Sprachkenntnissen der Zielländer zur Verfügung stehen.»

Für völlig unbefriedigend hielt Grötzinger die Unterstützung der Außenstelle durch die Zentrale bei Hinweisen auf potenzielle Tippgeber oder gar Quellen. Die Ausbeute war entsprechend mager: «Von den im Zeitraum von 1½ Jahren als Tipps auf Innenquellen bezeichneten drei Zuteilungen erfüllt bisher nur eine – nach der Aktenlage – die Forderungen für eine ‹echte› Innenquelle, also mit ‹Zugang zu Informationen des Planungs- und Entscheidungsbereichs eines Zielobjekts› (Auslandskader/2. Sekretär). Die beiden anderen sind eine Sekretärin, eine Lehrerin. Bei der Letzteren muss überhaupt erst einmal im Rahmen einer Forschung über eine Zugangsperson geklärt werden, was sie wo beruflich tut. Alle drei Anbahnungen sind nur über Zugangspersonen möglich.»

Die Masse der Zuteilungen beruhte auf «bündelweisen Zusendungen von Tipps auf Reisende, die bei Ein- oder Ausreise an der Grenze der ČSSR erfasst wurden, Besucher aus Balkanländern bei Deutschen. Hinweise auf Freundschaften zwischen Gastarbeitern, Lkw-Fahrer auf Balkantour, Kellner aus Jugoslawien in der BRD, Besamungstechniker auf Kontaktreisen, Schmuckhändler auf Geschäftsreisen, Monteure im Auslandseinsatz werden kaum mehr als eine militärische Meldung eines einreisenden Beobachters bringen.» Der von Grötzinger geäußerte Verdacht, die umfangreiche Zuteilung von Massentipps niederer Qualität erwecke den Anschein, der optischen Befriedigung einer Jahresstatistik bei den Dienststellen zu dienen, ist nicht von der Hand zu weisen. Damit machte der Vortrag aber zugleich deutlich, dass die große Masse der geheimdienstlich beschafften Informationen aus zufällig am Wegesrand erspähten Militäreinrichtungen oder -einheiten bestand.

Der «Nestbeschmutzer» mit der V-Nummer 61 603 sorgte sich nicht nur um die Sicherheit seiner Agenten, sondern sah auch die Gefahr, dass die BNDler an der Front erkannt werden konnten: «Bei meiner Außenstelle verfügt derzeit kein Anbahner/Verbindungsführer über eine ermittlungsfeste Legende. Die bisher – außer bei der ZpwF [Zentralstelle für politisch-wirtschaftliche Fragen; die Verf.] – angewandten legendenartigen Tarnungen waren durchweg selbst erdachte Behauptungen zu irgendwelchen nicht existenten Forschungsstellen, die in keinem Fall einer Nachprüfung standgehalten hätten. Sie funktionierten nur durch flüssigen Vortrag des Anbahners und schier unglaubliche Vertrauensseligkeit der Zielperson.»

Dass der Erfahrungsbericht von Grötzinger nicht grundlos vor den Gefahren einer dilettantischen Agentenführung gewarnt hatte, erwies sich vier Monate nach seinem Vortrag im Juli 1976, als es in Jugoslawien zur Verhaftung von BND-Verbindungen kam. Die jugoslawische Spionageabwehr SDB schätzte den Bestand an BND-Agenten in den 70er Jahren auf etwa hundert und war sich ziemlich sicher, deren Identitäten nahezu vollständig aufgeklärt zu haben.[1093]

Lauschangriff des BND: Und ein Parteifreund wird abserviert

Da in den gut abgeschotteten Staaten des Warschauer Vertrags und in Jugoslawien nur schwer an politische Entscheidungsträger heranzukommen war, entwickelte Abteilungsleiter Meier das Konzept der Umweganbahnung. Diplomaten aus dem kommunistischen Machtbereich sollten in Drittländern zum Abspringen gebracht oder für eine geheimdienstliche Arbeit geworben werden. Im Falle Jugoslawiens unternahm der BND sogar den Versuch, einen Angehörigen des diplomatischen Korps in Bonn selbst zu werben. Das Unternehmen lief auf höchster Ebene und im Zusammenwirken mit Spitzenpolitikern der SPD, und es sollte letztlich zwei hoffnungsvollen Karrieren schweren Schaden zufügen.

Am 28. November 1974 diskutierte BND-Vize Blötz mit SPD-Bundesgeschäftsführer Holger Börner zum wiederholten Male Abhörergebnisse aus G-10-Maßnahmen, die bei einem Gespräch zwischen dem Referenten für Außenpolitik beim SPD-Parteivorstand, Hans Eberhard Dingels, und dem jugoslawischen Botschaftsrat Zjelko Jeglic angefallen waren. Jeglic war zu diesem Zeitpunkt der zweite Mann der Belgrader Vertretung, nachdem Brandt im Frühjahr 1968 bei seinem Besuch in Belgrad den Austausch von Botschaftern vereinbart hatte.[1094] Er wurde seit 1973 abgehört, um ihn als BND-Agenten zu rekrutieren.

Als Blötz drei Monate später, am 27. Februar 1975, im Kanzleramt mit Staatssekretär Schüler zusammentraf, stand Jeglic ganz oben auf der Tagesordnung, weil ein erster Versuch, ihn anzuwerben, soeben fehlgeschlagen war. Schüler ordnete an, dass bis zu einem Termin am 3. März, bei dem ihm Abteilungsleiter Meier die Form der Anbahnung darstellen sollte, in der Sache nichts weiter unternommen werden dürfe. An diesem Tag erläuterte Meier dann die zweijährige Vorbereitung und den vergeblichen Anbahnungsversuch. Laut Meier hatte der jugoslawische Diplomat geäußert, man hätte sich bei ihm wohl besser als Auslandsstelle der SPD eingeführt und nicht als BND. Blötz und Meier empfahlen, die Operation trotz des Misserfolgs fortzusetzen. Meier bat Schüler, auf den SPD-Vorstandsreferenten Hans Eberhard Dingels einzuwirken. Dingels solle Jeglic erklären, dass «er doch mittun könne», zumal sich die Interessen des BND nicht gegen Jugoslawien richteten. Staatssekretär Schüler war mit der Fortführung der Operation einverstanden. Er versprach, mit SPD-Bundesgeschäftsführer Börner zu sprechen und den BND anschließend zu informieren.

Am nächsten Morgen traf Blötz Holger Börner zu einem 30-minütigem Meinungsaustausch. Wieder ging es auch um den Botschaftsrat aus Belgrad. Börner sagte zu, die bisherige Linie gegenüber seinem Mitarbeiter Dingels weiter zu verfolgen und den BND über die Gespräche zwischen Jeglic und Dingels nach dem zweiten Anbahnungsanlauf zu unterrichten. Laut Aktenlage des BND wurde der Gesandte Jeglic am 10. April 1975 erneut angesprochen. Seine Reaktion war «diesmal völlig negativ», wie Blötz und Meier gleich anschließend im Kanzleramt vortrugen. Nachdem Meier die Runde verlassen hatte, erläuterte Blötz, dass er Börner weitere G-10-Meldungen über abgehörte Gespräche zwischen Dingels und Jeglic vorlegen werde. Zwei Stunden später saß er schon wieder beim SPD-Bundesgeschäftsführer. Der Parteifreund zeigte ihm einen drei Seiten langen Brief von Dingels über den Vorgang. Im Gegenzug gab Blötz ihm die Informationen aus dem Lauschangriff gegen Dingels und Jeglic und fragte, ob Dingels tatsächlich den Auftrag hatte, den jugoslawischen Botschafter über eine Reise Brandts zu unterrichten. Das konnte Börner erst am Wochenende klären.

Die Abhörmaßnahmen gegen den jugoslawischen Diplomaten liefen inzwischen weiter. Unter anderem wurde ein Telefonat von Jeglic mit dem Mitarbeiter des Außenamts von Brockdorf aufgezeichnet, über das Blötz später, am 2. Mai 1975, den Ministerialdirektor im Auswärtigen Amt, Hoppe, in Kenntnis setzte. Eine Lappalie mit weitreichenden Folgen.

Am Donnerstag, den 24. April, trafen sich Blötz und Börner erneut. Der SPD-Bundesgeschäftsführer hatte die gewünschte Information: Brandt habe dem Referenten Dingels keinen Auftrag gegeben, Jeglic über seine Reisen zu berichten. Der Altkanzler bewerte «das Ganze nicht als einen großen Vertrauensbruch, aber gefährliche Wichtigtuerei des D.» Dingels habe auftragsgemäß eine ganze Reihe von Nebenkontakten, die das Auswärtige Amt nicht besitze, die aber von großer Bedeutung seien. Brandt hatte überdies angeordnet, dass Börner sich den Dingels «zur

Brust nehmen soll». Laut Auskunft von Dingels ist er von keinem der beiden jemals auf diesen Vorgang angesprochen worden.

Staatssekretär Schüler war nach dem zweiten Anwerbungsfehlschlag vorsichtiger geworden. Er wies Blötz an, bis auf weiteres nichts mehr in Sachen Jeglic zu unternehmen und vor einer Fortsetzung der Operation unbedingt Rücksprache mit dem Chef des Kanzleramts zu halten. Gut einen Monat später versuchte Blötz tatsächlich, den Ball wieder ins Rollen zu bringen: Als er am 28. Mai bei Schüler zum Lagevortrag war, erlaubte er sich den Hinweis, dass die gegen Jeglic «gesammelten Kompromate durch Zeitabläufe weniger bedeutsam sein würden». Laut BND-Akten basierte der Werbeversuch also nicht auf der engen Beziehung zu Dingels, sondern es war auch Erpressung im Spiel. Die Informationen aus den abgehörten Gesprächen sollten verwendet werden, um Druck auf Jeglic auszuüben. Zwei Tage später war Blötz bereits morgens um 8.20 Uhr bei Börner, der mit einem dritten Anlauf einverstanden war, allerdings nur unter der Voraussetzung, dass die Ansprache durch den BND nicht auf dem Boden der Bundesrepublik stattfinden würde.

Am frühen Abend des 9. Juli 1975 ging Blötz mit Börner wieder einmal diverse die SPD betreffende G-10-Meldungen durch. Abgehört hatte man unter anderem Peter Weber vom SPD-Parteivorstand bei seinen Gesprächen mit Vladimir Shendera, der in Verdacht stand, für östliche Geheimdienste zu arbeiten. Schließlich unterbreitete Blötz auch eine G-10-Meldung vom 13. Juni 1975 über ein Telefonat zwischen Jeglic und Dingels. Pullach war besorgt, weil sich eine Urlaubsreise von Dingels nach Jugoslawien abzeichnete. Börner versprach, darüber mit Altkanzler Brandt zu sprechen. Ob es zu einem dritten Anbahnungsversuch bei Jeglic im Ausland kam, sagen die Akten nicht. Aber Zjelko Jeglic, der heute im slowenischen Ljubljana lebt, beteuerte im November 2000 in einem Telefoninterview, er habe niemals für den BND gearbeitet; mit Dingels habe er auf vertrautem Fuß gestanden, aber zum BND keinen wissentlichen Kontakt gehabt.[1095]

Der BND hatte viel gelauscht, viele Informationen gesammelt und viel antichambriert. Erreicht hatte er überhaupt nichts. Zumindest nichts, worauf ein Auslandsnachrichtendienst stolz sein sollte. Im Inneren traf es zwei, die mit der ganzen Angelegenheit eigentlich gar nichts zu tun hatten. Ihnen wurde zum Verhängnis, dass der BND sein Ohr in ihren Telefongesprächen mit dem Jugoslawen Jeglic gehabt und die so gewonnen Informationen auch verteilt hatte. Hans Eberhard Dingels war eigentlich für einen Posten an einer deutschen Botschaft vorgesehen. Am 18. Dezember 1974 teilte das Auswärtige Amt Blötz mit, dass wegen der vorliegenden G-10-Meldungen eine Verwendung Dingels' im AA nicht möglich sei. Den jungen Mitarbeiter von Brockdorf, der zur fraglichen Zeit Dienst im Kanzleramt leistete, hatte man «wegen Info aus G 10 inzwischen nach Neu Delhi versetzt».

«Wir haben Wallraff in der Leitung»

Das kann durchaus passieren. Man kann den Kölner Journalisten und Schriftsteller Günter Wallraff anrufen. Der Mann hat ein Telefon. Und in der Tat hatten die Redakteure der Kölner Redaktion der *Bild* an jenem 18. November 1976 verzweifelt versucht, Wallraff an den Apparat zu bekommen. Den Boulevard-Journalisten ging es allerdings nicht um eine Story des streitbaren Autors, sondern um ein Interview mit Wolf Biermann, der soeben aus der DDR ausgebürgert worden war und eine erste Heimstatt bei Wallraff gefunden hatte. Als durch die Redaktionsräume der *Bild* der Ruf «Wir haben Wallraff in der Leitung» hallte, hatte dies allerdings nichts mit einer normalen Interviewanfrage zu tun; die *Bild*-Redakteure sprachen auch nicht mit Wallraff persönlich, sondern sie lauschten ergriffen den Telefonaten, die der Schriftsteller an den folgenden zwei Tagen mit Heinrich Böll, mit der damaligen Juso-Vorsitzenden Heidemarie Wieczorek-Zeul oder mit seiner Ehefrau führte. Auch die Telefonate Biermanns über diesen Anschluss, unter anderem mit seiner Frau Tine, die in Ostberlin geblieben war, wurden mitgehört und penibel protokolliert.[1096]

Zufall? Wohl kaum. Es kann passieren, dass man unbeabsichtigt in eine fremdes Telefongespräch gerät, aber dieses Missgeschick ist mit der Unterbrechung der Leitung von einer Seite behoben. Über zwei Tage erhält sich eine solche Panne nicht von alleine aufrecht. Und in der Regel hat man in einem solchen Fall auch kein Tonbandgerät auf dem Schreibtisch bereitstehen, um das Gespräch mitzuschneiden. Es war eine heiße Zeit im deutsch-deutschen Konflikt, und die Ausbürgerung des Bürgerrechtlers Biermann war die massivste Maßnahme, die das SED-Regime bis dato gegen einen Dissidenten ergriffen hatte. Die Reaktionen auf die Ausbürgerung unter den Oppositionellen in der DDR, aber auch bei den Biermann-Freunden im Westen waren für alle Beteiligten am deutsch-deutschen Drama interessant. Und Wallraff war – sei es aus Dummheit, sei es aus Berechnung – bereits gewarnt worden. Die *Bild*, der es bis zu dieser ominösen Abhöraktion nicht gelungen war, den geheim gehaltenen Aufenthaltsort Biermanns in einem Wochenendhäuschen im Bergischen Land aufzuspüren, hatte ein Observationskommando vor Wallraffs Wohnung in der Thebäerstraße in Köln postiert. Einer der beiden *Bild*-Leute hatte Wallraff ein vermeintlich verlockendes Angebot gemacht: Gegen Fotos und ein Exklusiv-Interview mit Biermann werde er Wallraff verraten, wo der BND in der vergangenen Nacht Wanzen bei ihm angebracht habe. Wallraff hatte schon Verdacht geschöpft, dass jemand heimlich in seine Wohnung eingedrungen war. Natürlich ging er trotzdem nicht auf das Ansinnen des *Bild*-Mannes ein, sondern erzählte es noch am gleichen Tag einem Kollegen der *Kölnischen Rundschau* am Telefon. Auch dieses Gespräch landet auf den Tonbändern der *Bild*-Redaktion. Ein Zeuge gibt später zu Protokoll: «Dieses Gespräch versetzte die Bild-Redaktion in helle Aufregung. Heinz Horrmann (Redaktionsleiter): ‹Das muss der Jürgen Kleikamp gewesen sein.› Kleikamp stand zu der Zeit mit dem Fotografen Pavel Strnad bei Wallraffs Büro in der Thebäerstraße. Horrmann: ‹Wenn das stimmt, dann kann der Kleikamp gleich seinen Koffer packen. Einer fährt hin und holt ihn zurück.› … Als Kleikamp zurückkommt, bestreitet er energisch, eine solche Äußerung gemacht zu haben. Bei allen Kollegen stößt das aber auf Skepsis.»[1097]

Dies war auch angebracht. Vor allem verlegten sich aber alle Seiten auf das Abstreiten. Als es später zu einem juristischen Nachspiel kommt, hat mal wieder niemand etwas gewusst. Der Reporter Georg Böhnisch recherchiert und erfährt von einem Informanten in einer «Bundesbehörde in Köln», dass Wallraffs Telefon abgehört wurde. Dies sei aber nicht von der Führung veranlasst worden, sondern selbständig «von unten» durchgeführt worden. Nett als «operativer Wildwuchs» umschrieben.[1198] Die Methode ist bekannt. Untere Chargen drehen angeblich durch, die Leitung weiß von nichts und kann bei Bedarf alles abstreiten. Das geschieht auch. Aber nicht von der Kölner Bundesbehörde, denn der Verfassungsschutz war es nicht, wie Böhnisch später Wallraff bestätigt.[1199] Das entsprechende Schreiben kommt am 4. Juni 1980 als Antwort auf eine Anfrage der Kölner Staatsanwaltschaft aus Pullach von BND-Präsident Kinkel: «Auf Ihre Anfrage teile ich Ihnen mit, dass hier keinerlei Anhaltspunkte dafür vorhanden sind, dass Mitarbeiter des Bundesnachrichtendienstes in dem angeblichen Abhörfall Wallraff tätig geworden sein könnten. – Dies ist auch auf frühere Anfragen der gleichen Art schon vielfach von hier bestätigt worden.»[1100] Nun war offensichtlich, dass es sich bei dem Abhörfall Wallraff nicht um einen «angeblichen» gehandelt hatte. Interessant ist die Formulierung «hier» und «von hier». War ganz Pullach gemeint, oder nur das Büro von Kinkel? Dass der BND eine Abhörschaltung bei Wallraff einrichtet, die ausgerechnet bei der *Bild*-Redaktion aufläuft, hätte eine ganz besondere Qualität gehabt. Ob mit Wissen des Chefs oder nicht. Die Angelegenheit wurde nicht abschließend geklärt, die direkt verantwortlichen *Bild*-Redakteure wurden im Juni 1981 in Köln zu 9000 beziehungsweise 7000 Mark Geldstrafe verurteilt.

Dass der BND sich um Menschen wie Wallraff gerne kümmerte, zeigt bereits ein Fernschreiben des BND vom Juni 1975 an die Staatsschutzabteilung des Kölner Polizeipräsidiums. Die Kölner, denen Wallraffs politische Aktivitäten und vor allem seine Kontakte zu ausländischen Oppositionsgruppen zum Beispiel aus Griechenland, Portugal oder der Türkei offensichtlich ein Dorn im Auge waren, hatten eine Anfrage an den BND gerichtet. Der BND antwortete pflichtbewusst: «hans guenter wallraff, geb. 1. 10. 42 in burscheid, ist hier als linksorientierter journalist und schriftsteller bekannt. Einer unbestätigten Information von 1969 zufolge soll w. verbindungen zu spanischen terroristen, die anarchistischen und trotzkistischen Gruppen angehören, haben. Angeblich versorgt er diese gruppe mit waffen und sprengstoff.»[1101] Bei der Kölner Polizei wurden die «unbestätigten Informationen» schnell zu «Erkenntnissen des BND» und rechtfertigten drei Monate Telefonüberwachung.[1102]

Die unbestätigten Informationen waren nicht nur sechs Jahre alt, sie waren auch falsch. Wallraff erreichte, dass die BND-Mitteilung vernichtet werden musste. Bis zu jenem Zeitpunkt war er außer auf der Durchreise nach Portugal nie in Spanien gewesen und kannte dort auch niemanden.[1103] Manchmal braucht es eben keines Feindes, um einen Freund aufs Korn zu nehmen, dann reicht schon ein Feindbild.

Operation Polyp

Geld für die Demokratisierung der Iberischen Halbinsel – und ein dunkles Nachspiel

Zu allen Diensten der Nato-Staaten fand Wessel bei seiner Amtsübernahme im Mai 1970 stabile Partnerdienstbeziehungen vor. In jeder Hauptstadt der Allianz war der BND vertreten, im Hauptquartier des Militärbündnisses in Brüssel überdies und auch in der neutralen Schweiz. Unter Wessel kam noch eine BND-Dienststelle bei der UNO in New York hinzu, die im Mai 1976 um einen zweiten Mann verstärkt wurde.[1104] Die Residenturen dienten vornehmlich, aber nicht ausschließlich dem Austausch von Informationen und anderen gemeinsamen Interessen. Sie waren für den BND zugleich ein Instrument, um – offen und verdeckt – Informationen über das Gastland zu sammeln oder so genannte Umwegoperationen gegen den Hauptfeind im Osten durchzuführen.

Beim Ausbau der Beziehungen zu den Amerikanern («Hortensie»), den Briten («Aster») und den Franzosen («Narzisse») konzentrierte sich der BND auf engere Zusammenarbeit bei der funkelektronischen Aufklärung. Auf dem Sektor der Aufklärung mit menschlichen Quellen und beim Informationsaustausch in der Bundesrepublik gab es jedoch Defizite. Vom 2. bis 5. November 1971 war BND-Vize Blötz zwar mit dem Abteilungsleiter IV, Rieck, nach London zu einem Partnerdienst-Besuch gereist[1105], aber als Staatssekretär Schüler im März 1975 den Wunsch äußerte, mit den Spitzen des britischen und des französischen Dienstes in Bonn zusammenzutreffen, musste der BND-Vize bekennen, dass er und sein Abteilungsleiter I nach fünf Jahren im Amt die entsprechenden Herren – Botschaftsrat Patrick Towers-Picton für den SIS und Vizekonsul Marcel Dellenbach für die DGSE – immer noch nicht persönlich kannten. Besser war es um die Kontakte zur CIA bestellt. Regelmäßig reisten hochrangige BND-Vertreter in ihr Hauptquartier nach Langley. Wessel selbst brach im April 1972 zur CIA auf und traf dabei auch den ehemaligen Kontrolleur der OG James Critchfield.[1106]

Auch das Kanzleramt pflegte direkte Kontakte zur CIA. So hatte Staatssekretär Schüler am 18. April 1975 einen Termin mit CIA-General Walters, und Blötz traf am 3. September Morris Oldfield und den Leiter der US-Gegenspionage, Walker.[1107] Von 1971 bis zum Ende seiner Amtszeit begegnete er ohnehin regelmäßig dem CIA-Residenten Arthur Stimpson, und die CIA-Dienststelle in München lud viele BNDler alljährlich zum Magnolienfest ein.

Die Zusammenarbeit mit den US-Diensten erfuhr unter Wessel nicht nur bei der fernmeldeelektronischen Aufklärung einen Aufschwung. Am 28. März 1972 schlug der CIA-Mann Fendig dem BND-Vize vor, ein von den Amerikanern als Prototyp entwickeltes Schiff zu bemannen, das in der Nähe atomgetriebener sowjetischer Einheiten dem Meer Wasser entnehmen sollte, um anhand der Proben Hinweise auf den Entwicklungsstand der Atomantriebe sowie das verwendete spaltbare Material zu gewinnen.[1108] Ob er das Schiff als Fisch- oder als Vergnügungsdampfer tarnen wolle, solle der BND selbst entscheiden. Als Blötz diesen Vorschlag an Wessel weiterleitete, entschied dieser, sich bei seinem geplanten USA-Besuch im Mai 1972 selbst über Einzelheiten zu informieren und sich ein Modell des Schiffes vorführen zu lassen. Im April teilte Fendigs Vertreter in München mit, dass das Schiff fertig gestellt sei und von einem Pullacher Fachmann begutachtet werden könne. Gleich nach der Vorführung für Wessel könne der BND es übernehmen.[1109]

In Skandinavien bestanden stabile Beziehungen zu den Nato-Partnern Dänemark und Norwegen, mit dessen Dienst «Gladiole» eine enge Zusammenarbeit in der Funkaufklärung stattfand.[1110] Aber 1976 wollte Pullach auch in die neutralen Staaten Schweden und Finnland vordringen. In großer Runde legten BND, Kanzleramt und AA am 12. Februar 1976 fest, in Stockholm eine offizielle BND-Residentur in der deutschen Botschaft zu etablieren. Die Schweden waren prinzipiell einverstanden.[1111] Aber in der deutschen Vertretung in Stockholm gab es Raumprobleme: Die Schäden, die beim Überfall des «Kommandos Holger Meins» am 25. April 1975 entstanden waren, hatten noch nicht völlig beseitigt werden können. So zog man die Unterbringung des BND in einer «Außenstelle mit Botschaftsschild» in Erwägung.

Zugleich wollten die Geheimdienstler nach Helsinki gehen, wo das «Moskauer Modell» eines unbemerkt eingebauten BND-Stationsleiters kopiert werden sollte. Die Pläne, sich in Schweden und Finnland festzusetzen, waren nur zum Teil von dem Ziel bestimmt, mit den dortigen Diensten Nachrichten auszutauschen. Wichtiger war die Rolle der beiden Staaten auf der Weltbühne, weil Schweden unter Olof Palme eine herausragende Rolle in der Blockfreienbewegung spielte, und weil Helsinki durch die «Konferenz für Sicherheit und Zusammenarbeit in Europa» (KSZE) zu einer Drehscheibe internationaler Diplomatie vor und hinter den Kulissen geworden war.

Ziel einer Diskussion im Kanzleramt im Februar 1976 war es vor allem, das nicht immer spannungsfreie Verhältnis zwischen den Botschaften und den eingebauten BND-Mitarbeitern neu zu regeln, das ein geheimer Erlass vom 12. Februar 1973 vorläufig bestimmt hatte. Dort war nur sehr allgemein vereinbart worden, dass der Auftragsrahmen des BNDlers «in jedem Einzelfall vom Präsidenten des BND dem Auswärtigen Amt und von diesem dem Leiter der zuständigen Vertretung mitgeteilt» würde. Im Ergebnis der Besprechung erließen die Ministerialdirektoren Schlichter vom Kanzleramt und Hoppe vom Auswärtigen Amt am 29. April 1976 die neue «Dienstanweisung für BND-Beauftragte», die alle Einzelheiten vom Austausch von Informationen über Kurier- und Fernmeldeverbindungen und Zahlstellen bis zum Urlaub regelte. Wesentlich war die Klarstellung, dass «die BND-Beauftragten sich mit demjenigen Teil ihrer Tätigkeit, der in den Bereich der Aufgabenstellung der Vertretung fällt, in diese zu integrieren, d. h. wie Spezialreferenten zu arbeiten haben. Über ihre sonstige Tätigkeit, d. h. nachrichtendienstliche Tätigkeit im engeren Sinne, muss der Beauftragte dem Missionschef einen allgemeinen Überblick geben und ihn über alle Fälle unterrichten, die auf die Belange der Botschaft Auswirkungen haben können. Zwischen BND und Auswärtigem Amt besteht völlige Übereinstimmung darin, dass die Pflicht, den Botschafter zu unterrichten, sehr extensiv auszulegen ist.» Damit war die wachsende Zahl der BND-Residenten stärker als zuvor an die Kandare genommen worden.

Prekär für das Image einer sozialliberalen Regierung mit dem Anspruch auf weltweite Durchsetzung von Demokratie und Menschenrechten war die Kooperation des BND mit dem Militärgeheimdienst der Türkei MIT (Milli Instihbarat Teskilati), der 1965 aus der Reform seiner Vorläuferorganisation MAH (Milli Amale Hizmet) hervorgegangen war und bei allen drei Militärputschen – 1960, 1971 und 1980 – eine zentrale Rolle gespielt hatte.[1112] Die Residentur in der Türkei zählte zu den ersten des BND. Zu der Dienststelle in der deutschen Botschaft in Ankara kam eine zweite in Istanbul hinzu. Von dort aus betrieben der BND und der türkische Geheimdienst gemeinsam einen Stützpunkt zur Fotoaufklärung gegen sowjetische Kriegs- und Handelsschiffe, die den Bosporus passierten.[1113]

Der sozialdemokratische Ex-Premierminister der Türkei, Bülent Ecevit, will zum ersten Mal 1974 als Regierungschef von der Existenz der Geheimtruppe «Gladio» in seinem Land erfahren haben. Sein Generalstab drängte darauf, im Zusammenhang mit der Invasion auf Zypern einen Geheimetat für die «Abteilung für besondere Kriegführung» zu schaffen, die auf der Mittelmeerinsel Sonderaufgaben zu erfüllen hatte. Vorher hatten die USA den türkischen Gladio-Zweig finanziert, doch nach der Invasion in Zypern verhängte Washington ein Waffenembargo gegen die Türkei und stellten offensichtlich auch die Finanzhilfen für diesen Geheimdienst ein.[1114]

Anstelle der geplanten Aufgabe eines Guerillakampfes hinter den feindlichen Linien im Falle einer Sowjetinvasion entwickelte sich der Geheimdienst zu einer Counter-Guerilla-Organisation, die jede politische Opposition brutal unterdrückte. Diesen Spezialeinheiten wurde das Massaker auf dem Istanbuler Taksim-Platz am 1. Mai 1977 angelastet, als unter den Augen der Sicherheitskräfte 33 demonstrierende Arbeiter von Unbekannten erschossen und 300 Menschen verletzt wurden. Da Kräfte im Staatsapparat verhinderten, dass der versuchte Anschlag auf Ecevit im Mai 1977 untersucht wurde, und da auch das Massaker im anatolischen Kahramanmaras im Dezember 1978 mit 31 Opfern folgenlos für die Täter blieb, rechnen viele Beobachter diese Gewaltaktionen dem türkischen Gladio-Zweig zu.[1115]

Während die USA die völkerrechtswidrige Besetzung Zyperns durch die Türkei 1974 sanktionierten, setzte Bonn seine Hilfe für den MIT nicht nur fort, sondern intensivierte sie sogar. Der BND-Resident Rainer

Kesselring, später von Juni 1996 bis September 1998 BND-Vizepräsident, unterstützte den MIT ab 1978 beim Aufbau seines Informations- und Dokumentationssystems[1116] und half so, die Voraussetzungen für einen schnellen Zugriff des Militärs auf Oppositionelle beim dritten Militärputsch 1980 zu schaffen.

Die US-Dienste hatten sich 1974 auch aus den gemeinsam mit dem MIT betriebenen funkelektronischen Aufklärungsstationen zurückgezogen. Doch der BND arbeitete weiter in Samsum am Schwarzen Meer und von anderen Stationen aus bei der Funkspionage mit seinem Partnerdienst «Hanf» zusammen. In der Türkei war die dafür zuständige Abteilung in den 70er Jahren so stark vertreten, dass wöchentlich eine Versorgungsmaschine aus München landete.[1117] Der BND delegierte auch eigenes Personal, unter anderem aus der Peilstation Übersee am Chiemsee, in die Türkei, um in Richtung UdSSR aufzuklären. Als ein MIT-General um Ausbildungshilfe bat, entschied Wessel vorsichtshalber, sie nicht «on the job», also in türkischen Geheimdienststellen, stattfinden zu lassen, sondern in der Bundesrepublik.

An der Nato-Südflanke hatte die sozialliberale Regierung ein weiteres Problem vorgefunden, das dem Bild der Nato als Bündnis westlicher Demokratien Hohn sprach. Am 21. April 1967 hatte ein Militärputsch in Griechenland die konservative Regierung von Ministerpräsident Panagiotis Kanellopoulos weggefegt. Der Putschisten-Chef, Oberst Georgios Papadopoulos, war nicht nur Leiter der 3. Generalstabsabteilung, sondern vor allem Offizier des griechischen Nachrichtendienstes KYP, bei dem der BND seit den 60er Jahren mit einer Station in Athen präsent war.[1118] Die konzertierte Besetzung aller wichtigen zivilen Einrichtungen verlief mit Hilfe der Gladio-Verbände.[1119] Umstritten ist, ob der Putsch der rechtsgerichteten Offiziere mit Rückendeckung der USA und der Nato erfolgte, unumstritten ist jedoch, dass exakt der Prometheus-Plan der Nato zur Niederwerfung einer kommunistischen Rebellion im Falle einer sowjetischen Bedrohung nun gegen die Bevölkerung angewendet wurde.[1120] Tausende Oppositionelle verschwanden auf den Häftlingsinseln. Griechenland entwickelte sich schnell zu einer Diktatur, in der Folter an der Tagesordnung war. Die Militärpolizei ESA und ihre Abteilung für Sondervernehmungen EAT schufen Dutzende von Folterlagern und bildeteten 1,5 Prozent der Wehrpflichtigen eines Jahrgangs zu Folterknechten aus.[1121]

Bonn setzte dennoch die Rüstungshilfe für den Nato-Partner fort, koppelte sie allerdings an die Forderung nach Freilassung von politischen Gefangenen. Besonders engagierte sich Horst Ehmke für die Genehmigung der Ausreise seines ehemaligen Freiburger Kollegen Giorgos Mangakis, der wegen Widerstands gegen die Junta zu 18 Jahren Gefängnis verurteilt worden war. «Mit Hilfe des deutschen und des amerikanischen Botschafters in Athen ließ ich das Ehepaar Mangakis im April 1972 mit einer Luftwaffenmaschine vom amerikanischen Militärstützpunkt bei Athen in die Bundesrepublik holen», erinnerte sich Ehmke 1994.[1122] Hinter den Kulissen stützte er sich dabei aber nicht auf den BND, sondern auf die CIA.

Aufnahme fanden in der Bundesrepublik nicht nur die Mangakis, sonderte Hunderte von Griechen, die vor der Diktatur geflohen waren. Ein Verbindungsführer des BND scheute sich nicht, eine junge sozialdemokratische Abgeordnete in Bayern darauf anzusprechen, ob sie ihm nicht Informationen aus dem Umfeld ihres griechischen Ehemannes geben könne, der zur emigrierten Opposition gehörte. Er erhielt eine empörte Abfuhr. Nach dem Militärputsch von 1967 blieben die Beziehungen zwischen BND und KYP bestehen. Auch die neue sozialdemokratischen Garde pflegte sie. So traf Vize Blötz im November 1970 den Chef des griechischen Nachrichtendienstes, der ihm bei dieser Gelegenheit einige Vasen verehrte.[1123]

Nachdem Papadopoulos 1973 gestürzt worden war, kehrte Griechenland 1974 zur Demokratie zurück. Der KYP wurde nur in der Spitze gesäubert und als EYP reorganisiert. Anstelle der Normalisierung der Beziehungen zum Partnerdienst «Jasmin», die zu erwarten gewesen wäre, widerfuhr dem BND allerdings eine Behandlung, wie sie sonst nur gegnerische Dienste zu gewärtigen hatten. Am 14. April 1976 überreichte Blötz Staatssekretär Schüler einen Bericht über die Observation deutscher Botschaftsangehöriger in Athen, nachdem er ihn bereits im Oktober 1975 über die Beobachtung «deutscher Staatsbürger durch ‹Jasmin›-Dienst» unterrichtet hatte. Von *Spiegel*-Redakteur Stähle hatte der BND erfahren, dass das MfS bereits seit August 1975 über die Beschattung des Botschaftspersonals unterrichtet sei.[1124] Einmal mehr hatten die guten Beziehungen der griechischen Sozialisten und ihrer Partei PASOK zur DDR auch Früchte für die HVA getragen.

Am 20. Juli 1976 berichtete Blötz Ministerialdirektor Hoppe vom Außenamt weitere Einzelheiten: «Die Observierung von Diplomaten und Bürgern der Bundesrepublik Deutschland in Griechenland werden seitens der griechischen Behörden und des griechischen Geheimdienstes (KYP) systematisch fortgesetzt. Motiviert werden diese Observierungen mit dem Verdacht, dass die nachfolgenden Personen mit extremistischen politischen Gruppierungen in Verbindung stehen, d.h. verdächtigt werden, Waffen- und Explosivstoffe für die Untergrundbewegung beschafft und transportiert zu haben, bzw. auch im Auftrag mit dem BND in Griechenland ‹Aufklärung› betreiben. Schon im April 1974 wurde der Stellvertretende Konsul im Generalkonsulat Thessaloniki, Friedrich Wilhelm Hamitsch, unter strenge Beobachtung genommen. Seine Fahrten mit dem Wagen (Kz.: XA-12-18) in die Türkei wurden registriert. Im gleichen Zeitraum wurde der Angestellte der Botschaft der Bundesrepublik Deutschland in Athen, Dr. Johannes Schmidt, bei seinen Fahrten mit dem Wagen (Kz.: XA-11-81) u.a. nach Florin beobachtet und die Fahrten registriert. Im Mai 1975 wurde der Stellvertretende Attaché des Generalkonsulats in Thessaloniki, Karl Heinz Fuhs, unter Beobachtung genommen. Die Observierung des Generalkonsuls in Thessaloniki, Malte Madlung, wird fortgesetzt; jetzt wurde bekannt, dass Madlung auch während seiner Schiffsreise nach Rhodos im Juli 1975 observiert wurde.»

Der Bericht führt sieben weitere Namen von Bundesbürgern auf, die in Griechenland beobachtet wurden. Schwer erklärlich bleibt, dass die Beobachteten – Diplomaten wie Normalbürger – die Observationen bemerkten, was dem Laien in der Regel nicht gelingt. Dass die Aktivitäten griechischer Terroristen aus der Türkei unterstützt wurden, hatte der griechische Dienst schon immer vermutet. Von 1974 bis 1976 aber hegte er den Verdacht, dass es auch deutsche Geheimdienstoperationen zur Unterstützung der Untergrundbewegung gab.

Die Operation Polyp auf der Iberischen Halbinsel

Nachdem die sozialliberale Regierung in Bonn ihre Geschäfte aufgenommen hatte, befand sich die Situation auf der Iberischen Halbinsel mit den beiden letzten westeuropäischen Diktaturen im Umbruch. Der portugiesische Sozialist Mario Soares hatte im Frühjahr 1973 seine Oppositionspartei im deutschen Bad Münstereifel gegründet, und die deutschen Sozialdemokraten standen ihm nach Kräften zur Seite. Doch die gemäßigten Gegner der Diktatur konnten sich zunächst nicht durchsetzen. Im April 1974 kam es in Lissabon zu einem Putsch jüngerer Offiziere, der im Herbst in eine Machtübernahme der Kommunistischen Partei zu münden drohte. Die einzigen Todesopfer, die die Revolution der Nelken am 25. April 1974 gefordert hatte, waren vier Zivilisten, die von Geheimpolizisten vor ihrem Hauptquartier in der Rua António Maria Cardoso erschossen worden waren.

Der portugiesische Nachrichtendienst PIDE (Policia Internacional e da Defesa do Estado) war 1933 gegründet worden und diente den Diktatoren Portugals – Antonio Oliveira Salazar bis 1968 und Marcello Caetano bis 1974 – als Auslandsnachrichtendienst, vor allem aber als Instrument zur Repression im Innern. Zum Ende der 60er Jahre war die PIDE in DGS (Direcção General da Securanca) umbenannt worden. Unter der Diktatur von Salazar und Caetano waren die CIA, der BND, die französische SDECE und andere westliche Dienste Partner der Geheimpolizei, die 1974 unter Direktor Silva Pais über 2300 Mitarbeiter verfügte. Alle DGS-Spitzen wurden nach der Nelken-Revolution aus dem Dienst entfernt. Die Militärs, die die früheren Archive der Salazar-Geheimpolizei beschlagnahmt hatten, ernannten mit Kapitän Sousa e Castro einen der ihren zum Präsidenten der Auflösungskommission der DGS. Am Tag nach dem Sturz der Diktatur wurde der neue Nachrichtendienst SDCI (Servico de Documentação e de Coordenação de Informacoes) gegründet. Verschiedene Militärs, die der Kommunistischen Partei nahe standen, hatten sich in seinem 5. Büro breit gemacht, das mit psychologischer Kriegführung betraut war. Andere wie Otelo de Carvalho, das Gehirn der Revolution und zukünftiger Chef des operativen Kommandos für den Kontinent, näherten sich anderen linken Gruppierungen an.

Um dem Einfluss der kommunistischen Partei PCP entgegenzuwirken, leitete der französische General de Marolles, Leiter der Service Action der SDECE, eine Aktion zur Unterstützung der führenden Sozialisten Mario Soares und General Ramalho Eanes ein. Auch die zukünftige Nummer zwei der CIA unter US-Präsident Jimmy Carter, der amerikanische Botschafter in Portugal, Frank Carlucci, blieb nicht untätig. Agenten der CIA infiltrierten die MRPP (Bewegung zur Reorganisation der proletarischen Partei), und Carlucci stärkte die gemäßigten sozialistischen Offiziere. Eine Untersuchung des US-Repräsentantenhauses, des Pike Committee, ergab 1975, dass die CIA von der Revolution völlig überrascht war und ab Ende 1974 in einer nachrichtendienstlichen Auseinandersetzung mit sowjetischen Diensten um Einflussbereiche in Portugal ein mehrere Millionen US-Dollar umfassendes Programm begann, um Soares und ihm nahe stehende Medien zu unterstützen.

Die Sowjetunion verband mit dem Putsch die Hoffnung, Portugal aus dem westlichen Bündnis herauslösen zu können und dort zum dominierenden Partner aufzusteigen. Willy Brandt reiste deshalb im Frühsommer 1975 nach Moskau, um – unterstützt durch einen Brief von Soares – Breschnew vor einem Engagement in Lissabon zu warnen. Zugleich wollten Brandt und Ehmke eine militärische Intervention der USA verhindern, von der Kissinger nur schwer abzubringen war.[1125] Die Aktionen linker Gruppen, die Straßenkundgebungen in den Uniformen der Armee, die kommunistische Übernahme der Tageszeitung *Republic* und der zunehmende Einfluss der PCP auf die leitenden Organe der MFA brachten die revolutionären Offiziere in Verruf. Der Boden für eine Gegenoffensive schien fruchtbar.

In dieser heißen Phase zwischen zwei Revolutionen und einem globalen Spiel um Einfluss in Portugal reiste BND-Vize Blötz vom 12. bis 16. Mai 1975 nach Spanien und Portugal. Dabei handelte es sich um Gegenbesuche, denn Anfang 1975 waren Delegationen beider iberischen Nachrichtendienste in Pullach gewesen. In Lissabon informierte der Leiter der Residentur seinen Vizepräsidenten, dass ihn ein Mitarbeiter des Verteidigungsministeriums aufgesucht und ihm freie Hand gelassen habe, bis zu zehn Millionen DM auszugeben.[1126] Offensichtlich war auch die Hardthöhe bemüht, durch Geld Einfluss auf den Nato-Partner auszuüben. Blötz traf auch den stellvertretenden Leiter des portugiesischen Nachrichtendienstes und sprach seinen Kollegen auf den Wunsch des Mossad-Residenten für Europa, David Kimche, an, Kontakt aufzunehmen. Am 8. September 1975 betonte Blötz gegenüber Kimche, dass der BND nach wie vor großes Interesse an einem Kontakt zum portugiesischen Dienst habe, auch wenn ein erster Versuch der Fühlungnahme gescheitert sei. Er unterrichtete den Mossad-Kollegen, dass man über den «Biber»-Dienst in der brasilianischen Hauptstadt Brasilia einen zweiten Kanal öffnen wolle.[1127] Die Hoffnungen der USA auf eine Machtübernahme von rechts scheiterten, weil General Antonio de Spinola seine Vorbereitungen eines Staatsstreichs einstellte. Am 21. August 1975 berichtete Blötz, dass der Leiter der Unterabteilung Übrige Welt, Ekbert Pfannenschwarz, sich in «Biberland», also in Brasilien, mit Spinola getroffen habe. Der zweite Kanal, auf den Blötz den Mossad-Mann Kimche hingewiesen hatte, war offensichtlich die BND-Verbindung zu dem potugiesischen General.[1128]

Im September 1975 kehrte ein zweiter Staatsstreich die politische Richtung um. Er wurde geprägt durch seinen Organisator, General Ramalho Eanes. Dieser setzte eine totale Umgestaltung der Geheimdienste ins Werk. Nun kontrollierte General Pedro Cardoso die Auflösung der SCDI und den Aufbau der Nachfolgeorganisation Servico de Informacoes da Republica (SIR). Cardoso blieb anschließend Geheimdienstkoordinator.

Das US-amerikanische Pike Committee stellte bereits 1975 fest, dass sich die CIA bei der Unterstützung für Soares der Mithilfe einiger westeuropäischer sozialdemokratischer Parteien bedient hatte. Details wurden allerdings erst 1996 bekannt, als der von seiner Partei verstoßene internationale Sekretär Rui Mateus in seinem Buch «Verbotene Geschichten» die Herkunft der Gelder offen legte. Sozialdemokratische Staatschefs in Europa wie François Mitterrand und Bettino Craxi pumpten riesige Summen nach Portugal, aber auch das neutrale Schweden: «Um Ortsvereine portugiesischer Sozialisten mit dem Nötigsten zu versehen, spendeten Palmes Sozialdemokraten Millionen von Kronen.»[1129]

Auch die Bundesrepublik half nach Kräften. Im Rahmen der BND-Operation POLYP, die im Folgenden näher dargestellt wird, wurden den

Parteistiftungen ab 1975 Millionensummen aus dem Pullacher Etat zugeschanzt, um einen deutschen Beitrag zur Unterstützung des der Sozialdemokratie in Bonn besonders verbundenen Soares zu leisten. Der damalige Leiter des Büros der Friedrich-Ebert-Stiftung in Lissabon, Peter Hengstenberg, fungierte als Geldbote und offenbarte im Jahr 2000, dass er erstmals Ende 1979 Barbeträge an portugiesische Sozialisten übergeben habe.[1130]

In allen Phasen des politischen Umbruchs in Portugal ist der BND in Aktion getreten und hat Operationen durchgeführt, die nach den «Nachrichtendienstlichen Begriffsbestimmungen» von 1974 darauf zielten, «die Willensbildung fremder Mächte oder ihre aktuellen politischen, militärischen und wirtschaftlichen Verhältnisse durch unterstützende oder durch störende Maßnahmen zu beeinflussen». Zum Geheimdienst der beiden letzten Diktatoren, Salazar und Caetano, hielt er ebenso Verbindung wie zu den im Umbruch begriffenen portugiesischen Geheimdiensten während der Nelken-Revolution und beim Gegenputsch von Eanes. Der BND sicherte überdies die rechte Flanke durch seine Kontakte zu General Spinola ab, die über den brasilianischen Partnerdienst liefen. Zugleich stärkte er die Opposition und hatte so im Zusammenwirken mit der CIA Anteil an der Umgestaltung des Landes zur Demokratie.

In Spanien hatte General Franco einen umfassenden Geheimdienst- und Repressionsapparat aufgebaut, der im Kern trotz einiger Neu- und Umbildungen bis zu seinem Tod im Jahre 1975 Bestand hatte. Zu diesem Apparat zählten der Parteigeheimdienst der «Bewegung»; der SECED (Servicio Central de Documentación), die Geheimdienstabteilung der Guardia Civil; die 1939 gegründete DGS (Dirección General de Seguridad), die Militärnachrichtendienste und der 1939 geschaffene Geheimdienst des Generalstabs SIAEM (Servicio de Información del Alto Estado Mayor).[1131]

Ausweislich der Lebenserinnerungen des hochrangigen US-Geheimdienstlers und Diplomaten Vernon Walters pflegten die USA intensive geheimdienstliche Beziehungen zu Spanien. An der Seite Eisenhowers besuchte Walters im Dezember 1959 Franco in Torrejon, im Oktober 1970 war er mit Präsident Nixon in Madrid und im Februar 1971 wieder im Auftrag Nixons, um als guter Bekannter des Regierungschefs und vormaligen Geheimdienstleiters Carrero Blanco Einfluss auf die Zukunft Spaniens nach dem erwarteten Tod Francos zu nehmen.[1132] Der designierte Franco-Nachfolger Blanco wurde als Siebzigjähriger am 20. Dezember 1973 Opfer eines Attentats, für das ETA-Terroristen die Verantwortung übernahmen.[1133]

Parallel zum Besuch von Walters fanden auch Gespräche zwischen dem spanischen Dienst und dem BND statt. Am 15. Februar 1971 führte der stellvertretende Leiter der Abteilung I diese Verhandlungen, und bereits Anfang des Monats hatte der BNDler Ebert aus der Zentralstelle für Chiffrierwesen routinemäßig die spanischen Kollegen aufgesucht.[1134] Zu Spaniens Diensten hielt Pullach – anknüpfend an die guten Beziehungen der deutschen Geheimdienste des Dritten Reichs – weit engere Kontakte als zu manchem Nato-Partner. Besonders eng war die Zusammenarbeit auf dem Sektor der funkelektronischen Aufklärung. 1967 hatte der BND eine Anlage zur Funkaufklärung in einer Finca in der Mancha. Der spanische Partnerdienst «Flieder» zeigte sich in einem Fernschreiben nach Pullach am 26. März 1971 interessiert, diese Anlagen zu übernehmen, und bot dem BND dafür an, die spanische Einrichtung im Kriegsfall nutzen zu können.[1135] Der BND zog sich dort aber erst zurück, nachdem das Objekt EISMEER, eine modernere Station bei Cadiz, fertig war.

Die Seekabel aus dem Libanon und Libyen laufen bei Bari zusammen und als Verbindung Spanien–Nahost weiter an die Mittelmeerküste. An der spanischen Atlantikküste kommen bei Conil die Seekabel aus den USA, Südamerika und Westafrika an, während in Portugal die Verbindung London–Lissabon mündet. Durch zwei Richtfunkstrecken von Conil nach Jimena und nach Gibalin in Portugal werden die Endpunkte der Kabelverbindungen überbrückt. In diesen Fernmeldeverkehr durfte der BND mit der Operation DELIKATESSE eindringen; damit konnte er alle kabelgebundenen Gespräche zwischen Nord- und Südamerika, Westafrika, Großbritannien und dem arabischen Raum einfangen. Aber dazu musste Pullach tief in die Tasche greifen: Auf fünf Millionen DM bezifferte man im Frühjahr 1975 die Investionssumme für das «Objekt EISMEER».[1136] Nachdem die spanische Regierung trotz gewisser Bedenken wegen des Eindringens in portugiesische Richtfunkstrecken dem Bau zugestimmt hatte[1137], wurde im September 1975 ein Vertrag zwischen dem BND und seinem Pendant CESID unterzeichnet. Das war der Startschuss für die Operation DELIKATESSE, die erst im Dezember 1992 mit der bis zuletzt umstrittenen Demontage der Station endete.

1975 war das Jahr, in dem der BND seine Kooperation mit den spanischen Diensten in Voraussicht des baldigen Todes Francos und der zu erwartenden Umwälzungen forcierte. Mit einem Schnellboot aus Beständen der Bundeswehr wollte der BND dem spanischen Dienst bei der Operation CONDOR, der Fotoerfassung von Schiffsverkehr insbesondere in der Meerenge vor Gibraltar, helfen. Da jedoch vorläufig nicht an den Verkauf eines S-Bootes zu denken war, kamen Blötz und der Chef des spanischen Geheimdienstes, General Arozarena, überein, die Möglichkeiten zum Betrieb einer Landstation zu prüfen.[1138] Damit pfuschte man den USA ins Handwerk. Der CIA-Vertreter Stimpson wies Blötz nachdrücklich darauf hin, dass Washington davon ausginge, dass alle landseitig aufzunehmenden Objekte aus der Operation CONDOR ausnahmslos von der 6. US-Flotte erfasst würden. Wenn die BND-Militärauswertung mit dem von den Amerikanern gelieferten Material unzufrieden sei, solle sie sich an die CIA wenden.[1139] Am 26. August 1975 erklärte Blötz die Operation CONDOR für beendet. Dennoch kam es noch im gleichen Jahr zur deutschen Lieferung von Schnellbooten an Spanien für 28 Millionen DM.[1140] Neue Möglichkeiten der Zusammenarbeit mit «Flieder» sah Blötz auch bei gemeinsamen Operationen in Nordafrika. Die Spanier hatten ihm angeboten, in Algerien und in Marokko bei der Tarnung spanischer oder deutscher Agenten behilflich zu sein. Blötz beauftragte Abteilungsleiter Meier, mit dem Residenten in Madrid auszuloten, was konkret unternommen werden könne.[1141]

Der BND blieb in dieser für Spaniens Entwicklung entscheidenden Phase immer am Ball. Am 26. September 1975 flog Blötz zur Unterzeichnung des Abkommens über die Lauschstation EISMEER.[1142] Knapp einen Monat später war er erneut, wie üblich unter einem Decknamen, unterwegs zu «Flieder». Zuvor hatte er sich im Kanzleramt Rückendeckung für intensivere Kontakte geholt.[1143] Ziel der regelmäßigen Besuche war, über die routinemäßige Kooperation hinaus, die systemimmanenten Reformkräfte des Franco-Regimes, die nur auf eine biologische Lösung des Reformstaus warteten, bei der Stange zu halten. Bei der SECED hatte der Nachfolger von Blanco, Arias Navarro, ab 1974 mit dem Infanteriekommandeur Juan Valverde einen Nachrichtenchef eingesetzt, der die Notwendigkeit zur Entwicklung eines demokratischen Systems begriff und Reformmaßnahmen einleitete.

Nach Francos Tod am 20. November 1975 wurde König Juan Carlos I. Staatsoberhaupt und brachte reformwillige Kräfte des Franco-Regimes an die Regierung, die 1977 die ersten freien Wahlen gewannen. Zugleich verstärkten die US-Geheimdienste ihre Präsenz in Spanien.[1144] Der Reformer Andrés Cassinello Perez wurde nach der Ernennung des neuen Regierungschefs, Adolfo Suarez, 1976 Geheimdienstchef. Die neue Leitung war nachhaltig an der Fortsetzung der deutsch-spanischen Kooperation interessiert und ließ den BND-Residenten im April 1976 ausrichten, sie wünsche über die Station des BND in Madrid hinaus unmittelbare Kontakte. Die Besuche auf höchster Ebene wurden fortgesetzt.[1145]

Der Auslandsnachrichtendienst CESID wurde 1977 gegründet, um den Nachrichtendienst Francos zu ersetzen, und war zuerst vor allem mit Spionageabwehr und Gegenspionage betraut. Der BND fand für seinen neuen Partnerdienst den Decknamen «Goldlack» und blieb in Madrid einer der angesehensten Dienste. So konnte er seinen Einfluss geltend machen, dass Spanien seinen Eintritt in die Nato schließlich 1982 vollzog. Der BND half auch weiterhin auf sicherheitsrelevanten Feldern. 1978 bekam die Policia Nacional eine am Muster der deutschen GSG-9 ausgerichtete und von ihr unterstützte Sondereinheit namens GEO (Grupo Especial de Operaciones) mit etwa 120 Polizisten. Die paramilitärisch ausgebildete Einheit operiert hauptsächlich in den urbanen Zentren Spaniens.[1146]

Gegenüber Spanien hat die sozialliberale Bundesregierung die gleiche Doppelstrategie wie gegenüber Portugal verfolgt. Während einerseits der staatstragende Nachrichtendienst des Caudillo nach Kräften unterstützt wurde, förderte Bonn zugleich die demokratische Opposition. Über «die Frage nach der Einstellung gegenüber Portugal und Spanien» kam es, wie Helmut Schmidt 1987 rückblickend festhielt, im Mai

1975 zu «leichten Meinungsverschiedenheiten» mit der US-Regierung unter Gerald Ford: Während die USA um ihre strategische Bastion Spanien, insbesondere den Stützpunkt Torrejon fürchteten und das Gespenst eines von kommunistisch eingestellten Offizieren dominierten Portugal an die Wand malten, dem sie zuerst mit einer von ihnen forcierten Abspaltung der Azoren begegnen wollten, sah Schmidt keine Notwendigkeit, mit Brachialgewalt auf die Veränderungen auf der Iberischen Halbinsel zu reagieren, sondern votierte für die Unterstützung von Soares in Lissabon und die Ermutigung derjenigen, «von denen wir hoffen, dass sie nach Franco regieren werden»[1147].

Nachdem US-Außenminister Kissinger von Helmut Schmidt daraufhin Abwehrmaßnahmen gegen eine drohende kommunistische Machtbasis in Portugal und Spanien verlangt hatte, stimmte Geheimdienstkoordinator Schüler mit dem BND, mit Willy Brandt, Helmut Kohl, Hans-Dietrich Genscher und Franz Josef Strauß die Schaffung eines Geheimfonds aus BND-Mitteln ab, über den die Parteien und die ihnen nahe stehenden Stiftungen Operativgelder zur Stützung demokratischer Institutionen auf der Iberischen Halbinsel erhalten sollten. Von 1975 bis 1981 flossen so nach ersten Angaben 30 bis 40, letztlich wohl insgesamt 50 Millionen Mark, von denen ein Teil auch in Süd- und Mittelamerika landete. Beim BND firmierte die Operation unter dem Decknamen POLYP.[1148]

Brandt hat, was sein Nachfolger in die Wege leitete, verteidigt: «Es ist gelegentlich gemäkelt worden, dass Parteien und Stiftungen aus der Bundesrepublik verwandten Gruppierungen auf der Iberischen Halbinsel bescheidene Hilfen haben zukommen lassen», schrieb er in seinen Erinnerungen und fuhr fort: «Mich hat diese Kritik immer aufgebracht. Auch materielle Zuwendung habe ich als wünschens- und lobenswert empfunden.»[1149] Brandt selbst hatte für den BND zu seiner Zeit sogar eine ganz ungewöhnliche Aufgabe zur Unterstützung der Parteifreunde in Madrid im Auge gehabt. Felipe Gonzalez fühlte sich persönlich durch die Altfalangisten und Franco-Anhänger bedroht und bat deshalb die Bundesregierung, ihm persönlichen Schutz angedeihen lassen. Dieser Wunsch Brandts wurde dem BND als Auftrag über Ehmke übermittelt. Tatsächlich wurden spanischsprachige BNDler ausfindig gemacht, die man als Schutztruppe für Gonzalez hätte einsetzen können. Aus Sorge, dass offenbar werden könnte, dass der Oppositionsführer von Leibwächtern eines fremden Geheimdienstes geschützt wird, wurde der Plan schließlich nicht realisiert.[1150]

So richtig in Fahrt kam die Operation POLYP erst, nachdem Schmidt im Frühsommer 1975 mit US-Präsident Ford und Außenminister Kissinger diskutiert hatte. Im September empfing SPD-Bundesgeschäftsführer Börner BND-Präsident Wessel. Zuvor hatte BND-Vize Blötz ihn bereits über gelegentliche Wünsche des Dienstes an die SPD-nahe Friedrich-Ebert-Stiftung informiert.[1151] In diesem Gespräch ging es konkret um eine gemeinsame Operation in Spanien, bei der die Opposition gegen das Franco-Regime unterstützt werden sollte. Die ideale personelle Besetzung für die quasi-geheimdienstlichen Aufgaben der Madrider Dependance der Friedrich-Ebert-Stiftung zeichnet sich im Frühjahr 1976 ab: Am 7. April trifft Blötz Börner im Erich-Ollenhauer-Haus, um den Einsatz von Dieter Kornetzki im FES-Ableger Madrid zu erörtern. Dabei teilt er ihm mit, dass Kornetzki in nachrichtendienstlicher Hinsicht zwar kein Anfänger, aber ein gebranntes Kind ist. Als Mitarbeiter der Kölner Außenstelle des BND war er Anfang der 60er Jahre in Berlin vom tschechischen Geheimdienst entführt und zu sechs Jahren Haft verurteilt worden.[1152] Der im Osten verbrannte Agentenführer erledigte seine Aufgabe in Spanien offenbar mit Bravour, denn schon bald wurde er in der SPD-Baracke halb scherzhaft als «König von Spanien» bezeichnet.

Nachdem im Jahre 2000 in zahlreichen Medien die Rechtsstaatlichkeit der Operation POLYP in Zweifel gezogen worden war, wehrte sich Ex-Geheimdienstkoordinator Schüler mit der Behauptung, vom Präsidenten des Bundesrechnungshofs über die Fraktionsvorsitzenden der im Bundestag vertretenen Parteien bis hin zum dreiköpfigen Vertrauensmännergremuim zur Kontrolle der Nachrichtendienste seien alle eingeweiht gewesen. Tatsächlich waren aber mehr als zwei Jahre vergangen, bis dieses Minimum an demokratischer Transparenz erreicht war. Am Mittwoch, den 2. März 1977, hatte Staatssekretär Schüler ein Gespräch mit dem Präsidenten des Bundesrechnungshofes über die Operation POLYP. Der riet ihm dringend, die drei Partei- und Fraktionsvorsitzenden zu informieren.

In Portugal war 1974, in Spanien 1977 die Finanzierung von Parteien aus dem Ausland gesetzlich verboten worden. Doch diese Dekrete scherten den BND wenig. Am 26. April 1977 lieferte Blötz bei Schüler routinemäßig Bares ab.[1153] Und als BND-Präsident Wessel und sein Vize am 29. Mai 1978 um 15.50 Uhr Staatssekretär Schüler in Bonn aufsuchten, übergaben sie ihm wiederum als erste Amtshandlung eine halbe Million Mark gegen Quittung. Schüler ließ die BND-Spitzen wissen, dass er im Herbst 1978 noch weitere vier plus eine halbe Million brauche, während Blötz ihn darauf hinwies, dass die Aktivitäten der Friedrich-Ebert-Stiftung in Madrid nicht unbemerkt geblieben waren.

Der Endverbleib des klandestinen Geldes und auch mögliche Rückflüsse nach Deutschland sollten die Öffentlichkeit und die Justiz noch lange danach beschäftigen. Im Mai 1990 behauptete Dieter Kornetzki gegenüber dem *Spiegel*, nicht Parteien, sondern Gewerkschaften finanziert zu haben, um nicht mit den spanischen Gesetzen in Konflikt zu geraten. Peter Hengstenberg, FES-Geldbote in Portugal, erinnerte es anders. Er ließ die Bonner Staatsanwaltschaft wissen, die Grenze zwischen parteibezogener und projektbezogener Arbeit sei oft recht fließend gewesen. «Letztlich diente alles demselben Zweck.»[1154]

Alfred Nau, 30 Jahre lang Schatzmeister der SPD, wollte 1980 Kanzler Schmidt mehr als sechs Millionen Mark übergeben, über deren Herkunft ihm selbst Brandt keine Angaben entlocken konnte. 1982 schob er noch einmal 1,373 Millionen Mark bar nach. Auf Schmidts Verlangen ging das Geld an Naus Nachfolger Fritz Halstenberg, der 1982 offiziell 7,65 Millionen Mark als Ergebnis einer Spendensammelaktion Naus vereinnahmte und im Rechenschaftsbericht auswies. Als im Jahr 2000 die Operation POLYP öffentlich bekannt wurde, kam der Verdacht auf, dass sich unter den Nau-Millionen auch Rückflüsse von Operativgeldern des BND befunden haben könnten, weil bei keiner Partei auf eine genaue Abrechnung der aus dem Kanzleramt erhaltenen Mittel Wert gelegt worden war.

Die Friedrich-Ebert-Stiftung hatte – nach 1984 aufgenommenen Ermittlungen der Bonner Staatsanwaltschaft – zwischen 1975 und 1981 etwa 22 Millionen DM auf ein Baseler Konto der 1970 mit Unterstützung deutscher Sozialdemokraten in Tel Aviv gegründeten Fritz-Naphtali-Stiftung überwiesen. Die Fahnder in Bonn gingen dem Verdacht nach, dass der Bankier Walter Hesselbach und der FES-Geschäftsführer Günter Grunwald diese israelische Einrichtung als Geldwaschanlage genutzt hätten, um Gelder an die SPD zurückfließen zu lassen. Da sowohl die israelischen Stiftungsmitglieder als auch die Staatsanwaltschaft Basel-Stadt aufgrund eines Strafgerichtsbeschlusses den deutschen Strafverfolgungsbehörden keine Unterstützung gewährten, verlief das Verfahren im Sand, die Verwendung von 15,3 Millionen Mark blieb ungeklärt.[1155] Um seinen Kopf aus der Schlinge zu ziehen, ließ Grunwald 1990 durch seinen Rechtsanwalt verlauten, ein Großteil des Geldes der Naphtali-Stiftung sei zwischen 1978 und 1981 an die sozialistischen Genossen nach Portugal und Spanien transferiert worden. Er brachte die Parteifreunde in den beiden Ländern damit erneut in Schwierigkeiten, da diese stets betont hatten, in diesen Jahren keine unerlaubten Zuwendungen aus dem Ausland mehr erhalten zu haben.[1156]

Die Gelder aus der Operation POLYP schienen den Sozialdemokraten offensichtlich nicht auszureichen, um den Schwesterparteien in Spanien und Portugal auf die Beine zu helfen. Bereits Mitte der 80er Jahre gab es Berichte, «dass der ehemalige persönlich haftende Gesellschafter des Flick-Konzerns, Günter Max Paefgen, der SPD-nahen Friedrich-Ebert-Stiftung eine Million Mark zur Stabilisierung der Demokratie auf der Iberischen Halbinsel gespendet habe. Der SPD-Abgesandte Hans-Jürgen Wischnewski habe das Geld überbracht. Die Affäre kam vor das spanische Parlament. Dem Ministerpräsidenten Felipe Gonzalez und seiner Partei, der PSOE, wurde bescheinigt, kein Geld von Wischnewski erhalten zu haben. Seit der Legalisierung der Parteien in Spanien 1977 habe es keine finanzielle Zusammenarbeit zwischen der SPD und der PSOE mehr gegeben, stellte ein Untersuchungsausschuss 1985 fest. Hingegen habe die Friedrich-Ebert-Stiftung bis 1984 insgesamt neun Millionen Mark in Spanien ausgegeben. Aus welchen Kanälen das Geld stammte, ist nie geklärt worden. Wischnewski jedenfalls hat damals in einer eidesstattlichen Erklärung beteuert, kein Geld nach Spanien gebracht zu haben. Seine Ehrenerklärung wurde von Gonzalez vor dem Parlament verlesen», berichtete die *Süddeutsche Zeitung* Anfang Februar 2000.[1157]

Der 1981 ermordete FDP-Schatzmeister Heinz Herbert Karry heimste den am Parteienproporz ausgerichteten Anteil der Liberalen ein, den Bundesgeschäftsführer Harald Hofmann und sein Nachfolger Günter Verheugen abholten. Auch die Unionsparteien mischten beim Einsatz von BND-Geldern zur Pflege der iberischen Parteienlandschaft mit und erhielten mit etwa 12 Millionen DM genauso viel BND-Geld wie die Sozialdemokraten. Schatzmeister Walther Leisler Kiep holte persönlich das Bargeld im Kanzleramt ab. Wohl deshalb wies Manfred Schüler den BND im April 1975 an, die Kontakte zu dem Abgeordneten fortzusetzen.[1158] Kiep übergab die Beträge seinem Bevollmächtigten Uwe Lüthje, der sie in Luxemburg und der Schweiz anlegte und von dort nach Spanien und Portugal schleuste. Die CDU setzte auf eine katalanische Partei, ein von wenig Erfolg gekröntes Engagement, weil diese bei den ersten freien Wahlen weniger als drei Prozent der Stimmen für sich verbuchen konnte.

Die CSU hatte ihren Anteil bis 1978 über die CDU erhalten. Nach Protesten des CSU-Vorsitzenden im Kanzleramt wurde von da an eine eigene Marge direkt an die Christsozialen ausgezahlt. Augenblicklich erhielt der Strauß-Vertraute Wilhelm Knittel von Lüthje 500 000 DM aus dem gemeinsamen Topf, und von da an empfing der CSU-Abgesandte Reinhold Kreile bei Schüler die Bargeldbündel. Politisch setzte Strauß damit auf den Ultrarechten Manuel Fraga Iribarne. Die CSU-nahe Hanns-Seidel-Stiftung hatte dazu 1977 in Madrid ein «Institut für Sozialstudien» aus der Taufe gehoben, zu dessen Gründungsmitgliedern Altfalangisten und ein Zensor der Franco-Diktatur zählten.[1159]

Für BND-Präsident Wessel erwies sich die Operation POLYP als kluger Schachzug, um den Sozialdemokraten zu beweisen, dass auch ihre außenpolitischen Ziele mit geheimdienstlichen Mitteln zum Erfolg geführt werden konnten. Die US-Regierung, die dem Versuch, operative Außenpolitik über parteinahe Stiftungen zu realisieren, zunächst sehr kritisch gegenübergestanden hatte, lernte aus der deutschen Erfolgsgeschichte in Portugal und Spanien. «Die Reagan-Administration entschloss sich 1983, den National Endowment for Democracy (Nationale Stiftung für die Demokratie) einzurichten, der sich etwa mit den Stiftungen der deutschen Parteien vergleichen lässt. Die Stiftung, die 1985 über ein Budget von 18 Millionen Dollar verfügte, leitet ihre Gelder an die beiden großen politischen Parteien sowie an die AFL-CIO (American Federation of Labor – Committee of Industrial Organization; eine Gewerkschaftsorganisation) und an eine private Unternehmensgruppe weiter, die damit demokratische Institutionen, primär in der Dritten Welt, subventionieren. Dieses Modell hat zwar nicht immer die gewünschten Erfolge gezeitigt, ist aber im Ansatz viel versprechend», lobte Gregory F. Treverton, Harvard-Professor und zeitweise Mitglied des Geheimdienstausschusses des US-Senats, 1987 das deutsche Modell.[1160]

In demselben Jahr 1983, in dem die Reagan-Administration sich das Bonner Stiftungswesen zum Vorbild genommen hatte, schaffte Bundeskanzler Helmut Kohl es ab und ersetzte es durch den bis heute bestehenden Reptilienfonds im Auswärtigen Amt «Geheime Ausgaben für besondere Zwecke», aus dem unter anderem die polnische oppositionelle Gewerkschaft Solidarność finanziert wurde.[1161]

Bündnis ohne Bauchschmerzen

Der florierende Austausch mit dem Mossad

Nach einer Unterausschusssitzung des Bundestages in Pullach soll es sich zugetragen haben, dass Gehlen persönlich den Abgeordneten eine Nahost-Lageeinschätzung gab. So glaubte sich später der CDU-Abgeordnete Baier zu erinnern. Gehlen habe erklärt, der Krieg stehe unmittelbar bevor. Wieder zu Hause, habe Baier das Radio laufen lassen und morgens um 7 Uhr vernommen, das Ereignis sei eingetreten. Der Dienst sei also doch von Nutzen.[1162] Gehlen war es wieder einmal gelungen, seine Zuhörer zu beeindrucken. Aber die Informationen über den 1967 unmittelbar bevorstehenden 6-Tage-Krieg stammten nicht vom BND selbst. Er hatte sie von seinem Partnerdienst in Israel, dem Mossad, bekommen.

Als die beiden Staatschefs Konrad Adenauer und David Ben Gurion am 14. März 1960 im Waldorf Astoria Hotel in New York eine geheime Vereinbarung über jährlich 50 Millionen US-Dollar deutschen Kredits für Israel unterzeichnet hatten und als parallel die beiden Verteidigungsminister Strauß und Shimon Peres ein Memorandum zur militärischen Kooperation vereinbarten, war auch der Weg zu einer intensiven geheimdienstlichen Kooperation frei.[1163] Gehlen konnte seine ab 1956 vorsichtig geknüpften Kontakte zum Mossad – BND-Deckname «Blaumeise» – auf eine solide Basis stellen. Doch so weit, dass die Dienste Residenten austauschten, ging das Verhältnis nicht. Der Vertreter des Mossad in Paris hielt die Kontakte nach Pullach. Er war in der Hierarchie so hoch angesiedelt, dass er gemeinhin als zweiter Mann im «Auge Davids» (Erich Follath) galt.

Als die Neulinge Blötz und Meier 1970 ihren Dienst antraten, stattete ihnen der damalige Europaresident des Mossad, Kennan, schon bald einen Antrittsbesuch ab.[1164] Da Kennan jahrelang mit der Gehlen-Garde gearbeitet hatte, war sein Verhältnis zu den neuen Spitzen nicht besonders herzlich. Als der legendäre WINTERSTEIN alias Kurt Weiß als Abteilungsleiter I geschasst worden war, hatte der Mossad-Resident seinem Partner als Abschiedsgeschenk ein Lederkästchen mit drei Silberlingen verehrt, um deutlich zu machen, dass er mit seiner Verbannung aus dem operativen Bereich nicht einverstanden war.[1165]

Am 9. Juli 1973 unterrichtete BND-Vize Blötz seinen Präsidenten, dass ein «Mr. Cinchy, neuer ‹Blaumeise›-Resident in ‹Narzisse›-Land … um dringenden Termin wegen CALIGULA» gebeten habe und zwei Tage später zu ihm käme.[1166] Da konnte er mit dem Namen des neuen Mossad-Verteters in Paris, David Kimche, offensichtlich noch gar nichts anfangen, ihn nur phonetisch wiedergeben. Kimche stammte aus Großbritannien, wurde ab 1953 vom Mossad ausgebildet und war bereits 1956 mit deutschen Angelegenheiten befasst.[1167] Als er knapp drei Jahre nach seinem Amtsantritt in Paris im Mai 1976 von Staatssekretär Schüler verabschiedet wurde, hatte es zahlreiche Begegnungen und eine intensive Zusammenarbeit gegeben. Kimche war über den BND manchmal besser unterrichtet als dieser selbst: Bei seiner Verabschiedung erkundigte sich Kimche, warum der BND sich aus Addis Abeba zurückziehen wolle. Vize Blötz war von solchen Absichten nichts bekannt, aber vorsichtshalber sandte er einen Vermerk an den Leiter der Abteilung I.[1168] Kimche kehrte in die Zentrale des Mossad zurück und machte weiter Karriere, bis er 1980 – inzwischen stellvertretender Leiter des israelischen Auslandsnachrichtendienstes – nach einer erbitterten Auseinandersetzung mit Mossad-Chef Yitzak Hofi nach 27 Dienstjahren ausschied. Er wurde zum Generaldirektor des israelischen Außenministeriums ernannt.[1169]

BND-Präsident Wessel lag die Achse BND-Mossad nicht besonders am Herzen. Zu einem Spitzengespräch mit Zvi Zamir, Chef des Mossad von 1968 bis 1974, oder seinem Nachfolger Yitzak Hofi, der von 1974 bis 1982 amtierte, ist es nie gekommen. Als arabische Terroristen 1972 während der Olympiade in München das Massaker an israelischen Sportlern verübten, soll Wessel die Israelis sogar regelrecht vor den Kopf gestoßen haben: Für den angereisten Mossad-Mann hatte er kaum eine halbe Stunde Zeit übrig.

Das wichtigste Instrument der Kommunikation des BND mit dem Partner in Tel Aviv stellten – neben den Treffen in Europa – die Reisen leitender BND-Mitarbeiter nach Israel dar. Der Austausch von «finished intelligence» – also aus der Funkaufklärung, dem Einsatz von Agenten und der Auswertung offener Quellen zusammengefasster Informationen – gehört zwischen befreundeten Diensten zur Routine. In der Regel basiert er auf mündlich geführten Verhandlungen und erfolgt häufig durch persönliche Übergabe.

Die Beziehungen zwischen BNDlern und ihren Kollegen vom Mossad mussten zwangsläufig sensibel sein. Als die israelische Ministerpräsidentin Golda Meir zu einem Staatsbesuch in Bonn weilte, sprach sie Willy Brandt in vertraulicher Runde auf die geheimdienstliche Kooperation an. Bei aller Nützlichkeit für beide Seiten, teilte sie dem Kanzler mit, hätten die Mossad-Leute doch Bauchschmerzen bei den Begegnungen mit den Pullachern. Im Isartal säßen noch allzu viele Männer auf wichtigen Posten, die unter Hitler eine gewisse Mitverantwortung für den Holocaust hatten.[1170] Isser Harel, Mossad-Chef von 1952 bis 1963 und erster Partner Gehlens, sah das pragmatischer: Wenn es um Vorteile für Israel gehe, dann müsse man sich notfalls der Staatsräson wegen auch mit dem Teufel verbünden, hatte er gemeint.

Kaum war Schmidt ein halbes Jahr Kanzler, Genscher seit Mai 1974 Außenminister, da strebte der BND danach, in die deutsche Botschaft in Israel einen seiner Mitarbeiter zu integrieren. Blötz vermerkt am 12. Dezember: «Israel; Integrationswusch ist im normalen Geschäftsgang.»[1171] Die Schaffung eines legalen BND-Außenpostens in Tel Aviv – Deckbezeichnung FA 50 – war der wohl nur unter SPD-Ägide erreichbare vorläufige Höhepunkt der geheimen Beziehungen zwischen beiden Staaten. Besonderes Vertrauen erfordert die Zusammenarbeit befreundeter Dienste auf dem Sektor Gegenspionage, also der Arbeit gegen feindliche Dienste. Was die Hauptgegner des BND in Osteuropa betraf, hatte der Mossad erstaunlich viel zu bieten. Mitte Oktober 1970 notierte Vizepräsident Blötz, dass Mitarbeiter der Unterabteilung IV D (Sicherheit) nach Israel reisen werden, um dort ehemalige Offiziere des polnischen Nachrichtendienstes UB zu befragen.[1172] Ein halbes Jahr später forderte der Mossad seinerseits den Leiter dieser Unterabteilung an.[1173] Die Kooperation brachte Erfolg: Nachdem die frühere Sekretärin des stellvertretenden SPD-Vorsitzenden Wilhelm Mellies, Ursula Bulla, gestanden hatte, als Agentin des KGB gearbeitet zu haben – ihr Ehemann war ihr Führungsoffizier –, notierte Blötz am 25. Juni 1973: «Vorgang wurde lösbar nach Entsendung IV D zu ‹Blaumeise› und dortiger Teilnahme an Gesprächen, die ‹Blaumeise›-Angehörige mit jüdischen ND-Offizieren, die aus Polen und der ČSSR stammten, führten. Ein Hinweis führte auf den, wie sich nachträglich herausstellte, Führungsoffizier der B.»

Doch trotz des Geständnisses wurde der Ehemann nicht verhaftet. Stattdessen startete der BND eine Operation gegen den Agentenführer, der offensichtlich nicht nur seine Frau betreut hatte. Wer von den Überläufern den Hinweis auf die Mellies-Sekretärin gegeben hatte, enthüllt ein Vermerk von Blötz vom 26. August 1975, der auch noch eine weitere Sensation enthielt: «Goleniewski, polnischer Überläufer. Zwei Fälle, die G. genannt hat, konnten in der Zwischenzeit bestätigt oder geklärt werden (Felfe, bereits 1961, Bulla erst vor kurzem).» So wird endgültig der gesamte Hintergrund der Aufsehen erregenden Enttarnung Felfes klar, um die Jahrzehnte so viele Legenden gestrickt wurden. Der Mossad hatte es in Wahrheit von Goleniewski erfahren und über die CIA an den BND weitergereicht.

Dass der Mossad in osteuropäischen Staaten, voran Polen, so erfolgreich jüdische Geheimdienstoffiziere für sich gewinnen konnte, resultierte aus dem Antisemitismus, der dort in Militär- und Geheimdienstkreisen virulent war. Allein 1968 verloren in Polen 1400 Offiziere jüdischer Herkunft ihren Dienstgrad.[1174] Den öffentlichen Erfolg überließ der Mossad in der Regel der CIA. Einerseits wurden die Abwehrdienste in Osteuropa so gar nicht erst auf die Glaubensschiene als Basis der Rekrutierung aufmerksam, andererseits war Israel zu klein, um den abgesprungenen Geheimdienstlern auf Dauer sicheren Aufenthalt unter neuer Identität zu garantieren.

Technische Zusammenarbeit

Auch der Mossad hatte Schwächen. Das zeigte sich ausgerechnet im Herbst 1973, als die Stimmung im Nahen Osten gegen Israel immer feindseliger wurde. Doch der Mossad vertraute darauf, dass die politischen Ankündigungen in Ägypten und Syrien, den Staat Israel zu vernichten, bloßes Kriegsgeheul waren. Es kam anders: «Am Samstag, dem 6. Oktober 1973, griffen um 13.55 Uhr die syrischen und ägyptischen Streitkräfte gleichzeitig die israelischen Frontstellungen auf dem Golan und auf der Ostseite des Suezkanals an … Die Israelis wurden fast überall innerhalb von Minuten oder Stunden überrannt und überwältigt. Es handelte sich um eine der folgenschwersten strategischen und unangenehmsten taktischen Überraschungen seit Hitlers Einmarsch in Russland im Jahre 1941», gewichteten Ian Black und Benny Morris 1991 den Zweifrontenangriff auf Israel, der als Yom-Kippur-Krieg in die Geschichte einging.[1175] Die Autoren wiesen darauf hin, dass der Mossad 36 Stunden vor dem Angriff eine warnende Agentenmeldung erhalten hatte, sie aber nicht rechtzeitig verifizieren konnte. Der funkelektronischen Aufklärung war der Aufmarsch völlig entgangen.

Der Kriegszustand wurde am 18. Januar 1974 durch ein israelisch-ägyptisches Teilabkommen im Rahmen der Genfer Friedenskonferenz beendet. Danach konnte Henry Kissinger in einem Marathon der Pendeldiplomatie bis September 1975 ein Friedensabkommen aushandeln. Eine Friedenstruppe der Vereinten Nationen wurde in der Operation DOVE von Zypern auf den Sinai verlegt und errichtete dort eine Pufferzone, die durch zwei US-Aufklärungsstationen überwacht wurde.[1176]

Beim Mossad und dem Militärnachrichtendienst AMAN hatte die fehlende Warnung vor dem Krieg ein Pearl-Harbor-Syndrom ausgelöst. Als Kimche den BND-Vizepräsidenten am 28. März 1974 in Kopenhagen traf, bat er um Hilfe bei der Beschaffung eines Frühwarnsystems. Blötz versprach, den Wunsch dem Stellvertreter des Generalinspekteurs der Bundeswehr zu übermitteln. Die Bundeswehrführung war einverstanden, und so lieferte der BND im Geheimen die Aufklärungssysteme mit den Decknamen SUSANNE und LERCHE an Israel.

Mit der Erweiterung der Pufferzone und dem Friedensabkommen war der Grund für die deutsche Nothilfe eigentlich entfallen, aber der Mossad wollte weiter auf Nummer sicher gehen. Deshalb erkundigte Kimche sich bei einem Treffen mit Blötz und dem Leiter des BND-Referats I A (Nachrichtendienstliche Führung), unter welchen Voraussetzungen die Frühwarngeräte in der Station Umm Chachiva bleiben könnten.[1177] Am 17. Oktober 1975 teilte Blötz mit, der BND bestehe unter zwei Bedingungen nicht darauf, die Geräte zurückzuziehen: Erstens müsse «einwandfrei sichergestellt sein, dass weder amerikanischem noch UNO-Personal Einblick in die in Betracht kommenden Anlagen bzw. Räume gewährt wird», und zweitens dürften die Geräte weiterhin nur von israelischem Personal bedient werden. Abschließend betonte Blötz noch einmal die Sensibilität der Leihgabe: «Ich darf noch einmal darauf hinweisen, dass das Bekanntwerden der hier gewährten Hilfestellung erhebliche Komplikationen hervorrufen kann und dass der BND in diesem Fall gezwungen wäre, jegliche Beteiligung in diesem Fall zu verneinen. Dies könnte naturgemäß die weitere Zusammenarbeit zwischen unseren Diensten erschweren.»[1178]

Bei einer Besprechung des BND-Vizepräsidenten und des Abteilungsleiters IV mit einer Delegation des Mossad am 13. November 1975 in Paris, an der von israelischer Seite David Kimche, Uri Yagil und Bar Levav teilnahmen, bedankte sich Kimche für das Entgegenkommen. Ausdrücklich versicherte er erneut, dass Ausländer die Maschinen nicht zu Gesicht bekommen würden.[1179] Diese Unterstützung des Mossad durch den BND markierte einen wichtigen Einschnitt in den bilateralen Beziehungen. Während sich die USA zur Absicherung des Friedensprozesses auch nachrichtendienstlich neutral verhalten mussten, zeigte sich der BND als verlässlicher Partner Tel Avivs, überwand seine Risikoscheu und half an CIA und UNO vorbei. In Pullach trug dieses Verhalten fortan Früchte.

Die wohl engste Kooperation zwischen dem BND und dem Mossad fand im Bereich nachrichtendienstlicher Technik statt. Bei ihrem Treffen in Kopenhagen Ende März 1974 erkundigte sich Kimche bei Blötz, wie es um die versprochene Lieferung von 100 FE-10 (Funkempfänger 10) stehe, und der BND-Vize bekräftigte die Zusage aus Pullach. Wenige Tage später erfuhr der Leiter der Abteilung II, Hubertus Großler, der sich gerade in Tel Aviv aufhielt, von Blötz, dass die Lieferung demnächst kommen könne. Es werde lediglich noch geprüft, wie eine Verfremdung der Herkunft bewerkstelligt werden solle, wie der sicherste Transportweg aussehe und wie ein optimaler Schutz vor «feindlichem Zugriff» sichergestellt werden könne.[1180]

Die Lieferung von Funkgeräten blieb nicht die einzige Kooperation auf dem Feld der Kleintechnik: Der Mossad revanchierte sich mit einem Joint Venture bei Lauschangriffen. Resident Kimche hatte Blötz den Vorschlag des Mossad unterbreitet, mit Hilfe der von den Israelis neu entwickelten Laser-Abhörtechnik einen ersten praktischen Einsatz in der Bundesrepublik durchzuführen. Ziel der Operation sollte der ägyptische Militärattaché in Bonn sein, und ein entsprechendes Appartement war bereits im gegenüberliegenden Haus angemietet worden. Kimche bot nicht nur eine gemeinsame Operation an, sondern zugleich die Offenlegung und Diskussion der entsprechenden Technik.[1181] Blötz versprach eine ausführliche Erörterung für Mitte Oktober 1975 und schlug ein Vorgehen in zwei Phasen vor: Zunächst sollten sich Fachleute beider Seiten am 16. Oktober treffen, zwei bis drei Monate später sollte das Modell zum Test bereitstehen. Dann sei die operative Nutzung möglich.[1182]

Nach einer Besprechung mit einer Mossad-Delegation am 13. November 1975 in Paris hielt das BND-Protokoll zum Stichwort Laser schließlich fest: «Die Apparatur wird Mitte Januar 1976 für Labortest zur Verfügung stehen. In der Zwischenzeit suche Mitarbeiter GRAD ein Objekt, das unter der gleichen Bedingung getestet werden könne wie das Zielobjekt. Vereinbarung mit Partner: Labortest gemeinsam. Durchführung der Operation nur durch Partner, der uns aber an den Ergebnissen völlig beteiligen will.»[1183]

Der BND hat nachweislich von der Lasertechnik der Israelis profitiert. Am 11. April 1978 besprachen Blötz und Schüler den Einsatz eines Laserlauschgeräts als Amtshilfe des BND für das Bundesinnenministerium. Schüler stimmte zu, weil es um einen geplanten Einsatz im Bereich Terrorismus ging.[1184]

Bei der Konferenz in der französischen Hauptstadt wurde die Intensität der Kooperation zwischen dem israelischen und dem westdeutschen Geheimdienst deutlich. Weit über den Nachrichtenaustausch hinaus hatte Richard Meier eine operationelle Zusammenarbeit vereinbart, und im November 1975 waren «fünf bis sechs Fälle zur gemeinsamen Arbeit vorbereitet bzw. angelaufen».[1185]

Beim Abhören selbst verschlüsselter Kommunikation in und zwischen arabischen Staaten hatten die israelischen Dienste sicherlich mehr Erfahrung und Kompetenz, der BND jedoch insgesamt größere Kapazitäten. Die Zusammenarbeit beim Auffangen und Entschlüsseln dieser Telekommunikation war daher für beide Seiten Erfolg versprechend. Blötz und Kimche kamen im September 1975 überein, dass der Leiter der BND-Zentralstelle für das Chiffrierwesen (ZfCH) im November nach Israel reisen sollte, um entsprechende Fragen zu diskutieren.[1186] Zwischen den Kryptographieexperten von Mossad und BND entwickelte sich eine kontinuierliche Zusammenarbeit. Der BND hatte Mitte der 70er Jahre nicht nur technische Probleme bei arabischsprachiger Kommunikation, sondern auch zu wenig Mitarbeiter, die des Arabischen mächtig waren. Auch auf diesem Gebiet sollte der israelische Dienst helfen. Der Mossad war grundsätzlich bereit, Mitarbeiter des BND in der arabischen Sprache auszubilden. Anfang 1976 wurde damit begonnen.[1187]

Zur ganzen Bandbreite der deutsch-israelischen Zusammenarbeit gehörte auch die für den BND besonders wichtige Warnung vor terroristischen und nachrichtendienstlichen Angriffen aus dem Nahen Osten. Eine gemeinsame Gefahr bestand für beide Staaten in den 70er Jahren durch Angriffe auf den Luftverkehr, und auch hier half der Mossad mit seinen Erkenntnissen aus. Am 22. April 1977 unterrichtete Blötz Ministerialrat Koch aus dem Kanzleramt, der ihn im Auftrag Schlichters nach Attentatsversuchen auf El-Al-Maschinen befragte, und händigte ihm Unterlagen für den Kanzleramtschef aus.[1188] Bei einer Besprechung in Paris warnte Kimche den BND überdies vor Industriespionage bei dem Münchner Rüstungshersteller Krauss-Maffei: «Blaumeise glaubt, dass geheimdienstliche Photos für SYRIEN aufgenommen wurden. Dabei soll der Ingenieur BENGEL, der sich 20 Tage lang auf Kosten der Syrer dort aufgehalten haben soll, eine große Rolle spielen. B. kommt möglicherweise aus der DDR.»[1189] Zu den kleineren Gefälligkeiten, mit denen sich der BND in Tel Aviv revanchierte, gehörte im Juni 1978 die Überlassung von Fernsehaufnahmen von Assad, mit denen der israelische Dienst Vermutungen über eine Leukämie bei Syriens Staatschef nachprüfen wollte.[1190] Da hieß der Mossad in Pullachs Fleurop-Kalender – vom Frühsommer 1978 an – nicht mehr «Blaumeise», sondern «Ibis».

Die geographische Bandbreite der Kooperation sollte 1975 nach dem Willen Kimches über den Warschauer Vertrag und den Nahen Osten hinaus auf Afrika ausgedehnt werden. Kimche erzählte Blötz, dass er unter einem Decknamen an der Konferenz der blockfreien Staaten in Lima teilgenommen und zahlreiche Gespräche mit arabischen Politikern geführt habe. Besonders erwähnte er einen langen Abend mit Khadomi aus der Leitung der PLO. Sein Eindruck wäre ein mit Konferenzverlauf zunehmender Ärger der afrikanischen Länder über die reichen Araber gewesen.[1191] Die wachsende Kluft zwischen arabischen und afrikanischen Staaten wollte sich der Mossad zunutze machen, um Israels Position auf dem Schwarzen Kontinent zu stärken. Zwischen 1967 und 1973 hatten 30 schwarzafrikanische Länder die diplomatischen Beziehungen zu Israel abgebrochen. Benjamin Beit-Hallahmi, Professor an der Universität Haifa, hat 1988 die «schmutzigen Allianzen» untersucht, die seine Regierung mit fragwürdigen Diktaturen in Afrika schmiedete. «Wo immer Israel seit 1973 diplomatische Erfolge ernten konnte, betraf es Länder bzw. Regime, die entweder rechtsorientiert oder isoliert waren oder beides. Hierzu zählen Zaire, die Elfenbeinküste und Liberia. In mehr als einem afrikanischen Land begegnen wir dem Phänomen, dass es einem einzelnen israelischen Agenten oder Interessenvertreter gelingt, sich das persönliche Vertrauen des Regierungschefs zu erwerben und sich zu seinem engsten Berater, seiner rechten Hand oder seinem Busenfreund aufzuschwingen. Nach diesem Rezept verfuhren die Israelis im Senegal, in Zaire, in Liberia, in der Elfenbeinküste und anderswo. Der Mossad-Agent, der in dieser Rolle auftritt, ist in aller Regel ein persönlich einnehmender, intelligenter und meist auch höchst gebildeter Mensch [...] An erster Stelle ist hier wohl David Kimche zu nennen.»[1192]

Da die Bundesrepublik – mehr als die alten Kolonialmächte England, Frankreich oder Portugal – dabei ein hilfreicher Partner sein konnte, versuchte der strategisch denkende Kimche, den BND mit ins Boot zu holen. Nach einer erneuten Sitzung in Paris notiert Blötz: «Blaumeise hat inoffizielle Beziehungen zu mehreren afrikanischen Ländern, die von arabischen Ländern enttäuscht wurden, wieder aufgenommen. Blaumeise schlägt vor, Erkenntnisse zur Verfügung zu stellen.» Doch der BND-Vize zeigte sich gegenüber dem Angebot diesmal nicht aufgeschlossen. Obwohl der BND gerade in den 70er Jahren auf dem Schwarzen Kontinent aktiver wurde, griff Blötz zu einer Notlüge, damit die Pullacher Afrikapolitik nicht in den Verdacht eines deutsch-israelischen Tandems geraten konnte: «Wir betonen, dass wir insgesamt gesehen keine großen Prioritäten in diesem Gebiet haben, sodass ein Austausch nicht viel bringen würde. Blaumeise wird dennoch informieren.»[1193]

Russische Panzer aus Israel

Nachrichtendienstliche Konkurrenz drohte dem BND im September 1975 zu erwachsen, als eine Gruppe israelischer Militärs bei ihrem Besuch auf der Hardthöhe die Entsendung eines deutschen Militärattachés nach Tel Aviv forcieren wollte. Der Führungsstab der Streitkräfte bat den Mossad daraufhin, dass bestimmte Aspekte der deutsch-israelischen Zusammenarbeit nunmehr direkt zwischen den beiden Verteidigungsministerien verhandelt werden sollten. Doch der Mossad-Resident sei eindeutig auf der Seite des BND, stellte der Vizepräsident beruhigt fest: «Kimche erklärte, dass ‹Blaumeise› den BND als alleinigen Partner ansehe, das deutsche Verteidigungsministerium aber nicht vor den Kopf stoßen wolle. Der Partnerdienst glaubt, dass eine klare Trennung der Zuständigkeiten nützlich wäre: Aufgabe des Militärattachés sollten alle Fragen der israelischen Verteidigung sein. Alle Erfahrungen über sowjetische oder arabische Aktivitäten sollten wie bisher zwischen den Diensten ausgetauscht werden. Ich habe zugesagt, am 30. 9. oder 7. 10. 75 in Bonn mit General v. zur Gathen in diesem Sinn zu sprechen, wenn der Präsident des BND einverstanden ist.»[1194]

Doch General Heinz von zur Gathen ließ Blötz bis Anfang November warten. Dafür war dem BND-Vize dann ein schöner Erfolg beschieden: «Wir erzielen Übereinstimmung, dass bei dem vermutlich Anfang Dezember 1975 geplanten Austausch von Militärattachés diese den Kontakt zu den jeweiligen Verteidigungsministerien halten sollen, während die Nachrichtendienste alle anderen Angelegenheiten (auch die des israelischen Militärnachrichtendienstes) austauschen sollen», hält er am 7. November dazu fest.

Zu den «anderen Angelegenheiten» zählten, wie Kimche – der seinerseits aufkommende Konkurrenz durch Israels Militärnachrichtendienst AMAN fürchtete – mit Befriedigung von Blötz hörte, auch zwei Operationen, die eigentlich im ureigensten Bereich der Hardthöhe gründeten: die Operationen LONDON und ECM.[1195] Beide Zugeständnisse der Hardthöhe sollten 25 Jahre später zu großen Skandalen ausarten. Das zweite kam die Bundeswehr überdies teuer zu stehen.

Hinter dem Stichwort ECM (Electronic Counter Measures) verbarg sich die 1972 angelaufene Beschaffung des Störsenders «CERBERUS» für das Kampfflugzeug MRCA Tornado. Sie lief deshalb als geheimdienstliche Beschaffungsaktion, weil damit eine Technik, die die USA an Israel geliefert hatten, dort kopiert und gewinnträchtig exportiert wurde. «Die Israelis wollten nicht als Elektronikdiebe und die Deutschen nicht als Elektronikhehler von ihrer gemeinsamen Schutzmacht ertappt werden», kommentierten die Autoren eines *Zeit*-Dossiers im Juli 1990.[1196] Zur gleichen Zeit ermittelte die Staatsanwaltschaft Bonn aufgrund einer Anzeige des Verteidigungsministeriums gegen einen der am CERBERUS-Projekt beteiligten BND-Beamten wegen des Verdachts der Untreue und der Vorteilsannahme bei der finanziellen Abwicklung. Der BND ließ dazu verlauten, die unterstellten kriminellen Machenschaften seien «eine durch nichts zu beweisende Behauptung».[1197]

Das Projekt, das beim BND unter Operation CALIGULA lief, erwies sich als langwieriges Unterfangen. Zu einem Memorandum of Understanding kam es erst nach sechs Jahren 1978, bis 1989 erfolgten 28 Zusätze. Die interne Revision des Verteidigungsministeriums, die «Ablauf und Stand des Vorhabens Stör- und Täuschsender CERBERUS/TSPJ» 1990 untersuchte, hielt dazu fest: «Das Vorhaben CERBERUS war von Anfang an besonders sensibel und schutzbedürftig. Die wesentlichen Gründe lagen in der Kooperation mit dem Partnerland vor dem politischen Hintergrund Anfang der 70er Jahre und der allgemeinen Sensitivität elektronischer Waffentechnik.» Die Revisoren der Hardthöhe achteten darauf, dass der Mossad oder Israel nicht in ihrem Bericht vorkamen, sondern nur der «Partner A 20».[1198] Im Kern stellten sie «gravierende Mängel in der Rechnungslegung mit dem Partner A 20» fest. Von 1972 bis Ende 1988 wurden zulasten des Verteidigungshaushalts über 415 Millionen

DM auf ein Postgirokonto des BND in München überwiesen. Von dort wurden im gleichen Zeitraum etwa 414 Millionen DM an den Partner weitergeleitet. Mehr als 222 000 DM verblieben 1973 beim BND, der sie bei sich als «Einnahme des Bundes» verbuchte. Über 133 000 DM machte Pullach für Material-/Transportkosten und sonstiges geltend.

Bis 1981 wurden die Gelder weitgehend in bar ausgezahlt sowie teilweise auf deutsche oder Auslandskonten des Mossad überwiesen. Ab 1982 zahlte der BND DM-Beträge auf ein Konto des Partnerlandes. Die über 1000 Einzelrechnungen des Mossad waren in US-Dollar ausgestellt, wurden jedoch zum Tageskurs in DM beglichen. Wegen des von 1984 bis 1988 fallenden Wechselkurses erzielte der israelische Nachrichtendienst, den die Überweisungen zum Teil erst nach zweieinhalb Monaten erreichten, dabei erhebliche Gewinne.

Militärtechnisch erwies sich der Kassenfüller von BND und Mossad 1989 als Desaster, weil der Störsender und das für den Tiefstflug unverzichtbare Geländefolgeradar sich im MRCA Tornado gegenseitig störten. Als sich die Abgeordneten des Verteidigungsausschusses am 9. August 1990 im Sitzungssaal 2701 des Bundeshauses einfanden, war die Empörung über das Versagen des Systems ebenso groß wie über die Tatsache, dass für das Projekt insgesamt 1,2 Milliarden DM im Ausland und für deutsche Rüstungsschmieden angeblich ohne Wissen der politischen Leitung der Hardthöhe, jedenfalls ohne parlamentarische Beratung und Billigung ausgegeben worden waren. Bei ihrer harschen Kritik nahmen die Abgeordneten Israel aus, nicht einmal namentlich kam der Partnerstaat vor, sondern nur als «das Land».[1199]

Solche Anonymität ließ sich ein Jahr später nicht mehr wahren, als das zweite Feld, das der BND sich als alleinige Domäne hatte zusichern lassen, ins Blickfeld der Öffentlichkeit geriet. Doch zunächst zur Vorgeschichte der Operation LONDON: Am 8. Januar 1971 unterrichtete Blötz seinen Präsidenten Wessel über gleich fünf Dienstreiseanträge aus der Unterabteilung III C (Militärische Auswertung) nach Tel Aviv. Der Präsident war einverstanden.[1200] Im Mai 1972 lagen dem Vize wiederum Auslandsdienstreiseanträge aus der Abteilung III nach Israel vor.[1201] Was die Militärauswerter des BND regelmäßig nach Israel trieb, war der Wunsch, die zahlreichen israelischen Beutewaffen sowjetischer Bauart untersuchen zu dürfen, da Nato-Truppen im Ernstfall mit denselben Waffensystemen konfrontiert wären. Im Gegenzug lieferte der BND kleinere, geheimdienstlich erworbene Beutestücke und natürlich die mit deutscher Gründlichkeit in den Erprobungsstellen der Bundeswehr gewonnenen Erkenntnisse über die russische Wehrtechnik sowie Waffen und Munition.

Der praktizierte wehrtechnische Austausch mit Israel lief unter dem Decknamen LONDON und verstieß gegen das Kriegswaffenkontrollgesetz. Sowohl die politische Führung in Bonn als auch die Leitung in Pullach waren sich dessen bewusst. «Vorgänge werden durch MinDirig Schlichter im Bundeskanzleramt, Abteilungsleiter III bei III E und Abteilungsleiter IV für BND gelöscht. Aufbewahrung bei Abteilungsleiter IV nur pers., sodass Bundeskanzleramt, sollte es zu einem Zwischenfall kommen, jederzeit erklären kann, von Vorgehen BND bei der Beschaffung ausländischer Waffen zu Untersuchungszwecken nichts gewusst zu haben», hielt Blötz in einem Vermerk vom 13. Juli 1973 über eine Besprechung mit Staatssekretär Grabert für BND-Präsident Wessel fest. Für den Fall, dass der klandestine Waffenimport dennoch an die Öffentlichkeit käme, hatten Grabert und Blötz überdies eine Notfallplanung: Staatssekretär «Grabert würde dann [...] erklären, dass Aufgabe zu den BND-typischen gehört, aber rechtliche Regelung für den Tatbestand noch fehlt.» Der BND-Vize und der Staatssekretär waren sich über die Notwendigkeit dieser Ableugnungsstrategie einig, da das Kanzleramt sonst zugeben müsste, über ein illegales Verhalten des BND informiert gewesen zu sein und es dennoch sanktioniert zu haben.

Drei Jahre später bestand für das Kanzleramt die reale Gefahr, zu der vorbereiteten Notlüge greifen zu müssen, da der *Spiegel* in Wort und Bild über die Untersuchung israelischer Beutewaffen sowjetischer Bauart aus dem Yom-Kippur-Krieg in der Bundesrepublik berichtet hatte. Nachdem Bundesanwalt Kaul und die Abteilung Verwaltung und Recht des Verteidigungsministeriums (VR) beim BND wegen der Strafverfolgung des *Spiegel*-Informanten, eines Bundeswehrangehörigen, nachgefragt hatten, setzte der BND seinen Marineoffizier Gerhard Güllich (STAMMBERGER) auf den Fall an. Am 27. April 1976 legte dieser einen Sachstandsbericht zum geplanten Prozess gegen den Oberfeldwebel aus

Lüneburg vor. Unterlagen über das Strafverfahren gegen den Unteroffizier hatten dem BND zwar nicht vorgelegen, aber – so betonte Güllich in der Vorbemerkung – aufgrund guter persönlicher Beziehungen zu einem damit befassten Offizier des Verteidigungsministeriums habe er die Anklageschrift des Oberstaatsanwalts in Lüneburg kurz einsehen können.

Aus dem Gedächtnis referierte der BNDler nun, der MAD sei dem überschuldeten Oberfeldwebel auf die Schliche gekommen, habe als weiteren Beteiligten einen Geldverleiher in Munster ausgemacht und im Hintergrund den *Spiegel*-Redakteur Reinhardt, der 6000 DM für die Geschichte hingeblättert habe. «Dem ‹Spiegel› dürften Herkunft und Weg des Materials in groben Zügen bekannt sein, nicht aber die Beteiligung des BND», analysierte Stammberger. Die Oberstaatsanwaltschaft in Lüneburg habe dann pflichtgemäß die Abteilung Verwaltung und Recht des Verteidigungsministeriums angeschrieben und um die Ermächtigung zur Strafverfolgung eines Bundeswehrangehörigen gebeten.

Aufgrund der maßgeblichen Beteiligung des BND an der Beschaffung der Beutewaffen wollte die Hardthöhe einer Strafverfolgung jedoch erst nach einer Freigabe durch die Leitung des BND zustimmen. Mitgeliefert wurden dem BND gleich drei grundsätzliche Argumente gegen einen Strafprozess: Ein solches Verfahren könne die politischen Beziehungen Bonns zu Israel und den arabischen Staaten trüben, zweitens ständen nachrichtendienstliche Auswirkungen wie eine Beeinträchtigung der Kontakte zwischen dem BND und seinen israelischen und arabischen Partnern sowie eventuell Gefahren für Waffengeschäfte des BND zu befürchten, und drittens seien auch militärische Interessen der Bundesrepublik durch eine Preisgabe der Erkenntnisse aus dem Kräftevergleich sowjetischer und deutscher Schützenpanzer tangiert.

In seiner Stellungnahme empfahl Güllich: «BMVg neigt zu Verweigerung der Ermächtigung zur Strafverfolgung, da befürchtet wird, dass selbst im Falle des Ausschlusses der Öffentlichkeit wegen der Person des beschuldigten *Spiegel*-Redakteurs die Gefahr der publizistischen Verbreitung geheimhaltungsbedürftiger Vorgänge besteht. Auch aus meiner Sicht wäre nicht auszuschließen, dass im Rahmen eines Strafprozesses Art und Umfang der Beteiligung des BND an der Beschaffung der Beutewaffen erörtert werden könnte. Der bisher der Operation LONDON gewährte Geheimhaltungsschutz wäre damit gefährdet. Die Ermächtigung des BND zur Strafverfolgung sollte aus diesen Gründen nicht gegeben werden.» Ministerialdirigent Schlichter, BND-Präsident Wessel und Vize Blötz besprachen den Fall am 4. Mai 1976 im Kanzleramt und erzielten Übereinstimmung, dass der BND gegen die Strafverfolgung des Lüneburger Oberfeldwebels votieren solle. Blötz berichtete über sein vorangegangenes Gespräch mit dem zuständigen Bundesanwalt Kaul und schlug vor, Güllich persönlich am 6. Mai 1976 zum Generalbundesanwalt nach Karlsruhe zu schicken, um die Position Pullachs durchzufechten.[1202]

In der Tat kann die Bedeutung der Operation LONDON für die Aufklärung sowjetischer Waffentechnologie kaum überschätzt werden. Der schwunghafte Austausch von «Untersuchungsmaterial» eröffnete bisweilen auch die Chance, neue Technologien zu analysieren. Der BND achtete stets darauf, die Fäden in der Hand zu halten: Transport durch die Bundeswehr, nachrichtendienstliche Führung der Gesamtoperation durch den BND.

Der Führung der Hardthöhe schilderte der BND-Vizepräsident die laufenden Erfolge der Operation LONDON gern in den leuchtendsten Farben, damit sie die bestehende Arbeitsteilung auch weiterhin nicht in Frage stellte: Am 21. Januar 1974 setzte Blötz Generalleutnant Schnell über die Ergebnisse der im November 1973 mit dem Mossad aufgenommenen und in der Vorwoche abgeschlossenen Verhandlungen in Kenntnis: Zur sofortigen Lieferung an den BND ständen an Wehrmaterial sowjetischer Bauart bereit: ein an der Maschine beschädigter Panzer T 62, ein T 55, die erbetene Granate 155 mm, eine Flugabwehrrakete SAM 7, für einige Wochen leihweise eine Abschussvorrichtung für die SAM 7 sowie eine im russischen Original vorliegende Bedienungsanleitung für den T 62.[1203] Am 9. Januar 1975 schrieb Blötz an den Generalleutnant: «Ihr Interesse an den Erfahrungen aus dem Yom-Kippur-Krieg und insbesondere an den dort eingesetzten sowjetischen Waffensystemen gibt mir die Gelegenheit, Ihnen mitteilen zu können, dass am 12. Dezember 1974 ein weiterer grösserer Transport aus Israel eingetroffen ist. Besonders erfreulich erscheint mir, dass es uns doch noch gelungen ist, einen

Schützenpanzer BMP zu besorgen. Er ist auf Wunsch Ihres Hauses, zusammen mit weiterem Gerät, nach Munsterlager verbracht worden. Ich freue mich, Ihnen diese gute Nachricht übermitteln zu können.»

Parallel schmiert er auch dem Staatssekretär im Verteidigungsministerium, Helmut Fingerhut, Honig ums Maul:

> In Absprache mit Ihrer Hauptabteilung II, Rüstung, haben wir uns auch 1974 erfolgreich um die Beschaffung von sowjetischen Waffensystemen bemüht, die für die Bundesrepublik von besonderer Bedeutung sind. Ich freue mich, Ihnen heute mitteilen zu können, dass am 12. Dezember 1974 der zweite grössere Transport des Jahres, den Sie nach meinem Vortrag am 20. August 1974 hinsichtlich des Einsatzes von Soldaten beim Transport genehmigt hatten, aus Israel eingetroffen ist. Besonders erwähnenswert sind
>
> – der moderne Schützenpanzer BMP, fahrbereit
> – das aus 4 Kastenwagen bestehende Feuerleitgerät FAN SONG C für den Boden/Luft-Flugkörper SA-2
> – der Flugkörper SA-2, neue Version sowie
> – ein weiterer Panzer T-62, nicht fahrbereit, für Beschussversuche (ein praktisch neuwertiger T 62 war im ersten Transport enthalten).
>
> Wir haben darüber hinaus unsere Bemühungen um die Beschaffung von Original-Handbüchern oder, wo dies nicht möglich war, von Fotokopien dieser Bücher ebenfalls erfolgreich fortgesetzt. Der Hauptabteilung Rüstung werden wir in den nächsten Tagen u.a. ca. 80 Schaltbilder und Verkabelungs-Diagramme für das FAN SONG C zuleiten.
>
> Zur gemeinsamen Einsparung von Zeit und Geld versuchen wir außerdem, mit Hilfe unserer Partnerverbindungen Aussagen oder Berichte über die uns interessierenden Waffensysteme zu beschaffen. Wir hoffen, damit eigene Untersuchungen zu erleichtern oder zu ersparen.
>
> In diesem Zusammenhang darf ich erwähnen, dass einer meiner Herren Ende Dezember 1974 bei einem Partner ein Feuerleitgerät ‹Flap Wheel› für die 57 mm Fla gesehen hat, ein Gerät, das bisher

technisch nur wenig bekannt ist. Eine erste Meldung mit bisher nicht bekannten technischen Einzelheiten geht ebenfalls in den nächsten Tagen an Ihr Haus.

Auch im darauf folgenden Jahr läuft der wehrtechnische Austausch auf vollen Touren weiter. Bei Staatssekretär Schüler kann der BND 1975 mit seinen Erfolgen bei der Analyse russischer Kampftechnik punkten: mit ausführlichen Studien über sowjetische Schützenpanzer und über die Beschussversuche der Bundeswehr an den Schützenpanzerwagen vom Typ BMP. Und da die Bundeswehr wieder freie Untersuchungskapazitäten hat, sorgt der zweite Mann in Pullach Anfang November 1975 dafür, dass der Nachschub an sowjetischem Wehrmaterial aus Israel gleich im Dezember wieder rollt.[1204] Am 3. November 1975 kommen Schüler und Blötz schließlich überein, dass Außenminister Genscher vor seiner Israel-Reise über die Operation LONDON informiert werden soll, wie es das Verteidigungsministerium vorgeschlagen hatte. Die BND-Unterabteilung III E (Wirtschaft und Technik) hatte dazu eigens eine Information für Genscher erarbeitet.[1205]

Eklat im Hamburger Hafen

Es vergingen anderthalb Jahrzehnte, bis die Operation LONDON 1991 abermals Staub in den deutschen Medien aufwirbelte; diesmal gab es wenig zu vertuschen. Am späten Abend des 26. Oktober hatte die Hamburger Polizei 14 Großpaletten und zwei Container auf dem israelischen Schiff «Palmah II» beschlagnahmt, die nach Haifa gebracht werden sollten, nachdem die Ladung den Zoll bereits passiert hatte. Der Geschäftsführer der Astramaris Schifffahrtskontor GmbH Hamburg erklärte, das Schiff sei von Rotterdam über Bremen nach Hamburg gekommen, die Ware sei vor ein oder zwei Wochen von einer Hamburger Spedition geordert worden, und die Begleitpapiere seien in Ordnung gewesen.[1206] Der BND hatte es versäumt, bei diesem Waffenschmuggel neben Verkehrspolizei und Zoll auch die Wasserschutzpolizei über die Geheimaktion des Transfers von «landwirtschaftlichem Gerät» nach Israel zu informieren. Geplatzt wäre der Deal dennoch nicht, wenn es nicht eine zweitägige Verspätung beim Auslaufen der «Palmah II» gegeben hätte, der Ladeplan am 26. Oktober morgens hätte eingehalten werden können und die beiden zur Abwicklung in Hamburg weilenden BND-Mitarbeiter nicht freitags um 13 Uhr von Hamburg aus ins Wochenende nach München zurückgeflogen wären.[1207]

Das Verteidigungsministerium legte Wochen später eine Liste des sichergestellten Rüstungsmaterials vor, das der BND Israel zugedacht hatte: ein Luftraumüberwachungsradar und ein Flugzielerfassungs- und -verfolgungsradar, jeweils auf Kettengestell, eine Transport- und Starteinrichtung für Flugabwehrraketen, zwei Flugabwehrsysteme mit Zielverfolgungsradar, drei Abschussgestelle für Radarstörkörper, ein Radarstörkörperwerfer, zwei Stabs- und Verbindungsfahrzeuge, drei Lkw «Typ Mehrzweckfahrzeug», ein Lkw «Typ Nachschubfahrzeug», ein Wartungsfahrzeug für Flugabwehrsysteme, vier Transportfahrzeuge für Pionierbrückenelemente und zwei Ersatzteilpakete.[1208]

Infolge der deutschen Vereinigung sah sich der BND endlich in der glücklichen Lage, seine Dankesschuld in Israel durch die großzügige Lieferung von Rüstungsgütern aus Beständen der früheren Nationalen Volksarmee der DDR abtragen zu können. Die Lieferung war von Vertretern des BND und des Mossad am 8. Oktober 1991 in Augenschein genommen worden. Israel sollte die Verpackung mit eigenem Personal durchführen, die Kosten für den Gesamttransport tragen und die Verschiffung ab Freihafen Hamburg übernehmen. Der BND organisierte den Landtransport von Meppen nach Hamburg und deklarierte die Lieferung als «land- und fortstwirtschaftliches Gerät».

Im Angesicht der geplatzten Geheimhaltung konnte die *Frankfurter Allgemeine Zeitung* das ganze Ausmaß des langjährigen Austauschs von Rüstungsgütern darlegen: «Die deutsch-israelische Zusammenarbeit in der Rüstung reicht bis in das Jahr 1958 zurück. Von 1958 bis 1963 hat Israel Rüstungsgegenstände im Wert von 60 Millionen Mark in die Bundesrepublik geliefert, von 1964 bis 1972 im Wert von 16 Millionen Mark, von 1973 bis 1980 im Wert von 390 Millionen Mark und von 1981 bis 1989 im Wert von 1,1 Milliarden Mark. Die deutschen Lieferungen nach Israel begannen 1962 und hatten bis zum Sechs-Tage-Krieg 1967 einen Wert von 193 Millionen Mark erreicht. Darunter befanden sich 48 Kampfpanzer und zwei U-Boote englischer Herkunft.»[1209]

Der BND hatte mit der Lieferung von NVA-Waffen nach Israel gegen einen ausdrücklichen Beschluss des Bundessicherheitsrates vom 27. Februar 1991 verstoßen, der grundlegende Bedenken gegen die Lieferung von Panzern und des Flugabwehrsystems SA-6 hatte. Am 12. März war der Chef des Führungsstabes beauftragt worden, der israelischen Botschaft die Ablehnung mitzuteilen, auch die Hardthöhe wurde informiert.[1210] Der Leiter der Stabsabteilung Militärisches Nachrichtenwesen der Hardthöhe, General Georg Bautzmann, hat den Beschluss des Bundessicherheitsrats für nicht relevant gehalten, da es sich nur um Gerät in jeweils geringer Anzahl gehandelt habe, das nicht in Gefechten eingesetzt, sondern für technische Zwecke ausgeliehen würde.[1211]

Regierungssprecher Vogel kündigte am 3. Oktober 1991 eine politische Entscheidung an, wie in ähnlichen Fällen künftig verfahren werden solle. Daran würden der Kanzler, der Verteidigungsminister und möglicherweise auch der Bundessicherheitsrat beteiligt. Vogel beteuerte, dass der Austausch von Rüstungsmaterial zwischen den Geheimdiensten weitergehen werde, weil auch Deutschland davon profitiere. Da, so Gerhard Stoltenberg unter Berufung auf den SPD-Verteidigungsexperten Walter Kolbow, im Prinzip auch die Sozialdemokraten nichts gegen die wehrtechnische Zusammenarbeit beider Staaten hätten, solle sie fortgesetzt werden, allerdings nicht mehr nur aus einem Koordinierungsausschuss von Bundeswehr und BND heraus, sondern politisch abgesegnet.[1212]

Nach Auffassung der Hamburger Staatsanwaltschaft hat der BND mit der versuchten Ausfuhr von Panzern nach Israel eindeutig gegen das Kriegswaffenkontrollgesetz verstoßen. Sofern – wie die Regierung behauptete – keine Ausfuhrgenehmigung für das Kriegsgerät existiere, werde die Frage der Rechtswidrigkeit behandelt und anschließend eine Schuldprüfung vorgenommen. Erst danach könnten die beteiligten Personen ermittelt werden.[1213]

Der BND beteuerte Anfang November 1991, auch er würde Konsequenzen aus der missglückten Lieferung von Kriegswaffen nach Israel ziehen. Sein internes Genehmigungsverfahren für die wehrtechnische

Zusammenarbeit mit anderen Staaten würde verschärft und BND-Präsident Konrad Porzner künftig über solche Projekte und Entscheidungen informiert werden.[1214] Was als Versprechen auf Besserung gedacht war, entpuppte sich als Eigentor, enthielt es doch das Eingeständnis, dass solche Operationen regelmäßig an dem ungeliebten Präsidenten vorbeiliefen.

Die beiden in Hamburg angeklagten BND-Mitarbeiter, darunter als Hauptverantwortlicher der Leiter der Unterabteilung 35 Dr. Gerhard Weber (GRENZENBERG), wurden im Juli 1995 von einer Großen Strafkammer des Landgerichts Hamburg wegen Verbotsirrtums freigesprochen.[1215] Dabei war sich der BND der Rechtswidrigkeit des Waffenexports im Rahmen des wehrtechnischen Austausches durchaus bewusst. Präsident Porzner hatte fünf Monate vorher in einem geheimen Schreiben an den Chef des Kanzleramts, Friedrich Bohl, mit Blick auf künftige Out-of-area-Einsätze der Bundeswehr gefordert, in §15 Abs. 1 des Kriegswaffenkontrollgesetzes eine Befreiungsvorschrift für den BND zu verankern. «Der Bundesnachrichtendienst kann die besonders wichtige Beschaffung und die damit verbundene Beförderung fremden Wehrmaterials, dessen technische Auswertung und ggf. Weitergabe zu Untersuchungszwecken sowie den daraus resultierenden Erkenntnisaustausch mit ausländischen Partnerdiensten nur eingeschränkt durchführen», klagte er.[1216]

Fragwürdige Kontakte

Die Beziehungen zu Terrorregimen in Arabien, Afrika und Lateinamerika

Die arabischen Staaten

Dass die Bundesrepublik aus außenwirtschaftlichen Interessen nicht nur mit Israel, sondern zugleich mit seinen arabischen Feinden und deren Nachrichtendiensten kooperierte, war dem israelischen Geheimdienst immer bewusst. Wo ihm Exporte von Rüstungsgütern zu bedrohlich wurden, versuchte er gar nicht erst, sie auf dem Weg politischer Einflussnahme zu stoppen, sondern griff zu dem Mittel, das den legendären Ruf des Mossad mitbegründet hatte: Rüstungsexporteure, die an den Gegner lieferten, wurden schlicht liquidiert.

So verzeichneten Palästinenser in Westeuropa Anfang der 60er Jahre eine Serie von Gewalttaten. Im Juli 1962 legten Mossad-Agenten eine Bombe im Flugzeug des Firmenchefs der Züricher MECO, Hassan Sayed Kamil, und töteten seine Frau Helene Herzogin zu Mecklenburg und den Piloten. Am 11. September ermordeten israelische Agenten den Direktor der Münchener INTRA-Handelsgesellschaft Heinz Krug. Im November 1962 wurden fünf arabische Wissenschaftler in Hamburg, die für eine Rüstungsfabrik in Heluan südlich von Kairo tätig waren, durch die Explosion einer Paketbombe getötet. Am 20. Februar 1963 scheiterte der Versuch, Hans Kleinwächter in Lörrach zu ermorden. Und im März 1963 wurde Professor Paul Görke gedroht, dass seine Tochter und sein Sohn liquidiert würden, falls er seine Tätigkeit für Ägypten nicht einstelle.[1217]

Diese Aktionen richteten sich gegen das Regime von Gamal Abdel Nasser, der im Juli 1952 in Kairo an die Macht gekommen war und sich den Krieg gegen Israel auf die Fahnen geschrieben hatte. Nach der verheerenden Niederlage im Sechs-Tage-Krieg im Juni 1967 lockerte Nasser den staatlichen Dirigismus und bereitete damit das Feld für seinen

Nachfolger Anwar es-Sadat. Als Sadat nach dem Tod Nassers im August 1970 die Staatsführung übernahm, betrieb er die Öffnung des Landes, um westliche Investoren anzulocken.[1218] Zur Flankierung dieser Öffnungspolitik gegenüber dem Westen wollte der ägyptische Geheimdienst die vor 1952 bestehenden Kontakte nach Pullach wieder beleben und setzte dabei auf einen alten Bekannten: Am 30. Oktober 1970 rief Hans-Jürgen Wischnewski den BND-Vizepräsidenten an, um ihn vor dem Waffenhändler Mertins zu warnen, der sich zurzeit in Ägypten aufhalte, angeblich um im Auftrage des BND Verbindungen zum dortigen Geheimdienst aufzunehmen. Blötz erklärte ihm, der BND wisse längst durch Gerhard Mertins, dass der ägyptische Dienst an einer Wiederaufnahme der Verbindung interessiert sei. Er wolle das durchaus verifizieren, Mertins dabei aber ausschalten. Präsident Wessel beauftragte Blötz daraufhin, den Leiter der Abteilung I, Meier, entsprechend zu informieren und von Wischnewski weitere Hilfe zu erbitten.[1219]

Doch erst im März 1971 kam Bewegung in die Bemühungen, auf die Kairoer Avancen zu antworten. Bis zum Mai 1971 waren Nachrichtendienste der Sowjetunion und der DDR, KGB und HVA, die wichtigsten Partner des ägyptischen Dienstes, dann mussten sie auf Druck Sadats das Feld räumen.[1220] Der BND reagierte blitzschnell auf den Abzug seiner Gegner. Anfang Mai 1971 wollte Blötz in Begleitung von Meier persönlich Fühlung mit dem ägyptischen Dienst aufnehmen. Aber nicht gleich am Nil, sondern zunächst am Tiber. Obwohl er unter dem Arbeitsnamen «Behrens» nach Rom reisen sollte, notierte der BND-Vize eine Vorsichtsmaßnahme: «Diplomatenpass zur Sicherheit mitnehmen.»[1221] Doch das Treffen in Italien kam gar nicht zustande. Der erste Anlauf war gescheitert.

Im Juni übermittelte Wischnewski seinem Ministerkollegen Ehmke kurz nach einer Ägyptenreise die Botschaft, der dortige Nachrichtendienst bitte erneut um einen Besuch von Blötz am Nil. Doch auch Ehmke hielt es für klüger, das erste Treffen nicht auf ägyptischem Boden stattfinden zu lassen, und bestand darauf, dass sein Vertrauter Meier mit von der Partie sein sollte.[1222] Wischnewski blieb Motor der Beziehungen zwischen Pullach und den Kollegen in Kairo. Mitte Oktober 1971 ließ er Blötz wissen, der Sohn des Vizepräsidenten des ägyptischen Geheimdienstes sei am Goethe-Institut in Saarbrücken zum Sprachenstudium. Wenn sein Vater ihn besuche, sei ein Treffen mit dem BND möglich.[1223]

Im August 1973 bekam der ägyptische Dienst einen Decknamen und war damit in die Holding der Pullacher Partnerdienste aufgenommen: «Stör». Der Yom-Kippur-Krieg ließ die deutsch-ägyptischen Geheimdienstkontakte wieder kurzzeitig stagnieren. Als sich aber nach dem Waffengang ein «friedliches Interregnum»[1224] abzeichnete, stand unter den Vorzeichen des beginnenden Friedensprozesses, der 1978 zum Abkommen von Camp David und 1979 zum Friedensvertrag führte, auch das Tor für die deutsche Wirtschaft am Nil wieder offen.

Sensibel blieb die Lieferung von Rüstungsgütern, denn der Mossad war immer auf dem Quivive. Andererseits weckte der Status als Partnerdienst vor allem bei den Geheimdiensten ärmerer Staaten stets ausufernde Begehrlichkeiten, und so musste sich Blötz im Februar 1975 mit einem beachtlichen Wunschzettel aus Kairo befassen. Er konfrontierte Staatssekretär Schüler mit dem ägyptischen Verlangen nach Lieferung von insgesamt 44 Fahrzeugen. Schüler fragte nach, ob der BND daran interessiert sei und ob die Ägypter ihren Forderungskatalog möglicherweise auf Waffen ausdehnen würden. Der BND wusste es nicht, fürchtete es aber. So erklärte Blötz seinem Staatssekretär Anfang März, dass der BND selbst nicht sonderlich daran interessiert sei, die Fahrzeuge nach Ägypten zu liefern. Zumal der Deal neben der Gefahr unangenehmer Folgewünsche auch noch die trübe Aussicht barg, 400 000 Mark allein durch Kursverluste einzubüßen. Für ägyptische Währung hatte der BND nur begrenzte Verwendung. Falls jedoch ein politisches Interesse bestehe, müsste der BND eben diesen Auftrag bekommen, gab sich Blötz staatstragend. Schließlich gelang es ihm jedoch – ein diesbezügliches Schreiben hatte er schon vorbereitet in der Tasche –, das unliebsame Ansinnen mit Schülers Zustimmung auf das Auswärtige Amt abzuwälzen.[1225]

Nachdem sich die weltpolitische Lage 1975 durch die Wiedereröffnung des Suezkanals entspannt hatte, kam es zu regelmäßigen Begegnungen auf oberster Ebene mit Sadats Nachrichtendienst. Vom 19. bis 26. Mai 1976 war der BND-Vize zu Besuch in Kairo, wo Pullach inzwischen eine Residentur errichtet hatte. Ende 1977 reiste Geheimdienstkoordinator Schüler selbst an den Nil, um mit den dortigen Geheimdienstlern zu sprechen. Er ließ sich vom BND gründlich vorbereiten, studierte Sachstandsberichte, forderte Unterlagen über die Organisation der Dienste in Ägypten an und erbat Auskunft, wen am besten er aus der Kairoer *intelligence community* sprechen solle. Der Kairoer Resident hatte zwischen Weihnachten und Silvester stets auf Abruf für den Staatssekretär verfügbar zu sein.[1226]

Schülers Besuch führte zu einer ungewöhnlich starken Unterstützung des ägyptischen Geheimdienstes. 1978 exportierte die Münchner Firma Telemit (siehe unten) Anlagen zur fernmeldeelektronischen Aufklärung an den Nil. Die Lieferung wurde als Material für die ägyptische Reichsbahn deklariert. Die Ausbildung ägyptischer Experten in der Funkspionage übernahm der BND. Trotz alldem blieb die Haltung Pullachs gegenüber Ägypten ambivalent. So verzichtete der BND keineswegs darauf, neben der offiziellen Residentur illegale Stützpunkte zur Aufklärung im Land aufzubauen. Die 1971 vom Nil vertriebene HVA ortete gleich zwei: Im Goethe-Institut und im Deutschen Archäologischen Institut in Kairo machte sie je einen BND-Mann aus.[1227]

Natürlich genossen die Beziehungen zum Mossad Priorität vor dem eher losen Kontakt zu «Stör». Doch manchmal setzte Pullach lieber oder zugleich auf die ägyptische Karte. Zumal wenn es darum ging, des zunehmenden Terrorismus Herr zu werden. So wunderte sich Mossad-Resident David Kimche bei einer Besprechung im November 1975 in Paris, dass sein Angebot vom Vormonat, immerhin auf Wunsch des BND, einen Agenten ins jemenitische Aden zu schicken, um den Aufenthalt von fünf gesuchten RAF-Terroristen zu ermitteln, ohne Resonanz geblieben war. Also habe sich die Angelegenheit inzwischen wohl erledigt, aber der Mossad sei weiter zur Hilfestellung bereit.[1228] Indes war der BND in der Sache keineswegs untätig geblieben. Bereits Anfang Oktober hatte er alle allierten Partnerdienste eingeschaltet. Die Amerikaner, so Blötz zu Schüler, hätten dabei auf die besonderen Möglichkeiten Großbritanniens und Frankreichs hingewiesen. Zugleich machte er Schüler damit vertraut, dass der BND einen eigenen Mitarbeiter in Richtung Aden in Bewegung setzen wolle. Jürgen von Bentivegni (JÜRGENS) warte schon auf seine Visa für Ägypten und Saudi-Arabien und ein Entree durch diese Länder für den Jemen.[1229] Auch die Partner in Ägypten wurden bei der Suche nach den Terroristen um Hilfe gebeten, während JÜRGENS sich auf den langen Marsch nach Aden machte. Ende Oktober 1975 meldete Blötz seinem Staatssekretär, dass der BNDler nun bereits in Äthiopien, wenn nicht sogar auf dem Wege in den Südjemen sei.[1230] Der Einsatz war offenbar nicht von Erfolg gekrönt, denn ein halbes Jahr später, bei der Abschiedsfeier für den Statthalter des israelischen Dienstes in Westeuropa, bat der BND-Vizepräsident David Kimche erneut um Aufklärungshilfe im Jemen. Allerdings richtete er auch diesmal dasselbe Hilfsersuchen an den ägyptischen Nachrichtendienst.[1231]

Zwischen dem Sechs-Tage-Krieg und dem Yom-Kippur-Krieg streckte auch Israels vorsichtigster Gegner, Jordanien, seine Fühler nach Deutschland aus. Am 25. Juni 1971 fand ein Gespräch von Kanzleramtsminister Ehmke mit Kronprinz Hassan von Jordanien statt. Die Bitte des Regenten um Waffenlieferungen lehnte Ehmke zwar ab, zu allen geheimdienstlichen Fragen sei der BND allerdings – versicherte er Hassan – in Pullach gesprächsbereit.[1232] Ähnlich wie im Fall Ägyptens etablierte der BND Mitte der 70er Jahre eine Legalresidentur in Amman und bildete wenig später jordanische Geheimdienstler des Partnerdienstes «Zaunkönig» aus.[1233] Im Oktober 1976 stattete Blötz der neuen Außenstelle einen Besuch ab und machte dem Auslandsnachrichtendienst Da'irat al Mukhabarat al-Amma seine Aufwartung.

Bereits im November 1974 hatte der BND beim Auswärtigen Amt die Einrichtung einer Residentur in Beirut beantragt. Doch die Sache zog sich hin. Fast ein Jahr später, Ende Oktober 1975, erörterten Schüler und Blötz den Stand der Einrichtung von neuen Stützpunkten. Für Helsinki, Bangkok, Djakarta und Peking lief alles wie geplant, nur mit der neuen BND-Station in Beirut wollte es nicht vorangehen. Der heraufziehende Bürgerkrieg vereitelte den Einzug in das erwählte Domizil, indem er Probleme verursachte, die keine Verwaltung gerne sieht: Der «Mietvertrag konnte wegen Unruhen und damit zusammenhängender Ortsabwesenheit des Vermieters noch nicht abgeschlossen werden. Wird wohl zu Ende des Jahres erledigt sein».[1234] Der Optimismus war unbegründet. Erst am 12. Februar 1976 kam trotz des ungelösten Problems die Freigabe zur Besetzung der neuen BND-Station: «Beirut kann jetzt abreisen. Noch im alten Botschaftsgebäude Zimmer frei.»[1235]

Erster BND-Resident in Beirut wurde Dr. Karl-Ludwig Gallwitz. Unter dem Decknamen GIGL hielt er die Verbindung zum libanesischen Partnerdienst, der in Pullach auf «Leguan» getauft worden war. Für ihn war es ein Karrieresprungbrett: Bis zur Einstellung der Spionage gegen die DDR leitete Gallwitz danach die als «BMVg., Abteilung Seeverkehr, Dokumentationsstelle Bremen» getarnte Station in der Hansestadt.

Mit seinem Vorstoß nach Beirut wagte sich der BND in Kriegsgebiet. Seit der Vertreibung der palästinensischen Guerilla aus Jordanien lag die Hauptoperationsbasis der PLO für ihre Angriffe gegen Israel im Südlibanon. Die starke maronitische Phalange-Partei verlangte, dass der Libanon gegen die PLO einschreite, und löste so den bis 1990 währenden Bürgerkrieg aus, in den sich viele auswärtige Mächte einmischten: Syrien, Iran und der Irak, Israel, die USA, Saudi-Arabien und Frankreich. Neben der Sicherung des Informationsaufkommens für die eigene Regierung sah der BND in Beirut auch die Möglichkeit, seinem Partnerdienst Mossad («Blaumeise») unter die Arme zu greifen. Am 27. April 1978 konnte Blötz unter dem Tagesordnungspunkt Libanon/Schmuggel Staatssekretär Schüler einen solchen Erfolg präsentieren. Offensichtlich war es ihm gelungen, eine interessante Quelle zu erschließen. «Teile den Blaumeisen gelungene Werbung unter falscher Flagge mit», hielt er fest.[1236]

Neben dem Schwerpunktraum Naher Osten erweiterte der BND unter der Führung von Wessel auch seine Positionen in der übrigen arabischen Welt. Dem reichen Saudi-Arabien kam dabei eine wichtige Rolle zu. König Faisal, der von 1962 bis 1975 regierte, wollte den Ölreichtum zur Modernisierung seines Staats nutzen. Seit Ende der 40er Jahre pflegte das Königshaus in Riad enge Beziehungen zu den USA. Schon lange zuvor waren die regierenden Wahhabiten zum außenpolitischen Partner Großbritanniens aufgestiegen. Saudische und deutsche Interessen trafen sich, wo Riad seine politischen Abhängigkeiten diversifizieren und wo Bonn engere Beziehungen zu dem kaufkräftigen Staat eingehen wollte.

So nutzte der Chef des saudischen Geheimdienstes 1971 eine routinemäßige Englandreise, um zwischen dem 10. und 15. Mai in der Bundesrepublik Station zu machen. Staatssekretär Omar Shams bat, in diesem Zeitraum von BND-Präsident Wessel empfangen zu werden.[1237] Über die Flankierung der politischen und wirtschaftlichen Beziehungen durch geheimdienstliche Kooperation muss man sich schnell einig geworden sein, denn der BND etablierte schon Anfang der 70er Jahre eine Residentur in Riad und festigte so seine Beziehungen zum Al-Mubahith al' Amma, dem Partnerdienst «Gecko».[1238]

Während sich der BND die Arabische Halbinsel erst zu Beginn der 70er Jahre eroberte, hatte er im Iran von jeher einen Schwerpunkt. 1972 ging Gehlens einstiger Sicherheitschef BERNHARD, Walrab von Buttlar, als Resident nach Teheran, erkrankte dort aber schwer und musste bald nach Pullach zurückkehren.[1239] Abgelöst wurde er durch DR. SCHINDLER, der im Gegensatz zum Vorgänger und seinen Nachfolgern der Landessprache Farsi mächtig war. Die Zusammenarbeit des BND mit dem SAVAK – der in den 70ern in Pullach «Fink» hieß – erstreckte sich auf ein weites Feld vom Informationsaustausch über deutsche Ausbildungs- und Ausrüstungshilfe bis hin zu der iranischen Erlaubnis, den dritten Eckpfeiler einer Peilbasis von Husum über Lecce in Italien bis Teheran aufzubauen. Nur die Breite dieser Basis ermöglichte es, den Funkverkehr in der Tiefe der Sowjetunion nicht nur zu erfassen, sondern die Sendestationen auch genau lokalisieren zu können.

Als SCHINDLERS Nachfolger Waldemar Markwardt, Deckname MARX, seinen Dienst in Teheran 1976 fast beendet hatte, richtete der SAVAK-Chef General Nassiri das Ansinnen an ihn, der BND möge seinem Partner doch Erkenntnisse über die persische Opposition in der Bundesrepublik übermitteln. MARX – so seine Memoiren – lehnte ab und verwies auf den Verfassungsschutz, der allein über solche Informationen verfüge. In Köln, beschied ihn Nassiri, habe er auch bereits eine Abfuhr erhalten. Diese Darstellung gehört zu der bei Markwardt über weite Strecken zu verzeichnenden Schönfärberei. Die Bundesregierung selbst hatte 1977 eingeräumt, dass westdeutsche Nachrichtendienste ab 1959 mit der SAVAK bei der Ausforschung von Schah-Gegnern in der Bundesrepublik zur Abwehr terroristischer Aktivitäten zusammenwirkten.[1240]

«Die Zusammenarbeit mit der SAVAK im Iran war nicht nur für mich ein recht schwieriges Geschäft [...] Die Arroganz und Überheblichkeit der Iraner gegenüber uns Europäern, ihr jegliche Höflichkeitsnorm missachtender Umgangston mit Nichtiranern war oft niederschmetternd»[1241], bekannte Markwardt 1996. Seine Frau war «sehr unangenehm berührt», wenn sich ein SAVAK-General für eine Verspätung damit entschuldigte, er habe noch in Ewin zu tun gehabt, dem berüchtigten Foltergefängnis des Schah-Dienstes.

Markwardts Nachfolger wurde im Frühjahr 1976 Günther vom Hagen.[1242] Ein halbes Jahr später besuchte der BND-Vizepräsident den SAVAK in Teheran und erfuhr, dass die Perser den Neuen als Fehlgriff ansahen.[1243] Der BND verzichtete indes auf eine schnelle Ablösung. Geblieben ist Günther vom Hagen noch drei Jahre in Teheran, bis zu dem Tag im Dezember 1979, als der Ajatollah Khomeini das Schah-Regime stürzte. Beim Ausbruch der Revolution hat sich der BND um seine besonders bedrohten westlichen Partnerdienste verdient gemacht. Er schleuste die Nachrichtendienstler der USA, Kanadas und Großbritanniens aus dem Iran aus. Chefoperateur Jürgen von Bentivegni erhielt dafür das Bundesverdienstkreuz.[1244] Der eigentliche Held bei der Rettung der Nato-Geheimdienstler, berichten BNDler, sei jedoch der Funker gewesen, der bis zuletzt im Keller der Botschaft ausgeharrt hatte, um die notwendige Kommunikation aufrechtzuerhalten.

Mit den engen Kontakten zur SAVAK stand der BND nicht im Widerspruch zum Mossad. Israel selbst pflegte mit ihm und dem Dienst der Türkei bis 1979 einen geheimdienstlichen Dreibund. Zu den lange Zeit bestgehüteten Geheimnissen der israelischen Dienste gehört, dass sie auch mit der SAVAMA, dem Geheimdienst von Revolutionsführer Khomeini, in den 80er Jahren zusammenarbeiteten, wenn es um die gemeinsame Gegnerschaft zum Irak ging.

Der Auftritt des BND in Somalia folgte auf eines der spektakulärsten Ereignisse der Nachkriegsgeschichte: die Befreiung der Geiseln in der entführten Lufthansa-Maschine «Landshut» am 17. und 18. Oktober 1977 in Mogadischu durch die Anti-Terror-Einheit des Bundesgrenzschutzes GSG 9. Zur Freipressung der in Stuttgart-Stammheim einsitzenden RAF-Terroristen hatte ein vierköpfiges Kommando die Maschine am 13. Oktober auf ihrem Flug von Palma de Mallorca nach Frankfurt in ihre Gewalt gebracht und ließ zunächst den römischen Airport Fiumicino ansteuern. Da italienische Politiker einen gewaltsamen Akt gegen die Landshut nicht ausführen lassen wollten, flogen die Entführer mit ihren 91 Geiseln nach Zypern weiter. Zwei Stunden später brachen sie nach Bahrein auf und von dort nach Dubai. Auch der Verteidigungsminister des Emirats lehnte eine deutsche Befreiungsaktion ab. Auf der nächsten Station der Odyssee in Aden, wo die südjemenitischen Sicherheitskräfte die Landebahn gesperrt hatten, war Flugkapitän Jürgen Schumann zu einer Notlandung gezwungen. Kurz darauf erschoss ihn der Anführer des Terrorkommandos. Als Aufnahmestaaten sahen die Entführer nur mehr Vietnam und Somalia. Hanoi lehnte ab, und so startete die Maschine nach Mogadischu.[1245]

Nach fieberhaften Verhandlungen des Staatsministers Wischnewski hatte die somalische Regierung einer GSG-9-Operation zugestimmt und die ihr vorliegenden Erkenntnisse an den GSG-9-Kommandeur Ulrich Wegener weitergegeben. Der somalische Polizeichef General Abdullahi verhandelte mit den Entführern erfolgreich über die Verschiebung des Ultimatums. Unter den Augen von BKA-Chef Gerhard Boeden und Staatsminister Wischnewski wurden bei der Erstürmung der Maschine kurz nach Mitternacht drei Terroristen getötet, die vierte schwer verletzt überwältigt und die Geiseln befreit, von denen nur vier verwundet wurden.[1246] Jan-Carl Raspe, Andreas Baader und Gudrun Ensslin verübten, als sie von der geglückten Geiselbefreiung im Radio erfuhren, in Stuttgart-Stammheim Selbstmord.

Die spektakuläre Aktion gelang in einem Staat, der als Satellit der Sowjetunion galt. Generalmajor Siad Barre hatte dort 1969 die Macht übernommen und war Garant für Stabilität in dem von Clan-Strukturen zerrissenen Land. Außenpolitisch hatte er auf den Ausbau der Beziehungen zu Moskau gesetzt; zeitweise waren 1400 russische und ostdeutsche Militärberater im Land stationiert. 1974 schloss Somalia ein Freundschafts- und Kooperationsabkommen mit dem Kreml, das jedoch im November 1977 von somalischer Seite aufgekündigt wurde. Einen Monat vor der Entführung der «Landshut» hatte die Sowjetunion begonnen, Äthiopien im Kampf gegen die zunächst erfolgreichen somalischen Befreiungsbewegungen, die aus Mogadischu Hilfe erhielten, zu unterstützen. Dies war für Barre der Anstoß, sich nach Westen zu orientieren. Für die Befreiungsaktion war der plötzliche Schwenk der sowjetischen Somaliapolitik ein Glücksfall.

Die GSG-9 bedankte sich mit der Schulung von somalischem Sicherheitspersonal[1247], und die Bundesregierung nahm das Land in die Programme zur Ausrüstungshilfe auf. Auch im vorletzten Amtsjahr der sozialliberalen Koalition wurde die Hilfe fortgeschrieben. 1980 zählten auch die Streitkräfte und ihr Sanitätswesen zu den Profiteuren.[1248]

Damit nicht für ein und dasselbe Land bestimmte Polizei- und Geheimdiensthilfen unkoordiniert aneinander vorbeilaufen konnten, hatten sich bereits im Juni 1961 Vertreter des Bundesinnenministeriums, des BKA und des BND unter Vorsitz des Ministerialrats Dr. Reuter vom BMI zu einem Gespräch über «ausländische Ausbildungswünsche auf nachrichtendienstlichem Gebiet» zusammengefunden. Die beiden BND-Vertreter in der Runde, Vayen und Neugebauer, votierten dabei für eine Erweiterung der bisherigen polizeilichen Ausbildungsgänge auf nachrichtendienstliche Inhalte. Konzipiert wurden dabei ein Kurzausbildungsplan A, der nach einer vierwöchigen Schulung bei der Sicherungsgruppe Bonn je zwei Wochen bei BND und BfV vorsah, und der achtmonatige Ausbildungsplan B, der nach einem viermonatigen Deutschkurs am Goethe-Institut eine einmonatige Ausbildung beim BKA, zwei Monate bei der Sicherungsgruppe und wiederum je 14 Tage bei Verfassungsschutz und BND vorsah. Von da an wurden die Sicherheitskräfte anderer Staaten weitgehend koordiniert in der Bundesrepublik geschult.[1249]

Die Versprechungen, die Wischnewski der somalischen Regierung als Gegenleistung für ihre Unterstützung gemacht hatte, reichten auch in den geheimdienstlichen Bereich. Staatssekretär Schüler unterrichtete den BND-Vizepräsidenten im Juni 1978, dass sein Besuch beim Chef des somalischen Geheimdienstes gut abgelaufen sei. Die Wunschliste aus Mogadischu versammelte Material für etwa zwölf Millionen DM. Schüler führte aus, dass man dem Ansinnen im Grundsatz positiv gegenüberstehe, der gewünschte Mercedes für 180 000 DM aus Mitteln des BND könne gleich zugesagt werden.[1250] Gepanzerte Limousinen zählten häufig zum Lieferumfang, wenn Dienste der Dritten Welt ihre Wunschzettel schrieben. Doch außerdem wurde die Geheimpolizei mit Instrumenten versorgt, die den Repressionsapparat Barres optimierten. «Zwecks Überwachung der Bevölkerung und Absicherung der Herrschaft kam es zum Aufbau von Parallelinstitutionen zur bereits existierenden zivilen und militärischen Administration. Die Geheimpolizei und verschiedene Milizen erhielten zunehmend weitreichende Befugnisse – mit der Folge, dass durch langjährige Inhaftierungen oder Hausarreste politische Gegner, tatsächliche oder vermeintliche, zum Schweigen gebracht wurden», schilderte Thomas Labahn den Ausbau dieses Systems.[1251]

Bedenken, einen solchen Unterdrückungsapparat zu unterstützen, hatte die sozialliberale Regierung Schmidt nicht. Im Folgenden wird sich zeigen, dass das Handeln des BND in weiten Teilen vom Kampf der Blöcke um Einflusszonen auf dem Schwarzen Kontinent bestimmt wurde – und bis hin zur Forcierung von Stellvertreterkriegen reichte.

Afrika: Der Kontinent der Stellvertreterkriege

«Ihnen ist in der Politik etwas ganz Seltenes gelungen: In Ihrer Person haben Sie die Spannung zwischen Macht und Moral aufgehoben. Es gibt keine politische Verantwortung ohne Macht. Moral ohne Macht löst die Probleme nicht», lobte Richard von Weizsäcker den Friedensnobelpreisträger Willy Brandt anlässlich seines 75. Geburtstages. Die Erinnerungen des Altbundeskanzlers dokumentieren, wie die Sozialdemokraten ihr Verhältnis zum Apartheidstaat Südafrika (SAR) gern beschrieben sahen: voller Verachtung für die burische Ignoranz eines Pieter Botha, fest entschlossen, das System am Kap in die Knie zu zwingen, im Bund mit dessen Gegnern. Brandt betont in seinen Erinnerungen den engen Kontakt, den er zu den Staatschefs von Tansania, Sambia, Simbabwe, Angola und Mosambik hielt, «weil wir die ‹Frontstaaten› im Kampf gegen die Apartheid in Südafrika und für die Unabhängigkeit Namibias unterstützten. Die Zusammenarbeit mit den Befreiungsbewegungen ANC (African National Congress) und SWAPO verstand sich von selbst.»[1252] Als der Altkanzler im Frühjahr 1976 Johannesburg besuchte, erlebte er bei Pieter Willem Botha «eine reichliche Stunde voller Frostigkeit, Intransigenz und Selbstgerechtigkeit.»

Fast zeitgleich mit der Überwindung der deutschen Teilung begannen in Südafrika die Rassenschranken zu fallen. Dabei wurde die Rolle der südafrikanischen Nachrichtendienste Zug um Zug deutlich. Anfang 1990 erließ Premierminister de Klerk ein Amnestiegesetz für die alten Sicherheitskräfte – angeblich um eine Hexenjagd zu vermeiden – und setzte so die Strafverfolgung für alle aus, die zu politischen Zwecken illegal gehandelt hatten. Im September 1991 wurde in Pretoria eine Kommission unter Vorsitz von Richard Goldstone eingesetzt, die eine Vielzahl von blutigen Undercover-Operationen der Geheimdienste namhaft machen konnte und den verdeckten Strukturen der «Dritten Gewalt» erstmals auf die Schliche kam.[1253] Im Oktober 1992 folgte ein zweites Amnestiegesetz, das alle diejenigen begnadigte, die vor dem 8. Oktober 1990 Straftaten mit politischer Zielsetzung angeordnet oder kommandiert hatten: die weiße Führung des Geheimdienstapparats und rund 3500 Angehörige der Sicherheitskräfte. Aber die Wahrheitskommission zur Aufarbeitung der Unterdrückung, die Präsident Nelson Mandela 1994 eingerichtet hatte, konnte nun gerade die Schlüsselrolle des südafrikanischen Geheimdienstes bei der Durchsetzung der Rassentrennung und seine Maßnahmen gegen den ANC herausarbeiten, weil nur jenen Amnestie gewährt wurde, die ihre Taten öffentlich bekannten.[1254]

«Militär, Polizei und Geheimdienste waren der Motor der Unterdrückungsmaschinerie. Die eigentliche Macht im Apartheidstaat lag bei ihnen», konstatierten Willi Germund und Bartholomäus Grill am 4. Juni 1993 in einem *Zeit*-Dossier über die zu dieser Zeit noch anhaltenden Undercover-Aktivitäten der südafrikanischen Geheimdienste. Zu eben diesen Diensten pflegte der BND auch unter Kanzler Brandt weiterhin Beziehungen, die auf die frühen 60er Jahre zurückgingen – allerdings immer bemüht, die fragwürdigen Kontakte nicht öffentlich werden zu lassen: Am 14. April 1971 stellte der Leiter der politischen Auswertung den Antrag, einem Mitarbeiter seines Stabes die Teilnahme an einer zweiwöchigen Journalistenreise nach Südafrika zu genehmigen. Doch Präsident Wessel lehnte im Wissen um die Sensibilität der Beziehungen zu Pretoria ab.[1255]

Seit Januar 1971 stellte sich die Frage, wer neuer Resident in Pretoria werden solle, wo der Dienst bei seinem Partner «Panther» durch einen Oberst i.G. hochrangig vertreten war. Ins Auge gefasst wurde der leitende BND-Angestellte REICHLIN, der direkt in der deutschen Botschaft untergebracht werden sollte.[1256] Doch Ende März stand fest, dass dieser zum 30. September vorzeitig aus dem Dienst ausscheiden müsse.[1257] Solange Brandt regierte, scheint es keine weiteren Bemühungen gegeben zu haben, die Residentur neu zu besetzen. Wahrscheinlich hat der erste SPD-Kanzler selbst die geheimen Drähte zum Regime gekappt.

So bekam der BND die Phase des Umbruchs bei den Kollegen am Kap wohl nur am Rande mit. Premierminister John Vorster hatte sich auf das 1969 geschaffene BOSS (Bureau of State Security) unter General Hendrik van den Bergh gestützt. Anfang der 70er Jahre forcierten die «Securocrats» – von Pieter Willem Botha inspiriert – den Ausbau des Geheimdienstapparats und schufen 1972 einen nationalen Sicherheitsrat. Dem Sekretariat dieses State Security Councils, SSC, unterstanden unter anderem das Directorate of Military Intelligence, der National Intelligence Service (NIS) und die Security Branch des BOSS.

Brandts Nachfolger, der Pragmatiker Schmidt, kannte weniger Skrupel, was Geheimdienstbeziehungen zu Südafrika betraf. Im Mai 1975 wurde zwischen dem BND und dem Auswärtigen Amt die Einrichtung einer Residentur in Pretoria besprochen.[1258] Die Formulierung «Einrichtung» bestärkt wiederum die Vermutung, dass von 1971 bis zu diesem Zeitpunkt kein BND-Mann am Kap saß. Vom 17. bis zum 25. Oktober 1975 sollte der BND-Vizepräsident eine Dienstreise nach Pretoria und Rhodesien zu Gesprächen mit den Partnerdiensten unternehmen. Doch die Besuche wurden nach Rücksprache mit Staatssekretär Schüler abgesagt. Der Grund für die Verschiebung lag in der Verstimmung des deutschen Geheimdienstkoordinators darüber, dass die «Akte Rall» aus der Botschaft Südafrikas an die Öffentlichkeit gelangt war. Erbost über drei Artikel des *Berliner Extradienst* forderte Schüler am 6. Oktober 1975, den Vertreter des südafrikanischen Geheimdienstes in der Bundesrepublik, Buitendag, umgehend zu einem Gespräch in die Verbindungsstelle Bonn des BND einzubestellen. Als Buitendag am nächsten Tag dort eintraf, erklärte er Blötz, dass der Sicherheitschef des südafrikanischen Außenministeriums und ein kriminalistisch geschulter Mitarbeiter des Nachrichtendienstes zur Zeit in der Botschaft recherchierten. Die Originale der an die Presse gelangten Unterlagen seien in der Vertretung noch vorhanden, und nun müsse geprüft werden, ob sie kopiert worden seien. Er könne nicht ausschließen, dass noch mehr über die «Atomgeschichte» veröffentlicht würde.

Damit brachte Buitendag einen Skandal auf den Punkt: Westdeutsche Unternehmen und staatliche Forschungseinrichtungen halfen Südafrika, eine Urananreicherungsanlage zu entwickeln. Die gelieferte Technologie versetzte den Apartheidstaat in die Lage, waffenfähiges Uran für sein ehrgeiziges Atombombenprogramm zu produzieren.[1259] Das Kanzleramt wusste also um die Proliferation von Nukleartechnologie ans Kap, unterband sie jedoch nicht, sondern war mit dem südafrikanischen Geheimdienst bemüht, diese Vorgänge weiter unter Verschluss zu halten. Buitendag erklärte dem BND-Vize auch, dass bereits ein Verdacht gegen einen deutschen Botschaftskraftfahrer bestehe, der ihm 1975 einen Anbahnungsversuch des MfS gestanden und möglicherweise auch Geld angenommen habe. Er habe deshalb das BfV und das BKA informiert. Blötz rügte, dass diese Ansprache dem BND nicht mitgeteilt worden war.[1260] Die nächste Besprechung mit Buitendag fand am 21. Oktober im Beisein von BND-Verwaltungschef Rieck statt. Der Kraftfahrer sei inzwischen entlassen worden, teilte der NIS-Resident mit. Außerdem habe man zusätzlich zwei nicht mehr in der Botschaft beschäftigte Mitarbeiterinnen in Verdacht.[1261] Doch trotz aller kriminalistischen Bemühungen verlief die Suche nach dem Leck im Sande.

Am 20. Oktober 1975 unterbreitete Blötz Schüler eine Liste mit NIS-Aktivitäten in Angola, die er von General van den Bergh erhalten hatte. Außerdem überbrachte er die Bitte Südafrikas um Unterstützung in Angola durch den BND. Das war mehr als heikel. Der Staatssekretär erwartete zunächst eine Antwort auf die Frage, wie die schwarzafrikanischen Staaten raegieren würden, wenn eine solche Einmischung des BND bekannt werden würde.[1262] Die Entscheidung über die Bitte wurde mehrfach vertagt. Letztlich entschloss sich die Führung des BND, ihr nachzukommen. Ganz geheuer war dem Staatssekretär im Kanzleramt die Pretoria-Connection aber nie. Als der Leiter der BND-Abteilung I im

Herbst 1976 zu einer Reise ans Kap aufbrach, mahnte Schüler Blötz wieder, er solle doch «an mögliche Enthüllungen denken».[1263] Als der BND-Vizepräsident den Staatssekretär am 22. April 1977 erneut auf eine von ihm beabsichtigte Reise nach Pretoria anspricht, ist Schüler mit den Trips von Angehörigen der Leitungsebene nach Südafrika nicht einverstanden, zumal der Auswertechef des BND erst kurz zuvor privat ans Kap geflogen war. Die «technischen Vorhaben» könnten jedoch wie geplant vorbereitet und durchgeführt werden.[1264]

Hinter Schülers Formulierung «technische Vorhaben» verbarg sich eine langjährige intensive Kooperation des BND mit dem Partnerdienst bei der fernmeldeelektronischen Aufklärung. Südafrika hatte die strategisch wichtige Aufklärungsstation ADVOOKAT – vermittelt vom BND – von AEG-Telefunken bezogen und sie 1975 in einer Silbermine nahe der Marinebasis Simonstown in Betrieb genommen. Im September 1977 schlug der Mitarbeiter der BND-Zentralstelle für das Chiffrierwesen Rave vor, Spezialisten seiner Dienststelle nach Südafrika zu entsenden. Man habe dem Partnerdienst «Panther» zwar bereits acht Entschlüsselungsverfahren überlassen, aber die dortigen Nachrichtendienstler seien offenbar nicht in der Lage, Entschlüsselungen aufgrund dieser Unterlagen vorzunehmen. Die politische Brisanz einer solchen Unterstützung des unter UN-Embargos stehenden Apartheidstaats wurde in Pullach zwar erkannt, dennoch erhielt Südafrikas Geheimdienst die Hilfe.[1265]

Auch dem MfS war das Engagement des BND in Südafrika nur zu gut bekannt. Das *Neue Deutschland* warf der Bundesregierung im Dezember 1979 vor, enge Beziehungen zum NIS zu pflegen. Der südafrikanische Geheimdienstchef van den Bergh besuche regelmäßig die Bundesrepublik, der Kommandeur des militärischen Geheimdienstes, General de Toit, konsultiere drei bis vier Mal jährlich den MAD, und seine Spezialeinheiten erhielten in Westdeutschland eine Sonderausbildung.[1266]

Die BND-Außenstelle FC 50 in Pretoria hielt unter BND-Präsident Kinkel zunächst der Resident Gigl, später Weghof, besetzt. Die politischen Beziehungen zwischen Bonn und Pretoria waren zunehmend frostig geworden, zumal führende Persönlichkeiten der SWAPO aus Namibia im Außenamt Genschers ein- und ausgingen. Die geheimdienstliche Kooperation trübte das nur zum Teil, denn 1980 übermittelte Pullach dem NIS den Hinweis auf den KGB-Spion am Kap, Alexej Koslov.[1267] Die Kontakte zum NIS wurden unter der Kanzlerschaft von Helmut Kohl noch einmal vertieft. Der *Vorwärts* berichtete im Februar 1983 unter Berufung auf die *Pretoria News*, dass nach dem Regierungswechsel die Zusammenarbeit zwischen dem BND und der NIS zu neuer Blüte gelange.[1268] Als Resident in der deutschen Botschaft fungierte ein Bundeswehrstabsoffizier, der nicht nur die drei Aufklärungsprioritäten des BND (Schwarzafrikapolitik, Rassenpolitik, Rohstoffpolitik) im Auge behielt, sondern auch für die Koordination deutsch-südafrikanisch-amerikanischer Operationen im Süden Afrikas sorgte.

Oberst Gert Hugo, bis 1991 Direktor im Militärgeheimdienst des Homelands Ciskei, hatte seinen Beitrag zur Aufdeckung des Netzwerks der südafrikanischen Sicherheitskräfte geleistet, das Anti-Apartheid-Aktivisten ermorden ließ und Gewalttätigkeiten zwischen verschiedenen Gruppen der Farbigen schürte. 1992 offenbarte er auch, dass der BND südafrikanische Nachrichtendienstler in Dreimonatskursen in elektronischer Überwachung ausgebildet hatte.[1269] Zu einem Zeitpunkt also, als sich der Verfolgungsdruck in Südafrika noch einmal verschärfte. In den späten 80er Jahren erhielten südafrikanische Geheimdienstler eine Ausbildung im Objekt WILDPARK am oberbayerischen Haarsee.

Die BND-Position in Pretoria gewann mit den Entkolonialisierungsprozessen im Süden Afrikas und mit den Stellvertreterkriegen in der Region an Bedeutung. Wenn auch in weit geringerem Maße als die beiden Supermächte oder Südafrika, so griff doch auch der BND in diese Stellvertreterkriege ein.

Der BND nutzte ein Unternehmen im Nachbarland Österreich als Absender für klandestine Rüstungsexporte in die Krisenregion. Am 24. Dezember 1972 veranlasste er die Firma Heinrich Scherzinger in Wien durch die Spedition Kühne & Nagel, vom Wiener Südbahnhof aus einen Lkw in den Hamburger Überseehafen zur dortigen Außenstelle der Spedition zu schicken. Deklariert wurde die Ladung als «Messinghülsen», und bestimmt war sie für den angolanischen Zielhafen Lobito. Offizieller Empfänger der Fracht waren die portugiesischen Streitkräfte, die bei ihrem Abzug aus dem Land in Lobito eine letzte Bastion hielten. Seit

1961 tobte in Angola ein Unabhängigkeitskrieg der MPLA, FNLA und seit 1966 auch der UNITA gegen die Unterdrückung durch den portugiesischen Diktator Salazar. Tatsächlich bestand die Ladung aus Pullach aus 34 500 Schuss Munition. Und der eigentliche Adressat war nicht das portugiesische Militär, sondern die Befreiungsbewegung UNITA von Jonas Savimbi, die gegen die von Moskau favorisierte MPLA (Volksbewegung für die Befreiung Angolas) kämpfte. Die Lieferung des BND für die UNITA war einer der ersten Akte im deutsch-deutschen Duell in Afrika, denn die DDR unterstützte spätestens seit Ende der 60er Jahre die MPLA im Kampf gegen die Kolonialmacht Portugal.[1270]

Mit der Auflösung des BND-Referats 906 durch Kanzleramtsminister Horst Ehmke und mit der Abschaltung der Firmen MEREX und Dobbertin & Co. war der illegale Waffenhandel aus Pullach aber keineswegs beendet. Auch unter Kanzler Willy Brandt gab es solche Operationen, die zur Unterstützung außenpolitischer Zielsetzungen – wie der Einengung sowjetischen Einflusses – durchgeführt wurden. Im Falle einer Entdeckung illegaler BND-Waffentransfers setzte auch Ehmke auf die bewährte Strategie der Ableugnung. Blötz informierte seinen Präsidenten am 9. Juli 1973, dass das Kanzleramt einen Vermerk des BND über das Kriegswaffenkontrollgesetz zur Kenntnis nehme, «aber nicht ausdrücklich zustimmt, sodass jederzeit möglich, dass sich das Bundeskanzleramt von nachrichtendienstlichen Operationen dieser Art distanzieren kann.»

Im Frühjahr 1968 hatte Brandt als Außenminister anlässlich einer Konferenz in Abidjan, der Hauptstadt der Elfenbeinküste, die Vorzüge der Bundesrepublik herausgestellt: «Wir lieferten keine Waffen in Spannungsgebiete. Wir lehnten Rassentrennung und Rassendiskriminierung ab.»[1271] Die Spannung zwischen Macht und Moral hatte Brandt als Regierungschef, da irrte von Weizsäcker, nicht in sich aufgehoben, allenfalls im Vergleich zu seinen Vorgängern und Nachfolgern zugunsten der zweiten Kategorie ausgewogener gestaltet. Unter seinem Nachfolger nahm sowohl der legale Waffenhandel wie auch der im Geheimen durchgeführte Rüstungstransfer in Spannungs- und Krisengebiete dramatisch zu. Als in der SPD Kritik an der expandierenden Waffenausfuhr laut wurde, ließ sich Schmidt eine geheime Aufstellung vorlegen, die für die Jahre von 1975 bis 1978 sowohl den Export von Großwaffensystemen wie auch den Transfer kleinerer Rüstungsgüter auflistete. «Lizenzen für den Bau von Kriegswaffen gingen überdies an Südafrika und Rhodesien», fand Heinz Vielain, dem das Geheimpapier zuging, heraus.[1272] Da sich Südafrika unter Verteidigungsminister Pierre Botha seit 1974 mit der Operation SAVANNE zunehmend in den Bürgerkrieg in Angola einmischte, stärkte auch die westdeutsche Rüstungshilfe den Kampf gegen den DDR-Verbündeten Angola, das im November 1975 sozialistische Volksrepublik geworden war.

Die Militärhilfe der DDR für Angola hatte mit der Aufbauhilfe für eine reguläre Armee einerseits und der Unterstützung der vor allem in Süd- und Ostangola stationierten Befreiungsbewegungen Namibias und Rhodesiens andererseits zwei Stoßrichtungen. Von 1975 an überboten sich konservative Medien im deutschsprachigen Raum mit Berichten über das ostdeutsche Engagement in dem Kriegsgebiet.

Im Februar 1976 konnte sich die MPLA endgültig gegen die konkurrierenden nationalen Bewegungen UNITA (Nationalunion für die volle Unabhängigkeit Angolas), die von Südafrika und den USA unterstützt wurde, und FNLA (Nationale Befreiungsfront von Angola), die Hilfe von den USA – bis Juni 1975 allein sechs Millionen Dollar von der CIA – und Zaire erhielt, durchsetzen. Ihr Erfolg basierte auch auf dem Einsatz von bis zu 15 000 kubanischen Söldnern, deren Einsatzpläne von DDR-Militärberatern erarbeitet worden waren. Von da an soll das MfS – nach Erkenntnissen der amerikanischen Spionageabwehr – die Geheimdienstausbildung in Angola übernommen und 1977 mit 250 NVA-Offizieren die Schulung des fernmeldetechnischen Personals geleistet haben.[1273] Neben der jahrelangen Ausbildung von Guerillakämpfern der SWAPO, der Befreiungsbewegung im südafrikanisch beherrschten Namibia,[1274] sprangen DDR-Einheiten immer wieder in die Bresche, wenn im Bürgerkrieg Rückschläge drohten. Im November 1977 sollen sich 5000 DDR-Soldaten an einer Offensive der Regierungstruppen gegen die UNITA in Südangola beteiligt haben.[1275] Und noch im September 1985 unterstützten DDR-Militärberater eine Offensive angolanischer Streitkräfte gegen UNITA-Stützpunkte im Osten des Landes. Bei der südafrikanischen Gegenoffensive wurden 26 angolanische Luftfahrzeuge, die ausschließlich von kubanischen oder DDR-Piloten geflogen wurden, abgeschossen.[1276] Erst nachdem Michail Gorbatschow die Macht im Kreml übernommen hatte, wurde das sowjetische Engagement in Afrika heruntergefahren. 1988 zogen sich die Sowjetunion und Kuba endgültig aus Angola zurück.

Der zweite Frontstaat Sambia wurde im Oktober 1964 unabhängig, und Kenneth Kaunda, der Vorsitzende der UNIP (United National Independence Party), wurde Präsident in einer Mehrparteiendemokratie. Als die konkurrierenden Parteien jedoch an Macht gewonnen hatten, schuf er 1973 eine «partizipatorische Einparteiendemokratie», in der der Staatschef die verschiedenen ethnischen Gruppen bei der Vergabe von Partei- und Regierungsämtern ausbalancierte. Auf der internationalen Bühne spielte Kaunda eine bedeutende Rolle. Er hatte ab 1970 für drei Jahre den Vorsitz der Blockfreienbewegung inne, war 1974 an der Gründung der Gruppe der Frontstaaten beteiligt und unterstützte Befreiungsbewegungen wie den ANC in Südafrika oder die ZAPU in Simbabwe.

Sambia ist außerordentlich reich an Kupfer. Das Edelmetall bescherte der Regierung bis zum Verfall des Weltmarktpreises im Jahr 1975 hohe Einnahmen. Doch statt mit ihnen Haus zu halten, lebte sie weit über ihre Verhältnisse.[1277] Auch dem damals nicht armen Sambia wollte der BND 1971 unter die Arme greifen. Präsident Wessel, Vizepräsident Blötz und Abteilungsleiter Meier legten im Februar ein Hilfsprogramm für den Partnerdienst «Zebra» auf, das 125 000 DM für zunächst zwei Jahre kosten sollte.[1278]

Der andere deutsche Staat trat als Vormann Moskaus deutlich massiver auf. Die DDR gewährte Militärhilfe mit zwei Zielsetzungen: Einerseits wurden die sambischen Streitkräfte unterstützt, andererseits die in Sambia stationierten Befreiungsbewegungen und Guerillas der SWAPO und der ZAPU (Zimbabwe People's Revolutionary Army), die sich im Oktober 1976 mit der ZANU zum Zweckbündnis Patriotische Front unter dem späteren Führer Robert Mugabe zusammenschloss. Am 20. Mai 1975 verzeichnete *Die Welt* unter Berufung auf westliche Geheimdienste DDR-Waffenlieferungen an die rhodesische Befreiungsbewegung ZAPU in Sambia und zwei Jahre später die Entsendung von Ausbildern aus

Ostberlin dorthin.[1279] Sambia hatte versucht, seine Streitkräfte einigermaßen frei von kommunistischem Einfluss zu halten. Es konnte jedoch nicht verhindern, dass die Zusammenarbeit zwischen dem Teil der Streitkräfte in der antirhodesischen «Patriotischen Front», der auf das Kommando von Joshua Nkomo hörte, und den Ausbildern aus der DDR ständig enger wurde. Mitte 1979 weilte Nkomo in Ostberlin und schloss ein Abkommen über Munitions- und Waffenlieferungen für den Kampf gegen die Regierung des schwarzen Bischofs Abel Muzorewa.[1280]

Am 22. Mai 1979 hatte DDR-Verteidigungsminister Heinz Hoffmann das Hauptquartier von Joshua Nkomo in Sambia besucht. Grund der Visite sei, dass die Frontstaaten und Guerillas in Rhodesien und Namibia «bis an die Zähne bewaffnet» werden sollten, orakelte *Die Welt*. Doch kaum ein Jahr später hatte sich der Wind gedreht. Am 18. April 1980 wurde Rhodesien als Simbabwe unabhängig, und damit entfiel der Grund für die DDR-Militärhilfe an rhodesische Befreiungsbewegungen. Simbabwe betrieb unter Robert Mugabe nun eine gewisse Deeskalation der Lage in der südafrikanischen Region. Die Befreiungsbewegungen ANC und SWAPO erhielten keine substanzielle Unterstützung mehr, und der DDR-Partner Nkomo wurde 1982 als Innenminister entlassen. Die Bundesrepublik honorierte diesen Kurs 1981 mit der Aufnahme des Landes in ihre Ausstattungshilfe für ausländische Streitkräfte, die der BND mit seinem Residenten Deichl vorbereitet hatte.

Am 14. Oktober 1976 erörterte Blötz mit Ministerialdirektor Hoppe die Einrichtung einer Residentur in Lusaka und versicherte, der Gang nach Sambia sei kein Test für andere afrikanische Länder. Der Vorgang wurde zunächst zurückgestellt, da Außenminister Genscher erst noch seine Unterschrift unter eine diesbezügliche Vereinbarung zwischen dem Auswärtigen Amt und dem Kanzleramt setzen musste.[1281] Um die westdeutsche Position in Sambia zu stärken, wurde im April 1978 ein Besuch von Kanzler Schmidt in Lusaka ins Auge gefasst, der Anfang Dezember erfolgte[1282], als die unangefochtene Stellung Kaundas bereits zu bröckeln begann. Schon im Vorfeld der Visite gewährte die Bundesrepublik dem Staat ab 1978 militärische Ausstattungshilfe.[1283] Eine völlige Abwendung Sambias von der DDR konnte indes auch Schmidt nicht erreichen, wenn auch dauerhaft ein BND-Resident in

Lusaka vor Ort war, so Anfang der 80er Jahre der BND-Mitarbeiter KAMMHOLZ.

Im Juli 1979 weilte Sambias Verteidigungsminister Zulu in Ostberlin und schloss ein Abkommen über die Ausbildung sambischer Truppen an sowjetischen Luftabwehrsystemen und Artillerie, und noch im Juli 1983 besuchte eine Delegation der sambischen Luftstreitkräfte die DDR. Deren Verteidigungsminster Hoffmann würdigte den Besuch «als Ausdruck der sich kontinuierlich entwickelnden freundschaftlichen Beziehungen und der Zusammenarbeit zwischen beiden [...] Armeen.»[1284] Sambia kam wohl endgültig im westlichen Lager an, als am 15. November 1989 eine Delegation des sambischen Nachrichtendienstes in Pullach über die Entwicklungen nach dem Fall der Mauer informiert wurde.

Einer der blutigsten Stellvertreterkriege in Afrika wurde um Mosambik geführt.[1285] Die FRELIMO (Frente de Libertação de Moçambique) erhielt als erste afrikanische Befreiungsbewegung ab 1969 Waffenhilfe von der DDR.[1286] Unter Berufung auf westliche Geheimdienste meldete *Die Welt* im Mai 1975, dass neben Waffenlieferungen 103 Frelimo-Angehörige in Volkspolizei-Schulen der DDR eine militärische Ausbildung durchliefen.[1287] Als Mosambik am 25. Juni 1975 unabhängig wurde und die Guerillabewegung Frelimo das Land als marxistisch-leninistische Einheitspartei führte, setzte die DDR ihre Militärhilfe bis Ende der 80er Jahre fort.

Die Gründung eines sozialistischen Staates in Ostafrika unter Leninpreisträger Samora Machel rief die westlichen Geheimdienste auf den Plan. Durch die Unterstützung der RENAMO (Resistência Nacional Moçambiquana) sollte der sozialistische Staat Mosambik destabilisiert werden, um nicht als Modell für die Region Südafrika wirken zu können. Jürgen Roth hat 1990 in seinem Buch «Die Mitternachtsregierung» die westliche Unterstützung für die Renamo dargestellt, die schon vor der Unabhängigkeit Mosambiks um die Macht im Staat gekämpft hatte, «mit südafrikanischer Hilfe gegen die Zentralregierung in Maputo, gegen den gottlosen Kommunismus, gegen die teuflischen Marxisten der Frelimo, die marxistisch-leninistische Einheitspartei von Mosambik. Über achtzig Prozent des Landes kontrollieren sie zwar nicht, wie sie behaupten, aber auch die Regierung kontrolliert es nicht. Niemandsland, in dem der Terror das Leben der Menschen prägt. Mit dabei sind der südafrikanische Nachrichtendienst, der deutsche Bundesnachrichtendienst und die amerikanische CIA.»[1288]

Das US-Außenministerium lehnte die Hilfestellung für die Terroristen zwar ab, aber die CIA unterstützte dennoch eine Fraktion der Renamo. Ebenso wie von der kolonialen Altmacht Portugal erhielten die Renamo-Kämpfer Unterstützung aus der Bundesrepublik. Die westdeutsche Hilfe für die Terroristen begann Mitte der 70er Jahre, als Angehörige der Renamo an einer bayerischen Polizeischule in Augsburg ausgebildet wurden. «Ein ehemals führendes Mitglied der Renamo, Changinga Chivaca Joao, bekundete im November 1989 auf einer Pressekonferenz, dass zwar nicht die Bonner Regierung die Renamo unterstützt, aber dass der Bundesnachrichtendienst ihnen sowohl finanzielle Mittel zur Verfügung stellte als auch für die persönliche Sicherheit des führenden Renamo-Repräsentanten, der in der Bundesrepublik lebt, verantwortlich zeichnete [...] Immerhin fand schon 1981 auf dem Boden der freiheitlich-demokratischen Grundordnung ein Treffen der Renamo-Führer statt. Während dieses Treffens wurde das einzige bisher veröffentlichte politische Programm der Renamo formuliert. Im März 1983 versammelte sich sogar der gesamte Renamo-Nationalrat in Köln, und, der Höhepunkt, im April 1988 fuhren die Verbrecher aus Mosambik – wieder einmal – in die Bayerische Staatskanzlei zu Franz Josef Strauß. Alles ging topsecret vor sich, zu anrüchig waren die Repräsentanten der Renamo», recherchierte Roth.[1289]

Wie die Renamo ihre Ziele durchzusetzen suchte, beschrieb der Jahresbericht von amnesty international für 1989: «Berichten zufolge entführte die Renamo Hunderte Zivilisten, unterzog einige von ihnen der Folter und tötete sie. Im Mai griffen Renamo-Rebellen die Ortschaft Massinga an; sie schnitten – so wurde berichtet – sieben Männern die Hoden ab, vergewaltigten und töteten drei Frauen und entführten 50 weitere Bewohner. In der Provinz Gaza haben Renamo-Guerillas im August Berichten zufolge zahlreiche gefangen genommene Zivilisten gefesselt und dann mit Äxten und Schlaghölzern getötet.»[1290]

Die Bundesregierung ignorierte solche Berichte über Massaker in

Südostafrika. Die Berichte des BND konzentrieren sich auf die Angriffe der von ihm unterstützen Rebellen auf die Infrastruktur des Landes, wie etwa der Tagesbericht des BND für das Kanzleramt vom 4. September 1987 ausweist: «3. Moçambique: Angriffe auf wichtige Transportverbindungen. Die Rebellen der Renamo scheinen als Teil ihrer Bemühungen, die Wirtschaft zu zerstören und die militärische Initiative zu behalten, ihre Angriffe auf die wichtigsten Transportstrecken Moçambiques zu verstärken. (Geheim – NF REL FRG) Bisher haben die Aufständischen die Strecke in diesem Jahr 37 Mal angegriffen, ein leichter Anstieg gegenüber den vergleichbaren Zahlen des letzten Jahres. Nach den Berichten sollen sie auch ein Dutzend Angriffe gegen die Beira-Pipeline unternommen haben, die etwa 90 Prozent des Öls von Zimbabwe transportiert. (Geheim – NF REL FRG).»

Jürgen Roth erhielt in Maputo ein Interview mit Paulo Oliveira, der von 1985 bis 1987 als Sprecher der Renamo in Lissabon saß und später zur Regierung überlief. Er gab Auskunft über Waffenlieferungen – bezahlt vom BND, geliefert durch Südafrika: «Bei einer Sache, von der ich weiß, war etwa eine Million Dollar im Spiel, die vom BND bereitgestellt worden waren, um Waffen zu kaufen. Es handelte sich um Raketen des Typs SAM 7, die auf dem Schwarzmarkt gekauft wurden und aus Polen kamen.» Diese Enthüllungen sind inzwischen durch weitere Aussagen bestätigt worden: «Das war einer der Punkte, die mit den Südafrikanern zusammen arrangiert wurden. Sie leiteten die Ausrüstungsgegenstände in die richtigen Kanäle. Es war auf jeden Fall der BND, der uns unterstützte.»[1291]

Der für die logistische und finanzielle Unterstützung der Renamo zuständige Mann des BND war Wolfgang Richter. Er sorgte auch für die Lieferung von Fernmeldetechnik *made in Germany*, die die Kommunikation zwischen dem Renamo-Hauptquartier und den operierenden Terrorbanden sicherstellte, und er finanzierte Waffenkäufe unter anderem in Taiwan. Die zu Zeiten der Regierung Schmidt gestartete und später forcierte Destabilisierung Mosambiks geschah unter vier BND-Präsidenten. Sie begann unter Wessel und Kinkel; als dann Strauß-Intimus Eberhard Blum 1983 ins Amt kam, wurde die logistische Hilfe noch gesteigert. Unter Hans-Georg Wieck nahm die Hilfe für die Terroristen noch einmal zu. In den Jahren 1988 und 1989 steuerte auch die BND-Residentur in Kenias Hauptstadt Nairobi Unterstützungsmaßnahmen. Sie vermittelte hochrangige Kontakte zwischen Renamo-Führern und der Leitung des BND.

Das Engagement beider deutscher Staaten in Mosambik ließ sie gelegentlich auch aufeinander prallen. Im April 1983 brachten zwei Küstenschutzschiffe einen südafrikanischen Trawler in mosambikanischen Gewässern auf und schleppten ihn in den Hafen der Hauptstadt Maputo.[1292] Der Frachter hatte vom BND finanziertes Material für die Renamo an Bord. Die Nationalität der Kaperschiffe war ebenfalls deutsch – ostdeutsch.

Als sich Staatssekretär Schüler im Mai 1975 nach der Präsenz des BND in Zaire erkundigte, musste der BND-Vizepräsident eingestehen, dass seine Behörde nicht einmal über eine direkte Quelle in dem Land verfügte, das seit seinem Staatsstreich vom 25. November 1965 von Mobutu Sese Seko regiert wurde.[1293] Die Initiative, sich in dem schwarzafrikanischen Land zu engagieren, ging offenbar von Strauß aus, der beim BND Anfang 1977 Ausbildungshilfen für Kinshasa einforderte. Der zuständige Referent des BND legte daher bei seinem Flug nach Pretoria einen Zwischenstopp in der Hauptstadt Zaires ein.[1294]

Unter dem Stichwort «Intensivierung der Kontakte zum Partnerdienst ‹Kranich› trug Blötz am 22. April 1977 dem Geheimdienstkoordinator das Ergebnis der Besprechung in Kinshasa vor. Der Geheimdienst Mobutus wünsche Ausbildungshilfe bei nachrichtendienstlicher Technik, bei Fototechnik und bei nachrichtendienstlicher Taktik. Zur Erfüllung dieser Bitten hatte Blötz bereits ein Programm für Mitte 1977 an einer der Schulen des BND in der Nähe Münchens auf die Beine gestellt. Außerdem wollte «Kranich» jedoch die Installierung und fortlaufende Wartung eines Fernmelde- und Fernschreibnetzes, die Einrichtung eines Fotolabors, die Einrichtung einer Abhöranlage zur Überwachung der Ostblockbotschaften sowie eine Anlage zur Störung gegnerischen Funkverkehrs. Die Kostenschätzung ergab drei bis fünf Millionen DM. Der BND selbst, erläuterte Blötz, sei daran nicht interessiert, da die einzige versprochene Gegenleistung, nämlich Hilfe bei der Anbahnung von

Ostblockdiplomaten, anderswo erfolgversprechender sei. Sollte die Bundesregierung jedoch aus politischen Gründen an der Hilfestellung interessiert sein, könne ein BND-Fachmann – schon um Zeit zu gewinnen – die Anforderungen in Kinshasa erst einmal konkretisieren lassen.[1295]

Die Vorlage für den Haushaltsausschuss des Bundestages, mit der am 22. August 1991 wiederum fünf Millionen DM militärischer Ausstattungshilfe für Zaire eingefordert wurden, zeigt, dass die Unterstützung für den Geheimdienst Mobutus sehr bald in gewünschtem Umfang erfolgte. Sie wurde jedoch als Hilfestellung für die Streitkräfte kaschiert. Zu den politischen Interessen, die die Bundesrepublik unter Kanzler Schmidt in Zaire verfolgte, zählte die Entwicklung von weit reichenden Raketen, die der Bundesrepublik als Erblast des Zweiten Weltkrieges – und um einen potenziellen Konkurrenten niederzuhalten – von den Siegermächten verboten worden waren. Die Orbital Transport und Raketen-AG (OTRAG), deren millionenschwerer Finanzhintergrund nie aufgeklärt werden konnte, versuchte seit 1975 entgegen den geltenden Verträgen, solche Langstreckenraketen zu entwickeln. Offiziell entwickelte und verkaufte die OTRAG durch technische Simplifizierung verbilligte modulare Trägerraketen, die kostengünstig Objekte in geostationäre Umlaufbahnen bringen sollten. Am 26. März 1976 wurde zwischen der OTRAG und der Regierung Zaires ein Vertrag über die Nutzung von 100 000 Quadratmeilen Land in der Provinz Shaba bis zum Jahr 2000 abgeschlossen, den eine nachrichtendienstliche Sonderverbindung des BND, der Finanzexperte Frederic Weymar, vermittelt hatte.[1296]

In den Jahren 1977 und 1978 gelangen auf dem Startgelände auf dem Plateau Manitono zwei erfolgreiche Tests mit dem Orbital-Transportsystem. Beinahe hätte ein Übergreifen des Bürgerkriegs aus Angola Gefahr für den Standort bedeutet. Auf internationalen Druck – sowohl der UdSSR wie einiger Nachbarstaaten – musste das Unternehmen Zaire indes 1980 verlassen und ging als Partner für Gaddafis Raketenprogramm Ittisalat nach Libyen. Massive Interventionen vor allem der US-Regierung bei der Bonner Regierung führten dazu, dass die OTRAG im Dezember 1981 auch dort ihre Arbeit einstellte. Die Beziehungen zwischen dem BND und seinem Pendant in Kinshasa haben die Eskapade unbeschadet überstanden.

Bereits seit 1963 leistet die Bundesrepublik Militärhilfe in Nigeria.[1297] Spannungen zwischen den Nationalitäten im Vielvölkerstaat führten zu Sezessionsbestrebungen in Ostnigeria und lösten 1967 den Bürgerkrieg aus. Nigeria wurde zum Militärstaat: Die Streitkräfte wuchsen von 10 000 auf 250 000 Mann, die Militärausgaben betrugen zeitweise 33 Prozent des Staatshaushalts. Der BND war im Vorfeld des Bürgerkriegs mit von ihm vermittelten Waffengeschäften aktiv. Solange der Krieg um Biafra nicht entschieden war, versuchte er, die bundesdeutschen Interessen nach beiden Seiten zu wahren und lieferte an beide Bürgerkriegsparteien Waffen und Munition.[1298] Der Militärgouverneur Ostnigerias, der Biafra in den Sezessionskrieg führte, warf den BND deshalb aus seinem Teilstaat.

Die DDR engagierte sich von vornherein eindeutig für die Zentralmacht in Lagos. Seit 1969 bildete die NVA die nigerianische Luftwaffe aus[1299], zugleich brachten ostdeutsche Piloten mit sowjetischen MiG-17 Versorgungsgüter und Waffen nach Biafra[1300], und schließlich flogen NVA-Piloten 1969 Angriffe auf den Flughafen Umuahia, den letzten in der Hand der Aufständischen.[1301] Für die Bundesrepublik ging es in Nigeria nach dem erfolglosen Sezessionskrieg nicht mehr so sehr um die Auseinandersetzung mit der DDR oder um eine assistierende Rolle für Nato-Partner, sondern darum, aus wirtschaftlichen Interessen in dem ölreichen Land eine Einflusszone aufzubauen. Das Verhältnis der siegreichen Regierung Nigerias zur Bundesrepublik war aber nicht nur wegen der zeitweisen Unterstützung Biafras angespannt, sondern vor allem wegen der engen Beziehungen zum Apartheidstaat Südafrika. Die Bundesrepublik beharrte immer darauf, mit allen Staaten unabhängig von deren politischen Systemen Handel zu treiben.[1302] Überlegungen Nigerias, deutsche Firmen mit Verbindungen zu Südafrika zu boykottieren, scheiterten letztlich am wirtschaftlichen Pragmatismus, denn im Lande residierten 250 westdeutsche Firmen von der Niederlassung der Deutschen Bank über Maschinenbauer bis hin zu ingenieurtechnischen Unternehmen. Ostberlin hatte wegen seiner Verdienste für Lagos parallel noch ein militärisches Standbein in Nigeria. Im Jahre 1977 zählte die deutsche Militärpublizistik zwischen 400 und 600 NVA-Angehörige zum Aufbau des militärischen Fernmeldewesens in Nigeria.[1303] Eine Fregatte kaufte Lagos 1978 für 314 Millionen DM allerdings schon in der Bundesrepublik.

Erst BND-Präsident Kinkel gelang es zum 1. Januar 1982, wieder eine Legalresidentur in Lagos einzurichten und die Kooperation mit dem Partnerdienst «Mungo» auf eine gesicherte Basis zu stellen. Als die zersplitterten und schlecht koordinierten Nachrichtendienste Nigerias 1986 reformiert wurden, stand dabei wohl nicht zufällig das deutsche Modell Pate.[1304]

Insgesamt versuchte der BND in den 70er und 80er Jahren in immer mehr afrikanischen Staaten Fuß zu fassen und war neben den erwähnten Standorten auch in der Republik Niger und in Kenia präsent. In den Senegal zum Partnerdienst «Serval» schickte Pullach schließlich zum 1. März 1985 einen Statthalter. In Uganda hatte der Oberbefehlshaber der Armee, Generalmajor Idi Amin, im Januar 1971 durch einen unblutigen Staatsstreich die Macht übernommen. Im Westen stieß er auf Wohlwollen, weil der sozialistische Kurs seines Vorgängers Milton Obote mit Misstrauen verfolgt worden war. Anfänglich fand die Politik des neuen Herrschers auch im Innern Resonanz, insbesondere die Enteignung der wirtschaftlich privilegierten Asiaten. Gestützt auf Militärs aus seiner Heimat am Westnil und auf Söldner errichtete Amin jedoch bald ein Terrorregime gegen die dominierenden Volksgruppen und gegen die ganze geistige und politische Elite des Landes. Als Gewaltherrscher, unterstützt auch von Libyen und anderen arabischen Staaten, regierte der Muslim, bis er im November 1978 Gebiete in Nordwest-Tansania besetzen ließ und im Gegenschlag von exilugandischen Einheiten im April 1979 ins Exil nach Tripolis vertrieben wurde.[1305]

Gleich zu Beginn seiner Regierungszeit hatte Amin den Geheimdienstchef Kenias gebeten, seinen Nachrichtendienst, die Uganda Special Branch, kritisch unter die Lupe zu nehmen. Am 13. Mai 1971 erhielt er aus Nairobi das vernichtende Urteil, dass der «in seiner gegenwärtigen Verfasstheit ganz unfähig ist, Ihre Regierung mit den notwendigen

Aufklärungsergebnissen über Personen und Organisationen zu versorgen, die geeignet sind, die Sicherheit der Republik Uganda zu gewährleisten.»[1306] Die umfangreiche Studie schlug Dutzende von Maßnahmen zur Effizienzsteigerung vor und in ihrem vierten Teil auch Überwachungsmaßnahmen wie das Telefonabhören, die Postkontrolle und Lauschoperationen durch Wanzen, die an die persönliche Weisung Amins oder seines Geheimdienstchefs gebunden sein sollten.

Um die Engpässe in der nachrichtendienstlichen Technik zu beseitigen, schickte Idi Amin einen Minister nach München, nicht zum BND, sondern zu Franz Josef Strauß. Der CSU-Vorsitzende schaltete den Ex-BND-Mann und seinerzeitigen Staatsschutzchef des Freistaats, Hans Langemann, ein, um via Hanns-Seidel-Stiftung Abhörgeräte nach Uganda liefern zu lassen. Vor dem Untersuchungsausschuss des Bayerischen Landtages sagte der Mitarbeiter der CSU-Stiftung Gerhard Alt dann aus, er habe ohne Wissen seines Arbeitgebers oder von Strauß die Lauschtechnik eigenmächtig auf den Weg zu Idi Amin gebracht.[1307] Eine Umweglieferung des offiziellen BND muss man in diesem Fall ausschließen, weil der ugandische Dienst auf keiner der hinlänglich bekannten Partnerdienstlisten Pullachs steht.

Nachdem Horst Ehmke dem BND den Einsatz von so genannten Vertrauensjournalisten zur verdeckten PR-Arbeit im Inland untersagt hatte, setzte der BND für die operative Aufklärung jedoch weiterhin auf Medienleute, die er natürlich mit Informationen bei der Stange halten musste. Ein besonders eifriger Zuträger war Wilfried Ahrens.[1308] Am 29. Juni 1971 besprach Blötz mit Wessel den Wunschzettel, den ihm der Chefredakteur der Illustrierten *Quick* durchtelefoniert hatte. Als Ahrens am 24. August 1971 wieder bei Blötz anrief, brachte er gleich eine ganze Palette von Themen und Anliegen vor. Wichtigstes Thema war diesmal der «Flug über Baustelle in T. vermutlich im August 1971». Als Blötz am 18. Januar 1972 bei Ehmke in Bonn war, informierte er ihn ausführlich über den Ablauf dieses Joint Ventures mit der *Quick:* Ahrens hatte dem BND am 4. Mai 1971 Bilder und Berichte über eine im Bau befindliche Raketenbeobachtungsstation der Rotchinesen in Tansania überreicht. Die Militärauswerter in Pullach zeigten sich an einer Wiederholung des

Flugs interessiert, um die Entwicklung des Projekts verfolgen zu können, und so genehmigte Präsident Wessel am 19. Mai dafür bis zu 10 000 DM. Ahrens kam seinen Partnern sehr entgegen. Schon am 24. Mai teilte er mit, mit 8000 DM auskommen zu wollen. Alle Risiken einschließlich des Verlustes des Flugzeuges seien nicht Sache des BND.[1309] Am 17. September lieferte er dem BND dann den zweiten Satz Bilder und bat um Auskunft, wozu der Bau den Chinesen überhaupt dienen sollte. Er bekam erst am 6. Oktober eine von der Militärauswertung vorbereitete Teilantwort.

An einer wahrheitsgemäßen Unterrichtung des *Quick*-Chefs war dem BND nicht gelegen, denn er benötigte das von Ahrens beschaffte Material nicht nur für das eigene Lagebild, sondern wollte es den US-Diensten anbieten. Die Führung des BND versprach sich davon, «erstmals im Austausch Teilergebnisse der Satellitenaufklärung zu erhalten».[1310] Der Washingtoner Resident Blum nutzte im September 1971 die Bilder aus Tansania, um Kontakt zum Militärnachrichtendienst DIA (Defense Intelligence Agency) herzustellen.[1311]

Im großen Spiel um Afrika während des Kalten Krieges pokerten die Großmächte um viele Staaten des Schwarzen Kontinents. Die beiden deutschen Staaten waren dabei sicher nicht die Hauptakteure, aber in vielen Ländern wichtige Exponenten der Blöcke, denen sie angehörten. In einigen Staaten zählten Bonn und Ostberlin zu den entscheidenden Mitspielern, so in Äthiopien. Dort regierte bis zum Herbst 1974 Kaiser Haile Selassie I. Der Löwe von Saba pflegte zur Bundesrepublik enge Beziehungen, die auch im Geheimdienstbereich ihren Niederschlag fanden. Als Haile Selassie im Herbst 1974 entmachtet wurde, knüpfte die DDR – offensichtlich von Moskau wegen der Deutschfreundlichkeit im Lande dazu auserkoren – erste Kontakte zum neuen Regime von Mengistu Haile Mariam.[1312] Mengistu stand 1976 endgültig im kommunistischen Lager, nachdem er einen somalischen Angriff nur mit russischer und kubanischer Unterstützung abwehren konnte. Ab Mai 1977 erhielt er Waffenlieferungen und ab August auch Militärberater aus Ostberlin.[1313]

Dennoch besetzte BND-Präsident Wessel 1977 erneut eine Residentur in Addis Abbeba, die auch sein Nachfolger Kinkel beibehielt, um die

Beziehungen zum Partnerdienst «Antilope» fortzuführen. Erst unter Eberhard Blum wurde die Station geschlossen. Dafür gab es zwei Gründe: Einerseits stand das Land immer fester im Ostblock, andererseits engagierte sich der BND schon unter Kinkel bei Äthiopiens Gegnern, das heißt bei einer Fraktion der Befreiungsbewegungen für Eritrea, die mit westlicher Unterstützung für die 1991 erfolgte Abspaltung von Äthiopien kämpften.[1314]

Zu fernen Ufern: Der BND in Lateinamerika

In Lateinamerika fand Wessel zu Beginn seiner Amtszeit nur in Brasilien und Argentinien BND-Auslandsstützpunkte vor. Nach Brasilia war der BND Anfang der 60er Jahre gegangen. Da Brasilien der wirtschaftlich bedeutendste Partner der Bundesrepublik war, fanden die Geheimdienstkontakte zum Partner «Biber» auf höchster Ebene statt. So nutze BND-Vizepräsident Blötz im September 1976 seine Reise zur CIA und zur NSA zu einem Abstecher nach Brasilien. Die dortige BND-Dependance war zugleich zuständig für Kolumbien («Klapperschlange»), Peru («Uhu») und Chile («Chinchilla»).[1315]

In Santiago de Chile stützte sich Pullach auf eine große Gemeinde geflohener Nationalsozialisten. Zu den geheimdienstlichen Verbindungen zählte auch Walter Rauff, der als SS-Obersturmbannführer die Gruppe Technik des RSHA geleitet hatte und dem die Erfindung von Lastkraftwagen zur Vergasung einer halben Million Juden angelastet wird. Er konnte 1948 mit Hilfe des Vatikans aus einem Gefangenenlager in Rimini nach Syrien und von dort nach Argentinien fliehen.[1316] Erst nachdem 1962 in Hannover Ermittlungen wegen seiner Kriegsverbrechen aufgenommen wurden, schaltete der BND seine Quelle vorsichtshalber ab.[1317] Simon Wiesenthal hatte 1963 erfolglos in Chile die Auslieferung des inzwischen international gesuchten Kriegsverbrechers gefordert und nahm im August 1972 in der Hoffnung, die nun regierenden Sozialisten würden Rauff herausrücken, einen neuen Anlauf. Doch Regierungschef Salvador Allende weigerte sich, den Fall erneut aufzurollen.[1318]

In Chile hatten Eduardo Frei und seine Christdemokraten 1964 zunächst die Wahlen gegen Allende gewonnen und Reformen eingeleitet. Frei scheiterte nach sechsjähriger Amtszeit, weil er zwischen dem Widerstand der erstarkten Rechten und den radikalen Forderungen der marxistischen Parteien zerrieben wurde.[1319] Auch wenn der BND die Entwicklung nicht mit einem eigenen Statthalter in Santiago verfolgen konnte, so hatte er mit Botschafter Dr. Horst Osterheld von 1969 bis 1971 doch einen erfahrenen Mann vor Ort. CDU-Mitglied Osterheld war nämlich zuvor im Kanzleramt Leiter der Abteilung I (Lageinformation, Öffentliche Sicherheit, Strafrechtlicher Staatsschutz) gewesen und hatte in dieser Funktion zusammen mit dem BND im Staatssekretärsausschuss für Sicherheit gesessen.[1320]

Am 4. September 1970 gewann der Sozialist Allende die Präsidentschaftswahlen. Drei Jahre später wurde er durch einen von der CIA unterstützten Militärputsch von Augusto Pinochet Ugarte, den Allende selbst zum Chef des Heeres ernannt hatte, gestürzt und kam dabei unter nie ganz geklärten Umständen am 11. September 1973 ums Leben. Der US-Nachrichtendienst hatte seine Partner in Pullach einige Tage vor dem Umsturz über den Termin unterrichtet, an dem Pinochet losschlagen wollte. Der BND unterließ es jedoch, die Information Kanzler Brandt vorzulegen. Zu dieser Zeit hatte das MfS mit dem Leutnant im BND Alfred Spuhler seit wenigen Monaten eine Innenquelle beim Gegner. Spuhler erfuhr von der Frühwarnung und setzte seinen Bruder Ludwig mit einem Mikrofilm des Dokuments nach Tirol in Marsch. Dort übernahm ein MfS-Mitarbeiter den Film und schickte ihn nach Ostberlin. Der Putsch am 11. September 1973 traf Allende dennoch unvorbereitet, weil die Warnung über den Chef der Kommunistischen Partei zu kurzfristig kam, und weil Allende der Armee bis zuletzt vertraut hatte. Bis zum 6. Dezember 1989, dem Tag der Rückkehr der Demokratie, forderte die brutale Herrschaft der Junta mehr als 3000 Opfer. Viele verschwanden für immer. Entführungen, Folter und Mord waren wesentlich Werk des Militärgeheimdienstes DINA.

Die SPD-Regierung arrangierte sich scheinbar mit den Zuständen in Chile, zumal die deutsche Wirtschaft ihre Aktivitäten im Pinochet-Staat verstärkte. Der Allende-Regierung zugesagte Kredite zahlte sie an Pinochet unter der Bedingung, dass Ex-Außenminister Clodomiro Almeyda in die Bundesrepublik ausreisen durfte. Da ihm und fünf weiteren ehemaligen Regierungsmitgliedern im Baden-Württemberg des Ministerpräsidenten Hans Filbinger das Asyl verweigert wurde, suchten sie ihr Heil letztlich in der DDR.[1321]

Holzschnittartig verkürzt stand die DDR an der Seite Allendes und schützte nach dessen Tod seine Anhänger, während die Bundesrepublik sich an der Politik der USA orientierte, die in ihrem Hinterhof keine sozialistischen Experimente dulden wollten. Dabei hatte die Regierung Allende in Bonn trotz der Anerkennung der DDR einen Verbündeten gesucht. Staatssekretär Sohn vom Ministerium für wirtschaftliche Zusammenarbeit klärte den BND-Vize Blötz am 21. April 1971 darüber auf, dass die Horrormeldungen über die Offensive der DDR in Chile nach Allendes Wahlsieg ins Reich der Fabel gehörten. Die nach der Anerkennung des zweiten deutschen Staats eingerichtete DDR-Botschaft sei – so die Recherchen seines Hauses – nicht mit 40, sondern mit nur acht Mitarbeitern besetzt und sein Ministerium habe die Zusicherung Allendes erhalten, dass jede Maßnahme der DDR gegen die Bundesrepublik in Chile als Einmischung in die inneren Angelegenheiten und unerfreulicher Akt behandelt würde. Spannungen seien nun aber zu befürchten, da 70 chilenische Offiziere, die München besuchen sollten, kurzfristig ausgeladen worden seien und nun zu fürchten sei, dass die DDR alternativ aktiv werden könnte. Wie viel Vertrauen die neue Regierung in Santiago der Bundesrepublik generell entgegenbrachte, zeigte sich in Sohns Information, dass Chile seine Dollarguthaben in einer Blitzaktion aus den USA abgezogen und auf deutschen Banken deponiert hatte.

Die CDU/CSU stand bis hin zur Verleugnung des Staatsterrors in Chile fest an der Seite Pinochets. Der CDU-Bundestagsabgeordnete Bruno Heck befand nach einem Besuch von Häftlingen der Junta im Nationalstadion, dass «das Leben im Stadion bei sonnigem Frühlingswetter recht angenehm» sei, und als Jürgen Wohlrabe 1974 an der Spitze einer Gruppe von Unionsabgeordneten die Häftlingsinsel Dawson besichtigt hatte, gab er der *Süddeutschen Zeitung* zu Protokoll, die Gefangenen hätten in humanitärer Hinsicht keine Klagen gehabt. Bezeichnend für diese innerdeutschen Konfliktlinien war, dass der chilenische Geheimdienst DINA eine Residentur in der Bundesrepublik unterhielt, nicht jedoch angelehnt an die Botschaft in Bonn, sondern in einer Villa in Starnberg, um von dort Kontakte zur Staatskanzlei von Strauß, der Pinochet pries – wie sich Willy Brandt erinnerte[1322] – und zur CSU-nahen Hanns-Seidel-Stiftung zu pflegen.[1323] Im Dezember 1974 wies Blötz das Kanzleramt darauf hin, dass der DINA-Chef zwar kürzlich in München war, aber nicht im BND. Wie schlecht das Verhältnis des BND zu seinem Partnerdienst «Chinchilla» in Santiago unter Pinochet war, zeigte sich darin, dass Pullach keine Residentur in Chile hatte, sondern die Verbindung von Brasilien aus hielt. Trotz des ungastlichen Partnerdienstes, der eng an der CIA klebte, war dem BND 1974 mit dem Übertritt eines Militärattachés in Santiago ein Erfolg beschieden.[1324]

Die sozialliberale Regierung ließ der demokratischen Opposition in Chile analog zum Vorgehen in Spanien und Portugal Hilfe zukommen – abgestimmt mit dem BND. Am 12. Dezember 1974 unterrichtete Blötz Staatssekretär Schüler und anschließend Ministerialdirektor Hoppe über die finanzielle und ideelle Unterstützung des Widerstands in Chile. Gelder von Wischnewski seien via BND und DGB für humanitäre Gewerkschaftsausgaben nach Chile transferiert worden.[1325] Der Führer der chilenischen Christdemokraten, Eduardo Frei, war CSU-Chef Strauß suspekt. Der «infame Lügner ... dürfe keinen Pfennig erhalten»[1326], forderte er und protestierte bei Walther Leisler Kiep dagegen, dass Frei aus dem Topf bedient werden sollte, in den der BND im Rahmen der Operation POLYP Gelder für die politische Auslandsarbeit der Parteien und ihrer Stiftungen einstellte. Helmut Kohl hielt sich aus dieser Auseinandersetzung heraus. Doch der chilenische Christdemokrat gab nicht auf, reiste nach Rom zur Generaldirektion der christdemokratischen Parteien und erreichte über Giulio Andreotti, dass er auch deutsche Unterstützung erhielt.

Zu Argentinien hatte bereits die OG intensive Kontakte gepflegt, da die deutsche Auslandskolonie ein unerschöpfliches Reservoir an Informanten und Kontaktleuten darstellte. Die Kolonie bestand vor allem aus NS-Funktionären, die nach dem Ende des Zweiten Weltkriegs zu Juan Perón,

Regierungschef von 1945 bis 1955, geflüchtet waren. Eine feste Niederlassung in Buenos Aires hatte der BND schon in den 50er Jahren. Zu den nachrichtendienstlichen Verbindungen Pullachs zählte in der argentinischen Hauptstadt Adolf Galland. Der höchstdekorierte Jagdflieger der Luftwaffe Görings war über die vatikanische Rattenlinie nach Argentinien gelangt und dort in den Waffenhandel eingestiegen.

Die Konstellation der 50er Jahre mit einem NS-belasteten Botschafter und einem BND-Statthalter, der sich überwiegend auf hochrangige Nazis stützte, bestand 1970 unverändert, und das nicht nur, weil es wieder derselbe Botschafter war: Dr. Luitpold Werz, ab 1934 Mitglied der NSDAP, hatte im Auswärtigen Amt Ribbentrops internationale Erfahrungen in Spanien, Australien und Südafrika gesammelt, bevor er 1944 wegen Spionage aus dem portugiesisch beherrschten Moçambique ausgewiesen wurde. Aus dem Bundespräsidialamt kommend, konnte er seine diplomatische Karriere fortsetzen und ging von 1954 bis 1956 als Botschafter nach Argentinien.[1327] Nach verschiedenen Stabsverwendungen saß er 1970 wieder auf dem Botschaftersessel in Buenos Aires. Am 13. April 1971 wandte sich Botschafter Werz brieflich an das Auswärtige Amt, um sich für den BND-Residenten Dr. Neuland zu verwenden.[1328] Dass Herr Neuland nicht Neuland betreten hatte, sondern sich weiterhin auf NS-Größen stützte, erfuhr Genschers Ministerium im Frühjahr 1971. Am 13. April erhielt es den Hinweis, dass der frühere enge Goebbels-Mitarbeiter Wilfried van Oven in Argentinien für den BND tätig sei, und Ministerialdirektor Hoppe gab diese Information an den Vizepräsidenten des BND weiter.[1329]

Nach dem Zweiten Weltkrieg war das politische Leben Argentiniens von einem Wechsel zwischen parlamentarischer Demokratie und Machtausübung durch die Streitkräfte bestimmt, der sich auch während der sozialliberalen Koalition in Bonn fortsetzte. Nach Perón herrschte von 1955 bis 1958 zunächst das Militär, von 1958 bis 1966 gab es eine Zivilregierung, aber von 1966 bis 1973 wieder eine Junta. Nach einem zivilen Intermezzo von 1973 bis 1976 gaben bis 1983 wieder die Generäle den Ton an. Im März 1978 übernahm die Junta unter General Jorge Rafael Videla in einem nahezu unblutigen Putsch die Macht. «Ihren Höhepunkt erreichte die Gewaltkurve unter dem Militärregime nach 1976, mit brutaler Verfolgung und Eliminierung aller Oppositionellen, zwischen 10 000 und 30 000 Opfer.»[1330]

Der deutsche Botschafter bot den Putschisten die Fortsetzung der freundschaftlichen Beziehungen an, weil Bonn am Handel – speziell am Waffenhandel – mit Argentinien interessiert war. Die deutschen Direktinvestitionen stiegen zwischen 1976 und 1982 um 132 Prozent, die Exporte aus der Bundesrepublik verdreifachten sich. Ende 1977 beschloss das Kabinett eine Bundesbürgschaft für die Lieferung von U-Booten durch die Thyssen-Nordseewerke. Von 1977 an war die Bundesrepublik der größte Waffenlieferant Argentiniens und verhalf der Junta zu einem bedeutenden militärisch-industriellen Komplex.[1331]

Um die lukrativen Handelsbeziehungen nicht zu gefährden, hat die Bundesregierung ihre Fürsorgepflicht für Deutsche im Ausland sträflich vernachlässigt: «Während der Diktatur sind insgesamt 102 Fälle politisch verfolgter Deutscher bekannt geworden. Mindestens neun von ihnen haben sich ohne Anklage in Vorbeugehaft befunden; dreißig wurden unterschiedlich lange offiziell inhaftiert und z. T. von Militärgerichten verurteilt; 72 Deutsche wurden entführt und gelten bis heute als verschwunden.»[1332] Als politisch besonders brisant erwies sich der Fall des Werkstudenten Klaus Zieschank, der zwei Tage nach dem Putsch in Buenos Aires vor dem Werkstor der Firma Buxton vom Militär verhaftet worden war. Nach einer Durchsuchung und Plünderung seiner Wohnung im Beisein der Mutter wurde der 24-Jährige – wie die zuständige Polizeidienststelle zunächst gegenüber der deutschen Botschaft bestätigt hatte – beim Polizeikommisariat von San Martin in Untersuchungshaft genommen. Im Mai 1976 erhielten die deutsche Vertretung, ein SPD-Abgeordneter und amnesty international die Nachricht, dass der Bundesbürger in einem Sondergefängnis des Nachrichtendienstes SIDE festgehalten und gefoltert werde.[1333]

Am 30. Juli 1976 schickte der BND auf Verlangen des Kanzleramts ein Fernschreiben an seinen Residenten in Argentinien, der gerade im Krankenhaus lag, um zu klären, ob der Partnerdienst im Fall Zieschank helfen könne.[1334] Klaus Zieschank zählte zu den Gefangenen ohne Kapuze, die Zeuge der unvorstellbaren Brutalitäten der argentinischen Militärs wurden und die damit von vornherein zum Tode verurteilt waren.

So wurde er am 27. Mai 1976 an der Küste des La Plata angekettet an eine weitere Leiche tot aufgefunden, vermutlich aus einem Hubschrauber ins Meer geworfen. Die Obduktion ergab, dass er etwa zwanzig Tage zuvor stranguliert worden war.[1335] Eine Exhumierung klärte 1985 endgültig seine Identität. Die Intervention des BND war um mehr als einen Monat zu spät gekommen. Trotz der traditionell freundschaftlichen Beziehungen zum argentinischen Dienst hätte die Bitte um Unterstützung, selbst wenn Zieschank da noch gelebt hätte, kaum Aussicht auf Erfolg gehabt, da der junge Deutsche Opfer und Augenzeuge der Folterungen geworden war.

Wie auf wirtschaftlichem und politischem Gebiet galt im nachrichtendienstlichen Feld während der brutalsten Jahre der Militärdiktatur *business as usual.* So wurde für den Aufbau einer Funklinie quer durch Südamerika, die seit 1967 in Planung war, die argentinische Grenzstadt zu Brasilien, Alvear, als Station ausgewählt.[1336] Die Stadt am Rio Uruguay lag zwar in Argentinien, aber für den Betrieb der Funkbrücke war das Einvernehmen mit Chile und Brasilien erforderlich. Anfang Juli 1977 hatte Blötz mit dem brasilianischen Partnerdienst und dem Chef des chilenischen Dienstes konferiert. Zugleich bat die CIA um ein weiteres Gespräch, denn im Hinterhof der USA war die Billigung des US-Geheimdienstes für eine solche Kommunikationslinie unerlässlich.[1337] Die Amerikaner hatten zwar keine Einwände, die CIA begrüßte die deutschen Aktivitäten sogar[1338], aber sie spielten ihr eigenes Spiel. Bald gewann der BND den Eindruck, dass Brasilianer und Chilenen mehr über das Projekt Alvear wussten, als den Deutschen lieb sein konnte – offenkundig von der CIA. Am 1. September 1977 vereinbarte Blötz deshalb mit Schüler, dass er zum brasilianischen Nachrichtendienst reisen werde, um dort den Chef der chilenischen DINA zu treffen. Gegenüber dem Geheimdienstkoordinator äußerte Blötz die «Befürchtung, dass US-Stellen alle Einzelheiten ALVEAR preisgegeben haben. Dienst muss feststellen, was ‹Chinchilla› und ‹Biber› über Vorgang ALVEAR wissen.»[1339]

Der Ärger mit dem amerikanischer Partner hatte bereits im Juni 1977 begonnen, weil der BND in Alvear nicht nur mit seiner technischen Abteilung vertreten war, sondern aus der Grenzstadt heraus offensichtlich auch Agenten führte. Das weckte die Neugier der Amerikaner und ihre Lust, dem BND seine guten Quellen abspenstig zu machen. Die CIA machte in Pullach Druck, um ihre Identität zu erfahren. Blötz unterrichtete Schüler über ein diesbezügliches Gespräch mit Dr. George A. Carver von der CIA am 24. Juni in Pullach und warnte ihn eindrücklich davor, dass man auch von ihm bei einer Unterredung am nächsten Tag die Nennung von Unterquellen in Alvear verlangen würde.[1340] Der BND reagierte auf die Abwerbeversuche, die ihn noch länger beschäftigen sollten, dilatorisch: Er versuchte, seine Quellen mit Geld und gutem Willen bei der Stange zu halten.[1341]

Von Argentinien aus hielt der BND in den 70er Jahren seine Partnerdienstkontakte zu Bolivien («Lama»), zu Paraguay («Puma») und zu Uruguay («Pelikan»).[1342] Auch wenn Pullach in Montevideo keinen offiziellen Vertreter hatte, so doch augenscheinlich einen Verbindungsmann. An Mittelamerika hatte der BND unter Wessel lange kein großes Interesse. Erst 1978 ging der BND-Mann Werner Ströhlein (SCHOTTLER), der seit Ende der 70er Jahre im mobilen Einsatz in Lateinamerika gewesen war, nach Costa Rica, um in der Schweiz Mittelamerikas einen BND-Posten aufzubauen.

Die sandinistische Revolution in Nicaragua im Jahre 1979, die die von den USA finanzierten Contras ab 1981 bekämpften, der Staatsstreich einer Reformjunta in El Salvador im gleichen Jahr, der ebenfalls in einen Bürgerkrieg mündete, und das Anwachsen von Guerillabewegungen in der gesamten Region, denen die Fassadendemokratien oder Militärdiktaturen mit blutigen Methoden entgegentraten, versetzten nahezu ganz Mittelamerika in Aufruhr. Eine besondere Art von Stellvertreterkrieg führten dabei die westdeutschen Parteien gegeneinander: Während die SPD-nahe Friedrich-Ebert-Stiftung die Sandinisten in Nicaragua unterstützte, setze die CDU-nahe Konrad-Adenauer-Stiftung aus dem BND stammende Operativgelder des sozialdemokratischen Kanzleramts zugunsten der Contras ein.[1343]

In Asien auf dem Sprung

In Asien stand BND-Präsident Wessel zu Beginn seiner Amtszeit vor einer ähnlichen Ausgangslage wie in Lateinamerika. Die Präsenz beschränkte sich auf zwei Stationen bei Kriegsverbündeten des Zweiten Weltkriegs: einerseits beim Staatschef Taiwans, General Tschiang Kaischek, der bereits in den 30er Jahren deutsche Geheimdienstberater hatte, und andererseits in Japan. Ein dritter Posten war in Hongkong aufgemacht worden.

Im September 1971 schickte Wessel seinen Abteilungsleiter II nach Taiwan, um dem Partnerdienst «Frettchen» einen Besuch abzustatten. Offenbar ging es darum, das Verhalten der Volksrepublik China im Weltsicherheitsrat näher zu untersuchen; der BND stützte seine Spionage gegen Peking von jeher auf Taiwan, und dass ausgerechnet der Technik-Chef des BND nach Taipeh aufbrechen sollte, war kein Zufall, denn seit den 60er Jahren lag der Schwerpunkt der westdeutschen Geheimdienst-Kooperation mit Nationalchina auf der Funkaufklärung. Sie wurde unter der sozialliberalen Regierung weiter ausgebaut: Während eines Arbeitsessens im September 1973 in Bonn stellte BND-Vize Blötz dem Residenten des taiwanesischen Militärnachrichtendienstes, Ango Tai, einen neuen hochkarätigen Berater für Taipeh vor. Im Herbst 1977 reisten zwei BND-Experten des kryptologischen Dienstes zu «Frettchen», und im Dezember 1978 stimmte Staatssekretär Schüler einer Erweiterung der deutsch-taiwanesischen Kooperation auf den Bereich Satellitenaufklärung zu.[1344]

Mehr durch den Austausch von Höflichkeiten als durch handfeste nachrichtendienstliche Arbeit war das Verhältnis des BND zu seinem Pendant in Tokio bestimmt. Im Juni 1971 genehmigte Wessel, nachdem er sich eine Übersicht über die zahlreichen Besuche der Japaner in Pullach verschafft hatte, eine Japanreise der Abteilung I.[1345] Abteilungsleiter Meier wertete 1994 den Ertrag solcher Besuche als «jämmerlich dürftig». Was den deutschen Besuchern auf kleinen Schautafeln an Methoden der Nachrichtengewinnung und an Ergebnissen präsentiert wurde, war kaum der Rede wert; die politische Aufklärungsarbeit des winzigen japanischen Dienstes ließ sehr zu wünschen übrig. Stark war der Geheimdienst Tokios nur, wenn es um die teilprivatisierte Wirtschaftsspionage gegen den Westen ging, aber da ließen sich die Kollegen von «Hamster» naturgemäß nicht in die Karten gucken. Die mangelnde Qualität der Polit- und Militärspionage Japans zeigte sich selbst bei den Gegenbesuchen in Pullach. Die Japaner brachten zwar stets mit bürokratischer Akkuratesse gefertigte Fragenkataloge mit, die jedoch inhaltlich meistens am Wesentlichen vorbeigingen.[1346]

Die Möglichkeiten des BND-Residenten in Tokio, in der weithin geschlossenen japanischen Gesellschaft geheime Informationen zu gewinnen, waren stark eingeschränkt und wurden durch die Sprachbarriere noch erschwert. So griff der BND 1977 wieder einmal auf einen seiner Altvorderen zurück, als er sich von Otto von Habsburg einen Bericht über die allgemeine Lage in Japan fertigen ließ.[1347] Die krassen Unterschiede zwischen dem Arbeitsverhältnis zu Taiwan und dem Geheimdiensttourismus zwischen Pullach und Japan haben sich bis zur deutschen Vereinigung nicht verändert. Zwei Monate nach dem Fall der Mauer holte sich eine japanische Delegation am 18. Januar 1990 eine Einschätzung der Lage in Osteuropa ab, während der Resident des taiwanesischen Militärnachrichtendienstes in Bonn am Dienstag, dem 27. März 1990, in Pullach detailliert über die sowjetische Innenpolitik unterrichtet wurde.

Der Partnerdienst in Südkorea («Kugelfisch») wurde zwar von Tokio aus betreut, doch es bestanden enge Beziehungen auf der Leitungsebene zwischen dem BND und der KCIA (Korean Central Intelligence Agency). Sie fanden 1966 ihren Niederschlag im Besuch des stellvertretenden KCIA-Chefs Byung Doo Lee in Pullach und bei Bundespräsident Heinrich Lübke, der den Leiter des KCIA, General Hyung Wook Kim, bei seinem anschließenden Staatsbesuch in Seoul mit einem Orden ehrte.[1348]

Im Jahr darauf zeigte sich die Schattenseite des auf Antikommunismus gegründeten Verhältnisses: Im Juni 1967 wurden 17 koreanische Studenten und Wissenschaftler, darunter der in Westberlin lebende Komponist Isang Yun, vom Geheimdienst ihres Landes entführt. Unter Anwendung von Gewalt waren sie gezwungen worden, von Hamburg nach Seoul zu fliegen. Etwa 50 KCIA-Agenten waren dabei in der Bundesrepublik zum Einsatz gekommen, und schnell keimte der Verdacht, die Verschleppung sei mit Billigung, wenn nicht mit Beihilfe des BND bewerkstelligt worden. «Nach Informationen aus gut unterrichteten Diplomatenkreisen in Bonn haben Südkoreas CIA-Beamte schon Ende Mai 1967 [...] gegenüber einem Verbindungsmann westdeutscher Behörden in Seoul Aktionsabsichten durchblicken lassen», notierte *Die Welt.*[1349] Dass der deutsche Botschafter und der BND-Verbindungsmann den Hinweis verstanden hätten, wurde offiziell dementiert. Die Entführten wurden gefoltert und einem Schauprozess unterworfen. Wegen des Vorwurfs, nach Nordkorea gereist oder nordkoreanische Filme und Bücher konsumiert zu haben, wurden sie zu hohen, später abgemilderten Haftstrafen verurteilt.

Bonn machte einen völkerrechtlich möglichen Rücküberstellungsanspruch gar nicht erst geltend und verstieg sich sogar wider besseres Wissen zu der These, die 17 Entführten seien freiwillig heimgekehrt. Man begnügte sich mit formalen Protesten. Erst 1971 kehrten die letzten Entführten in die Bundesrepublik zurück, schwiegen jedoch über Entführung und Folter, weil ihren Angehörigen in der Heimat Sippenhaft drohte. Selbst Yuns Anwalt Heinrich Hannover gelang es nicht, die «deutsch-koreanische Komplizenschaft in dieser Sache und die Verschleierungsstrategien der Bonner Regierung und der Karlsruher Bundesanwaltschaft aufzudecken».[1350] Die Akten des Generalbundesanwaltes wurden geheim gehalten.

Offensichtlich trat Wessel in die Fußstapfen Gehlens, denn im Januar 1970 erregte der Informationsaufenthalt des ehemaligen Geheimdienstchefs Südkoreas sowie dreier führender Mitarbeiter in Pullach Aufsehen. Laut *Berliner Zeitung* ging es bei diesem Besuch um den Ausbau der Überwachung der Exilkoreaner in der Bundesrepublik.[1351] Acht Jahre später schlug der KCIA dem BND vor, eine Legalresidentur in Südkorea zu eröffnen, erhielt jedoch einen abschlägigen Bescheid.[1352] Beim KCIA hatte der BND auch Anfang der 80er Jahre noch keine Dependance. Nachweisbar ist sie erst seit 1994, als der BND-Mann Herms Bahl (QUECK) dorthin entsandt wurde.[1353] Umgekehrt verfügte die KCIA weit früher über einen Statthalter in Bonn, wie die Tatsache zeigt, dass dieser sich am 18. Oktober 1988 in der Pullacher Zentrale zur sowjetischen Außenpolitik vortragen ließ.

Getragen war die südkoreanische Hoffnung, in Seoul einen offiziellen BND-Vertreter aufnehmen zu können, von der Beobachtung, dass der BND ab 1976 in zwei benachbarten Ländern Fuß gefasst hatte. Mitte Oktober 1975 hatte Pullach die Schaffung von Residenturen in Djakarta und in Bangkok eingeleitet.[1354] Von der Station in Indonesien aus wurden auch Australien und Neuseeland betreut.

In die Länder, die heute Tigerstaaten genannt werden, war Pullach leicht vorgedrungen, nicht jedoch zu den beiden kontinentalen Großmächten mit kommunistischer Ausrichtung, nach Indien und nach China. Das Reich der Mitte hatte sich nach dem Nixon-Besuch 1972 ein Stück geöffnet. 1973 kam es zur Aufnahme diplomatischer Beziehungen zwischen Bonn und Peking. Im Oktober 1975 schrieb Ministerialdirektor Hoppe an Botschafter Rolf Paul, und schon zwei Wochen später schien festzustehen, dass es einen voll in die westdeutsche Vertretung integrierten BND-Posten geben würde.[1355] Zur Vorbereitung auf den nachrichtendienstlichen Kontrahenten vor Ort versorgte sich der BND beim britischen Nachrichtendienst mit Informationen. Im Oktober 1975 überreichte Blötz im Kanzleramt Unterlagen von «Aster», dem in Hongkong stark vertretenen Londoner Auslandsgeheimdienst MI6, über den rotchinesischen Geheimdienst. Der deutsche Botschafter war im Februar 1976 ebenfalls einverstanden, beharrte aber darauf, dass es kein BND-Mann sein dürfe, der aus Hongkong komme. Von einer angemeldeten Residentur war man beim BND abgerückt. Die Station sollte verdeckt nach dem «Moskauer Modell» eingerichtet werden.[1356]

Von 1977 an konnte der BND die Regierung unmittelbar mit Informationen aus dem Reich der Mitte versorgen, aber auch die Opposition. Als der Abgeordnete Manfred Wörner im September 1977 eine China-Reise plante, ließ er sich in der BND-Zentrale briefen.[1357] Wessel hatte damit den Grundstein gelegt für die sehr engen Beziehungen, die sich in den 80er Jahren zwischen dem Dienst und den Kollegen in China entwickeln sollten. Vorläufig gekrönt wurde diese Kooperation 1985 mit der Eröffnung einer funkelektronischen Aufklärungsstation im chinesischen

Pamirgebirge, an der bis 1990 auch die US-Nachrichtendienste beteiligt waren.

Wenn es Aufgabe eines Nachrichtendienstes ist, politischen Entwicklungen vorauszueilen und den Boden für öffentliche Beziehungen vorzubereiten, dann ist der BND diesem Auftrag im Falle Chinas gerecht geworden. Zu den charakteristischen Methoden eines Geheimdienstes zählt es wohl auch, die Beziehungen zu einem politisch oder wirtschaftlich begehrten Partner zu pflegen, wenn die offizielle Politik sich aus moralischen Erwägungen dazu nicht in der Lage sieht. Im Falle Chinas trat diese Situation mit dem Massaker an chinesischen Studenten durch die Volksarmee auf dem Platz des Himmlischen Friedens in Peking im Juni 1989 ein. Als die *Berliner Zeitung* 1995 veröffentlichte, dass der BND seinen Partnern im Reich der Mitte nachrichtendienstliche Technik zur Ausspähung der Opposition vermittelt und Informationen über chinesische Oppositionelle in der Bundesrepublik verschafft habe, dementierte der BND dies.[1358]

Geleugnet hatte der BND auch, dass sich fast zeitgleich zu dem Massaker eine Delegation chinesischer Geheimdienstler in Pullach aufhielt. Dabei könnte dem BND ein Blick in den Belegungsplan seines Hauses 37 im Camp Nikolaus durchaus auf die Sprünge helfen. Der Turnus, in dem Nachrichtendienstler aus Peking nach Pullach reisen, beträgt etwa sechs Monate. Ende Juni 1989 waren sie dort, und wieder am Montag, den 15. Januar 1990, ab Mittag im Salon «Alter Fritz» des Hauses 37, um die Lage in Osteuropa zu diskutieren. Die Delegation, die aus dem Leiter des Militärgeheimdienstes und zweien seiner Offiziere sowie einem Vertreter der chinesischen Botschaft bestand, war aus Bonn angereist und hatte am Wochenende dem Kanzleramt Helmut Kohls ihre Aufwartung gemacht, das öffentlich immer noch die blutige Unterdrückung der Opposition in China geißelte. Wiederum sechs Monate später traf der Partnerdienst «Pamir» am Dienstag, den 3. Juli 1990, morgens in Pullach ein und wurde im Grünen Salon zunächst auf die BND-Einschätzung zur Zukunft des Warschauer Vertrages eingestimmt. Dass Kanzler Kohl als erster westlicher Politiker in Peking die Ehrenbezeugungen der Volksarmee entgegennahm, hatte wiederum eine kontinuierliche geheimdienstliche Beziehungspflege vorbereitet.

«Komm, schalt mir das mal rüber»

Die fernmeldeelektronische Aufklärung nach Gehlen

Zu den wenigen Vorteilen Westdeutschlands als Frontstaat zählte die Chance, eine intensive funkelektronische Nahaufklärung der Truppen des Warschauer Vertrags durchzuführen und vom vorderen Rand der Blockgrenze tief in das Hinterland des potenziellen Gegners zu spähen, auch wenn diese Möglichkeiten nach Meinung von BND-Vizepräsident Blötz im ersten Vierteljahrhundert nach dem Zweiten Weltkrieg nicht ausgeschöpft worden waren: «Die in der BRD eingesetzten Einrichtungen der Fm/Elo-Aufklärung, und zwar die H-Stellen des BND mit gegenwärtig etwa 850 Mitarbeitern und die Fm/Elo-Einheiten der Bundeswehr, reichen bei weitem nicht aus, die guten Möglichkeiten in der BRD zur Gewinnung von Informationen mit elektronischen Mitteln voll auszunutzen. Dies gilt sowohl für den politischen wie für den militärischen Bereich [...] Aufgrund besonderer Umstände konnte der BND seine Fm/Elo-Aufklärung in den vergangenen zwei Jahren nur knapp auf dem bestehenden Stand halten [...] Die Fm/Elo-Aufklärung bedarf sowohl technisch als auch personell eines langfristigen Aufbauprogramms.»[1359]

Der gewachsenen Bedeutung der fernmeldeelektronischen Aufklärung hatte schon die von Wessel veranlasste Neugliederung des BND Rechnung getragen. So entstand – ab 1970 unter Leitung von Robert Burchardt – die Abteilung II, Technik. Das Mitschneiden des DDR-Fernsehens gehörte genauso zu den Aufgaben wie das Abhören des Fernschreib- und Funkverkehrs aller wichtigen Botschaften in Bonn – nicht nur der des Warschauer Pakts – oder die funkelektronische Aufklärung aus dem Weltraum. Trotzdem dauerte es einige Jahre, bis sich die zunehmende Bedeutung der Funkaufklärung auch im Personalbestand niederschlug. Mitte der 70er Jahre war die Abteilung II so groß geworden, dass die Zentrale für das Chiffrierwesen (ZfChi) ausgegliedert wurde. Dies geschah weniger, weil es zweckmäßig war, sondern um das zahlenmäßige Gleichgewicht der Abteilungen einigermaßen auszupendeln. Denn mit 1600 Mitarbeitern war die Abteilung II ihren Konkurrenten bereits zu groß.

Die eigentliche Nachrichtengewinnung vollzog sich in den zahlreichen Aufklärungsstationen, die zu diesem Zweck getarnt werden mussten und einen Decknamen erhielten. Die Grundlegende der Lauschposten datierte vom August 1970 und legendierte zutreffend das «Anwachsen der Aufgaben, das sich im Wesentlichen aus den Bedürfnissen der mit Fernmeldemitteln arbeitenden Behörden ergibt».[1360] Um das weite Spektrum elektronischer Nachrichtengewinnung ab dem Beginn der 70er Jahre zu tarnen, umfasste die Abdeckung acht vorgebliche Aufgaben, die von der «Statistischen Erfassung aller Fernmeldeanlagen» über die «Beobachtungen zur Feststellung der Verkehrsdichte und Beanspruchung der Fernmeldemittel» bis zur «Feldstärkemessung von Funksendern und Erfassung von Störungen in Funkverbindungen» reichte.[1361] Die Hauptstelle firmiert als Messstelle 3 des Bundesamts in der Wanneystraße 10 in Stockdorf bei München. In diesem Objekt PLANET befand sich zugleich das Institut für Nachrichtentechnik, also die Entwicklungsabteilung des BND, und eine Ausbildungseinrichtung. Von hier aus startete auch der technische Notdienst, der außerhalb der Routinewartungen per Flugzeug rund um den Globus eilte, wenn ein Auswertecomputer oder die Sendeanlage der Botschaft streikten.

Ob als Messstelle oder Prüfstelle getarnt oder zum Beispiel als Bundesstelle für Fernmeldestatistik in einer Braunschweiger Bundeswehrkaserne untergebracht, die Lauschposten des BND sind über die ganze Republik verteilt. Die größte heimische Funkaufklärungsanlage befindet sich bei Husum (Prüfstelle) und trägt den Decknamen KASTAGNETTE.

Konkurrenz von der Hardthöhe

Die Gewinnung militärischer Informationen hatte seit jeher Priorität beim Einsatz der funkelektronischen Mittel. Doch Kanzleramtsminister Ehmke verlangte dem BND mehr politische Informationen ab und wollte vor allem über die Entwicklungen in der DDR unterrichtet werden. Doch der BND war darauf nicht eingestellt. Am 27. Januar 1971 beklagte BND-Vize Blötz, im Bereich Politik, Wirtschaft und Verkehr gebe es fast keine Erkentnisse, da sämtliche vorhandene Kapazität von der Bundeswehr eingesetzt würde.[1362] Es liegt die Vermutung nahe, dass Blötz bewusst übertrieb. Denn gerade im Bezug auf die DDR war der BND bei der Beschaffung nichtmilitärischer Informationen nicht erfolglos, auch wenn es immer wieder Versuche gab, mit Hinweis auf die Überlastung mehr Personal zu bekommen.

Bei den militärischen Lauschoperationen handelte es sich um die Aufklärung der Bundeswehr und des BND in den Programmen KOLCHOSE und CONCORDIA, die 1972 zusammengefasst und im BND-Haushalt 1973 mit über vier Millionen DM ausgestattet wurden.[1363] Andere gemeinsame Operationen richteten sich gegen Richtfunkverbindungen in der ČSSR, der UdSSR und Polen, oder es ging um militärische Vorfeld- und politische Aufklärung des BND im Richtfunkführungsnetz der DDR/NVA mit der dafür beschafften Aufklärungseinrichtung LAUS.

Öffentlich legitimiert wurden die Lauschangriffe auf die DDR stets mit der Notwendigkeit, Vorbereitungen zu einem militärischen Angriff frühzeitig zu erkennen. In der Praxis fielen auf dem militärischen Sektor jedoch überwiegend Informationen über die Manöverintensität, über Einsatzbereitschaftsstände von Großwaffensystemen und zur Dislozierung in Friedenszeiten an, die in die Berichte der Bundeswehr Eingang fanden. Da die SED aus den Erfahrungen des Volksaufstands am 17. Juni 1953, wo Aufständische Drahtverbindungen gekappt hatten, für die politische und wirtschaftspolitische Kommunikation ein weit verzweigtes Richtfunknetz aufbauen ließ, lag der nachrichtendienstliche Ertrag des BND vor allem im Mitschnitt der planwirtschaftlichen Rahmendaten.

Durch die Aufklärung des SED-Richtfunknetzes gewann der BND überdies zahlreiche Informationen zur DDR-Innenpolitik und über das Meinungsklima im Staats- und Parteiapparat. Am 5. Oktober 1981 fing der BND zum Beispiel ein Funktelefonat der SED-Bezirksleitung Potsdam (p) mit einem Abteilungsleiter im Zentralkomitee der SED in Berlin (zk) ein: «p: gut, dass ich dich erwische. Bist du in eile? zk: na, es geht, du weißt ja, nationalfeiertag. p: ich bin ab freitagmittag auch in der hauptstadt. zk: kannst ja vorbeigucken, ich komm sowieso nicht vor mitternacht aus dem laden. p: mach ich gern. Hast du von eberhard noch was gehört über die letzte tagung vom schriftstellerverband? zk: du meinst die berliner geschichten. ach, ja. sie kommen mit den aussprachen einfach nicht weiter. diese stars werden immer unverschämter. seit kurt gesagt hat, jeden mitnehmen, keinen zurücklassen, nehmen die einen gar nicht mehr ernst. p: besonders dieser eitle fatzke … (verrauscht) … seit der bei den westgermanen veröffentlicht, trägt seine frau die nase so hoch, dass sie uns überhaupt nicht mehr sieht. zk: ja. P: und der nachahmungstrieb ist mächtig.» Der BND gewann so Aufschlüsse über die Skepsis des ZK in Bezug auf den Kurs des Politbüro-Mitglieds Kurt Hager gegenüber Hermann Kant.

Unter Gerhard Wessel nahm die technische Aufklärung nicht nur innerhalb des BND einen großen Aufschwung. Er intensivierte auch die Kooperationen, national durch die nicht immer spannungsfreie Zusammenarbeit mit den Streitkräften und international durch eine engere Abstimmung mit den Partnerdiensten. 1958 hatten sich BND und Bundeswehr vorläufig auf die Abgrenzung ihrer Funkaufklärung geeinigt. Die Streitkräfte sollten Ostdeutschland, Polen, die ČSSR und Ungarn aufklären, während der BND alle weiter nach Osten, insbesondere in die UdSSR, laufenden Verbindungen unter Kontrolle nehmen sollte. Seine dominierende Stellung konnte der BND dabei durch das Recht auf die allgemeine Weisungskompetenz und auf das Monopol zum Austausch der gewonnenen Erkenntnisse mit anderen Diensten sichern.[1364] Durch die «Richtlinien für die Zusammenarbeit zwischen Bundeswehr und Bundesnachrichtendienst auf dem Gebiet der Fernmeldeaufklärung und Elektronischen Aufklärung» vom 10. Oktober 1969 wurde die Aufgabenteilung zwischen Streitkräften und Nachrichtendienst durch Vereinbarung neu geregelt. Danach war der Präsident des BND für Gesamtplanung, Aufgabenverteilung und Koordinierung der Fm/Elo-Aufklärung zuständig.[1365]

Im April 1971 unternahm Vizepräsident Blötz sogar einen Anlauf, «die gesamte Funkaufklärung vor allem aus dem Bereich BMVg mit Wehrpflichtigen dem BND zu übertragen und dafür Regelung zu suchen, wie im Einsatz-Fall eingeschlossener Bereich der Fernmeldeaufklärung dem BMVg unterstellt werden kann.»[1366] Zu dieser Zeit war das

Unterstellungsverhältnis des BND im Kriegsfall, bei dem er seine Zentrale nach Spanien zurückverlegen wollte, nicht geklärt.[1367] Am 5. Mai 1971 prüfte das Steuerungsreferat der Abteilung II erneut die Frage: «Ist es möglich, dass der BND die gesamte FmElo-Aufklärung der Bundeswehr übernimmt?»[1368] Diese Vorstellungen sollen bis zum Kabinettsbeschluss gediehen, letztlich jedoch aus rechtlichen Gründen verworfen worden sein.[1369] Das war der letzte Vorstoß Pullachs, sich auf diesem Sektor eine Monopolstellung zu sichern. Als er gescheitert war, schwenkte Pullach auf mehr Kooperation mit den Streitkräften um, die jedoch oft von einem zähen Kleinkrieg um Kompetenzen und Kapazitäten überschattet war.

Als 1971 sechs Breguet-Atlantic-Flugzeuge zur Seeüberwachung beschafft wurden, waren vier der Maschinen für die Fernmeldeaufklärung ausgerüstet. Vom Fliegerhorst Nordholz wurden sie zu Spähflügen über der Ostsee und entlang der innerdeutschen Grenze eingesetzt. Neben BND-Mitarbeitern waren in den 80er Jahren auch britische und amerikanische Experten an Bord. Doch bereits vor der Einführung der Breguet Atlantic nutze der BND Flugzeuge für die Funkaufklärung. Franz Josef Strauß erinnert sich in seinen Memoiren daran, dass der BND von einem Flugzeug aus ein Telefongespräch abhören konnte, das DDR-Ministerpräsident Willy Stoph mit Walter Ulbricht im Mai 1970 anlässlich eines Besuches Willy Brandts geführt hatte.[1370]

Eigentlich wollte sich der BND auf die Tiefe des Raumes, auf strategische Verbindungen, Transportfliegerkräfte und Luftlandetruppen konzentrieren – beispielsweise auf die Operation ORLOG, bei der zur Mitte der 70er Jahre die Flugfunkverkehre sowjetischer Militärflugzeuge aufgefangen wurden, um gegebenenfalls vor einem «Big Lift» sowjetischer Streitkräfte in die DDR warnen zu können.[1371] Doch im März 1976 konstatierte der Vizepräsident des BND in einem Schreiben an den stellvertretenden Generalinspekteur der Bundeswehr, General Harald Wust, dass der Koordinierungsausschuss Fm/Elo-Aufklärung die Erfassung der Fernmeldeverbindungen der sowjetischen Truppen in der DDR und der ČSSR sowie der NVA einschließlich der Luftstreitkräfte und Flugabwehr nur schrittweise auf die Bundeswehr übertragen konnte, und dass sowohl die Luftwaffe als auch das Heer noch auf lange Sicht weit davon entfernt waren, diese Aufgaben selbständig zu erfüllen. So sah sich der BND weiterhin gezwungen, ein Viertel seiner spezifischen Personalkapazität für die militärische Vorfeldaufklärung einzusetzen. Die Aufklärung der NVA sowie der sowjetischen Streitkräfte in der DDR und in der ČSSR lag 1976 bereits in der Verantwortung der Bundeswehr, die etwa 4000 Soldaten in der aktiven Aufklärungsorganisation eingesetzt hatte. Polen, Ungarn und die westlichen Militärbezirke der UdSSR wurden dagegen vom BND abgedeckt. Auseinandersetzungen gab es um die Erfassung der rückwärtigen Führungsverbindungen bis nach Moskau, die die Bundeswehr gern abgehört hätte, aber kein Einverständnis vom BND bekam.

Im Rahmen seines ehrgeizigen Aufbauprogramms prüfte der BND Anfang der 70er Jahre die Rentabilität der Errichtung einer eigenen Wullenwever-Anlage, eines umfangreichen ringförmigen Antennenkomplexes. 1972 bezifferte er die Kosten auf «133, eher wohl 160 Millionen DM» [1372] und warf die Frage auf, ob tatsächlich die politische Aufklärung verbessert würde, oder ob die Anlage doch ausschließlich für bestimmte militärische Verkehre genutzt würde. Zwar hatte Verteidigungsminister Schmidt dem Geheimdienstkoordinator Ehmke 1971 eine Änderung der Prioritäten bei der Funkaufklärung vom militärischen auf das politische Gebiet vorgeschlagen, aber de facto gab es «dauernde Diskrepanzen» zwischen BND und Bundeswehr bei dem Zielkonflikt zwischen militärischer und politischer Aufklärung.

Im Frühsommer 1973 fragte BND-Vize Blötz den Residenten der CIA in München, Arthur Stimpson, ob der BND mit 75 Empfangs- und 6 Peilplätzen die amerikanische Wullenwever-Anlage Augsburg-Gablingen mitbenutzen könne, möglicherweise auch die Fernpeilbasis London-Türkei. Aber auch der BND-Konkurrent Bundeswehr wollte mit in die US-Anlage einrücken. Diesmal gelang es den Pullachern, die Kollegen der Hardthöhe auszutricksen. Am 19. September 1973 waren beim BND Verhandlungen über eine gemeinsame Nutzung der US-Station – BND-Deckname DREHPUNKT – anberaumt. Und diese fanden ohne die Vertreter der Bundeswehr statt. Am 5. Februar 1974 unterzeichnete Blötz bei einem Besuch im Hauptquartier der NSA «in feierlicher Form»[1373] den DREHPUNKT-Vertrag.

Im Oktober 1978 verzeichnete der BND eine Verschlechterung der

Peilergebnisse von DREHPUNKT, da die Kapazität im US-Netz nicht ausreichte und es stets die Deutschen waren, die in einer zu großen Warteschlange geparkt wurden.[1374] Auch nachdem in den 80er Jahren der Verbindungsstab zur NSA aus einer Villa in Krailling nach Gablingen umgesiedelt worden war[1375], blieben die Deutschen immer Nutzer zweiter Klasse, denen der Zugang zu den meisten der zahlreichen unterirdischen Etagen verwehrt blieb.

Aus dem Nebeneinander in der funkelektronischen Aufklärung der Nato-Staaten in Westdeutschland wurde unter Kanzler Brandt langsam, unter Schmidt forciert ein teilweises Miteinander. Ende 1973 hatte der BND-Vizepräsident den US-Lauschposten auf dem Teufelsberg in Berlin besucht, «um festzustellen, ob gemeinsame Arbeit mit Amerikanern lohnt». Im Juli 1974 bildeten BND und NSA eine Arbeitsgruppe zur grenznahen Erfassung und eine zweite zur Satellitenaufklärung. Intensiv wurde die Zusammenarbeit jedoch erst, als US-Verteidigungsminister Schlesinger die Effektivität bestimmter Partnerkombinationen im Nato-Bündnis zu optimieren suchte. Diese Bemühungen waren im November 1974 Anlass für eine verdeckte Offerte zu einem Aufklärungsdreibund zwischen BND, NSA-Direktor Buffham und dem britischen Government Communication Headquarters (GCHQ). «Die vom GCHQ-Director John Burrough bereits vorsichtig angedeutete trilaterale Besprechungsebene ist ganz offensichtlich zwischen den seit vielen Jahren persönlich befreundeten Herren Burrough und Buffham vorerörtert, um in jeweils getrennten Gesprächen mit mir Bereitschaft für solche Spitzengespräche zu dritt festzustellen», notierte Blötz.[1376] Ab Januar 1975 fanden solche Dreiergespräche über die Operationen LAUS und ROMAN sowie zu Fragen der Weltraumaufklärung in London statt. Zugleich koordinierten die Pullacher erstmals mit dem NSA-Residenten in München, Bayard Keller, wer von welchen Stationen aus den Fernmeldeverkehr in der DDR aufnahm.[1377]

Im Dezember 1976 meldete sich der französische Partner zu Wort. Blötz notierte einen Vorschlag von «Narzisse», die Operation LAUS auszuweiten.[1378] Obwohl Frankreich nicht militärisch in die Nato integriert war, unterhielt die Grande Nation mehrere Abhörstationen auf deutschem Boden. Neben seiner Horchfunkstelle in Berlin-Spandau besaß der BND in einem Joint Venture mit dem Partnerdienst auf dem Flughafen Tegel eine gemeinsame Station, tarnte Stellung und Meldeaufkommen mit den Decknamen EISBERG und SANDWÜSTE und war bemüht, die Operation vor Briten und Amerikanern geheim zu halten.[1379] In den 80er Jahren wurde die gemeinsame Einrichtung dann in den Zoologischen Garten verlegt.

In einem Gespräch mit Ministerialdirektor Schlichter im Januar 1978 beklagte sich der BND-Vizepräsident, dass in der neuen Aufgabenbeschreibung des BND die Zentralstelle für das Chiffrierwesen ausgespart wäre. Doch Schlichter befand, das sei besser, «als wenn plötzlich herauskäme, welcher Kontakt zwischen BND und ZfCh bestünde».[1380] Dabei handelte es sich nicht etwa nur um einen bloßen Kontakt, sondern die Zentralstelle für das Chiffrierwesen war bis 1989 eine Unterabteilung des BND. Das Kryptowesen wird von einem ständigen Wettlauf zwischen neuen Verschlüsselungsmethoden und dem Knacken dieser Codes bestimmt. So warnte Blötz am 28. August 1973 in einem Vortrag im Richthofensaal auf der Hardthöhe vor der Zunahme von nicht mehr entzifferbarer Verschlüsselung von Funkverkehren, und betonte, die Gegenmaßnahmen erforderten ständig große Anstrengungen und blockierten zusätzliche Mitarbeiter und Geld.

Von Nutzen war dem BND seine einflussreiche Stellung beim Export von Chiffriertechnik an dritte Staaten, in die er trojanische Pferde einbauen lassen konnte. Unter dem Fachbegriff Gelbstrich-Meldungen firmieren in Pullach solche Funksprüche, die aufgrund der Kenntnis der Technologie, die der BND beispielsweise nach Argentinien, Brasilien und Mexiko, nach Japan, Malaysia und Indien, nach Nigeria oder Israel exportieren ließ, entziffert werden konnten. Der Schwerpunkt der Empfängerländer lag im arabischen Raum.[1381]

Einer solchen Gelbstrich-Meldung verdankte der BND die Information, dass es Ende November/Anfang Dezember 1975 in Kairo zu einer Zusammenkunft iranischer, saudiarabischer und und ägyptischer Nachrichtendienstler gekommen war[1382], und im Juni 1976 fingen die Pullacher Lauscher einen Funkspruch des Teheraner Residenten in Kairo an seine Zentrale über den Besuch einer BND-Delegation in der ägyptischen Hauptstadt ab.[1383]

Auch über Nato-Partner fallen Gelbstrich-Meldungen an, so über Irland, Italien, Spanien und die Türkei. Was Gehlen unter dem Stichwort Westaufklärung begonnen hatte, setzten seine Nachfolger auch im Fernmeldebereich fort. Im Juli 1973 verzeichnete der BND einen starken Rückgang der «Begonie-Narzisse»-Gelbstrich-Meldungen, das hieß, Dänemark und Frankreich hatten im Wettkampf zwischen Ver- und Entschlüsselung zeitweise die besseren Karten, und der BND-Vizepräsident ordnete eiligst eine Überprüfung der Ursachen an.[1384]

Auf der anderen Seite spielte für das Ansehen des BND bei den Partnerdiensten die Leistungsfähigkeit der deutschen Dechiffrierer eine wichtige Rolle, es führte beispielsweise im April 1973 zum «Materialaustausch von chiffriertem Rohmaterial mit HOCKEY», dem britischen GCHQ.[1385] Den allergrößten Gefallen erwiesen die Experten der ZfCh den Briten allerdings 1982, als sie als einziger Nato-Dienst während des Falklandkrieges den Funkverkehr zwischen Buenos Aires und den argentinischen Truppen auf den besetzten Inseln nicht nur erfassen, sondern auch dank eines Schlüssels knacken konnten, den die Abwehr im Zweiten Weltkrieg von den Franzosen erbeutet hatte.[1386]

Zum 30. Juni 1975 ließ der BND seinen Vertrag mit dem Institut für Weltraumforschung in Bochum auslaufen und verlangte die von seiner Zentralstelle für das Chiffrierwesen ausgeliehenen Geräte im Wert von 400 000 DM zurück, da schon seit längerer Zeit kein nachrichtendienstliches Interesse an den Arbeiten des Instituts zur sowjetischen Satelliten kommunikation bestände.[1387] Das bedeutete aber nicht den Abschied von der Aufklärung von Satellitenausstrahlungen, sondern lag zeitlich kurz nach dem Einstieg in dieselbe. Im Januar 1975 hatte der BND sein erstes Konzept zur Weltraumaufklärung für die deutsch-amerikanische Arbeitsgemeinschaft ASMARA vorgelegt[1388], die im Juli 1974 ins Leben gerufen worden war.[1389] Ende September 1976 legte General Hubertus Großler dann die erste umfassende Studie zur Raumfahrt- und Satellitenaufklärung vor.[1390]

Im August 1976 hatte der Stellvertretende Generalinspekteur der Bundeswehr gegenüber dem BND-Vizepräsidenten die entscheidende Frage aufgeworfen, ob die Bundesrepublik auf Dauer auf eigene Satelliten als Aufklärungsplattformen verzichten könne. Inspiriert worden war er zu diesem Vorstoß durch ein Gespräch mit dem Residenten des japanischen Geheimdienstes Saigo in Bonn. Der General favorisierte auf dem Satellitensektor eine Zusammenarbeit mit Tokio, das nicht wie Paris an einer bloßen Kostenbeteiligung der Bundesrepublik interessiert sei.[1391]

Der Sprechzettel des BND für den Besuch der Parlamentarischen Kontrollkommission am 12. April 1989 bilanzierte die weitere Entwicklung bis zum Ende des Ost-West-Konflikts: 1985 legte die interministerielle Arbeitsgruppe von Horst Teltschik den nationalen Bedarf der Bundeswehr und des BND fest, eine deutsch-französische Kooperation wurde Ende 1985 abgelehnt. 1987 ergriff Außenminister Genscher eine neue Initiative zur deutsch-französischen Kooperation, die Kanzler Kohl jedoch – wohl auf amerikanischen Druck – scheitern ließ. 1988 initiierte Frankreich eine WEU-Tagung zur Schaffung eines europäischen Aufklärungssatelliten. Doch der deutschen Seite erschien dies zu zeitaufwendig und von zu vielen Teilnehmern abhängig.[1392]

Nachdem die Westeuropäische Union im November 1989 ihren Bericht und eine Kostenschätzung von 27 Milliarden DM vorgelegt hatte, entschied sich die Bundesrepublik zwar für eine Beteiligung an der experimentellen Phase, legte sich aber nicht auf eine künftige Beteiligung am WEU-Projekt fest. Auf dem spanischen Militärflugplatz Torrejon wurden 1992 ein Trainingszentrum und eine Datenauswertestation errichtet, dort werden Satellitenfotos des 1995 als französisch-italienisch-spanisches Projekt gestarteten HELIOS I ausgewertet.

Seine eigenen Zielsetzungen bei der Satellitenaufklärung hatte der BND 1989 festgeschrieben: Verifikation und Überwachung von Nonproliferationsvereinbarungen ABC, krisensichere Aufklärung der Kernbedrohung (strategische Reserven, nukleare Einsatzmittel, Führungszentren), Indikation von Krisen und Krieg, auch Dritte-Welt-Krisen, Frühwarnung vor Natur- und Umweltkatastrophen sowie Informationsgewinnung über Ernten, Ressourcen und Infrastruktur. Zur Deckung dieses Bedarfs schienen eine Bodenkontrollstation, eine Empfangs- und Auswertestation, zwei Foto- und zwei Radarsatelliten und ein angemieteter Datenrelaissatellit hinreichend. Der BND favorisierte die binationale Kooperation, in der Frankreich mit Fotosensoren auf HELIOS II und die Bundesrepublik mit Radarsensoren auf HORUS zusammenwirken.[1393] Vier Milliarden DM über zehn Jahre verteilt, lautete die damalige Kostenschätzung für den deutschen Anteil, mittlerweile sind es mindestens sieben. Diese hohen Ausgaben bewogen auch Verteidigungsminister Volker Rühe, gegen das Projekt zu votieren. Kanzler Kohl aber ließ als Ergebnis der Verhandlungen mit Frankreichs Präsident Jacques Chirac kurz nach der Bundestagswahl vom 16. Oktober 1994 keinen Zweifel mehr, dass er diesmal das deutsch-französische Projekt allen US-Angeboten zum Verkauf von US-Satelliten an Deutschland vorzog.

Hatte der BND in den 70er Jahren bei der Datenverarbeitung und bei den Wortbanken, mit deren Hitwörtern die Fernmeldeverkehre nach nachrichtendienstlich relevantem Material durchsiebt werden, noch viele Anleihen bei den US-Partnern gemacht – beispielsweise von der US-Wortbank CHERRY GLOVE für sein Projekt AUSTIN profitiert[1394] –, so unternahm er in den 80er Jahren kostenintensive Modernisierungsprozesse des gesamten Technikbereichs – bis hin zu der Initiative «Nase vorn», die BND-Admiral Güllich, damals Leiter der Abteilung 2, 1993 ausrief. Mobilfunk und Internet weiten das geheimdienstliche Interessenfeld dabei ebenso aus wie eine wachsende Anzahl von Netzbetreibern auf dem internationalen Markt.

Technische Fortschritte erzielte der BND teils im Zusammenwirken mit der Industrie, teils als Eigenentwicklung im Objekt PLANET in Stockdorf. Hier sind die Aufklärungs- und Übertragungssysteme wie HARPUNE und SCHNELLBAHN in enger Kooperation mit Firmen wie Siemens, Rode & Schwarz oder AEG-Telefunken sowie anderen namhaften deutschen Elektronikherstellern entwickelt worden, deren Produktpalette von BND-Wissenschaftlern auf ihre Verwendbarkeit für nachrichtendienstliche Zwecke überprüft und gegebenenfalls übernommen oder aber weiterentwickelt wurde. Insider rühmen als Eigenentwicklung des BND die SCHNELLBAHN, ein System, das die schnelle und verschlüsselte Übertragung von Dateien aus elektronischen Speichern über jedes Telefon erlaubt. So konnten BND-Agenten in der DDR Decktelefone in der Bundesrepublik, die oft nur mit einem Anrufbeantworter besetzt waren, wählen und parallel zu einem belanglosen Satz via SCHNELLBAHN Meldungen absetzen. Computergesteuerte Abhöranlagen des MfS konnten die unterlegten Meldungen jedoch genauso mitschneiden wie den gesprochenen Text. Um das Anpeilen sendender Agenten zu erschweren und sie nicht an bestimmte Tageszeiten zu binden, entwickelten die Techniker in Stockdorf das Empfangssystem HARPUNE: In Radios östlicher Bauart wurde ein Zusatzsystem installiert, das auf ein Funksignal aus Stockdorf hin die gespeicherten Informationen komprimiert und sekundenschnell empfing, sodass die gegnerische Funkaufklärung nicht mehr den Zeitpunkt der Sendung und den Aufenthaltsort von Verdächtigen als Indiz zusammenführen konnte. Für den Verkauf der HARPUNE soll der BND bei Nato-Partnern 20 Millionen DM erlöst haben. In Polen konnte die Spionageabwehr 1986 und 1987 HARPUNE-Geräte bei Agenten finden, die für den britischen Geheimdienst arbeiteten.[1395]

Nachhaltig investiert wurde unter der Regierung Kohl/Genscher aber auch in die grossen Aufklärungseinrichtungen. Allein in das Husumer Objekt KASTAGNETTE wollte der BND zwischen 1988 und 1993 etwa 40 Millionen DM stecken. Die verdeckte Finanzierung erfolgte aus dem Verteidigungshaushalt. 1988 wurde dann in Bad Aibling in unmittelbarer Nähe der zweitgrößten US-Aufklärungsstation in Europa, WILDBORE, das Objekt SEELAND errichtet. Gemeinsam mit den USA hatte der BND jahrelang große Anstrengungen zur Erfassung und Auswertung der Troposcatter-Funkverbindungen der Hauptkommandos des Warschauer Vertrags unter Nutzung stratosphärischer Streuverbindungen unternommen. Was die Bodenstation des Molninaya-Kommunikationsatelliten beim Hauptquartier der sowjetischen Streitkräfte in Deutschland bei Wünsdorf an die Stäbe in der ČSSR und Polen sandte, sollte ebenso erfasst werden wie die Kommunikation mit dem übergeordneten Fronthauptquartier. Mit SEELAND – gedeckt als Fernmeldeleitverkehrsstelle in der Mangfall-Kaserne – gewann der BND ein von den USA unabhängiges Instrument zur elektronischen Aufklärung sowjetischer Raketentruppen, der Marine und des Generalstabs. Wenn der BND im Juli 1991 beim Putsch gegen Gorbatschow relativ schnell nach Bonn melden konnte, dass die Führung der Sowjet-Streitkräfte nicht voll hinter den Putschisten stand und dass keine Generalmobilmachung erfolgt war, dann war dies vor allem ein Erfolg des Bad Aiblinger Antennenkomplexes, der heute den Decknamen ORION trägt.[1396]

Die «ND-Begriffbestimmungen für den Bundesnachrichtendienst» von 1974 kannten den Rundspruchdienst, einen Funkführungsdienst, der auf bestimmten Frequenzen verschlüsselte Anweisungen für ND-Verbindungen im europäischen Bereich sendete oder sich als individueller Rundspruchdienst an bestimmte Zielpersonen richtete. Der Schnellinformationsdienst wiederholte chiffrierte Sendungen auf allen Frequenzen auch für das außereuropäische Ausland, und der Sonderblindfunkdienst schickte weltweit in Morsetelegraphie verschlüsselte Anweisungen an bestimmte Zielpersonen. Mit einem Zahlenrapidgerät, einem elektronischen Speicher- oder Gebegerät, wurden Nachrichten im Schnellsendeverfahren auf dem Funkmeldeweg übertragen.

Eine seiner Sendeanlagen betrieb der BND in Dachau/Kreuzholzhausen. Offiziell firmierte das «Objekt MÜHLE» als Prüfstelle der «Bundesstelle für Fernmeldestatistik». Für den Agentenfunk und den Fernmeldeverkehr zu den Auslandsresidenturen nutzte der BND auch in den 80er Jahren das «Objekt ALPINA» bei Tutzing. So wenig wie der Dienst eine Unterwanderung seines operativen Bereichs durch DDR-Agenten verhindern konnte, so wenig hat er sein vorzügliches Aufklärungs- und Kommunikationssystem vor Mithörern des MfS schützen können. Von der Abhörstation TOPAS in der ČSSR aus konnte das MfS den unverschlüsselt über Richtfunk laufenden Verkehr von ALPINA nach München erfassen.

Da über diese Station auch die Satellitenverbindungen zu den Legalresidenturen in Kairo und Amman sowie zum illegalen BND-Stützpunkt in Damaskus liefen, blieb den MfS-Operateuren nicht verborgen, was zwischen der Pullacher Zentrale und den drei Außenposten im Nahen Osten ablief. Im Jahre 1984 beispielsweise glaubten die BNDler in der ägyptischen Hauptstadt herausgefunden zu haben, in welche Wohnung der neue Militärattaché der DDR einziehen würde. In Abstimmung mit ihrer Führungsstelle im Isartal mieteten sie eine anliegende Wohnung an und statteten diese mit Abhörtechnik aus. Da das MfS die militärische Aufklärung der NVA längst vorgewarnt hatte, wurde die Wohnung in Kairo nicht mit dem Attaché belegt, sondern mit einem harmlosen Außenhandelsbeamten. Über sechs Monate lang war die teure, aus der Bundesrepublik herangeschaffte Abhörtechnik gebunden, bis die Lauscher an der Wand bemerkten, dass ihr Lauschangriff sich nicht gegen einen besonders gut getarnten NVA-Offizier gerichtet hatte. Die Abhörspezialisten der DDR registrierten via ALPINA wiederum mit besonderer Genugtuung, dass der BND-Resident in Kairo, Dr. Becker, mit einem Tobsuchtsanfall auf den Flop reagierte.[1397]

Ins europäische Raumfahrtzentrum in Kourou in Französisch-Guayana, wo Ariane-Raketen zivile Satelliten in den Orbit schicken, hat der BND seine Spezialisten schon vorher entsandt. Nach französischen Presseberichten soll er seit 1998 von dort und einer weiteren Station in Neukaledonien im Südpazifik aus gemeinsam mit den Franzosen den Satellitenverkehr über Amerika über Inmarsat und Intelsat abhören.[1398]

Einerseits beteiligte sich Pullach schon in den späten 80er Jahren an französischen Aktivitäten zur Ausspähung der USA, andererseits gab es zugleich Joint Ventures mit den US-Nachrichtendiensten, insbesondere nachdem CIA und NSA zusammen eine Ausspähoffensive eingeleitet hatten. «Ende 1983 arbeiteten an etwa einem Drittel der US-Botschaften im Ausland solche Gemeinschaftsteams aus CIA und NSA. Oft nur zwei oder drei Mann stark, arbeiteten die Teams unter strengster Geheimhaltung und verbanden das technische Expertenwissen der Leute der NSA mit den eher praktisch orientierten und Mut erfordernden Aktionen der CIA-Agenten. Die Teams wurden Special Collection Elements oder Special Collection Sites genannt und lieferten hervorragendes Nachrichtenmaterial, besonders wenn die US-Botschaft günstig auf einem Hügel gelegen war oder in der Nähe des Außen- oder Verteidigungsministeriums und anderer wichtiger Ministerien oder Amtssitze des Gastlandes», fand Bob Woodward heraus.[1399]

Anders als Woodward suggeriert, ging es der Agency nicht nur um die Aufklärung von Einrichtungen des Gastlandes. Hinweise auf die «special collection» hatte die Spionageabwehr der DDR in Kairo schon seit längerer Zeit. Der ägyptische Geheimdienst hatte ein Objekt in günstiger Lage zur Botschaft der DDR mit weitgehender Unterstützung der CIA ausgebaut und offensichtlich für umfangreiche Lauschangriffe auf die DDR-Botschaft genutzt. Doch auch nachdem der Lauschangriff von der HVA erkannt worden war, ließ sich nicht feststellen, wie groß die

Beute der ägyptisch-amerikanischen Operation war. Die neue Technik hinterließ keine Spuren im Objekt: «Telefonleitungen und Zimmer konnten abgehört werden, ohne dass es eine physische Verbindung gab oder jemand vorher in den Raum eingedrungen war. Gespräche im Zimmer konnten über das Fenster abgehört werden, indem man die Schwingungen des Glases mit einem kleinen, unsichtbaren Strahl maß. Der Strahl ging von einem mehrere hundert Meter entfernten Sender aus, wurde im spitzen Winkel vom Fenster zurückgeworfen und von einem ebenfalls einige hundert Meter entfernten Empfänger aufgenommen und verstärkt.»[1400]

Die Ergebnisse der Special Collection, insbesondere die mit der Technik des reflektierten und umgewandelten Laserstrahls, von zahlreichen US-Botschaften aus und ihre ständige technische Perfektionierung motivierten den Washingtoner CIA-Chef Casey, immer mehr von seinen Agenten zu verlangen, insbesondere im Hinblick auf den seit 1985 zum Aufklärungsziel Nr. 1 avancierten libyschen Staatschef Muammar Gaddafi. Da es in Tripolis jedoch keine US-Botschaft gab, konnte die CIA ihre Special Collection nicht selbst auf Libyen ausdehnen. So wandte sie sich im Jahre 1986 mit der Bitte um Unterstützung an den Pullacher Partnerdienst, dem man die besten Verbindungen nach Libyen zutraute. Daraufhin beantragte der BND beim Auswärtigen Amt die Errichtung einer Auslandsresidentur in Libyen, um für die CIA diese Maßnahmen zu realisieren und natürlich an dem Aufkommen teilzuhaben. Anfang 1987 residierte dann ein BND-Statthalter in Tripolis und stellte den US-Nachrichtendiensten seine Räumlichkeiten für die Special Collection zur Verfügung.[1401]

Mit dem Ende des Kalten Krieges wurde die gesamte fernmeldeelektronische Aufklärung von BND und Bundeswehr reorganisiert, von der taktischen mehr auf die strategische Ebene gehoben. Ab 1990 wurden viele Einrichtungen zurückgebaut oder geschlossen. Das Heer hat den Betrieb seiner grenznahen Türme aufgegeben, die dort eingesetzten Fernmeldekompanien aufgelöst. Wie wenig der Zusammenbruch des SED-Regimes in der DDR im November 1989 jedoch vorhergesehen wurde, zeigt sich auch an den Investitionen für die grenznahe Aufklärung: In einen Anbau des Antennenturms auf dem Stöberhai wurden von 1987 bis 1991 ca. 14 Millionen DM, in den weiteren Turmausbau in Dannenberg bis 1991 ca. sieben Millionen DM investiert.[1402]

Die Luftwaffe betreibt seit 1991 nur mehr strategische Fernmeldeaufklärung gegen die Zerfallsstaaten der Sowjetunion und modernisiert ihren Aufklärungsbereich. Der BND konzentrierte sich auf seine Großanlagen im In- und Ausland und stellte sie schrittweise in den Dienst der neuen Aufgaben von der Verhinderung der Proliferation von ABC-Waffen bis zur Bekämpfung der organisierten Kriminalität.[1403]

Mitlesen und Mithören: Die Post- und Fernmeldekontrolle

Die im Deutschlandvertrag formulierte Bedingung für die Ablösung der allierten Rechte bei der Post-und Fernmeldekontrolle war, dass die «zuständigen deutschen Behörden entsprechende Vollmachten durch die deutsche Gesetzgebung erhalten haben und dadurch in den Stand gesetzt werden, wirksame Maßnahmen zum Schutz» der alliierten Streitkräfte zu treffen. Aber die junge Bundesrepublik tat sich schwer, eigene Rechtsgrundlagen für die Eingriffe in die in Artikel 10 GG garantierten Verfassungsrechte zu schaffen. Nach verschiedenen am parlamentarischen Widerstand gescheiterten Initiativen erklärte Außenminister von Brentano im Mai 1960 vor dem Parlament, die Überwachungsrechte der Allierten mit einem einfachen Gesetz zu Artikel 10 GG ablösen zu wollen.[1404] Doch die geplanten Eingriffe machten eine verfassungsändernde Mehrheit erforderlich und verlangten nach Sicherungsmaßnahmen gegenüber den Überwachungsapparaten. Die sah die juristische Debatte sowohl in der Möglichkeit der Kontrolle in der Jurisdiktion wie auf Regierungsebene. Mit ihrer Note vom 12. Juni 1965 hatten die Botschafter der drei Westmächte die «Richterlösung» als ausreichend angesehen, mit der Note vom 12. Dezember 1967 auch die «Ministerlösung», die von der Bundesregierung angepeilte Ausschließung des Rechtsweges von Betroffenen jedoch keineswegs zur Bedingung gemacht, wie Konrad Adenauer hatte glauben machen wollen.[1405]

Letztlich war es Professor Claus Arndt, der im Auftrag des SPD-Fraktionsvorsitzenden Helmut Schmidt 1968 in ausgeräumten Dienstzimmern der Hamburger Innenbehörde mit Fachbeamten den endgültigen Wortlaut des G-10-Gesetzes formulierte, der bis zuletzt auf innerparteiliche Kritik stieß, namentlich beim Abgeordneten Hans Matthöfer und bei Postminister Kurt Gscheidle.[1406] Nach einem Beschluss der Bundesregierung vom 18. September 1968 definierte der Bundesminister der Verteidigung von da an geographische Gebiete als Gefahrenbereich und damit als Zielgebiet der strategischen Kontrolle. Er ordnete das Abhören grenzüberschreitender Sammelkabel sowie die stichprobenartige Überprüfung festgelegter Postübergabestellen an und holte die Zustimmung des G-10-Ausschusses des Bundestages dazu ein. Die technische Durchführung dieser Maßnahmen oblag dem BND.

Am 6. April 1971 unternahm BND-Vize Blötz den Vorstoß, das Genehmigungsverfahren zur strategischen Kontrolle auf das Kanzleramt zu übertragen.[1407] Zwei Wochen später informierte Blötz dann Staatssekretär Birckholtz im Verteidigungsministerium, dass BND-Präsident Wessel «keine unüberwindlichen Schwierigkeiten sieht, Anordnungsbefugnis auf BK zu übertragen.[1408] So wechselte die Anordnungsbefugnis 1971 aus dem Geschäftsbereich des Verteidigungsministeriums zum Kanzleramt.

Zu Beginn einer neuen Legislaturperiode wurde die alte Gefahrengebietsliste vor allem mit Blick auf eine militärische Bedrohung aus dem Warschauer Pakt durch das G-10-Gremium des Parlaments in der Regel fortgeschrieben, im Einzelfall – wie bei Konflikten zwischen Ägypten und Libyen Ende der 70er Jahre – auch um weitere Staaten ergänzt. Zur parlamentarischen Kontrolle der Eingriffe in das Post- und Fernmeldegeheimnis war eine aus drei Parlamentsabgeordneten bestehende so genannte G-10-Kommission geschaffen worden. Die Kommission prüft die Rechtmäßigkeit der Beschränkungen im Einzelfall und kann sie als unzweckmäßig einstufen, nicht jedoch aufheben. Sie wird halbjährlich vom für die Anordnung zuständigen Bundesminister über die Handhabung der PFK unterrichtet und tagt etwa monatlich sowie bei dringendem Entscheidungsbedarf.[1409]

Die G-10-Kommission erhielt überdies jeweils zum Jahresende sowohl vom BND wie vom BfV eine Bilanz, aus der die Erkenntnisgewinne aus der PFK hervorgingen. Als besonderen Erfolg präsentierte der BND beispielsweise die Unterrichtung der Bundesregierung, dass die Wahl von Karl Carstens zum Bundespräsidenten am 23. Mai 1979 in Westberlin ohne Komplikationen verlaufen könne, weil überwiegend Erkenntnisse aus G-10-Maßnahmen gezeigt hatten, dass es zwar die obligatorischen sowjetischen Proteste, aber keine ernsthaften Störungen des Wahlakts geben würde.[1410]

Den G-10-Kontrolleuren ist häufig vorgeworfen worden, bei der Zustimmung zu Eingriffen in das Post- und Fernmeldegeheimnis stets zu großzügig im Interesse der Nachrichtendienste verfahren zu sein. Die wenigen vorliegenden Geheimakten dazu bieten ein etwas differenzierteres Bild. Nachdem Dieter Blötz am 28. Oktober 1970 an der Sitzung der G-10-Kommission teilgenommen hatte, unterrichtete er am folgenden Tag BND-Chef Wessel, dass es bei dem Treffen sogar eine Stimme gab, die davor gewarnt hatte, vor dem Kontrollgremium zu viel geheime Informationen auszubreiten: «Das Kommissionsmitglied MdB Dr. Arndt erklärte seine Verwunderung darüber, dass der BND eine so geheim zu haltende Angelegenheit wie die ‹Nachfertigungstechnik› vor der Kommission ausgebreitet hätte.»[1411]

Fast drei Jahre später allerdings, am 5. Juli 1973, wehte bei einer Sitzung der G-10-Kommission ein anderer Wind. «Die Kommission steht offensichtlich unter dem Eindruck der Watergate-Affäre und der französischen und italienischen pressebekannten Abhöraffären und befürchtet, dass in der BRD Ähnliches passiert sein könnte»[1412], notierte Blötz. Ihren Niederschlag fand die aufgeschreckte Haltung der Kontrolleure in drei kritischen Fragestellungen. Brisant war vor allem die Sorge der Kommission, ob ihre Anordnungen durch den Gefahrenbegriff des § 3 tatsächlich gedeckt seien oder ob von ihm allzu großzügig Gebrauch gemacht würde. Der Staatssekretär a. D. Reinhold Mercker brachte die Befürchtungen auf den Punkt: Wenn Ergebnisse aus den Meldungen beispielsweise an den bayerischen Autohersteller BMW durchgereicht würden, dann sei das für ihn nicht statthaft. «Die Kommission scheint im Begriff zu sein, auch nach unserer Meinung, unzulässigerweise eine Art Effektivitätskontrolle selbst durchführen zu wollen», hielt Blötz besorgt fest.

Antragsberechtigt für G-10-Maßnahmen ist der BND unmittelbar dort, wo es um seine Eigensicherung, das heißt um die Abwehr nachrichtendienstlicher Angriffe gegen ihn und seine Mitarbeiter geht, wie zum Beispiel im Fall Felfe. Aber auch hier schoss der Dienst über das Ziel hinaus: Ende der 70er Jahre führte der BND in so starkem Umfang Überwachungsmaßnahmen gegen eigene Mitarbeiter durch, dass Angehörige des Dienstes dagegen Klagen vor dem Arbeits- und dem Bundesverwaltungsgericht erhoben.[1413] Bereits 1959 hatte der BND – laut Julius Mader – die Telefon- und Postüberwachungsstellen der drei Westalliierten inspiziert und die Möglichkeiten einer Übernahme geprüft.[1414] Doch erst das G-10-Notstandsgesetz vom 13. August 1968, das am 1. November in Kraft trat, eröffnete ihm die Möglichkeit, sein nachrichtendienstliches Methodenrepertoire um den direkten Zugriff auf die von der Bundespost transportierten Briefe und weitergeleiteten Telefongespräche und Fernschreiben zu erweitern. Die Post- und Fernmeldekontrolle, als «(Haupt-)Stelle für spezielle Datenverarbeitung» legendiert, umfasste ca. 250 MitarbeiterInnen des BND in Außenstellen, die den Postleitstellen der Bundespost z. B. in Braunschweig, Bebra, Hof und Berlin benachbart waren. Die Luftpost aus der Sowjetunion wurde auf dem Frankfurter Flughafen abgegriffen, während der BND Post in die und aus der ČSSR direkt an der Grenzübergabestelle sichtete.[1415]

Redakteure des Hamburger Magazins *Stern* konnten von 1978 bis 1980 aufgrund gezielter Indiskretionen des Leiters der Schulen des BND, Kurt Weiß, zwei Briefkontrollstellen des BND enttarnen[1416]: Sie deckten die als «Hauptstelle für spezielle Datenverarbeitung, Bonn 2, Zweigstelle München» getarnte BND-Dependance in der Schwanthalerstraße 91 auf, in die allmorgendlich um 7 Uhr Postsäcke vom Bahnpostamt München mit Briefen aus Ungarn, Rumänien, der ČSSR und Jugoslawien gebracht wurden, um acht Stunden später ihren Rückweg zur Post anzutreten. Und in einer Villa in Hamburg-Winterhude lokalisierten sie im Mai 1980 die «Erfassungsstelle für Grunddaten des HSD», in die ein orangefarbener Passat Kombi täglich gegen halb acht Uhr Postsäcke aus dem Postamt Hühnerposten brachte. Der *Spiegel* nahm die Villa in Winterhude im Frühjahr 1990 erneut unter die Lupe, an der nun ein Türschild «Datenerfassung» hing. Nach den Aussagen eines Postbeamten gelangten täglich mehr als 10 000 Privatbriefe aus der DDR und anderen

Staaten des Warschauer Vertrags zur Auswertung in die Willibaldstraße 11, die mit zwei- bis dreitägiger Verspätung wieder in den Postlauf zurückgingen. «BND-relevante Erkenntnisse, vor allem über Bundesbürger, die regen Kontakt mit DDR-Bürgern pflegten, wurden gesammelt und teilweise an den Verfassungsschutz weitergeleitet», eruierte das Magazin.

Aus dem Urteil des Bundesverfassungsgerichts vom 20. Juni 1984 geht hervor, dass 1978 etwa 1,6 Millionen Briefsendungen von 188,4 Millionen insgesamt in diesem Jahr aus und in die DDR sowie 60 Millionen Briefe in und aus den übrigen WVO-Staaten zu Kontrollzwecken vom BND aus dem Postverkehr gezogen wurden. In der Praxis variierten die Entnahmequoten stark. Zur statistischen Untermauerung wurden die Quoten gelegentlich für bestimmte Bezirke der DDR schlagartig erhöht. Zu gleichartigen Fragestellungen erfolgten Querschnittanalysen ganz unterschiedlicher Bezirke.

Nicht jeder Brief, der über die Wasserdampf-Dependencen des BND geleitet wurde, erreichte später seinen Empfänger. Kurt Weiß vertraute einem *Stern*-Redakteur an, dass die BND-Mitarbeiter gerade in Stoßzeiten sich häufig nicht die Mühe machten, die Umschläge über Dampf zu öffnen. Stattdessen rissen sie die Briefe einfach auf, warfen sie samt Umschlag nach dem Kopieren weg und machten sich dabei eines Verwahrungsbruchs schuldig. Nach der Veröffentlichung des *Stern* im November 1978 prüfte eine Kommission, an der auch Staatssekretär Schüler teilnahm, den Umfang der PFK. Ab dem Sommer 1979 ging das Aufkommen wegen der strengeren Vorgaben aus Bonn zunächst zurück, und die G-10-Meldungen wurden mit einem Antiqua-Stempel «Achtung – Schutzbestimmungen für personenbezogene Daten beachten» versehen. Nachdem sich die politische Aufregung gelegt hatte, weitete der BND die PFK Ende 1979 wieder aus.[1417]

Was die Inhalte der Briefkontrolle betraf, so ließ sich so gut wie nie ein Hinweis auf eine militärische Bedrohung ablesen, aber oft genug die wehrpsychologische Stimmungslage in der DDR-Bevölkerung abbilden. Die dokumentierten Auszüge aus dem Postverkehr wurden mit dem Datum, einer laufenden Nummer und der DDR-Postleitzahl samt Ort nach Pullach in die Auswertung übermittelt. So hieß es beispielsweise in der Meldung 06 vom 16. Mai 1981 aus X 3581 Mellin: «Vorgestern hatten wir Elternversammlung, hier in der DDR ist man praktisch gezwungen zu solchen Treffen hinzugehen. Es war dann aber doch recht interessant, als eine jüngere Frau aufstand und dem Kreisleiter, der da war, die Frage stellte, ob die DDR durch den Wehrkundeunterricht nicht gegen den Frieden verstößt»; oder in der Meldung X 8903 vom 2. November 1976: «die Russen haben beim letzten Manöver wieder gehaust wie die Schweine, Kartoffeln geklaut usw. Aber die Genossen behaupten ja immer, die Iwans seien unsere besten Freunde.»

Neben Hinweisen auf die Versorgungslage erhielt der BND durch Auswertung der Post auch Hinweise darauf, wie die DDR mit Ausreiseanträgen umging. So hatte sich eine 28-jährige Kindergärtnerin aus Leipzig seit Februar 1977 bemüht, zu ihrem Verlobten nach Westdeutschland übersiedeln zu dürfen. Aus ihren abgefangenen Briefen ging hervor, dass sie beim Besuch auf dem Kommissariat der Volkspolizei den versteckten Hinweis erhielt, «die Sache könne laufen, wenn Mama sich verpflichtet, keinen Antrag zu stellen». An die Bestimmung, dass die PFK keine personenbezogenen Daten erfassen durfte, hielten sich die BND-Mitarbeiter nicht in jedem Fall. Typisch für einen solchen Verstoß gegen die Anonymisierungspflicht ist die BND-Meldung X 4021 vom 20. November 1976, die aus einem DDR-Brief den Abschnitt «aber auf Biermann haben die Genossen sehr gereizt reagiert [...] Die meisten wissen von ihm nur, dass er die SED nicht schätzt» zitiert und den Vermerk hinzufügt: «Absender und Empfänger hier bekannt».

Neben dem BND verfügte auch der MAD Ende der 70er Jahre über drei so genannte K-Stellen in Münster, Koblenz und Würzburg. Nach Angaben von Konrad Koch, dem stellvertretenden Leiter des Amtes für Sicherheit in der Bundeswehr von 1973 bis 1977, wurde auch außerhalb legaler G-10-Maßnahmen über den kurzen Dienstweg zwischen Nachrichtendienstlern und Postbeamten nach dem Motto abgehört: «Komm, schalt mir das mal rüber». In ähnlicher Weise äußerte sich ein Leitender Senatsrat in der Berliner Justizverwaltung, der damit prahlte, per telefonischer Durchgabe der gewünschten abzuhörenden Telefonnummer an die alliierten Freunde ein paar Tage später die kompletten Abhörprotokolle auf seinem Schreibtisch zu haben. In Westberlin ließ sich ein kritischer Verfassungsschützer gegenüber Claus Arndt zu der Aussage hinreißen: «Die Allierten überwachen den Post- und Telefonverkehr so, als wenn sie gerade gestern erst in Berlin einmarschiert wären.» Gelegentliche Beschwerden des Berliner Senats würden von den Schutzmächten regelmäßig zurückgewiesen.

Die Abhörmaßnahmen wurden aus so genannten K-Stellen durchgeführt, die in der Regel als Scheinfirmen getarnt waren. In Hannover residierte im Ortsteil Ricklingen in der Stammestraße 40 die «erfa Datenerfassungsservice GmbH & Co», in Nürnberg-Wöhrd saß in der Mittleren Zwingerstraße 2 ihre Schwestereinrichtung, während die Station in Köln im Generali-Haus (Neue Weyerstr. 10) als «Erfassungsstelle für Industriebeteiligungen des Bundes» firmierte. Darüberhinaus verfügte der BND über mobile Abhörtrupps, die von einem VW-Bus aus operierten. Technisch funktionierte die strategische Erfassung von Richtfunkverbindungen durch Abhörstationen des BND von Husum bis Tutzing. Bei genehmigten Überschaltungen aus den Knotenämtern der Post wurde dort ein ca. 40 Zentimeter langer Aufsatz auf das entsprechende Anschlussrelais gesetzt, der im Jargon der BNDler «Neger» hieß. Die «Neger» waren zentral beim Fernmeldetechnischen Zentralamt der Post in Darmstadt gelagert, von wo sie im Bedarfsfall zusammen mit der Anordnung des Durchführungsreferats der Oberpostdirektion abgerufen wurden.

Die Erfasser des BND mussten über «Konzert»-Kopfhörer vier Gespräche gleichzeitig mithören und bei verwertbarem Inhalt mitschneiden, bis ihnen in den 70er Jahren eine Suchwortbank Erleichterung brachte. Beim Besuch von Wessel Anfang September 1971 in den Schulen des BND wurden ihm als «Probleme in K-Stellen: Kopfhörer und Tischlampen» vorgetragen.[1418] Die Erfasser, in der Regel Ortskräfte im mittleren Dienst, galten durch diese Arbeitsbedingungen als stark gestresst, zumal die zumeist achtköpfigen Teams im Schichtdienst arbeiten mussten. Angesichts der großen psychischen Belastungen sei so mancher in den Alkoholismus geflüchtet, teilte Kurt Weiß einem *Stern*-Redakteur 1980 mit.

«Rest belanglos», hatte ein BND-Erfasser am 3. September 1981 unter dem Text eines abgehörten Telefonats zwischen Mitarbeitern der

SED-Bezirksleitungen in Magdeburg (m) und Schwerin (s) notiert. Was ihm dennoch meldewürdig erschien, erlaubt einen Einblick in die Banalität der Mosaiksteinchen, aus der beim BND nachrichtendienstliche Lagebilder gewonnen wurden: «m: wo treibt sich denn dein landwirtschaftssekretär rum? ... (verrauscht) ... s: der ist schon hier und hetzt von beratung zu beratung, hat natürlich auch seinen urlaub verschieben müssen, diese scheißschlacht. Habt ihr nicht einen ruhigeren posten für mich? m: (lacht) du willst doch nicht bei uns den sozialismus aufbauen, im ernst, s: man überlegt sich's. ich mach das hier schon paar jahre.»

Die Botschaften in Bonn, deren Entsendestaaten zu den Gefahrengebieten zählten, wurden abhörtechnisch genauso behandelt wie die Gefahrengebiete selbst. Am Tulpenfeld in der alten Bundeshauptstadt – nahe den Bundestagsgebäuden und dem Botschaftsviertel – besaß der BND dazu eine Fernmeldekontrollstelle, die den Telefonverkehr der diplomatischen Vertretungen der Warschauer Vertragsstaaten, aber auch der indischen oder jugoslawischen Botschaft, teils in Amtshilfe für das BfV, mitschnitt. Das Abhören ausländischer Botschaften diente keineswegs, wie die Propaganda des BND stets verlauten ließ, dem Erkennen eines drohenden militärischen Angriffs, sondern registrierte alles, was nachrichtendienstlich in irgendeiner Weise interessant erschien – bis hin zu innenpolitischen Vorgängen. Als Dieter Blötz am 4. Dezember 1973 bei Staatssekretär Horst Grabert im Bundeskanzleramt weilte, berichtete er ihm im Zusammenhang mit dem Fall des vom Hamburger Magazin *Stern* als Doppelagent verdächtigten *Quick*-Redakteurs Heinz van Nouhuys «von G 10 Meldung vom 8.11.73, dass Journalist Stramentov, 20.7.37 in Moskau geboren, sich zweimal, Juli 1971 und September 1973, beim *Stern* aufgehalten hat.»[1419]

Noch weiter jenseits der rechtlichen Grenzen bewegte sich der BND-Vizepräsident mit der regelmäßigen Weitergabe von G-10-Erkenntnissen an seine Partei und die Gewerkschaften. So unterrichtete er am 10. Juli 1975 den Bundesgeschäftsführer der SPD, Börner, über abgehörte Telefonate zwischen Vladimir Shendera und Peter Weber vom SPD-Parteivorstand. Börner bat den BND daraufhin, einen möglichen nachrichtendienstlichen Hintergrund des Ostblockdiplomaten aufzuhellen, und Blötz erteilte einen diesbezüglichen Auftrag an den Leiter der Abteilung

I in Pullach. In derselben Besprechung unterbreitete der BND dem SPD-Abgeordneten auch drei weitere G-10-Meldungen vom April und Juni 1975 über Gespräche des sowjetischen Diplomaten Dichenko mit dem Chefredakteur des SPD-Organs *Vorwärts* Gründler, mit dem Bundestagsabgeordneten Wuwer und der ehemaligen Sekretärin des mit Sicherheitsfragen befassten Abgeordneten Karl Liedtke, Mariele. Ausdrücklich verwies Blötz auf «den familiären Ton in dem Telefonat Dichenkos mit Mariele. Auch in diesem Fall leitete der Bundesnachrichtendienst auf Bitten Börners eine Personenabklärung Dichenkos ein.

Begründet wurde die PFK stets mit der Notwendigkeit einer strategischen Überwachung, um die Gefahr eines bewaffneten Angriffs auf das Bundesgebiet rechtzeitig zu erkennen. In einigen Jahrzehnten «strategischer Kontrolle» ist nachweislich alles Mögliche aus dem Brief- und Telefonverkehr in den Akten des BND, ausländischer Partnerdienste oder von Verfassungsschutzbehörden gelandet, nur Hinweise auf einen «bewaffneten Angriff» hat es nie gegeben. Aber der zwanzigjährige Leerlauf der Strategischen Kontrolle bei der militärischen Frühwarnung war, so das Rechtfertigungsmuster, nicht umsonst: «Auch die Tatsache, dass derartige Indizien ausbleiben, ist von Erkenntniswert.»[1420]

Wie brüchig die Konstruktion eines Gefahrengebiets zur Legitimation der PFK war, zeigte sich 1990, als der Verkehr mit dem Irak überwacht wurde, weil Saddam Hussein – so der Bundesminister der Verteidigung – theoretisch deutsche Handelsschiffe, mithin Hoheitsgebiet, im Mittelmeer militärisch bedrohen könnte. Seither hat es eine Vielzahl von Gesetzesänderungen gegeben, die neue Rechtfertigungen für die PFK schufen und sie auf das veränderte Aufgabenprofil Pullachs im Bereich der Bekämpfung organisierter Kriminalität und neuer geostrategischer Interessen der Bundesrepublik zuschnitten.

Dass die «strategische» Überwachung des Telefonverkehrs und die umfassende Richtfunkkontrolle nur auf anonyme Gesprächsinhalte und nicht gezielt auf Personen angesetzt war, gehört zu den Legenden, die der BND verbreitet. Tatsächlich wurden sensible Regionen, wie das Gebiet um das DDR-Verteidigungsministerium in Strausberg, flächendeckend überwacht, um festzustellen, wer von den Bewohnern des Gebiets Telefonkontakte mit Westdeutschen hatte. Über die namentlich erfassten

Gesprächsinhalte wurden dann potenzielle Agenten in der DDR und potenzielle Ansprechpartner dieser neuen Quellen aus der Bundesrepublik rekrutiert.

Ein leitender Mitarbeiter der Auswertung des BND offenbarte dem *Stern* in den 70er Jahren, dass personenbezogene Erkenntnisse aus der PFK beim BND in die PBA (Personenbereichsarchive) einfließen und überdies an das BfV weitergeleitet wurden. In seinen Leitsätzen hatte das Bundesverfassungsgericht auch festgelegt, dass es mit dem Grundgesetz nicht vereinbar ist, Überwachungsmaßnahmen nach § 3 G 10 zur Gefahrenabwehr für die innere Sicherheit einzusetzen. Die oben zitierten Unterrichtungen des Kanzleramts, der Gewerkschaften und der SPD durch den BND-Vizepräsidenten Blötz über sicherheitsrelevante Kontakte von Ostblockdiplomaten zu Bonner Verantwortungsträgern zeigen jedoch, dass der BND hier verfassungswidrig agierte.

Mit der Neugliederung des BND unter seinem Präsidenten Kinkel erhielt die Unterabteilung 14 «Rezeptive Aufklärung» Ende der 70er Jahre neue Bezeichnungen und bestand aus den drei Referaten Grenzmeldenetz, Post- und Fernmeldekontrolle und Befragungswesen. An der operativen Arbeit änderte dies bis zum Ende des Ost-West-Konflikts methodisch nichts, der quantitative Umfang jedoch nahm noch einmal zu. Nach Einschätzung des früheren MfS-Oberstleutnants Helmut Wagner hat der BND bis zum Anfang der 90er Jahre durch die von Kinkel 1979 eingeleitete Erweiterung der fernmeldetechnischen, elektronischen und Postkontrolle gegen die DDR etwa 70 bis 80 Prozent aller Informationen gewonnen.[1421] Vom Meldungsaufkommen her dominierten naturgemäß die Nachrichten aus der Kontrolle des Brief- und Telefonverkehrs zwischen den beiden deutschen Staaten, qualitativ ergiebiger jedoch war das Eindringen in die militärischen, politischen und wirtschaftlichen Richtfunkstrecken innerhalb der DDR.

Am 5. Februar 1990 gab der Staatsminister und BND-Kontrolleur Lutz Stavenhagen die Einstellung der G-10-Maßnahmen gegen Privatpersonen mit DDR-Kontakten bekannt.[1422] Der BND sah sich dennoch im März 1990 einer Kampagne zur Enttarnung von Dienststellen im Bundesgebiet ausgesetzt, u. a. durch mehrstündige Demonstrationen vor Postgebäuden, in denen BND-Mitarbeiter im Rahmen der Brief- und

Telefonüberwachung tätig waren. Die Informationen über die Dienststellen gingen möglicherweise auf den inzwischen aufgelösten DDR-Staatssicherheitsdienst zurück, ließen «Bonner Sicherheitskreise»[1423] verlauten.

Jürgen von Bentivegni wurde 1989 als Resident des BND in Washington abgelöst und danach mit der Abwicklung der Unterabteilung 14 zu einem Referat «Befragungswesen» betraut. Er löste damit die im Kalten Krieg wurzelnden Strukturen einer intensiven Post- und Fernmeldekontrolle des BND schrittweise auf.

Ein Zivilist in Pullach

Klaus Kinkel und der BND

«Die anfänglich geäußerte Skepsis gegen jeden Kandidaten war verständlich, auch die gegen Dr. Klaus Kinkel, denn die wenigsten kannten den neuen Präsidenten aus seiner bisherigen Arbeit, und kaum jemand konnte sich vorstellen, dass ein ‹Seiteneinsteiger› Verständnis für die Aufgaben und Probleme eines so großen Dienstes haben und die Mitarbeiter befeuern könne, aus den gegenwärtigen Zuständen herauszukommen.

Was bis jetzt zu erkennen ist, stimmt optimistisch:

- Der neue Chef bringt ein großes Maß an Erfahrung und Fingerspitzengefühl aus seinen bisherigen Ämtern mit, beides – mit seiner Kenntnis des politischen Apparates der Bundesrepublik verbunden – dürfte dem Dienst von großem Nutzen sein;
- der neue Chef beherrscht die Kunst des produktiven Schweigens und hält nichts davon, den BND einseitig zu ‹profilieren›, wie dies Ehmke in rüder Manier versucht hat;
- der neue Chef hat mit Takt und Behutsamkeit sein Amt übernommen und will sich sachkundig machen. Er bittet dafür um Offenheit, Fairness und Loyalität …

Wir halten es für richtig, dass der neue Präsident seine Tätigkeit unter vorwiegend pragmatischen Gesichtspunkten betrachtet und entsprechend der gewachsenen Rolle der Bundesrepublik in der Weltpolitik und den daraus resultierenden Verpflichtungen eine Informationsbeschaffung nach Bedarf und nicht nach Selbstzweck anstrebt.»[1424]

Das Loblied auf den neuen Präsidenten des BND, Klaus Kinkel, erschien 100 Tage nach seinem Amtsantritt im Mai 1979 in der Zeitschrift *DIE neue NACHHUT*. Als wenig später der legendäre Gründungsvater des BND, Gehlen, starb, veröffentlichte das Blatt einen Nachruf, in dem es noch einmal die Arbeit des Nachfolgers Kinkel lobte und die menschliche Note seiner Amtsführung hervorhob. Die Würdigungen kamen aus vermeintlich berufenem Munde, gab *DIE neue NACHHUT* doch vor, ein Publikationsorgan ehemaliger BND-Mitarbeiter zu sein. In Wahrheit war es Lob vom Feind. Die Zeilen wurden von den Desinformationsstrategen der Hauptabteilung X des MfS gezimmert und im Westen unter die Interessierten gebracht.[1425]

Auch die westliche Presse bedachte den Neuen mit Wohlwollen und nahm erfreut zur Kenntnis, dass der «Mann Genschers» (*Süddeutsche Zeitung*) sich eines offeneren und liberaleren Umganges mit der Presse befleißigen wollte als seine Vorgänger. Die eiligen Lorbeeren galten dem ersten Zivilisten auf dem Pullacher Chefsessel, und dem Juristen und erfahrenen Ministerialbürokraten Kinkel traute man durchaus ein sensibles Händchen für die Leitung des reformbedürftigen Dienstes zu. Der gerade einmal 42 Jahre alte Schwabe versprach frischen Wind in den verkrusteten Apparat zu bringen. Er setzte alles daran, mit seiner unkonventionellen Art diese Erwartungen noch zu übertreffen. Später nicht immer zur Freude der zunächst erwartungsvoll gestimmten Mitarbeiter. Kinkels von ihm selbst auch in späteren Jahren als Außenminister gerne konstatierte «raubauzige» Art hatte verschiedene Gesichter, die das Leben in Pullach auf unterschiedliche Weise veränderten.

Ein neuer Ton

Die hochrangige BND-Mitarbeiterin und DDR-Spionin Gabriele Gast hielt es in ihren Erinnerungen anschaulich fest. Zu Kinkels Amtsantritt Anfang 1979 war sie gerade zur Lagebeurteilung des Kanzleramts nach Bonn abgeordnet. Als sie einige Monate später nach Pullach zurückkehrte, hatte sich das interne Gesicht des Dienstes bereits verändert: «Furios hatte Kinkel die verkrusteten Formen aufgebrochen, die die Amtsführung von Präsident Wessel gekennzeichnet hatten. Während Wessel zurückgezogen im Präsidentenhaus residiert hatte und wie eine Institution über dem Dienst zu schweben schien, war Kinkel in jeder Weise präsent, als Person wie auch als oberster Vorgesetzter und Auftraggeber. Schon kurz nach seinem Amtsantritt hatte er sich in den verschiedenen Abtei-

Ein Zivilist führt den BND: Präsident Klaus Kinkel vor einer riesigen Weltkarte in seinem Pullacher Arbeitszimmer

lungen umgesehen, hatte sich zum Entsetzen so manchen Abteilungs-, Unterabteilungs- und Referatsleiters nicht damit begnügt, den Dienst durch die Brille des Establishments kennen zu lernen, sondern es vorgezogen, zahlreiche Mitarbeiter an ihrem Arbeitsplatz aufzusuchen und sich aus erster Hand über die diversen Aufgaben, Arbeitsweisen und Probleme zu informieren. Zur ungeteilten Zustimmung der Auswerter wurde es nunmehr üblich, dass der neue Präsident das direkte Fachgespräch mit ihnen suchte, ohne sich um die dienstlichen Hierarchien zu scheren, und dass er sogleich zur Sache kam, ohne sich mit langen Vorreden aufzuhalten.»[1426]

Das war das Bild, das Kinkel von sich gezeichnet wissen wollte und das er pflegte: Zivile Umgangsformen, politisches statt militärisches Denken, Herr Kinkel statt Herr General, ein Geheimdienstler ist auch ein Mensch. In der Presse funktionierte das, und es bestimmte lange Zeit das Bild Kinkels.[1427] Doch nach innen schlug der Ton schnell um: «Seine atemberaubende Unkonventionalität, Spontaneität und zupackende Art trübten oftmals den Blick für jene Grenzen, die die Gebote der Höflichkeit und der Achtung der Mitmenschen ziehen: er schien nicht zu merken, wann sich sein legerer Umgangston in Beleidigung kehrte und nicht mehr belustigte, sondern verletzte. Wann immer er es für richtig hielt, einen Mitarbeiter herunterzuputzen, ob gerechtfertigt oder nicht und ob hinter verschlossenen Türen oder in Gegenwart von Kollegen, so tat er es ungeniert, und er schien weder seine Unbeherrschtheit noch die peinliche Betroffenheit der unfreiwilligen Zeugen zu bemerken. Das war kein präsidialer, sondern schlicht ein ungehobelter Stil, und manchmal drängte sich die Frage auf, wie Kinkel es mit diesen rüden Umgangsformen geschafft hatte, im diplomatischen Dienst zu reüssieren.»[1428]

Sicher hatte der Verwaltungsjurist Kinkel seine steile Karriere vor allem seinem Förderer und Freund Genscher zu verdanken, dem er bis zu seinem Wechsel nach Pullach fast zehn Jahre lang, zuletzt als Leiter des Ministerbüros, treu gedient hatte und dem er nicht unerheblich geholfen hatte, die Guillaume-Krise zu überstehen, in deren Verlauf auch Genschers Karriere auf des Messers Schneide stand.[1429] Kinkel hatte als enger Mitarbeiter Genschers sowohl im Innen- als auch im Außenministerium Erfahrungen mit den verschiedenen Diensten gemacht. Nachdem er selbst zum Chef in Pullach befördert wurde, sollte die enge Bindung des noch parteilosen BND-Chefs zu den FDP-geführten Bonner Ministerien eine interessante Rolle spielen. Sein «politisches Denken» hatte auch Auswirkungen auf die Zusammenarbeit mit den Abnehmern der geheimdienstlichen Erkenntnisse im Kanzleramt und in den Ministerien. Kinkel übernahm die Lagebesprechung im Kanzleramt, die Wessel seinem Vize, manchmal sogar seinem Abteilungsleiter Auswertung übertragen hatte, wieder selbst und suchte engeren Kontakt zu den Auftraggebern in Bonn. Auch hier fiel er vor allem durch sein joviales Auftreten auf, mit dem er sich im Kanzleramt bewegte und sich als der Neue vorstellte.[1430]

Dem Neuen lagen die Verbindungen nach Bonn am Herzen, und er versuchte, den Dienst enger an das Machtzentrum anzubinden. Das Verbindungsbüro in Bonn wurde unter Kinkels Ägide auf rund 100 Mitarbeiter aufgestockt, und er selbst reiste nicht nur regelmäßig zu den Lagebesprechungen, sondern auch zu den Unterrichtungen der Kontrollkommission und des Haushaltsausschusses, zudem wurden die Fraktionsvorsitzenden versorgt. Dass er Prioritäten setzte, kam vor allem seinem Ziehvater Genscher zunutze, der nicht nur eigentlich für den Kanzler bestimmte BND-Informationen erhielt, sondern auch solche, die den Kanzler gar nicht erst erreichten. Dazu gehörten ab April 1979 auch die Meldungen des BND zum innerdeutschen Verhältnis, die, vermutlich um die entspannungspolitischen Interessen der Regierung nicht durch BND-Lageberichte zu beeinträchtigen, nicht mehr regelmäßig ans Kanzleramt weitergeleitet wurden. Der neue Abteilungsleiter Auswertung, Hans Walter Schauer, behielt sich die Entscheidung über eine Weitergabe der Informationen persönlich vor. Ob dies in Absprache mit dem neuen BND-Präsidenten geschah, ist unklar.[1431]

Während aus Pullach auf diese Weise Einfluss auf das politische Geschehen in Bonn ausgeübt wurde, zog Kinkel sich auf der anderen Seite den Zorn seiner Mitarbeiter zu, weil er es bei seinen Auftritten auf der politischen Bühne an geheimdienstlicher Sensibilität fehlen ließ. Besonders sein mangelndes Bewusstsein für den empfindlichen Bereich des Quellenschutzes stieß bei den Mitarbeitern der Zentrale sauer auf. Zu oft war ihm die eindrucksvolle Präsentation der Leistungen seines Dienstes wichtiger als der vorsichtige Umgang mit geheimhaltungsbedürftigen Quelleninformationen. Dies führte sogar zu einem Konflikt mit dem Unterabteilungsleiter Hans-Eberhard Lochmann, der sich weigerte, seinem Präsidenten weiterhin Quelleninformationen vorzulegen.[1432]

Radikale Eingriffe in das Führungspersonal seines Dienstes nahm der Pragmatiker Kinkel zunächst nicht vor. Der Personalumbruch hatte sich in den Jahren der sozialliberalen Koalition bereits weitgehend vollzogen. Die alte Gehlen-Garde war aus den Spitzenpositionen verschwunden. Kurt Weiß war auf den Posten des Leiters der BND-Schulen abgeschoben worden, und den ehemaligen Sicherheitschef Walrab Freiherr von Butlar hatte man zum bedeutungslosen Inspekteur des Dienstes gemacht. Der ehemalige Gehlen-Referent – und spätere Kinkel-Nachfolger – Eberhard Blum war als Abteilungsleiter Verwaltung schon 1970 abgesetzt und nach Washington abgeschoben worden. Seinen Nachfolger Rieck übernahm Kinkel ebenso wie den Leiter der Operativen Beschaffung, Albrecht Rausch, der vom Verfassungsschutz Mitte der

70er Jahre nach Pullach gewechselt war, und den Leiter der Technischen Beschaffung, General Hubertus Großler, der von der Bundeswehr kam. Nur der Leiter der Auswertung, Hans-Joachim Tzschaschel alias TISCHNER musste drei Monate nach Kinkels Amtsantritt seinen Hut nehmen und wurde durch den Diplomaten Hans Walter Schauer ersetzt. Damit hatte der letzte Abteilungsleiter der Gehlen-Truppen seinen Stammplatz räumen müssen. Dass mit Vizepräsident Blötz auch ein hochrangiger Vertreter der sozialdemokratischen Fraktion die ersten Monate der Amtszeit Kinkels nicht überstand, hatte zum einen hormonelle Gründe, war aber auch in einer Racheaktion eines von Blötz gemaßregelten BND-Mitarbeiters der konservativen Fraktion begründet (siehe oben). Der Posten blieb bis zum 1. April 1980 vakant. Im Rahmen eines größeren Revirements wurde Norbert Klusak neuer Vizepräsident des BND, General Joachim Schulte neuer Leiter der Abteilung II, Technische Aufklärung.

Konflikte und Probleme mit seinem Personal hatte der neue Präsident Kinkel aufgrund seines Auftretens, Zweifeln an seiner geheimdienstlichen Sachkompetenz und den Fraktionierungen innerhalb des Dienstes also genug. Der neue Wind, den er in den BND brachte, blies ihm selber heftiger ins Gesicht, als ihm lieb sein konnte. Aber messen lassen musste er sich nicht an seinen politischen Ambitionen oder verbalen Entgleisungen, sondern an den Leistungen des BND im Bereich seiner Kernkompetenz der Aufklärung und Analyse. Und hier war der BND unter Kinkel von Anfang an noch mehr gefordert als in den Jahren zuvor, denn 1979 bahnten sich weltpolitische Veränderungen an, die das Geschehen der nächsten Jahre bestimmen sollten: Der Nato-Nachrüstungsbeschluss am 12. Dezember 1979 und die Invasion der Sowjetunion in Afghanistan am 26. Dezember 1979. Der Sturz des Schahs von Persien und der Beginn der Herrschaft der Ajatollahs im Iran. Der bald darauf ausbrechende erste Golfkrieg. Das Anwachsen der bürgerlichen Opposition in Polen, das in der Verhängung des Kriegsrechts gipfelte. Der Tod Titos 1980 und die Frage nach der Zukunft Jugoslawiens. Die Aufgaben und Anforderungen, vor die sich der BND gestellt sah, waren gigantisch. Es gibt Historiker, die das Jahr 1979 als einen entscheidenden Einschnitt in der zweiten Hälfte des 20. Jahrhunderts sehen. Als den Beginn des zweiten Kalten Krieges, der eine Phase der Entspannung beendete und bis 1985 andauerte.[1433] Das Aktionsfeld des schwäbischen Raubauzes mit globalen Ambitionen war unübersichtlich wie nie.

Taktisches Versagen: Die Invasion in Afghanistan

Als sowjetische Truppen Weihnachten 1979 die Grenze zu Afghanistan überschritten, durchbrachen die Kremlherren gewaltsam ein Tabu, verletzten Verträge mit den Vereinigten Staaten und zerstörten das fragile Geflecht der entspannungspolitischen Bemühungen der letzten Jahre. Zum ersten Mal seit Ende des Zweiten Weltkriegs operierte Moskaus Armee außerhalb des kommunistischen Einflussbereiches der Breschnew-Doktrin. Die Tragweite des gewaltsamen Moskauer Vorgehens war kaum zu übersehen. Zum zweiten Mal innerhalb weniger Wochen waren die pazifistisch und moralistisch geprägten politischen Leitlinien des US-Präsidenten Jimmy Carter von seinen Gegnern mit Füßen getreten worden und dieser damit ins Mark getroffen. Erst am 4. November 1979 hatten radikale Moslems im Iran die US-Botschaft besetzt und das diplomatische Personal in Geiselhaft genommen. Die Falken in der Carter-Administration – unter ihnen Sicherheitsberater Zbigniew Brzezinski – hatten mit ihrer auf größere Härte gegenüber Moskau drängenden Haltung Recht behalten. Die sowjetische Invasion in Afghanistan änderte die Weltpolitik grundlegend. Die amerikanische Politik gegenüber Moskau drehte sich um 180 Grad, und an die Stelle der Carter'schen Friedenspolitik trat eine neue Eindämmungspolitik gegenüber den kommunistischen Machthabern im Kreml, die unmittelbar an die Truman-Doktrin von 1947 anschloss und die Grundlage für die Weltpolitik der Reagan-Ära legte. Auch für das Verhältnis der USA zu ihren westeuropäischen Verbündeten hatte dies einschneidende Konsequenzen, traten doch in der Folgezeit die Differenzen zwischen dem eher regionalen europäischen Interesse an einer Fortführung der Entspannungspolitik mit der Supermacht von nebenan und dem global orientierten sicherheitspolitischen Interesse der USA deutlich zutage.[1434]

Wie fast immer nach derart epochalen Ereignissen – noch einmal sei hier an Ungarn 1956, Mauerbau 1961 oder Tschechoslowakei 1968 erinnert – wurden nicht nur Fragen nach dem Versagen der politischen Doktrin oder des diplomatischen Systems laut, sondern vor allem nach der Tauglichkeit der Geheimdienste als politische Frühwarnsysteme. Das *Hamburger Abendblatt* schlagzeilte am 22. Januar 1980: «Die westlichen Nachrichtendienste haben ihr Gesicht verloren.» Und auch die Desinformationsspezialisten des MfS hauten in die Tasten ihrer Schreibmaschinen, um in der *Neuen NACHHUT* die eklatante Fehlleistung des BND in Sachen Afghanistan anzuprangern: «Das Versagen des BND in der Aufklärung der Bundesregierung über Entscheidungsprozesse im Kreml vor der Besetzung Afghanistans ist von einem Mitglied der Bundesregierung im März öffentlich angesprochen worden. Auf einer sicherheitspolitischen Konferenz der schleswig-holsteinischen SPD in Plön sagte Verteidigungsminister Apel (SPD): ‹Unsere Leute in Pullach sind angewiesen worden, nun nicht mehr zu analysieren, sondern Fakten zu bringen› (wer sind unsere Leute, kommt jetzt eine Apel-Riege?). Unter den professionellen Beobachtern der Ostpolitik im geheimen deutschen Auslandsnachrichtendienst hat es nach den Worten des Ministers ‹niemand für denkbar gehalten›, dass die Rote Armee Ende 1979 Afghanistan besetzen werde. Analysen des BND in Pullach hätten dagegen die Bundesregierung über Truppenbewegungen auf sowjetischer Seite im Mittleren Osten ‹ziemlich genau› ins Bild gesetzt, fügte Apel hinzu. Die analytischen Aufklärer seien aber davon ausgegangen, dass die an der Nahtstelle Iran – Afghanistan zusammengezogenen sowjetischen Streitkräfte für den Fall einer vom Kreml offensichtlich erwarteten militärischen Intervention der USA im Iran bereitstehen sollten.»[1435]

Die Vorwürfe sind immer die gleichen: Man hat zwar bemerkt, dass sich die Truppen aufstellen, aber dass sie tatsächlich losmarschieren, konnte man sich nicht vorstellen, oder nur unter ganz anderen Voraussetzungen. Das ist an sich schon unglaubwürdig. Stellt man wieder die gleichen Fragen wie bei den oben angeführten Beispielen, dann erhält man wieder die gleichen Antworten: Die Anzeichen waren klar und deutlich und für niemanden ernsthaft zu übersehen: Seit dem prokommunistischen Umsturz in Afghanistan am 18. April 1978 hat die Sowjetunion ihren Einfluss in Kabul ungestört ausgebaut. Im Dezember desselben Jahres schließt Moskau einen Freundschaftsvertrag mit den Machthabern in Kabul. Die Militärhilfe wird aufgestockt und die Anzahl der Militärberater in Afghanistan erhöht. Am 14. Februar 1979 wird der amerikanische Botschafter Adolph Dubbs in Kabul ermordet. Der Bürgerkrieg und die politischen Wirren im Hindukusch-Staat gewinnen an Intensität. Am 28. März putscht Außenminister Hafisollah Amin und wird Premierminister. Mitte September wird Staatspräsident Nur Mohammad Taraki ermordet und Amin übernimmt die Macht. Im November und Dezember werden die russischen Truppen an der afghanischen Grenze zusammengezogen. US-Präsident Carter reagiert nicht, obwohl er nicht nur aus den eigenen Reihen gedrängt wird. Selbst der chinesische Staatschef Deng Xiao-Ping hat bereits im Februar vor einem Eingreifen der Sowjetunion in Afghanistan gewarnt.[1436] Der Politologe Christian Hacke kommt zu dem Schluss: «Carters Unentschlossenheit trug dazu bei, dass die Sowjetunion schließlich zur offenen Invasion überging. Die plötzliche und groß angelegte Invasion in Afghanistan bestätigte Brzezinskis lang gehegte Befürchtungen.»[1437]

Man hatte befürchtet, gewarnt und zugeguckt, und plötzlich war man wieder überrascht. Wie schon so oft. Da mag es in einem anderen Licht erscheinen, dass auch Verteidigungsminister Hans Apel auf der SPD-Parteiveranstaltung in Plön in die Geheimdienst-Beschimpfung einsteigt und den BND der analytischen Blindheit zeiht. Die hier und anderenorts vorgebrachte öffentliche Schelte traf die unmittelbar Verantwortlichen in Pullach diesmal besonders hart. Denn Apel sagte auf der sicherheitspolitischen Konferenz wider besseres Wissen die Unwahrheit: Sowohl der BND-Auswerter Böll, der für die militärpolitische Analyse in der Abteilung III zuständig war, als auch sein Kollege von der politischen Auswertung Cadiz hatten die Absicht der Sowjets zur militärischen Intervention in Afghanistan rechtzeitig erkannt und die Truppenkonzentrationen an der Grenze richtig gedeutet. Bereits seit Herbst 1979 hatten sich für Böll und Cadiz die Anzeichen verdichtet, dass Moskau den Putschisten Amin durch eine Militärintervention stürzen wollte, um danach eine kremlhörige Marionettenregierung einzusetzen. Die BND-Analytiker wussten sich mit der Mehrheitsmeinung innerhalb der CIA im Einklang.[1438]

Auch ihren Abteilungsleiter Schauer informierten sie über ihre alarmierenden Analysen. Doch der Diplomat war nachrichtendienstlich eher unerfahren. Präsident Kinkel hatte ihn ja erst im März aus dem Auswärtigen Amt nach Pullach geholt. Schauer gab vor, der Analyse seiner Experten keinen Glauben zu schenken. Aber er sicherte sich ab und trug die Erkenntisse seinem Präsidenten vor, der ihnen aber angeblich ebenfalls nicht traute. Die öffentlichen Prügel steckten Schauer und Kinkel ungerührt ein und gaben sie an ihre Untergebenen weiter, was innerhalb des Dienstes zu tiefer Empörung führte. «Wir müssen alle noch viel lernen», war Schauers Kommentar, mit dem er den Experten seiner Abteilung einen gehörigen Anteil der Schuld in die Schuhe schob.[1439] Die BND-Analytiker Böll und Cadiz fanden dieses Vorgehen ihrer Vorgesetzten verständlicherweise besonders perfide.[1440]

Ergab dieses Vorgehen des BND einen Sinn? War es tatsächlich so, dass Kinkel und Schauer die Erkenntnisse ihres Apparates einfach als Nonsens abtaten und nicht weiterleiteten? Oder steckte dahinter politisches Kalkül? In der manchmal verwinkelten politischen Logik ist es durchaus denkbar, dass aus taktischen Gründen nicht informiert wird, wer nicht informiert werden will. Weil er nicht wissen will, was er sowieso nicht zu verhindern gedenkt. Wir hatten Ähnliches schon einmal. Nur: Die Bundesregierung wusste ohnehin von den Absichten der Kremlführung. Und dies hatte sie ihrem Ost-Experten Egon Bahr zu verdanken. Im Nachrichtenmagazin *Spiegel* erläuterte der Architekt der Ostpolitik im Februar 1995 die «back channels», die er nach Moskau unterhalten hatte. Eine Woche später enthüllte das Münchner Nachrichtenmagazin *Focus*, dass Bahr über den KGB-General Wjatscheslaw Keworkow seit Anfang 1970 einen direkten Draht zum KGB-Vorsitzenden und späteren Staats- und Parteichef Jurij Andropow pflegte. Bahrs Kontaktmann und dessen rechte Hand Lednew wurden im Dezember 1979 wieder einmal in die Bundesrepublik geschickt, um den Kanzlervertrauten Bahr vorab über den Einmarsch im Nachbarland zu unterrichten: «In der Nähe von Flensburg, bei einem Spaziergang an stürmischer Ostsee, hörte Bahr von dem geheimen Kreml-Plan. Kurz darauf gab er die Information an Kanzler Schmidt weiter.»[1441] Die HVA des MfS war eine Woche vor dem Einmarsch aus Moskau über die Absicht zur

Intervention unterrichtet worden, aber auf keinem der deutsch-deutschen Informationskanäle sickerte eine Warnung nach Westen durch.[1442]

Der BND wusste es, Schmidt wusste es, alles wie gehabt. Da drängt sich der Schluss auf, dass Kinkel die Watschen für seinen Dienst sehenden Auges entgegennahm und weiterreichte, um dem Nichtreagieren der Regierung eine plausible Begründung zu geben. Angesichts des schwierigen Verhältnisses zwischen Schmidt und Carter, angesichts der in Europa hitzig geführten Nachrüstungsdebatte gab das völkerrechtlich unentschuldbare militärische Vorgehen Moskaus den Handelnden im Westen manch schlagkräftiges Argument an die Hand. Auch oder gerade wenn das Vorgehen der Sowjetunion die Kluft zwischen den USA und den westeuropäischen Verbündeten vielleicht nicht tiefer, aber sichtbarer machte. Die tonangebenden Europäer Helmut Schmidt und Valéry Giscard d'Estaing verkündeten am 5. Februar 1980, einen neuen Schlag gleicher Art würde die Entspannung nicht mehr aushalten. Das hieß: Diesen Schlag hatte sie noch ausgehalten. Carter ließ die Truman-Doktrin neu aufleben, die Europäer nahmen eine eigenständigere, vermittelnde Position zwischen den Supermächten ein. Die Nachrüstungsbefürworter bekamen Rückenwind, gleichzeitig erhöhte sich der Druck auf die Sowjetunion, in Verhandlungen über eurostrategische Waffen einzutreten.[1443] Man kann sich des Eindrucks nicht erwehren, dass einigen geholfen war.

Auch in den USA scheint die politische Führung bewusst geheimdienstliche Erkenntnisse ignoriert zu haben. Zumindest nach den Aussagen des Generals des pakistanischen Geheimdienstes ISI, Mohammed Yousaf: So «erklärte mir ein Angehöriger des CIA, dass Präsident Carter vor Beginn des Krieges mit Hilfe von Luftaufnahmen von der bevorstehenden Invasion der Sowjets nach Afghanistan informiert worden war, er jedoch den Beweisen nicht glauben wollte, weil er nicht reagieren wollte – hätte er reagiert, wäre der Krieg niemals zustande gekommen.»[1444] Um sein Gesicht zu wahren, hatte Carter zwar in einem Telefonat mit Kremlchef Breschnew am 25. Dezember 1979 vor einer Intervention gewarnt – aber erst im letzten Moment. Die Reaktion erfolgte viel zu spät. Carter wollte Breschnew keinen Spielraum mehr lassen, die

Interventionsentscheidung, zu der ihn auch das westliche Stillhalten auf die vorab lancierten Informationen ermutigt hatte, zu revidieren.

Um die Frage nach Carters Beweggründen für die Strategie, die Sowjets ins Messer laufen zu lassen, zu beantworten, ist ein erneuter Exkurs in die damalige politisch-strategische Lage erforderlich: Der US-Präsident war mit seiner bisherigen auf Ausgleich und Verständigung bedachten Außenpolitik – Christian Hacke nennt es die Carter-Doktrin I – immer mehr unter den Druck konservativer Kräfte geraten, die darin den Ausverkauf amerikanischer Interessen sahen. 1978 hatte Carter die schrittweise Übergabe des Panamakanals, d. h. der «Hausstrecke» der USA, vereinbart. Im Juni 1979 beschloss er eine Begrenzung des strategischen Raketenpotenzials der USA im SALT-II-Abkommen. Die Revolution der Mullahs im Iran unter Ajatollah Khomeini hatte die dortige strategische Position der USA zerstört. Der außenpolitische Positions- und Imageverlust der Amerikaner gipfelte schließlich im November 1979 in der Besetzung der US-Botschaft in Teheran mit der fast zweijährigen Geiselnahme des Botschaftspersonals.

Dieser Positionsverlust Washingtons ging einher mit einem Positionsgewinn Moskaus in der arabischen Welt, vor allem nachdem Ägypten nach dem Friedensschluss von Camp David im März 1979 unter US-Schirmherrschaft aus der Arabischen Liga ausgeschlossen worden war. Moskau fand erstmals günstige Bedingungen zur Entwicklung zwischenstaatlicher Beziehungen zu den arabischen Staaten, sogar zu Saudi-Arabien. Damit hätte der Kreml aus der politisch einengenden Klientelwirtschaft mit der weitgehend ungeliebten PLO heraustreten können. Vor diesem Hintergrund musste es für Washington ungemein vorteilhaft erscheinen, wenn Moskau sich mit einer Invasion in Afghanistan schlagartig alle Optionen in der Region zerstören würde. Dies war dann ja auch für viele Jahre der Fall. Der «Satan» USA, wie damals die iranische Propaganda lautete, konnte angesichts eines noch größeren «Satans» etwas aus dem Blickfeld verschwinden. Auch dieser angenehme Effekt trat ein.

«Möglicherweise haben bei den Strategen im Weißen Haus und im Bundeskanzleramt bzw. in der Nato überdies Überlegungen eine Rolle gespielt, dass sich Moskau angesichts der politischen Unruhe im eigenen

Lager (Polen) mit der Afghanistan-Invasion auch finanziell übernehmen würde. Afghanistan war das Opfer auf dem Schachbrett der Großmächte, ein Bauer, der geopfert wurde, um den sowjetischen König ins Schach zu setzen – was dann Reagan nach Carter ‹meisterlich› vollführt hat.»[1445] Man ließ Moskau nur den ersten Zug.

Afghanistan ist somit nur ein weiteres Beispiel für die Tatsache, dass Geheimdienstinformationen immer dann ignoriert und die Geheimdienste zu Spielbällen der Politik gemacht werden, wenn übergeordnete politische Interessen es zu erfordern scheinen. Zumal man die Schuld leicht auf den Nachrichtendienst selbst abwälzen kann.[1446] Die vom Verteidigungsminister vorgetragene Entschuldigung, die BND-Spitzen hätten den sowjetischen Truppenaufmarsch eher im Zusammenhang mit einem damals befürchteten – und von US-Marineverbänden unterstützten – Gegenputsch zur Khomeini-Revolution gesehen, sollte von den näher liegenden und erheblich brisanteren Hintergründen ablenken. Zum einen waren die USA damals – aufgrund des Vietnam-Traumas – weit von einer Intervention im Iran entfernt, die ja auch eher ein zweites Vietnam und kein Spaziergang à la Grenada geworden wäre. Wenn Washington tatsächlich Interventionsabsichten gehegt hätte, wäre man früher zur Tat geschritten und hätte den Schah vor dem Sturz bewahrt.[1447] Warum dies nicht geschah, hat Christian Hacke mit dem «Kerenski-Syndrom» erklärt: Carter und ein Teil seiner Administration glaubten daran, dass eine demokratischen Werten verpflichtete gemäßigte Bewegung die überkommene Autokratie des Schahs ablösen würde, ohne dass es zu einer noch schlimmeren Gegenbewegung und Terrorherrschaft käme. Wie 1917 im zaristischen Russland, wie 1949 in China, wie in Ungarn, der Tschechoslowakei oder Vietnam mussten sich die USA eines anderen belehren lassen.[1448] Zum anderen hätte ein gewaltsames Eingreifen im Iran die Nato bis zum Zerreißen belastet, vor allem die amerikanisch-französischen Beziehungen. Paris glaubte damals noch, weil es Khomeini jahrelang Asyl und politische Aktionsfreiheit gewährt hatte, nun unter allen westlichen Staaten die erste Geige in Teheran spielen zu können.

All diese Versuche, das vermeintliche Versagen des BND zu begründen, blieben fadenscheinig und verdeckten nur die eigentlichen politischen Interessen, die einmal mehr auch mit einem kurzsichtigen Nachrichtendienst bestens bedient waren. Durch den Einmarsch der Sowjetunion wurde eine nachrichtendienstliche Verbindung des BND mit langer Tradition gekappt. Seit Ende der 50er Jahre unterhielt der BND in Kabul eine Legalresidentur. Aber bereits zuvor war Pullach dem damaligen afghanischen König beim Bau großer Gefängnisse und beim geheimdienstlichen Geschäft der Unterdrückung der Opposition behilflich.[1449] Nach 1979 ließen sich die Verbindungen zum ehemaligen Partnerdienst «Amsel» nicht wieder herstellen, auch wenn BND-Präsident Kinkel ab 1980 versuchte, erneut eine Residentur in Kabul zu errichten. Bis zum Ende seiner Amtszeit vergeblich.

Aber der BND wollte beim großen Spiel der Geheimdienste um Afghanistan nicht abseits stehen. Das Problem war nur, dass die begehrtesten Spielkameraden bereits vergeben waren. Der mächtigste Führer der fundamentalistischen Opposition, Gulbuddin Hekmatyar, unterhielt enge Beziehungen zur CIA und erhielt von den USA finanzielle und militärische Unterstützung. Sein Erzfeind innerhalb der in viele Gruppen aufgesplitterten islamistischen Widerstandsbewegung, der legendäre Kommandant Masud, der als Führer der so genannten Nordallianz Berühmtheit erlangte und im September 2001 von den Taliban ermordet wurde, war an den französischen Geheimdienst DGSE gebunden. Achmed Schah Masud hatte in Frankreich eine Ausbildung in Taktik und Guerillakampf erhalten, und nach 1980 stand ihm eine rund zehnköpfige Beratertruppe der DGSE in Afghanistan zur Seite.[1450] Eine eigene Nische im Spektrum der Widerstandsgruppen fand der BND nur bei einigen maoistisch orientierten Zellen.

Da die Bundesregierung die Beziehungen zu Afghanistan schon im September 1979 nach der Ermordung zweier deutscher Lehrerfamilien eingefroren hatte und auch der für Afghanistan mit zuständige Militärattaché in Teheran seiner Basis verlustig gegangen war, musste der BND auf andere Operationsbasen und andere Koalitionspartner zurückgreifen. Da war es einmal mehr hilfreich, dass der BND nicht zuletzt durch Waffenlieferungen seit den 60er Jahren hervorragende Beziehungen zu Pakistan und seinem Geheimdienst ISI (Inter Intelligence Service) aufgebaut hatte.[1451] In der pakistanischen Hauptstadt Islamabad unterhielt er einen Stützpunkt, in der Hafenstadt Karatschi eine illegale Residentur, und jetzt baute er seine Stellung in Peschawar aus, von wo er die Mudschaheddin in Afghanistan mit allen Mitteln des geheimen Krieges unterstützte: Waffenhilfe, Finanzhilfe und Ausbildungshilfe.

Nahe Peschawar bildeten GSG-9-Beamte Gotteskrieger gemeinsam mit ägyptischen und saudi-arabischen Sondereinheiten aus. Arabische Freiwillige erhielten auch Training und Unterweisung im pakistanischen Chaman und sogar in Oberbayern.[1452] In Afghanistan selbst waren ein Sanitätsoffizier und ein Major des Amtes für Nachrichtenwesen der Bundeswehr unterwegs, um Mudschaheddingruppen zu unterstützen. Die Bundeswehr hatte sie beurlaubt.[1453]

Der BND-Offizier Lützerich, Deckname TURRET, war in den Jahren 1983/84 BND-Resident in Islamabad. Sein eigentlicher Dienstort aber war Peschawar, und seine Aufgabe bestand in der Ausbildung von Paschtunen im Sprengen sowjetischer Panzer. Doch er erzielte für den BND auch noch einen anderen Erfolg: Auf dem Basar von Peschawar trieb Lützerich einen sowjetischen Granatwerfer mit Trommelmagazin auf. Kostenpunkt der wehrtechnischen Beschaffungsmaßnahme, die nicht die einzige dieser Art des BND im Afghanistan-Konflikt war (siehe unten): 60 000 Dollar.[1454]

Obwohl der BND hinter den Geheimdiensten der USA und Frankreichs, vor allem aber hinter dem britischen Nachrichtendienst MI6, der traditionell enge Beziehungen zu Pakistan unterhielt, höchstens die vierte Geige spielte, nutzten die Pullacher die Gelegenheit, ihre Beziehungen zum pakistanischen Partnerdienst, Deckname «Eichkatze», auszubauen. Kinkel ließ nach Peschawar einen seiner ersten Satellitenkommunikationsstränge einrichten. Dies gab es in diesem Zeitraum nur zu besonders wichtigen Residenturen wie der in Kairo.[1455] Als Nebeneffekt gewann der BND wie alle dort agierenden westlichen Nachrichtendienste[1456] in Pakistan Material für den wehrtechnischen Austausch mit seinen Partnerdiensten. Sowjetische Waffen und Rüstungsgüter insbesondere neuerer Bauart gehörten stets zu den Beschaffungsprioritäten aller westlichen Geheimdienste. Auch dafür war der Krieg in Afghanistan für BND und Bundeswehr ein lohnendes Feld, «als sie über die rebellierenden Mudschaheddin sowjetisches Wehrgerät einkaufen konnten. Nachdem die Bundeswehr Bauart wie Wirkungsweise der Tretminen und Panzer ausgewertet hatte, wurde das Material den Israelis für eigene Tests überlassen.»[1457]

Um mobile militärische Hauptquartiere in Russland – insbesondere Kommandostellen für Nuklearwaffen – ausfindig zu machen, betrieb der BND zusammen mit den US-Diensten in den 70er Jahren eine breite Peilbasis. Die erstreckte sich von Husum über Lecce – 50 Kilometer südlich Brindisi – bis zum Iran (siehe oben). Bereits in den 70ern wurde der Iran für so instabil gehalten, dass deutsche und amerikanische Nachrichtendienste Ausschau nach einem alternativen Standort hielten. Nach der Revolution im Iran 1979 verhandelten BND und CIA – begünstigt durch die Öffnung Chinas anfangs der 70er Jahre – mit den chinesischen Geheimdiensten über den Bau einer gemeinsamen Station im Pamirgebirge, der Grenzregion zur Sowjetunion und Afghanistan. Die CIA erreichte im Januar 1980 eine Grundsatzvereinbarung mit den Chinesen und begann im Herbst 1980 mit dem Bau und der Ausbildung chinesischer Operateure.[1458]

Kinkel brachte das Projekt, in das deutscherseits 26 Millionen DM flossen, auf den Weg. Fertig gestellt war die Station 1985 und eingeweiht wurde sie von Gerhard Güllich in Anwesenheit einer Delegation der PKK des Bundestags. Neben ihrer Hauptaufgabe, als Teil der Peilbasis die Verlegung von Kommandostäben aufzuklären, diente die Station in der heißesten Phase des Afghanistankonflikts auch zur Aufklärung der Aktivitäten der sowjetischen und afghanischen Streitkräfte am Hindukusch. Der Mudschaheddin-Kommandant Achmed Schah Masud wurde mit den Ergebnissen der Station versorgt. Andere Mudschaheddin-Führer und der ISI bekamen überdies Satellitenaufnahmen von den US-Geheimdiensten. Daher arbeitete auch der afghanische Nachrichtendienst WAD gegen die chinesisch-deutsch-amerikanische Station bei Sikiang. Durch den Einsatz von vier Agenten in China fand er heraus, dass die Anlage von etwa einem Dutzend Spezialisten aus den drei Staaten betrieben wurde. Es gelang dem WAD auch, die Aufgabenstellung der Amerikaner aufzuklären, die auch darin bestand, gegen China selbst zu arbeiten. Die US-Dienste hatten die alleinige Kontrolle über die «Black Box» und sowohl deutsche wie chinesische Partner hatten den Verdacht, nicht wie vereinbart alle Rohdaten zu bekommen. Nach dem Sturz des

Nadschibullah-Regimes im April 1992 räumten die Amerikaner die Station. Der BND betreibt sie im Zusammenwirken mit den Diensten Pekings seither allein. Die Operation firmiert in Pullach unter der Tarnbezeichnung «Lanze».[1459]

Trotz aller Aktivitäten in der Region und trotz aller Bemühungen gelang es dem BND nicht, die abgerissenen Beziehungen zum afghanischen Geheimdienst erneut zu knüpfen. Erst nach dem Abzug der Sowjets spielte er im nun vom Bürgerkrieg zerrissenen Land erneut eine Rolle. Nicht zuletzt, weil Ghulam Faruk Yakubi, der die Leitung des neuen afghanischen Geheimdienstes WAD übernahm, in der Bundesrepublik ausgebildet worden war.[1460]

Parallel zum Engagement des BND in Pakistan und zu seiner Unterstützung der fundamentalistischen Mudschaheddin verhielt sich die Regierung sehr zurückhaltend, wenn es um das Thema Afghanistan ging. Am 8. Mai 1980 trifft Helmut Schmidt in Belgrad Erich Honecker. Beide sind zum Staatsbegräbnis von Marschall Tito angereist. Sie sprechen über den Nato-Doppelbeschluss, den westlichen Olympiaboykott und Schmidts geplanten Besuch in Moskau. Schmidt erinnert sich: «Interessant war ein Köder, den Honecker auswarf: Im Zusammenhang mit meinem Besuch könnte Moskau eine Geste machen und eine bis zwei sowjetische Divisionen aus Afghanistan abziehen. Da Afghanistan nicht das operative Feld Bonns war, sondern vielmehr Aufgabe der amerikanischen Außenpolitik bleiben musste, bin ich auf diese Bemerkung nicht näher eingegangen …»[1461] Das passt zu der Analyse des taktischen Versagens des BND bei der Voraussage des bevorstehenden sowjetischen Einmarsches. Die offizielle Bonner Politik wollte mit dem Thema Afghanistan nichts zu tun haben. Was getan werden sollte oder getan werden musste, überließ man getrost dem Geheimdienst. Und Pullach legte seine Lizenz zum Mitspielen einmal mehr extensiv aus. Die Geheimdienste der USA und ihrer westlichen Verbündeten pumpten ab Mitte der 80er Jahre jährlich dreistellige Millionen-Dollar-Beträge in die Aufrüstung der Mudschaheddin. Der BND wollte bei der Unterstützung der antikommunistischen Freiheitskämpfer, die sich dereinst gegenseitig zerfleischen sollten und aus denen dann die Taliban-Herrschaft erwuchs, nicht abseits stehen. Und der BND, respektive einige seiner leitenden Beschäftigten, sahen wieder einmal ein Geschäft. Ende Oktober 1997 enthüllt das Magazin *Stern* die Operation SOMMERREGEN, in deren Verlauf «Heerscharen von Rebellen in Afghanistan eingekleidet wurden».[1462] Aber sie erhielten auch Nachtsicht- und Minensuchgeräte, ABC-Abwehrmaterial, Lastwagen, Zelte und was sonst noch nützlich war im unwirtlichen Hindukusch.

Zur Abwicklung der streng geheimen BND-Aktion findet sich in Pullach eine illustre Truppe zusammen. Geleitet wird SOMMERREGEN unter anderem von Cornelis Hausleiter alias «Bernhard Fischer» alias Carl Hagemann alias Curt Hausmann alias Carl Hartmann. Hausleiter, ein ehemaliger Hauptgefreiter der SS, ist schon früh in der OG untergeschlüpft. Als Verbindungsführer tätig, wird er Anfang der 80er Jahre ins Auswärtige Amt abgeordnet und in der zweiten Hälfte der 80er Referatsleiter des BND für den Nahen und Mittleren Osten.[1463] Ihm zur Seite steht der mit dem Bundesverdienstkreuz dekorierte Klaus-Jürgen von Bentivegni mit dem simplen Decknamen Jürgens (siehe oben). Zu den dreien gesellt sich Rainer Elbertzhagen, Deckname Rose. Der Oberstleutnant der Luftwaffe im Dienste des BND war bis 1979 regelmäßig an der Residentur in Teheran eingesetzt, später bis zu seiner Pensionierung 1992 Resident in Damaskus.[1464]

Das Trio verfällt zur Abdeckung der rechtlich mehr als fragwürdigen Geschäftsvorhaben auf den beim BND sattsam eingeübten Trick: Eine Tarnadresse als Auftraggeber muss her und eine Partnerfirma, über die die Lieferungen abgewickelt werden können. Die Tarnung ist wenig einfallsreich: Das «Internationale Rechtsinstitut – Abteilung Humanitäre Hilfe» wird gegründet. Die Adresse des Instituts lautet «Tannenstraße 8, 8023 Pullach». Das ist sinnigerweise die Privatadresse des BND-Mannes von Bentivegni.[1465] Wie im Fall MEREX in den 60er und 70er Jahren braucht man nun eine deutsche Firma, die offiziell als Lieferant des brisanten Materials auftritt. Hausleiter spannt einen alten Bekannten ein: Ernst Wilhelm Springer, Waffenhändler und seit den Sechzigern BND-Informant. Hausleiter hatte als sein Führungsoffizier fungiert.[1466] Doch noch ist die Connection nicht perfekt. Die Infrastruktur, die Springer anbieten kann, besteht aus der Liechtensteiner Firma Ecofin und aus dem Unternehmen Inatra in Damaskus. Da die BND-Geschäfte aber keine ausländischen Beteiligten und Mitwisser gebrauchen können, muss ein deutsches Unternehmen eingeschaltet werden. Der *Stern*: «Der Waffenhändler wusste Ersatz, die Hamburger Exportfirma seines Freundes Fritz Nendza, ein kleines Familienunternehmen. Vater Fritz führte bis zu seinem Tod 1991 die Geschäfte, Tochter Gabriele die Bücher und Fritz jr., Ex-Aktivist des kommunistischen Studentenbundes MSB Spartakus (Selbstauskunft) war so eine Art Mädchen für alles. Die linke Kadervergangenheit des jungen Nendza störte beim BND nicht: «Dann sind Sie wenigstens konspirativ geschult.»[1467]

Damit können die konspirativen Deals anlaufen. Ab 1986 liefert die Firma Nendza, was das «Internationale Rechtsinstitut» bestellt, und die Bundesvermögensverwaltung, Abteilung Sondervermögen, bezahlt. Hinter Letzterem verbirgt sich eine Legendierungsstelle des BND für Tarnfirmen und Tarnorganisationen. Deftige Provisionen kassiert der Hausleiter-Spezi Springer, wie das Hamburger Finanzamt später feststellt.[1468]

Natürlich gehen die Lieferungen nicht direkt an den Empfänger im Kriegsgebiet Afghanistan. Wieder wird auf die bewährte Methode zurückgegriffen, das Material einen Zwischenstopp einlegen zu lassen. Die Bundesluftwaffe verfrachtet die Lieferungen von Köln-Porz nach Islamabad in Pakistan. Das Geschäft floriert: Am 13. Juni 1986 bestellt das «Internationale Rechtsinstitut» bei der Firma Nendza «40 komplette Nachtsichtgeräte zum Sonderpreis von 400 000 DM».[1469] Gezeichnet von Bentivegni. Am 4. März 1987 bestellt das «Internationale Rechtsinstitut» bei Nendza 100 Metalldetektoren zum Preis von 389 000 DM. Gezeichnet Elbertzhagen.[1470] Bereits am 17. Februar bestätigt das «Internationale Rechtsinstitut» die Übernahme und Ausfuhr von 30 Metalldetektoren. Wiederum gezeichnet von Elbertzhagen.[1471] Die Bundesluftwaffe bestätigt den Ausgang von 100 Metalldetektoren nach Islamabad/Pakistan am 5. April 1987.

Nicht alles, was da so verschifft wurde und an dem gute Freunde des BND sich eine goldene Nase verdienten, war per se dazu geeignet, russische Invasoren zu vertreiben. Aber es konnte in den kalten Nächten am Hindukusch Leben retten. Der *Stern* vermeldete die Lieferung von Zigtausenden von Paaren Schuhen, Wollsocken und Pullovern. Doch es blieb weder beim Textilhandel, noch beim Abnehmer. Schnell wurden die Mullahs im Iran und andere nahöstliche Abnehmer auf die Firma Nendza aufmerksam. Es folgte die Lieferung von 5000 ABC-Schutzanzügen für 1,55 Millionen Mark an die Vereinigten Arabischen Emirate, Atropinspritzen gegen Nervengase für 4,7 Millionen Mark bestellte Saudi-Arabien, und Teheran wollte schon im Jahr 1986 gleich 200 000 ABC-Abwehrausrüstungen für 44 Millionen Mark zuzüglich Atropinspritzen für weitere 20 Millionen Mark. Offizieller Abnehmer: der Rote Halbmond im Iran, das islamische Pendant zum Roten Kreuz. In Wahrheit gingen die ABC-Ausrüstungen, deren Lieferung in den Iran verboten war, über Wien an das Teheraner Verteidigungsministerium.[1472]

Als sich 1987 die Hamburger Finanzbehörden für die Geschäfte der Firma Nendza zu interessieren beginnen, ist die «Bundesvermögensverwaltung, Abteilung Sondervermögen» zur Stelle. Am 2. Dezember 1987 bestätigt die BND-Tarneinrichtung der Firma Nendza in einem Schreiben «zur Vorlage beim Finanzamt für Körperschaften in Hamburg» die Lieferung von Material im Wert von rund 2,4 Millionen Mark. Empfänger ist plötzlich laut Bundesvermögensverwaltung die Botschaft der Bundesrepublik Deutschland in Pakistan. Die Bundesvermögensverwaltung hält fest: «Das Internationale Rechtsinstitut hat dabei im Namen und für Rechnung der Bundesrepublik Deutschland gehandelt, die sich bei der Auftragsvergabe durch die Botschaft in Pakistan vertreten ließ. Soweit das Internationale Rechtsinstitut als Auftraggeber aufgetreten ist, hat es mithin die Bundesrepublik vertreten, die ihrerseits durch die Botschaft gehandelt hat. Die Bundeswehr hat gem. interner Veranlassung in Ihrem Auftrag gehandelt. Wir hoffen, die Unklarheiten hiermit ausgeräumt zu haben und zeichnen ...»[1473]

Die meisten Unklarheiten sind bis heute nicht ausgeräumt. Mit der Oberfinanzdirektion soll die Firma Nendza sich auf die Zahlung eines Bußgeldes in Höhe von 100 000 Mark geeinigt haben.[1474] Die Geschäfte liefen weiter. Bis weit in die 90er Jahre hinein. Als Rainer Elbertzhagen 1992 als BND-Resident in Damaskus in Pension geht, taucht er als Berater der Firma Nendza wieder auf. Und plötzlich dann als «Rainer Elbertzhagen, Inspection Bureau». Unter diesem Signet bestätigt er am 24. November dem thailändischen Militär den ordnungsgemäßen Zustand von 283 ABC-Schutzausrüstungen, die von der Firma Nendza in Rechnung gestellt und von ihm in London inspiziert wurden. Die Adresse des Inspection Bureau: Tannenstraße 8 in Pullach. Vormals Sitz des «Internationalen Rechtsinstituts».[1475] Der *Stern* registrierte für die 90er Jahre weitere Geschäfte mit Teheran, dem Libanon und der PLO, die zum Teil wieder über Umwege finanziert und abgewickelt wurden und an denen weitere namhafte deutsche Unternehmen beteiligt waren. Die Enthüllungen des Hamburger Magazins blieben folgenlos. Die Geschäfte der Geheimdienste bleiben es in aller Regel nicht, wie die Geschichte und die Folgen der Aufrüstung der Mudschaheddin in Afghanistan bis heute bewiesen haben.

Export in Sachen Massenmord

Die schmutzigen Geschäfte mit Saddam und Gaddafi

Der Auftritt ist eindrucksvoll: Unter Blaulicht stoppt eine Eskorte von acht Fahrzeugen am Morgen des 24. April 1982 vor dem renommierten Waffengeschäft Krausser in München-Haidhausen. Der Kolonne entsteigt hoher Besuch: der irakische Innenminister Sadour Shakir und sein oberster Polizeichef Dr. Fadel El Barrak. Begleitet werden die Herrschaften von BND-Oberst Joachim Phillip und von dem Polizeidirektor im bayerischen Innenministerium, Wilhelm Schmutterer. Außerdem ist noch der Kaufmann Abdul Moniem Jebara mit von der Partie. Der Iraker ist Inhaber einer kleinen Import- und Exportfirma in München und ein alter Schulkamerad des irakischen Diktators Saddam Hussein. Er fungiert bei dem Besuch als Dolmetscher. Die irakischen Gäste sind in Kauflaune, und die Firma Krausser kann ein blendendes Geschäft verbuchen. Für rund 180 000 Mark kauft der Innenminister aus Bagdad 90 Revolver vom Typ Smith & Wesson, 75 FN-Pistolen, zwei Pistolen der Firma Walther, Jagdgewehre, Messer, Handschellen und Holster.[1476]

Hochzufrieden macht sich der Tross wieder auf den Weg: zur BND-Zentrale nach Pullach. Auf der Tagesordnung steht ein gemeinsames Mittagessen mit BND-Präsident Kinkel. Die Stimmung ist entspannt, es gibt Rindersteak mit Kartoffeln und gemischtem Salat. Mit am Tisch sitzt natürlich wieder der Kaufmann, Dolmetscher und Verbindungsmann Abdul Jebara. Er wird Jahre später zu Protokoll geben: «Am Ende des Gesprächs hat mich der irakische Innenminister gebeten, Herrn Dr. Kinkel zu sagen, dass er die gekauften Waffen gerne sofort mitnehmen möchte. Dr. Kinkel lachte und sagte Herrn Phillip, er solle arrangieren, dass diese Waffen ohne Ausfuhrpapiere zur Privatmaschine des irakischen Innenministers kommen.»[1477] So geschah es. Am nächsten Tag konnte der Iraker die heiße Fracht im Privatflugzeug mit nach Hause nehmen. Jebara: «Ich lege Wert auf die Feststellung, dass die von oder für den irakischen Innenminister bei Waffen Krausser gekauften Waffen im Beisein des Oberst Phillip vom BND und von Herren des Bayerischen Staatsministeriums des Innern zum Privatflugzeug des irakischen Innenministers nach München-Riem gebracht wurden.»[1478]

Die unbürokratische Amtshilfe für den irakischen Waffeneinkäufer war illegal. Die Firma Krausser besaß eine Ausfuhrgenehmigung für lediglich 50 Revolver, die am 15. Januar 1982 erteilt worden war. Allerdings lief die Frist für die Lieferung schon am 22. April aus. Drei Tage, bevor Minister Shakir mit den Waffen wieder abflog. BND-Oberst Phillip teilte der Firma Krausser dennoch mit, die Waffen seien «rechtmäßig erworben und sind von meiner Behörde einem hohen ausländischen Staatsgast als Geschenk überlassen worden».[1479]

Geschenke erhalten bekanntlich die Freundschaft. Und die Freundschaft zum Irak hatte sich in den Jahren zuvor erheblich intensiviert und gefestigt. In den 70er Jahren gab es keine institutionalisierten Geheimdienstkontakte zum Irak. Zu eng waren die Verbindungen des BND zum Regime des Schahs von Persien. Das änderte sich mit der Machtübernahme der Ajatollahs in Teheran. 1980 brach zwischen den Kontrahenten Iran und Irak der mit aller Brutalität geführte Golfkrieg aus. Saddam Hussein, der am 16. Juli 1979 seine Alleinherrschaft im Irak angetreten hatte, konnte sich des Wohlwollens der konservativen arabischen Staaten, aber auch der Nato-Mitgliedsländer sicher sein. Ende der 70er Jahre suchte der Irak intensiveren Kontakt zur Bundesrepublik. Die Regierung in Bagdad wandte sich offiziell an das Innenministerium und bat um die Ausbildung irakischer Offiziere an den Hochschulen der Bundeswehr und die Schulung von Militärärzten und sondierte die Möglichkeit von Rüstungskäufen.[1480] Gleichzeitig entstand eine Bayern-Connection. Der oberste irakische Polizeichef und spätere Geheimdienstleiter El Barrak besuchte das bayerische Innenministerium und sprach mit den Polizei- und Sicherheitsexperten. Beauftragt mit diesen Unterredungen war der Polizeidirektor Schmutterer. Ebenfalls beteiligt war vom Bundesinnenministerium Heinrich Boge, der wenig später zum Chef des BKA befördert wurde. Immer mit am Tisch: der Münchner Kaufmann Abdul Moniem Jebara[1481], dem man wohl nicht zu Unrecht nachsagte, mehr als nur informelle Verbindungen zum irakischen Geheimdienst zu unterhalten.

Im Sommer 1979 reiste eine hochrangige deutsche Delegation nach Bagdad: BND-Präsident Kinkel, BKA-Chef Boge und der bayerische Verbindungsbeamte Schmutterer. Und, wen wundert es, Jebara. Die Mission war von Erfolg gekrönt. Sie bildete den Beginn einer neuen Partnerdienstbeziehung des BND, der seinem neuen Freund in Bagdad fortan die Tarnbezeichnung «Krokodil» verpasste.

Die Beziehungen des Herrn Jebara

Die Zusammenarbeit zwischen der Bundesrepublik und dem Regime im Irak als heikel zu bezeichnen, wäre heillos untertrieben. Nicht nur, dass der Irak sich im Krieg mit dem Iran befand, auch im Inneren ging der Diktator Hussein, der selbst eine Geheimdienstkarriere gemacht hatte, mit äußerster Brutalität, mit Folter und Mord gegen Oppositionelle, gegen Kommunisten, gegen Schiiten oder gegen Kurden vor, gegen die er sogar Giftgas einsetzen ließ. Und schließlich stand der Irak auch noch im dringenden Verdacht, Terroristen – auch der RAF – Unterschlupf zu gewähren, beziehungsweise sie von seinem Boden aus zu Terrorakten wie der Entführung der Lufthansa-Maschine Landshut starten zu lassen. Ein netter neuer Freund. Aber gerade die Rolle des Irak bei der Unterstützung des internationalen Terrorismus stellte für die Verhandlungsdelegation aus der Bundesrepublik ein wichtiges Gesprächsthema dar. Sie suchten die Zusicherung des Irak, bei der Bekämpfung des Terrorismus zu helfen. Das Sprichwort vom Bock und vom Gärtner drängt sich auf.

Ungeachtet derartiger Fragen begann die deutsch-irakische Kooperation am Anfang der 80er Jahre zu boomen. Von 1981 bis 1989 lieferte die Bundesrepublik nachrichtendienstliche und militärische Technik von Radargeräten bis zu Chiffriermaschinen im Wert von rund 500 Millionen Mark in den Irak.[1482] Von schlimmeren Exporten wird noch die Rede sein. Oft war an der Verhandlung und Abwicklung derartiger Geschäfte ein für die deutsch-irakischen Beziehungen unverzichtbarer Mann beteiligt: Abdul Jebara. Innerhalb von drei Jahren soll er während des Golfkrieges für die Vermittlung deutscher Nachrichtentechnik in

Albtraum für die FDP: Abdul Moniem Jebara 1994

den Irak Provisionen in Höhe von rund 4,2 Millionen Mark erhalten haben.[1483]

Aber auch im Bereich Ausbildung leistete die Bundesrepublik willkommene Hilfe: Irakische Polizeioffiziere reisten zu Lehrgängen beim Landeskriminalamt in München an und erhielten Unterricht an den Polizeischulen Augsburg und Rosenheim. Der BND veranstaltete an seiner Schule für den höheren Dienst am Haarsee Lehrgänge für irakische Geheimdienstoffiziere.[1484] Endgültig zum Handlanger des Terrorregimes in Bagdad machte sich der BND durch eine Übereinkunft, die Unterstützung bei der Kontrolle der irakischen Opposition vorsah. Konkret bedeutete dies, dass der BND seine Informationen über in der Bundesrepublik lebende irakische Oppositionelle und besonders auch Informationen über Asylsuchende nach Bagdad weiterleitete.[1485] Es braucht kaum Phantasie, sich vorzustellen, was das für die Asylsuchenden bedeutete, wenn ihr Ersuchen abgelehnt und sie zurück in ihr Heimatland geschickt wurden.

Die Linie BND–Jebara–Irak funktionierte glänzend und erfuhr ständig neue Ausweitungen und Verzweigungen. Etwa seit 1981 plante der Irak die Aufstellung einer Anti-Terror-Einheit der Polizei nach dem Vorbild der deutschen GSG 9. Über den BND und Jebara wurden die Iraker an die Hamburger Firma Wenzel Hruby Communication Equipment GmbH vermittelt, die wiederum direkten Kontakt zu einem der «Helden von Mogadischu» aufnahm: Der GSG-9-Mann Ludwig Heerwagen hielt sich gerade mit Kollegen in Saudi-Arabien auf, wo er Anti-Terror-Einheiten ausbildete, als ihn ein Abgesandter von Wenzel Hruby kontaktierte. Heerwagen gibt später zu Protokoll, dass er bereits am Anfang des Jahres 1981 erstmals wegen der Ausbildung irakischer Sonderheiten in GSG-9-Manier angesprochen worden war. Damals von einem «Herrn Heiner von der Fa. Inwako».[1486] So verschlungen die Wege in diesem dunklen Geschäftszweig auch sind, so kurz sind sie auch. Friedrich-Simon Heiner hatte bis 1977 die Geschäfte der Wehrexport GmbH besorgt, eines Unternehmens des Imperiums von Gerhard Mertins. Nach seinem Ausstieg bei der Wehrexport führte er die Geschäfte der Inwako GmbH, die seiner Frau gehörte und in dem Verdacht stand, «den waffenlüsternen Irak mit brisantem Gerät versorgt zu haben».[1487] Werkzeuge und Teile für die Verbesserung der Scud-B-Raketen, die der Irak im zweiten Golfkrieg auf Israel feuern wird, aber auch Vorprodukte für Nervenkampfstoff soll Heiner Hussein geliefert haben.[1488] Im August 1990 wird Heiner verhaftet und erst gegen Zahlung von 500 000 Mark Kaution wieder auf freien Fuß gesetzt. Acht Jahre später, am 3. Juli 1998, wird er freigesprochen.[1489]

In Sachen Ausbildung der Sondereinheiten Saddams aber macht Wenzel Hruby das Rennen. Am 3. Dezember 1981 schließt er einen Vertrag mit dem Mogadischu-Helden Heerwagen. Die neuen Partner halten fest, dass sie beabsichtigen, «im Irak polizeiliche Schulungen durchzuführen und die staatlichen Dienststellen mit polizeilichen Ausrüstungsgegenständen zu beliefern».[1490] 18 000 Mark Monatssalär soll Heerwagen für seine Dienste bekommen, sowie eine Gewinnbeteiligung von 40 Prozent, mindestens jedoch 800 000 Mark.

Am 30. März ist Ibrahim S. Ali als Vertreter des irakischen Innenministers in Hamburg und schließt zwei Geheimverträge mit Wenzel Hruby. Im Anhang wird präzisiert, was unter polizeilichen Ausrüstungsgegenständen zu verstehen ist. Das reicht von 32 Daimler Benz 380 SE und 280 GE über gepanzerte Fahrzeuge, Kommandofahrzeuge, Schießstände bis hin zu 30 000 Hand- und Blendgranaten, 600 Maschinenpistolen, 125 G3-Gewehren und zwei Millionen Schuss Munition.[1491] Heerwagen gibt später zu Protokoll, er habe die Herren von Wenzel Hruby und die Iraker darauf aufmerksam gemacht, dass die Beschaffung der Maschinenpistolen und Gewehre nicht möglich sei, da sie gegen das Gesetz verstieße. Er will auch ihm bekannte Mitarbeiter der Waffenschmiede Heckler & Koch vor diesem Geschäft gewarnt haben. In der Tat gibt es keine Ausfuhrgenehmigung für die Waffen in den Krieg führenden Irak, und die Bemühungen von Wenzel Hruby bei Heckler & Koch in Oberndorf und bei der Londoner Tochterfirma bleiben erfolglos. Die Londoner Dependance von Heckler & Koch war allerdings anscheinend bereit, die Waffen über Jordanien zu liefern. Zumindest finden die Ermittler später ein Angebot der Firma über genau die verlangten 600 Maschinenpistolen und 125 G3-Gewehre im Wert von 1 057 300 Mark an den Innenminister von Jordanien. Das kompromittierende Papier fällt ihnen ausgerechnet im Arbeitszimmer des Jebara-Freundes Wilhelm Schmutterer in die Hände.[1492] Letztlich gelingt Wenzel Hruby aber nur die Beschaffung von 125 Scharfschützengewehren bei der Firma Steyr in München, was zu Verärgerung bei den irakischen Geschäftspartnern führt. Oberst Ali war zumindest davon ausgegangen, dass die Lieferung trotz aller Schwierigkeiten möglich sei. Schließlich könne «die Aufstellung der irakischen Sondereinheiten auch dem Interesse der BRD dienen». Außerdem sei der Vertrag ja «durch die Vermittlung des BND zustande gekommen», und man habe «schon aus diesem Grund auf die Zuverlässigkeit der Firma Hruby vertraut».[1493]

Die Ausbildung im Irak fand von Mai bis Ende August 1982 statt. Insgesamt acht Ausbilder zum Teil nebst Gattinnen und im Falle von Ludwig Heerwagen sogar mit Kind reisten nach Bagdad. Die Bilanz, die der GSG-9-Veteran nach vier Monaten Training zog, war für die Anti-Terror-Kämpfer Saddams verheerend: «Da nur ein geringer Teil der Lehrgangsteilnehmer Grundkenntnisse in Nahkampftechniken hatte, musste dies zunächst im Lehrgang nachgeholt werden [...] In der Schießausbildung waren die Voraussetzungen der Lehrgangsteilnehmer sehr schlecht, um nicht zu sagen katastrophal [...] Taktische Themen wie das ‹gewaltsame Eindringen in Gebäude, in Flugzeuge, in Busse oder Eisenbahnzüge› waren völliges Neuland [...] War ein Lehrgangsteilnehmer als taktischer Führer eingeteilt, wurden Aufträge oder Befehle zum Teil gar nicht aufgenommen, nur ungenau oder gar nicht durchgeführt.»[1494]

Trotz des vernichtenden Urteils ist Heerwagen daran interessiert, seine Arbeit mit den Irakern fortzusetzen. Doch die aufwendig vom BND und Abdul Jebara eingefädelte Kooperation gerät ins Stocken und platzt schließlich endgültig. Die Iraker fühlen sich betrogen, weil Wenzel Hruby nicht alles geliefert habe, was abgesprochen war, und Wenzel Hruby wirft den Irakern ihrerseits Vertragsbruch vor. Interessant ist, dass die Iraker noch im Frühjahr 1983 Gespräche in Hamburg führen, um die Unstimmigkeiten zu beseitigen. Heerwagen ist dabei, und wieder dolmetscht Jebara. Doch Heerwagen bekommt mit, dass der Iraker im Folgenden die Interessen seiner Landsleute vertreten soll.[1495]

Die Interessen von Abdul Jebara sind vielfältig. Der Iraker wird die bundesdeutsche Justiz und Politik bis weit in die 90er Jahre hinein beschäftigen. Selten zur Freude der politischen Verantwortungsträger oder der Verantwortlichen in Pullach. Dabei laufen seine Geschäfte unter den Augen des Nachrichtendienstes zunächst glänzend. Mitte der 70er Jahre ist Jebara wieder einmal mit einer irakischen Delegation in Bayern unterwegs. Polizeischulen werden besucht und Informationen eingeholt, wo man Ausrüstungsmaterial für die irakische Polizei kaufen könne. Der bayerische Innenminister Alfred Seidl sei es gewesen, so erklärte Jebara selbst, der ihm die Münchner Firma Telemit Electronic GmbH empfohlen habe. Dort kaufen die Iraker Funkgeräte.[1496] Es ist der Beginn einer für alle Beteiligten zunächst äußerst lukrativen Geschäftsbeziehung. Die Telemit Electronic GmbH ist einer der Big Player im Geschäft mit Nachrichtentechnik aller Art. Nachtsichtgeräte, Funkanlagen, Ortungsgeräte und Lasermesstechnik gehören zur Produkt- und Handelspalette, mit der die Telemit auch die Bundeswehr beliefert. Seit ihrer Gründung Anfang der 60er Jahre hatte die Telemit kräftig expandiert. Im Oktober 1974 wurde die Tochtergesellschaft Microtronic Television GmbH gegründet und knapp zwei Jahre später die Telemit Engineering, deren Geschäftszweck die «ingenieurmäßige Planung, Entwicklung und Beratung sowie Fertigung und Vertrieb von nachrichtentechnischen Anlagen, insbesondere Sonderanlagen von Funknetzen und Ortungssystemen» war. Die Muttergesellschaft hatte sich inzwischen zu einem wichtigen Lieferanten der Bundeswehr für Verschlüsselungs- und Kommunikationstechnik entwickelt.[1497] Dass eine solches Firmenkonglomerat im militärischen High-Tech-Bereich in den Brennpunkt des nachrichtendienstlichen Interesses rückte, lag auf der Hand. Und in der Tat wurde die Telemit «wie kein anderes deutsches Unternehmen ein Spielball von Geheimdiensten und waffenlüsternen Despoten».[1498]

Und mitten drin war wieder einmal Abdul Jebara. Der vielseitige «Dolmetscher» schloss im Oktober 1979 mit dem Telemit-Geschäftsführer Wolfgang Knabe einen Vertrag, der ihm 15 Prozent der bezahlten Rechnungssumme als Provision für von ihm vermittelte Rüstungsgeschäfte zusicherte. Das lohnte sich. Wie das Landgericht München später ermittelte, erhielt Jebara allein in den Jahren 1980 bis 1983 von der Telemit 4,316 Millionen Mark an Provisionen. Das ergibt für diesen Zeitraum hochgerechnet einen Wert der an den Irak gelieferten Geheimdienstutensilien von rund 28 Millionen Mark.[1499] Und dabei handelt es sich ja nur um die von Jebara vermittelten Geschäfte an einen einzigen Staat. Doch die Telemit belieferte nahezu den gesamten Nahen und Mittleren Osten. Auch die Todfeinde Saddam Husseins, die iranischen Gotteskrieger, wurden mit Nachrichtentechnik im Wert von 80 Millionen Mark beliefert.[1500] Außerdem verkauften die Telemit und ihre Töchter an Saudi-Arabien, Jordanien, Syrien und Libyen. Anfang der 80er Jahre erzielte die Telemit mit mittlerweile rund 600 Beschäftigten einen Jahresumsatz von bis zu 300 Millionen Mark. Großaufträge kamen vor allem vom libyschen Revolutionsführer Gaddafi. So sollte die Telemit Engineering 1977 Polizeistationen mit Funkeinrichtungen für den Wüstenstaat im Wert von 177 Millionen Mark errichten. Doch das Projekt wurde buchstäblich in den Sand gesetzt. Das beeinträchtigte die Geschäftsverbindungen nach Tripolis aber kaum. Noch im gleichen Jahr begann die Errichtung eines Funksystems für die Zivilverteidigung, 1980 erhielt Libyen das Radarsystem LASSY geliefert, für das AEG-Telefunken die Ausfuhrgenehmigung beantragte und erhielt, und Anfang der 80er Jahre folgte der Bau eines Systems von 46 Kommandobunkern mit Kommunikations- und Abhörsystemen. Wert: 200 Millionen Mark. Die Zusammenarbeit der Telemit mit Großunternehmen wie der AEG und Siemens funktionierte. Die Telemit konnte die Anlagen für ihre Großprojekte nicht alle selbst fertigen. So war der 1985 ermordete Siemens-Generaldirektor Karl-Heinz Beckurts an der Vermittlung von Abhöranlagen in den Iran, Irak und wieder nach Libyen beteiligt.[1501]

Das alles konnte nicht ohne die entsprechende Rückendeckung von politischer Seite geschehen, und auch der BND war mittelbar in die Geschäfte der Telemit involviert.

Einer der Gründungsgeschäftsführer der Telemit war Wolfgang Knabe. Er hatte als Zivilangestellter der US Army im Bereich der Telefonüberwachung gearbeitet, bevor ihn der eigentliche Vater der Telemit, Herbert Mittermayer, zu dem Münchner Elektronikunternehmen holte. Mittermayer stieg 1976 aus der Geschäftsführung aus, Knabe zog weiter die Fäden, bis er im April 1985 plötzlich und unerwartet an Herzversagen starb, zwei Tage nach seiner Rückkehr von einer erneuten Geschäftsreise nach Libyen. Jahre später erinnerte sich seine Witwe gegenüber dem Magazin *Stern*: «BND-Leute gingen bei uns zu Hause ein und aus. Sie überprüften unsere Telefone auf Wanzen und saßen häufig bei uns, um mit meinem Mann Geschäfte zu besprechen.»[1502] In der Pullacher Zentrale hatte Knabe einen exklusiven Ansprechpartner, der wohl auch so etwas wie ein Schutzpatron sein sollte. Seiner Frau erklärte Knabe: «Wenn mir mal was passiert, dann ruf sofort den FISCHER unter der Nummer 793 35 25 in München an.»[1503] BERNHARD FISCHER war natürlich niemand anderes als der bereits sattsam bekannte Leiter der BND-Unterabteilung Beschaffung Nah-/Mittelost und Nordafrika, Cornelis Hausleiter, der auch die Aktion SOMMERREGEN zur Unterstützung der Rebellen in Afghanistan führte (siehe oben). Nun war Wolfgang Knabe kein BND-Mitarbeiter im eigentlichen Sinne und die Telemit auch keine Tarnfirma des BND, aber Knabe wurde vom BND als nachrichtendienstliche Verbindung geführt, das heißt, er war nach den nachrichtendienstlichen Begriffsbestimmungen von 1974 eine «Person oder Institution außerhalb des BND, deren er sich unmittelbar zur geheimen Beschaffung oder im Rahmen geheimdienstlicher Operationen zur Erfüllung sonstiger Aufträge bedient». Das Gleiche galt für den Prokuristen und Leiter der Auslandsabteilung der Telemit, Andreas-Christian Rose.[1504] Mit diesen Quellen saß der BND an derselben. Immerhin verkaufte die Telemit Verschlüsselungstechnik und Chiffriersysteme an die Sicherheitsdienste der Abnehmerstaaten. Und wer Verschlüsselungssysteme baut und verkauft, ist auch im Besitz der entsprechenden Schlüssel. Was wollte der BND mehr als Frequenzen und Codes der in den ganzen Nahen Osten gelieferten Nachrichtenelektronik?

Doch das Ganze hatte noch eine politisch viel brisantere Dimension. Denn die Telemit, die immerhin die Bundeswehr mit eben der gleichen

Ausrüstung versorgte, war seit 1976 längst kein deutsches Unternehmen mehr. Waren die exzellenten Geschäftskontakte zum Regime in Bagdad vor allem mit den Beziehungen Abdul Jebaras zu erklären, so hatten die Großaufträge aus Tripolis einen noch viel einfacheren Grund: Die Telemit gehörte Libyen. Offiziell war die Telemit Electronic GmbH im Besitz der Telemit AG, die im schweizerischen Kanton Glarus residierte, und einer Liechtensteiner Firma mit dem klingenden Namen Jubel Trust. Aber über diese beiden Firmen hatte der libysche Staatskonzern Lafico (Libyan Arab Foreign Investment Corporation) bereits 1976 alle Anteile der Telemit in München erworben. Größter Kreditgeber der Telemit war ab Oktober 1981 wiederum das Unternehmen Contrust, deren alleiniger Gesellschafter Ahmed Guimaa Essaya und Geschäftsführer Abdurrahman Mahmoud Badi beide aus Tripolis stammten. Nach Inanspruchnahme des Kredits über 15 Millionen Mark wurde das Stammkapital der Telemit auf die beiden Geschäftsführer Köster und Lemke und auf den vorher im Verwaltungsrat der Telemit aktiven Dr. Schweickert übertragen. Im Handelsregister erschien die Telemit so als rein deutsches Unternehmen, an den wahren Besitzverhältnissen änderte sich nichts.

Ausschlaggebend für diese Maßnahme könnte die Tatsache gewesen sein, dass just 1981 der libysche Hintergrund der Telemit durch den amerikanischen Fernsehsender CBS enthüllt wurde. Dessen Reporter trafen im Gebäude der Telemit in München libysche Studenten und betrachteten an der Wand ein Porträt des Revolutionsführers Gaddafi. Auch der Londoner *Standard* nahm sich des Themas an und zitierte empörte amerikanische Offiziere, die sich darüber beschwerten, dass die Telemit trotz ihrer libyschen Besitzer hoch empfindliches Material wie Funkgeräte für den Kampfpanzer Leopard an die Bundeswehr liefern durfte. Sie befürchteten, dass die entsprechenden Geräte und Informationen dem amerikanischen Staatsfeind Nummer eins, Gaddafi, und über diese Connection den Sowjets in die Hände fallen könnten.[1505] Doch die Geschäfte – vor allem die Exportgeschäfte – liefen weiter. Zwischen 1973 und 1989 reichte die Telemit 103 Anträge auf Ausfuhrgenehmigungen in den Irak, Iran, Libyen, Syrien, Jordanien und Saudi-Arabien beim Auswärtigen Amt ein. Nur in acht Fällen hatten die Beamten des AA Bedenken.[1506] Selbst in Fachkreisen löste der nahezu ungehinderte Warenfluss Verwunderung und Misstrauen aus. «Ohne politische Absicherung, da waren sich die Neider in der Branche einig, waren solche Geschäfte nicht möglich», bemerkte die *tageszeitung*.[1507]

Da werden die Insider wohl richtig gelegen haben. Und es drängt sich sogar der Eindruck auf, dass es sich um einen speziellen Fall von parteipolitischer Absicherung gehandelt hat. Die Unbedenklichkeitsbescheinigungen für die brisanten Rüstungsgeschäfte der Telemit mussten vom Auswärtigen Amt ausgestellt werden, das dem ewigen Außenminister Hans-Dietrich Genscher von der FDP unterstand. Das Wirtschaftsministerium hatte zuzustimmen, das ebenfalls traditionell von der FDP geführt wurde, formell kam die Ausfuhrgenehmigung vom Bundesamt für gewerbliche Wirtschaft in Eschborn, das eine nachgeordnete Behörde des Wirtschaftsministeriums ist. Und zumindest mittelbare Kontrolle über die Aktivitäten der Telemit hatte der Bundesnachrichtendienst, der vier Jahre lang unter der Ägide von Genscher-Intimus Kinkel werkelte. Das allein reicht sicher nicht als Beweis, um den Beteiligten eine böse Absicht zu unterstellen, aber wie so oft, wenn die Dinge kompliziert sind und von zu vielen Faktoren und Menschen abhängen, geraten sie irgendwann außer Kontrolle. Auch wenn es Jahre dauert.

1994 geschehen drei Dinge, die eng miteinander verknüpft sind und ein grelles Licht auf die Aktivitäten der Telemit und der politischen Verantwortlichen werfen: Im Februar 1994 meldet die Telemit Vergleich an, am 1. September wird der Konkurs vollzogen.[1508] Im Juli verurteilt das Landgericht Augsburg den Kaufbeurener Unternehmer Anton Eyerle wegen mehrerer Verstöße gegen das Außenwirtschaftsgesetz und das Kriegswaffenkontrollgesetz zu fünf Jahren und sechs Monaten Haft. Er hatte unter anderem Zünder für Scud-B-Raketen und Styx-Raketen an den Irak geliefert.[1509] Und wenig später veröffentlicht der *Stern* in zwei Artikeln unter den Überschriften «Die Libyen-Connection» und «Exporte liefen wie geschmiert»[1510] eine Recherche, nach der die Telemit jahrelang die FDP mit mehr als einer Million Mark per anno geschmiert habe, um sich die Verantwortlichen für heikle Exportgenehmigungen gewogen zu halten.

Wie hing das alles miteinander zusammen? Nun, das Konkursverfahren über die Telemit brachte Firmenunterlagen zutage und Mitarbeiter zum Sprechen. Im Prozess gegen Anton Eyerle spielten die Geschäfte der Telemit mit dem Irak ebenfalls als Präzedenzfall eine Rolle. Als Zeugen wurden gehört: der Ex-Außenminister Genscher, der Ex-BND-Präsident Kinkel und der unvermeidliche Ex-Dolmetscher Abdul Jebara, der ausreichend Grund hatte, auf seine deutschen Ex-Partner sauer zu sein. Aussagen, Anschuldigungen und Unterlagen setzten sich zu einem Bild zusammen, das immer düsterer wurde. Der Reihe nach:

Zum Niedergang der Telemit trug wieder einmal eine sich grundlegend verändernde Großwetterlage bei. Mitte der 70er bis Anfang der 80er Jahre erschien der Staat des Revolutionsführers Gaddafi als eines der Lieblingskinder der FDP-eigenen Außenpolitik der Bundesrepublik Deutschland. Von Außenminister Genscher über Innenminister Baum bis Staatsminister Möllemann reichte die Liste führender FDP-Politiker, die den Kontakt zu Gaddafi und seinen Vertretern wie dem Geheimdienstmann und libyschen Innenminister Younis Belgassem hielten. Vermeintlich gemeinsame Interessen gab es genug. Vor allem wollte sich die Bundesrepublik der libyschen Öllieferungen versichern. Dann konnte man sich Gaddafis Schutz vor arabischen Bombenlegern erhoffen und nicht zuletzt libysche Zusammenarbeit bei der Suche nach den hauseigenen Terroristen der RAF. Wie blauäugig derartige Erwartungen waren, zeigte sich schon im November 1978, als Gerhart Baum auf der Suche nach den vier Top-Terroristen der RAF, Brigitte Mohnhaupt, Sieglinde Hoffmann, Peter-Jürgen Boock und Rolf Clemens Wagner, in den Wüstenstaat reiste. Die vier waren kurz zuvor von Jugoslawien, wo sie festgenommen worden waren, nach Libyen abgeschoben worden, wo sie in einem Wüstencamp Unterschlupf gefunden hatten. Der Besuch des deutschen Innenministers bei Gaddafi war vom BND-Mann DÖRNER vorbereitet worden, doch der Revolutionsführer veranstaltete ein albernes Schauspiel, und Gerhart Baum musste ohne die erhoffte Beute wieder abreisen.[1511] Gegenstand der deutsch-libyschen Beziehungspflege war wohl auch die Telemit. Laut den Recherchen des *Stern* waren Außenminister Genscher und sein Adlatus Kinkel persönlich in den Verkauf der Telemit an die libyschen Strohfirmen involviert. 1976 soll es Geheimverhandlungen über dieses Thema zwischen den beiden und einem Abgesandten Gaddafis in einem Pariser Hotel gegeben haben. Der

Stern berief sich auf die Aussagen früherer Telemit-Mitarbeiter.[1512] Kinkel dementierte, an einem solchen Treffen teilgenommen zu haben. Ein Dementi von Genscher gab es nicht.

Fortan florierte das Geschäft mit Libyen und auch mit dem Irak, der seinerseits von Libyen unterstützt wurde. Das Ganze ging bis etwa Mitte der 80er Jahre – auch trotz der Proteste der USA – gut. Doch letztlich wurden die Beziehungen zum «Satan» Gaddafi immer unhaltbarer. Im April 1986 bombardierten die USA Tripolis und das Wüstendomizil des Revolutionsführers als Vergeltung für den Terroranschlag auf die Berliner Diskothek La Belle. Auch Bonn musste sich einer härteren Gangart gegenüber Libyen befleißigen. Nahezu gleichzeitig änderte sich auch das Verhältnis zu den Golfkriegsgegnern. Saddam Hussein begann, Gaddafi als Weltfeind Nummer eins den Rang abzulaufen. Auch die Bundesrepublik entdeckte ihre alte Freundschaft zum Iran wieder und konvertierte 1987 vom Irak-Unterstützer zum Gegner Saddams. Auch hier mag eine Parallelentwicklung den Ausschlag für die plötzliche Kehrtwendung gegeben haben: Anfang 1987 werden im Libanon der Hoechst-Manager Rudolf Cordes und der Siemens-Techniker Alfred Schmidt entführt. Die Entführungen waren eine Reaktion auf die Verhaftung des Hisbollah-Terroristen Mohammed Ali Hamadi in Frankfurt. Als auch der Bruder Abbas Ali Hamadi in der Bundesrepublik festgenommen wird, folgen weitere Geiselnahmen und ein monate- beziehungsweise jahrelanges Ringen auf diplomatischer und geheimdienstlicher Ebene, in die auch der BND an vorderster Front involviert war.[1513] Bei den Bemühungen um die Freilassung der deutschen Geiseln im Libanon kam dem Iran als einem der Hauptdrahtzieher und Finanziers im Hintergrund der Hisbollah eine entscheidende Bedeutung zu. Hier dürfte eine der Hauptursachen für die diplomatische Rolle rückwärts der bundesdeutschen Außenpolitik zu suchen sein.

Zeitgleich gewährt der Irak libyschen Oppositionellen Unterschlupf und verweigert deren Überstellung nach Tripolis. In der Folge friert Gaddafi seine Beziehungen zum Irak ein. Für die Geschäfte der libysch geführten Telemit sind alle diese Entwicklungen pures Gift. Als die Telemit dann auch noch im Zusammenhang mit dem Skandal um die libysche Giftgasfabrik Rabta 1989 erneut in die deutschen Schlagzeilen gerät und die Exportbestimmungen in der Bundesrepublik verschärft werden, sucht Libyen endgültig einen deutschen Abnehmer für seine deutsche Rüstungsfirma. Mittelfristig konnte das die Telemit nicht mehr retten.

Abdul Moneim Jebara war schon früher in den Strudel der Ereignisse geraten. Der Iraker hatte mitbekommen, dass die Telemit auch mit dem Todfeind seines Heimatlandes lukrative Geschäfte machte. Als er den Telemit-Geschäftsführer Köster zur Rede stellte, leugnete dieser die Geschäfte mit dem Iran. Jebara reiste nach Bagdad und konfrontierte Köster wenig später mit den Verträgen zwischen dem Teheraner Verteidigungsministerium und der Telemit, die er vom irakischen Geheimdienst bekommen hatte.[1514]

Ein Fehler, den Jebara teuer bezahlen sollte. Wenig später werden seine Geschäftsräume durchsucht. Die Generalbundesanwaltschaft in Karlsruhe leitet ein Ermittlungsverfahren ein, und Jebara landet in Untersuchungshaft. Die Liste der Vorwürfe ist lang. Sie reicht von geheimdienstlicher Agententätigkeit über Erpressung und Steuerhinterziehung bis zu illegalem Waffenhandel. Jebara vermutet, dass die Durchsuchung seiner Räumlichkeiten auf eine Anzeige der Telemit hin erfolgt sei. Und in der Tat erhält Telemit-Geschäftsführer Köster am 3. Juni 1986 ein Schreiben der Telemiran Ltd. aus Teheran: «Für Ihre Arbeit in Bezug auf die Affäre Jebara überweisen wir 250 000 DM auf Ihre Bank in der Schweiz gemäß Ihren Wünschen. Für weitere Informationen die Affäre betreffend kontaktieren Sie bitte unseren Freund im Konsulat.» Geschäftsführer Köster jedoch streitet ab, dass die Ermittlungen auf Maßnahmen der Telemit zurückgehen, und teilt dies Jebara schriftlich mit.

Wie auch immer, Jebara wird der Prozess gemacht. Zum Hauptbelastungszeugen wird ein ehemaliger Geschäftspartner Jebaras: Hans-Georg Reiss war Irak-Mitarbeiter der Telemit, bevor er sich 1985 mit einer Beraterfirma selbständig machte. Seit 1982 betrieb er außerdem die TELSYS Handelsgesellschaft KG. Die wiederum wurde 1985 aufgelöst, und stattdessen wurde die TELSYS Handelsgesellschaft mbH gegründet. Inhaber: seine Frau Heidemarie Reiss und zu drei Fünfteln Abdul Jebara. Natürlich arbeitet man weiter mit der Telemit zusammen und natürlich auch mit dem Irak. Genau wie Jebara ist auch Reiss für den BND von höchstem Interesse. Doch genau wie Jebara hat auch Reiss seine Loyalitäten zunächst klar definiert. Einem Anwerbungsversuch durch den BND, den vor allem wieder die Sendefrequenzen der in den Irak gelieferten Funkanlagen interessierten, widerstand Reiss im Jahr 1983 hartnäckig. Er wolle seine Freunde im Irak nicht hintergehen. Genausowenig wie Jebara, bei dem der BND es ein Jahr später vergeblich versuchte.[1515] Da hält die Partnerschaft der Irak-Freunde noch. Vor Gericht nicht mehr. Als man versucht, Jebara Steuerhinterziehung in Höhe von vier Millionen Mark nachzuweisen, und Gutachten belegen, dass die Unterschriften auf den zum Beweis vorgelegten Quittungen der Telemit nicht von Jebara stammten, beschwört Reiss, die Provisionsgelder bar abgeliefert zu haben. Als Jebara seinen Terminkalender bemüht, um nachzuweisen, dass er bei verschiedenen in Rede stehenden Übergabeterminen überhaupt nicht im Lande gewesen sei, sagt Reiss aus, er habe das Geld in den Räumen Jebaras an einen ihm unbekannten Mann mit arabischem Aussehen übergeben. So macht man das wohl mit Hunderttausenden von Mark.

Ein weiterer Unbekannter spielt auch beim Vorwurf des illegalen Waffenhandels eine Rolle. Denn verhandelt werden nicht etwa die Geschäfte, die Jebara mit der Telemit gemacht hat, sondern die angebliche versuchte Vermittlung von sieben Kampfhubschraubern. Ein entsprechendes Angebot des Unbekannten mit dem sinnigen Namen Smith hatte man bei der Durchsuchung der Büros von Jebara gefunden. Mr. Smith hatte die Hubschrauber gar nicht, und er tauchte auch später nie wieder auf. Das vermeintliche Angebot war ihm angeblich von Reiss überlassen worden.[1516] Dem Gericht reichte das alles. Es verurteilte Jebara im Februar 1988 zu sechs Jahren und sechs Monaten Freiheitsstrafe. Sein Vermögen wurde zur Deckung der Steuerschulden und Gerichtskosten eingezogen und versteigert.

Man könnte meinen, dass damit die mittelbaren und unmittelbaren Beziehungen Jebaras zum BND und zu seinem vormaligen Präsidenten Kinkel beendet gewesen wären, doch weit gefehlt. Eigentlich will man den unbequemen Jebara gar nicht allzu lange in deutscher Haft behalten. Das erste Mal soll er bereits im Juni 1989 entlassen und abgeschoben werden. Bedingung: Er betreibt keine Wiederaufnahme seines Verfahrens, verzichtet auf sein Vermögen und erzählt vor allem kein Sterbenswörtchen über seine Kenntisse der Beziehungen zwischen dem ehemaligen BND-Präsidenten Kinkel und dem irakischen Geheimdienst. Der störrische Jebara lehnt ab und bleibt im Gefängnis. Im August 1990 wird Jebara dann doch plötzlich entlassen. Und er erhält sofort Besuch vom BND. Was war geschehen?

Am 1. August 1990 hatte Saddam Hussein Kuweit überfallen. Hunderte von deutschen Staatsbürgern wurden im Irak als Geiseln und menschliche Schutzschilde festgehalten. Da könnte Jebara als alter Freund Saddams doch sicher bei den Verhandlungen über die Freilassung helfen? Gleichzeitig drückte der BND-Mann Wolf im Namen des BND-Präsidenten Hans-Georg Wieck sein Bedauern über das Schicksal Jebaras aus. Vielleicht hätte der Iraker wirklich helfen können, aber diesmal hat er seinen Preis: vollständige Rehabilitierung, Erstattung seines Vermögens, öffentliche Entschuldigung und entsprechender Presserummel. Das ist dem BND zu teuer. Als Wolf dennoch am nächsten Morgen zu einem erneuten Gespräch zu Jebaras Wohnung fährt, sind Polizei und Steuerfahndung schon da. Alles Drängen des BND-Abgesandten nützt nichts. Wolf kann Jebara lediglich zusichern, dass er in der Bundesrepublik bleiben darf, wenn er die Vermittlerrolle übernimmt. Das ist dem Iraker zu wenig. Er lässt sich mit Frau und Kind lieber abschieben und spielt seinen ehemaligen deutschen Freunden einen Streich, an dem diese noch lange Freude haben sollen. Statt in sein Heimatland zurückzukehren, bezieht er ein Domizil in der Nähe des österreichischen Klagenfurt. Den BND im Allgemeinen und Klaus Kinkel im Besonderen hat er sich endgültig zu seinen Erzfeinden erkoren. Und die bekommen es immer wieder mit Jebara zu tun, der die Presse gegen seine ehemaligen Mentoren mobilisiert und nach wie vor hervorragende Kontakte nach Bagdad unterhält.

Im März 1990 werden der Deutsch-Iraker Shabah Al Kayat und sein Schulfreund Al Saidely bei einem Besuch in ihrer Heimat in Bagdad verhaftet, ins Gefängnis gesteckt und gefoltert. Beide wohnen eigentlich in München, wo sich Al Kayat, ein in der Sowjetunion ausgebildeter ehemaliger irakischer Luftwaffenoffizier, bereits 1969 als Geschäftsmann niedergelassen hatte. Al Kayat erhielt 1980 die deutsche Staatsbürgerschaft und hatte weiterhin gute Kontakte zu irakischen Militärkreisen und zum Chef des irakischen Sicherheitsdienstes. Eigentlich war also alles in Ordnung, als Al Kayat nach Bagdad reiste, aber der Mann hatte sich zu seinem Unglück auch vom BND anwerben lassen, und das war 1990 ein Problem. Nur Al Kayats Frau Valentina und der nach Bagdad mitgereiste Sohn dürfen im April nach Intervention der deutschen Botschaft nach Deutschland ausreisen. Valentina Al Kayat und ihre insgesamt vier Kinder mobilisieren internationale Unterstützung: US-Präsident Bush, UN-Generalsekretär Perez de Cuellar und auch Bundeskanzler Kohl und Außenminister Genscher machen sich stark.[1517] Zumindest bei den beiden Letzteren muss man sich fragen, wie ernst das gemeint war.

Denn im September 1991 erhält das Auswärtige Amt plötzlich Post von Jebaras Anwalt, die ein Angebot enthält: Mit der Freilassung von Al Kayat und Al Saidely könne gerechnet werden, wenn Jebara denn rehabilitiert werde. Wieder verlangen sie eine öffentliche Entschuldigung der deutschen Behörden und die Erstattung des enteigneten Vermögens im Wert von 25 Millionen Mark. Das Ganze war natürlich wieder vor allem gegen Kinkel gerichtet und zielte auf die Enthüllung der Rolle des ehemaligen BND-Präsidenten und nunmehrigen Justizministers bei den Rüstungsexporten in den Irak. Und das zu einem Zeitpunkt, als Saddam endgültig der neue Weltfeind Nummer eins war.

Was kosten ein oder zwei Menschenleben, muss man in diesem Fall beide Seiten fragen. Für Kinkel und die Bundesregierung war der Handel immer noch zu teuer. Zwar reist angeblich ein geheimer Unterhändler im September 1991 nach Bagdad, um die Freilassung Al Kayats zu verhandeln, doch zugleich versucht die Bundesregierung, Jebaras Ausweisung aus Österreich zu erreichen. Der Irak droht den Österreichern nun seinerseits mit der Ausweisung aller österreichischen Staatsbürger aus dem Irak und dem Abbruch der Geschäftsbeziehungen. Jebara darf bleiben. Als Nächstes verlangt das Auswärtige Amt seinerseits ein Zeichen des guten Willens von Saddam, bevor man in Sachen Jebara etwas unternehmen könne. Die Iraker lassen daraufhin einen ihrer beiden Gefangenen, Al Saidely, ausreisen. Nun teilt das Auswärtige Amt mit, die Bedingungen für die Freilassung Al Kayats seien nicht annehmbar. Im

August 1992 erhalten Valentina Al Kayat und ihre Kinder die Nachricht, dass Shabah Al Kayat erschossen worden ist. Seine Leiche sei seiner Mutter in Bagdad in einem Sack vor die Haustür gestellt worden.[1518] Die Schaukelpolitik der Bundesregierung und der Versuch, eine öffentliche Bloßstellung zu vermeiden, haben ein Menschenleben gekostet. Und nichts bewirkt, denn den rachsüchtigen Jebara ist sie nicht los, und die nächsten Schlagzeilen lassen nicht lange auf sich warten.

Im schon erwähnten Prozess gegen den Chef der Rhein-Bayern Fahrzeugbau, Anton Eyerle, dem vorgeworfen wurde, illegal Raketenzünder und Teile von Giftgasanlagen für rund 30 Millionen Mark in den Irak exportiert zu haben, taucht Abdul Jebara wieder auf. Als Zeuge der Verteidigung erläutert er dem Augsburger Landgericht im Juli 1994 die Geschäftspraktiken der Telemit. Von 1978 bis 1986 habe das Regime in Bagdad militärisches Material für rund 100 Millionen Mark bei dem Münchner Unternehmen gekauft. Mit Wissen, Erlaubnis und sauberen Papieren. Das Kriegsmaterial sei zum Teil falsch deklariert worden. Der damalige Präsident des Bundesnachrichtendientes, Klaus Kinkel, habe von den Aktivitäten gewusst.[1519] Und Jebara ging noch weiter: Für den reibungslosen Ablauf der Genehmigungsverfahren hätten nicht zuletzt regelmäßige Schmiergeldzahlungen der Telemit an die FDP geführt. Wenig später wiederholt Jebara die Vorwürfe noch einmal in einem Interview mit dem Magazin *Stern*. Der verstorbene Telemit-Geschäftsführer und BND-Kontaktmann Wolfgang Knabe, mit dem er auch eng befreundet gewesen sei, habe ihm «immer wieder gesagt, dass er die FDP schmieren müsse».[1520] Hans-Dietrich Genscher dementiert das alles. Er habe Wolfgang Knabe nicht gekannt, und er habe auch keine Kenntnis davon, dass die FDP von der Telemit finanziell unterstützt worden sei.[1521] Doch ein paar Wochen später legt der *Stern* noch einmal nach. Das Konkursverfahren der Telemit bringt weitere Fakten ans Licht, und auch Zeugen erinnern sich nun öffentlich. Die Witwe Wolfgang Knabes und auch sein Sohn berichten, in ihrem Haus sei häufig der Name Genscher gefallen, und auch der ehemalige Mitinhaber der Telemit, Herbert Mittermayer, packt aus: Er habe sich über den rasanten Aufstieg der Telemit gewundert und Wolfgang Knabe gefragt, wie er das mache. Knabe habe ihm geantwortet, er schmiere die FDP. Mittermayer habe ihn gefragt mit wie viel. Mit einer Million im Jahr? Mit mehr als einer Million im Jahr, habe Knabe geantwortet. Auch der Konkursverwalter der Telemit bestätigt den Redakteuren des *Stern*, dass Wolfgang Knabe geschmiert hat. Und er verweist auf einen anderen interessanten Fund: ein Foto, das Wolfgang Knabe an einem Tisch zeigt. Hans-Dietrich Genscher sitzt neben ihm.[1522]

Nun kann Wolfgang Knabe 1994 zu alldem nicht mehr befragt werden. Ex-BND-Präsident Kinkel und Ex-Außenminister Genscher aber treten in dem Prozess gegen Eyerle ebenfalls als Zeugen auf. Und beweisen wie so oft in diesen Fällen, dass Politiker unter einer bemerkenswerten Krankheit leiden: einem extrem schlechten Gedächtnis. Genscher hatte eine blasse Erinnerung an Exportersuchen der Telemit, konnte sich aber angesichts der Vielzahl der täglich zu treffenden Entscheidungen nicht an Einzelheiten erinnern. Kinkel wurde noch präziser: Er konnte nicht ausschließen, den Namen Telemit schon einmal gehört zu haben.[1523]

Letztendlich aufgeklärt sind die Hintergründe der ganzen Affäre bis heute nicht. Die Aussagen Jebaras und Mittermayers und anderer Mitarbeiter der Firma Telemit stehen im Raum. Und haufenweise Geld, dessen genaue Herkunft nie geklärt wurde, befand sich auf den Konten der FDP auch. Und so verwundert es auch nicht, dass immer wieder Vermutungen auftauchen, der Fall Telemit stehe auch mit einem noch viel größeren Skandal in mittelbaren Zusammenhang: der Parteispendenaffäre und dem bis heute ungeklärten Mord an FDP-Schatzmeister Heinz Herbert Karry.

Der Schatzmeister ist ein eifriger Spendensammler, der über ein Geflecht von Konten herrscht, auf denen er die Zuwendungen an seine Partei parkt. Unter anderem auch in der Schweiz. Auch für die Erteilung von Rüstungsexportgenehmigungen setzt er sich ein, so zum Beispiel, als 1976 der altbekannte BND-Konfident und Waffenhändler Gerhard Mertins zusammen mit Rheinmetall eine komplette Maschinengewehrfabrik für 500 Millionen Mark nach Saudi-Arabien liefern will.[1524] In den frühen Morgenstunden des 11. Mai 1981 wird Heinz Herbert Karry im Schlafzimmer seines Hauses in Frankfurt-Seckbach von Unbekannten mit vier Schüssen in den Unterleib getötet. Erst drei Wochen später bekennen sich die «Revolutionären Zellen» zu dem Anschlag und erklären den Mord zu einem Unfall. Eigentlich habe man Karry nur durch Schüsse in die Beine zur Unterbrechung seiner zerstörerischen Arbeit zwingen wollen. Gegen diese Erklärung spricht viel. Die FDP brachte Karrys Tod in große Schwierigkeiten. Der Schatzmeister hinterließ seiner Partei «ein millionenschweres Erbe auf diversen Konten in der Schweiz».[1525] Im Rechenschaftsbericht der Partei für das Jahr 1983 tauchen plötzlich sechs Millionen Mark auf, deren Herkunft unbekannt war. Karrys Nachfolger als Bundesschatzmeister, Richard Wurbs, weigert sich daraufhin, den Rechenschaftsbericht zu unterschreiben, und legt alle seine Ämter nieder. Irmgard Adam-Schwaetzer ergreift die Gelegenheit beim Kugelschreiber, übernimmt das Amt und zeichnet den Bericht gegen. Als er veröffentlicht wird, ist die Entrüstung groß. Der Flick-Spendenausschuss läuft bereits, und die FDP muss die Herkunft des Geldes erklären. Vor dem Untersuchungsausschuss zaubert Hans-Dietrich Genscher den Kaufhauskönig und Steuerflüchtling Helmut Horten als anonymen Großspender aus dem Hut. Doch der konnte es nach eigenen Angaben der FDP nicht gewesen sein, da dessen Großspende laut Aussagen der Partei erst Ende 1983 eintraf.[1526] Immer wieder sind Spekulationen geäußert worden, es könne sich bei den ominösen sechs Millionen um die Spenden der Telemit handeln. Letztlich bewiesen worden ist es nie. Genauso wenig werden die Mörder Heinz Herbert Karrys gefunden wurden. Die Sonderkommission Karry verfolgt 1267 Spuren und löst sich im Januar 1984 ergebnislos auf. Auch dies ein Grund für nie abreißende Spekulationen. Schon im Juni 1982 teilen LKA-Beamte einer Zeugin bei einer Vernehmung die Vermutung mit, «dass Minister Karry aufgrund seiner geschäftlichen Verbindungen nach Bekanntwerden der Spendenaffäre eine Gefahr für die Partei gewesen sei» und man «auch in den Reihen der Partei nach einem möglichen Motiv suchen sollte».[1527] Ob Karry Feinde in den Kreisen der deutschen Wirtschaft gehabt habe, wollen die Beamten von der Zeugin noch wissen, die das für sehr gut möglich hält.

«SS-Training» in Libyen: Der Fall Raethjen

Die Technik, sich ehemalige Freunde und Konfidenten wie Abdul Jebara zu unversöhnlichen Gegnern zu machen, beherrschte der BND nahezu perfekt. Letztlich sorgten die Pullacher so immer wieder selbst dafür, dass dubiose Machenschaften früher oder später ans Licht der Öffentlichkeit gelangten. Auch wenn es wie im Fall des ehemaligen Fallschirmjäger-Majors Hans Dieter Raethjen manchmal viele Jahre dauerte. Wieder spielt die Telemit eine Rolle, wieder geht es um Libyen, und wieder einmal mischt BND-Nahostexperte Cornelis Hausleiter alias Bernhard Fischer an vorderster Front mit. Der Auftrag ist heikel: Hausleiter sucht einen Ausbilder für das Wachregiment des libyschen Revolutionsführers Gaddafi. Er kommt auf seinen ehemaligen Mitarbeiter Raethjen.

> «Hausleiter rief mich im Spätsommer 1978 an und bat um meine Unterstützung. Er suchte einen Fachmann für die Schießausbildung des Wachverbandes, der für die Sicherheit des libyschen Revolutionsführers Gaddafi und seines Regierungsapparates in der ‹Bab-el-Azizia-Kaserne› zuständig war. Hausleiter erklärte mir, dass man den Libyern mit vertrauensbildenden Maßnahmen dieser Art entgegenkommen müsse, um die Öllieferungen zu sichern. Über die Münchner Firma ‹Telemit Electronic› sei dieses Ansinnen an den BND herangetragen worden. Mir war die Firma ‹Telemit› bis dahin nicht bekannt. Hausleiter gab mir eine Telefonnummer der Firma und sagte, ich solle mich mit dem Vertriebsleiter Ausland, Andreas C. Rose, ins Benehmen setzen.
>
> Als Soldat und ehemaliger Mitarbeiter des BND war es für mich selbstverständlich, meine persönlichen Überlegungen staatlichen Interessen unterzuordnen. Deshalb meldete ich mich umgehend bei Herrn Rose und verabredete mit ihm ein Treffen in seiner Firma an der Heidemannstraße 17 in München. Aus dem ersten Kontakt wurde mir klar, dass Rose meinen Anruf erwartet hatte.
>
> Die erste Besprechung endete damit, dass ‹Telemit› für mich und Rose einen Flug nach Tripolis arrangierte, damit ich an Ort und Stel-

le Art und Umfang des geplanten Einsatzes prüfen konnte. Während des Besuches stellte sich heraus, dass der damalige Kommandeur von Gaddafis Wachverband, Khalifa Ahnisch, mein sofortiges Engagement forderte. Ahnisch überraschte mich mit der Vorstellung, seine Truppe ‹SS-like› auszubilden. So jedenfalls übersetzte der Dolmetscher Ahnischs Worte ins Englische.
Den Libyern war schon damals mein militärischer und nachrichtendienstlicher Hintergrund bekannt und als Qualitätsnachweis höchst willkommen. Diese Informationen waren über den Kontaktstrang ‹BND–Telemit› nach Tripolis gelangt. Inzwischen wusste ich, dass ‹Telemit›-Geschäftsführer Wolfgang Knabe eine hochrangige Quelle des BND war, wobei ich davon ausging, dass er von der Dienststelle Hausleiter geführt wurde.»[1528]

So legte Raethjen den Beginn seiner Tätigkeit in Libyen in einer eidesstattlichen Versicherung am 24. November 1994 in Hamburg dar. Er ließ dabei keinen Zweifel aufkommen, dass die Initiative von dem BND-Mann Hausleiter ausging, was später noch von Bedeutung sein sollte. Auch seinen eigentlichen nachrichtendienstlichen Hintergrund legte der Fallschirmspringer und Einzelkämpfer offen. Von 1967 bis 1974 hatte sich der Offizier und Ausbilder auf eigenen Wunsch zum BND abkommandieren lassen. Nach einem ND-Führer-Lehrgang «höherer Dienst» wurde er in die Abteilung «Illegaler Waffenhandel» versetzt. Seine Vorgesetzten waren Hausleiter und der BND-Mann Schneider alias SCHWABACH.[1529] Bei diesem Referat handelte es sich um das bereits beschriebene Referat 906. Später arbeitete Raethjen dann als Hilfsreferent im Referat «Nah-/Mittelost» und in der Anbahnungsabteilung, bis er dann 1974 zur Bundeswehr und zu seiner alten Wirkungsstätte der Luftlande- und Lufttransportschule Altenstadt-Schongau zurückkehrte. Der Anruf seines alten Vorgesetzten änderte für Raethjen erneut alles:

«Ich musste mir nun die Konsequenzen der Annahme des Auftrags überlegen. Mir war klar, dass sich mein Dienst in der Bundeswehr und die Ausbildertätigkeit in Libyen weder rechtlich noch politisch vereinbaren ließen. In Tripolis war ich nämlich damit konfrontiert

worden, dass ich in in einen militärischen Ausbildungsplan eingebunden werden sollte, der neben einem umfassenden Training des Wachverbandes auch den Bau eines Trainings-Centers im Wert von rund 50 Millionen Mark vorsah. Entwürfe für das Ausbildungslager hatte der Hausarchitekt der Firma ‹Telemit› … schon ausgearbeitet. Beim ersten Besuch in Tripolis hatte ich mich entschlossen, den Auftrag wegen seiner politischen und wirtschaftlichen Bedeutung für die Bundesrepublik anzunehmen. Wieder zu Hause, gründete ich sofort die Firma ‹Hara Consult GmbH›. Außerdem setzte ich mich mit einem ehemaligen Untergebenen aus dem Bereich der ‹Überlebens-Lehrgänge› in Verbindung. Es war Günther Kleemann aus Landshut, Leutnant der Reserve. Kleemann studierte damals. Ich konnte ihm ein Angebot zur freien Mitarbeit machen. Als Honorar wurden monatliche Zahlungen über 8000 bis 10000 Mark vereinbart. Unterkunft, Verpflegung und Heimflüge waren frei.
Vertragspartner meiner Firma ‹Hara› wurde eine hundertprozentige Tochter der ‹Telemit›, die ‹Astro-Technik GmbH›. Geschäftsführer der ‹Astro› und damit meine Partner waren der damalige Chef der ‹Telemit›, Wolfgang Knabe, und und der schon erwähnte Leiter des Vertriebs Ausland der ‹Telemit›, Andreas C. Rose.»[1530]

Im Klartext: Raethjen hängte seine Offizierslaufbahn an den Nagel, um nun als freier Unternehmer mit seinen neuen Geschäftspartnern in Libyen Gaddafis Schutztruppe fit zu machen. Zum 31. Dezember 1978 wurde Raethjen auf eigenen Antrag aus der Bundeswehr entlassen. Aber bereits vorher waren die Geschäfte angelaufen, und sie beinhalteten nicht nur Ausbildung. Bereits Anfang Oktober hatte Raethjen über seine neue Firma der Telemit «gemäß Absprache» ein Angebot für ein Projekt mit dem Kürzel «SN» unterbreitet. Es handelte sich um die Lieferung von Ausrüstungsgegenständen für die Schießausbildung. Die Partnerschaft gedieh. Man vereinbarte, dass die Firma Hara Know How und Personal zur Vefügung stellt, bei der Beschaffung von Material berät oder es gleich selbst besorgt und der Telemit zum Weiterverkauf anbietet. Außerdem verpflichtete sich die Hara, die ausschließliche Verantwortung für die Auswahl des Personals, für Lehrinhalte und Methodik zu übernehmen.Im März 1979 folgt ein Vertag über das Projekt «SN II», das auch die militärische Ausstattung des Unternehmens beinhaltete, zwischen der Telemit und dem Office of Liaison der Libyschen Volksrepublik.[1531]

> «Die Libyer waren mit den angelaufenen Aktivitäten zufrieden. Ich selbst flog unmittelbar nach meinem Ausscheiden aus der Bundeswehr nach Tripolis und kümmerte mich nun auch selbst um die Ausbildung vor Ort. Zur Intensivierung des Ausbildungsprogramms mussten weitere Spezialisten in Deutschland angeworben werden. Insgesamt waren 13 Mann im Einsatz. Es waren Trainer und Techniker. Ihre Verträge hatten sie in Deutschland bekommen.
> Mein Libyen-Engagement wurde vom BND mit großem Nachdruck begleitet. Ich selbst wurde mit meinem Mitarbeiter Kleemann so weit in die Pullacher Planung einbezogen, dass operationelle Arbeitsnamen zugeteilt wurden. Ich hieß ‹Randolin›, Kleemann war ‹Klyde›. «Astro›-Rose wurde als ‹Roskoth› geführt. Diese Namen habe ich von Hausleiter erfahren, der mir damit signalisierte, dass meine Tätigkeit durch den BND als Bundesbehörde abgedeckt sei.
> Ausgebildet wurden zunächst libysche Offiziere und Unteroffiziere, später auch Mannschaften, bis zu 400 gleichzeitig. Der Ausbildungsrahmen umfasste Fitness-Training, Nahkampf, Überwindung von Hindernissen, Scharfschießen in- und außerhalb von Räumen bei Tag und Nacht, Granatwerfen, Minenlegen, Einsatz von Blend- und Leuchtmunition, Erstürmung und Räumung von besetzten Häusern, Festnahme von Verdächtigen, Personenschutz, Errichten von Straßenkontrollpunkten, Aufbau und Organisation von Funknetzen.
> Über die ‹Astro› wurde Ausbildungsgerät wie elektronische Zieldarstellungsanlagen, Schießscheiben, Munition, Jagd- und Sportgewehre (z. B. ‹Pumpguns›), Scharfschützengewehre, Nachtsichtgeräte und Ferngläser beschafft. Nebenbei wurde von mir speziell angefertigte militärische und zivile Schutzkleidung (Sakkos, Mäntel) für Gaddafi, den wir ‹Karl-Heinz› nannten, geliefert. Diese Kleidung sollte den Träger gegen Geschosse aus leichten Handfeuerwaffen schützen.»[1532]

Ein Mann mit vielen Decknamen: der BND-Nahostexperte Cornelis Hausleiter

Doch Hans Dieter Raethjen verkalkulierte sich bei seinem Libyen-Engagement gleich mehrfach: Die Zusammenarbeit mit «Karl-Heinz» Gaddafi stand auf nicht sehr sicherem Fundament, und mit der Abdeckung durch den BND als Bundesbehörde war es auch nicht allzu weit her. Wirklich gut liefen die Geschäfte mit Tripolis nur bis etwa Mitte 1979. Dann geriet die Zusammenarbeit und auch der Geldfluss ins Stocken. Dafür scheint es mehrere Gründe gegeben zu haben. Zum einen soll es zu Missstimmungen zwischen der Telemit und ihren libyschen Vertragspartnern gekommen sein, weswegen der geplante Aufbau eines Zivilverteidigungsnetzes gestoppt wurde und die Telemit Raethjen vorschlug, seine Verträge in Zukunft direkt mit dem libyschen Office of Liaison abzuschließen. Zum anderen lief in Libyen zeitgleich eine von Gaddafis nicht seltenen Anti-Korruptions-Kampagnen, die auch Stellen betraf, die mit der Telemit und Hara zusammenarbeiteten. Und zum Dritten hätten seine libyschen Kontaktpersonen ihm erklärt, dass die Bundesrepublik sich bereit erklärt habe, die Ausbildung von libyschen Sicherheitskräften offiziell zu übernehmen. So jedenfalls schildert es Hans Dieter Raethjen in einem Brief, den er am 18. August 1980 an Staatssekretär Schüler im Bundeskanzleramt schickt. Was war geschehen? Die Zahlungsmoral der Libyer brachte die Hara in arge Schwierigkeiten, und Raethjen sah seine wirtschaftliche Existenz bedroht. Er reagiert seinem Offiziersnaturell entsprechend, indem er sich an seinen ehemaligen Dienstherrn um Hilfe wendet. Schließlich haben die ihn ja zu seinem Engagement bewegt, und nun müssten sie sich ihrer Fürsorgepflicht entsinnen, so denkt Raethjen – und liegt schief. Nachdem er in

Pullach seine Nöte vorgetragen hat, wird er zunächst vertröstet und bekommt dann am 13. Juni 1980 einen Anruf: Das Problem sei im Dienst an höchster Stelle diskutiert worden. Man habe entschieden, sich in keiner Weise engagieren zu können.[1533]

Raethjen weiter in seinem Brief an den Staatssekretär: «Dies kann und werde ich nun meinerseits nicht hinnehmen. Es geht doch wohl nicht an, dass der Dienst Vorgänge einleitet, die, wie oben dargestellt, alle Anzeichen einer langjährigen nachrichtendienstlichen Operation zeigen, diese Vorgänge nachrichtendienstlich über einen längeren Zeitraum begleitet, solange das Risiko einseitig bei einem ehemaligen ND-Führer des höheren Dienstes ruht, um diesen bei Auftreten erster Schwierigkeiten fallen zu lassen wie eine heiße Kartoffel und auf Tauchstation zu gehen.» Das ging sehr wohl an, und Raethjen hatte schlechte Karten, musste er in dem Brief, nachdem er erläutert hatte, warum er aus politischen und rechtlichen Gründen nicht mit Libyen dealen und gleichzeitig in der Bundeswehr bleiben konnte, doch einräumen:

«Aus den gleichen Gründen betonten auch die Gesprächspartner aus dem BND, dass sie sich nicht unmittelbar engagieren können.»

Da hatte er im Vertrauen auf das falsche Pferd gesetzt und stand nun im Regen. Im Kanzleramt erklärte man den Vorgang Raethjen zur Verschlusssache und ließ sich erst einmal Zeit mit der Prüfung. Erst Mitte Januar 1981 erhält Raethjen Antwort vom Ministerialdirgenten im Kanzleramt Peter Staubwasser: «... Danach bleibt festzustellen, dass der Bundesnachrichtendienst zu etwaigen Erwartungen, die Sie anscheinend aus Ihren Kontakten zu ihm abgeleitet haben, keine Veranlassung gegeben hat. Bereits am 21. August 1978, also bereits mehrere Monate vor Ihrem Ausscheiden aus der Bundeswehr, hat Ihnen der Bundesnachrichtendienst erstmals mitgeteilt, dass er sich nicht an Ihrem Vorhaben beteiligen werde. Diese Haltung hat sich auch nicht geändert, wie Ihnen im Januar 1979 abschließend mitgeteilt wurde. Es ist daher dem Bundesnachrichtendienst auch nicht möglich, in irgendeiner Form die Belastungen mitzutragen, die offenbar aus dem Abbruch Ihres Vorhabens für Sie entstanden sind. Mit freundlichen Grüßen ...»

Freunde wurden sie nicht mehr. Raethjen schrieb einen weiteren erzürnten Brief, in dem er auch darauf hinwies, dass bis ins Jahr 1980 hin-

1
6
STRAIGHT ACCESS
SHARP FLOW OF CURVES
VERTICAL SIDE WALLS
GUARD
KENNEL
SAND HILL
SHELTER
TOUCH DOWN POINT
WATCHTOWER
RING ROAD
METER

Trainingscamp für libysche Offiziere und Soldaten: Hans Dieter Raethjen hatte ein riesiges Areal zur Verfügung, dessen Ausstattung wenig zu wünschen ließ. Bis zu 400 Mann wurden hier ausgebildet. Die Skizze zeigt eine Teilansicht.

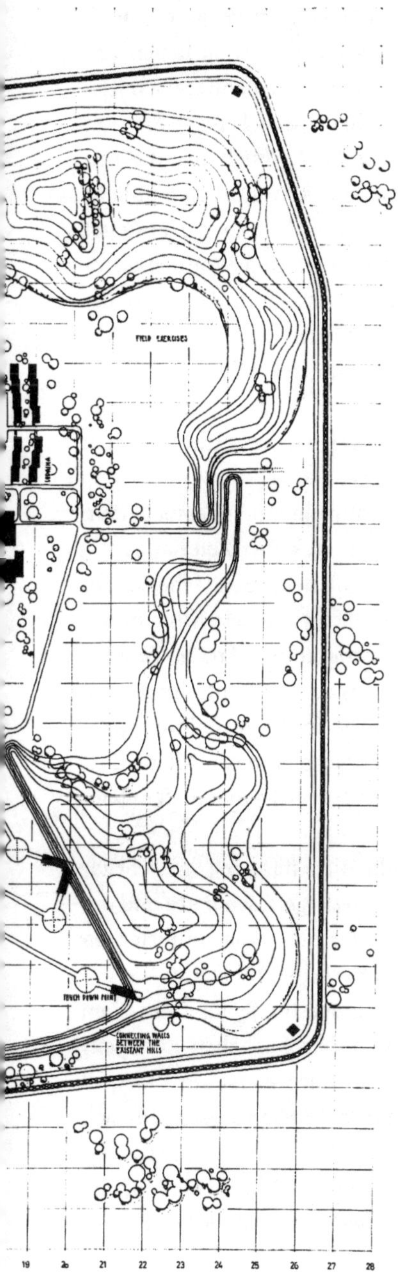

REGISTER

CODE NR	DESIGNATION	PLAN NR
1	ENTRANCE SALLY PORT	
	GUARD HOUS	321
2	EDUCATION ADMINISTRATION	316,327,336
	CANTEEN, HOSPITAL	317, 318
3	CREW LODGING 1+2	331, 332
4	OBSTACLE	
	COURSE 200m	335
5	HELICOPTER	333
	PORT	337
6	VEHICULARS HALLS	
	MAINTENANCE	338

LOCATION PLAN
STAND BY CAMP

LO ST

SCALE 1 : 2000
DATE MARCH 79
PLAN NR 340

ein nachrichtendienstliche Treffen mit den beteiligten Personen durch den BND durchgeführt wurden. Und auch in seiner eidesstattlichen Versicherung hält er fest: «Bei meinen Besuchen in Deutschland traf ich wiederholt Hausleiter. Bei einem der Gespräche in meinem Haus in Prem, es war am 3. Januar 1980, schenkte er mir ein wertvolles Buch über die Entwicklung in der Waffentechnik. Solche Geschenke waren eine übliche Aufmerksamkeit des BND als Anerkennung für die Mitarbeit. Hausleiter versah das Buch mit einer handgeschriebenen Widmung.» Aufmerksamkeiten und Geschenke wurden jetzt nicht mehr verteilt. Und die Absicherung des BND, der sich offiziell nicht engagiert hatte, hielt. Ministerialdirigent Staubwasser antwortet Raethjen noch einmal am 30. April 1981 – jetzt nicht mehr mit freundlichen Grüßen, sondern hochachtungsvoll: «[...] Im gegebenen Zusammenhang kann es sich daher nicht um einen – wie Sie es ausdrücken – ‹schäbigen Versuch› handeln, ‹sich aus der Verantwortung zu mogeln›, sondern offenbar nur um einen Versuch, dem BND eine Verantwortung zuzuschieben, die er zu keiner Zeit hatte.»

Raethjen ließ die Hoffnung auf Hilfe von offizieller Seite fahren. Sein Libyen-Engagement gab er aber trotz aller Schwierigkeiten nicht auf. Noch 1982 startete ein drittes Ausbildungsprogramm. «Am 28. Februar 1983 beendete ich jedoch meine Tätigkeit aus eigenem Entschluss, weil die Libyer nachdrücklich verlangt hatten, dass in das Ausbildungsprogramm das Basteln von Briefbomben aufgenommen werde. Meine Entscheidung teilte ich damals Herrn Knabe bei einem Treffen in der ‹Telemit›-Zentrale in Tripolis mit.»[1534]

Ihr parlamentarisches Nachspiel erfuhr die Affäre erst im Februar 1995, nachdem Raethjen sich in Schweden niedergelassen hatte und der *Stern* und die «Tagesthemen» den Fall aufgriffen. Staatsminister im Kanzleramt und Geheimdienstkoordinator Bernd Schmidbauer – Spitzname «008» – wiederholt während einer Fragestunde im Deutschen Bundestag vor allem, dass sich der BND an dem Vorhaben Raethjens nicht beteiligt habe und die Leitung – also Kinkel – erst am 11. April 1980 von dem Ausbildungsunternehmen erfahren habe, nachdem sich Raethjen Hilfe suchend an den BND gewendet hatte.[1535] Hatte Hausleiter die ganze Aktion also ohne Rückendeckung und Wissen seines obersten Vorgesetzten ins Rollen gebracht? Immerhin musste Schmidbauer zugeben, dass es Kontakte zwischen dem BND und Raethjen gegeben hatte und dass der BND Quellen innerhalb der Firma hatte. Andererseits erklärt Schmidbauer: Der BND habe dem Kanzleramt mitgeteilt, ihm sei nicht bekannt, «dass Bundeswehrangehörige bzw. ehemalige Bundeswehrangehörige in der Bundesrepublik Deutschland für den Dienst in der libyschen Armee angeworben wurden und dort auch als Ausbilder mehrere Jahre lang tätig waren. Der Bundesnachrichtendienst hat dazu weiter mitgeteilt, dass ihm zwar Informationen zugänglich waren, wonach das Verhältnis zwischen Herrn Raethjen und den mit ihm zusammenarbeitenden ehemaligen Bundeswehrangehörigen vertragsrechtlicher Art waren, dass ihm jedoch nicht bekannt ist, wer auf libyscher Seite Vertragspartner des Herrn Raethjen und weiterer ehemaliger Bundeswehrangehöriger war.»[1536] So weit, so verklausuliert und kompliziert. Klar ist: Man hat hinterher wieder einmal entscheidende Dinge angeblich nicht gewusst. Das war auch besser so, denn ansonsten hätte man erklären müssen, warum man dem Treiben von Raethjen in der Libyschen Wüste keinen Riegel vorgeschoben hatte. Die Anwerbung oder Vermittlung deutscher Staatsangehöriger an die Streitkräfte einer ausländischen Macht ist nämlich ein Straftatbestand, der mit Freiheitsstrafe bis zu fünf Jahren geahndet wird. Schon der Versuch ist strafbar.

Man habe davon abgesehen, gegen Raethjen aktiv zu werden, weil dieser ja selber in seinem Brief an das Kanzleramt seine finanzielle Misere dargelegt und die Liquidation seiner Firma angekündigt habe. Dass die Ausbildungsprogramme trotzdem weitergelaufen seien, habe weder die damalige noch eine spätere Bundesregierung gewusst, beteuerte Schmidbauer. Auch der BND nicht? Angesichts seiner Top-Verbindungen und mannigfacher Verquickungen mit der Telemit erscheint dies wenig glaubhaft.

Der Rabta-Skandal

In den 80er und 90er Jahren kam es immer wieder zu Diskussionen, Skandalen und einer Vielzahl von Prozessen gegen Unternehmen im Zusammenhang mit deutscher Beteiligung an Rüstungsprojekten in den

Wüsten Nordafrikas und des Mittleren Ostens. Und immer wieder taucht auch der BND in diesen Schlagzeilen und Skandalen auf, wobei manchmal nicht ganz klar wird, ob er nun die Rolle des warnenden Mahners, des duldenden Beobachters oder des anschiebenden Partners spielt. Machmal scheinen die Rollen auch durcheinander zu geraten.

Peter Leifer, Reinhold Otto Krauskopf und der Deutsch-Iraker Nazar Al Kadhi waren Manager der Hamburger Firma Water Engineering Trading GmbH (W.E.T.). Am 17. August 1990 werden sie verhaftet. Tonnenweise hatte die W.E.T. Chemikalien wie Natriumfluorid und Methylenchlorid an den irakischen Diktator verkauft. Beides braucht man zur Herstellung des Kampfgases Tabun. 1986 wird eine Fabrik zur «Produktion von Pestiziden» für 20 Millionen Mark nach Falludscha geliefert, einem streng abgeschirmten Zentrum der irakischen Waffenproduktion. Zwei Anlagen werden errichtet, die am Tag 17,6 Tonnen Ausgangsprodukte für die Kampfstoffe Tabun und Sarin liefern können. Aber auch Anlagen, die zur Verschraubung von Granaten oder Bomben oder zum Füllen von Giftgasgranaten geeignet waren, wurden bei W.E.T. bestellt. 1987 wurde eine vierköpfige W.E.T.-Delegation von 14 irakischen Projektmanagern zu einer viertägigen Besprechung empfangen, berichteten Hans Leyendecker und Richard Rickelmann.[1537]

Soll man es nun peinlich, dämlich oder hochgradig berechnend nennen? Tatsache ist, dass der BND im Jahr 1986 – als die Irak-Verstrickungen der W.E.T. bereits aktenkundig sind – ausgerechnet den W.E.T.-Manager Peter Leifer als Mitarbeiter angeheuert hatte. Nach Informationen des *Spiegel* arbeitete Leifer von 1986 bis März 1988 für den BND, also auch noch zu einer Zeit, als die Staatsanwaltschaft und das Kölner Zollkriminalinstitut (ZKI) längst gegen Leifer ermittelten. Auch zwei weitere Mitarbeiter der W.E.T. sollen für den BND tätig geworden sein.[1538] Der BND dementierte jede Beteiligung an der Lieferung von Chemikalien und Ausrüstung für Giftgasanlagen in den Irak. Leifer wurde abgeschaltet. Der «Dienst identifizierte sich nicht mit dem, was Leute außerhalb dieses Bereiches machen. Ich glaube, es ist dasselbe, als wenn wir in den KGB eindringen. Deshalb billigen wir doch nicht die Politik dieser Organisation. To penetrate for collection of information ist das Ganze», erklärte ein hoher Beamter des BND.[1539] Auch seien die W.E.T.-Mitarbeiter keine «Agenten» des BND gewesen, betonte der Staatsminister im Kanzleramt, Lutz Stavenhagen. Das ist sicher richtig. So richtig, wie es auch im Falle des Telemit-Managers Knabe gewesen war.

Hochgradig erstaunlich ist aber der massive Einsatz, den Bundespräsident Richard von Weizsäcker und Außenminister Genscher im Fall Al Kadhi zeigten, der 1986 im Irak verhaftet und zum Tode verurteilt worden war, weil er angeblich Gasmasken an den irakischen Todfeind Iran geliefert hatte. Die beiden deutschen Spitzenpolitiker setzten sich vehement für eine Begnadigung Al Kadhis ein. Im November 1987 wurde das Urteil in lebenslängliche Haft umgewandelt, und wenig später konnte Al Kadhi in die Bundesrepublik ausreisen. Wie so oft in diesen Fällen zog sich das juristische Nachspiel der Affäre über Jahre hin.

Die verhafteten W.E.T.-Manager kamen nach einigen Wochen Untersuchungshaft wieder frei. Leifer hatte in der Haft gestanden, dass die Lieferungen an den Irak für militärische Zwecke bestimmt waren. Erst 1992 begann in Darmstadt der so genannte «Giftgasprozess», bei dem neben den W.E.T.-Leuten auch noch sechs Mitarbeiter der Firmengruppe Karl Kolb auf der Anklagebank saßen, die ebenfalls an der Saddam-Connection beteiligt gewesen sein sollen. Das Verfahren gegen Al Kadhi wurde schließlich wegen einer «psychogenen Erkrankung» vorläufig eingestellt. Nach mehreren Unterbrechungen wegen Gutachterproblemen und der Prüfung von exportrechtlichen Problemen durch den Europäischen Gerichtshof wurden erst im Mai 1996 einige Urteile gefällt. Einige der Angeklagten waren in der Zwischenzeit bereits wegen Gesetzeslücken freigesprochen worden. W.E.T-Manager Leifer wurde zu 21 Monaten Haft verurteilt, sein Kollege Krauskopf zu 18 Monaten und Otto Holzer zu sechs Monaten. Alle Strafen wurden zur Bewährung ausgesetzt.

Die Geschäftstüchtigkeit vieler Firmen und ihrer Manager hat dem Ansehen der Bundesrepublik im Ausland schweren Schaden zugefügt. Und oft geriet auch der BND in diesem Zusammenhang in die Schlagzeilen. Manchmal selbst verschuldet, manchmal aus Dummheit, manchmal weil die Politik, die meist aus wirtschaftlichen Interessen nicht gehandelt hatte, mal wieder einen Sündenbock brauchte. «Auschwitz in the Sand», titelte die *New York Times*, als der Skandal um die libysche

Giftgasfabrik Rabta und die Beteiligung deutscher Firmen an dem Projekt für weltweite Empörung sorgte.

Die Firma Imhausen-Chemie im badischen Lahr hatte Ende der 80er Jahre eine komplette Giftgasfabrik in die Libysche Wüste gesetzt. Firmenchef Jürgen Hippenstiel-Imhausen wurde 1990 zu fünf Jahren Haft verurteilt. Verwickelt in den Skandal war aber auch die Firma Salzgitter Industriebau GmbH, eine Tochter des damals bundeseigenen Salzgitter-Konzerns. Der BND bezog wieder einmal öffentlich Prügel, vor allem aus Bonn, weil er die ungeheuerlichen Vorgänge verschlafen und die Bundesregierung nicht rechtzeitig informiert und gewarnt habe.

Ganz so war es wohl nicht, denn eigentlich wussten wieder einmal alle Bescheid. Und im zweiten Imhausen-Prozess ließen dies die Richter 1991 auch durchblicken. So war bereits Mitte 1985 aus der deutschen Botschaft in Moskau der Hinweis auf einen Giftgas-Deal mit Libyen an die deutschen Behörden übermittelt worden. Dieser sei auch an den BND und das Bundeswirtschaftsministerium gegangen, wie der Referatsleiter Klaus-Hellmut Ackermann vor Gericht aussagte. Der BND habe mitgeteilt, die Hinweise ließen nicht unbedingt auf Giftgas schließen. Das Auswärtige Amt sei auch deswegen zunächst nicht weiter tätig geworden.[1540] Am 17. März 1989 standen dann die BND-Mitarbeiter CRAMP und WILHELM vor der Tür des Salzgitter-Industriebau-Managers Andreas Böhm. Die Herren entschuldigten sich bei ihrem Informanten für die Tatsache, dass die ganze Affäre an die Öffentlichkeit gelangt war. Böhm berichtete dem BND bereits seit Anfang der 80er Jahre über die Aktivitäten in der Libyschen Wüste.[1541] Man war also wieder einmal im Bilde gewesen und hatte erst als der massive Druck vor allem vonseiten der USA eine weitere Verheimlichung der Angelegenheit unmöglich machte, die deutsche Beteiligung eingestanden und war zur Aufarbeitung geschritten. Die Bundesregierung gab sich uninformiert und schob wieder einmal den Schlapphüten in Pullach den schwarzen Peter zu. Diesmal aber hatten Kohl und Innenminister Wolfgang Schäuble sich in dem BND-Präsidenten Hans-Georg Wieck verrechnet: «Zu oft schon hatte man für die Fehler der politisch Verantwortlichen Schelte einstecken müssen, zu oft schon hatte die Leitung zu ungerechtfertigter Kritik devot geschwiegen. Nun endlich hatte ein Präsident den Mut, der vorgesetzten Behörde, noch dazu der höchsten Regierungsinstitution zu widersprechen und deren eigenes Versagen namhaft zu machen. Selbst wenn Wieck es zuvörderst aus dem persönlichen Interesse tat, seinen Ruf als fach- und führungskompetenter Behördenchef zu wahren: seine Richtigstellung kam auch dem BND zugute. In dieser Affäre saßen die Mitarbeiter mit ihrem Präsidenten in einem Boot. Hatten sie doch die frühzeitigen Informationen der CIA über die Verstrickungen deutscher Unternehmen in die chemische Aufrüstung Libyens umgehend aufbereitet und Wieck zum Vortrag in der ‹Kanzlerlage› vorgelegt.» So beschreibt Gabriele Gast in ihren Erinnerungen die Vorgänge in Pullach.[1542]

Die ganze Wahrheit war noch absurder, denn auch die USA waren verstrickt: «Die Realisierung des Rabta-Projekts erfolgte in einem diffizilen Zusammenspiel von deutschem und amerikanischem Geheimdienst. Erst als sich die amerikanische Libyen-Politik zur Mitte der 80er Jahre grundsätzlich änderte, ließ die CIA Rabta durch gezielte Indiskretion gegenüber amerikanischen Medien auffliegen.»[1543] Drahtzieher des Rabta-Projekts war der schwerreiche Exil-Iraker Ishan Barbouti, der mit Wissen der CIA – so eine Recherche des WDR[1544] – Ende 1984 mit Jürgen Hippenstiel-Imhausen den Vertrag über «Pharma 150» abschloss, so die Codebezeichnung für Rabta. Barbouti hatte auch B- und C-Waffentechnologie an den Irak geliefert und war an den Atomwaffenprogrammen des Irak und Libyens beteiligt. Am 1. Juli 1990 starb er in einem Londoner Hospital unter mysteriösen Umständen.[1545] Im März 1990 waren bei einem Großbrand erhebliche Teile der Giftgasfabrik in Rabta zerstört worden. Die Ursache für den Brand ist bis heute ungeklärt. Aber sowohl die Bundesrepublik als auch die USA und Israel dementierten, etwas mit dem Brand zu tun zu haben.

Die Versuche Libyens, aber auch des Irak, eine Giftgasproduktion aufzubauen, und die Hilfe, die sie dabei vonseiten deutscher Geschäftsleute und Unternehmen bekamen, entwickelten sich in den 90er Jahren zu einer nahezu endlosen Geschichte. Und immer wieder machte der BND dabei eine zumindest unglückliche Figur. Anfang der 90er Jahre startete Libyen eine internationale Beschaffungsaktion, um das Material für einen neuen Giftgaskomplex zusammenzubekommen. Diesmal sollte die Fabrik in Tarhuna, 65 Kilometer südöstlich von Tripolis, in gigantischen unterirdischen Stollen versteckt werden. Die Produktionsanlagen sollten weitgehend nach den alten Rabtaplänen errichtet werden, und wieder waren deutsche Unternehmen mit Computertechnologie, Abgaswaschanlagen und anderem Gerät zur Stelle. Einer der Chef-Beschaffer Gaddafis war der gebürtige Libanese Berge Balanian, der bis 1988 in Aachen lebte und danach ins belgische Thirimont umzog. Er soll über zwei kleinere deutsche Firmen mindestens 15 Computersteuerungsanlagen Teleperm M von Siemens beschafft und nach Libyen geliefert haben. Balanian war den deutschen Behörden nicht unbekannt. Weder dem BKA noch dem BND, der selbst vor Balanians Firma SIM gewarnt hatte. Bereits im September 1990 warnte das Bundeswirtschaftsministerium aufgrund von Geheimdienstmeldungen vor Beschaffungsaktivitäten der Libyer. Auch vor dem libyschen Versuch, Teleperm-M-Anlagen zu kaufen, wurde ausdrücklich gewarnt. Ein direkter Versuch Balanians, bei Siemens die Steuerungsanlage zu kaufen, wurde deshalb von dem Unternehmen abgelehnt.[1546] Und doch ging auf wundersame Weise wieder alles schief: Obwohl die belgischen Behörden über einen in Deutschland erlassenen Haftbefehl bereits informiert waren, konnte sich Balanian am 12. August 1996 absetzen und in Richtung Libysche Wüste verschwinden.[1547]

Besonders peinlich wurde es wieder einmal für den BND. Der hatte nämlich seit September 1992 direkten Kontakt zu Balanian. Mitarbeiter aus Pullach trafen den Libanesen immerhin neun Mal. Da waren die Libyen-Geschäfte zwar schon weitgehend abgewickelt, aber immerhin hatten die Auswerter des BND selbst schon Ende 1990 vor Balanian und der SIM gewarnt. «Davon erfuhren die Beamten aus dem für Proliferation zuständigen Referat 11B, die zunächst auf den Libyen-Reisenden angesetzt wurden, jedoch nichts. In ihren Berichten über Treffen mit Balanian wurde der nicht namentlich genannt. Er tauchte nur als Quelle auf, deshalb blieb die Auswertung ahnungslos. Und weil Balanian unergiebig schien, übergab 11B die Quelle an die auch für libysche Bräuche und Landessitten zuständige Unterabteilung 16», berichtete der *Spiegel.*[1548] So brachte der exzellente Kontakt gar nichts, auch wenn man die Beschaffungsversuche für Giftgasfabriken durchaus als libysche Landessitte definieren konnte.

Die Pannen im Bereich Proliferationsverhinderung scheinen ebenfalls so etwas wie Tradition zu haben. Zu den guten Bekannten des BND gehörte auch der deutsche Ingenieur Roland F. Berger. Er war der Vertreter des Stuttgarter Unternehmers Hans-Joachim Rose in Tripolis und hatte jahrelang Kontakt mit den Pullachern. Hans-Joachim Rose wurde im März 1995 zu 21 Monaten Haft auf Bewährung verurteilt, weil er versucht hatte, eine Teleperm-M-Anlage nach Libyen auszuführen. Im Oktober 1996 legte das Stuttgarter Landgericht noch einmal nach: Diesmal bekam der Unbelehrbare vier Jahre und drei Monate, weil er bereits 1994 eine Gaswaschanlage nach Libyen geliefert hatte.[1549]

Ob es nun politische und wirtschaftliche Interessen sind, nachrichtendienstliche Pannen oder ungeschicktes beziehungsweise anstößiges Verhalten des um Infiltration bestimmter Kreise bemühten Dienstes, die geschilderten Beispiele zeigen, wie schwer es dem BND fiel und fällt, im Bereich der Proliferation eine gute Figur abzugeben. Und dies ist in der Gegenwart wohl einer der wichtigsten Bereiche, in denen die Nachrichtendienste ihre Nützlichkeit unter Beweis stellen können und müssen.

Nachwort

«Ich hielt mich gerade zu Lagebesprechungen mit dem englischen Partnerdienst in London auf, als am 9. November 1989 die Berliner Mauer geöffnet wurde. Größer noch als die Freude meiner Kollegen und der englischen Gastgeber über dieses menschlich so bewegende Ereignis war das allgemeine Erstaunen. Damit hatte niemand gerechnet; trotz der ersten politischen Veränderungen in der DDR und der anhaltenden Unruhen schien es nicht auf der Tagesordnung der Geschichte zu stehen. Auch mochte niemand an den baldigen Verfall des Warschauer Pakts und der Sowjetunion glauben. Allerdings erschien es mir merkwürdig, dass sich die Kollegen von der CIA immer noch sträubten, in Gorbatschows Kurs des ‹neuen politischen Denkens› eine Reformpolitik zu sehen; sie waren der Meinung, dass von Reformen in der Sowjetunion erst dann die Rede sein könne, wenn die sowjetische Wirtschaft vor dem Zusammenbruch stehe.»[1550]

Der Zeitzeugenbericht der BND-Regierungsdirektorin und HVA-Spionin Gabriele Gast, die in jenen Tagen im November 1989 im Sowjetunion-Referat in Pullach arbeitete, wirft ein bezeichnendes Licht auf die Situation in den Geheimdiensten vor und während der wichtigsten historischen Ereignisse seit dem Zweiten Weltkrieg. Alle Geheimdienste, aber vor allem natürlich der Auslandsnachrichtendienst des ehemaligen Frontstaates Deutschland hatten sich auf eine Weltsituation einzustellen, die sich binnen kürzester Zeit dramatisch veränderte und die so niemand vorhergesehen hatte.

Dennoch ist es wieder nur die halbe Wahrheit, wenn man behauptet, dass nach dem Ende des Ost-West-Konfliktes und dem Zusammenbruch der Sowjetunion alles anders sei als in den Jahrzehnten zuvor. Vieles und Entscheidendes war anders geworden, aber eben nicht alles. In den Kapiteln zuvor hat sich in vielen Bereichen – wie zum Beispiel bei der Zusammenarbeit mit Israel, im Bereich des Waffenhandels und im Bereich der Proliferation von A-, B- oder C-Waffen-Technologien gezeigt, dass sich Entwicklungslinien über die historische Zäsur von 1989 hinaus erstrecken. Gerade der wichtige Bereich der Proliferation ist durch die Auflösung der Strukturen der Sowjetunion und durch den wirtschaftlichen Zusammenbruch des Riesenreiches zwar verschärft worden, weil sich neue Beschaffungskanäle gebildet haben, aber die Gier eines Saddam Hussein oder eines Muammar al Gaddafi nach Massenvernichtungswaffen ist älter. Die unbestreitbare Gefahr, dass aus den Atomarsenalen der ehemaligen Sowjetunion spaltbares Material auf den Markt und damit in die Hände wahnsinniger Diktatoren gelangen könnte, führte Mitte der 90er Jahre schnurstracks in den vom BND mit initiierten Plutoniumskandal in der Bundesrepublik. Der Fall zeigte exemplarisch, in welches Dilemma ein Geheimdienst geraten kann, wenn er eine Gefahr selbst heraufbeschwört, um zu beweisen, dass sie existiert. Der Geheimdienst als *agent provocateur* im Bereich der Proliferation und der organisierten Kriminalität gehört sicherlich zu den heikelsten Problemen, vor denen die Verantwortlichen stehen. Ganz davon abgesehen, dass der Dienst sich hier in Konkurrenz und im schlimmsten Fall in Konflikt mit den anderen nationalen und internationalen Ermittlungsbehörden begibt. Dennoch sind dies die beiden Felder, in die die Geheimdienste in den letzten Jahren strebten und in Zukunft streben werden. Der Leiter der operativen Beschaffung des BND, Brigadegeneral Ludwig Mundt, betonte es auf einer Tagung im Juni 2001 in Hamburg. Zum Bereich Proliferation führte er aus: «Wir müssen agieren, wir müssen uns zeigen, wir müssen etwas kaufen, und wir müssen verdeckte Mittel anwenden.»[1551] Auf die Frage, wie sich dies im Zweifel mit den deutschen Gesetzen vereinbaren ließe, fand er eine überraschend offene und wahrscheinlich nicht als Scherz gemeinte Antwort: Der beste Weg, um zu vermeiden, deutsche Gesetze zu brechen, sei es, nicht mit Deutschen zusammenzuarbeiten.[1552]

Der Plutoniumskandal entsprang einem der offensivsten und fehlgeschlagenen Versuche des BND, seine Rolle nach dem Ende des Kalten Krieges neu zu definieren. Die Rolle, die der BND beim Zerfall Jugoslawiens und der Errichtung neuer unabhängiger Staaten gespielt hat, wäre eine eigene Untersuchung wert und könnte den Versuch zeigen, deutsche Interessen im Bereich der operativen Außenpolitik neu zu definieren. Die Rolle, die der BND oder dem BND nahe stehende Personen wie der Geschäftsmann Dieter Holzer, BND-Deckname BAUMHOLDER, beim Skandal um die Privatisierung der Leuna-Raffinerien gespielt haben, ist bis heute völlig ungeklärt. Was der BND dazu beitragen kann, das weltweite Problem der Migration, das sich natürlich nach dem Zerfall der Sowjetunion ebenfalls nochmal drastisch verschärft hat, in den Griff zu bekommen, ist fraglich. Zumindest hat der BND bereits im April 1980 eine 80-seitige Studie zu diesem Komplex und zum Bereich der Schleusung als Deliktfeld der organisierten Kriminalität vorgelegt.

Alles war in den letzten Jahren in Bewegung und in Veränderung begriffen. Trotzdem gewannen die Diskussionen über die Zukunft des BND, seine Ausstattung, seine Mittel und seine zukünftigen Aufgaben nicht wirklich an Konturen, zumal in den wichtigen Bereichen organisierte Kriminalität und internationaler Terrorismus mit Europol eine weitere Institution um ihren Platz in der Gesellschaft, ihre zukünftige Organisation und Legitimation ringt.

Auch der internationale Terrorismus ist keine Erfindung aus der Zeit nach dem Kalten Krieg. Ihn und die Staaten, die ihn unterstützten, gab es schon lange vorher. Auch wenn jener schreckliche 11. September 2001 die Perspektive zu verändern scheint. Es war wieder einer jener Tage, nach denen vermeintlich nichts mehr ist, wie es einmal war. Dabei darf das grauenvolle Ausmaß der Terroranschläge von New York und Washington nicht den Blick dafür verstellen, dass die Bedrohungsszenarien weitgehend die gleichen geblieben sind. Und auch der Kreis der Verdächtigen beschränkt sich weiterhin auf die Üblichen, sieht man von seiner temporären Erweiterung um das Talibanregime ab, an dessen Errichtung – wie gezeigt – die gleichen Mächte beteiligt waren, die es später aus der Weltgeschichte bombten. Die vor allem von den USA und Großbritannien definierte «Achse des Bösen» umfasst Nordkorea, den Irak und den Iran und hält somit keine Überraschungen bereit, weder für Politiker noch für Nachrichtendienstler. Dafür steht die «Achse des Bösen» auf eher wackeligen Füßen, zumindest was die Verbindungen der einzelnen Staaten zum internationalen Terrorismus, zur Al-Qaida-Organisation und zu den Anschlägen des 11. September angeht. Selbst BND-Präsident August Hanning sah sich im Frühjahr 2002 bemüßigt, vor allzu schnellen Urteilen und Verurteilungen zu warnen. Von einer nordkoreanischen Unterstützung des internationalen Terrorismus könne keine Rede sein, im Iran habe ein Umdenken stattgefunden, und für die Vermutung, Bagdad habe über Kontakte zu Mohammed Atta an den Ereignissen des 11. September mitgewirkt, gebe es keine Beweise, erläuterte der oberste Nachrichtendienstler der Bundesrepublik in einem *Spiegel*-Gespräch.[1553] Nachzuweisen, dass der Chef eines so genannten Schurkenstaates persönlich den Befehl zu den Massenmorden gab, dürfte schwierig, ja unmöglich sein, weil es wahrscheinlich auch gar nicht den Tatsachen entspricht. Die Nachrichtendienstler wissen und geben zu, dass die Verhältnisse komplizierter sind. Wenn es eine veränderte, sogar neue Herausforderung für die Dienste gibt, dann die, die hochdiversifizierten Strukturen, über die sich der internationale Terrorismus organisiert und vor allem finanziert, aufzuklären. Die Millionen, die in den Terrorismus fließen, sind in keinem staatlichen Haushaltsplan zu finden, sie finden über Privatleute oder religiöse und wohltätige Stiftungen direkt ihren Weg zu den Terrororganisationen beziehungsweise deren Hintermännern, so BND-Präsident Hanning.[1554] Wenn der so martialisch beschworene Krieg gegen den Terror überhaupt gewonnen werden kann, dann eher im Kampf gegen seine heimlichen Finanziers als in afghanischen Höhlen.

Dass die üblicherweise unter Terrorismusverdacht stehenden Staaten andererseits weiterhin oder wieder versuchen, sich atomare, chemische oder biologische Massenvernichtungswaffen zu beschaffen oder diese herzustellen, wird allgemein als gegeben hingenommen, auch wenn die Beweise im konkreten Fall dünn sind.[1555] Hier hat sich an der Aufgabenstellung der Nachrichtendienste, die Wege der illegalen Proliferation von Material, Technik und Know-how aufzuklären und damit dazu beizutragen, dass diese unterbunden werden kann, wenig geändert. Ebenso wenig wie an der in der Vergangenheit oft genug Realität gewordenen Gefahr, im Zuge der Aufklärung und Infiltration der Netzwerke durch aktive Beteiligung und «Anwerbung» von Tätern als Agenten selbst zum Täter und Akteur im internationalen Geschäft der Proliferation zu werden. Dass diese Massenvernichtungswaffen auch in die Hände nichtstaatlicher Terroristen gelangen könnten, ist ebenfalls eine Furcht und ein Szenario, das die Verantwortlichen der Nachrichtendienste und Ermittlungsbehörden nicht erst seit dem 11. September 2001 umtreibt. Bereits der Giftgasanschlag auf die Tokioter U-Bahn hat gezeigt, dass es geschehen kann. Dieses Attentat und die Anthrax-Anschläge in den USA legen aber auch den Schluss nahe, dass diese Bedrohung nicht unbedingt und aussschließlich von außen kommen muss. Dass die Al-Qaida-Organisation augenscheinlich nur in sehr bescheidenem Umfang mit tödlichen Kampfstoffen herumexperimentiert hat, mag ein glücklicher Umstand gewesen sein, eine Beruhigung kann es nicht sein.

Die Aufgabenstellungen der Nachrichtendienste, und damit auch des Bundesnachrichtendienstes, scheinen also klar und offensichtlich auf der Hand zu liegen. Die These, ihre Arbeit sei überflüssig, ist nach dem 11. September 2001 so überflüssig, wie sie es vorher war. Vielleicht ist diese Arbeit sogar dringlicher und notwendiger als in den Zeiten des Kalten Krieges mit seinen zementierten Feindbildern und Frontlinien. Umso dringlicher und notwendiger ist damit aber auch die Diskussion um die Art und Weise, wie die Nachrichtendienste ihrer Arbeit nachgehen. Global vernetzte offene Gesellschaften sind verletzlich. Internationale Terroristen werden leicht zu Inländern, Waffenhandel war noch nie ein Privileg von Ausländern, und das zweitälteste Gewerbe der Welt, die Spionage, hat sich neue Betätigungsfelder in Wirtschaft und Technologie gesucht. Damit ist die Versuchung, den Einflussbereich der Nachrichtendienste zur vermeintlichen Gefahrenabwehr immer weiter auszudehnen und auch auf den Inlandsbereich und die eigenen Bürger auszuweiten, heute so groß wie je, vielleicht größer. Hysterie ist dabei der größte Feind der offenen Gesellschaft, die unter dem Gefühl der Bedrohung Gefahr läuft, immer größere Teile von sich selbst zu opfern. Auch diese Gefahr hat nicht erst der 11. September 2001 geschaffen, aber er hat sie wieder deutlich sichtbar werden lassen.

Anmerkungen

Fremde Heere Ost

1 Zu diesen und den folgenden Schilderungen der Flucht und ihrer unmittelbaren Vorgeschichte siehe vor allem: Gehlen, Reinhard: Der Dienst, Erinnerungen 1942–1971, Wiesbaden 1971, S. 129 ff.; Cookridge, E.H.: The Spy of the Century, London 1971, S. 115 ff.; Zolling, Hermann/Höhne, Heinz: Pullach Intern, Hamburg 1971, S. 95 ff.; Reese, Mary Ellen: Organisation Gehlen, Der kalte Krieg und der Aufbau des deutschen Geheimdienstes, Berlin 1992, S. 32 ff. u. S. 79 ff. Abgesehen von den Werken des DDR-Autorenduos Charisius/Mader, auf die später noch einzugehen ist, bilden oben genannte vier Werke die Standardliteratur zu Reinhard Gehlen und der nach ihm benannten ersten Geheimdienstorganisation im Nachkriegsdeutschland. Details der Schilderung und vor allem Einschätzungen zur Person Reinhard Gehlens und ihrer Geschichte weichen zum Teil erheblich voneinander ab. Vor allem Mary Ellen Reese, die sich zuletzt mit dem Thema befasste und hauptsächlich die US-amerikanische Perspektive schildert, lässt neben ihrer eigenen Darstellung kaum eine andere gelten. Vor allem die Werke von Cookridge und Charisius/Mader lehnt sie als Quellen ab. Wo nötig, wird im Einzelnen auf die Differenzen eingegangen werden.

2 Vgl. Kershaw, Ian: Hitler 1936–1945, Stuttgart 2000, S. 1021 ff.

3 Gehlen: Der Dienst, S. 131.

4 Gehlen: Der Dienst, S. 132, und Reese, Organisation Gehlen, S. 79 f. Zolling/Höhne schildern, dass Gehlen und seine Leute bereits bei dieser Gelegenheit verhaftet wurden und in Kriegsgefangenschaft gerieten. Wir wollen den Erinnerungen Gehlens folgen.

5 Gehlen: Der Dienst, S. 133.

6 Gehlen: Der Dienst, S. 134.

7 Ebd. S. 134.

8 Cookridge, E. H., a. a. O.

9 Welt am Sonntag, 20. 11. 1955.

10 Die Zeit, 26. 4. 1948.

11 Zit. nach Zolling/Höhne, a. a. O., S. 18.

12 Zolling/Höhne, a. a. O., S. 22.

13 Reese, Mary Ellen, a. a. O., S. 42.

14 Zolling/Höhne, a. a. O., S. 22.

15 Reese, Mary Ellen, a. a. O., S. 42; Zolling/Höhne, a. a. O., S. 22, Cookridge, E.H., a. a. O., S. 13.

16 Zolling/Höhne, a. a. O., S. 23.

17 Cookridge, E.H., a. a. O., S. 13. An dieser Stelle sei eine Bemerkung erlaubt: Cookridges Schilderungen sind sicherlich mit Vorsicht zu nehmen. Er nennt in seinem Werk nur summarisch im Anhang Quellen für seine Behauptungen. Mary Ellen Reese lehnt unter anderem deshalb – und weil er Werke des DDR-Publizisten Julius Mader im Anhang aufführt – das Buch von Cookridge als Quelle grundsätzlich ab. Tatsache ist, dass Cookridge sich in vielen Punkten im Widerspruch zu anderen Autoren befindet und auch im Irrtum. So legt er den Umzug der Familie Gehlen nach Breslau erst in die Zeit, als Walter Gehlen aus dem Krieg zurückkehrt und arbeitslos wird. Ebenso bescheinigt er der Familie Gehlen eine starke Offizierstradition, die bis in den Deutsch-Französischen Krieg von 1870/71 zurückreicht. Da es kaum Quellen und Berichte gibt, die eine genaue Darstellung, geschweige denn eine verlässliche Interpretation der Jugend Reinhard Gehlens erlauben, haben wir uns entschieden, Cookridges Schilderungen an einigen Stellen anzuführen.

18 Mader, Julius: Die graue Hand, Berlin 1961, S. 12 ff. Siehe auch Anmerkung 17. Für Mader gilt in Teilen das Gleiche wie für Cookridge.

19 Schulze, Hagen: Weimar. Deutschland 1917–1933, Berlin 1984, aktualisierte Auflage Berlin 1994, S. 109.

20 Ebd. S. 224.

21 Ebd. S. 113.

22 Zit. nach ebd. S. 114.

23 Reese, Mary Ellen, a. a. O., S. 43; Zolling/Höhne, a. a. O., S. 23.

24 Vgl. Winkler, Heinrich August: Der lange Weg nach Westen, Deutsche Geschichte Bd. I ... vom Ende des Alten Reiches bis zum Untergang der Weimarer Republik, München 2000, S. 460.

25 Vgl. Schulze: Weimar, a. a. O., S. 120.

26 Zolling/Höhne, a. a. O. S. 23, Reese, a. a. O. S., 43.

27 Vgl. Hepp, Leo: Die Abteilung Nachrichtenwesen der Organisation Gehlen, Vorwort, Typoskript Ulm 1948, S. 1.

28 Zolling/Höhne, a. a. O., S. 24.

29 Gehlen: Der Dienst, a. a. O., S. 10.

30 Zolling/Höhne, a. a. O., S. 24. Zu den Originalakten der Fremde Heere Ost und des Oberkommandos des Heeres, die Aufschluss über den militärischen Werdegang Gehlens geben, siehe auch Reese, Mary Ellen, a. a. O., S. 267, Anmerkung 15. Ein Großteil der erbeuteten Kriegsdokumente werden beim National Archives and Record Service (NARS) in Washington D. C. aufbewahrt.

31 Vgl. dazu auch Zolling/Höhne, a. a. O., S. 25 und Reese, Mary Ellen, a. a. O., S. 45 und vorige Anmerkung.

32 Zit. nach Zolling/Höhne, a. a. O., S. 27.

33 Kershaw, Ian: Hitler 1936–1945, a. a. O., S. 589 und S. 594.

34 Ebd. S. 677 f.

35 Zitiert nach Zolling/Höhne, a. a. O., S. 27.

36 Vgl. dazu ebd. S. 54 f.
37 Vgl. Kershaw: Hitler 1936–1945, a. a. O., S. 677 u. S. 694 f.
38 Gehlen: Der Dienst, a. a. O., S. 19.
39 Kershaw: Hitler 1936–1945, a. a. O., S. 695.
40 Zolling/Höhne, a. a. O., S. 57.
41 Vgl. hierzu und zum Folgenden: Zolling/Höhne, a. a. O., S. 50 ff.; Reese, Mary Ellen, a. a. O., S. 46 f.; Gehlen: Der Dienst, a. a. O., S. 46 f. und S. 52 ff.
42 Zolling/Höhne, a. a. O., S. 58 f.
43 Vgl. Institut für Zeitgeschichte, Depositum Jürgen Thorwald, Niederschrift Heinz Danko Herre, S. 10.
44 Zolling/Höhne, a. a. O., S. 60.
45 Zit. nach: Kogon, Eugen: Der SS-Staat, München 1974, S. 45.
46 Zit. nach: Zolling/Höhne, a. a. O., S. 49.
47 Zit. nach: Reese: Organisation Gehlen, a. a. O., S. 47.
48 Zolling/Höhne, a. a. O., S. 49.
49 Zolling/Höhne, a. a. O., S. 62.
50 Ebd. S. 63.
51 Ebd.
52 Gehlen: Der Dienst, a. a. O., S. 44.
53 Gehlen: Der Dienst, a. a. O., S. 54.
54 Zolling/Höhne, a. a. O., S. 65.
55 Ebd. S. 67. Vgl. hierzu auch: Zum geheimen Nachrichtendienst im 2. Weltkrieg. Eine Untersuchung über Erfolg und Misserfolg der Spionage und Spionageabwehr gegen die Sowjetunion in den Kriegsjahren. Jahresarbeit der Führungsakademie der Bundeswehr, September 1976, S. 20 ff. Im Folgenden zitiert als: Jahresarbeit.
56 Zolling/Höhne, a. a. O., S. 67.
57 Der ehemalige Gegenspionagechef der Organisation Gehlen, Oskar Reile, spricht Gehlen als «Auswerter» jegliche geheimdienstliche Praxis ab: vgl. Reile, Oskar: Der deutsche Geheimdienst im II. Weltkrieg, Westfront. München/Augsburg 1990, S. 398 f. Das Urteil scheint doch sehr von persönlicher Abneigung geprägt. Zum geheimdienstlichen Charakter der von Gehlen geschaffenen Struktur vgl. auch: Jahresarbeit, Führungsakademie der Bundeswehr, September 1976, S. 5.
58 Gehlen: Der Dienst, a. a. O., S. 45.
59 Gehlen: Der Dienst, a. a. O., S. 57.
60 Ebd. S. 58.
61 Vgl. Institut für Zeitgeschichte, Depositum Jürgen Thorwald, Niederschrift Heinz Danko Herre, S. 31.
62 Fest, Joachim: Staatsstreich, Der lange Weg zum 20. Juli, Berlin 1994, S. 336 f.
63 Vgl. Schmidt-Eenboom, Erich: Undercover – wie der BND die deutschen Medien steuert, aktualisierte Ausgabe München 1999, S. 169 ff.
64 Ebd. S. 171.
65 Vgl. hierzu auch Reese, Mary Ellen, a. a. O., S. 280, Anmerkung 13.

66 Wilhelm, Hans-Heinrich: Die Prognosen der Abteilung Fremde Heere Ost 1942–1945. In: Schriftenreihe der Vierteljahreshefte für Zeitgeschichte, Nummer 28, Stuttgart 1974, S. 27, im Folgenden zit. als Wilhelm: Prognosen.
67 Ebd. S. 27.
68 Ebd.
69 Vgl. Wilhelm: Prognosen, a. a. O., S. 53.
70 Gehlen: Der Dienst, a. a. O., S. 62 ff.
71 Ebd. S. 68 f.
72 Vgl. Jahresarbeit, Führungsakademie der Bundeswehr, September 1976, S. 15.
73 Wilhelm: Prognosen, a. a. O., S. 30.
74 Vgl.: Kershaw: Hitler 1936–1945, a. a. O., S. 754 ff.
75 Gehlen: Der Dienst, a. a. O., S. 84.
76 Vgl. Wilhelm: Prognosen, a. a. O., S. 52 ff. und S. 53, Anmerkung 174.
77 Zolling/Höhne: Pullach intern, a. a. O., S. 70.
78 Zolling/Höhne: Pullach intern, a. a. O., S. 74.
79 Jahresbericht, Führungsakademie der Bundeswehr, September 1976, S. 17.
80 Vgl. Kershaw, Ian: Hitler 1936–1945, a. a. O., S. 877 und Zolling/Höhne: Pullach intern, a. a. O., S. 75 ff.
81 Zolling/Höhne: Pullach intern, a. a. O., S. 76.
82 Vgl. dazu: Reese, Mary Ellen, a. a. O., S. 50: «Auf den ersten Blick gaben Schellenberg und Gehlen ein seltsames Paar ab: der eine gewandt, urban, formvollendet und erfahren in den vielen Nutzanwendungen von Charme; der andere zurückhaltend, distanziert, arrogant, mit einer Abneigung gegen leeres Geschwätz. Doch in der Praxis ergänzten sich ihre Persönlichkeiten, und ein gemeinsamer Sinn für die Realitäten, eine berechnende geistige Grundeinstellung und der Selbsterhaltungstrieb hielt die beiden zusammen.»
83 Vgl. Zolling/Höhne, a. a. O., S. 81 f.
84 Ebd. S. 83 f.
85 Ebd. S. 87.
86 Gehlen: Der Dienst, a. a. O., S. 114.
87 Vgl. ebd.
88 Zolling/Höhne, a. a. O., S. 84.
89 Vgl. ebd. S. 89.
90 Vgl. Reese, Mary Ellen, a. a. O., S. 51 und S. 268, Anmerkung 24, sowie Zolling/Höhne, a. a. O., S. 92.
91 Vgl. Reese, Mary Ellen, a. a. O., S. 31 f.
92 Vgl. Zolling/Höhne, a. a. O., S. 92.
93 Vgl. Kershaw: Hitler 1936–1945, a. a. O., S. 1016.
94 Gehlen: Der Dienst, a. a. O., S. 121.
95 Vgl. Kershaw, Ian: Hitler 1936–1945, a. a. O., S. 998.
96 Ebd. S. 1275, Anmerkung 92.
97 Vgl. Churchill, Winston: Der zweite Weltkrieg, Bern, München, Wien, 1948, Sonderausgabe 6. Auflage 1998, S. 1068 ff.

98 Vgl. Zolling/Höhne, a. a. O., S. 97.

99 Vgl. dazu Gehlen: Der Dienst, a. a. O., S. 127, Reese, Mary Ellen, a. a. O., S. 35, Zolling/Höhne, a. a. O., S. 97. Die zeitliche Abfolge und Einordnung der hier und im Folgenden geschilderten Geschehnisse variiert in den drei Darstellungen. Wir versuchen, soweit es logisch erscheint, uns weitestgehend an Gehlens Erinnerungen zu halten.

100 Vgl. Gehlen: Der Dienst, a. a. O., S. 124. Zolling/Höhne datieren das Treffen exakt auf den 4. April 1945, vgl. ebd. S. 97.

101 Nur bei Mary Ellen Reese findet sich die Schilderung, Hermann Baun habe nach dem Treffen von Bad Elster zunächst auf geheimen Kanälen die Briten kontaktiert und ihnen ein Übergabeangebot gegen Asyl unterbreitet, das diese aber nicht zur Kenntnis genommen hätten, was Gehlens Selbstwertgefühl schwer erschüttert habe. Eine Quelle für diese Behauptung nennt sie nicht. Reese, Mary Ellen, a. a. O., S. 39.

102 Ebd. S. 98.

103 Siehe S. 36 ff.

104 Vgl. Zolling/Höhne, a. a. O., S. 61.

105 Vgl. ebd. S. 98 f.

106 Gehlen: Der Dienst, a. a. O., S. 125.

107 Reese, Mary Ellen, a. a. O., S. 32, Zolling/Höhne, a. a. O., S. 95.

108 Vgl. Gehlen: Der Dienst, a. a. O., S. 126. Mary Ellen Reese weist in ihrem Buch auf die Widersprüche zwischen den Schilderungen Gehlens und Schellenbergs hin. Nach ihrer Darstellung hat Gehlen die Studie bereits im März 1945 verfasst und später versucht, Schellenberg zur Zusammenarbeit zu überreden. Schellenberg habe die Studie Himmler vorgelegt, der sie als völligen Schwachsinn bezeichnet habe. Vgl. Reese, Mary Ellen, a. a. O., S. 51 und S. 268, Anmerkung 23.

109 Gehlen: Der Dienst, a. a. O., S. 127 f., Reese, Mary Ellen, a. a. O., S. 36.

110 Gehlen: Der Dienst, a. a. O., S. 128.

Startschwierigkeiten

111 Ebd. S. 134.

112 Gehlen: Der Dienst, a. a. O., S. 135.

113 Vgl. Zolling/Höhne, a. a. O., S. 101 und S. 352, Anmerkung 16.

114 Vgl. Reese, Mary Ellen, a. a. O., S. 63 ff.

115 Vgl. Bailey, George/ Kondraschow, Sergeij A./Murphy, David E.: Die unsichtbare Front, Berlin 1997, S. 17 ff., künftig zit. als: Bailey/Kondraschow/Murphy.

116 Gehlen: Der Dienst, a. a. O., S. 136.

117 Vgl. Reese, Mary Ellen, a. a. O., S. 82 f. und Zolling/Höhne, a. a. O., S. 102 f.

118 Vgl. Reese, Mary Ellen, a. a. O., S. 82.

119 Gehlen: Der Dienst, a. a. O., S. 136.

120 Zolling/Höhne, a. a. O., S. 103.

121 Reese, Mary Ellen, a. a. O., S. 85.

122 Gehlen: Der Dienst, a. a. O., S. 137.

123 In Reinhard Gehlens Erinnerungen heißt John Boker Captain Hallstedt. Hierbei handelt es sich nicht um einen Erinnerungsfehler Gehlens, sondern er verwendet den Decknamen, unter dem sich Boker bei ihm eingeführt hatte. Wir folgen hier Mary Ellen Reese, die mit Boker persönlich gesprochen hat. Die Schilderungen der folgenden Ereignisse folgen hauptsächlich den Aufzeichnungen Gehlens und Reeses Buch. Zolling/Höhne weichen hier erheblich ab und lassen Gehlen alle Verhandlungen mit General Sibert persönlich führen. Man kann davon ausgehen, dass ihnen 1971 weitergehende Informationen nicht zur Verfügung standen.

124 Gehlen: Der Dienst, a. a. O., S. 137.

125 Vgl. Reese, Mary Ellen, a. a. O., S. 88 ff. und S. 273, Anmerkung 19.

126 Vgl. Bailey/Kondraschow/Murphy, a. a. O., S. 18.

127 Vgl. Reese, Mary Ellen, a. a. O., S. 91.

128 Vgl. Gehlen: Der Dienst, a. a. O., S. 137.

129 Reese, Mary Ellen, a. a. O., S. 90 f.

130 Vgl. Walde, Thomas: ND-Report, Die Rolle der geheimen Nachrichtendienste im Regierungssystem der Bundesrepublik Deutschland, München 1971, S. 62. Künftig zit. als Walde: ND-Report. Auch: Reese, Mary Ellen, a. a. O., S. 93 f. und Zolling/Höhne, a. a. O., S. 105.

131 Gehlen: Der Dienst, a. a. O., S. 138.

132 Reese, Mary Ellen, a. a. O., S. 93.

133 Reese, Mary Ellen, a. a. O., S. 95.

134 Vgl. Zolling/Höhne, a. a. O., S. 106 ff., Walde: ND-Report, a. a. O., S. 62.

135 Vgl. Gehlen: Der Dienst, a. a. O., S. 141.

136 Vgl. Reese, Mary Ellen, a. a. O., S. 100.

137 Reese, Mary Ellen, a. a. O., S. 102.

138 Vgl. Gehlen: Der Dienst, a. a. O., S. 144.

139 Ebd. S. 141.

140 Reese, Mary Ellen, a. a. O., S. 104 f.

141 In Reinhard Gehlens Erinnerungen heißt Captain Waldman Captain Erikson. Vgl. Boker/Hallstedt in den vorangegangenen Kapiteln.

142 Zit. nach Reese, Mary Ellen, a. a. O., S. 105.

143 Gehlen: Der Dienst, a. a. O., S. 142 f.

144 Reese, Mary Ellen, a. a. O., S. 106.

145 Vgl. Zolling/Höhne, a. a. O., S. 108.

146 Gehlen: Der Dienst, a. a. O., S. 145.

147 Vgl. Birke, Adolf M.: Nation ohne Haus, Deutschland 1945–1961, aktualisierte Ausgabe Berlin 1994, S. 158.

148 Churchill, Winston S.: Der zweite Weltkrieg, a. a. O., S. 1086.

149 Vgl. Reese, Mary Ellen, a. a. O., S. 108 und S. 117.

150 Birke, Adolf M.: Nation ohne Haus, a. a. O., S. 161.

151 Zit. nach ebd. S. 162.

152 Zit. nach Reese, Mary Ellen, a. a. O., S. 278, Anmerkung 5.
153 Vgl. Winkler, Heinrich August, Der lange Weg nach Westen, Band 2, München 2000, S. 128.
154 Vgl. Reese, Mary Ellen, a. a. O., S. 111 f.
155 Vgl. Gehlen: Der Dienst, a. a. O., S. 152, Reese, Mary Ellen, a. a. O., S. 119 f., Zolling/Höhne, a. a. O., S. 108 ff.
156 Vgl. Zolling/Höhne, a. a. O., S. 111.
157 Ebd. S. 110.
158 Reese, Mary Ellen, a. a. O., S. 121.
159 Vgl. Zolling/Höhne, a. a. O., S. 109. Zitiert wird wieder das Tagebuch Bauns.
160 Vgl. Gehlen: Der Dienst, a. a. O., S. 152 f.
161 Wehner, Wolfgang: Geheim, München 1960, S. 106. Zit. nach Zolling/Höhne, a. a. O., S. 110.
162 Vgl. Reese, Mary Ellen, a. a. O., S. 125.
163 Gehlen: Der Dienst, a. a. O., S. 149 f.
164 Zit. nach Reese, Mary Ellen, a. a. O., S. 125.
165 Ebd. S. 126.
166 Vgl. Zolling/Höhne, a. a. O., S. 110.
167 Vgl. Reese, Mary Ellen, S. 121 und S. 126 f.

Alte Kameraden

168 Walde, Thomas: ND-Report, a. a. O., S. 64.
169 Vgl. Koch, Peter-Ferdinand: Die feindlichen Brüder – DDR contra BRD, Bern, München, Wien 1994, S. 328.
170 Vgl. Zolling/Höhne, a. a. O., S. 117 f., Reese, Mary Ellen, a. a. O., S. 133, Koch, Peter-Ferdinand, a. a. O., S. 328.
171 Vgl. Zolling/Höhne, a. a. O., S. 217 u. S. 286, Koch, Peter-Ferdinand, a. a. O., S. 357 f. u. S. 372.
172 Vgl. Koch, Peter-Ferdinand, a. a. O., S. 362.
173 Vgl. Der Spiegel, 20. 1. 1997.
174 Vgl. Simpson, Christopher: Der amerikanische Bumerang, NS-Kriegsverbrecher im Sold der USA, Wien 1988, S. 66 ff.
175 Vgl. Hachmeister, Lutz: Der Gegnerforscher, Die Karriere des SS-Führers Franz Alfred Six, München 1998 und Charisius, Albrecht/Mader, Julius: Nicht länger geheim, Entwicklung, System und Arbeitsweise des imperialistischen deutschen Geheimdienstes, Berlin 1969.
176 Vgl. Zolling/Höhne, a. a. O., S. 169 u. S. 217, Reese, Mary Ellen, a. a. O., S. 203 ff.
177 Vgl. Reese, Mary Ellen, a. a. O., S. 203 ff.
178 Banach, Jens: Heydrichs Elite. Das Führerkorps der Sicherheitspolizei und des SD 1936–1945, Paderborn 1998, S. 243, auch: ADN, 17. 12. 1953; Datenbank Forschungsinstitut für Friedenspolitik, nachrichtendienstlich relevante Personen in Deutschland.

179 Vgl. Zolling/Höhne, a. a. O., S. 217; Koch, Peter-Ferdinand, a. a. O., S. 329.

180 Vgl. Koch, Peter-Ferdinand, a. a. O., S. 329, Zolling/Höhne, a. a. O., S. 217 f.

181 Gehlen: Der Dienst, a. a. O., S. 156.

182 Vgl. hierzu und zum Folgenden: Kielmansegg, Peter Graf: Nach der Katastrophe, Eine Geschichte des geteilten Deutschland, Berlin 2000, S. 110 ff.; Benz, Wolfgang: Die Gründung der Bundesrepublik, Von der Bizone zum souveränen Staat, München 2. Auflage 1986, S. 39 ff.; Winkler, Heinrich August: Der lange Weg nach Westen II, a. a. O., S. 118 f.

183 Theodore White: Fire in the Ashes: Europe in Mid Century, New York, 1953. Zit. nach: Reese, Mary Ellen, a. a. O., S. 251.

184 Vgl. Niethammer, Lutz: Die Mitläuferfabrik, Die Entnazifizierung am Beispiel Bayerns, Berlin 1982.

185 Kielmansegg, Peter Graf: Nach der Katastrophe, a. a. O., S. 115.

186 Vgl. Zolling/Höhne, a. a. O., S. 119.

187 Vgl. Reese, Mary Ellen, a. a. O., S. 148 ff. und Gehlen: Der Dienst, a. a. O., S. 161 ff.

188 Vgl. Reese, Mary Ellen, a. a. O., S. 152 ff.

189 Washington Post, 18. 3. 2001.

190 Zit. nach Moon, Tom: This grim and savage game – The OSS and U.S. Covert Operations in World War II, o. O./Orange 2000, S. 321.

191 Vgl. Gehlen: Der Dienst, a. a. O., S. 163 ff.

192 Vgl. Winkler, Heinrich August: Der lange Weg nach Westen, Bd. II, a. a. O, S. 128 f.

193 Zolling/Höhne, a. a. O., S. 124.

194 Ebd.

195 Ebd.

196 Ebd. S. 128 f. Vgl. auch Reese, Mary Ellen, a. a. O., S. 282, Anmerkung 16.

197 Koch, Peter-Ferdinand: Die feindlichen Brüder, a. a. O., S. 330.

198 Vgl. Zolling/Höhne, a. a. O., S. 122.

199 Gehlen: Der Dienst, a. a. O., S. 159.

200 Siehe oben S. 41 f.

201 Zolling/Höhne, a. a. O., S. 215 f.

202 Vgl. hierzu und zum Folgenden: Bailey/Kondraschow/Murphy: Die unsichtbare Front, a. a. O., S. 32 ff.

203 Vgl. Zolling/Höhne, a. a. O., S. 131.

204 Vgl. Reese, Mary Ellen, a. a. O., S. 286, Anmerkung 31.

205 Vgl. Zolling/Höhne, a. a. O., S. 132.

206 Vgl. Zolling/Höhne, a. a. O., S. 132.

207 Gehlen: Der Dienst, a. a. O., S. 162.

208 Vgl. hierzu und zum Folgenden: Winkler, Heinrich August, a. a. O., S. 128 ff.

209 Vgl. hierzu und zum Folgenden: Bailey/Kondraschow/Murphy, a. a. O., S. 73 ff.

210 Ebd. S. 91.

211 Ebd. S. 94 ff.

212 Vgl. Reese, Mary Ellen, a. a. O., S. 145.
213 Vgl. ebd. S. 163.
214 So Critchfield in einem Interview mit den Autoren am 16. 10. 2001. In der Literatur (Reese S. 160) taucht meist der Monat September als Termin des ersten Zusammentreffens auf.
215 Ebd. S. 161.
216 Critchfield, James: The early history of the Gehlen Organization and its influence on the development of a national security system within the federal republic. Vortragspapier, Origins of intelligence organizations conference, Straußberg, 2. Mai 1997. Künftig zit. als: Critchfield: Early History.
217 Vgl. Reese, Mary Ellen, a. a. O., S. 163.
218 Interview mit den Autoren, 16. 10. 2001.
219 Vgl. Gehlen: Der Dienst, a. a. O., S. 169 ff.
220 Ebd. S. 170.
221 Critchfield: Early History, a. a. O.
222 Interview mit den Autoren, 16. 10. 2001.
223 Ebd. und Early History, a. a. O.
224 Zit. nach Reese, Mary Ellen, a. a. O., S. 168.

In den Zentren der Macht

225 Zolling/Höhne, a. a. O., S. 138 ff. Dieser und die folgenden Fälle dieses Abschnittes sind, soweit nicht anders zitiert, aus diesem Buch entnommen. Die Namen folgen ebenfalls den von Zolling und Höhne verwendeten Pseudonymen.
226 Zit. nach Zolling/Höhne, a. a. O., S. 139.
227 Bailey/Kondraschow/Murphy, a. a. O., behaupten in ihrem Buch, dass die Berliner Operationsbasis der CIA den ersten Bericht über die beabsichtigte Schaffung der kasernierten Polizeieinheiten geliefert habe. Sie seien schwach bewaffnet und schlecht ausgebildet gewesen. Während der Berliner Kommunalwahlen im Dezember 1948, die nur in den Westsektoren stattfinden durften, hätten viele Angehörige der Einheiten ihren Posten verlassen. Zitiert wird ein CIA-Informationsbericht vom 23. 3. 1949.
228 Zolling/Höhne, a. a. O., S. 141.
229 Ebd. S. 143.
230 Zolling/Höhne, a. a. O., S. 145.
231 Ebd.
232 Paul Adenauer in: Konrad Adenauers Regierungsstil, Rhöndorfer Gespräche, Band 11, Stiftung Bundeskanzler Adenauer Haus, Bonn 1991, S. 132.
233 Vgl. Schwarz, Hans-Peter: Adenauer, Der Aufstieg: 1876–1952; Stuttgart 1986, S. 728 f.
234 Ebd. S. 736.
235 Bailey/Kondraschow/Murphy, a. a. O., S. 109.
236 Simpson, Christopher: Der amerikanische Bumerang, a. a. O., S. 76.

237 Ebd. S. 89.
238 Vgl. Schwarz: Adenauer, Der Aufstieg, a. a. O., S. 731.
239 Critchfield: Early History, a. a. O.
240 Ebd.
241 Gehlen: Der Dienst, a. a. O., S. 178.
242 Walde: ND-Report, a. a. O., S. 64.
243 Zolling/Höhne, a. a. O., S. 229.
244 Schwarz: Adenauer, Der Aufstieg, a. a. O., S. 666.
245 Ebd. S. 740 f.
246 Zit. nach Bailey/Kondraschow/Murphy, a. a. O., S. 107.
247 Zit. nach Winkler: Der lange Weg nach Westen II, a. a. O., S. 144.
248 Vgl. Schwarz: Adenauer, Der Aufstieg, a. a. O, S. 749.
249 Ebd. S. 754 f.
250 Ebd. S. 756.
251 Zit. nach ebd. S. 757.
252 Ebd.
253 Vgl. Adenauer: Erinnerungen, 1945–1953, Stuttgart 1965, S. 350 ff.
254 Vgl. ebd, S. 356 ff.
255 Vgl. Schwarz: Adenauer, Der Aufstieg, a. a. O., S. 768 f.
256 Vgl. Critchfield: Early History, a. a. O.
257 Walde: ND-Report, a. a. O., S. 69.
258 Walde: ND-Report, a. a. O., S. 71. Siehe auch ebd. Anmerkung 201 zu Kapitel 3.
259 Vgl. Gehlen: Der Dienst, a. a. O., S. 180.
260 Ebd.
261 Vgl. Merseburger, Peter: Der schwierige Deutsche – Kurt Schumacher, Stuttgart 1995, S. 480 f.
262 Vgl. Merseburger, a. a. O., S. 498.
263 Gehlen: Der Dienst, a. a. O., S. 182.
264 Walde: ND-Report, a. a. O., S. 65.
265 Mader, Julius: Die graue Hand, Berlin (Ost) 1960, S. 175 f.
266 Vgl. hierzu und zum Folgenden: Zolling/Höhne, a. a. O., S. 150 ff.
267 Vgl. Zolling/Höhne, a. a. O., S. 152 f.; Koch, Peter Ferdinand, a. a. O., S. 332 ff.; Gehlen: Der Dienst, a. a. O., S. 200.
268 Vgl. Zolling/Höhne, a. a. O., S. 154.
269 Vgl. Cookridge, a. a. O., S. 226 f.
270 Ebd.
271 Vgl. Zolling/Höhne, a. a. O., S. 154.
272 Siehe Anmerkungen 289–292. Vgl. auch Welt am Sonntag, 1. 1. 1956.
273 Wolf, Markus: Spionagechef im geheimen Krieg, München 1998, S. 83 f.
274 Zolling/Höhne, a. a. O., S. 155.
275 Koch, Peter-Ferdinand, a. a. O., S. 331 f.
276 Vgl. Zolling/Höhne, a. a. O., S. 157; Cookridge, a. a. O., S. 230.

277 Vgl. Koch, Peter-Ferdinand, a. a. O., S. 332.
278 Vgl. Zolling/Höhne, a. a. O., S. 158 ff.
279 Vgl. Weber, Hermann: Geschichte der DDR, München 1986 ², S. 25, S. 40 ff.
280 Vgl. ebd., S. 157.
281 Vgl. Zolling/Höhne, a. a. O., S. 158.
282 Vgl. Zolling/Höhne, a. a. O., S. 159.
283 Ebd. S. 160.
284 Vgl. Zolling/Höhne, a. a. O, S. 186 f.; auch: Markwardt, Waldemar: Erlebter BND, Berlin 1996, S. 164 f.
285 Vgl. Markwardt: Erlebter BND, a. a. O., S. 165.
286 Ebd. S. 169 f.
287 Ebd. S. 175.
288 Vgl. Wolanowski, Lucian: Geheime Front, Berlin (Ost), 1956, S. 95 ff.; auch Zolling/Höhne, a. a. O., S. 189.
289 Vgl. Reese, Mary Ellen, a. a. O., S. 140 f., auch Zolling/Höhne, a. a. O., S. 210 f.
290 Vgl. Zolling/Höhne, a. a. O., S. 190.
291 Vgl. auch unten: Der Friedrich-Wilhelm-Heinz-Dienst.

Horchen, Peilen und Entschlüsseln

292 Siehe oben, S. 61 ff.
293 Mitteilung eines im Horchdienst der Wehrmacht in Finnland eingesetzten Offiziers vom Februar 1986, der sich jedoch für den zivilen Beruf eines Architekten entschied.
294 Vgl. Gellermann, Günther W.: … und lauschten für Hitler. Geheime Reichssache: Die Abhörzentralen des Dritten Reichs, Bonn 1991, S. 50.
295 Vgl. Meulen, Michael van der: Cryptology in the Early Bundesrepublik, in: Cryptologica July 1996, S. 208 und 213.
296 Vgl. Hepp, Leo: Die Abteilung Nachrichtenwesen der Organisation Gehlen, Vorwort, Typoskript Ulm 1984.
297 Vgl. Organisation Gehlen 56 an 34: Derzeitiger Stand und zukünftige Entwicklung der Abteilung «Nachrichtenwesen», Pullach 10. 5. 1948, Tagebuch-Nr. 6/48, S. 8.
298 Hepp, Leo: Die Abteilung Nachrichtenwesen der Organisation Gehlen, 1. Fortsetzung, Typoskript Ulm 1984.
299 Vgl. Organisation Gehlen: 56 an 34, a. a. O.
300 Vgl. Washington Post vom 18. 3. 2001: «CIA Declassifies Its Records On Dealings With Ex-Nazis». Siehe auch oben.
301 Vgl. Hepp, Leo: Die Abteilung Nachrichtenwesen der Organisation Gehlen, 2. Fortsetzung, Typoskript Ulm 1984.
302 Die Horchstellen der OG hatten 1953 neben dem unmittelbaren Horchfunkpersonal eine eigene Verkehrs- und Betriebsauswertung sowie eine kleine Entzifferungsgruppe. Sie bestand aus 80 Mitarbeitern, von denen 48 im Funkempfangsdienst, 17 in Führung und Verwaltung, neun in der Auswertung sowie

sechs im Dechiffrierwesen eingesetzt waren Die monatlichen Personalkosten waren mit 43 300 DM, die Ausgaben für Betriebsmittel mit 6 700 DM angesetzt. Die einmaligen Kosten der technischen Ausstattung von fünf Schreibmaschinen über zwei Sender und vier Kurzwellenempfänger wurden mit 100 000 DM kalkuliert, zuzüglich von 75 000 DM für die Wiederinstandsetzung und Abschlagszahlungen für die Grundstücke und ihre Baulichkeiten. Vgl. Organisation Gehlen: Aufbau und Aufgaben der Funkaufklärung, 15 Seiten plus Anlagen, undatiert, jedoch mit dem Vermerk von 36 «Ausgezeichnete Arbeit» vom 2. 2. 1953 versehen, S. 9, 13 und Anlagen 1, 1a und 1b.

303 Vgl. Organisation Gehlen: 36 für 30 (Gehlen) vom 3. 6. 1950, S. 2.

304 Vgl. Sünkel, Werner: Dienststelle Feldpostnummer 00313 – Die «Horchstelle», Beilage der Pegnitz-Zeitung 1995.

305 Vgl. Grabau, Rudolf: Ideen und Planungen für eine militärische Funkaufklärung in Westdeutschland nach Ende des 2. Weltkriegs, Much 1999, S. 6; vgl. Organisation Gehlen: Aufbau und Aufgaben der Funkaufklärung, o. J. (1952), S. 11; vgl. Hepp, Leo: Die Abteilung Nachrichtenwesen der Organisation Gehlen, 2. Fortsetzung, Typoskript Ulm 1984.

306 Vgl. Sünkel, Werner, a. a. O.; laut Michael van der Meulen wurde der Betrieb in Lauf bereits 1957 eingestellt, aber van der Meulen gibt auch die Wiedereröffnung der Horchstation mit 1955 unzutreffend an. Vgl. van der Meulen, Michael, a. a. O., S. 208.

307 Vgl. Beobachtungs-Gebiete der H.-Stelle Lauf, November 1952, Streng Vertraulich, 3 Seiten.

308 Organisation Gehlen: Aufbau und Aufgaben der Funkaufklärung, Pullach 1953, S. 7.

309 Organisation Gehlen 36: Tagebuch 541/53 vom 26. 3. 1953, Betr. Forschungsamt, hier Dr. Adolf EHRT.

310 Vgl. Vermerk Organisation Gehlen 36 vom 17. 3. 1953, S. 2.

311 Vgl. Grabau, Rudolf, a. a. O., S. 3.

312 Hepp, Leo: Die Abteilung Nachrichtenwesen der Organisation Gehlen, 2. Fortsetzung, Typoskript Ulm 1984.

313 Vgl. Organisation Gehlen: 56 an 34 vom 10. 5. 1950, Derzeitiger …, S. 9.

314 Vgl. Hepp, Leo: Die Abteilung Nachrichtenwesen der Organisation Gehlen, 1. Fortsetzung, Typoskript Ulm 1984. In ihrer Studie «Aufbau und Aufgaben der Funkaufklärung» hielt die OG 1953 zehn Peilstationen für erforderlich, um jeder Horchstelle eine Peilbasis zuordnen zu können. In einem ersten Schritt sollten neben den drei bestehenden Peilern drei weitere errichtet werden. Mit einem Bedarf an acht Mitarbeitern und monatlichen Gesamtkosten von DM 6000 war eine Peilstation, deren einmalige Erstausstattung DM 32 000 kosten sollte, deutlich preiswerter als eine Horchstelle. Vgl.: Organisation Gehlen, Aufbau und Aufgaben der Funkaufklärung, Pullach 1953, S. 10, Anlage 2, 2a und 2b.

315 1953 sah die Stärkenachweisung der Unterabteilung Funkaufklärung dazu sie-

ben Mitarbeiter in der Gruppe Endauswertung und 26 in der Gruppe Entzifferung vor, die monatlich zusammen DM 25 000 an Personalkosten verschlangen. Die Gesamtkosten für die Funkaufklärung beliefen sich damit auf DM 285 000 im Monat. Vgl.: Organisation Gehlen, a. a. O., S. 10, Anlage 3 und 3a.

316 Vgl. dazu aus britischer Sicht Price, Alfred: Herrschaft über die Nacht. Spione jagen Radar, Gütersloh 1968.

317 Vgl. Organisation Gehlen 400: Vorschlag zum Aufbau eines Funkmess-Beobachtungsdienstes in der Bundesrepublik, Pullach 21. 6. 1954, Streng vertraulich, Anlage 4.

318 Hepp, Leo: Funkmessbeobachtung, Typoskript, Ulm 11. 7. 1984, S. 2.

319 Vgl. Organisation Gehlen 400, a. a. O., S. 5, 10, 16, 21 und 23. Die Studie der Organisation Gehlen veranschlagte für 71 Mitarbeiter des Radarerfassungsdienstes insgesamt jährlich DM 747 500 an Personalkosten und zusätzlich DM 412 000 an Unterhaltungs- und Betriebskosten. Die Realisierung des Netzes aus vier festen und drei mobilen Stationen sowie einer Auswertung hätten einmalige Beschaffungskosten von DM 1 912 900 verschlungen.

320 Vgl. Hepp, Leo: Funkmessbeobachtung, a. a. O., S. 3.

321 Organisation Gehlen 56 an 34: Derzeitiger Stand und zukünftige Entwicklung der Abteilung «Nachrichtenwesen», Pullach 10. 5. 1948, Sondergebiete, S. 2.

322 Vgl. Meyer, Georg: General Adolf Heusinger und die Organisation Gehlen, in: Krieger, Wolfgang und Jürgen Weber (Hrsg.), Spionage für den Frieden? Nachrichtendienste in Deutschland während des Kalten Krieges, München 1997, S. 225–246.

323 Siehe oben, S. 91 ff.

324 Vgl. Amt Blank, Militärische Abteilung: Handakte Heusinger. Bundesarchiv-Militärarchiv BW 9/3574, Blatt 26–39; die Studie wurde von Wilhelm Flicke für Heusinger erarbeitet.

325 Bulletin der Bundesregierung 1955, Nr. 124, S. 1044.

326 Vgl. Organisation Gehlen 56 an 34: Derzeitiger Stand und zukünftige Entwicklung der Abteilung «Nachrichtenwesen», Pullach 10. 5. 1948, Sondergebiete, S. 1.

327 Vgl. Heinz Felfe, a. a. O., S. 228.

328 Vgl. ebd., S. 260 f., 320.

329 Vgl. Organisation Gehlen: Aufbau und …, a. a. O., S. 14, Anlage 4, 4a und 4b. Zum weiteren Ausbau schlug die Studie vor, die Funkabwehr auf 86 Mitarbeiter aufzustocken, von denen 56 unmittelbar im Funk- und Fernpeildienst, 21 in Führung, Verwaltung und Auswertung sowie 9 in einer neuen Gruppe Nahfeldpeildienst eingesetzt werden sollten. An Personalkosten und Betriebsmitteln sollten monatlich DM 58 000 dazu ausreichen, während die einmaligen Kosten für die technische Ausstattung auf DM 250 000 veranschlagt wurden.

330 BND: Beitrag des Leiters der Fernmeldeaufklärung (Erfahrungsbericht SCHWARZ), III. Fernmeldeverbindungen, Pullach 1960, Streng Geheim, S. 43.

331 Vgl. Zolling/Höhne, a. a. O., S. 288.

332 Vgl. dazu Organisation Gehlen, HÖBEL (Heinz Danko Herre) u.a.: Vorschlag für die Abgrenzung der Aufgaben im Bereich der Funkaufklärung zwischen dem geheimen Nachrichtendienst und dem Bundesverteidigungsministerium vom 19. 12. 1955, S. 5 f.
333 Vgl. Organisation Gehlen: 56 an 34, a. a. O., S. 1 f. und 5.
334 Vgl. Organisation Gehlen: 56 an 34, a. a. O., S. 4.
335 Vgl. Organisation Gehlen: 56 an 34, a. a. O., S. 1.
336 Vgl. Felfe, Heinz, a. a. O., S. 279.
337 Vgl. Organisation Gehlen 36: Gliederung und Aufgaben der Abteilung Nachrichtenwesen, Pullach 3. 6. 1950, Streng Geheim, S. 2, Anlage1 und 4.
338 Vgl. Abschrift der ADN-Meldung vom 17. 12. 1953 «Neue sensationelle Enthüllungen über die Agenten- und Spionageorganisation Gehlen» durch das Presse- und Informationsamt der Bundesregierung, Nachrichtenabteilung Ref. II/3 im Bundesarchiv Koblenz, Bestand Bundeskanzleramt B136/4869, S. 8.
339 Vgl. Organisation Gehlen 36, a. a. O., Anlage 3.
340 BND 1960, a. a. O., S. 38.
341 Vgl. Fricke, Karl Wilhelm und Roger Engelmann: «Konzentrierte Schläge». Staatssicherheitsaktionen und politische Prozesse in der DDR 1953–1956, Berlin 1998, S. 122 ff.
342 BND 1960, a. a. O., S. 38.
343 Vgl. Organisation Gehlen 36: Gliederung und ..., a. a. O., S. 2.
344 Müller, Leo A.: Gladio – das Erbe des Kalten Krieges, Hamburg 1991, S. 13 f.
345 Brief BND – Archivwesen vom 11. 1. 1984 an Leo Hepp, S. 2.
346 Vgl. Organisation Gehlen: 56 an 34, Die Nachrichtenverbindungen der Führung, S. 3 ff. und Hepp, Leo: Die geheimen Funkverbindungen des Bundesnachrichtendienstes, Typoskript, Ulm 1984, S. 7.
347 Vgl. Organisation Gehlen 36: Gliederung und ..., a. a. O., S. 1.
348 Vgl. Hepp, Leo: Die Abteilung Nachrichtenwesen der Organisation Gehlen, 2. Fortsetzung, Anlage 3, Typoskript Ulm 1984.
349 Vgl. Zolling/Höhne, a. a. O., S. 169.
350 Mader, Julius, a. a. O., S. 152.
351 Vgl. Organisation Gehlen: Leiter 56 an 34, a. a. O., Entzifferung und eigene Schlüsselverfahren, S. 3.
352 Mitteilung eines leitenden OG-Mitarbeiters und späteren BND-Beamten.
353 Hepp, Leo: Entwicklung und Werdegang der Zentralstelle für das Chiffrierwesen, Typoskript, Ulm 1984, S. 1.
354 Vgl. Vortragskonzept Schädel – undatiert etwa 1954 – «Technische und archivarische Hilfsmittel der Entzifferung, d. h. E-Hilfsgeräte (Lochkarten) und Archiv», S. 1.
355 Vgl. Vortragskonzept Schädel, a. a. O.
356 Vgl. Meulen, Michael van der, a. a. O., S. 220 f.
357 Vgl. Franke, Herbert W.: Die geheime Nachricht, Frankfurt/M. 1982, S. 99 und 172.

358 Zu Aufbau und Wichtigkeit eines philologischen Archivs für das Chiffrierwesen siehe auch Gellermann, Günther W., a. a. O., S. 74 ff.

Am Rand des Abgrundes

359 Vgl. Winkler: Der lange Weg nach Westen II, a. a. O., S. 147 ff.
360 Ebd.
361 Vgl. Hermann Graml: Die sowjetische Notenkampagne von 1952; in: Die Legende von der verpassten Gelegenheit – Die Stalin-Note vom 10. März 1952, Rhöndorfer Gespräche, Band 5, Stuttgart/Zürich 1982. Winkler: Der lange Weg nach Westen, a. a. O., S. 152.
362 Winkler: Der lange Weg nach Westen, a. a. O., S. 152.
363 Vgl. Bailey/Kondraschow/Murphy, a. a. O., S. 178 ff. und S. 190 ff.
364 Vgl. Weber. Geschichte der DDR, a. a. O., S. 232 ff.
365 Winkler: Der lange Weg nach Westen, a. a. O., S. 156.
366 Vgl. Bailey/Kondraschow/Murphy, a. a. O., S. 185 ff.
367 Zolling/Höhne, a. a. O., S. 161.
368 Vgl. Bailey/Kondraschow/Murphy, a. a. O., S. 202.
369 Gehlen: Der Dienst, a. a. O., S. 190.
370 Reese, Mary Ellen, a. a. O., S. 194.
371 Vgl. Wagner, Helmut: Schöne Grüße aus Pullach, Berlin 2000, S. 53.
372 Zolling/Höhne, a. a. O., S. 258.
373 Zolling/Höhne, a. a. O., S. 258; Koch, Peter Ferdinand, a. a. O., S. 335.
374 Ebd.
375 Vgl. Wagner: Schöne Grüße aus Pullach: a. a. O., S. 52 ff.
376 Ebd.
377 Zolling/Höhne, a. a. O., S. 260; Wagner: Schöne Grüße aus Pullach, a. a. O., S. 55.
378 Ebd.
379 Vgl. Koch, Peter Ferdinand, a. a. O., S. 337.
380 Gehlen: Der Dienst, a. a. O., S. 194.
381 Ebd. und Zolling/Höhne, a. a. O., S. 260.
382 Vgl. Wagner: Schöne Grüße aus Pullach, a. a. O., S. 23 ff.
383 Gehlen: Der Dienst, a. a. O., S. 194.
384 Vgl. Koch, Peter-Ferdinand, a. a. O., S. 330 f.
385 Ebd. S. 333.
386 Gehlen: Der Dienst, a. a. O., S. 302.
387 Ebd. S. 194.
388 Ebd. S. 200.
389 Ebd. S. 192.
390 Vgl. Bailey/Kondraschow/Murphy, a. a. O., S. 350.
391 Vgl. Zolling/Höhne, a. a. O., S. 261 f.
392 Gehlen: Der Dienst, a. a. O., S. 205.
393 Vgl. Wolf, Markus: Spionagechef, a. a. O., S. 62 f.
394 Vgl. Gehlen: Der Dienst, a. a. O., S. 186.

395 Vgl. Schmidt-Eenboom, Undercover, a. a. O., S. 213 ff.
396 Daily Express, 17. 3. 1952, zit. nach Reese, Mary Ellen, a. a. O., S. 192.
397 Vgl. Reese, Mary Ellen, a. a. O., S. 193.
398 Vgl. Walde, Thomas: ND-Report, a. a. O., S. 65.
399 Vgl. John, Otto: Zweimal kam ich heim, ….
400 Koch, Peter-Ferdinand, a. a. O., S. 66.
401 Vgl. Bailey/Kondraschow/Murphy, a. a. O., S. 215.
402 Ebd. S. 487, Anmerkung 5.
403 Fest, Joachim: Der Staatsstreich, a. a. O., S. 245.
404 Vgl. Koch, Peter-Ferdinand, a. a. O., S. 66.
405 Vgl. Delmer, Sefton: Die Deutschen und ich, Hamburg 1963, S. 580 ff.
406 Vgl. Bailey/Kondraschow/Murphy, a. a. O., S. 215.
407 Vgl. Delmer: Die Deutschen und ich, a. a. O., S. 708 f.
408 Vgl. Koch, Peter-Ferdinand, a. a. O., S. 67.
409 Vgl. Bailey/Kondraschow/Murphy, a. a. O., S. 216.
410 Vgl. Delmer: Die Deutschen und ich, a. a. O., S. 695.
411 Vgl. Schwarz, Hans-Peter: Adenauer, Der Staatsmann 1952–1967, Stuttgart 1991, S. 29.
412 Vgl. Zolling/Höhne, a. a. O., S. 236.
413 Vgl. Höhne, Heinz: Der Krieg im Dunkeln, München 1985, Sonderausgabe Bindlach 1993, S. 549.
414 Zit. nach: Stöver, Bernd: Der Fall Otto John, Neue Dokumente zu den Aussagen des deutschen Geheimdienstchefs gegenüber MfS und KGB. In: VjhZG, Heft 1, 1999, S. 103. Künftig zit. als Stöver: Der Fall Otto John.
415 Vgl. Bailey/Kondraschow/Murphy, a. a. O., S. 211; Delmer: Die Deutschen und ich, a. a. O., S. 701 f.
416 Delmer: Die Deutschen und ich, a. a. O., S. 713.
417 Vgl. Stöver: Der Fall Otto John, a. a. O., S. 104.
418 Vgl. Wolf: Spionagechef, a. a. O., S. 103.
419 Vgl. Koch, Peter-Ferdinand, a. a. O., S. 72 ff.
420 Vgl. Stöver: Der Fall Otto John, a. a. O., S. 119 f.
421 Vgl. Brochhagen, Ulrich: Nach Nürnberg – Vergangenheitsbewältigung und Westintegration in der Ära Adenauer, Berlin 1999, S. 494, Anmerkung 15.
422 Nollau, Günther: Das Amt – 50 Jahre Zeuge der Geschichte, München 1978, S. 150.
423 Vgl. Stöver: Der Fall Otto John, a. a. O., S. 113 ff.
424 Protokoll über die Aussprache mit Herrn Dr. John am 27. 7. 1954, BstU, MfS AP 11263/56, Bd 1., Bl. 19–23, abgedruckt in und zitiert nach: Stöver, Der Fall Otto John, a. a. O., S. 125 f.
425 Ebd. S. 118.
426 Ebd.
427 Bailey/Kondraschow/Murphy, a. a. O., S. 228.
428 Vgl. Reese, Mary Ellen, a. a. O., S. 198 ff.

429 Ebd. S. 202 f.
430 Vgl. ebd. S. 206.
431 Vgl. Aldrich, Richard J.: The Hidden Hand – Britain, America and Cold War Intelligence, London 2001, S. 191.
432 Vgl. Critchfield: The Early years, a. a. O.
433 Vgl. dazu vor allem die grundlegenden Werke von Diether Posser: Anwalt im Kalten Krieg, Bonn 2000 und Heinrich Hannover, Die Republik vor Gericht – 1954–1974, Berlin 1998.
434 Vgl. Zolling/Höhne, a. a. O., S. 230.
435 Interview mit Diether Posser am 19. 12. 2000.
436 Interview mit Diether Posser am 19. 12. 2000.
437 Zit. nach: Zolling/Höhne, a. a. O., S 222.
438 Ebd. S. 223.
439 Gehlen: Der Dienst, a. a. O., S. 268.

Parallelaktion in Österreich

440 Gersdorff, Gero von: Adenauers Außenpolitik gegenüber den Siegermächten 1954, MGFA, Freiburg 1988.
441 Meinl, Susanne: Im Mahlstrom des Kalten Krieges, in: Krieger, Wolfgang und Jürgen Weber (Hrsg.): Spionage für den Frieden?, München 1997, S. 256.
442 Vgl. Eichner, Klaus und Andreas Dobbert: Headquarters Germany, Berlin 1997, S. 90.
443 Mader, Julius: Die graue Hand, Berlin 1960, S. 73.
444 Gehlen, Reinhard: Der Dienst, a. a. O., S. 181.
445 Vgl. Meinl, Susanne und Dieter Krüger: Der politische Weg von Friedrich Wilhelm Heinz, in: Vierteljahresheft für Zeitgeschichte 1/1994, S. 45.
446 Joachim Oster, geb. 20. 2. 1914, war 1943 Hauptmann im OKW-Amt Ausland/Abwehr, 1945 Major und nach 1945 CSU-Funktionär in Bayern.
447 Höfner, Karlheinz: Die Aufrüstung Westdeutschlands: Willensbildung, Entscheidungsprozesse und Spielräume westdeutscher Politik 1945 bis 1950, München 1990, S. 192, Dissertation.
448 Zitiert nach Meinl, Susanne und Dieter Krüger, a. a. O. S. 57.
449 Vgl. Meinl, Susanne, Im Mahlstrom des Kalten Krieges, a. a. O., S. 255.
450 Von Sommerfeld war nach Kriegsende Mitglied der AGEA (Arbeitsgemeinschaft ehemaliger Angehöriger der Abwehr) und ist laut deren Organ DIE NACHHUT im Sommer 1969 verstorben.
451 Vgl. Meinl, Susanne und Dieter Krüger, a. a. O., S. 60.
452 Vgl. Wegmann, Bodo: Vergleichende Untersuchung der Entstehung und Entwicklung geheimer Nachrichten- und Sicherheitsdienste in Deutschland-Ost und -West, Diplomarbeit FU Berlin 1998, S. 65.
453 Zitiert nach: Höfer, Karlheinz, a. a. O., S. 198.
454 Vgl. Amt Blank, Militärische Abteilung, Bundesarchiv/Militärarchiv Freiburg, BW 9/2117, Blatt 24 vom 20. 1. 1954 , Blatt 25 vom 29. 1. 1954.

455 Meinl, Susanne: Im Mahlstrom des Kalten Krieges, a. a. O., 255.
456 Vgl. Höhne, Heinz: Canaris, München 1976, S. 66, 74, 214.
457 Vgl. Minow, Hans-Rüdiger und W. von Goldbach: «Deutschtum erwache». Aus dem Innenleben des staatlichen Pangermanismus. Berlin 1994, S. 97, 117.
458 Meinl, Susanne: Im Mahlstrom des Kalten Krieges, a. a. O., S. 254.
459 Heideking, Jürgen: Die «Breakers»-Akte. Das Office of Strategic Services und der 20. Juli 1944, in: ders. und Christof Mauch (Hrsg.): Geheimdienstkrieg gegen Deutschland, Göttingen 1993, S. 32 und 47.
460 Siehe Meinl, Susanne, a. a. O., S. 248.
461 Siehe Wistrich, Robert: Wer war wer im Dritten Reich, München 1983, S. 85 f. und die Autobiographie von Gisevius, Hans Bernd: Bis zum bitteren Ende, Zürich o. J.
462 Zu Gisevius' Tätigkeit für das OSS vgl. Heideking, Jürgen, a. a. O., S. 11 ff.
463 Vgl. Meinl, Susanne und Dieter Krüger, a. a. O., S. 66 f.
464 Zitiert nach Höfner, Karlheinz, a. a. O., S. 203.
465 Gersdorff, Gero von, a. a. O., S. 59.
466 Vgl. Höfer, Karlheinz, a. a. O., S. 196.
467 Amt Blank, Militärische Abteilung: FWH-Bericht 46/54 vom 19. 2. 1951, Bundesarchiv/Militärarchiv Freiburg BW 9/2131, Blatt 28.
468 Vgl. Bericht Gerhard Schacht: Deutsche Militärberater in Syrien, Salzburg 17. 6. 1951.
469 Vgl. ausführlich dazu Möchl, Kid: Der geheime Krieg der Agenten. Spionagedrehscheibe Wien, Hamburg 1997.
470 Vgl. Höttl, Wilhelm: Unternehmen Bernhard, Starnberg o. J., S. 84 sowie Alvarez, David und Robert A. Graham, SJ: Nothing Sacred. Nazi Espionage Against the Vatican, 1939–1945, London 1997, S. 80 ff.
471 Vgl. Leserbrief Wilhelm Höttl an den Spiegel vom 7. 5. 1953.
472 Vgl. Mast, Heinrich: Ursachen und Hintergründe der Angriffe gegen Dr. H., Typoskript vom 16. 7. 1952.
473 Vgl. Höhne, Heinz: Der Krieg im Dunkeln, München 1985, S. 483 f.
474 Vgl. Höhne, Heinz, a. a. O., S. 484.
475 Vgl. Der Spiegel 17/1953: Intermezzo in Salzburg.
476 Vgl. XG-Meldung FJ 51 (Mast) vom 12. 8. 1952, Unvollendeter Entwurf, S. 4.
477 Vgl. Schmidt-Eenboom, Erich: Wie das Canaris-Archiv gerettet wurde, in: SonntagsZeitung Zürich vom 7. 5. 2000.
478 Vgl. Mast, Heinrich, Aktennotiz über den Inhalt der am 13. 10. 1951 zwischen L 202 und 367 abgehaltenen Besprechung.
479 Höhne, Heinz: Der Krieg im Dunkeln, München 1985, S. 506.
480 Darstellung des Organisationsschemas der XG mit 42 Beilagen, Einführung.
481 Vgl. Höhne, Heinz und Hermann Zolling, a. a. O., S. 191 bis 198.
482 Darstellung des Organisationsschemas der XG mit 42 Beilagen, Einführung.
483 Vgl. XG-Meldung 167/51 vom 24. 8. 1951.
484 Vgl. Schreiben L 202 (Mast) an 367 (OG) vom 18. 10. 1951.

485 Darstellung des Organisationsschemas der XG mit 42 Beilagen, Einführung.

486 Vgl. XG-Meldung FJ 51 (Mast) vom 12. 8. 1952, Unvollendeter Entwurf, S. 1.

487 Dass Linz ein Residuum ehemaliger Nachrichtendienstler war, zeigt schon die Sterbeliste der Arbeitsgemeinschaft ehemaliger Abwehroffiziere AGEA, die Hugo Bachlechner, Oberst im OKW-Amt Ausland/Abwehr, verstorben am 21. 11. 1973 in Linz, oder seinen dienstgradgleichen Kameraden Fritz Baur, verstorben am 10. 10. 1973 in Linz, ausweist.

488 Vgl. ausführlich zur Wlassow-Armee Fröhlich, Sergej: General Wlassow. Russen und Deutsche zwischen Hitler und Stalin, Köln 1987.

489 Darstellung des Organisationsschemas der XG mit 42 Beilagen, Einführung.

490 XG-Meldung vom 1. 12. 1952: Aufbau und Tätigkeit der Beobachtungsgruppe B 3 Italien der Leitstelle Österreich.

491 Ebenda.

492 Vgl. Gröbl, Helmut: Die wirtschaftliche Bedeutung der VÖEST für die Stadt Linz und Oberöstereich in: Katzinger, Willibald und Fritz Mayrhofer (Hrsg.): Prinzip Hoffnung. Linz zwischen Befreiung und Freiheit, Stadtmuseum Linz 1995, S. 175 ff.

493 Vgl. Darstellung des Organisationsschemas der XG mit 42 Beilagen, Einführung.

494 FJ 51 (Mast) Betreff: Tätigkeit der Geschäftsstelle, Unvollendeter Entwurf, vom 12. 8. 1952, S. 2.

Gegen Freund und Feind

495 FJ 51 (Mast) an FJ 41 (Höttl), Betreff: Arbeitsplanung Herbst 1952 vom 18. 9. 1952.

496 XG-Meldung 592 vom 1. 3. 1952. Dass Höttl sich hinter dem Kürzel J 36 verbarg, wird in der Meldung da evident, wo sie ausführt, dass FJ 36 die Reise von L 909 zum Teil privat finanzierte, da er durch sein Buch in Madrid ein Peseta-Guthaben besaß.

497 Seidel, Carlos Collado: Zufluchtsstätte für Nationalsozialisten? Spanien, die Alliierten und die Behandlung deutscher Agenten 1944–1947, in: Vierteljahreshefte für Zeitgeschichte 1/1995, S. 155.

498 Vgl. Seidel, Carlos Collada: a. a. O., 144 f.

499 XG-Meldung 592 vom 1. 3. 1952, Betreff: Einrichtung einer ND-Linie für Spanien – L 909.

500 Vgl. XG-Meldung vom 1. 12. 1953: Aufbau und Tätigkeit der Beobachtungsgruppe B 3 Italien der Leitstelle Österreich.

501 Vgl. Leitstelle Österreich, Organisation XG, Nebenstellen-Organisationsgruppe Italien, ohne Datum (1955).

502 Darstellung des Organisationsschemas der XG mit 42 Beilagen, Einführung.

503 Vgl. Dridi, Mohammed: Tunesien, in: Nohlen, Dieter und Franz Nuscheler (Hrsg.): Handbuch der Dritten Welt, Band 6, Hamburg 1993, S. 277.

504 Luongo lebte bis 1996 in Italien, setzte sich aber nach Baltimore ab, als die staatsanwaltschaftlichen Ermittlungen gegen Haß begonnen hatten.

505 So Haß bei der Vernehmung durch die Staatsanwaltschaft Mailand am 4.7.1996.
506 Vgl. Meldung des ehemaligen Abwehroberstleutnants Hasso Alessandro Haase an den italienischen Nachrichtendienst SIFAR vom 1. Oktober 1951. Haase verdächtigte Haß dabei zugleich, auch für die Kominform der Sowjets tätig zu sein. Vgl. Dokument des Mailänder Untersuchungsrichters Guido Salvini Nr. 27.
507 Vgl. Der Spiegel 4/1997, S. 70 ff.; Eichner, Klaus und Andreas Dobbert: Headquarters Germany, Berlin 1997, S. 39 f.; Hachmeister, Lutz: Der Gegnerforscher, München 1998, S. 177, 223 f. und 372.
508 XG-Meldung 489 von J 36 vom 17.1.1952, S. 1.
509 XG-Meldung 489 von J 36 vom 17.1.1952, S. 2.
510 Vgl. XG-Meldung vom 17.1.1952, S. 3.
511 Vgl. Dokumente des Mailänder Untersuchungsrichters Guido Salvini Nr. 19, 23 und 25.
512 Zur Strategie der Spannung und dem Zusammenwirken amerikanischer und italienischer Nachrichtendienste mit Terroristen vgl. ausführlich Igel, Regine: Andreotti. Politik zwischen Geheimdienst und Mafia, München 1997, S. 213 ff.
513 Vgl. Dokumente des Mailänder Untersuchungsrichters Guido Salvini Nr. 48, 52, 57 und 65.
514 Vgl. Dokumente des Mailänder Untersuchungsrichters Guido Salvini Nr. 71.
515 Vgl. Höttl, Wilhelm: Die geheime Front, Linz 1950, S. 290.
516 Vgl. Simpson, Christopher, a. a. O., S. 304 f.
517 XG-Meldung 489 von J 36 vom 17.1.1952, S. 2.
518 Antwort auf Anfrage des Forschungsinstituts für Friedenspolitik e.V. Weilheim, vom 9.8.1993.
519 Richard Meier, als langjähriger Leiter der Beschaffungsabteilung des BND und als Präsident des Bundesamts für Verfassungsschutz Geheimdienstinsider, macht 1993 z. B. einen «vatikanischen Dienst» namhaft; vgl. Meier, Richard, Geheimdienst ohne Maske, Bergisch-Gladbach 1992, S. 52.
520 Reese, Mary Ellen: Organisation Gehlen, Berlin 1992, S. 284.
521 Auch wenn die Frankfurter Allgemeine Zeitung am 5.3.2001 der von dem Jesuiten Pierre Blet vorgenommenen Aktenedition «Papst Pius XII. und der Zweite Weltkrieg» (Paderborn 2000) bescheinigt, «den hohen Standards der parallelen Aktenpublikationen der westlichen Staaten» zu entsprechen, kommt sie nicht umhin einzuräumen, dass eine unabhängige Überprüfung der Auswahl nicht möglich ist. Wolfgang Schieder, Professor für Neuere Geschichte in Köln, sah die Aktenedition und die Arbeit der danach berufenen katholisch-jüdischen Historikerkommission als quasi gescheitert an, weil sie keinen freien Aktenzugang erhielt, und warf den Verwaltern der Vatikanarchive in der Süddeutschen Zeitung vom 28.7.2001 generell vor, Akten nach «Opportunitätskriterien» freizugeben. Die von Michael Feldkampf vorgenommene Edition aus den Vatikanakten des Auswärtigen Amtes «Die Beziehungen der Bundesrepublik Deutschland zum Heiligen Stuhl 1949–1966» (Köln 2000) leidet darunter,

dass auch dort die Geheimakten des AA außen vor bleiben, wie die FAZ am 22. 7. 2000 beklagte.

522 Vgl. Intelligence Newsletter vom 6. 11. 1991, S. 7.

523 Vgl. zur Ostpolitik des Vatikans: Stehle, Hansjakob: Geheimdiplomatie im Vatikan, Zürich 1993, S. 346.

524 Vgl. hierzu Wolf, Hubert: Kirche des Schweigens, in: FAZ vom 5. 6. 2000 zum Reader Gatz, Erwin (Hrsg.): Kirche und Katholizismus seit 1945. Band II: Ostmittel-, Ost- und Südeuropa, Paderborn 1999.

525 Vgl. Stehle, Hansjakob, a. a. O., S. 251, 253 und 311.

526 Lo Bello, Nino: Vatikan im Zwielicht, Düsseldorf 1986, S. 134 ff. (Britische Originalausgabe 1982).

527 Vgl. E-Mail an den Verfasser vom 25. 8. 2000.

528 Vgl. z. B. sein Werk Fiorelli, Piero: La tortura giudizaria nel diritto comune Jus nostru, studi e test publicati dall Istituto di storia de diritto italiano dell' Universitá di Roma, Mailand 1953/54.

529 Meldung XG 489 von J 36 vom 17. 1. 1952, S. 1.

530 Passelecq, Georges und Bernhard Suchecky: Die unterschlagene Enzyklika. Der Vatikan und die Judenverfolgung, München/Wien 1997 (Paris 1995).

531 Im Vorwort zu Passelecq, Georges und Bernhard Suchecky, a. a. O., S. 15.

532 XG-Meldung 489 von J 36 vom 17. 1. 1952, S. 2.

533 XG-Meldung 489 von J 36 vom 17. 1. 1952, S. 1.

534 Vgl. Höhne, Heinz: Canaris. Patriot im Zwielicht, München 1976, S. 392 und 462.

535 Wolf, Hubert: Kirche des Schweigens, in: FAZ vom 5. 6. 2000.

536 Vgl. Intelligence Newsletter vom 15. 1. 1992, S. 7.

537 Vgl. Baigent, Michael, Richard Leigh und Henry Lincoln: The messianic legacy, London o.J.; Cipriani, Antonio und Gianni. Sovranita limitata, Rom 1991, S. 17; De Lutiis, Giuseppe: Storia dei servizi segreti in Italia, Rom 1991, S. 177.

538 XG-Meldung 489 von J 36 vom 17. 1. 1952, S. 2.

539 Vgl. zu Andreottis Verstrickungen das gesamte Buch von Igel, Regine, a. a. O.

540 Galli, Giorgio: Staatsgeschäfte. Affären, Skandale, Verschwörungen. Das unterirdische Italien 1943–1990, Hamburg 1994, S. 45.

541 Vgl. Aldrich, Richard J.: OSS, CIA and European Unity: The American Committee on United Europe, 1948– 60, in: Diplomacy & Statecraft 1/1997, S. 212.

542 XG-Meldung 986 von FJ 41 vom 19. 6. 1952, S. 4.

543 Vgl. Walsh, Michael: Die geheime Welt des Opus Dei. Macht und Einfluss einer Organisation im Schatten der Kirche, München 1989, S. 74 (Englische Originalausgabe 1989).

544 Mettner, Matthias: Die katholische Mafia. Kirchliche Geheimbünde greifen nach der Macht, München 1995, S. 148 f.

545 XG-Meldung 986 von FJ 41 vom 19. 6. 1952, S. 4.

546 Im November 1939 diskutierte Kaas beispielsweise mit Joseph Müller (Ochsensepp), Pater Robert Leiber und dem Leiter der Abteilung 1 des OKW-Amtes

Ausland/Abwehr, Helmuth Groscurth, die jüngste Enzyklika des Papstes und die Südtirolfrage. Vgl. Krausnick, Helmut und Harold C. Deutsch (Hrsg.): Helmuth Groscurth. Tagebücher eines Abwehroffiziers, Stuttgart 1970, S. 506 ff.

547 Conrad, Armin: Nachwort, in: Walsh, Michael, a. a. O., S. 234.

548 Vgl. dazu seine Kampfschrift: Huyn, Hans Graf: Die Sackgasse. Deutschlands Weg in die Isolierung, Stuttgart 1966.

549 Vgl. Fetscher, Iring: Franz (Josef) Strauß und die Tradition rechter Politik in Deutschland, in: Drewitz, Ingeborg (Hrsg.): Strauß ohne Kreide, Reinbek 1980, S. 51.

550 Vgl. dazu das frühe Buch des späteren BND-Präsidenten: Wieck, Hans Georg: Die Entstehung der CDU und die Wiedergründung des Zentrums im Jahre 1945, Düsseldorf 1953.

551 Zahlreiche Anregungen zur Diskussion der Wirkungslosigkeit des politischen Rechtskatholizismus in der Bundesrepublik verdanken wir den Kirchen- und Vatikanspezialisten Hanspeter Oschwald und Harald Pawlowski.

552 Vgl. Kosthorst, Erich: Jakob Kaiser, Stuttgart 1972, S. 42.

553 Strauß, Franz Josef: Die Erinnerungen, Berlin 1989, S. 117.

554 Vgl. Kosthorst, Erich: a. a. O., S. 300 und Schmidt-Eenboom, Erich: Undercover, Köln a. a. O., S. 107, 222, 281.

555 Vgl. Strauß, Franz Josef, a. a. O., S. 121.

556 Vgl. Stöver, Bernd, a. a. O., S. 118.

Gehlen hat die Nase vorn

557 Vgl. Meinl, Susanne: Im Mahlstrom des Kalten Krieges, a. a. O., S. 257.

558 Zitiert nach Wegmann, Bodo, a. a. O., S. 65.

559 Meinl, Susanne und Dieter Krüger, a. a. O., S. 61.

560 Vgl. Der Spiegel vom 18. 11. 1953: «Ein Heldenlied» und Meinl, Susanne und Dieter Krüger, a. a. O., S. 62.

561 XG-Meldung 489 von J 36 vom 17. 1. 1952, S. 2.

562 Vgl. Zolling, Hermann und Heinz Höhne, a. a. O., S. 241.

563 Vgl. Bundesarchiv/Militärarchiv BW 9/2113, Blatt 135: Schreiben von Heinz vom 17. 3. 1953.

564 Vgl. Gersdorff, Gero von, a. a. O., S. 59 und Wegmann, Bodo, a. a. O., 29.

565 Gehlen, Reinhard, Der Dienst, Mainz 1971, S. 213.

566 Vgl. Charisius, Albrecht und Julius Mader, a. a. O., Ausgewählte Kurzbiographien.

567 Vgl. Meinl, Susanne und Dieter Krüger, a. a. O., S. 63.

568 Vgl. Meinl, Susanne, a. a. O., S. 251 und 262.

569 Vgl. Der Spiegel vom 18. 11. 1953: «Ein Heldenlied».

570 Vgl. FAZ 21. 12 1954: «Heinz will entführt worden sein» und FAZ vom 22. 12. 1954: «Drei Deutungen des Falles Heinz».

571 Vgl. FAZ vom 23. 12. 1954: «Ost-Berlin: Heinz hat um Asyl gebeten» und Stöver, Bernd, a. a. O., S. 122.

572 Zitiert nach Meinl, Susanne, a. a. O., S. 264.
573 Zolling, Hermann und Heinz Höhne, a. a. O., S. 241.
574 Vgl. Höhne, Heinz, a. a. O., S. 510.
575 Köhler, Henning: Adenauer. Eine politische Biographie, Berlin/Frankfurt 1994, S. 62.
576 Vgl. Meinl, Susanne und Dieter Krüger, a. a. O., S. 39–69.
577 Vgl. Foerster, Roland G.: Innenpolitische Aspekte der Sicherheit Westdeutschlands, in: Militärgeschichtliches Forschungsamt (Hrsg.), Anfänge westdeutscher Sicherheitspolitik 1945 –1956, S. 405 ff.
578 Darstellung des Organisationsschemas der XG mit 42 Beilagen, Einführung.
579 Vgl. Der Spiegel vom 22. 4. 1953: «Intermezzo in Salzburg».
580 Vgl. Schmidt-Eenboom, Erich, a. a. O., S. 77 f. und 243.
581 Darstellung des Organisationsschemas der XG mit 42 Beilagen, Einführung.
582 Vgl. auch Zolling, Hermann und Heinz Höhne, a. a. O., S. 217. Urban, geb. 14. 6. 1920, trat 1938 in die NSDAP ein und erhielt die Mitglieds-Nr. 6312927.
583 Vgl. Bailer, Brigitte und Wolfgang Neugebauer: Abriss des Rechtsextremismus in Österreich, in: Stiftung Dokumentationsarchiv des österreichischen Widerstandes (Hrsg.): Handbuch des österreichischen Rechtsextremismus, Wien 1993, S. 98.
584 Die Legende vom Überleben Hitlers am Polarkreis war selbst im Jahr 2000 in rechtsextremistischen Kreisen so virulent, dass der Geschäftsführer der «Konservativen Aktion» Heinrich Lummers, Joachim Siegerist, in einem Rundschreiben vom 21. Juli die Theorie von einem «verrückten, jungen Mann» zurückwies, SS-Wissenschaftler hätten ein Mittel gefunden, Hitler rund 200 Jahre in der Kälte des Südpols zu konservieren, wo er nur auf seine Stunde warte.
585 Höhne, Heinz: Der Krieg im Dunkeln, a. a. O., S. 510.
586 Vgl. Gehlen, Reinhard: Der Aufbau und die Integration des Bundesnachrichtendienstes, in: Gotto, Klaus (Hrsg.): Der Staatssekretär Adenauers, Stuttgart 1980, S. 185 und 188.
587 Strauß, Franz Josef, a. a. O., S. 153.
588 Vgl. Strauß, Franz Josef, a. a. O., S. 271 ff.
589 Strauß, Franz Josef, a. a. O., S. 268.
590 Vgl. Wegmann, Bodo, a. a. O., S. 41.

Pannen, Pleiten und Affären

591 Vgl. Koch, Peter-Ferdinand, a. a. O., S. 364 f.
592 Critchfield: The early history, a. a. O.
593 Ebd.
594 Vgl. Walde: ND-Report, a. a. O., S. 79 f.
595 Ebd.
596 Vgl. Felfe, Heinz: Im Dienst des Gegners, Berlin (Ost) 1988, S. 257.
597 Vgl. Schwarz: Adenauer – Der Staatsmann, a. a. O., S. 215.
598 Ebd. S. 219.

599 Vgl. Felfe, a. a. O., S. 259.
600 Ebd.
601 Vgl. Bailey/Kondraschow/Murphy, a. a. O., S. 233–270. Es gibt zig Schilderungen des Tunnelbaus und seiner Vorgeschichte, die auch viele Legenden enthalten. So auch die, dass die eigentliche Idee für den Tunnel von Gehlen stammte. Auch Zolling/Höhne verbreiteten diese These. Da Bailey, Kondraschow und Murphy die bislang letzte Schilderung geliefert haben, die sich auf bis dahin unzugängliches Aktenmaterial stützt, folgen wir ihrer Darstellung.
602 Vgl. Bailey/Kondraschow/Murphy, a. a. O., S. 304 ff.
603 Vgl. ebd. S. 306.
604 Vgl. Bailey/Kondraschow/Murphy, a. a. O., S. 305.
605 Vgl. Zolling/Höhne, a. a. O., S. 287.
606 Vgl. Reese, Mary Ellen, a. a. O., S. 216.
607 Vgl. ebd. S. 218.
608 Vgl. Günter Bachmann in: Rhöndorfer Gespräche Band 11, Konrad Adenauers Regierungsstil, a. a. O., S. 71.
609 Vgl. Schwarz, Hans-Peter: Adenauer – Der Staatsmann, a. a. O., S. 387.
610 Vgl. ebd. S. 386 f.
611 Vgl. Reese, Mary Ellen, a. a. O., S. 211.
612 Vgl. Felfe, Heinz: Im Dienst des Gegners, Berlin (Ost) 1988, S. 175.
613 Siehe oben.
614 Vgl. Koch, Peter-Ferdinand, a. a. O., S. 357. Nach Zolling/Höhne und Reese soll sich die Anwerbung von Clemens etwas anders abgespielt haben. Hier ist es ein sowjetischer Geheimdienst-Oberst Namens «Max», der die Anbahnung über Clemens' Ehefrau Gerda betrieben haben soll. Koch berief sich in einem Gespräch mit einem der Autoren dieses Buches auf Informationen aus dem Umfeld von Emilius. Emilius selber ist 1988 verstorben. Nachdem Clemens an Felfe herangetreten war, wurde dessen Führungsoffizier «Alfred 1» (Iwan I. Sumin), später gefolgt von «Alfred II» (Witali W. Korotkow). Vgl.: Bailey/Kondraschow/Murphy, a. a. O., S. 311. Diese Angaben wurden von Felfe bestätigt. Ein «Max» taucht bei Felfe nicht auf.
615 Vgl. Felfe, a. a. O., S. 172.
616 Vgl. Bailey/Kondraschow/Murphy, a. a. O., S. 311.
617 Vgl. Reese, Mary Ellen, a. a. O., S. 215; Bailey/Kondraschow/Murphy, a. a. O., S. 310.
618 Vgl. Zolling/Höhne, a. a. O., S. 287.
619 Vgl. Reese, Mary Ellen, a. a. O., S. 215 f.
620 Vgl. Zolling/Höhne, a. a. O., S. 288 f.
621 Gehlen: Der Dienst, a. a. O., S. 288.
622 Vgl. zu dem gesamten Vorgang: Reese, Mary Ellen, a. a. O., S. 2241–2229. Es ist die bislang ausführlichste Darstellung der Geschehnisse um den «Heckenschützen».

623 Vgl. ebd. S. 227.

624 Vgl. Bailey/Kondraschow/Murphy, a. a. O., S. 495 f. Anmerkung 30. Hier widersprechen die drei ehemaligen Geheimdienstler Mary Ellen Reese, die sich auf einen Brief des «Heckenschützen» an die CIA bezieht, in dem dieser erklärt, Gribanow habe sich ihm gegenüber in einem persönlichen Gespräch dieser Tatsache gebrüstet.

625 Vgl. ebd.

626 Siehe auch S. 487 f.

627 Vgl. Bailey/Kondraschow/Murphy, a. a. O., S. 310.

628 Zit. nach: Reese, Mary Ellen, a. a. O., S. 234.

629 Hans-Henning Crome: Vortrag auf der Jahrestagung des Arbeitskreises Geschichte der Nachrichtendienste, Rissen bei Hamburg, 8.–10.Juni 2001.

630 Vgl. Reese, Mary Ellen, a. a. O., S. 235.

631 Ebd.

632 Crome, Hans Henning: Vortrag, a. a. O.

633 Vgl. ebd. S. 374.

634 Vgl. Reese, Mary Ellen, a. a. O., S. 237.

635 Crome, Hans-Henning: Vortrag, a. a. O.

636 Vgl. Zolling/Höhne, a. a. O., S. 291.

637 Vgl. Interview Oskar Reile mit Thomas Walde, 1. 10. 1974.

638 Zit. nach: Bailey/Kondraschow/Murphy, a. a. O., S. 311.

639 Vgl. Reese, Mary Ellen, a. a. O., S. 241.

640 Der Abend, 10. 7. 1963.

641 Abendzeitung, 16. 7. 1963.

642 Frankfurter Rundschau, 18. 7. 1963.

643 Die Welt, 18. 7. 1963.

644 Vgl. Zolling/Höhne, a. a. O., S. 292.

645 Vgl. Schmidt-Eenboom, Erich: Der Schattenkrieger – Klaus Kinkel und der BND, Düsseldorf 1995, S. 43 und S. 162. Auch: Schmidt-Eenboom: Schnüffler ohne Nase, a. a. O., S. 125.

646 Vgl. «Kanzleramt soll Geheimdienste übernehmen», Stuttgarter Nachrichten, 17. 7. 1963.

647 Vgl. «Fraktionschefs erörtern Fall Felfe», Die Welt, 5. 9. 1963.

648 Zit. nach Zolling/Höhne, a. a. O., S. 293.

649 Vgl. «Wie viele ehemalige SS-Männer sind wirklich bei Gehlen tätig?», Die Welt, 27. 7. 1963.

650 Stellungnahme Hans Maetschke an Ministerialrat im Bundeskanzleramt Köster.

651 Blötz-Vermerk vom 24. 6. 1974.

652 Blötz-Schreiben, Tagebuchnr. 188/74 vom 16. 7. 1974 an UAL IVD über AL IV.

653 Vgl. Tiedge, Hansjoachim: Der Überläufer, Berlin 1998, S. 142.

654 Brandt, Willy: Erinnerungen, Jubiläumsausgabe Berlin 1999, S. 10.

655 Vgl. Frank, Mario: Walter Ulbricht – Eine deutsche Biographie, Berlin 2001, S. 349.
656 Vgl. Bahr, Egon: Zu meiner Zeit, Jubiläumsausgabe Berlin 1999, S. 131.
657 Vgl. Schwarz, Hans-Peter: Adenauer – der Staatsmann, a. a. O., S. 660.
658 Vgl. Strauß, Franz Josef: Die Erinnerungen, Berlin 1989, S. 399.
659 Vgl. Wolf, Markus: Spionagechef im geheimen Krieg, a. a. O., S. 141.
660 Vgl. Bailey/Kondraschow/Murphy, a. a. O., S. 366.
661 Zit. nach: Winkler, Heinrich August: Der lange Weg nach Westen, Band II, a. a. O., S. 194.
662 Vgl. ebd. S. 197.
663 Siehe unten, S. 288
664 Vgl. Bamford, James: NSA – Die Anatomie des mächtigsten Geheimdienstes der Welt, München 2001, S. 82 ff.
665 Vgl. Hersh, Seymour: Kennedy – Das Ende einer Legende, Hamburg 1998, S. 260 f.
666 Vgl. Bailey/Kondraschow/Murphy, a. a. O., S. 421.
667 Vgl. Winkler, Heinrich August: Der lange Weg nach Westen, Band II, a. a. O., S. 203.
668 Vgl. Klaus Wiegrefe: «Die Schandmauer», Der Spiegel, 6. 8. 2001.
669 Vgl. Winkler, Heinrich August: Der lange Weg nach Westen II, a. a. O., S. 203.
670 Zit. nach: Hersh, Seymour: Kennedy, a. a. O., S. 269.
671 Vgl. ebd.
672 Zit. nach: Frank, Mario: Walter Ulbricht, a. a. O., S. 348.
673 Vgl. Bailey/Kondraschow/Murphy, a. a. O., S. 430.
674 Vgl. ebd.: S. 433.
675 Vgl. Schwarz, Hans-Peter: Adenauer – Der Staatsmann, a. a. O., S. 659.
676 Marion Gräfin Dönhoff: «Der Mann ohne Gesicht» in: Die Zeit, 26. 4. 1968.
677 Gehlen: Der Dienst, a. a. O., S. 285.
678 Vgl. Zolling/Höhne, a. a. O., S. 276.
679 Vgl. Klaus Wiegrefe: «Die Schandmauer» in: Spiegel, 6. 8. 2001.
680 Ebd.
681 Zit. nach: Bahr: Zu meiner Zeit, a. a. O., S. 130 f.
682 Vgl. ebd.
683 Brandt,Willy: Begegnungen und Einsichten – Die Jahre 1960–1975, Hamburg 1976, S. 14 f.
684 Bahr: Zu meiner Zeit, a. a. O., S. 133.
685 Vgl. Schwarz, Hans-Peter: Adenauer – Der Staatsmann, a. a. O., S. 656.
686 Vgl. Bailey/Kondraschow/Murphy, a. a. O., S. 443 f.
687 Vgl. Wolf: Spionagechef im geheimen Krieg, a. a. O., S. 143.
688 Vgl. Schwarz, Hans-Peter: Adenauer – Der Staatsmann, a. a. O., S. 774 f.
689 Vgl. Schöps, Joachim: Die Spiegel-Affäre, Hamburg 1983, S. 40.
690 Zit. nach: Ebd. S. 41.
691 Vgl. Schmidt-Eenboom, Erich: Undercover, a. a. O., S. 181.

692 Vgl. Schöps: Die Spiegel-Affäre, a. a. O., S. 44 und «Datenbank nachrichtendienstlich relevante Personen», Forschungsinstitut für Friedenspolitik, Weilheim.
693 Vgl. Schöps: Die Spiegel-Affäre, a. a. O., S. 44.
694 Zit. nach: Schwarz, Hans-Peter: Adenauer – Der Staatsmann, a. a. O., S. 777.
695 Zit. nach ebd.
696 Vgl. Schöps: Die Spiegel-Affäre, a. a. O., S. 44.
697 Vgl. Schwarz, Hans-Peter, a. a. O., S. 778.
698 Vgl. Schöps, a. a. O., S. 48.
699 Vgl. Zolling/Höhne, a. a. O., S. 280.
700 Zit. nach: Schwarz, Hans-Peter: Adenauer – Der Staatsmann, a. a. O., S. 782.
701 Vgl. ebd. S. 788 f.
702 Vgl. Zolling/Höhne, a. a. O., S. 280.; Schöps, Joachim: Die Spiegel-Affäre, a. a. O., S. 60.
703 Vgl. Schwarz, Hans-Peter: a. a. O., S. 779.
704 Ebd.
705 Vgl. Schöps, Joachim: Die Spiegel-Affäre, a. a. O., S. 60.
706 Gehlen, Reinhard: Verschlußsache, Mainz 1980, S. 60.
707 Zolling/Höhne, a. a. O., S. 280.
708 Schöps, Joachim: Die Spiegel-Affäre, a. a. O., S. 54.
709 Vgl. Schwarz, Hans-Peter: Adenauer – Der Staatsmann, a. a. O., S. 781; Schöps, Joachim: Die Spiegel-Affäre, a. a. O., S. 53 f.
710 Vgl. Schwarz, Hans-Peter: Adenauer – Der Staatsmann, a. a. O., S. 781.
711 Ebd.
712 Wir folgen den Schilderungen von Joachim Schöps, a. a. O., S. 8 ff.
713 Vgl. Grosser, Alfred und Seifert, Jürgen: Die Spiegel-Affäre – Die Staatsmacht und ihre Kontrolle, Olten/Freiburg 1966, S. 244 ff.
714 Ebd.
715 Zit. nach: Schwarz, Hans-Peter, a. a. O., S. 783.
716 Ebd. S. 784.
717 Zit. nach: Grosser/Seifert: Die Spiegel-Affäre, a. a. O., S. 244.
718 Durch ein irrwitziges oder auch mutwilliges Missverständnis war das Gerücht aufgekommen, Augstein habe sich nach Kuba abgesetzt. Hintergrund war ein Telefongespräch zwischen Ahlers und der Redaktion in Hamburg, in dem er nachfragte, ob er seinen Urlaub wegen der Kuba-Krise abbrechen müsse. Ihm wurde beschieden, das sei nicht nötig, Augstein habe schon etwas gemacht. Damit war gemeint, er habe schon einen Artikel dazu geschrieben. Daraus konstruierten die Strafverfolger eine mutmaßliche Flucht Augsteins nach Kuba.
719 Vgl. Schöps, Joachim: Die Spiegel-Affäre, a. a. O., S. 77.
720 Vgl. ebd. S. 36–66.
721 Vgl. Heigl, Frank P./Saupe, Jürgen: Operation EVA – Die Affäre Langemann, Hamburg 1982, S. 127 f.

722 Vgl. Schwarz, Hans-Peter: Adenauer – Der Staatsmann, a. a. O., S. 787 f.
723 Zit. nach: Schöps, Joachim: Die Spiegel-Affäre, a. a. O., S. 139.
724 Ebd.
725 Vgl. Winkler, Heinrich August: Der lange Weg nach Westen II, a. a. O., S. 211 ff.
726 Vgl. Schwarz, Hans-Peter: Adenauer – Der Staatsmann, a. a. O., S. 789.
727 Vgl. Günter Bachmann in: Rhöndorfer Gespräche, Band 11, a. a. O., S. 70–75.
728 Vgl. Schwarz, Hans-Peter: Adenauer – Der Staatsmann, a. a. O., S. 790.
729 Vgl. Zolling/Höhne, a. a. O., S. 282.
730 Vgl. Schmidt-Eenboom, Erich: Undercover, a. a. O., S. 188.
731 Vgl. Bailey/Kondraschow/Murphy, a. a. O., S. 371 f.

Tödliche Doppelspiele

732 Vgl. Bamford, James: NSA, a. a. O., S. 57 ff.
733 Zit. nach ebd. S. 59.
734 Vgl. Winkler: Der lange Weg nach Westen, a. a. O., S. 188.
735 Vgl. Gehlen: Der Dienst, a. a. O., S. 269.
736 Vgl. Bamford: NSA, a. a. O., S. 47–50 (die amerikanische Sicht); und Aldrich: The Hidden Hand, a. a. O., S. 480–490 (die britische Sicht).
737 Bamford: NSA, a. a. O., S. 48.
738 Vgl. ebd., S. 49.
739 Vgl. Aldrich: The Hidden Hand, a. a. O., S. 486.
740 Ebd. S. 488.
741 Gehlen: Der Dienst, a. a. O., S. 270.
742 Vgl. Schmidt-Eenboom: Schnüffler ohne Nase, a. a. O., S. 174.
743 Vgl. «Gehlen-Agentennest in Österreich», Volksstimme Wien, 4. 4. 1962.
744 Vgl. «Kádár schuldigt Geheimdienste an», Süddeutsche Zeitung, 28. 1. 1957.
745 Vgl. Simpson: Der amerikanische Bumerang, a. a. O., S. 317.
746 Ebd.
747 Vgl. ebd. S. 297. Auch: Internationaler Ausschuss der Sachverständigen für den Kampf gegen den Neo-Nazismus (Hrsg.): Das schmähliche Zusammenwirken von Arabern und SS-Leuten zum Zweck einer «Endlösung im Nahen Osten», Brüssel o. J., S. 7; Aschauer, Rudolf (Hrsg.): Ich, Adolf Eichmann, Leoni 1980, S. 536.
748 Vgl. Simpson: Der amerikanische Bumerang, a. a. O., S. 298.
749 Siehe oben, S. 43
750 Vgl. Copeland, Miles: The Game of Nations, London 1969, S. 87. Copeland war als Mitarbeiter der CIA an der Operation beteiligt.
751 Vgl. Simpson: Der amerikanische Bumerang, a. a. O., S. 300.
752 Vgl. Deacon, Richard (alias Donald McCormick): The Israel Secret Service, London 1979, S. 140–148.
753 Vgl. Lavy, George: Germany and Israel – moral debt and national interest, London/Portland 1996, S. 61.

754 Ebd.
755 Vgl. Potrykus, Gebhard: Zur rechtlichen Würdigung der Tätigkeit deutscher Waffenfachleute in Ägypten, in: NJW 1963, Heft 21, S. 941 ff.
756 Vgl. Deacon: The Israel Secret Service, a. a. O., S. 149–156, auch: Zolling/Höhne, a. a. O., S. 295 f., Ulfkotte: Verschlusssache BND, München 1997, S. 434.
757 Vgl. Zolling/Höhne, a. a. O., S. 296.
758 Vgl. Deacon: The Israel Secret Service, a. a. O., S. 152.
759 Vgl. ebd. S. 154.
760 Ebd. S. 161.
761 Vgl. Lavy, George: Germany and Israel, a. a. O., S. 62.
762 Vgl. Ulfkotte: Verschlusssache BND, a. a. O., S. 427.
763 Vgl. Black, Ian/Morris, Benny: Mossad, Shin Beth, Aman – Die Geschichte der israelischen Geheimdienste, Heidelberg 1994, S. 174 ff. Hier sind diese Ereignisse ausführlich beschrieben.
764 Vgl. ebd. S. 180.
765 Vgl. Deacon: The Israel Secret Service, a. a. O., S. 187.
766 Vgl. Zolling/Höhne, a. a. O., S. 295.
767 Vgl. Interview Dr. Thomas Walde mit dem ehemaligen BND-Abteilungsleiter Kurt Weiß am 14. 12. 1979.
768 Vgl. Zolling/Höhne, a. a. O., S. 295.
769 Ebd. S. 261.
770 Vgl. Deacon: The Israel Secret Service, a. a. O., S. 187.
771 Vgl. Zolling/Höhne, a. a. O., S. 296.
772 Vgl. Jacquin, Henri: La guerre secrète en Algérie, Paris 1977. Jacquin war Nachrichtenoffizier in Algier.
773 Bergot, Erwan: Le dossier rouge: services secrets contre F.L.N., Paris 1976.
774 Melnik, Constantin: La mort était leur mission, Paris 1996.
775 Vgl. Neues Deutschland vom 18. 11. 1961: «Gehlen liefert Algerier ans Messer».
776 Vgl. Posser, Diether: Anwalt im Kalten Krieg, München 1991, S. 381 f.
777 Vgl. Focus 5/1996: «Genickschuss am Bahnhof», S. 35.
778 Vgl. Mader, Julius: Die graue Hand, Berlin 1960, S. 111.
779 Der Spiegel 10/1960.
780 Als Brigadegeneral der Luftwaffe am 1. Januar 1967 unter ungeklärten Umständen im Dienst gestorben.
781 Heigl, Frank P. und Jürgen Saupe: Operation EVA. Die Affäre Langemann, Hamburg 1982, S. 85.
782 Vgl. Focus 5/1996, a. a. O., S. 36.
783 Vgl. Schmidt-Eenboom, Erich: Der Schattenkrieger. Klaus Kinkel und der BND, Düsseldorf 1995, S. 106.
784 Vgl. Faligot, Roger: Markus. Espion Allemand, Paris 1984, S. 189 ff. und 199.
785 Vgl. Neues Deutschland 11. 11. 1961: «SS-Offiziere in Algerien – Bonn Büttel des Kolonialbarbaren».

786 Vgl. Harrison, Alexander: Challenging de Gaulle. The OAS and counter-revolution in Algeria 1954–1962, New York 1989.
787 Vgl. Bromberger, Merry, Serge Bromberger, Georgette Elgey und Jean-François Chauvell: Barricades et colonels. 24 janvier 1960, Paris 1960.
788 Vgl. Chairoff, Patrice: Dossier B ... comme barbouzes, Paris 1975.
789 Vgl. Bitterlin, Lucien: Histoire des barbouzes, Paris 1972.
790 Vgl. Delarue, Jacques: L'O.A.S. contre de Gaulle, Paris 1981.
791 Vgl. BZ vom 13. 1. 1962: «Bonner Waffen für OAS».
792 Siehe oben.
793 Vgl. Kozak, Heinz: Algerien – Islamitischer Terror und Bürgerkrieg, in: ÖMZ 6/1995, S. 688.
794 Interview mit dem späteren BND-Major Raethjen 1995.
795 Vgl. Faligot, Roger, Les Maîtres Espions, Paris 1994, S. 164 und 418 f.
796 Vgl. Tzschaschel, Joachim: Zeitzeuge in Bagdad, Algier, Saigon, Frankfurt/M. 2000, S. 67 f.
797 Vgl. Schreiben an Erich Schmidt-Eenboom vom 3. 1. 1994.
798 Vgl. Die Welt vom 8. 11. 1958.
799 Vgl. dpa 19. 10. 1960.
800 Vgl. Bild vom 22. 3. 1978 und Soldat und Technik 7/1977.
801 Vgl. Tzschaschel, Joachim, a. a. O., S. 67.
802 Vgl. Kilian, Werner: Die Hallstein-Doktrin. Der diplomatische Krieg zwischen der BRD und der DDR 1955–1973, Berlin 2001, der die von Staatssekretär Walter Hallstein entwickelte Doktrin, deren Durchsetzung zeitweise 50 Prozent der Arbeitskraft der westdeutschen Auslandsvertretungen beanspruchte, aus den Akten der beiden deutschen Außenministerien nachvollzog.
803 Reese, Mary Ellen, a. a. O., S. 136.
804 Gorkin, Julián, Stalins langer Arm. Die Vernichtung der freiheitlichen Linken im spanischen Bürgerkrieg, Köln 1980, S. 283.
805 Vgl. Höhne, Heinz, Canaris, München 1970, S. 190, 470.
806 Vgl. Höhne, Heinz, a. a. O., S. 471.
807 Spanish Office of Information, The International Brigades. Foreign Assistants of the Spanish Reds, Madrid 1952, S. 159.
808 Vgl. Spanish Office of Information, a. a. O., S. 159 ff.
809 Vgl. Kantorowicz, Alfred, Spanisches Kriegstagebuch, Köln 1966, S. 403 ff.
810 Dazu zählten der Parteigeheimdienst der «Bewegung», der SECED (Servicio Central de Documentación), die DGS (Dirección General de Seguridad), der Geheimdienst des Generalstabs SIAEM (Servicio de Información del Alto Estado Mayor) und die Militärnachrichtendienste der Teilstreitkräfte; vgl. Schmidt-Eenboom, Erich, Königreich Spanien, in: ders. (Hrsg.), Nachrichtendienste in Nordamerika, Europa und Japan, Weilheim 1995, S. 505 f.
811 Die Information über Gehlens Offensive in Spanien stammt vom ehemaligen Oberstleutnant im MfS, Helmut Wagner, der in den 80er Jahren bei Archivarbeiten auf diesen Vorgang stieß.

Operation EVA

812 Vgl. Zolling/Höhne, a. a. O., S. 269.
813 Vgl. ebd. und Forschungsinstitut für Friedenspolitik Weilheim: Datenbank nachrichtendienstlich relevante Personen, a. a. O.
814 Vgl. Zolling/Höhne, a. a. O., S. 272.
815 Vgl. Heigl/Saupe: Operation Eva, a. a. O., S. 82 ff.
816 Vgl. ebd. S. 128 ff.
817 Vgl. ebd. S. 86.
818 Siehe auch S. 487 f.
819 Vgl. ebd. S. 87.
820 Vgl. Schmidt-Eenboom: Schnüffler ohne Nase, a. a. O., S. 187 f.
821 Vgl. Zolling/Höhne, a. a. O., S. 298.
822 Vgl. Heigl/Saupe: Operation EVA, a. a. O., S. 100.
823 Siehe oben. Graf Thun wiederum gehörte zu den alten Kontakten General Langkaus.
824 Vgl. Heigl/Saupe: Operation EVA, a. a. O., S. 104. Zu Matalon siehe auch «Partytage», S. 395 ff.
825 Vgl. Koch, Peter-Ferdinand, a. a. O., S. 269 f. Zu Sievers siehe auch «Partytage», S. 395 ff.
826 Vgl. ebd.
827 Vgl. Heigl/Saupe: Operation EVA, a. a. O., S. 107.
828 Die Struktur der Operation EVA nach Schmidt-Eenboom: Schnüffler ohne Nase, a. a. O., S. 188 f. und Heigl/Saupe, a. a. O., S. 111 ff.
829 Vgl. BND, Vertrauliche Personalsache V 58 201, 14. 1. 1969; siehe auch «Partytage», S. 395 ff.
830 Vgl. ebd. S. 119 f.
831 Schreiben EVA 102 (Mistura), 10. 8. 1965.
832 Ebd.
833 Vorlage Langemann für Langkau, 273/B Geh. Nr. 1000/67, 5. 12. 1967.
834 Vgl. Schmidt-Eenboom, Erich: Schnüffler ohne Nase, a. a. O., S. 189.
835 Vgl. Heigl/Saupe: Operation EVA, a. a. O., S. 133.
836 BND-Vermerk, 25. 4. 1968.
837 Ebd.
838 Ebd.
839 Ebd. Versalien im Original. LONGO = Luigi Longo, damals Generalsekretär, später Präsident der KPI.
840 Interview mit Egon Bahr, 8. 1. 2001, vgl. auch: Bahr, Egon: Zu meiner Zeit, a. a. O., S. 251 f.
841 Brief Sievers an Langemann, 4. 10. 1974.
842 Vgl. Heigl/Saupe: Operation EVA, a. a. O., S. 138 f.
843 Gesprächsprotokoll Thomas Walde, Stockholm, 15. 9. 1980.
844 Ebd.

845 Vgl. Hitchens, Christopher: Die Akte Kissinger, Stuttgart/München 2001, S. 21–33.
846 Zit. nach: Baring, Arnulf: Machtwechsel – Die Ära Brandt-Scheel, Stuttgart 1982, S. 39 f.
847 Vgl. Schöllgen, Gregor: Willy Brandt – Die Biographie, Berlin/München 2001, S. 140.
848 Vgl. Schwarz, Hans-Peter: Adenauer – Der Aufstieg, a. a. O., S. 650.
849 Vgl. Heigl/Saupe: Operation EVA, a. a. O., S. 144 f.
850 Siehe oben.
851 Vgl. Heigl/Saupe: Operation EVA, a. a. O., S. 124.
852 Vgl. Zolling/Höhne, a. a. O., S. 275.

Waffen für alle

853 Zit. nach: Vielain, Heinz: Waffenschmuggel im Staatsauftrag – Was lange in Bonn geheim bleiben musste, Herford 1986, S. 209.
854 Vgl. «Curriculum», Kurzbiographie Gerhard Mertins, 4 Seiten, Privatbesitz. Die folgenden Angaben zu Lebenslauf und Geschäftsaktivitäten beziehen sich, wenn nicht anders angegeben, auf dieses Papier.
855 Vgl. Vielain: Waffenschmuggel, a. a. O., S. 12.
856 Vgl. ebd.
857 Ebd.
858 Vgl. Schmidt-Eenboom, Erich: Schnüffler ohne Nase, a. a. O., S. 397.
859 Vgl. Vielain, Heinz: Waffenschmuggel, a. a. O., S. 19 f.
860 Vgl. Schmidt-Eenboom, Erich: Der Schattenkrieger – Klaus Kinkel und der BND, Düsseldorf 1995, S. 71.
861 Vgl. Curriculum Gerhard Mertins, a. a. O.
862 Vgl. Vielain, Heinz: Waffenschmuggel, a. a. O., S. 21 ff.
863 Vgl. Schmidt-Eenboom, Erich: Der Schattenkrieger, a. a. O., S. 68.
864 Vgl. Vielain, Heinz: Waffenschmuggel, a. a. O., S. 33 ff.
865 Vgl. ebd., S. 49.
866 Vgl. Schmidt-Eenboom: Schnüffler ohne Nase, a. a. O., S. 398.
867 Vgl. Vielain, Heinz: Waffenschmuggel, a. a. O., S. 112.
868 Vgl. Ulfkotte, Udo: Verschlusssache BND, a. a. O., S. 254.
869 Vgl. Schmidt-Eenboom: Schnüffler ohne Nase, a. a. O., S. 397.
870 Der Spiegel, Nr. 50, 1978.
871 Ebd.
872 Interview mit Hans Dieter Raethjen 1994.
873 Vgl. Forschungsinstitut für Friedenspolitik, Datenbank nachrichtendienstlich relevante Personen, a. a. O.
874 Vgl. Schmidt-Eenboom, Erich: Schnüffler ohne Nase, a. a. O., S. 397.
875 Interview Hans Dieter Raethjen 1994.
876 Vgl. Der Spiegel, 21. 6. 1976.
877 Vgl. Schmidt-Eenboom, Erich: Schnüffler ohne Nase, a. a. O., S. 398.

878 Vgl. Der Spiegel, 21. 6. 1976.
879 Zit. nach: Vielain, Heinz: Waffenschmuggel, a. a. O., S. 124 f.
880 Vgl. Schmidt-Eenboom, Erich, a. a. O.
881 Vgl. Vermerk Blötz vom 9. 7. 1973.
882 Vgl. Vermerk Blötz vom 18. 4. 1974.
883 Vgl. Vermerk Blötz vom 29. 8. 1973.
884 Vgl. Vermerk Blötz vom 11. 9. 1973.
885 Zit. nach: Vielain, Heinz: Waffenschmuggel, a. a. O, S. 178.
886 Ebd. S. 179.

Lauschtechnik für alle Fälle

887 Vgl. Entwurf Bundeshaushaltsplan für das Rechnungsjahr 1957, Einzelplan 04, Kapitel 04 im Bundesarchiv Koblenz, Bestand Bundeskanzleramt B 136/4885.
888 BND – Beitrag des Leiters der Fernmeldeaufklärung (Erfahrungsbericht SCHWARZ), III. Fernmeldeverbindungen, Pullach 1960, Streng Geheim, S. 59.
889 Markwardt, Waldemar: Erlebter BND, Berlin 1996, S. 77 f.
890 Vgl. Zolling, Hermann und Heinz Höhne: Pullach intern, Hamburg 1971, S. 270 f.
891 Vgl. Brief von Leo Hepp an Albert Praun vom 13. Oktober 1955. «Es sieht so aus, als ob man mir eine bestimmte Kategorie meiner Mitarbeiter wegholen will».
892 Vgl. BND 1960, a. a. O., S. 60 ff.
893 Vgl. Pali, A.I.: Funkelektronischer Kampf, Berlin 1985 (Moskau 1981), S. 231.
894 Vgl. SIPRI, Working Files on Foreign Military Presence, Stockholm o.J.
895 Hepp, Leo: Das Jonosphäreninstitut in Breisach, Typoskript, Ulm 1984, S. 1 f.
896 BND 1960, a. a. O., S. 38 f.
897 Vgl. Mader, Julius: Die graue Hand, Berlin 1960, S. 155.
898 Vgl. Mader, Julius: Die graue Hand, a. a. O., S. 145.
899 Vgl. BND 1960, a. a. O., S. 41.
900 Vgl. BND, ND-Begriffsbestimmungen für den Bundesnachrichtendienst, Neufassung Pullach 1974.
901 Vgl. Charisius, Albrecht und Julius Mader: Nicht länger geheim, Berlin 1978, S. 308 f.
902 Siehe dazu ausführlich: Norden, Peter: Salon Kitty, Wiesbaden 1976.
903 Vgl. Litan, Jan: Begegnung mit Spionen, Berlin 1964 (Warschau 1962), S. 9 bis 143.
904 BND 1960, a. a. O., S. 43 f.
905 BND 1960, a. a. O., S. 45.
906 Mitteilung eines damals leitenden BND-Mitarbeiters.
907 Vgl. BND 1960, a. a. O., S. 41.
908 Vgl. BND 1960, a. a. O., S. 62.
909 Vgl. Saupe, Jürgen und Frank Heigl: Operation EVA, Hamburg 1982, S. 114.
910 Vgl. Zolling, Hermann und Heinz Höhne, a. a. O.; Heigl, Frank und Jürgen

Saupe, a. a. O., S. 90 f.; Schmidt-Eenboom, Erich: Schnüffler ohne Nase, a. a. O., S. 137 f., 179 und 267.
911 Mitteilung eines ehemaligen BND-Offiziers.
912 Vgl. BND 1960, a. a. O., S. 57.
913 Vgl. BND 1960, a. a. O., S. 64 f.
914 BND 1960, a. a. O., S. 51.
915 Hüttenhain, Erich: Einzeldarstellungen aus dem Gebiet der Kryptologie, Zentralstelle für das Chiffrierwesen des BND, Januar 1970, S. 43.
916 Vgl. BND 1960, a. a. O., S. 53 ff.
917 Vgl. Franke, Herbert W.: Die geheime Nachricht, Frankfurt/M. 1982, S. 146.
918 Vgl. MfS – Hauptabteilung III, Sachstandsbericht zum gegnerischen Chiffrierwesen unter besonderer Brücksichtigung der zentralen Stellung des Bundesnachrichtendienstes (BND), vertreten durch die Zentralstelle für das Chiffrierwesen (ZfCh), in diesem System, Berlin 6. 2. 1987, S. 21.
919 Vgl. Schmidt-Eenboom, Erich und Jo Angerer: Die schmutzigen Geschäfte der Wirtschaftsspione, Düsseldorf 1994, S. 224.

Abgang auf Raten

920 Vgl. PINAR-Dienst vom 15. 9. 1963: Der Geheimdienstchef wusste von nichts … Dem Ex-General Reinhard Gehlen droht die vorzeitige Pensionierung.
921 Mercker, Reinhold: Das Bundeskanzleramt aus der Sicht eines Abteilungsleiters, in: Gotto, Klaus: Der Staatssekretär Adenauers. Persönliches und politisches Wirken Hans Globkes, Stuttgart 1980, S. 136 f.; Zur juristischen Diskussion um die Unterstellung des BND vgl. Walde, Thomas: ND-Report, München 1971, S. 143 ff.
922 Vgl. Walde, Thomas, a. a. O., S 176.
923 Siehe oben Kapitel «Operation EVA», S. 315 ff.
924 Vgl. Interview Thomas Walde mit Kurt Weiß am 3. 9. 1982.
925 Der ehemalige Hauptmann im Wehrmachtführungsstab Dr. jur. Werner Knieper, Jahrgang. 1909, war ab 1946 Geschäftsführer des Unternehmerverbandes der Metallindustrie. 1951 fungierte er als Oberregierungsrat im Vorläufer des Verteidigungsministeriums, dem Amt Blank, und übernahm 1956 als Leiter die Juristische Abteilung, 1964 die Abteilung Rüstungswirtschaft im BMVg. Im Dezember 1966 wurde er Staatssekretär und Leiter des Bundeskanzleramtes und damit zugleich Geheimdienstkoordinator und Vorsitzender des interministeriellen Staatssekretär-Ausschusses für Fragen der Sicherheit. Bereits ein Jahr später wechselte Knieper als Geschäftsführer der Vereinigten Flugtechnischen Werke (VFW) in Bremen in die Privatwirtschaft.
926 Vgl. Interview Dr. Thomas Walde mit Oskar Reile am 1. 10. 1974.
927 Walde, Thomas, a. a. O., S. 173.
928 Ende 1967 hatte Maetschke bereits bei einem Abteilungsleiter im Verteidigungsministerium unter Beifügung seiner Denkschriften die «Konstituierung eines unabhängigen Untersuchungsausschusses (Beamte, Offiziere aus anderen

Ministerien), die dem Präsidenten zur Durchführung einer Untersuchung der wichtigsten und gravierendsten Vorgänge beigegeben werden», angeregt, da «jedes halbe Jahr, das die Reform zu spät kommt, eines Tages bitter bezahlt werden muss».

929 Vgl. Heigl, Frank P. und Jürgen Saupe: Operation EVA, Hamburg 1982, S. 153 bis 161.

930 Leserbrief Hermann Zolling in Die Zeit vom 5. 11. 1971: Gehlen und die Mercker-Kommission.

931 Vgl. Interview Thomas Walde mit Oskar Reile 18. 6. 1974.

932 Vgl. Zolling und Heinz Höhne: Pullach intern, Hamburg 1971, S. 300 f.

933 Vgl. Bundesarchiv Koblenz, Bestand Bundeskanzleramt, B 136/4870, ohne Paginierung, BND-Vermerk vom 17. 11. 1966.

934 Der Spiegel vom 2. 9. 1974: «Fleißige Familie».

935 Vgl. Der Spiegel vom 2. 9. 1974: «Fleißige Familie».

936 Vgl. Interview Thomas Walde mit Oskar Reile 18. 6. 1974.

937 Vgl. Interview Thomas Walde mit Kurt Weiß am 3. 9. 1982.

938 Zolling/Höhne: a. a. O., S. 300.

939 Dr. jur. Hans Schäfer, Jahrgang 1910, war von 1962 bis 1966 und 1969 bis 1971 Staatssekretär im BMI und anschließend bis 1978 Präsident des Bundesrechnungshofes.

940 Vgl. Interview Thomas Walde mit Oskar Reile am 1. 10. 1974.

941 Gehlen, Reinhard: Verschlußsache, Mainz 1980, S. 15 f.

942 Vgl.: Schmidt-Eenboom, Erich: Undercover, a. a. O., S. 150.

943 Vgl.: Tantzscher, Monika: «Maßnahme Donau und Einsatz Genesung – die Niederschlagung des Prager Frühlings 1968/69 im Spiegel der MfS-Akten», Der Bundesbeauftragte für die Unterlagen des Staatssicherheitsdienstes der ehemaligen Deutschen Demokratischen Republik, Schriftenreihe B, Berlin 1994, S. 26 f.

944 Zit. nach ebd. S. 30.

Gruppenbildung mit Dame

945 Münchner Merkur, 30. 9. 1967; Zu dem Ensemble teils hochrangiger westdeutscher Journalisten und Medienleute, die Gehlen einerseits zur Nachrichtenbeschaffung, andererseits zur PR-Arbeit für Pullach verpflichten konnte, siehe Schmidt-Eenboom, Erich: Undercover, a. a. O.

946 Stern Nr. 40/1967: «Wer wird der neue Spionage-Chef?».

947 Vgl. Schmidt-Eenboom, Erich, a. a. O., S. 156 f.

948 Vgl. Blötz-Vermerk vom 15. 10. 1975.

949 Vgl. Interview Thomas Walde mit Oskar Reile am 1. 10. 1974.

950 Wahrscheinlich Admiral Günther Poser, der von 1964 bis 1969 als Leiter FüS II die fachliche Führung des Amtes für Sicherheit der Bundeswehr hatte.

951 Vgl. Schmidt-Eenboom, Erich: Undercover, a. a. O., S. 295 f.

952 Vgl. Zolling/Höhne, a. a. O., S. 309 sowie Schmidt-Eenboom, Erich: Schnüffler ohne Nase, Düsseldorf 1993, S. 120 f.

953 So die Einschätzung des ehemaligen BND-Mitarbeiters Günther Heysing in einem Interview mit Thomas Walde am 20. 9. 1974.
954 Vgl. Walde, Thomas: ND-Report, München 1971, S. 174.
955 Markwardt, Waldemar: Erlebter BND, Berlin 1996, S. 385.
956 Blötz-Vermerk vom 13. 7. 1973, S. 5.
957 Vgl. Bohnsack, Günter und Herbert Brehmer: Auftrag Irreführung. Wie die Stasi Politik im Westen machte, Hamburg 1992, S. 90 f.
958 Zitiert nach Der Spiegel vom 3. 3. 1980: «Kapitulation vor einer Horde roter Proleten».
959 Vgl. Blötz-Vermerk vom 13. 4. 1971.
960 Vgl. Blötz-Vermerk vom 10. 5. 1971.
961 Vgl. Markwardt, Waldemar, a. a. O., S. 424.
962 Vgl. Interview Thomas Walde mit Kurt Weiß am 14. 12. 1979.
963 Vgl. Harpprecht, Klaus: Im Kanzleramt – Tagebuch der Jahre mit Willy Brandt, Hamburg 2001, S. 58.
964 Vgl. ebd. S. 365.
965 Vgl. Schmidt-Eenboom, Erich: Undercover, a. a. O., S. 256.
966 Vgl. Vermerk des BND-Pressereferats Frau Schlichting für den Vizepräsidenten vom 9. 8. 1972.
967 Vgl. Vermerk des BND-Pressereferats Frau Schlichting für den Präsidenten vom 10. 8. 1972.
968 Vgl. Ehmke, Horst: Mittendrin, Berlin 1994, S. 242.
969 Vgl. ausführlich Guillaume, Günter: Die Aussage. Wie es wirklich war, München 1990.
970 Vgl. Ehmke, Horst, a. a. O., S. 232 ff.
971 Vgl. Schmidt-Eenboom, Erich: Undercover, a. a. O., S. 23 f. und 192.
972 Vgl. Stern vom 5. 11. 1981: «Methusalems Ende».
973 Vgl. Interview Thomas Walde mit Oskar Reile am 1. 10. 1974.
974 Der Spiegel vom 20. 8. 1979: «Abmarsch in den Ruhestand».
975 Vgl. Schmidt-Eenboom, Erich, Der BND. Schnüffler ohne Nase, a. a. O., S. 308 f.
976 Vgl. Interview Thomas Walde mit Günter Heysing am 20. 9. 1974.
977 Vgl. Der Spiegel vom 2. 9. 1974: «Fleißige Familie».
978 Vgl. Vermerk BND 273 A vom 11. 11. 1968.
979 Vgl. Heigl, Frank P. und Jürgen Saupe, Die Affäre Langemann, Hamburg 1982, S. 90.
980 Zu Langkau vgl. Zolling, Hermann und Heinz Höhne: Pullach intern, Hamburg 1971, S. 269 f., 278, 191, 295, 298, 300, 310, 320 f.; Fricke, Karl Wilhelm und Roger Engelmann: «Konzentrierte Schläge». Staatssicherheitsaktionen und politische Prozesse in der DDR 1953–1956, Berlin 1998, S. 287; Charisius, Albrecht und Julius Mader: Nicht länger geheim, Berlin 1969, Ausgewählte Kurzbiographien; Range, Clemens: Admirale und Generale der Bundeswehr, Herford 1990; Schmidt-Eenboom, Erich: Der Schattenkrieger. Klaus Kinkel und

der BND, Düsseldorf 1995, S. 148; Schmidt-Eenboom, Erich, Schnüffler ohne Nase. Der BND, Düsseldorf 1993, S. 347.
981 Vgl. Vermerk BND 273/A vom 24. 10. 1967.
982 Vgl. Vermerk Blötz vom 24. 5. 1971.
983 Vgl. Vermerk Blötz vom 6. 9. 1971.
984 Siehe oben Kapitel «Operation EVA», S. 315 ff.
985 Vgl. Heigl, Frank und Jürgen Saupe, a. a. O., S. 151 f.
986 Vgl. Vermerk Blötz vom 27. 11. 1973.
987 Vgl. Heigl, Frank und Jürgen Saupe, a. a. O., S. 178 f.
988 Vgl. Vermerk Blötz vom 14. 4. 1978.
989 Vgl. Koch, Peter-Ferdinand, a. a. O., S. 268 ff. bzw. Heigl/ Saupe: Operation EVA, a. a. O., S. 113, 125 f, 152, 196. (Siehe auch oben Kapitel «Operation EVA», S. 315 ff.
990 Koch, Peter-Ferdinand, a. a. O., S. 271.
991 Vgl. Markwardt, Waldemar, a. a. O., S. 387 f.
992 Vgl. Markwardt, Waldemar: Erlebter BND, a. a. O. S. 77.
993 Zu Zuber vgl. Zolling, Hermann und Heinz Höhne: Pullach intern, a. a. O., S. 292; Schmidt-Eenboom, Erich: Der Schattenkrieger. Klaus Kinkel und der BND, Düsseldorf 1995, S. 43, 162; Schmidt-Eenboom, Erich: Schnüffler ohne Nase, a. a. O., S. 125.
994 Vgl. Interview Thomas Walde mit Oskar Reile 1. 10. 1974.

Loch bei Loch – und hält doch

995 Vgl. BND Tagebuch-Nr. 113/76 VS-Vertraulich vom 20. 8. 1976: Angelegenheit CÄSAR.
996 Vgl. BND Referat Vizepräsident vom 10. 9. 1976: Vermerk Betr. Von ALTEN.
997 Vgl. Schmidt-Eenboom, Erich: Schnüffler ohne Nase, Düsseldorf 1993, S. 287.
998 Vgl. zum neofaschistischen Hintergrund der Werbung Markwardt, Waldemar, a. a. O., S. 115 f.
999 Christopher Andrew und Wassili Mitrochin gehen – ohne dass die Aktenlage des KGB dies hergäbe – davon aus, dass Heidrun Hofer die Anwerbung unter falscher Flagge irgendwann bemerkt und dennoch gegen Bezahlung weitergearbeitet habe.
1000 Vgl. zum Fall Hofer die erste umfassende Darstellung bei Schmidt-Eenboom, Erich: Schnüffler ohne Nase, a. a. O., S. 375 ff. die Ergänzungen aus KGB-Akten bei Andrew, Christopher und Wassili Mitrochin: Das Schwarzbuch des KGB, Berlin 1999, S. 552 f.
1001 Vgl. Blötz-Vermerk vom 24. 1. 1978.
1002 Vgl. Stern 48/1990: «Der Unrat muß auf den Tisch».
1003 Vgl. Schmidt-Eenboom, Erich: Schnüffler ohne Nase, a. a. O., S. 88.
1004 Langenau, Manfred: CIA und BND als Organisatoren der Konterrevolution in Polen, in: Horizont 52/1981, S. 11.
1005 Vgl. Schmidt-Eenboom, Erich: Undercover, a. a. O., S. 226 ff.

1006 Vgl. ebd, a. a. O., S. 351 ff.

1007 Die Fälle Gast und Spuhler können hier nur kursorisch abgehandelt werden. Vgl. ausführlich die autobiographische Darstellung Gast, Gabriele: Kundschafterin des Friedens. 17 Jahre Topspionin der DDR beim BND, Frankfurt/M. 1999; zu Gast und den Gebrüdern Spuhler vgl. Hirsch, Rudolf: Der Markus Wolf Prozess, Berlin 1995, S. 188 ff.

1008 Vgl. Blötz-Vermerk über die Dienstreise nach Bonn 3./4. März 1975 vom 5. 3. 1975, S. 7.

1009 Vgl. Charisius, Albrecht und Julius Mader, Nicht länger geheim, Berlin 1978, S. 291.

1010 Vgl. a. a. O., S. 293.

1011 Vgl. www.facts.ch/storys/0006_wir_cdu3.htm und Neues Deutschland vom 19. 10. 2000: «Kurz vor der Not half eine Malaria».

1012 Vgl. Walde, Thomas, ND-Report, München 1971, S. 144.

1013 Vgl. Interview Oskar Reile 1. 10. 1974.

1014 Vgl. Charisius, Albrecht und Julius Mader: Nicht länger geheim, Berlin 1969, S. 659.

1015 Vgl. Baring, Arnulf, Machtwechsel. Die Ära Brandt-Scheel, Stuttgart 1982, S. 823.

1016 Reese, Mary Ellen, Organisation Gehlen, a. a. O. S. 128; zu Glinski vgl. a. a. O., S. 281.

1017 SZ vom 18. 10. 1968: «Parteiinspekteure vor den Toren Pullachs».

1018 Felfe, Heinz, Im Dienst des Gegners, Hamburg 1986, S. 190.

1019 Vgl. Schmidt-Eenboom, Erich, Der BND. Schnüffler ohne Nase, Düsseldorf 1993, S. 120.

1020 Wagner, Helmut, Schöne Grüße aus Pullach, Berlin 2000, S. 76.

1021 Wagner, Helmut, a. a. O., S. 78.

«Bleiben Sie weiterhin faire Verlierer»

1022 Helmut Wagner: Schöne Grüße aus Pullach, Berlin 2000, S. 129.

1023 Zu den Phasen und Problemen der deutsch-deutschen Verhandlungen vgl. Potthoff, Heinrich: Bonn und Ost-Berlin 1969–1982, Bonn 1997.

1024 Vgl. dazu die Erinnerungen des DDR-seitig Beteiligten Nitz, Jürgen: Länderspiel, Berlin 1995.

1025 Vgl. Blötz-Vermerk vom 3. 2. 1971.

1026 Vgl. Wagner, Helmut: a. a. O., S. 102 ff.

1027 Fälle wie dieser erschließen sich aus dem Zentralen Operativvorgang REISE, den die Bundesbeauftragte für die Unterlagen des MfS, Marianne Birthler, genauso unter Verschluss hält wie ihr Vorgänger Gauck.

1028 Zum Reformprogramm in puncto DDR-Aufklärung vgl. auch Wagner, Helmut, a. a. O., S. 111.

1029 Interview mit einem DDR-Abwehroffizier 2001.

1030 Vgl. Wagner, Helmut, a. a. O., S. 145 ff.

1031 Vgl. Schmidt-Eenboom, Erich: Der Schattenkrieger, a. a. O., S. 139.

1032 Diese Kurzdarstellung der Fälle Stiller und Baumann folgt weitgehend Schmidt-Eenboom, Erich: Schnüffler ohne Nase, Düsseldorf 1993. Ausführlicher zu Stiller Schmidt-Eenboom, Erich: Der Schattenkrieger, Düsseldorf 1995, Kapitel 7, zu Baumann Kapitel 8.

1033 Emde, Heiner: Spionage und Abwehr in der Bundesrepublik Deutschland. Von 1979 bis heute, Bergisch Gladbach 1986, S. 10.

1034 Vgl. Stiller, Werner: Im Zentrum der Spionage, Mainz 1986.

1035 Der Spiegel vom 5. 3. 1979: DDR-Spionage: «Das lässt die mächtig wackeln».

1036 Der Spiegel 22/1992: «Graue Augen».

1037 Vgl. ab Der Spiegel 13/1992: «In der Ruhe liegt die Kraft».

1038 Vgl. Reuters: «Stasi-Überläufer Stiller wurde Broker und Banker».

1039 Der Spiegel 13/1992, S. 50.

1040 Vgl. Wagner, Helmut, a. a. O., S. 132.

1041 Vgl. Wagner, Helmut, a. a. O., S. 172.

1042 Vgl. zum Fall Baumann Lamprecht, Rudolf, Der Tod des Roten Admirals, in: Stern 42/1992, S. 88 ff.

1043 Vgl. Der Spiegel 46/1992, S. 135.

1044 Vgl. Reuters vom 12. 10. 1991: «Mielke soll Agenten-Hinrichtung angeordnet haben».

1045 Der Spiegel 47/1992, S. 135.

1046 Vgl. Schmidt-Eenboom, Erich: Schnüffler ohne Nase, a. a. O., S. 176 und 146.

1047 Vgl. Der Spiegel 43/1991, «Saumäßig geschlaucht», S. 55.

1048 Vgl. Wagner, Helmut, a. a. O., S. 132 ff. und 174 ff.

1049 Vgl. Die Welt vom 20. 12. 1973: «Warschau berichtet von Erpressung durch Nachrichtendienst».

1050 Vgl. Blötz-Vermerk vom 25. 10. 1973.

1051 Vgl. SZ vom 26. 4. 1980: «Deutscher Kapitän in Polen wegen Spionage verurteilt».

1052 Vgl. Blötz-Vermerk vom 27. 5. 1977.

1053 Vgl. Blötz-Vermerk von 8. 2. 1977.

1054 Vgl. Schmidt-Eenboom, Erich: Schnüffler ohne Nase, Düsseldorf 1993, S. 90 und 326.

1055 Vgl. dpa Bonn 21. 3. 1974 und der Tagesspiegel vom 21. 3. 1974.

1056 Vgl. SZ vom 28. 10. 1974.

1057 Vgl. UZ – unsere zeit vom 6. 12. 1974.

1058 Vgl. Blötz-Vermerk vom 28. 4. 1971.

1059 Vgl. Schmidt-Eenboom, Erich: Schnüffler ohne Nase, a. a. O., S. 152.

1060 Vgl. Blötz-Vermerk vom 2. 5. 75.

1061 Vgl. Blötz-Vermerk vom 17. 2. 1976.

1062 Vgl. Blötz-Vermerk vom 23. 6. 1975.

1063 Vgl. Welt am Sonntag vom 25. 10. 1998: Volker Foertsch, Deckname «Fleming».

1064 Vgl. Blötz-Vermerk vom 13. 4. 1971.
1065 Vgl. Blötz-Vermerk vom 12. 3. 1971.
1066 Vgl. Blötz-Vermerk vom 13. 11. 1975.
1067 Vgl. Eichner, Klaus und Dobbert, Andreas: Headquarters Germany, Berlin 1997, S. 90.
1068 Vgl. Blötz-Vermerk vom 16. 4. 1971.
1069 Vgl. Focus 9/1996: «Schlappe für Schlapphut».
1070 Vgl. Der Spiegel 14/1998: «Gesucht: Moskaus Mann in Pullach».
1071 Vgl. Berliner Morgenpost vom 26. 6. 1998.
1072 Vgl. Der Spiegel 27/1998: «Angst vor Geheim-Dossiers».
1073 Vgl. SZ vom 21. 7. 1998: «Trickreicher Versuch zur Lösung der Causa Foertsch.»
1074 Wolf, Markus: Spionagechef im geheimen Krieg, München 1997, S. 243.
1075 Vgl. Müller-Enbergs, Helmut: Inoffizielle Mitarbeiter des Ministeriums für Staatssicherheit. Teil 2, Berlin 1998, S. 204.
1076 Vgl. Großmann, Werner: Bonn im Blick, Berlin 2001, S. 79.
1077 Suckut, Siegfried (Hrsg.): Das Wörterbuch der Staatssicherheit, Berlin 1996, S. 309.
1078 Vgl. Blötz-Vermerk vom 14. 4. 1975.
1079 Vgl. Blötz-Vermerk vom 26. 8. 1975.
1080 Vgl. Blötz-Vermerk vom 17. 2. 1976.
1081 Vgl. Berliner Zeitung vom 6. 5. 1994: «Anklage wegen Spionage».
1082 Vgl. Frankfurter Rundschau vom 10. 6. 1998: «Flämig-Prozess scheint zu platzen»; vgl. zum Fall Flämig auch Knabe, Hubertus: Die unterwanderte Republik, Berlin 2001, S. 48 f. Besonders die Darstellungsform bei Knabe zeigt, dass die alleinige Abstützung auf MfS-Akten nicht die ganze Wahrheit zutage fördern kann. Solange die Akten westdeutscher Geheimdienste nicht vollständig vorliegen, besteht so die Gefahr, dass die Sicht des MfS zur zeitgeschichtlichen Lehrmeinung aufsteigt.
1083 Vgl. ausführlich Lotze, Gerd: Karl Wienand. Der Drahtzieher, Köln 1995.
1084 Wolf, Markus: a. a. O., S. 201.
1085 Vgl. Blötz-Vermerk vom 15. 10. 1976.
1086 Vgl. Mitteilung von Gordiewsky an die Verfasser.
1087 Vgl. Schmidt-Eenboom, Erich: Schnüffler ohne Nase, a. a. O., S. 152.
1088 Vgl. Schmidt-Eenboom, Erich: Der Schattenkrieger. Klaus Kinkel und der BND, Düsseldorf 1995, S. 211 f.
1089 Brandt, Willy: Begegnungen und Einsichten. Die Jahre 1960–1975, Hamburg 1976, S. 233.
1090 Vgl. Schmidt-Eenboom, Erich: Der Schattenkrieger, a. a. O., S. 216 ff.
1091 Vgl. Schmidt-Eenboom, Erich: Schnüffler ohne Nase, a. a. O., S 421.
1092 Grötzinger: Bilanz eines Anbahners/VF nach 1½-jährigem Einsatz in einer operativen Außenstelle, Vortragskonzept zum Nachwuchsseminar am 4. März 1976, Pullach Februar 1976, 12 Seiten. In den zitierten Textstellen wurden die

zahlreichen Abkürzungen anhand der «ND-Begriffsbestimmungen für den Bundesnachrichtendienst», Neufassung 1974, VS – Nur für den Dienstgebrauch, aufgelöst.

1093 Vgl. Schmidt-Eenboom, Erich: Der Schattenkrieger, a. a. O., S. 226.

1094 Vgl. Brandt, Willy: Erinnerungen, Frankfurt/M. 1989, S. 178, 237.

1095 Vgl. Telefoninterview mit Zjelko Jeglic vom 20. 11. 2000.

1096 Vgl. Wallraff, Günter: Zeugen der Anklage, Köln, 1979; Wallraff, Günter: Akteneinsicht, Göttingen 1987, Frankfurter Rundschau, 20. 6. 1981, Frankfurter Rundschau 16. 11. 1981.

1097 Wallraff: Günter: Zeugen der Anklage, a. a. O., S. 210.

1098 Vgl. Frankfurter Rundschau, 20. 6. 1981.

1099 Interview der Autoren mit Günter Wallraff am 24. 10. 2001.

1100 Nachdruck des Schreibens in: Wallraff: Akteneinsicht, a. a. O. S. 82.

1101 Nachgedruckt in: Wallraff: Zeugen der Anklage, a. a. O. S. 212.

1102 Vgl. Frankfurter Rundschau, 16. 11. 1981.

1103 Interview mit den Autoren, 24. 10. 2001.

Operation Polyp

1104 Vgl. Blötz-Vermerk vom 12. 5. 1976.

1105 Vgl. Blötz-Vermerk vom 29. 6. 1971.

1106 Vgl. Blötz-Vermerk vom 14. 4. 1972.

1107 Vgl. Blötz-Vermerk vom 28. 10. 1975.

1108 Vgl. Blötz-Vermerk vom 17. 4. 1972 für Präsident Wessel.

1109 Vgl. Blötz-Vermerk vom 27. 4. 1972 für Präsident Wessel.

1110 Im Juli 1973 legte der Leiter der Abteilung II einen diesbezüglichen Bericht vor und BND-Vizepräsident Blötz wollte im Herbst 1973 nach Oslo aufbrechen, um Vorschläge des BND auf diesem Gebiet voranzutreiben; vgl. Blötz-Vermerk vom 27. 7. 1973.

1111 Vgl. Blötz-Vermerk vom 17. 2. 1976.

1112 Zum Ensemble der türkischen Nachrichtendienste vgl. Mattes, Ralf und Erich Schmidt-Eenboom: Türkei, in: Schmidt-Eenboom, Erich: Nachrichtendienste in Nordamerika, Europa und Japan, CD-ROM, Weilheim 1995.

1113 Vgl. Schmidt-Eenboom, Erich, Schnüffler ohne Nase. Der BND, Düsseldorf 1993, S. 207 f. und 267.

1114 Vgl. Müller, Leo A., Gladio – das Erbe des Kalten Krieges, Reinbek 1991, S. 56.

1115 Vgl. u.a. taz vom 24. 11. 1990: «Das hat mich kein bisschen verwundert».

1116 Vgl. Faligot, Roger und Rémi Kauffer: «Les Maîtres Espions – Histoire mondiale du renseignement», Band 2, Paris 1994, S. 424.

1117 Mitteilung eines ehemaligen BND-Mitarbeiters.

1118 Zu den griechischen Diensten vgl. Schmidt-Eenboom, Erich: Griechische Republik, in: ders.: CD-ROM.

1119 Vgl. Der Spiegel 48/90: «Spinne unterm Schafsfell».

1120 Vgl. Tapia Valdés, Jorge Antonio: National Security, the Dual State and the

Rule of the Exception: A Study on the Strategocratic Political System, Erasmus Universiteitsdrukkerij: Rotterdam 1989, S. 240 f.

1121 Vgl. Haritos-Fatouros, Mika: Die Ausbildung des Folterers, in: Reemtsma, Jan Philipp (Hrsg.): Folter. Zur Analyse eines Herrschaftsmittels, Hamburg 1991, S. 73 ff.

1122 Ehmke, Horst: Mittendrin, Berlin 1994, S. 252.

1123 Vgl. Blötz-Vermerk vom 7. 12. 1970.

1124 Vgl. Blötz-Vermerk vom 14. 4. 1976.

1125 Vgl. Ehmke, Horst: Mittendrin, Berlin 1994, S. 253.

1126 Vgl. Blötz-Vermerk über die Auslandsdienstreise nach Madrid und Lissabon am 12.–16. Mai 1975 vom 16. 7. 1975.

1127 Blötz-Vermerk vom 10. 9. 1975.

1128 Vgl. Blötz-Vermerk vom 26. 8. 1975.

1129 Vgl. Süddeutsche Zeitug vom 2. 2. 2000: «Starthilfe für junge Demokraten».

1130 Vgl. Der Spiegel vom 28. 5. 1990: «Geldkuverts im Gepäck».

1131 Zur Entwicklung der portugiesischen und spanischen Nachrichtendienste vgl. Schmidt-Eenboom, Erich: Portugal, Spanien, in: ders. (Hrsg.): Nachrichtendienste in Nordamerika, Europa und Japan, Weilheim 1995 (CD-ROM).

1132 Vgl. Walters, Vernon: In vertraulicher Mission, München 1990, S. 192, 367 und 370 ff.

1133 Vgl. Ford, Franklin L.: Der politische Mord, Hamburg 1990, S. 361.

1134 Vgl. Blötz-Vermerk vom 12. 3. 1971.

1135 Vgl. Blötz-Vermerk über eine Besprechung mit Wessel vom 26. 3. 1971, S. 3 und Vermerk vom 16. 4. 1971, S. 7 f.

1136 Vgl. Vermerk Blötz vom 5. 3. 1975, S. 5 und 8.

1137 Vgl. Vermerk Blötz vom 16. 7. 1975, S. 3.

1138 Vgl. Blötz-Vermerk vom 23. 5. 1975.

1139 Vgl. Blötz-Vermerk vom 14. 7. 1975.

1140 Vgl. Vielain, Heinz: Waffenhandel im Staatsauftrag, a. a. O. S. 190.

1141 Vgl. Blötz-Vermerk vom 16. 7. 1975.

1142 Vgl. Blötz-Vermerke vom 26. 8. 1975 und vom 8. 10. 1975.

1143 Vgl. Blötz-Vermerk von 22. 10. 1975.

1144 Vgl. Covert Action 4/1979, S. 10 ff.: Room 705, U.S. Embassy: The CIA Station in Madrid.

1145 Vgl. Blötz-Vermerk vom 14. 4. 1976.

1146 Vgl. Boger, Jan: Elite- und Spezial-Einheiten, Stuttgart 1992, S. 207.

1147 Schmidt, Helmut: Menschen und Mächte, Berlin 1987, S. 207.

1148 Vgl. Leyendecker, Hans, Heribert Prantl und Michael Stiller: Helmut Kohl, die Macht und das Geld, Göttingen 2000, S. 168

1149 Brandt, Willy: Erinnerungen, Frankfurt 1989, S. 348.

1150 Vgl. Schmidt-Eenboom, Erich: Schnüffler ohne Nase, a. a. O., S. 163.

1151 Vgl. Blötz-Vermerk vom 11. 7. 1975.

1152 Vgl. Blötz-Vermerk vom 14. 4. 1976.

1153 Vgl. Blötz-Vermerk vom 26. 4. 1977.
1154 Vgl. Der Spiegel vom 28. 5. 1990: «Geldkuverts im Gepäck».
1155 Vgl. Süddeutsche Zeitung vom 1. 2. 2000: «Schweigen ist Geld».
1156 Vgl. Der Spiegel vom 28. 5. 1990: «Geldkuverts im Gepäck».
1157 SZ vom 1. 2. 2000: «Geheime Zahlungen aus dem Geheimdienst-Etat».
1158 Vgl. Blötz-Vermerk vom 14. 4. 1975.
1159 Vgl. SZ vom 2. 2. 2000: «Alltägliches unter strengster Geheimhaltung» und Der Spiegel vom 7. 2. 2000: «Operation ‹Polyp›».
1160 Treverton, Gregory F.: Top Secret! Geheime Operationen und ihre politischen Auswirkungen, Bonn 1988, S. 282.
1161 Vgl. Der Spiegel vom 7. 2. 2000: «Operation ‹Polyp›».

Bündnis ohne Bauchschmerzen

1162 Vgl. Blötz-Vermerk über ein Telefongespräch mit Spiegel-Redakteur Zolling am 9. 2. 1971.
1163 Vgl. Faligot, Roger: MARKUS. Espion Allemand, Paris 1984, S. 191.
1164 Vgl. Blötz-Vermerk über eine Besprechung mit Präsident Wessel vom 13. 10. 1970.
1165 Vgl. Stern vom 5. 11. 1981: «Methusalems Ende».
1166 Vgl. Blötz-Vermerk über einen Termin bei Präsident Wessel am 9. 7. 1973.
1167 Vgl. Black, Ian und Benny Morris, Mossad. Shin Bet. Aman. Die Geschichte der israelischen Geheimdienste, Heidelberg 1994, S. 182, 617.
1168 Vgl. Blötz-Vermerk vom 10. 6. 1976.
1169 Vgl. Black, Ian und Benny Morris, a. a. O., S. 528, 616, 620.
1170 Interview mit Horst Grabert 1995.
1171 Vgl. Blötz-Vermerk vom 12. 12. 1974.
1172 Vgl. Blötz-Vermerk vom 14. 10. 1970.
1173 Blötz-Vermerk vom 24. 5. 1971 über einen Termin bei Präsident Wessel.
1174 Vgl. FAZ vom 10. 3. 2001 und Korrektur in FAZ vom 12. 3. 2001, S. 6.
1175 Black, Ian und Benny Morris, a. a. O., S. 420.
1176 Vgl. Österreichische Militärische Zeitschrift 6/1975, S. 529.
1177 Vgl. Blötz-Vermerk vom 29. 10. 1975.
1178 Brief Blötz an Dr. Kimche vom 17. 10. 1975.
1179 Vgl. Blötz-Vermerk vom 17. 11. 1975.
1180 Vgl. Blötz-Mitteilung an die Unterabteilung IF über das Treffen mit Kimche am 28. 3. 1974 in Kopenhagen.
1181 Vgl. Blötz-Vermerk vom 10. 9. 1975.
1182 Vgl. Blötz-Vermerk vom 29. 10. 1975 über ein Gespräch mit Kimche.
1183 Blötz-Vermerk vom 17. 11. 1975.
1184 Vgl. Blötz-Vermerk vom 14. 4. 1978.
1185 Blötz-Vermerk vom 17. 11. 1975.
1186 Vgl. Blötz-Vermerk vom 10. 9. 1975.
1187 Blötz-Vermerk vom 10. 9. 1975.

1188 Vgl. Blötz-Vermerk vom 26. 4. 1977.
1189 Blötz-Vermerk vom 17. 11. 1975.
1190 Vgl. Blötz-Vermerk vom 6. 6. 1978.
1191 Blötz-Vermerk vom 10. 9. 1975.
1192 Beit-Hallahmi, Benjamin: Schmutzige Allianzen. Die geheimen Geschäfte Israels, München 1988, S. 95 f.
1193 Blötz-Vermerk vom 17. 11. 1975.
1194 Blötz-Vermerk vom 10. 9. 1975.
1195 Blötz-Vermerk vom 17. 11. 1975.
1196 Haberbusch, Kuno, Lütgert, Christoph und Joachim Wagner, Deckwort «Caligula», in: Die Zeit vom 27. 7. 1990 (Dossier).
1197 Vgl. RGN (Reuters German News) vom 25. 7. 1990: «Hardthöhe weist ‹PANORAMA›-Vorwürfe zurück».
1198 BMVG – Leiter OrgStab – Org3/Interne Revision: BERICHT Ablauf und Stand des Vorhabens Stör- und Täuschsender CERBERUS/TSPJ, Bonn 25. 9. 1990, VS – Nur für den Dienstgebrauch, S. 92.
1199 Vgl. Deutscher Bundestag 11. Wahlperiode, Kurzprotokoll der Sitzung des Verteidigungsausschusses am Donnerstag, dem 9. August 1990.
1200 Vgl. Blötz-Vermerk vom 8. 1. 1971.
1201 Vgl. Blötz-Vermerk vom 15. 5. 1972.
1202 Vgl. Blötz-Vermerk vom 12. 5. 1976.
1203 Vgl. Brief Blötz Tagebuch-Nr. 3/74.
1204 Vgl. Vermerk vom 7. 11. 1975 über die Dienstreise nach Bonn am 3. 11.
1205 Vgl. Blötz-Vermerk vom 7. 11. 1975 über die Dienstreise nach Bonn am 3. 11. 1975.
1206 Vgl. RGN vom 28. 10. 1991: «Regierung wusste nichts von Waffenlieferung».
1207 Vgl. Anlage 5.3 vom «Bericht zur Überlassung von Wehrmaterial aus den Beständen der ehemaligen NVA an Israel zum Zwecke der technischen Auswertung» vom 2. 12. 1991, dokumentiert in FR vom 6. 12. 1991, S. 11.
1208 Vgl. RGN vom 30. 10. 1991: «Ministerium legt Liste über BND-Lieferung vor».
1209 Vgl. FAZ vom 31. 12. 1991: «Deutsche Lieferungen an Israel aus Beständen der Nationalen Volksarmee».
1210 Vgl. RGN vom 21. 11. 1991: «Spiegel – Bundessicherheitsrat hatte Bedenken».
1211 Vgl. RGN vom 6. 11. 1991: «Auch Bundesmarine gab Israel Kriegsmaterial».
1212 Vgl. RGN vom 3. 12. 1991: «Auch künftig soll Israel NVA-Gerät erhalten».
1213 Vgl. RGN vom 29. 10. 1991: «Staatsanwaltschaft geht von Gesetzesverstoß aus».
1214 Vgl. RGN vom 6. 11. 1991: «BND zieht Konsequenzen aus Panzer-Affäre».
1215 Vgl. SZ vom 12. 7. 1995: «Freispruch für zwei Mitarbeiter des BND».
1216 Brief des Präsidenten des BND vom 9. 2. 1995 an den Bundesminister für besondere Aufgaben und Chef des Bundeskanzleramts, S. 3.

Fragwürdige Kontakte

1217 Vgl. Abu-Jabir, Sharif: Die Geschichte Palästinas zwischen Dichtung und Wahrheit, Köln 1998, S. 125 f.

1218 Vgl. Büttner, Friedemann und Veronika Büttner: Ägypten, in: Nohlen, Dieter und Franz Nuscheler: Handbuch der Dritten Welt, Band 6, Bonn 1993, S. 158.

1219 Vgl. Blötz-Vermerk über eine Besprechung mit Präsident Wessel vom 3. 11. 1970.

1220 Vgl. Schmidt-Eenboom, Erich: Der Schattenkrieger, Düsseldorf 1995, S. 157.

1221 Vgl. Blötz-Vermerk über einen Termin bei Präsident Wessel vom 22. 4. 1971.

1222 Vgl. Blötz-Vermerk über einen Termin in Bonn am 15./16. 6. 1971.

1223 Vgl. Blötz-Vermerk über die Dienstreise nach Bonn 11. bis 17. 10. 1971.

1224 Vgl. Black/Morris, a. a. O.

1225 Vgl. Blötz-Vermerk vom 5. 3. 1975 über die Dienstreise nach Bonn am 3./ 4. 3. 1975.

1226 Vgl. Blötz-Vermerk vom 5. 1. 1978 über die Dienstreise nach Bonn 21./ 22. 12. 1977.

1227 Vgl. Schmidt-Eenboom, Erich: Der Schattenkrieger, a. a. O., S. 157 f.

1228 Blötz-Vermerk vom 17. 11. 1975.

1229 Vgl. Blötz-Vermerk vom 8. 10. 1975.

1230 Vgl. Blötz-Vermerk vom 22. 10. 1975 über eine Dienstreise nach Bonn.

1231 Vgl. Blötz-Vermerk vom 10. 6. 1976.

1232 Blötz-Bericht über laufende Vorgänge im BND vom 29. 6. 1971.

1233 Vgl. Schmidt-Eenboom, Erich: Der Schattenkrieger, a. a. O., S. 70.

1234 Blötz-Vermerk vom 22. 10. 1975 über eine Dienstreise nach Bonn.

1235 Vgl. Blötz-Vermerk vom 17. 2. 1976.

1236 Blötz-Vermerk vom 3. 5. 1978 über die Dienstreise nach Bonn am 27. 4. 1978.

1237 Vgl. Blötz-Vermerk vom 5. 5. 1971.

1238 Vgl. Schmidt-Eenboom, Erich: Der Schattenkrieger, a. a. O., S. 68.

1239 Vgl. Interview Oskar Reile, 1. 10. 1974.

1240 Vgl. Schmidt-Eenboom, Erich: Der Schattenkrieger, a. a. O., S. 71, siehe zur Ausforschung iranischer Studenten auch Schmidt-Eenboom, Erich: Schnüffler ohne Nase, a. a. O., S. 205 f.

1241 Markwardt, Waldemar: Erlebter BND, Berlin 1996, S. 280 f.

1242 Vgl. Blötz-Vermerk vom 14. 4. 1976.

1243 Blötz-Vermerk vom 8. 11. 1976.

1244 Vgl. Schmidt-Eenboom, Erich: Der Schattenkrieger, a. a. O., S. 71.

1245 Vgl. Aust, Stefan: Der Baader Meinhof Komplex, Hamburg 1986, S. 532 ff.

1246 Vgl. Tophoven, Rolf: GSG 9. German Response to Terrorism, Koblenz 1985, S. 67 ff.

1247 Vgl. Boger, Jan: Elite- und Spezialeinheiten international, Stuttgart 1992, S. 216.

1248 Vgl. Inspekteur Sanitätswesen II 7, Az. 75-65-41 vom 5. 2. 1980.

1249 Vgl. Bundesarchiv Koblenz, Bestand Bundeskanzleramt B136/4887, ohne Paginierung.
1250 Vgl. Blötz-Vermerk vom 6. 6. 1978 über eine Dienstreise nach Bonn.
1251 Vgl. Labahn, Thomas: Somalia, in: Nohlen, Dieter und Franz Nuscheler: a. a. O., Band 5, S. 139.
1252 Brandt, Willy: Erinnerungen, Frankfurt/M. 1989, S. 443.
1253 Henderson, Robert d' A: South African Intelligence Under de Klerk, in: Intelligence and Counterintelligence, Volume 8, Nr. 1, S. 77.
1254 Vgl. Henderson, Robert d'A: South African Intelligence Transition from de Klerk to Mandela: An Update, in: Intelligence and Counterintelligence, Volume 8, Nr. 4, S. 482.
1255 Vgl. Blötz-Vermerk vom 14. 4. 1971.
1256 Vgl. Blötz-Vermerke vom 8. 1. 1971 und 27. 1. 1971.
1257 Blötz-Vermerk vom 29. 3. 1971.
1258 Vgl. Blötz-Vermerk vom 2. 5. 1975.
1259 Vgl. Sweet, William: «To delicate to talk about. But not in South Africa», in: Progressive May 1979, S. 43.
1260 Vgl. Blötz-Vermerk vom 8. 10. 1975.
1261 Vgl. Blötz-Vermerk vom 22. 10. 1975.
1262 Vgl. Blötz-Vermerk vom 22. 10. 1975.
1263 Vgl. Blötz-Vermerk vom 16. 9. 1976.
1264 Vgl. Blötz-Vermerk vom 26. 4. 1977.
1265 Vgl. Blötz Vermerk vom 7. 9. 1977.
1266 Vgl. Neues Deutschland vom 5. 12. 1979: «Geheimdienste Bonns und Pretorias kollaborieren».
1267 Vgl. Schmidt-Eenboom, Erich: Der Schattenkrieger, Düsseldorf 1995, S. 63 und 287.
1268 Vgl. Der Vorwärts vom 17. 2. 1983: «Alte Seilschaften».
1269 Vgl. Freitag vom 18. 9. 1992.
1270 Vgl. Der Spiegel 10/1980.
1271 Brandt, Willy: Begegnungen und Einsichten, a. a. O., S. 215.
1272 Vgl. Vielain, Heinz: Waffenschmuggel im Staatsauftrag, a. a. O., S. 191.
1273 Vgl. Welt am Sonntag vom 28. 11. 1976 und Die Bundeswehr 7/1977.
1274 Vgl. Die Bundeswehr 1/1981.
1275 Vgl. Die Welt vom 15. 11. 78.
1276 Vgl. Internationale Wehrrevue 3/1986.
1277 Vgl. Meyns, Peter: Zambia, in: Nohlen, Dieter und Franz Nuscheler (Hrsg.): Handbuch der Dritten Welt, Band 5, Bonn 1993, S. 479 ff.
1278 Vgl. Blötz-Vermerk vom 3. 2. 1971.
1279 Vgl. Die Welt vom 27. 6. 1977.
1280 Vgl. Der Spiegel, 29/1979.
1281 Vgl. Blötz-Vermerk vom 15. 10. 1976.
1282 Vgl. Blötz-Vermerk vom 3. 5. 1978.

1283 Angaben zur militärischen Ausstattungshilfe stammen aus der «Vorlage an den Auswärtigen und den Haushaltsausschuss des Deutschen Bundestages» vom 22. 8. 1991.

1284 Vgl. Europäische Wehrkunde 8/1983.

1285 Ausführlicher als hier möglich dargestellt in Schmidt-Eenboom, Erich: Schnüffler ohne Nase, Düsseldorf 1993, S. 195 ff.

1286 Vgl. Österreichische Militärische Zeitschrift 6/1979.

1287 Vgl. Die Welt vom 20. 5. 1975.

1288 Roth, Jürgen, Die Mitternachtsregierung. Reportage über die Macht der Geheimdienste, Frankfurt/M. 1990, S. 75.

1289 Roth, Jürgen, a. a. O., S. 98 f.

1290 amnesty international: Jahresbericht 1990, Frankfurt/M. 1990, S. 323.

1291 Roth, Jürgen, a. a. O., S. 104.

1292 Vgl. Marine-Rundschau 8/83.

1293 Blötz-Vermerk vom 2. 5. 1975.

1294 Vgl. Blötz-Vermerk vom 29. 3. 1977.

1295 Vgl. Blötz-Vermerk vom 26. 4. 1977.

1296 Zur OTRAG siehe ausführlicher Schmidt-Eenboom, Erich: Der Schattenkrieger, a. a. O., S. 59 ff.

1297 Vgl. Der Spiegel 24/1963: «Feldgrau im Busch».

1298 Vgl. Der Spiegel 50/1978: «BND: ‹Die Welt ist voller Wunder›».

1299 Vgl. FAZ vom 21. 8. 1969.

1300 Vgl. Aviation Week vom 25. 8. 1969.

1301 Vgl. Die Welt vom 21. 12. 1969.

1302 Vgl. Aribisala, Femi: Nigeria and West Germany, in: Akindele, R.A. und G.O. Olusanya, Nigeria's External Relations, Ibadan 1986, S. 311.

1303 Vgl. Soldat und Technik 7/1977 und Österreichische Militärische Zeitschrift 2/1977.

1304 Vgl. zur Entwicklung der nigerianischen intelligence community Peters, Jimi: Intelligence: Its Role and Future in Nigeria's External Relations, in: NJIA 1 & 2 1986, S. 151 ff.

1305 Vgl. Hofmeier, Rolf: Uganda, in: Nohlen, Dieter und Franz Nuscheler (Hrsg.): Handbuch der Dritten Welt, Band 5, Bonn 1993, S. 205 ff.

1306 Brief Office of the Director of Intelligence, Nairobi 13th May, 1971 an H.E. General Idi Amin Dada, Kampala, TOP SECRET.

1307 Vgl. Heigl, Frank P. und Jürgen Saupe; Operation Eva, Hamburg 1982, S. 197.

1308 Vgl. Schmidt-Eenboom, Erich: Undercover, Köln 1998, S. 125 ff.

1309 Vgl. Blötz-Vermerk vom 18. 1. 1972.

1310 Vgl. Blötz-Vermerk vom 18. 1. 1972.

1311 Vgl. Blötz-Vermerk vom 24. 9. 1971.

1312 Vgl. Österreichische Militärische Zeitschrift 6/1979.

1313 Vgl. Die Welt vom 2. 5. 77 und Frankfurter Rundschau vom 30. 8. 1977.

1314 Vgl. Schmidt-Eenboom, Erich: Der Schattenkrieger, a. a. O., S. 54 ff.

1315 Ebd., S. 36.
1316 Vgl. Simpson, Christopher: Der amerikanische Bumerang, Wien 1988, S. 120 ff.
1317 Auskunft Rauff gegenüber einem Stern-Reporter.
1318 Vgl. Frankfurter Rundschau vom 1. 8. 2001: «Viel improvisiert. Salvador Allende war doch nicht so gut, wie wir glaubten»; Der FR-Artikel berichtete die Auseinandersetzung zwischen dem Berliner FU-Wissenschaftler Victor Farías, der mit seinem Buch Los Nazis in Chile 2000 das heroisierte Allende-Bild zu revidieren versucht, mit der Allende-Tochter Isabel.
1319 Vgl. Nohlen, Dieter und Detlef Nolte: Chile, in: Nohlen, Dieter und Franz Nuscheler (Hrsg.): Handbuch der Dritten Welt. Band 2, Hamburg 1992, S. 287 f.
1320 Vgl. Mader, Julius: Nicht länger geheim, Berlin 1969, Ausgewählte Kurzbiographien.
1321 Vgl. Goetz, John und Christiane Baumann: Keine Warnung an Allende, in: taz vom 12./13. 9. 1998; siehe auch Wolf, Markus: Im eigenen Auftrag, München 1991, S. 49.
1322 Brandt, Willy: Erinnerungen, Frankfurt 1989, S. 294.
1323 Vgl. Kletten, Ingo: Durch Terror zum modernen Staat. Der chilenische Geheimdienst DINA, in: Reemtsma, Jan Philipp (Hrsg.): Folter: Zur Analyse eines Herrschaftsmittels, Hamburg 1991, S. 61.
1324 Vgl. Blötz-Vermerk vom 22. 11. 1974. Die Quelle gibt die Nationalität des Überläufers aus dem gegnerischen Lager leider nicht an. Der DDR war zu diesem Zeitpunkt kein Attaché abhanden gekommen.
1325 Vgl. Blötz-Vermerk vom 18. 12. 1974.
1326 Leyendecker, Hans, Heribert Prantl und Michael Stiller: Helmut Kohl, die Macht und das Geld, Göttingen 2000, S. 168.
1327 Vgl. Mader, Julius, a. a. O.
1328 Vgl. Blötz-Vermerk vom 27./28. 4. 1971.
1329 Vgl. Blötz-Vermerk vom 22. 4. 1971.
1330 Vgl. Waldmann, Peter: Argentinien, in: Nohlen, Dieter und Franz Nuscheler (Hrsg.): a. a. O., S. 149 f.
1331 Vgl. Scheerer, Thomas M.: Nacht und Nebel in Argentinien, in: Reemtsma, Jan Philipp (Hrsg.), a. a. O., S. 102 f.
1332 Ebd., S. 108.
1333 Ebd., S. 108 f.
1334 Vgl. Blötz-Vermerk im August 1976.
1335 Vgl. Rundbrief der Koalition gegen Straflosigkeit September 2000, die im Herbst 2000 nach langjährigem Kampf eine Anklage der Staatsanwaltschaft Nürnberg-Fürth gegen die Verantwortlichen für Zieschanks Tod erreichen konnte.
1336 Vgl. Interview Thomas Walde mit Kurt Weiß, der sich an einen diesbezüglichen Brief von ihm vom 16. 10. 1967 erinnerte.
1337 Vgl. Blötz-Vermerk vom 8. 7. 1977.

1338 Vgl. Blötz-Vermerk vom 5. 1. 1978.
1339 Vgl. Blötz-Vermerk vom 7. 9. 1977.
1340 Blötz-Vermerk vom 30. 6. 1977.
1341 Vgl. Blötz-Vermerk vom 5. 1. 1978.
1342 Vgl. Schmidt-Eenboom, Erich: Der Schattenkrieger, a. a. O., S. 37.
1343 Vgl. Schmidt-Eenboom, Erich: Der Schattenkrieger, a. a. O., S. 251 f.
1344 Vgl. Blötz-Vermerk vom 11. 12. 1978.
1345 Vgl. Blötz-Vermerk vom15. 6. 1971.
1346 Vgl. Angerer, Jo und Erich Schmidt-Eenboom: Die schmutzigen Geschäfte der Wirtschaftsspione, Düsseldorf 1994, S. 22 f.
1347 Information Kurt Weiß an den Stern-Redakteur Thomas Walde 1979.
1348 Vgl. Der Spiegel vom 18. 12. 1967.
1349 Die Welt (West-Berlin) vom 12. 1. 1968: «Gehlens Zentrale hat nichts gewusst».
1350 Hannover, Heinrich: Die Republik vor Gericht 1954–1974, Berlin 1998, S. 211.
1351 Vgl. BZ vom 30. 1. 1970: «Kollaboration zwischen BND und Seouler Geheimdienst».
1352 Vgl. Blötz-Vermerk vom 6. 6. 1978.
1353 Vgl. Schmidt-Eenboom, Erich: Der Schattenkrieger, a. a. O., S. 38.
1354 Vgl. Blötz-Vermerk vom 15. 10. 1975.
1355 Vgl. Blötz-Vermerke vom 8. 10. 75 und 22. 10. 1975.
1356 Vgl. Blötz-Vermerk vom 17. 2. 1976.
1357 Vgl. Blötz-Vermerk vom 7. 9. 1977.
1358 Vgl. dpa vom 25. 6. 1995: «BND dementiert Kooperation mit chinesischem Geheimdienst».

«Komm, schalt mir das mal rüber»

1359 Blötz Memorandum vom 2. 10. 1970.
1360 Vgl. BND, Grundlegende der «Bundesstelle für Fernmeldestatistik», Stand vom 1. 8. 1970, 4 Seiten.
1361 Diese Legendierung wurde auch 1992 fortgeschrieben; vgl. Schiffhauer, Nils, Bundesstelle für Fernmeldestatistik: Die Funker und Lauscher vom Geheimdienst, in: Funk 1/1993, S. 28 ff.
1362 Vgl. Blötz-Vermerk über eine Besprechung mit BND-Präsident Wessel vom 27. 1. 1971.
1363 Vgl. Brief Blötz an den Leiter der Abteilung II vom 25. 4. 1972.
1364 Vgl. Grabau, a. a. O., S. 34 f.
1365 Vgl. Brief Blötz an General Wust vom 12. 3. 1976.
1366 Blötz-Vermerk vom 21. 4. 1971.
1367 Vgl. Blötz-Vermerk vom 28. 4. 1971.
1368 BND II 1, Tagebuch Nr. 666/1971.
1369 Vertrauliche Information von einem ehemaligen hochrangigen Bundeswehroffizier.

1370 Vgl. Franz Josef Strauß: Die Erinnerungen, Berlin 1989, S. 358.
1371 Vgl. Blötz-Vermerk vom 8. 10. 1975.
1372 Vgl. Blötz-Vermerk vom 4. 7. 1972 über eine Besprechung mit dem Staatssekretär im BMVg Wilhelm Berkhan.
1373 Memorandum Blötz vom 12. 11. 1974.
1374 Vgl. Blötz-Vermerk vom 8. 10. 1976.
1375 Vgl. Erich Schmidt-Eenboom, Empfänglich für Geheimes, in: Beyer, Klaus (Hrsg.), a. a. O., S. 167. Nach der Schließung von Gablingen wurde der Verbindungsstab nach Bad Aibling verlegt.
1376 Vgl. Blötz-Vermerk vom 12. 11. 1974.
1377 Vgl. Blötz-Vermerk vom 16. 1. 1975.
1378 Vgl. Blötz-Vermerk vom 14. 12. 1976.
1379 Vgl. Blötz-Vermerk vom 24. 1. 1978.
1380 Vgl. Blötz-Vermerk vom 24. 1. 1978.
1381 Vgl. Erich Schmidt-Eenboom, Der Schattenkrieger, a. a. O., S. 68.
1382 Vgl. Blötz-Vermerk vom 15. 10. 1975.
1383 Vgl. Blötz-Vermerk vom 10. 6. 1976.
1384 Vgl. Blötz-Vermerk über eine Besprechung mit Wessel vom 19. 7. 1973.
1385 Vgl. Blötz-Vermerk vom 23. 5. 1973.
1386 Vgl. Schmidt-Eenboom, Erich: Schnüffler ohne Nase, a. a. O., S. 246.
1387 Vgl. Brief Blötz an Karl Liedtke, MdB aus Bochum, vom 11. 2. 1974.
1388 Vgl. Blötz-Vermerk vom 16. 1. 1975.
1389 Vgl. Brief Blötz an Dr. Louis Andrella vom 22. 7. 1974.
1390 Vgl. Blötz-Vermerk vom 22. 10. 1976.
1391 Vgl. Blötz-Vermerk vom 20. 8. 1976.
1392 Vgl. Agenda des BND für den Besuch der PKK am 12. 4. 1989.
1393 Vgl. ausführlich Bernd W. Kubbig und Tillmann Elliesen, Wozu sollen die europäischen Satelliten Helios II und Horus dienen?, Hessische Stiftung für Friedens- und Konfliktforschung, HSFK-Report 3/1997, Frankfurt 1997.
1394 Vgl. Brief Blötz an Arthur Stimson (CIA) vom 5. 4. 1974.
1395 Vgl. Schmidt-Eenboom, Erich: Schnüffler ohne Nase, a. a. O., S. 221 f.
1396 Schmidt-Eenboom, Erich: Schnüffler ohne Nase, a. a. O., S. 226.
1397 Interview mit einem früheren MfS-Offizier 1994.
1398 Vgl. Schmidt-Eenboom, Erich: Empfänglich für Geheimes, in: Klaus Beyrer (Hrsg.), a. a. O., S. 180; vgl. auch Jean Guisnel in Le point vom 6. 6. 1998.
1399 Woodward, Bob: Geheimcode Veil. Reagan und die geheimen Kriege der CIA, München 1987, S. 402 f.
1400 Woodward, Bob, a. a. O., S. 403.
1401 Vgl. Schmidt-Eenboom, Erich: Schnüffler ohne Nase, a. a. O., S. 274.
1402 Information aus dem geheimen Infrastrukturprogramm der Bundeswehr 1991.
1403 Vgl. zur Nachkriegsentwicklung des Kalten Krieges und zur wachsenden Konkurrenz mit der Bundeswehr Schmidt-Eenboom, Erich: The Bundesnachrich-

tendienst, the Bundeswehr and Sigint in the Cold War and After, in: Aid, Matthew M. und Cees Wiebes: a. a. O.

1404 Vgl. Deutscher Bundestag: Prot. 3. Wahlperiode, 113. Sitzung, 6. 5. 1960, S. 6383.

1405 Vgl. Bulletin des Presse- und Informationsamtes der Bundesregierung vom 19. 1. 1968, Nr. 8, S. 57 ff. sowie Hans-Ulrich Evers: Zur Unantastbarkeit des Prinzips möglichst lückenlosen Rechtsschutzes, Art. 19 IV, 79 III GG. In: Günter Düring und Hans-Ulrich Evers: Zur verfassungsändernden Beschränkung des Post-, Telefon- und Fernmeldegeheimisses. Bad Homburg 1989, S. 116.

1406 Vgl. Interview Dr. Thomas Walde mit Prof. Dr. Claus Arndt.

1407 Vermerk des BND-Vizepräsidenten über Termine in Bonn am 6. 4. 1971, Pullach 8. 4. 1971, Geheim.

1408 Vermerk des BND-Vizepräsidenten über eine Besprechung in Bonn am 21. 4. 71, Pullach 22. 4. 1971, S. 2, Geheim.

1409 Vgl. ausführlich Alexander Hirsch: Die Kontrolle der Nachrichtendienste. Berlin 1996, S. 158 ff.

1410 Vgl. Interview Dr. Thomas Walde mit Prof. Dr. Claus Arndt.

1411 Vermerk des Vizepräsidenten des BND über eine Rücksprache mit BND-Präsident Wessel am 28. 10. 1970 zur Sitzung der Kommission Artikel 10 GG, Pullach 29. 10. 1970, Geheim.

1412 Vermerk des Vizepräsidenten des BND über Sitzung der Kommission nach Artikel 10 GG am 5. 7. 73, Pullach 6. 7. 1973, Geheim.

1413 Vgl. Interview Dr. Thomas Walde mit einem Unterabteilungsleiter der Auswertung des BND Anfang der 80er Jahre.

1414 Vgl. Albrecht Charisius und Julius Mader: Nicht länger Geheim, Berlin 1978 (3. Aufl.), S. 269.

1415 Vgl. Interview Dr. Thomas Walde mit einem Unterabteilungsleiter der Auswertung des BND im Oktober 1978.

1416 Vgl. Interviewnotizen Dr. Thomas Walde mit dem Leiter der Schulen des BND Kurt Weiß 1978.

1417 Vgl. Interview Dr. Thomas Walde mit einem Unterabteilungsleiter der Auswertung des BND.

1418 Vermerk des BND-Vizepräsidenten über einen Besuch des BND-Präsidenten in BND-Schulen, Pullach 6. 9. 1971, Geheim.

1419 Vermerk des BND-Vizepräsidenten, Pullach 4. 12. 1973, Geheim.

1420 Hermann Borgs-Maciejewski und Frank Ebert, a. a. O., S. 176.

1421 Vgl. Helmut Wagner: Schöne Grüße aus Pullach. Operationen des BND gegen die DDR, Berlin 2000, S. 111.

1422 Vgl. RGN vom 5. 2. 1990: «Postüberwachung aus DDR wird eingestellt».

1423 Vgl. RGN vom 14. 3. 1990: «BND-Dienststellen werden systematisch enttarnt».

Ein Zivilist in Pullach

1424 DIE neue NACHHUT 1/1979, S. 1 f.

1425 Vgl. Schmidt-Eenboom, Erich: Der Schattenkrieger, a. a. O., S. 19 f.

1426 Gast, Gabriele: Kundschafterin des Friedens, a. a. O., S. 217.

1427 Vgl. Der Spiegel, 31. 3. 1980.

1428 Gast, Gabriele: Kundschafterin des Friedens, a. a. O., S. 218.

1429 Vgl. Genscher, Hans-Dietrich: Erinnerungen, Sonderausgabe Berlin 1999, S. 140 f. und S. 197 ff. Auch: Schmidt-Eenboom: Der Schattenkrieger, a. a. O., S. 13.

1430 Vgl. Gast, Gabriele: Kundschafterin des Friedens, a. a. O., S. 216 f.

1431 Vgl. Schmidt-Eenboom, Erich: Der Schattenkrieger, a. a. O., S. 252.

1432 Vgl. ebd. S. 250.

1433 Den Ausdruck ‹Zweiter Kalter Krieg› prägte Fred Halliday in seinem 1983 erschienenen Buch The Making of the Second Cold War. Vgl. Ploetz, Michael: Wie die Sowjetunion den Kalten Krieg verlor, Berlin/München 2000, S. 14 f.

1434 Vgl. hierzu ausführlich: Hacke, Christian: Zur Weltmacht verdammt – Die amerikanische Außenpolitik von J. F. Kennedy bis G. W. Bush, Berlin 1997, hier: München 2001, S. 268–291. Auch: Winkler, Heinrich August: Der lange Weg nach Westen II, a. a. O., S. 357 ff.

1435 DIE neue NACHHUT 1/80, April 1980, S. 5, zit. nach: Schmidt-Eenboom, Erich: Keine Auszeit im großen Spiel? Afghanistan als Spielball der Nachrichtendienste; Forschungsinstitut für Friedenspolitik e.V., Weilheim 1997.

1436 Vgl. Hacke, Christian: Zur Weltmacht verdammt, a. a. O., S. 268 f.

1437 Ebd. S. 269.

1438 Vgl. Schmidt-Eenboom, Erich: Keine Auszeit im großen Spiel?, a. a. O. Auch ders.: Der Schattenkrieger, a. a. O., S. 49.

1439 Gast, Gabriele: Kundschafterin des Friedens, a. a. O., S. 220.

1440 Vgl. Schmidt-Eenboom, Erich: Der Schattenkrieger, a. a. O., S. 50.

1441 Focus 6/1995: «Bahrs Geheimpakt mit dem KGB», S. 24; ausführlich siehe dazu: Keworkow, Wjatscheslaw, Der geheime Kanal. Moskau, der KGB und die Bonner Ostpolitik, Berlin 1995.

1442 Vgl. Schmidt-Eenboom: Der Schattenkrieger, a. a. O., S. 49.

1443 Vgl. Winkler, Heinrich August: Der lange Weg nach Westen II, a. a. O., S. 358 f.

1444 Yousaf, Mohammed und Mark Adkin: Die Bärenfalle, Düsseldorf 1992, S. 89.

1445 Schmidt-Eenboom, Erich: Keine Auszeit im großen Spiel?, a. a. O.

1446 Als weiteres Beispiel nennen hochrangige BND-Mitarbeiter die Rabta-Affäre um die Zulieferung deutscher Firmen zur libyschen Giftgasfabrik. Da wurde dem BND von Bundeskanzler Helmut Kohl vorgeworfen, «nicht eindeutig genug» gewarnt zu haben.

1447 Vgl. Schmidt-Eenboom, Erich: Keine Auszeit im großen Spiel?, a. a. O.

1448 Vgl. Hacke, Christian: Zur Weltmacht verdammt, a. a. O., S. 255.

1449 Vgl. Schmidt-Eenboom, Erich: Der Schattenkrieger, a. a. O., S. 51.

1450 Vgl. Schmidt-Eenboom, Erich: Keine Auszeit im großen Spiel?, a. a. O., S. 19.
1451 Siehe oben: Kapitel «Waffen für alle» S. 336 ff.
1452 Vgl. Schmidt-Eenboom, Erich: Keine Auszeit im großen Spiel?, a. a. O., S. 25; Der Spiegel 21/1985; Stern 30/1986.
1453 Vgl. Kothny, Erik und Khalid Dayani: Alarm beim KGB. Bundeswehrmajor am Hindukusch. Sindelfingen 1986: Verdichteter Reisebericht eines deutschen Offiziers, der u.a. die Verstrickungen einiger Hilfsorganisationen in der Bundesrepublik und die Fraktionierung der Fundamentalisten kritisiert.
1454 Datenbank nachrichtendienstlich relevante Personen in Deutschland. Forschungsinstitut für Friedenspolitik, Weilheim.
1455 Vgl. Schmidt-Eenboom, Erich: Der Schattenkrieger, a. a. O., S. 53.
1456 «Eine weitere interessante Aktivität der CIA und der übrigen westlichen Nachrichtendienste aus Großbritannien, Frankreich und Deutschland war ihr Bemühen, erbeutetes sowjetisches Material oder Waffen zu kaufen. 1985 wurden die neuen AK-74 bei den sowjetischen Truppen eingeführt. Das Sturmgewehr ist kleiner und leichter als das alte AK-47 und verschießt Munition im Kaliber 5,45 mm, die dazu tendiert, sich im Körper zu überschlagen, was zu inneren Verletzungen und großen Austrittswunden führt. Das erste erbeutete AK-74 wurde dem CIA für 5000 Dollar verkauft. Damit begann das Geschäft; Waffen, Panzerketten, sogar Ferngläser wurden nun zu einem kommerziellen Wert für die Mudschaheddin, was von ihnen auch sehr geschätzt wurde. Das Botschaftspersonal fuhr zu ‹Einkaufstouren› in die Stammgebiete in der Nähe der Grenze. Dies ging so lange, bis General Akhtar bei den Botschaften protestierte und verlangte, dass die Botschaften ihre Wünsche beim ISI vorbrachten»; vgl. Yousaf, Mohammed, a. a. O., S. 89.
1457 Der Spiegel 45/1991, a. a. O.
1458 Vgl. Richelson, Jeffrey, The U.S. Intelligence Community, New York 1989, S. 280.
1459 Vgl. Der Spiegel 34/1996, S. 29.
1460 Vgl. Schmidt-Eenboom, Erich, Der Schattenkrieger, a. a. O., S. 54.
1461 Schmidt, Helmut: Deutschland und seine Nachbarn, Berlin 1990, S. 59.
1462 Vgl. «Die Akte BND», Stern 40/1997.
1463 Vgl. Datenbank nachrichtendienstlich relevante Personen. Forschungsinstitut für Friedenspolitik, Weilheim.
1464 Vgl. ebd.
1465 Vgl. Stern 40/1997 und Schriftverkehr «Internationales Rechtsinstitut».
1466 Vgl. Stern 40/1997.
1467 Ebd.
1468 Ebd.
1469 Schreiben Internationales Rechtsinstitut vom 13. 6. 1986.
1470 Schreiben Internationales Rechtsinstitut vom 4. 3. 1987.
1471 Schreiben Internationales Rechtsinstitut vom 17. 2. 1987.
1472 Vgl. Stern 40/1997.

1473 Schreiben Bundesvermögensverwaltung vom 2. 12. 1987.
1474 Vgl. Stern 40/1997.
1475 Schreiben Rainer Elbertzhagen, Inspection Bureau.

Export in Sachen Massenmord

1476 Vgl. Schmidt-Eenboom, Erich: Der Schattenkrieger, a. a. O., S. 80 f.
1477 Beschuldigtenvernehmung Abdul Moniem Jebara.
1478 Beschuldigtenvernehmung Abdul Moniem Jebara. Die taz berichtete am 13. 8. 1990. Als das Fernsehmagazin Monitor im August 1990 erstmals über diese Ereignisse berichtete, erwirkte Staatssekretär Klaus Kinkel eine Gegendarstellung, in der er behauptete, von den Waffengeschäften des irakischen Innenministers sei ihm nichts bekannt gewesen. Als die Münchner Abendzeitung am 6. 4. 1991 die Geschichte mit Belegen und Zeugenaussagen erneut aufgriff, nahm der Justizminister Kinkel Abstand von etwaigen Gegenmaßnahmen.
1479 Zit. nach: Schmidt-Eenboom, Erich: Der Schattenkrieger, a. a. O., S. 81.
1480 Vgl. ebd. S. 76.
1481 Zeugenvernehmung Wilhelm Schmutterer.
1482 Vgl. Schmidt-Eenboom, Erich: Der Schattenkrieger, a. a. O., S. 80.
1483 Vgl. Leyendecker, Hans/Rickelmann, Richard: Exporteure des Todes – Deutscher Rüstungsskandal in Nahost, Göttingen 1990, S. 131.
1484 Vgl. Schmidt-Eenboom, Erich: Der Schattenkrieger, a. a. O., S. 82.
1485 Vgl. ebd. S. 83.
1486 Vgl. Zeugenvernehmung Ludwig Heerwagen.
1487 Leyendecker/Rickelmann: Exporteure des Todes, a. a. O., S. 128 ff.
1488 Ebd.
1489 Mitteilung der Staatsanwaltschaft Bonn.
1490 Vertrag zwischen Wenzel Hruby und Heerwagen vom 3. 12. 1981.
1491 Anlage zum Vertrag zwischen Wenzel Hruby und Ibrahim S. Ali vom 30. 3. 1982.
1492 Vernehmung Wilhelm Schmutterer, taz vom 13. 8. 1990, «Irak-Intrigen des BND».
1493 Zitiert nach: taz, 13. 8. 1990, «Irak-Intrigen des BND».
1494 Abschlussbericht Ludwig Heerwagen vom 3. 9. 1982.
1495 Zeugenvernehmung Ludwig Heerwagen.
1496 Vgl. Stern Nr. 32/1994, S. 104 f.
1497 Vgl. Schmidt-Eenboom, Erich: Der Schattenkrieger, a. a. O., S. 89 ff.
1498 Der Spiegel, 18. 7. 1994.
1499 Vgl. Schmidt-Eenboom, Erich: Der Schattenkrieger, a. a. O., S. 87 f.
1500 Der Spiegel, 18. 7. 1994.
1501 Vgl. Schmidt-Eenboom, Erich: Der Schattenkrieger, a. a. O., S. 91.
1502 Zit. nach: Stern 41/1994, S. 62.
1503 Ebd. S. 66.

1504 Vgl. Schmidt-Eenboom, Erich: Der Schattenkrieger, a. a. O., S. 94.
1505 Vgl. Stern Nr. 42/1994, S. 250.
1506 Ebd.
1507 Vgl. «Im Nahen Osten mischt der BND via Tarnfirmen überall mit», taz, 13. 8. 1990.
1508 Vgl. Schmidt-Eenboom, Erich: Der Schattenkrieger, a. a. O., S. 297, Anmerkung 28.
1509 Vgl. FAZ, 20. 7. 1994.
1510 Vgl. Stern Nr. 41 und Nr. 42/1994.
1511 Vgl. Schmidt-Eenboom, Erich: Der Schattenkrieger, a. a. O., S. 220 f.
1512 Vgl. Stern Nr. 41/1994, S. 61.
1513 Vgl. Dietl, Wilhelm: Staatsaffäre – Hinter den Kulissen der Geheimdienste, Stuttgart 1997.
1514 Vgl. Schmidt-Eenboom, Erich: Der Schattenkrieger, a. a. O., S. 98.
1515 Ebd. S. 95 f.
1516 Ebd. S. 100.
1517 Vgl. Abendzeitung München (AZ), 3./4. August 1991.
1518 Vgl. Abendzeitung München (AZ), 27. August 1992.
1519 Vgl. Der Spiegel, 18. 7. 1994, «Saubere Papiere».
1520 Stern, Nr. 32/1994, S. 104.
1521 Ebd.
1522 Vgl. Stern Nr. 41/1994, S. 62 und S. 70.
1523 Vgl. Schmidt-Eenboom, Erich: Der Schattenkrieger, a. a. O., S. 86.
1524 Vgl. Kilz, Hans Werner/Preuss, Joachim: Flick – Die gekaufte Republik, Reinbek 1983, S. 46 ff.
1525 Vgl. Stern, Nr. 41/94, S. 70.
1526 Vgl. Stern, Nr. 42/1994, S. 248.
1527 Kilz/Preuss: Flick – Die gekaufte Republik, a. a. O., S. 298.
1528 Eidesstattliche Versicherung Hans Dieter Raethjen, Hamburg, 24. 11. 1994.
1529 Ebd.
1530 Ebd.
1531 Vgl. Schmidt-Eenboom, Erich: Der Schattenkrieger, a. a. O., S. 125 ff.
1532 Eidesstattliche Versicherung Hans Dieter Raethjen, Hamburg 24. 11. 1994.
1533 Vgl. Brief Raethjen an Schüler 18. 8. 1980.
1534 Eidesstattliche Versicherung Hans Dieter Raethjen, Hamburg 24. 11. 1994.
1535 Ausführlich bei: Schmidt-Eenboom, Erich: Der Schattenkrieger, a. a. O., S. 118–132.
1536 Ebd. S. 124.
1537 Vgl. Leyendecker/Rickelmann: Exporteure des Todes, a. a. O., S. 37 ff.
1538 Vgl. Schmidt-Eenboom, Erich: Schnüffler ohne Nase, a. a. O., S. 401 f.; Leyendecker/Rickelmann, a. a. O., S. 39.
1539 Zit. nach Leyendecker/Rickelmann, a. a. O., S. 39.
1540 Vgl. Schmidt-Eenboom, Erich: Schnüffler ohne Nase, a. a. O., S. 411 ff.

1541 Ebd.
1542 Gast, Gabriele, a. a. O., S. 282.
1543 Schmidt-Eenboom, Erich: Schnüffler ohne Nase, a. a. O., S. 415.
1544 «Dr. B. und die Giftgasmillionen», WDR-Dienstagsreportage, 26. 5. 1992, WDR-Fernsehen.
1545 Vgl. Leyendecker/Rickelmann, a. a. O., S. 100.
1546 Vgl. «Der Kurier des Oberst», Focus, 26. 8. 1996.
1547 Vgl. «Computer für die Giftküche», Spiegel, 26. 8. 1996.
1548 Ebd.
1549 Vgl. SZ, 2./3. Oktober 1996.

Nachwort

1550 Gast, Gabriele, a. a. O., S. 301.
1551 Ludwig Mundt, Vortrag auf der Jahrestagung des Arbeitskreises Geschichte der Nachrichtendienste, Rissen bei Hamburg, 8.–10. Juli 2001.
1552 Ebd.
1553 Vgl. Der Spiegel, 8/2002
1554 Ebd.
1555 Vgl. «Die Giftköche von Bagdad», Süddeutsche Zeitung, 9. 2. 2002.

Literatur

Abu-Jabir, Sharif: Die Geschichte Palästinas zwischen Dichtung und Wahrheit, Köln 1998

Adenauer, Konrad: Erinnerungen, 1945–1953, Stuttgart 1965

Aid, Matthew M. und Cees Wiebes: Secrets of Signals Intelligence during the Cold War and beyond, London 2001

Aldrich, Richard J.: OSS, CIA and European Unity: The American Commitee on United Europe, 1948–60, in: Diplomacy & Statecraft 1/1997

Aldrich, Richard J.: The Hidden Hand – Britain America and Cold War Intelligence, London 2001

Alvarez, David und Robert A. Graham, SJ: Nothing Sacred. Nazi Espionage Against the Vatican, London 1997

Andrew, Christopher und Wassili Mitrochin: Das Schwarzbuch des KGB, Berlin 1999

Angerer, Jo: Bundeswehr im Ausland, in: MEDIATUS 11–12/1990

Aribisala, Femi: Nigeria and West Germany, in: Akindele, R. A. und G. O. Olusanya, Nigeria's External Relations, Ibadan 1986

Aschauer, Rudolf (Hrsg.): Ich, Adolf Eichmann, Leoni 1980

Aust, Stefan: Der Baader Meinhof Komplex, Hamburg 1986

Bahr, Egon: Zu meiner Zeit, Jubiläumsausgabe Berlin 1999

Baigent, Michael, Richard Leigh u. Henry Lincoln: The messianic legacy, London o. J.

Bailer, Brigitte und Wolfgang Neugebauer: Abriß des Rechtsextremismus in Österreich, in: Stiftung Dokumentationsarchiv des österreichischen Widerstandes (Hrsg.): Handbuch des österreichischen Rechtsextremismus, Wien 1993

Bailey, George/Kondraschow, Sergeij A./Murphy David E.: Die unsichtbare Front, Berlin 1997

Bamford, James: NSA – Die Anatomie des mächtigsten Geheimdienstes der Welt, München 2001

Banach, Jens: Heydrichs Elite. Das Führerkorps der Sicherheitspolizei und des SD 1936–1945, Paderborn 1998

Baring, Arnulf: Machtwechsel – Die Ära Brandt-Scheel, Stuttgart 1982

Beit-Hallahmi, Benjamin: Schmutzige Allianzen. Die geheimen Geschäfte Israels, München 1988

Benz, Wolfgang: Die Gründung der Bundesrepublik, Von der Bizone zum souveränen Staat, München 2. Auflage 1986

Bergot, Erwan: Le dossier rouge: services secrets contre F. L. N., Paris 1976

Beschloss, Michael R. und Strobe Talbot: Auf höchster Ebene, Das Ende des Kalten Krieges und die Geheimdiplomatie der Supermächte 1989–1991, Düsseldorf, Wien, New York, Moskau 1993
Birke, Adolf M.: Nation ohne Haus, Deutschland 1945–1961, aktualisierte Ausgabe Berlin 1994
Bitterlin, Lucien: Histoire des barbouzes, Paris 1972
Black, Ian/Morris, Benny: Mossad, Shin Beth, Aman – Die Geschichte der israelischen Geheimdienste, Heidelberg 1994
Boger, Jan: Elite- und Spezialeinheiten international, Stuttgart 1992
Bohnsack, Günter und Herbert Brehmer: Auftrag Irreführung. Wie die Stasi Politik im Westen machte, Hamburg 1992
Brandt, Willy: Begegnungen und Einsichten. Die Jahre 1960–1975, Hamburg 1976
Brandt, Willy: Erinnerungen, Frankfurt/M. 1989
Brochhagen, Ulrich: Nach Nürnberg – Vergangenheitsbewältigung und Westintegration in der Ära Adenauer, Berlin 1999
Bromberger, Merry, Serge Bromberger, Georgette Elgey und Jean-François Chauvell: Barricades et colonels. 24 janvier 1960, Paris 1960
Bülow, Andreas von: Im Namen des Staates – CIA, BND und die kriminellen Machenschaften der Geheimdienste, München 1998
Chairoff, Patrice: Dossier B. … comme barbouzes, Paris 1975
Charisius, Albrecht/Mader, Julius: Nicht länger geheim, Berlin 1969
Churchill, Winston: Der zweite Weltkrieg, Bern, München, Wien, 1948, Sonderausgabe 6. Auflage 1998
Cipriani, Antonio und Gianni: Sovranita limitata, Rom 1991
Cookridge, E. H.: The Spy of the Century, London 1971
Copeland, Miles: The Game of Nations, London 1969
Corino, Karl: Die Akte Kant, Reinbek 1995
Deacon, Richard (alias Donald McCormick): The Israel Secret Service, London 1979
Delarue, Jacques: L' O. A. S. contre de Gaulle, Paris 1981
Delmer, Sefton: Die Deutschen und ich, Hamburg 1963, S. 580 ff.
De Lutiis, Giuseppe: Storia dei servizi segreti in Italia, Rom 1991
Diedrich, Torsten und Rüdiger Wenzke: Die getarnte Armee. Geschichte der Kasernierten Volkspolizei der DDR 1952 bis 1956, Berlin 2001
Dietl, Wilhelm: Staatsaffäre – Hinter den Kulissen der Geheimdienste, Stuttgart 1997.
Drewitz, Ingeborg (Hrsg.): Strauß ohne Kreide, Reinbek 1980
Dulles, Allen: The Craft of Intelligence, New York 1964
Düring, Günter und Hans-Ulrich Evers: Zur verfassungsändernden Beschränkung des Post-, Telefon- und Fernmeldegeheimnisses. Bad Homburg 1989
Ehmke, Horst: Mittendrin, Berlin 1994
Eichner, Klaus und Andreas Dobbert: Headquarters Germany, Berlin 1997
Emde, Heiner: Spionage und Abwehr in der Bundesrepublik Deutschland. Von 1979 bis heute, Bergisch Gladbach 1986

Faligot, Roger und Rémi Kauffer: «Les Maîtres Éspions – Histoire mondiale du renseignement», Paris 1994
Faligot, Roger: Markus. Espion Allemand, Paris 1984
Felfe, Heinz: Im Dienst des Gegners, Berlin 1988
Fest, Joachim: Staatsstreich, Der lange Weg zum 20. Juli, Berlin 1994
Fetscher, Iring: Franz (Josef) Strauß und die Tradition rechter Politik in Deutschland in: Drewitz, Ingeborg (Hrsg.): Strauß ohne Kreide, Reinbek 1980
Fiorelli, Piero: La tortura giudizaria nel diritto comune Jus nostru, studi e test publicati dall Istituto di storia de dirritto italiano dell'Universitá di Roma, Mailand 1953/54
Foerster, Roland G.: Innenpolitische Aspekte der Sicherheit Westdeutschlands, in: Militärgeschichtliches Forschungsamt (Hrsg.), Anfänge westdeutscher Sicherheitspolitik 1945–1956
Ford, Franklin L.: Der politische Mord, Hamburg 1990
Frank, Mario: Walter Ulbricht – Eine deutsche Biographie, Berlin 2001
Franke, Herbert W.: Die geheime Nachricht, Frankfurt/M. 1982
Fricke, Karl Wilhelm und Roger Engelmann: «Konzentrierte Schläge». Staatssicherheitsaktionen und politische Prozesse in der DDR 1953–1956, Berlin 1998
Fröhlich, Sergej: General Wlassow. Russen und Deutsche zwischen Hitler und Stalin, Köln 1987
Galli, Giorgio: Staatsgeschäfte. Affären, Skandale, Verschwörungen. Das unterirdische Italien 1943–1990, Hamburg 1994
Gast, Gabriele: Kundschafterin des Friedens. 17 Jahre Topspionin der DDR beim BND, Frankfurt/M. 1999
Gatz, Erwin (Hrsg.): Kirche und Katholizismus seit 1945. Band II: Ostmittel-, Ost- und Südeuropa, Paderborn 1999
Gehlen, Reinhard: Der Aufbau und die Integration des Bundesnachrichtendienstes, in: Gotto, Klaus (Hrsg.): Der Staatssekretär Adenauers, Stuttgart 1980
Gehlen, Reinhard: Der Dienst. Erinnerungen 1942–1971, Wiesbaden 1971
Gehlen, Reinhard: Zeichen der Zeit, Gedanken und Analysen zur weltpolitischen Entwicklung, Mainz 1973
Gehlen, Reinhard: Verschlußsache, Mainz 1980
Gellermann, Günther W.: … und lauschten für Hitler. Geheime Reichssache: Die Abhörzentralen des Dritten Reichs, Bonn 1991
Genscher, Hans-Dietrich: Erinnerungen, Sonderausgabe Berlin 1999
Gersdorff, Gero von: Adenauers Außenpolitik gegenüber den Siegermächten 1954, MGFA, Freiburg 1988
Gisevius, Hans Bernd: Bis zum bitteren Ende, Zürich o. J.
Gorkin, Julián: Stalins langer Arm. Die Vernichtung der freiheitlichen Linken im spanischen Bürgerkrieg, Köln 1980
Gotto, Klaus (Hrsg.): Der Staatssekretär Adenauers. Persönliches und politisches Wirken Hans Globkes, Stuttgart 1980

Grabau, Rudolf: Die Fernmeldetruppe des Heeres, Bd. 1–4, Fernmeldering e.V., Bonn 1995–1999.
Grabau, Rudolf: Ideen und Planungen für eine militärische Funkaufklärung in Westdeutschland nach Ende des 2. Weltkriegs, Much 1999
Graml, Hermann: Die sowjetische Notenkampagne von 1952; in: Die Legende von der verpaßten Gelegenheit – Die Stalin-Note vom 10. März 1952, Rhöndorfer Gespräche, Band 5, Stuttgart/Zürich 1982.
Greulich, Helmut: Spion in der Streichholzschachtel, Gütersloh 1969
Grosser, Alfred und Seifert, Jürgen: Die Spiegel-Affäre – Die Staatsmacht und ihre Kontrolle, Olten/Freiburg 1966
Großmann, Werner: Bonn im Blick, Berlin 2001
Guillaume, Günter: Die Aussage. Wie es wirklich war, München 1990
Hachmeister, Lutz: Der Gegnerforscher, Die Karriere des SS-Führers Franz Alfred Six, München 1998
Hacke, Christian: Zur Weltmacht verdammt – Die amerikanische Außenpolitik von J. F. Kennedy bis G. W. Bush, Berlin 1997
Hagen, Walter (i. e. Wilhelm Höttl): Die geheime Front, Linz 1950
Hanf, Theodor: Koexistenz im Krieg. Staatszerfall und Entstehen einer Nation im Libanon, Baden-Baden 1990
Hannover, Heinrich: Die Republik vor Gericht – 1954–1974, Berlin 1998
Haritos-Fatouros, Mika: Die Ausbildung des Folterers, in: Reemtsma, Jan Philipp (Hrsg.): Folter. Zur Analyse eines Herrschaftsmittels, Hamburg 1991
Harpprecht, Klaus: Im Kanzleramt, Tagebuch der Jahre mit Willy Brandt, Reinbek 2000
Harrison, Alexander: Challenging de Gaulle. The OAS and counter-revolution in Algeria 1954–1962, New York 1989
Heideking, Jürgen: Die «Breakers»-Akte. Das Office of Strategics Services und der 20. Juli 1944, in: ders. und Christof Mauch (Hrsg.): Geheimdienstkrieg gegen Deutschland, Göttingen 1993
Heigl, Frank P. und Jürgen Saupe: Operation EVA – Die Affäre Langemann, Hamburg 1982
Henderson, Robert d' A: South African Intelligence Under de Klerk, in: Intelligence and Counterintelligence, Volume 8, Nr. 1
Henderson, Robert d'A: South African Intelligence Transition from de Klerk to Mandela: An Update, in: Intelligence and Counterintelligence, Volume 8, Nr. 4
Henze, Saskia und Johann Knigge: Stets zu Diensten, Der BND zwischen faschistischen Wurzeln neuer Weltordnung, Hamburg, Münster 1997
Hepp, Leo: Entwicklung und Werdegang der Zentralstelle für das Chiffrierwesen, Typoskript, Ulm 1984
Hepp, Leo, Das Jonosphäreninstitut in Breisach, Typoskript, Ulm 1984
Hepp, Leo: Die Abteilung Nachrichtenwesen der Organisation Gehlen, Vorwort, Typoskript Ulm 1948

Hepp, Leo: Funkmessbeobachtung, Typoskript, Ulm 1984
Hersh, Seymour: Kennedy – Das Ende einer Legende, Hamburg 1998
Hirsch, Alexander: Die Kontrolle der Nachrichtendienste. Berlin 1996
Hirsch, Rudolf: Der Markus Wolf Prozeß, Berlin 1995
Hitchens, Christopher: Die Akte Kissinger, Stuttgart/München 2001
Höfner, Karlheinz: Die Aufrüstung Westdeutschlands: Willensbildung, Entscheidungsprozesse und Spielräume westdeutscher Politik 1945 bis 1950, München 1990
Höhne, Heinz: Canaris, München 1976
Höhne, Heinz: Der Krieg im Dunkeln, München 1985
Höttl, Wilhelm: Die geheime Front, Linz 1950
Höttl, Wilhelm: Unternehmen Bernhard, Stamberg o. J.
Hüttenhain, Erich, Einzeldarstellungen aus dem Gebiet der Kryptologie, Zentralstelle für das Chiffrierwesen des BND, Januar 1970
Huyn, Hans Graf: Die Sackgasse. Deutschlands Weg in die Isolierung, Stuttgart 1966
Igel, Regine: Andreotti. Politik zwischen Geheimdienst und Mafia, München 1997
Internationaler Ausschuß der Sachverständigen für den Kampf gegen den Neo-Nazismus (Hrsg.): Das schmähliche Zusammenwirken von Arabern und SS-Leuten zum Zweck einer «Endlösung im Nahen Osten», Brüssel o. J.
Jacquin, Henri: La guerre secrète en Algérie, Paris 1977
John, Otto: Zweimal kam ich heim, Düsseldorf 1969
Judenverfolgung, München/Wien 1997 (Paris 1995)
Kantorowicz, Alfred: Spanisches Kriegstagebuch, Köln 1966
Katzinger, Willibald und Fritz Mayrhofer (Hrsg.): Prinzip Hoffnung. Linz zwischen Befreiung und Freiheit, Stadtmuseum Linz 1995
Kershaw, Ian: Hitler 1936–1945, Stuttgart 2000
Keworkow, Wjatscheslaw: Der geheime Kanal. Moskau, der KGB und die Bonner Ostpolitik, Berlin 1995
Kielmansegg, Peter Graf: Nach der Katastrophe, Eine Geschichte des geteilten Deutschland, Berlin 2000
Kilian, Werner: Die Hallstein-Doktrin. Der diplomatische Krieg zwischen der BRD und der DDR 1955–1973, Berlin 2001
Kilz, Hans Werner/Preuss, Joachim: Flick – Die gekaufte Republik, Reinbek 1983
Kletten, Ingo: Durch Terror zum modernen Staat. Der chilenische Geheimdienst DINA, in: Reemtsma, Jan Philipp (Hrsg.): Folter: Zur Analyse eines Herrschaftsmittels, Hamburg 1991
Knabe, Hubertus: Die unterwanderte Republik, Berlin 2001
Koch, Egmont R.: Das geheime Kartell – BND, Schalck, Stasi und Co., Hamburg 1992
Koch, Peter-Ferdinand: Die feindlichen Brüder – DDR contra BRD, Bern, München, Wien 1994
Kogon, Eugen: Der SS-Staat, München 1974
Köhler, Henning: Adenauer. Eine politische Biographie, Berlin/Frankfurt 1994

Kosthorst, Erich: Jakob Kaiser, Stuttgart 1972
Kothny, Erik und Khalid Dayani: Alarm beim KGB. Bundeswehrmajor am Hindukusch. Sindelfingen 1986
Kozak, Heinz: Algerien – Islamitischer Terror und Bürgerkrieg, in: ÖMZ 6/1995
Krausnick, Helmut und Harold C. Deutsch (Hrsg.): Helmuth Groscurth. Tagebücher eines Abwehroffiziers, Stuttgart 1970
Krieger, Wolfgang und Jürgen Weber (Hrsg.): Spionage für den Frieden?, München 1997
Kubbig, Bernd W. und Tillmann Elliesen, Wozu sollen die europäischen Satelliten Helios II und Horus dienen?, Hessische Stiftung für Friedens- und Konfliktforschung, HSFK-Report 3/1997, Frankfurt 1997
Lavy, George: Germany and Israel – moral debt and national interest, London/Portland 1996
Leyendecker, Hans, Heribert Prantl und Michael Stiller: Helmut Kohl, die Macht und das Geld, Göttingen 2000
Leyendecker, Hans und Rickelmann, Richard: Exporteure des Todes – Deutscher Rüstungsskandal in Nahost, Göttingen 1990
Litan, Jan: Begegnung mit Spionen, Berlin 1964
Lo Bello, Nino: Vatikan im Zwielicht, Düsseldorf 1986
Lotze, Gerd: Karl Wienand. Der Drahtzieher, Köln 1995
Mader, Julius: Die graue Hand, Berlin 1961
Markwardt, Waldemar: Erlebter BND, Berlin 1996
Mast, Heinrich: Ursachen und Hintergründe der Angriffe gegen Dr. H., Typoskript vom 16. 7. 1952
Meier, Richard: Geheimdienst ohne Maske, Bergisch-Gladbach 1992
Meinl, Susanne und Dieter Krüger: Der politische Weg von Friedrich Wilhelm Heinz, in: Vierteljahresheft für Zeitgeschichte 1/1994
Meinl, Susanne: Im Mahlstrom des Kalten Krieges, in: Krieger, Wolfgang und Jürgen Weber (Hrsg.): Spionage für den Frieden?, München 1997[1]
Meinl, Susanne: Nationalsozialisten gegen Hitler, Berlin 2000
Melnik, Constantin: La mort était leur mission, Paris 1996
Mercker, Reinhold: Das Bundeskanzleramt aus der Sicht eines Abteilungsleiters, in: Gotto, Klaus: Der Staatssekretär Adenauers. Persönliches und politisches Wirken Hans Globkes, Stuttgart 1980
Merseburger, Peter: Der schwierige Deutsche – Kurt Schumacher, Stuttgart 1995
Mettner, Matthias: Die katholische Mafia. Kirchliche Geheimbünde greifen nach der Macht, München 1995
Meulen, Michael van der: Cryptology in the Early Bundesrepublik, in: Cryptologica July 1996
Meyer, Georg: General Adolf Heusinger und die Organisation Gehlen, in: Krieger, Wolfgang und Jürgen Weber (Hrsg.): Spionage für den Frieden?, München 1997
Minow, Hans-Rüdiger und W. von Goldbach: «Deutschtum erwache». Aus dem Innenleben des staatlichen Pangermanismus. Berlin 1994

Möchl, Kid: Der geheime Krieg der Agenten. Spionagedrehscheibe Wien, Hamburg 1997
Müller, Leo A.: Gladio – das Erbe des Kalten Krieges, Reinbek 1991
Müller-Enbergs, Helmut: Inoffizielle Mitarbeiter des Ministeriums für Staatssicherheit. Teil 2, Berlin 1998
Niethammer, Lutz: Die Mitläuferfabrik, Die Entnazifizierung am Beispiel Bayerns, Berlin 1982
Nitz, Jürgen: Länderspiel, Berlin 1995
Nitz, Jürgen (Hrsg.): Lauschangriff, Das Buch zur Wanze, Berlin 1995
Nohlen, Dieter und Franz Nuscheler (Hrsg.): Handbuch der Dritten Welt, Hamburg 1993
Nollau, Günther: Das Amt – 50 Jahre Zeuge der Geschichte, München 1978
Norden, Peter: Salon Kitty, Wiesbaden 1976
Ostrowsky, Victor: Der Mossad, Hamburg 1991
Pali, A. I.: Funkelektronischer Kampf, Berlin 1985
Passelecq, Georges und Bernhard Suchecky: Die unterschlagene Enzyklika. Der Vatikan und die Judenverfolgung, München/Wien 1997
Peters, Jimi: Intelligence: Its Role and Future in Nigeria's External Relations, in: NJIA 1 & 2 1986
Ploetz, Michael: Wie die Sowjetunion den Kalten Krieg verlor, Berlin/München 2000
Posser, Diether: Anwalt im Kalten Krieg, Bonn 2000
Potrykus, Gebhard: Zur rechtlichen Würdigung der Tätigkeit deutscher Waffenfachleute in Ägypten, in: NJW 1963, Heft 21
Potthoff, Heinrich: Bonn und Ost-Berlin 1969–1982, Bonn 1997
Pötzl, Norbert F.: Basar der Spione, Hamburg 1997
Price, Alfred: Herrschaft über die Nacht. Spione jagen Radar, Gütersloh 1968
Range, Clemens: Admirale und Generale der Bundeswehr, Herford 1990
Reemtsma, Jan Philipp (Hrsg.): Folter. Zur Analyse eines Herrschaftsmittels, Hamburg 1991
Reese, Mary Ellen: Organisation Gehlen, Der kalte Krieg und der Aufbau des deutschen Geheimdienstes, Berlin 1992
Reile, Oskar: Der deutsche Geheimdienst im II. Weltkrieg, Westfront. München/Augsburg 1990
Richelson, Jeffrey T. und Desmond Ball: The Ties that Bind, London, 1990
Richelson, Jeffrey T.: The U.S. Intelligence Community, New York 1989
Richter, Peter und Klaus Rösler: Wolfs West-Spione, Ein Insider-Report, Berlin 1992
Roth, Jürgen: Die Mitternachtsregierung, Reportage über die Macht der Geheimdienste, Frankfurt/M. 1990
Schmidt, Helmut: Deutschland und seine Nachbarn, Berlin 1990
Schmidt, Helmut: Menschen und Mächte, Berlin 1987
Schmidt-Eenboom, Erich (Hrsg.): Nachrichtendienste in Nordamerika, Europa und Japan, Weilheim 1995

Schmidt-Eenboom: Der BND. Schnüffler ohne Nase, Düsseldorf 1993
Schmidt-Eenboom, Erich und Jo Angerer: Die schmutzigen Geschäfte der Wirtschaftsspione, Düsseldorf 1994
Schmidt-Eenboom, Erich: Der Schattenkrieger – Klaus Kinkel und der BND, Düsseldorf 1995
Schmidt-Eenboom, Erich: Keine Auszeit im großen Spiel? Afghanistan als Spielball der Nachrichtendienste; Forschungsinstitut für Friedenspolitik e. V., Weilheim 1997.
Schmidt-Eenboom, Erich: Undercover – wie der BND die deutschen Medien steuert, aktualisierte Ausgabe München 1999
Schmidt-Eenboom, Erich: The Bundesnachrichtendienst, the Bundeswehr and Sigint in the Cold War and After, in: Aid, Matthew M. und Cees Wiebes: Secrets of Signals Intelligence during the Cold War and beyond, London 2001
Schöllgen, Gregor: Willy Brandt – Die Biographie, Berlin/München 2001
Schöps, Joachim: Die Spiegel-Affäre, Hamburg 1983
Schulze, Hagen: Weimar. Deutschland 1917–1933, Berlin 1984, aktualisierte Auflage Berlin1994
Schwarz, Hans-Peter: Adenauer, Der Staatsmann 1952–1967, Stuttgart 1991
Schwarz, Hans-Peter: Adenauer, Der Aufstieg 1876–1952, Stuttgart 1986
Seidel, Carlos Collado: Zufluchtsstätte für Nationalsozialisten? Spanien, die Alliierten und die Behandlung deutscher Agenten 1944–1947, in: Vierteljahreshefte für Zeitgeschichte 1/1995
Simpson, Christopher: Der amerikanische Bumerang, NS-Kriegsverbrecher im Sold der USA, Wien 1988
Stehle, Hansjakob: Geheimdiplomatie im Vatikan, Zürich 1993
Stiller, Werner: Im Zentrum der Spionage, Mainz 1986
Stöver, Bernd: Der Fall Otto John, Neue Dokumente zu den Aussagen des deutschen Geheimdienstchefs gegenüber MfS und KGB. In: VjhZG, Heft 1, 1999
Strauß, Franz Josef: Die Erinnerungen, Berlin 1989
Suckut, Siegfried (Hrsg.): Das Wörterbuch der Staatssicherheit, Berlin 1996
Tantzscher, Monika: «Maßnahme Donau und Einsatz Genesung – die Niederschlagung des Prager Frühlings 1968/69 im Spiegel der MfS Akten», Der Bundesbeauftragte für die Unterlagen des Staatssicherheitsdienstes der ehemaligen Deutschen Demokratischen Republik, Schriftenreihe B, Berlin 1994
Tapia Valdés, Jorge Antonio: National Security, the Dual State and the Rule of the Exception: A Study on the Strategocratic Political System, Erasmus Universiteitsdrukkerij: Rotterdam 1989
Theodore White: Fire in the Ashes: Europe in Mid Century, New York, 1953
Thomas, Gordon: Die Mossad Akte, Israels Geheimdienst und seine Schattenkrieger, München 1999
Tiedge, Hansjoachim: Der Überläufer. Eine Lebensbeichte, Berlin 1998
Tophoven, Rolf: GSG 9. German Response to Terrorism, Koblenz 1985

Treverton, Gregory F.: Top Secret! Geheime Operationen und ihre politischen Auswirkungen, Bonn 1988
Tzschaschel, Joachim: Zeitzeuge in Bagdad, Algier, Saigon, Frankfurt/M. 2000
Ulfkotte, Udo: Verschlusssache BND, München 1997
Vielain, Heinz: Waffenschmuggel im Staatsauftrag – Was lange in Bonn geheim bleiben mußte, Herford 1986
Wagner, Helmut: Schöne Grüße aus Pullach, Berlin 2000
Walde, Thomas: ND-Report, Die Rolle der geheimen Nachrichtendienste im Regierungssystem der Bundesrepublik Deutschland, München 1971
Wallraff, Günter: Zeugen der Anklage, Die ‹Bild›-beschreibung wird fortgesetzt, Köln 1979
Wallraff, Günter: Akteneinsicht, Göttingen 1987
Walsh, Michael: Die geheime Welt des Opus Dei. Macht und Einfluß einer Organisation im Schatten der Kirche, München 1989
Walters, Vernon: In vertraulicher Mission, München 1990
Weber, Hermann: Geschichte der DDR, München 1986[2]
Weber Jürgen (Hrsg.): Spionage für den Frieden? Nachrichtendienste in Deutschland während des Kalten Krieges, München 1997
Wehner, Wolfgang: Geheim, München 1960
Welsch, Wolfgang: Ich war Staatsfeind Nr. 1, Frankfurt/M. 2001
Wieck, Hans Georg: Die Entstehung der CDU und die Wiedergründung des Zentrums im Jahre 1945, Düsseldorf 1953
Wilhelm, Hans-Heinrich: Die Prognosen der Abteilung Fremde Heere Ost 1942–1945. In: Schriftenreihe der Vierteljahreshefte für Zeitgeschichte, Nummer 28, Stuttgart 1974
Willan, Philip: Puppetmasters – the political use of terrorism in Italy, London 1991
Winkler, Heinrich August: Der lange Weg nach Westen, Deutsche Geschichte Bd. I und II, München 2000
Wistrich, Robert: Wer war wer im Dritten Reich, München 1983
Wolanowski, Lucian: Geheime Front, Berlin 1956
Wolf, Markus: Spionagechef im geheimen Krieg, München 1998
Woodward, Bob: Geheimcode Veil. Reagan und die geheimen Kriege der CIA, München 1987
Worst, Anne: Das Ende eines Geheimdienstes. Oder: Wie lebendig ist die Stasi? Berlin 1991
Yousaf, Mohammed und Mark Adkin: Die Bärenfalle, Düsseldorf 1992
Yallop, David A.: Im Namen Gottes – der mysteriöse Tod des 33-Tage-Papstes Johannes Paul I, München 1988
Zolling, Hermann und Heinz Höhne: Pullach Intern, Hamburg 1971

Bildnachweise

dpa: S. 28, 151, 244; J. H. Darchinger S. 99, 341, 380, 448, 575; privat S. 56, 84, 178, 317, 326, 412, 597, 618

Personenregister

D

E

F

G

I

T

Y

Z

Decknamenregister